临安年鉴

YEARBOOK OF LINAN

2010

临安市地方志编纂委员会 编

方志出版社

图书在版编目（CIP）数据

临安年鉴．2010／临安市地方志编纂委员会编．--
北京：方志出版社，2010．11

ISBN 978-7-80238-923-6

Ⅰ．①临… Ⅱ．①临… Ⅲ．①临安市－2010－年鉴
Ⅳ．①Z525.54

中国版本图书馆CIP数据核字（2010）第199318号

临安年鉴（2010）

编　　者： 临安市地方志编纂委员会
责任编辑： 罗　滔
出 版 者： 方志出版社
（北京市建国门内大街5号中国社会科学院科研大楼12层）
邮编　100732
网址　http://www.fzph.org
发　　行： 方志出版社发行部
（010）85195814　85196281
经　　销： 新华书店总店北京发行所
法律顾问： 北京市大禹律师事务所
印　　刷： 浙江新华数码印务有限公司
开　　本： 787×1092　1/16
印　　张： 32
字　　数： 661千
版　　次： 2010年12月第1版　2010年12月第1次印刷
印　　数： 0001—1000册

ISBN 978-7-80238-923-6/K·557　定价：150.00元

临安市地方志编纂委员会

临安年鉴编辑部

地　　址　临安市锦城街道衣锦街398号（市政府大院）
邮　　编　311300
电　　话　0571-63748491
邮　　箱　zjlanj@163.com

栏目

重要荣誉称号

- 中国民间书画艺术之乡
- 全国综合实力百强县（市）
- 中国竹子之乡
- 全国科技兴林示范县
- 全国绿色小康县
- 中国山核桃之乡
- 国家级生态示范区
- 中国名特优经济林山核桃之乡
- 中国优秀旅游城市
- 国家农业综合开发项目区
- 全国经济林建设先进县
- 国家卫生城市
- 中国山地户外运动基地
- 中国竹子之乡
- 国家森林城市
- 全国科技先进市
- 中国山核桃之都
- 国家环保模范城市

临安市政区图

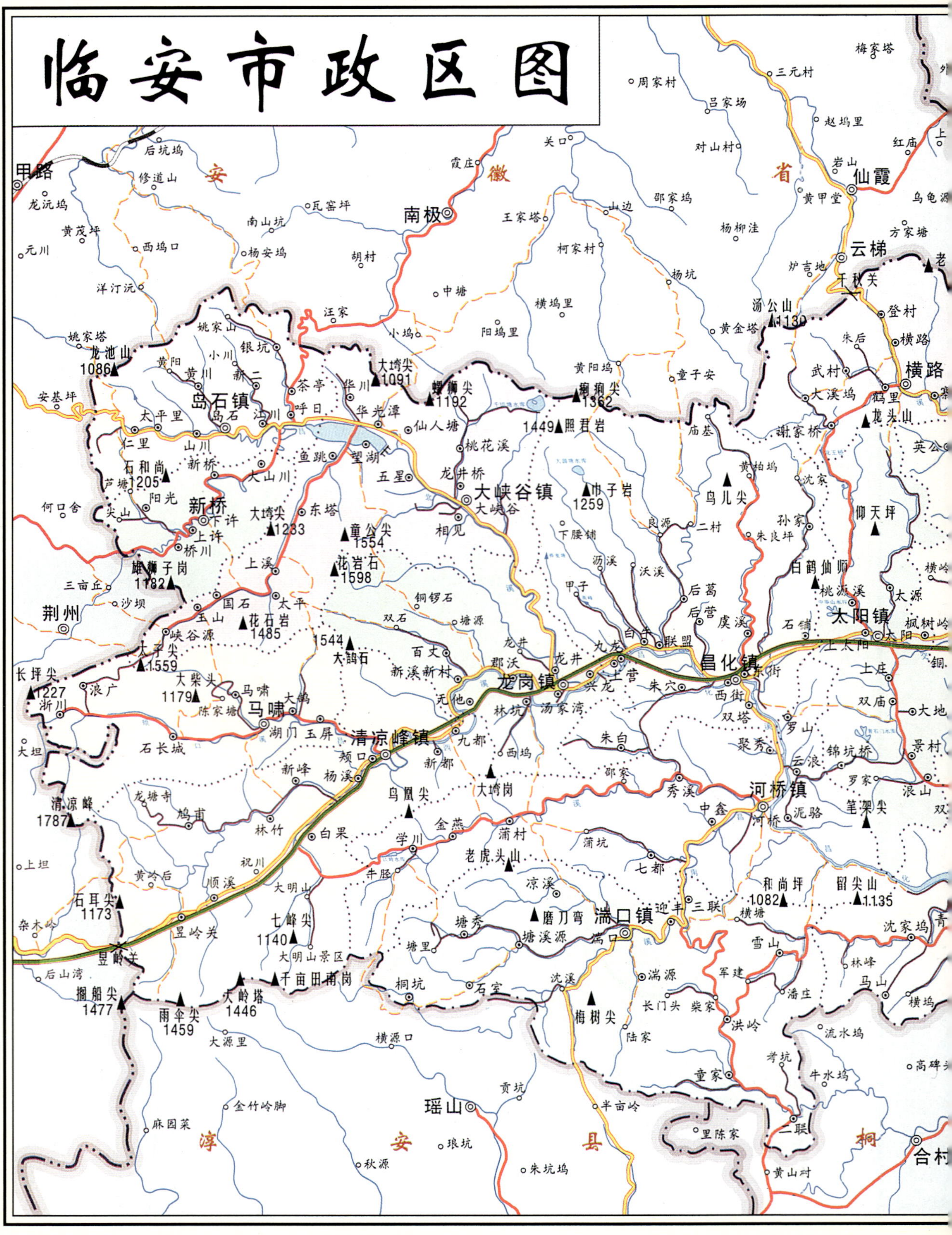

安
徽
省
淳
安
县
桐
南极
仙霞
云梯
横路
岛石镇
新桥
荆州
马啸
清凉峰镇
大峡谷镇
龙岗镇
昌化镇
太阳镇
河桥镇
湍口镇
瑶山
合村
甲路
后坑坞
修道山
龙沅坞
黄茂坪
元川
西坞口
杨安坞
南山坑
瓦窑坪
胡村
洋汀沅
霞庄
关口
周家村
吕家场
对山村
三元村
梅家塔
赵坞里
红庙
岩山
黄甲堂
邵家坞
王家塔
山边
杨柳洼
柯家村
杨坑
炉吉地
方家塘
乌龟洞
千秋关
汪家
中塘
小坞
横坞里
阳坞里
黄金塔
汤公山
登村
朱后
武村
大溪坞
姚家塔
龙池山
1086
姚家山
小川
银坑
黄阳
黄川
新二
安基坪
太平里
岛石
江川
茶亭
呼日
华川
华光潭
大坞尖
1091
蟒柳尖
1192
仙人塘
黄阳坞
1362
1449
照君岩
童子安
庙基
谢家桥
龙头山
英公
仁里
山川
石和尚
1205
新桥
大山川
鱼跳
望湖
五星
桃花溪
龙井桥
黄柏坞
沈家
芦塘
阳光
尖山
何口舍
下许
上许
桥川
大坞尖
1233
东塔
童公尖
1554
相见
大峡谷
巾子岩
1259
下腰铺
良源
二村
鸟儿尖
孙家
朱良坪
仰天坪
雄狮子岗
1182
三亩丘
沙坝
上溪
花岩石
1598
铜锣石
汤溪
沃溪
甲子
后葛
后营
白鹤仙师
桃源溪
太源
横岭
国石
太平
玉山
花石岩
1485
双石
塘源
峡谷源
太子尖
1559
1544
大鹤石
百丈
郡沃
龙井
九龙
白牛
联盟
虞溪
石铺
枫树岭
上太阳
长坪尖
1227
浪广
大柴头
1179
马啸
大鹤
新溪新村
龙井
上营
兴龙
朱穴
西街
东街
土庄
铜
浙川
陈家塘
湖门
玉屏
无他
林坑
汤家湾
双塔
罗山
双庙
大地
大坦
石长城
颊口
九都
朱白
聚秀
锦坑桥
景村
新峰
杨溪
新都
西坞
邵家
云浪
罗家
浪山
双
清凉峰
1787
龙塘寺
鸠甫
鸟龟尖
大坞岗
秀溪
中鑫
河桥
泥路
笔架尖
林竹
白果
学川
金燕
蒲村
蒲坑
上坦
黄岭后
祝川
牛胫
老虎头山
七都
顺溪
大明山
凉溪
迎丰
三联
和尚坪
1082
留尖山
1135
石耳尖
1173
七峰尖
1140
塘秀
磨刀弯
横塘
杂木岭
昱岭关
大明山景区
塘里
塘溪源
湍口
雪山
沈家坞
青
后山湾
千亩田南岗
桐坑
石室
沈溪
湍源
军建
林峰
马山
搁船尖
1477
大岭塔
1446
雨伞尖
1459
梅树尖
长门头
柴家
潘庄
横坞
洪岭
流水坞
大源里
横源口
陆家
孝坑
高碑
牛水坞
童家
贡坑
金竹岭脚
半亩岭
二联
麻园菜
里陈家
琅坑
秋源
朱坑坞
黄山村

安
吉
县
余
杭
区
富
阳
市
县
临安市
锦城街道
锦南街道
玲珑街道
青山湖街道
高虹镇
横畈镇
太湖源镇
藻溪镇
於潜镇
潜川镇
万市镇
洞桥镇
板桥
三口镇
鸬鸟镇
黄湖镇
分水镇
乐平
千洪
西天目
山川
马尖岗 1271
茶叶坪岗 1141
草山 1122
仙人石 1060
窑头山 1095
木公山 1060
金炉坪
1479
东天目山
龙王山 1587
西天目山 1506
大王山
凤洞山
大坎山
鸡笼山
殷家山
五尖山
周福山
亭山
丹石岩
图例
市人民政府驻地
镇（乡）政府驻地 街道办事处
行政村
自然村
高速公路
省道
县道
乡道
河流、湖泊
水库
省界
设区市界
市（县）界
镇（乡）、街道界
关隘、山峰
小路
比例尺 1：300000
二〇〇八年十一月 内部用图

编辑说明

一、《临安年鉴》是中共临安市委、市人民政府主办，由中共临安市委党史研究室（临安市地方志办公室）承编的综合性地情信息资料工具书。1990年创刊，每年编辑一卷，自成系列。《临安年鉴（2010）》为第21卷。

二、《临安年鉴》以邓小平理论和“三个代表”重要思想为指导，深入贯彻落实科学发展观，全面系统地反映2009年全市人民在中共临安市委和临安市人民政府的领导下，围绕中共临安市第十二次党代会提出的“融入大都市 创新大发展 构建杭州西郊现代化生态市”战略构想，与时俱进，开拓创新，为全面建设小康社会、努力完成经济和社会发展各项任务、加强社会主义精神文明建设所取得的新成就、新变化、新发展、新经验以及在发展中遇到的新问题、新矛盾，为各级党政机关、企事业单位、研究部门、社会各界人士及中外投资者了解临安、建设临安、研究临安提供丰富、翔实的信息资料。

三、本卷年鉴为中篇结构，由栏目、分目、条目三级组成，部分栏目增设次分目，全书有栏目27个。卷首设特载、大事记、市情概览；百科设农业·水利·气象、林业、工业、国内贸易、旅游、综合管理与监督、基础设施建设、城建·土地·环保、人事·劳动和社会保障、中共临安市委员会、临安市人民代表大会、临安市人民政府、政协临安市委员会、民主党派·工商联·人民团体、政法·武装、科学技术、教育、文化、卫生·体育、社会生活、乡镇街道；卷末设附录、索引。全书共661千字。

四、根据国民经济分类标准，本卷年鉴框架结构有较大的调整，个别栏目名称有变动。正文空白处穿插小资料。

五、内文中未标明党派的“市委”，均为“中共市委”；“党员”均为“中共党员”；“党建工作”均为“中国共产党建设工作”。涉及“森博会”、“创国卫”等一些常用简称和“农办”等机关单位简称集中注释，以方便读者理解。临安于1996年12月28日撤县设市，文中有县、市不同之用。

六、所载信息资料由全市各部门、乡镇（街道）和有关单位提供，经临安年鉴编辑部整理编辑，各供稿单位和市委办公室、市政府办公室、市统计局审核而成，具有权威性。

七、本卷年鉴编纂出版工作得到全市各部门、乡镇（街道）和有关单位的大力支持，广大编撰人员为之付出了艰辛劳动，借此表示感谢。由于成书仓促，水平有限，多有疏漏或不足之处，敬请广大读者批评指正。

中共临安市委党史研究室
临安市地方志办公室

2009年11月30日，中共浙江省委书记赵洪祝、省长吕祖善出席浙江省科研机构创新基地（科技城）奠基仪式 （金凯华 摄）

2009年5月14日，浙江省省长吕祖善（左二）、省政府秘书长张鸿铭（右一）在中共临安市委书记邵毅，中共临安市委副书记、市长王宏的陪同下到杭氧集团考察 （陈 欣 摄）

2009年10月15日，国家气象局局长郑国光到临安考察指导气象工作

（宣志强 摄）

2009年7月3日，中共浙江省委副书记夏宝龙到临安考察指导林业工作，并实地走访天禾园艺有限公司生产基地

（金凯华 摄）

2009年6月15日，中共杭州市委副书记、市长蔡奇（左二）在中共临安市委书记邵毅，中共临安市委副书记、市长王宏的陪同下考察临安经济开发区　（陈 欣 摄）

2009年12月24日，临安通过国家级生态市建设考核，图为生态市验收组一行在中共临安市委副书记、市长王宏的陪同下考察临安经济开发区　（金凯华 摄）

2009年2月11～14日，临安市第十四届人大三次会议在锦城举行

（金凯华 摄）

2009年2月10～13日，临安市政协七届三次会议在锦城举行

（陈 欣摄）

2009年9月27日，中共临安市委书记邵毅应“精彩浙江——国庆六十周年大型直播活动”之邀，走进《浙江之声》直播室，畅谈临安发展的辉煌成就 （金凯华 摄）

2009年7月10日，中共临安市委副书记、市长王宏和万马集团董事长张德生在深圳证券交易所出席万马电缆股票上市仪式 （邵淑青 摄）

2009年10月20日，中共临安市委书记邵毅到藻溪镇长六村看望高龄老人应长法（102岁）
（金凯华 摄）

2009年10月20日，中共临安市委副书记、市长王宏到锦城街道金马村看望高龄老人翁秀妹（102岁）
（陈 欣 摄）

2009年12月3日，中共临安市委书记邵毅在爱尔兰共和国考察，并与科克市商会主席加拉德·欧曼哈尼座谈交流（童成林 摄）

2009年4月18日，中共临安市委副书记、市长王宏在加拿大考察，并与本拿比市市长德里克·科瑞根签署友好城市备忘录（巫振江 摄）

2009年8月18日，临安市人大常委会视察农民饮用水工程

（陈力强 摄）

2009年8月12日，临安市政协主席会议视察锦城街道重点项目攻坚工作

（汪国军 摄）

2009年4月21日，中共临安市委副书记、政法委书记卞吉安和中共临安市委常委、公安局局长李磊在锦城街道实地考察社会治安综合治理工作 （姚向阳 摄）

2009年9月25日，中共临安市委副书记、纪委书记钟文静在临安金秋购物节开幕式上致辞 （巫九龙 摄）

2009年6月24日，中共临安市委常委、常务副市长胡竑（中）陪同科技部政策法规司领导考察省科创基地（科技城） （冯益民 摄）

2009年6月12日，中共临安市委常委、公安局局长李磊到两昌地区调研“平安临安”创建工作，走访当地群众 （郎春泉 摄）

2009年7月30日，中共临安市委常委、临安经济开发区党工委书记张金良（中）陪司清华大学企业代表团负责人考察省科创基地（科技城）（冯益民 摄）

2010年5月4～9日，中共临安市委常委、宣传部部长章燕率临安新闻采访团赴四川省青川县金子山乡专题采访报道对口援建工作（陈 欣 摄）

2009年9月27日，中共临安市委常委、副市长柴世民主持昌文线（昌化至湍口段）改造工程通车典礼（顾兆明 摄）

2009年10月8日，中共临安市委常委、组织部部长何凌超在高虹镇调研农村基层组织建设工作（吕有忠 摄）

2010年3月16日，中共临安市委常委、人武部政委徐俊明赴武警温州支队慰问临安籍官兵（卢 江 摄）

2009年4月11日，神龙川景区举行“爱鸟周·放飞小鸟”活动，拉开全市野生动物保护宣传月活动的序幕（黄丁宁 摄）

2009年9月27日，工程总投资1.72亿元、全长22公里的昌文线（昌化至湍口段）改造工程全线通车，图为新建的昌化大桥 （顾兆明 摄）

2009年12月30日，《辉煌岁月·临安畅想》迎新电视主题晚会在锦城举行 （陈 欣 摄）

坚守·奋进的临安市人民法院

LINANSHI RENMIN FAYUAN

喜庆建院六十周年

2010年9月，金风送爽，丹桂飘香，临安市人民法院喜迎六十诞辰。六十年，一个天干地支的轮回，在磨砺和跨跃、辛劳与喜悦的层层交叠中，临安市人民法院走过了艰苦奋斗、开拓创新、发展壮大的六十年。

六十年里，临安市人民法院伴随着共和国命运的脉膊起伏变化，实现了从无到有、从小到大的历史性跨越。一代又一代法官在天目大地薪火相传、无私奉献、不懈努力，书写了对人民、对法律的忠诚，见证了共和国基层司法事业的发展历程。

近年来，临安市人民法院获集体二等功、浙江省文明单位、浙江省优秀法院和全国巾帼文明示范岗等多项荣誉称号，多名干警立个人二等功、三等功，多篇学术论文在国家级学术研讨会上获奖，充分展示了人民法院和人民法官的良好形象。

2010年，临安市人民法院坚持“三个至上”指导思想，紧紧把握经济社会发展形势，强化能动司法、和谐司法、民本司法、阳光司法、规范司法、廉洁司法，以推进社会矛盾化解、社会管理创新和公正廉洁执法为重点，坚持为大局服务、为人民司法，各项工作取得了突破性进展。至11月底，全院共受理各类案件8166件，同比上升10.14%。在收案数持续攀升的同时，办案质量和办案效率仍保持较好水平，案件的上诉维持率、人均结案数、平均审理天数、结案均衡度、民事调撤率等多项指标名列全省及杭州市前茅。

历史承载业绩，未来任重道远。在新的历史起点上，临安市人民法院将秉持“公开、公平、公正、公信”之院训，弘扬“勤勉、善思、清正、为民”之院风，深入践行科学发展观，负重拼搏，开拓进取，努力为全市的改革、发展、稳定提供更加强有力的司法保障。

举办“基层司法与群众工作论坛”

开展“公众开放日”活动

发放民工工资执行款

法院大楼外景

汇聚国粹　引舞临安
Stone Culture Street

临安市燕东园文化策划有限公司

临安市燕东园文化策划有限公司成立于2009年12月，是一家致力于文化产业策划推广、文化产品展示销售等综合服务的文化经营管理公司。其经营管理模式遵循“统一管理、协助经营、部分自营、整合市场、完善政策、合理回报”的经营方针，并提供专业化的管理、一站式服务，着力打造临安中国级的城市名片——鸡血石文化街商业项目，与此同时成立临安市鸡血石文化交流中心。

临安市鸡血石文化街

临安市鸡血石文化街致力于打造临安最具文化气息的集“国宝”昌化鸡血石的观赏、鉴定、拍卖、雕刻、交易为一体，并融合书画、珠宝、玉石、木雕等文化产品的文化创意特色商业街。以优美的环境、高品质的建筑、高档的文化产品、优质的服务，成为临安城市旅游及城市文化宣传独特的一道风景线。

2010年10月28日，临安市鸡血石文化街开街仪式在燕东园隆重举行，鸡血石文化街也随之被确定为临安发展文化创意产业的特色园区和浙江省旅游定点接待单位。

临安市鸡血石文化交流中心

临安市燕东园文化策划有限公司成立的鸡血石文化交流中心，设有展览区、鉴定室、会员俱乐部等功能区，竭诚欢迎全国各地国石艺术品收藏爱好者莅临指导。

地址　临安市鸡血石文化街399号
电话　0571-61069911
网址　www.jxswhj.com

目 录

特 载

大事记

市情概览

农业·水利·气象

林 业

工　业

国内贸易

旅　游

财政·税务·金融

综合管理与监督

基础设施建设

城建·土地·环保

人事·劳动和社会保障

中共临安市委员会

临安市人民代表大会

临安市人民政府

政协临安市委员会

民主党派·工商联·人民团体

政法·武装

科学技术

教　育

卫生·体育

社会生活

乡镇街道

附 录

▶正文附表

▶**彩色图片**

▶**小资料**

索 引

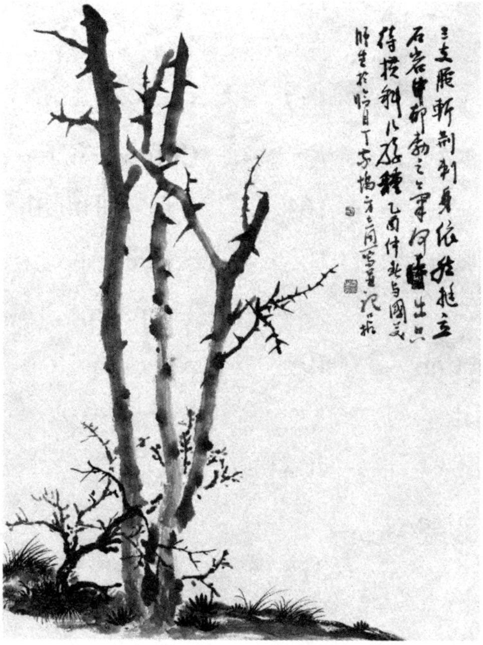

（方志恩 绘）

Contents

特　　载

高举生态科技大旗　加快转型升级步伐 实现杭州西郊现代化生态市建设新跨越

——在市委十二届十一次全体（扩大）会议上的报告

中共临安市委书记　邵　毅

（2010 年 1 月 12 日）

这次会议的主要任务是：贯彻中央、省委和杭州市委决策部署，总结 2009 年工作，部署 2010 年任务，审议《关于建设“绿色家园、富丽山村”的实施意见》，团结带领全市党员干部群众，真抓实干，奋力突破，实现杭州西郊现代化生态市建设新跨越。

2009 年是进入新世纪以来我市发展

遇到困难最多、也是发展成效最为明显的一年。过去一年，我们坚决贯彻执行中央、省、杭州市应对金融危机的决策部署，以深入学习实践科学发展观为动力，依托生态优势、依靠科技创新，着力保增长、促转型、重民生、优环境、强党建，经济回升向好、社会和谐稳定，主要经济指标增幅居杭州七县（市）、区前列。预计全年生产总值同比增长10%左右；实现财政总收入25.51亿元，同比增长13.6%，其中地方财政收入14.04亿元，同比增长20.4%；城镇居民可支配收入22011元，农民人均纯收入10735元，同比分别增长11%和10.9%；万元GDP综合能耗下降5%，化学需氧量和二氧化硫排放量分别下降14.26%和10.21%。同时，启动省科创基地（科技城）建设，顺利通过国家级生态市考核验收，荣获中国县（市）级首届十佳和谐可持续发展城市称号。

过去一年，我们的主要工作和成效有以下五个方面：一是保增长目标较好实现。着力主攻工业，深化“向企业送温暖”活动，高效运作帮扶企业六大机制，落实“工业18条”、“拓市场10条”等一揽子举措，全年减免企业税收、减征社会保险费2.2亿元，预计新增规模企业101家，实现规模工业销售产值372.93亿元，同比增长6%，工业经济全面回升。着力稳定农业，优势主导产业快速增长，荣获“中国山核桃之都”称号，新增中国驰名商标2件、杭州市都市农业园区5个、杭州市农业龙头企业7家，预计实现农业总产值35.9亿元，同比增长8%，设施农业比重稳步提高。着力提升服务业，制定实施旅游、商贸物流、金融、房地产等产业扶持政策，太湖源动漫文化创意产业园、湍口众安氡温泉度假酒店等项目正式动建，天目山与台湾阿里山缔结“姐妹山”，预计全年实现社会消费品零售总额62.08亿元，同比增长15.6%，旅游景点门票收入首次突破亿元大关。着力扩大投资，杭氧等杭资企业竣工投产，国家海洋二所、浙江西安交大研究院、中科院长春应化所浙江材化研究院等项目签约落户，预计全年完成全社会固定资产投资90.3亿元，同比增长14.3%，其中工业性投资50.7亿元，同比增长22%；实到内资39.8亿元，实际利用外资1.67亿美元，同比分别增长7.65%和67%。二是结构调整步伐加快。强化科技引领，培育杭州市级以上高新技术企业23家、上市企业1家，新增授权专利681件，预计全年实现企业级以上新产品产值47.7亿元，同比增长68.3%。强化平台支撑，临安高新园等重点工业功能区加快建设，新增绿色照明和重型装备制造2个省级特色产业基地。强化项目带动，组织实施杭州市级以上科技项目147项，预计全年完成技改投入37.72亿元，同比增长19.7%。三是统筹发展开创新局。落实於潜、昌化副中心城市和玲珑街道发展专项政策，中心城镇发展步伐加快。抓好新城、城市综合体和城乡路网建设，锦南新城、钱王文化广场、青山湖综合治理保护工程有序推进，15省道至临安02省道连接线（长西线）开工建设，18省道龙岗至鱼跳段、临余公路等道路工程加快实施，昌文线昌化至湍口段建成通车，杭临K598路公交一体化改造圆满完成。加快新农村建设，实施“联乡结村”项目246

个，完成杭州市级以上整治村83个，建成农村社区服务中心73个，率先在杭州地区开展林权抵押贷款发放工作。加强生态建设，打造“清洁临安”活动深入推进，“88”、“1010”生态工程建设基本完成，白沙村创成我省首个“全国生态文化村”。四是人民生活持续改善。加快发展社会事业，建成标准化村卫生室76个、规范化社区卫生服务站12家，於潜二中建成使用，图书室、健身苑点、广播电视实现行政村全覆盖。加大社会保障力度，第四期保障性住房项目启动建设，新增企业职工基本养老保险、基本医疗保险和工伤保险人数2.22万人，新型农村合作医疗参合率达到98.1%，城镇失业登记率始终保持在3.5%以内。深化平安临安、法治临安建设，全年信访总人次同比下降32.9%，实施科技强警，推进警力下沉，基层站所、队、庭面貌有新改善，干警执法办案水平能力有新提升。维稳、平安创建、综治三项考核均位于杭州市前列。五是党的建设切实加强。抓好第二批、第三批深入学习实践科学发展观活动，解决群众关心的突出问题1819个，为群众办实事1525件。加强思想建设，规范党委理论中心组学习管理，举办天目大讲坛5期。加强干部和人才队伍建设，积极推进“天目彩虹”引智工程，加大干部管理服务和关爱力度，多类别、多层面创新方式选任市管干部20名，选人用人公信度进一步提升。强化基层基础，建立乡镇（街道）党（工）委书记抓基层党建工作述职制度和党员关爱资金，规范建设市乡两级党员服务中心27个，调整优化村党组织设置工作圆满完成。加强党风廉政建设，着力抓好党风廉政建设责任制落实，打造“廉洁临安”取得新成效。召开市委人大工作会议和市委政协工作会议，进一步加强和改善对人大、政协工作的领导，群团、统战、党史、老干部和人民武装工作扎实推进。

总之，在金融危机严重冲击、新情况新问题层出不穷的形势下，这样的成绩来之不易。最为可贵的是我们做到了“判断准、合力强、手笔大、干劲足”。判断准，就是面对严峻挑战，我们在分析形势、把握趋势的基础上，对全年工作进行清醒谋划，并随着形势变化及时调整部署，较好地做到了统筹协调、有效施策，掌握了发展主动权，创造性地开展了工作。合力强，就是在发展困境中，全市上下抱团取暖、共度寒冬，形成了保增长、保民生、保稳定的强大合力，取得了在最困难一年中逆势奋进、弯道超越的显著成效。手笔大，就是我们坚持把大干快上作为逆势突围、加快发展的重大举措，拼抢省科创基地（科技城）建设重大机遇，努力做到以大手笔谋求大突破、大项目支撑大发展。干劲足，就是全市上下坚持“5+2”、“白+黑”，抓紧干、拼命干，以强烈的事业心和责任感推动工作、破难前行，为经济社会平稳较快发展提供了强劲动力。

这些成绩的取得，是全市上下同舟共济、顽强拼搏、奋力开拓的结果。在此，我代表市委常委会，向全市各级党组织和广大党员干部群众，向各民主党派、人民团体和各界人士，表示衷心的感谢和崇高的敬意！

今年是“十一五”规划的收官之年，是夺取应对国际金融危机冲击全面胜利的关键之年，也是杭州西郊现代化生态市建设的突破提升之年。今年工作的总体要求是：以中国特色社会主义理论体系为指导，以科学发展观为统领，全面贯彻落实党的十七届四中全会、中央经济工作会议、省委十二届六次全会和杭州市委十届七次全会精神，高举生态科技两面大旗，以加快转型升级为主线，以建设青山湖科技城为引擎，以发展低碳经济、建设低碳城市为方向，以改善民生为根本，以提升党建科学化水平为保障，真抓实干，奋力突破，实现杭州西郊现代化生态市建设新跨越。建议今年我市经济社会发展主要预期目标为：生产总值增长10%以上；规模工业销售产值增长15%以上；农业总产值增长7%；全社会固定资产投资增长13%以上，其中工业性投资增长10%以上；社会消费品零售总额增长15%；自营出口增长5%；财政总收入和地方财政收入均增长12%；城镇居民人均可支配收入和农民人均纯收入均增长9%；城镇登记失业率控制在4%以内；人口自然增长率控制在3‰以内；全面完成“十一五”节能减排目标任务。

实现新跨越，我们面临难得机遇。总的来看，今年极有可能是新世纪以来经济形势最为复杂的一年，我市发展既充满机遇又面临挑战，但机遇大于挑战。放眼全球，国际金融危机深层次影响尚存，世界经济全面复苏缓慢曲折，全球将步入“后金融危机时代”，低碳经济、科技创新成为引领发展的战略制高点。综观国内，我国仍处于重要战略机遇期，中央把转变发展方式作为全年工作主线，强调保持宏观经济政策的连续性和稳定性，经济有望持续回升，但保持平稳较快发展的不确定不稳定因素大量存在。杭州市委审时度势地作出加快转变发展方式、大力发展郊区经济的战略部署，加速推动产业、人才、人居等要素和功能向郊区转移，为我市带来了与大都市理念共融、规划共绘、交通共联、产业共育、生态共造、旅游共进、人居共享、就业共导、党建新格局共筑等重大新机遇。审视临安，经济持续回升基础还有待进一步巩固，发展要素制约大、产业结构不够优、城市化水平不够高等问题仍然存在，发展的内生性挑战依然不小。但要看到，当前我市加快发展的积极因素明显增多，发展环境持续优化，特别是青山湖科技城建设，将快速提升我市科技创新辐射带动力、发展要素集聚力、开放融入吸引力，加速改变我市的产业结构、城市结构和人口结构，实现发展方式、城市品质和公共服务水平的革命性提升。科技城蕴含跨越发展的重大机遇、预示未来发展的美好前景。一旦建成，将成为临安科学发展的新引擎、城市形象的新名片、开放融入的新门户，充分彰显临安这座生态科技创新之城的独特魅力。我们一定要抓住用好难得的重大机遇，牢牢把握临安跨越发展的主动权。

实现新跨越，我们拥有坚实基础。近年来，我们坚持把长期性目标和阶段性工作结合起来，着眼长远，着力当前，埋头苦干，扎扎实实地抓好理念提升、规划编制、项目建设、科学招商、要素保障等各项工作，取得了良好成效，临安发展的基础更实、后劲更足、活力更强，实现新跨越的上升通道已经打开。

以高举生态科技两面大旗为标志，发展战略体系更为科学完善，更好地起到了引领发展的作用；以县域经济基本竞争力连续多年跻身全国百强和应对金融危机取得明显成效为标志，经济实力、综合实力和抗风险能力显著增强；以成功创建国家卫生城市和顺利通过国家级生态市考核验收为标志，生态环境面貌持续改善；以规划建设新城、完善城市功能、扶持副中心城市和中心镇加快发展为标志，城乡区域一体化发展扎实推进；以即将开通临余公路和杭资企业竣工投产为标志，融入大都市步伐加快；以财政总收入超过25亿元和农民人均纯收入突破万元大关为标志，强市富民基础更加坚实；以实施“项目化管理”和打造“三宽三敢三创”型干部队伍为标志，工作机制更为务实管用，干部队伍建设水平得到新的提升。尤其是随着项目建设、招商引资、开放融入等工作成效的加快释放，一批支撑发展的平台加速推进，一批带动性强的大企业和产业集群加快崛起，一批事关经济发展和民生福祉的大项目逐步进入收获期，临安已经站上了蓄势待发、跨越发展的新起点。

实现新跨越，我们方向更加坚定。全面构建杭州西郊现代化生态市，是我市当前和今后较长一个时期的战略任务。经过全市上下的共同努力，已经取得了重要的阶段性成果，一个以生态经济发达、生态环境优美、生态文化繁荣、生态社会和谐为特征的“品质临安”，越来越清晰地展示在世人面前，为实现新跨越奠定了基础。今年是承上启下的重要一年，事关“十一五”圆满收官、“十二五”科学谋划，事关临安长远发展大局。我们要着眼全球低碳经济发展大势，坚定不移地高举生态科技两面大旗，夺取转型升级科学发展新成效。坚持发展为要，大力发展高新技术产业、先进装备制造业、现代服务业和现代农业，加快构建现代产业体系，奋力实现生态经济转型大推进，打造低碳经济发展高地。坚持环境为基，依托生态优势，倡导低碳理念，加快建设“生态型宜居宜业城市”和“绿色家园、富丽山村”，奋力实现生态环境面貌大改善，力争低碳城市建设走在前列。坚持文化为魂，深入挖掘优秀传统文化精髓，大力弘扬创新创业的时代精神，大力培育生态文明观、低碳生活观，奋力实现生态文化传承大发展，建设生态文明示范区。坚持民生为本，提升社会保障水平、公共服务质量、社会和谐程度，奋力实现生态社会建设大提升，不断增强人民群众幸福感。

前景无限美好，目标催人奋进。实现生态经济、生态环境、生态文化、生态社会建设新跨越，是时代赋予的重大使命，更是全市人民的热切期盼。全市上下尤其是各级领导干部，要站在全局和战略的高度，把握大趋势，鼓足大干劲，展现大手笔，干出大成效，共同绘就临安科学发展、跨越发展的精彩蓝图！

一、突出科技引领，奋力实现生态经济转型大推进

坚定不移地依托生态优势、依靠科技创新，牢牢把握“高端化、低碳型”要求，加快构建现代产业体系，努力实现经济转型升级新突破。

1. 加快青山湖科技城建设。坚持把青山湖科技城作为经济转型升级的总引擎，制定实施三年行动计划，举全市之力、全力以赴推进建设。突出规划引领。完成115平方公里概念性规划、核心区块城市设计和修建性详规编制，支持重点院所制定完善发展规划。加快建设步伐。全面动建16家首期入驻院所，加快研发楼、办公楼、中试厂房等建设，确保完成部分院所主体工程。做好杭州电子科技大学信息学院等项目前期工作，开工建设浙江警察学院临安校区。加快“造城”步伐，做好公共服务中心前期工作，启动生活配套服务设施建设，基本建成经六路、纬九路、大园路等道路主干网和临石路跨苕溪桥梁工程，强势推进周边环境整治和征地拆迁等工作，确保青山区块旧城改造实现新突破。探索运管机制。组建青山湖科技城建设管委会，明确职能定位，逐步健全管理和运行机制。同时，继续抓好招院引所工作，力争引进1到3家大院名所，特别注重招引大企业、大集团的研发中心入驻。

2. 着力推动产业转型升级。坚持把产业结构调整作为经济转型升级的关键环节，不断提升三次产业高端化发展水平。推进工业转型升级。突出产业提升，大力发展高新技术产业，继续抓好高新技术企业培育认定工作，加快临安高新园建设步伐；进一步做强先进装备制造业，强势推进铁牛集团年产50万套汽车无级变速器和西子大飞机舱门制造等重大工业项目，充分发挥杭氧、杭叉等龙头企业带动作用，着力打造世界级空分设备基地、中国一流的数控机床生产基地和电梯电机生产基地；继续推进行业分类指导，强化政策扶持和要素集聚，加快推动优势块状经济向现代产业集群转变，着力打造国家特色节能电光源制造基地、国家火炬计划电线电缆产业基地、复合装饰材料特色基地和长三角特色精密元器件制造中心。突出平台支撑，着重抓好临安经济开发区整合提升工作，加快推进横畈、於潜等重点工业功能区建设。突出扶优扶强，继续完善和实施“拓市场、送温暖”等一揽子举措，引导企业用足用好“工业18条”等扶持政策，做强公共服务平台，发挥行业协会作用，着力培育一批创新能力强、带动效应大的大企业、大集团。突出新兴产业培育，积极发展符合产业发展导向、具有一定产业基础的新能源、新材料、节能环保等新兴产业。推进农业转型升级。深入实施“强龙兴农”三年行动计划，按照“生态、高效、外向”的要求，提升发展竹笋、山核桃等农业主导产业，做优香榧、茶叶、杨桐柃木等产业，抓好中国坚果加工基地和交易集散中心前期工作。大力发展设施农业、低碳农业，着力培育农业龙头企业和产业化基地、无公害农产品基地等现代农业示范园区，促进农林业特色带状经济快速发展。推进规范化专业合作社建设，不断提高农业组织化程度。加快推进集体林权制度改革，充分发挥林权管理中心和林权交易中心作用，促进林木、林地规范有序流转，进一步激发林农的生产积极性和创造性。推进服务业转型升级。深入实施现代服务业发展三年行动计划，进一步完善现代服务业产业体系，做活商贸服务业，大力发展城区高端商贸。做强生态旅游，加快推进青山湖综合治理保护工程、湍口温泉度假区建设，继续抓好天目山国家AAAAA级景区创建和大明山改造提升，加快旅游综合体和现代服务业集聚区建设。积极发展服务外包、现代物流等生产性服务业，扶持发展总部（楼宇）经济，引进一批研发经济、销售型经济和会所型结算经济。

3. 强化科技创新驱动。坚持将科技创新作为转型升级的第一驱动力。加大创新主体培育力度。通过规划引导、政策扶持等途径，推动各类创新要素向企业集聚。坚持工业“亩产论”，突出“零土地”技改，继续加大有效技改投入，重点抓好“410”技改项目和省“双千”项目建设。大力实施“品牌战略”，制定实施企业创牌三年行动计划。加快企业上市步伐，着力打造证券市场“临安板央”，年内新增上市企业1到2家。完善科技创新体系。注重发挥国家级科技孵化器作用，建立多元筹资共建、社会有偿共享的科技公共服务平台，鼓励优势产业建设行业研发中心，推进行业共性、关键技术攻关。坚持以项目为纽带、以推动成果转化为重点，加强与国内外知名院校、在杭高校、浙江林学院以及各类科研院所的合作。强化科技创新保障。健全完善企业信用担保体系，充分发挥风险投资引导基金作用，积极向上争取各类科技创新扶持资金，激活各类创新要素。

4. 突出重大项目带动。坚持把项目建设作为经济转型升级的基础，以大项目支撑大转型。推进科学招商。深入实施“主攻大好高，招引500强”三年行动计划，推进招商体制机制转型，重点围绕装备制造业、现代农业、高端服务业、新城建设等开展大招商，力争引进更多大好高项目，实现世界500强、央企和国内百强企业招引零突破。加快项目建设。按照“储备一批、包装一批、引进一批”的思路，强化项目生成、筛选和包装等前期工作，动态更新招商项目库。坚持项目攻坚常态化，完善项目协调动态机制，实行“一个项目、一套班子、一笔经费”的运作方式，扎实推进全市72个重点项目建设，做到开工一批、推进一批、竣工一批。优化投资服务。推进行政审批制度改革，完成行政机关内部行政许可职能整合工作。深入实施项目代办制，继续实行“一站式”服务，进一步创优项目建设环境。

二、突出绿色低碳，奋力实现生态环境面貌大改善

牢固树立“低碳”理念，坚持保护与利用相结合、传承与发展相结合、开发与再造相结合，以城乡生态建设为重点，大手笔推进生态环境的优化提升。

1. 加快建设生态型宜居宜业城市。按照特色与功能统一、造城与更新兼顾、建设与管理并重的思路，着力提升城市发展水平。大力推进新城和城市综合体建设。加快锦南新城建设步伐，完成控制性详规、专项规划编制和玲三路等主干道路建设，启动建设文化体育会展中心等重点项目，完成市委党校主体工程。扎实推进钱王文化广场建设，抓好临安滨湖商务中心前期工作。加大中心城镇建设力度。落实加快於潜、昌化副中心城市发展相关政策举措，深化产业发展、基础设施、扩权强镇等工作，开展省级中心镇培育试点申报工作，加速构建“中心带动、二副崛起、多镇突破”的生态城镇发展体系。有序推进城区有机更新。大力实施钱王陵太庙区块环境整治工程，确保钱王家庙主体工程竣工。抓好背街小巷、老居民小区改造等工作，完成大学路北延、新环东路北延等城市道路建设。切实发挥“数字城管”作用，加强流动摊贩、文明停车、小区物业等监管，进一步提升城市管理水平。健全区域交通网络。加快实施15省道至临安02省道连接线（长西线）、18省道龙岗至鱼跳段改建工程，抓好地铁五号线、临金高速前期对接和14省道（牧松线）、02省道临安至昌化段改建工程前期工作，确保临余公路临安段建成通车。扎实推进公交一体化工作，提升市域公共交通发展水平。

2. 着力建设“绿色家园、富丽山村”。按照“打品牌、创特色、提水平”的要求，以建设“绿色家园、富丽山村”为总载体，以实施“四大工程”为主抓手，深入推进新农村建设。大力实施绿色新环境打造工程。推进村庄整治，深化“清洁乡村”活动，加快实施“千库保安”、“万里清水河道”、“千里富民林道”等工程，建立健全乡镇、村两级农村生活垃圾收集处置体系，因地制宜建设一批产业、生态旅游、文化特色村，力争今年建成首批5个特色村、5个精品村，并按原行政村完成100个整治村建设。大力实施绿色新产业提升工程。积极引导农民从事多元化特色种养业，加快发展农村来料加工业、现代家庭工业和乡村休闲旅游业，提高农民资源性收入和工资性收入，确保低收入农户控制在0.5%以下。鼓励行政村依托自身优势，用足用好村集体留用地政策，投资建设标准厂房、农民工公寓等物业经营项目，发展壮大以物业经营为主的村级集体经济，实现以村富促民富。大力实施绿色新社区建设工程。完善农村社区功能，完成5个乡镇和70个村的农村社区服务中心建设，着力强化农民养老保险、农村合作医疗、被征地农民基本生活保障和农村社会救助等公共服务。大力实施绿色新文化培育工程。开展“文明乡风进万家”活动，扎实推进文明乡镇、文明村（社区）、文明单位、文明家庭创建工作，逐步实现文明创建行政村全覆盖，全面提升农村文明水平。

3. 巩固深化生态市创建成果。以国家级生态市通过考核验收为契机，以迎接国家卫生城市复检为新的起点，进一步巩固和提升生态建设成果。切实加强生态建设投入，按照建设生态文明要求，编制并实施省生态文明示范市试点规划。实施开发区、功能区生态化改造，强化节能减排，继续推进工业节能减排减碳，加大落后产能淘汰力度。加快乡镇污水处理厂管网等配套设施建设，进一步抓好“88”、“1010”工程后续建设和运营工作。深入开展打造“清洁城区”活动，积极探索市场化保洁机制。加大考核监管力度，进一步完善生态补偿机制，积极探索排污权交易制度，继续实行生态工程与生态市建设“一票否优”。树立经营生态理念，放大生态财富效应，依托生态优势集聚更多人流、物流、信息流和资金流。

三、突出创新创业，奋力实现生态文化传承大发展

牢牢把握低碳时代发展趋势，以提升文化软实力为要求，坚持传承发展吴越文化，与时俱进地注入绿色低碳和创新创业的时代内涵，不断丰富发展独具临安特色的生态文化。

1. 加快发展文化事业和文化产业。以完善市乡村三级文体公共服务体系为抓手，进一步推进文体事业发展。加快文化事业发展步伐。市级层面重点做好文体中心、博物馆、图书馆的规划建设工作，乡镇（街道）重点加快综合文体站建设，力争年内全部动建，各行政村重点巩固图书室、健身苑点全覆盖成果，并将健身苑点向自然村延伸。巩固和创建一批省、杭州市级东海文化明珠和体育强乡镇，不断丰富群众文化体育活动，全年送戏下乡300场、送电影下乡3000场，办好第七届“森博会”和临安市第十二届全民运动会。继续抓好文艺创作，做好文化遗产保护利用和第三次全国文物普查工作。积极引导文化产业发展。着力培育市场主体和文化门类，加强各类文化市场建设和管理，推动各门类文化产业协调发展。突出抓好文化创意产业发展，制定实施发展规划，落实产业政策，重点扶持发展动漫游戏、艺术品、文化休闲、设计服务、教育培训、节庆文化等六大门类文化创意产业。加快建设太湖源动漫文化创意产业园，通过筑巢引凤吸引更多的现代创意企业入园发展，着力打造集动漫培训、动漫制作和动漫衍生产品孵化中心、信息服务业四大功能为一体的创意产业中心。依托临安高新园，重点规划发展工业设计、软件外包、服装设计等产业，培育壮大创意产业集聚区。

2. 大力弘扬创新创业文化。改革开放以来，临安始终坚持在创新中创业，在创业中创新，形成了以创新创业为核心的时代精神。推进临安发展新跨越，指导创新创业实践，必须大力弘扬海纳百川的开放精神，以思想解放为先导，兼容并蓄，加快融入，努力形成高起点、全方位、宽领域的开放新格局。必须大力弘扬敢为人先的开拓精神，勇于抢先、善破难题、敢于担当、宽容失败，鼓励人们想干事业、支持人们干成事业。必须大力弘扬创新突破的拼搏精神，直面挑战、敢干会干，真正干成一批事关临安长远发展的大事，推动临安加快跨越赶超。必须大力弘扬埋头苦干的求实精神，立足现实基础，找准工作切口，全心干事创业，以发展的实际成果来评判工作。必须弘扬同舟共济的合作精神，始终胸怀全局，坚持目标同向、工作同心，利益共享、责任共担，相互支持求合力，团结协作出成果。

3. 积极倡导低碳文化。低碳理念揭示了生态文化的本质，低碳文化作为生态文化的高级形态，越来越对经济社会发展产生重大而深远的影响。将低碳理念融入经济发展、城市建设和人民生活，着力发展低碳经济、倡导低碳生活、构建低碳社会、建设低碳城市，有利于我市加快产业转型升级，培育经济新增点，提升经济竞争力；有利于改善生态环境，提升城市品位，提高临安的对外知名度和美誉度；有利于提高人民生活品质，促进人与自然和谐发展，走出一条以低碳排放为特征的文明发展道路。我们必须充分认识低碳时代对临安发展的深远影响和重大意义，进一步把低碳理念渗透到工作部署和落实过程中，主动谋划，未雨绸缪，牢牢把握未来实施碳交易背景下的发展主动权。坚持从人们的生活方式抓起，引导合理消费、适度消费，坚决摒弃各种浪费能源、高碳排放的粗放型生产生活方式，树立节约能源、减少排放的可持续消费观，促进人们日常生活的“衣、食、住、行、用”等逐步向低碳模式转变，养成健康的生活方式和生活习惯，使低碳文化逐渐成为社会新风尚。

四、突出民生为本，奋力实现生态社会建设大提升

坚持以推动公共服务均等化为重点，切实保障和改善民生，提升群众生活质量，加强社会建设和管理，着力构建人与人、人与社会和谐发展的生态社会。

1. 加快教育卫生事业发展。优先发展教育事业。有序推进学校布局调整，建成锦城五中，加快推进青山初中等学校项目建设，进一步整合小学及学前教育资源，确保通过杭州市学前教育达标市评估验收。深入实施“名师名校长”和省市领雁工程，突出抓好高中段教育，加快发展职业教育，规范发展民办教育，促进城乡教育均衡发展、教育质量稳步提升。提升卫生服务水平。以卫生强市创建和农村卫生改革试点为契机，整合市级医疗卫生资源，实施乡镇卫生院托管和局部区域一体化管理，积极探索公立医院改革。加强卫生基础设施建设，实施昌化人民医院整体搬迁，完成临安人民医院医技楼扩容改造和标准化乡镇卫生院、村卫生室（社区卫生服务站）建设。扎实推进健康城市建设，抓好重大疾病防控，继续加强人口计生工作。

2. 加大社会保障力度。全面落实促进就业政策，启动城乡互动的就业信息网络建设，鼓励大学生和“新临安人”等群体通过创业带动就业，抓好农村充分就业工作，实施建站、发证、帮扶、培训“四管齐下”，确保新增城镇就业岗位6000个，实现再就业3000人。健全失地农民生活保障制度，实现即征即保。制定实施新的城乡居民社会养老保险政策，提高农村居民养老保险参保率。完善医疗保险政策和机关事业单位养老保险政策，推行独生子女平安保险。做好农村“五保”户、城镇“三无”人员集中供养，抓好重度残疾人基本生活补助和低保边缘困难家庭临时救助工作。深入开展“春风行动”，完善企业定向慈善捐赠制度。切实抓好社会保障基层基础工作，实施片区户联系制度，推行网格式管理、组团式服务。制定出台人才专用房政策，建立廉租房退出机制，完成第四期保障性住房主体工程建设。扎实推进公积金扩面工作，放宽公积金提取条件。继续抓好老龄工作，加强企业退休职工社会化管理。高质量完成青川县金子山乡援建任务。

3. 加强社会管理和民主法制建设。按照完善工作思路，创新工作方法，确保和谐稳定的要求，深化平安临安、法治临安创建，全面完成“五五”普法教育和“三五”依法治市工作。严格落实信访维稳责任制和责任追究制，继续推进民主法治村（社区）创建。强化基层基础，完善相关制度，努力解决群众诉求。推进社会管理创新，健全完善社会治安防控体系，继续保持对各类违法犯罪活动的高压态势。加强流动人口服务管理，实现流动人口犯罪率零增长。强化廉洁公正执法，加强执法办案队伍管理和信息化建设，不断提升保障社会公平正义的能力水平。强化安全生产管理，抓好食品药品安全监管，有效应对突发公共事件，确保社会和谐稳定。切实抓好市委《关于进一步加强和改进人大工作的意见》和《关于进一步加强人民政协工作的意见》的落实，支持人大依法履行职能，保障人大代表依法行使职权，充分发挥人大代表在体察民情、反映民意、集中民智方面的重要作用。支持政协履行职能，充分发挥政协委员的作用，把政治协商纳入决策程序，完善民主监督机制，提高参政议政实效。贯彻党的对台、侨务和外事政策，加强对工会、共青团、妇联的领导，支持他们按照法律和各自的规章创造性地开展工作。加强对人民武装和国防后备力量建设的领导，开展国防教育，推进军民融合式发展。

五、突出党建科学化，为实现新跨越提供坚强保障

做好今年各项工作，关键在党。全市各级党组织要以党的十七届四中全会精神为指导，全面提升我市党建科学化水平，为实现杭州西郊现代化生态市建设新跨越提供坚强保障。

1. 着力建设学习型党组织。围绕提高党建科学化水平，把学习贯彻党的十七届四中全会精神，贯穿于全市党建工作各个方面，体现在各项工作之中。认真落实党委中心组学习制度，充分发挥各级党委、党组理论中心组和各级领导干部在建设学习型组织中的示范带头作用，引导广大党员干部多读书、读好书、善读书，切实加强理论武装。办好党校各类主体培训班和天目大讲坛，开展“菜单式、联合式、网络式、开放式”培训，重点抓好十七届四中全会精神的学习贯彻。巩固和深化第二批、第三批学习实践活动成果，形成有利于贯彻落实科学发展观的政策导向、舆论导向、用人导向和体制机制，进一步推动学习实践向深度和广度发展。

2. 不断加强领导班子和干部队伍建设。探索完善干部任用动议和初始提名程序，认真落实全委会民主推荐、票决重要干部办法，加大竞争性选拔干部工作力度，积极探索干部选拔差额提名、差额推荐、差额考察、差额酝酿、差额票决制度。突出重视基层和崇尚实干的用人导向，建立来自基层一线的干部培养链，努力形成“干部到基层一线锻炼、干部从基层一线选拔”的干部培养选拔机制，让能干事者有机会、干成事者有舞台，不让老实人吃亏，不让投机钻营者得利。扎实推进乡镇与机关部门干部之间的双向交流，进一步优化班子结构和功能。重视市管后备干部队伍建设，规范后备干部产生程序，拓宽后备干部培养渠道。强化干部实践锻炼，促使干部在挂职学习中开阔视野、开拓思路，在复杂环境中经受历练、增长才干。健全完善促进科学发展的领导班子和领导干部考核评价体系，探索建立干部动态考核机制。坚持严格管理和关心激励并重，加大政策引导和教育管理力度，促进退出领导岗位干部发挥作用。

3. 加快构筑统筹城乡党建新格局。深化“领头雁”工程，全面加强以村党组织书记为核心的村干部队伍建设。探索开展村党组织书记跨村任职试点工作，加大村党组织书记后备人选的选拔力度。深化农村基层干部培训工作，建立10个左右市级实践培训基地，选派村干部到机关、社区、强村强企挂职锻炼，加强大学生“村官”和农村指导员队伍建设。深化“三级联创”、“先锋工程”创建，建成50个左右“致富型农村党组织、和谐型企业党组织、服务型社区党组织、满意型机关党组织”示范点。加大党建投入，逐步建立资金稳定、管理规范、保障有力的村级组织运转经费保障机制。继续加强党建阵地、村级活动场所规范化建设，提高远程教育管理和学用工作水平。建立健全城乡一体的动态管理机制、立体帮扶的党内关爱机制、覆盖全面的民情联系机制、民主规范的议事决策机制，不断提升基层党建科学化、规范化、制度化水平。

4. 切实提升党管人才工作水平。深入实施“天目彩虹”引智工程五年规划，用足、用活、用好杭州高层次专家资源。推进高层次人才引进工程，全年力争引进100名左右高层次创新人才、1000名左右本科以上学历人才。依托经济开发区、临安高新园、省科创基地，实施“天目英才”计划，积极吸引带项目的科技人才，争取引进2个以上高水平创新团队。依托浙江林学院资源优势，加强互派干部挂职锻炼、合作培养高层次人才、共享科研成果资源等形式的人才合作。建立大学生（留学生）创业园，探索实践“一园多点”模式，吸引和集聚大学生创业项目在创业园内孵化和成长。

5. 扎实推进党风廉政建设。按照加快推进惩治和预防腐败体系建设的要求，进一步抓好反腐倡廉各项工作，着力打造“廉洁临安”。严格落实党风廉政建设责任制，扎实推进惩防体系建设，确保党政领导干部问责、工程建设领域突出问题专项治理等规定落到实处。加快构建权力阳光运行机制，抓好阳光政务运行。加强村级民主监督组织和基层站所规范化建设，提升基层党风廉政建设水平。继续加大执纪办案力度，加强反腐倡廉教育和干部廉洁自律，开展警示教育，严格制度落实，确保党风廉政建设各项规定落到实处。加强和改进党的作风建设，下大力气解决干部作风方面的突出问题，推行“一线工作法”，减少管理层级，切实提升工作效能。

同时，今年是“十二五”规划的编制之年，科学地编制好“十二五”规划，对我市今后五年的发展具有十分重要的意义。要高度重视、加强领导，组织精兵强将全力实施。要把事关我市经济发展全局和长远的重大问题研究深、研究透，前瞻性地提出思路，并广泛地征求各方面的意见，群策群力，集思广益。要特别注重与省、杭州市“十二五”规划的对接，统筹考虑、相互衔接，确保规划高水平、高质量，富有指导性和可操作性。

奋斗饱含艰辛，未来精彩无限。让我们高举生态科技两面大旗，加快转型升级科学发展，实现杭州西郊现代化生态市建设新跨越，共同谱写人民幸福生活新篇章！

政府工作报告

——在临安市第十四届人民代表大会第四次会议上

临安市人民政府市长 王 宏

(2010 年 3 月 3 日)

各位代表:

现在,我代表市人民政府向大会报告工作,请予审议。并请市政协委员和其他列席会议的同志提出意见。

2009 年主要工作

过去一年是新世纪以来临安经济发展最为困难的一年。面对金融危机冲击的严峻形势,市政府认真贯彻落实科学发展观,在上级党委政府和中共临安市委的正确领导下,团结依靠全市人民,坚定信心,沉着应对,全力“保增长、保民生、保稳定”,全市经济社会在逆势中继续保持平稳较快发展。全年实现生产总值 236.49 亿元,增长 10%;三次产业比重为 10.5∶56.3∶33.2;财政总收入 25.51 亿元,同比增长 13.6%,其中地方财政收入 14.04 亿元,同比增长 20.4%;全社会固定资产投资 90.34 亿元,同比增长 14.2%;社会消费品零售总额 62.08 亿元,同比增长 15.6%;城镇居民人均可支配收入 22011 元,农民人均纯收入 10735 元,分别增长 11%和 10.9%;预计万元 GDP 综合能耗下降 5%,化学需氧量、二氧化硫排放量分别减少 14.26%、10.21%;人口自然增长率 0.67‰。成功启动省科创基地(科技城)建设,顺利通过国家级生态市建设考核验收，继续位列全国县域经济基本竞争力百强县（市），荣膺全国现代林业示范市、中国十佳和谐可持续发展城市。

过去一年，我们注重保稳促调，积极应对经济下行压力，市域经济企稳向好，产业结构趋于优化。

着力主攻工业。坚持把送温暖作为保增长的基本保障，把拓市场作为保增长的当务之急。积极落实工业、外贸、金融、拓市场等系列扶持政策，高效运作帮扶企业六大机制，全年减免企业税收、减征社会保险费2.2亿元。组织96家企业参加30个境内外重大会展，1064家企业加入电子商务平台。深入实施工业经济发展三年行动计划，大力推动工业经济转型升级。高新技术产业加快发展，实现产值126.74亿元，同比增长5.6%。新增国家重点支持高新技术企业11家，杭州市级以上企业研发中心4家、技术中心9家，获专利授权798项。新增省级新产品41只、中国驰名商标2件以及省著名商标4件、知名商号3家、名牌5个。先进装备制造业稳步发展，杭氧、杭叉等杭迁企业竣工投产。传统产业转型升级步伐加快，完成技改项目投资37.72亿元。全年实现规模工业销售产值372.93亿元，同比增长6%；净增规模企业107家，累计达862家，其中亿元以上企业达71家；完成工业性投资50.72亿元，同比增长22.1%，增幅连续三年居杭州市首位。

着力提升农业。深入实施“强龙兴农”三年行动计划，实现农业总产值35.9亿元，同比增长8%。提升山核桃、竹笋、蔬菜等传统优势产业，荣获“中国山核桃之都”称号。全面实施振兴茶叶产业五年行动计划，组建运行“天目青顶”品牌战略联盟。新种香榧17.46万株，新增杨桐、柃木设施栽培1411亩。6个生态畜牧养殖小区完成建设，成为全省生态牧业示范样板。国家级山地蔬菜提升项目顺利通过验收，建成杭州都市农业园区5个，创建杭州市农业龙头企业7家、省级示范性农民专业合作社3家。新增无公害、绿色、有机食品认证18个。完成水稻、生猪等9个品种的政策性农业保险参保工作。改造中低产田6689亩，粮食生产能力保持稳定。

着力发展服务业。全面实施现代服务业发展三年行动计划，出台旅游、商贸与物流、金融、房地产等产业扶持政策。大力开展促进消费工作，发放旅游、餐饮消费券1100万元，开展家电、汽车下乡及以旧换新活动。主动接轨“世博会”，融入“西博会”，成功举办第五届浙西旅游合作峰会。太湖源国际动漫文化创意产业园、昌化国石文化城、湍口众安氡温泉等项目开工建设，天目山旅游综合体等工程稳步推进。3G网络开通运营，房地产、中介等其他服务业健康发展。全市接待游客523.5万人次，同比增长8.7%，其中“农家乐”接待游客96.4万人次；实现旅游综合收入28.5亿元，同比增长17.8%，景区门票收入首次超亿元。全年实现服务业增加值78.59亿元，同比增长17.4%。

着力强化发展支撑。制定实施增强工业企业科技自主创新能力政策，杭州市级以上科技项目立项165个，新增省级高新技术特色产业基地2个。推进项目攻坚五大专项行动，成立项目前期工作机构，三级代办服务范围继续扩大。62个重点实施项目完成投资36.42亿元，其中平台基础设施投资3.8亿元。争取中央投资项目22个，累计争取资金4658万元。加快推进国有投融资机构战略转型，优化经营管理。深化政银企合作，帮扶中小企业发展，建立小企业贷款风险补偿基金、创业投资引导基金。金融机构存贷款余额分别达229.14亿元和213.35亿元，中小企业贷款增幅高于全市贷款平均增幅4.5个百分点。企业上市工作扎实开展，“万马电缆”成功上市。加快土地利用规划修编，完成建设用地复垦1621亩，造田造地2970亩，盘活存量土地555亩，向上争取用地指标5514亩。引进硕博士105人、紧缺专业人才166人、高技能实用人才102人。推进电网建设，110千伏杨岭和35千伏西天目输变电工程建成投运，110千伏雅观一、二期变电工程完成建设。

过去一年，我们注重统筹协调，加快融入大都市，扎实推进城镇化，城乡面貌和生态环境持续改善。

开放融入实现新突破。完成K598路公交一体化改造，临余公路临安段完成总工程量的35.2%。成功引进越秀、铁牛、石与木等大企业大集团来临投资。浙江西安交大研究院、中科院长春应化所等18家科研院所签约落户。全年实到内资39.8亿元，同比增长5.7%，实际利用外资1.79亿美元，同比增长77.7%；新增对外投资项目10个；自营出口达6 11亿美元，在杭州区（县、市）中唯一实现正增长。加强与浙江林学院战略合作，“共建现代生态城市、建设国内知名大学”，浙江林学院更名浙江农林大学工作通过全国高校设置评议委员会评审。与加拿大本拿比市、无锡江阴市、西安市雁塔区等结为友好城市。天目山和台湾阿里山缔盟姐妹山。

城镇建管取得新成绩。市域总体规划及昌化、於潜等8个乡镇规划完成编制，制定出台於潜、昌化副中心城市和玲珑街道专项扶持政策。建成万马路北延、圣园路、临水路北延等市政道路。大学路二期、玲三路工程顺利推进。启动锦南新城、钱王文化广场、青山湖综合保护工程建设，市委党校迁建、西墅区块城中村改造、钱王陵太庙区块环境整治工程开工。完成9条背街小巷和1个旧社区改造。新增城市绿地2.3万平方米。“825”人防工程基本建成。加强城市管理，开展市容市貌专项整治，拆除违法建设43518平方米。理顺城市咪表管理体制，数字城管初显成效。

农村发展收获新成果。出台加快推进农村改革发展的实施意见。深化集体林权制度改革，完成板桥、乐平、岛石三个乡镇的试点工作，组建林权管理中心和交易中心，发放林权抵押贷款2000万元。土地流转和规模经营面积达5300余亩。成立兴农担保公司，担保贷款1815万元。推进农村环境整治，完成杭州市级以上村庄整治83个。实施“联乡结村”项目246个，落实帮扶资金2442万元；“低收入农户奔小康”工程结对覆盖率达100%，4845户低收入农户人均纯收入达到3382元。安置下山移民108户347人。新建千里富民林道150公里。完成“万里清水河道”240公里、“千库保安”6座、山塘除险加固72座。2个乡镇和50个行政村完成新农村电气化改造，千万农民饮用水工程建设基本完成。完善防灾减灾体系，省级基层防汛体系建设试点工作基本完成。开展农村社区建设试点，建成乡镇便民服务中心5个、村社区服务中心73个。加强农业信息服务体系建设，在全省率先开展农民信箱“每日一助”活动，万村联网工程实现行政村全覆盖。

交通建设迈出新步伐。昌文线昌化至湍口段建成通车，胥高线夏禹桥至高坎段改建工程完成路面浇筑，18省道龙岗至鱼跳段、长西线开工建设。16省道千秋关隧道建成通车，02省道排山、岳山隧道完成整治。完成农村公路联网、大修、安保工程456公里，改造危桥31座。新建农村客运准四级站4个、港湾式停靠站100个。临安客运东站主体工程全面完工。

生态建设展现新成效。实施30万元以上节能项目55个，18家企业通过杭州市清洁生产验收。开展35家造纸、电镀企业提标改造，实施山核桃加工企业环境污染整治。基本完成“88”“1010”生态工程建设，并投入试运行。“清洁乡村”工作机制进一步优化，农村生活垃圾分区域实行无害化处理，8万吨山核桃蒲壳全部实现科学化处置。全市创建清洁能源利用示范村10个，新增省级生态公益林99531亩。太湖源镇白沙村成为全省首个全国生态文化村。天目山、清凉峰国家级自然保护区建设工作有序推进。

过去一年，我们注重民生为本，不断优化公共服务，全面加强社会管理，群众生活品质稳步提升。

社会事业全面进步。教育优先发展。加快实施学校布局调整，於潜二中建成并投入使用，实施锦城五中、新桥小学等20余个新改扩建项目。启动中小学校舍安全工程。进一步提高生均公用经费，实施义务教育学校绩效工资制度。创建杭州市学前教育先进和达标乡镇5个。顺利通过国家三类城市语言文字工作评估。昌化职高创建为国家级重点职高。文化持续繁荣。举办新中国成立60周年文化献礼艺术周等群众性文体活动500余场次。实现图书室、健身苑点、广播电视行政村全覆盖。新改扩建乡镇综合文体站5个。创建省级体育强乡镇2个、先进街道1个，杭州市级东海文化明珠乡镇1个。参加杭州市第十七届全民运动会，金牌数和总分分列第二、三位。第三次全国文物普查野外调查工作顺利结束。卫生计生事业健康发展。推进卫生强市创建工作，深化医疗卫生体制改革，创新开展农村医疗卫生服务，成为全省农村医疗卫生服务体制机制改革试点县(市)。临安人民医院医技楼扩容改造工程开工建设，昌化人民医院迁建工程启动前期工作，6家乡镇卫生院、12家社区卫生服务站、76家村卫生室完成标准化建设。创建杭州市级卫生强乡镇2个。完成第二轮参合农民健康体检26万人。全力做好甲型H1N1流感等传染病防控工作。继续稳定低生育水平，计划生育率达到98.2%。

社保体系继续完善。全年一般财政预算支出的73%用于民生保障。完善促进就业工作机制，新增城镇就业岗位7030个，实现就业再就业2978人。加强普通高等学校毕业生就业工作，促进高校毕业生就业2100人。完成农民素质培训21616人，实现农村劳动力转移就业5634人。深化和谐劳动关系企业创建，制定行业工资集体协商制度。扩大社会保险覆盖面，出台城乡居民社会养老保险政策。新增企业职工基本养老保险、基本医疗保险和工伤保险22239人，新型农村合作医疗参合率达到98.1%。完善社会救助体系，建立低保边缘及困难家庭临时救助制度和特殊困难外来务工人员救助办法。提高城乡低保标准，农村五保和城镇“三无”对象集中供养率分别达到93.4%、97%。第四期保障性住房项目启动建设，全年廉租房保障180户，完成农村困难群众危旧房救助200户。住房公积金完成归集2.5亿元，惠民力度进一步加大。“农村星光老年之家”实现行政村全覆盖，建成居家养老服务站（中心）22个。“春风行动”、红十字、慈善救助困难群众达5900余人次。

社会管理不断加强。强化社会治安综合治理，推进“平安临安”“法治临安”建设。加强司法行政基层基础工作，178个村完成人民调解室规范化建设，“和事佬”协会实现乡镇村全覆盖。加强打防控一体化建设，扎实开展“打黑除恶”、打击“两抢一盗”专项斗争，坚决查禁“黄赌毒”等社会丑恶现象，大力整治酒后驾车等违法行为。加强流动人口管理，成立流动人口服务管理所（站）18个。高度重视信访工作，有效化解信访积案，信访秩序明显好转，国庆60周年维稳工作成效明显。开展“十小”行业整规工作，实施农产品质量安全追溯管理。成功创建省食品安全示范市。安全生产事故三项指标继续保持“零增长”。“8·13”清凉峰自然灾害等突发事件得到妥善处置。

过去一年，我们注重高效廉洁，着力推进政府自身建设，工作作风更加务实，服务能力不断增强。

制定实施开放式决策程序规定，政府常务会议重大民生决策实行网络视频直播。加强法律、理财、规划三大政府顾问团建设，财政、土地、城镇规划审批联席会议制度得到严格落实。重视网络舆情，开展市政府成员与网民对话活动。深化政府信息公开工作，累计公开信息1.3万条。主动接受人大、政协和社会对政府工作的监督，定期向人大、政协通报经济社会发展情况，认真落实政府与政协、总工会等各类联席会议制度。全年办理代表建议、委员提案307件，满意和基本满意率达100%。深入开展构建权力阳光运行机制试点工作，行政权力运行进一步规范。继续深化第四轮行政审批制度改革，清理和规范非行政许可审批事项，启动第一批市级行政机关内部职能整合改革工作。加强公共资源招投标统一平台建设，规范工程招投标、政府采购和产权交易行为。严格落实党风廉政建设责任制，整治工程建设领域突出问题，对33个政府投资项目实施跟踪审计监督，净核减工程造价3345万元，开展重点专项资金绩效审计和民生资金审计33项。有效降低行政成本，专项经费、会议经费实现“零增长”，严格控制公务出国（境）、公车采购。政府为民十件实事办理取得实效。

同时，第二次全国经济普查工作全面完成。民族、宗教、侨务、对台等工作取得新进展，民兵、兵役、气象、档案、地方志、老龄、残疾人等工作进一步加强，支持工青妇等人民团体工作力度进一步加大。对口支援四川省青川县金子山乡恢复重建工作顺利推进。

各位代表，2009年，我们面临的挑战前所未有，我们取得的成绩来之不易。这些成绩的取得，离不开上级党委政府和市委的正确领导，离不开市人大、市政协的监督支持，离不开全市广大干部群众的共同努力。在此，我代表市人民政府向各位人大代表、政协委员和全市人民，向各民主党派、工商联、无党派人士、人民团体，向离退休老同志，向驻临单位、驻临部队和浙江林学院，向所有关心、支持临安建设和发展的同志们、朋友们表示崇高的敬意和衷心的感谢！

在肯定成绩的同时，我们也清醒地看到存在的矛盾和困难，主要是：经济回稳的基础尚不牢固，部分企业经营仍然困难；经济结构调整难度加大，产业转型升级任务繁重；农业基础设施和农村公共服务相对薄弱，区域发展不平衡状况尚未根本改变；资源和环境约束日益突出，项目推进难度依然较大；政府工作效能有待进一步提高。对这些问题，我们将高度重视，采取有力措施，切实加以解决。

2010年发展目标和总体要求

2010年是实施“十一五”规划的最后一年，也是经济形势十分复杂的一年。随着“后金融危机时代”的到来，国际贸易保护主义抬头、通胀预期升温、人民币升值压力加大等复杂因素相互交织，我市将面临拓展外需市场、提升消费水平、保持投资增长、加快转型升级等重重考验。但是必须看到，世界经济复苏的大趋势将不会改变，国际要素重组和产业转移的总体态势将不会逆转；必须看到，国家将继续实施积极的财政政策和适度宽松的货币政策，区域一体化发展进程将逐步加快，杭州已把发展郊区经济作为转变经济发展方式的重中之重；必须看到，我市通过连续几年的打基础、建平台、增后劲，理顺了机制，集聚了要素，成功引进了一批重大项目，为发展积蓄了力量。这些有利因素，必将使临安经济社会发展迸发出更大活力，创造出更大业绩，实现生态经济转型大推进、生态环境面貌大改善、生态文化传承大发展、生态社会建设大提升。

基于以上形势分析，根据市委十二届十一次全会精神，2010年政府工作的指导思想是：以中国特色社会主义理论体系为指导，以科学发展观为统领，全面贯彻落实党的十七届四中全会、中央经济工作会议、省委十二届六次全会和杭州市委十届七次全会精神，高举生态科技两面大旗，以加快转型升级为主线，以建设青山湖科技城为引擎，以发展低碳经济、建设低碳城市为方向，以改善民生为根本，以加强政府管理和服务为保障，真抓实干，奋力突破，实现杭州西郊现代化生态市建设新跨越。

建议2010年全市经济社会发展的预期目标为：全市生产总值增长10%以上；规模以上工业销售产值增长15%以上；农业总产值增长7%；全社会固定资产投资增长13%以上，其中工业性投资增长10%以上；社会消费品零售总额增长15%，服务业增加值增长14%；自营出口增长5%；财政总收入和地方财政收入均增长12%；城镇居民人均可支配收入和农民人均纯收入均增长9%；城镇登记失业率控制在4%以内；人口自然增长率控制在3‰以内；全面完成“十一五”节能减排目标任务。

在具体工作中，努力把握好以下四个方面：

——坚持科技引领。始终把科技创新作为转型升级、科学发展的第一驱动力。牢牢把握省科创基地（科技城）落户临安的重大机遇，着力打造科技创新主引擎，集聚科技创新资源，加大科技创新投入，激活科技创新要素，增强科技创新能力，转化科技创新成果，加快形成以科技创新为动力的增长结构、自主创新型企业为核心的企业结构、高新技术产业为主导的产业结构。

——彰显生态优势。始终把生态作为临安的最大特色、最强优势、最响品牌。充分发挥生态综合效应，变生态优势为竞争优势、发展胜势；加快建设“生态型宜居宜业城市”和“绿色家园、富丽山村”，继续加强环境保护，着力发展低碳经济，推进低碳交通，倡导低碳生活，打造低碳环境，构建低碳社会，力争低碳城市建设走在前列，努力实现经济建设与生态建设有机统一、良性循环。

——突出项目带动。始终把项目建设作为保增长、扩内需、促统筹的关键之举。按照“项目化管理、制度化推进”的要求，强化政策引导，积极向上争大项目，千方百计引大项目，全力以赴建大项目，以大项目带动产业、城乡、区域结构调整，带动经济社会的全面转型和跨越发展。

——注重民生改善。始终把改善民生作为政府工作的出发点和落脚点。在发展理念上突出为民，坚持以群众呼声为第一信号、群众利益为第一追求、群众满意为第一标准，不断增强为民服务的责任意识；在经济发展上突出富民，扶持中小企业发展，培育新兴产业，鼓励创业创新，拓宽增收渠道；在社会发展上突出惠民，推动公共资源向民生领域倾斜，协调发展各项社会事业，健全大社保体系；在社会管理上突出安民，加强矛盾化解，深化社会治安综合治理、信访、安全产生和食品安全工作，积极创造和谐稳定的社会环境。

切实转变发展方式，加快推动转型升级

推动转型升级是实现杭州西郊现代化生态市建设新跨越的根本路径。必须坚定不移地依托生态优势、依靠科技创新，加快构建现代产业体系，全面推进低碳经济发展。

强势推进省科创基地（科技城）建设。按照“三高四区”要求，围绕“国际领先、国内一流”目标，制定实施青山湖科技城建设三年行动计划，完成115平方公里概念性规划、核心区城市设计和青山组团控制性详规修编。建成大园路、经六路、纬九路等核心区主干道路和跨苕溪桥梁工程，完成核心区基础设施投资任务。支持科研院所建设公共服务平台，启动生活服务等配套设施建设。全面动建16家省部属入驻院所，加快研发区、中试区建设，完成部分院所的中试区主体工程。做好杭州电子科技大学信息工程学院等项目前期工作，开工建设浙江警察学院临安校区。加快核心区造城步伐，推进科技城城市综合体建设。强化环境整治与再造，加大征地拆迁和旧城改造力度。继续加强招院引所，引进1家~3家国内外知名院所入驻。完善管理体制，组建省科创基地（科技城）建设管委会，提高工作的规范化、高效化水平；创新建设模式，吸引风险投资和民间投资参与科技城建设。

大力推进新型工业化。壮大高新企业队伍，新增国家重点支持高新企业8家，高新技术产业产值占规模工业的

35.3%。鼓励企业自主创新，新增杭州市级以上企业研发中心3家、技术中心5家、新产品25个，新产品产值率达到12%；新增授权专利500项，发明专利占5%，研究与试验发展经费支出占生产总值比重提高到1.5%。新增省级以上名牌2个、省市著名商标和知名商号9个。加快临安高新技术产业园建设步伐，完成控制性详规修编和产业服务中心主体工程，拉通园区路网框架，推进产业示范区及信耳恒生高科技产业基地建设。加强国家级科技孵化器建设，孵育电子信息、新能源、环保、物联网等新兴产业相关企业。大力推进铁牛集团年产50万套汽车无级变速箱和西子大飞机舱门制造等重大工业项目，充分发挥杭氧、杭叉等杭迁企业的龙头作用，引进、发展上下游企业，推动先进装备制造业集群发展。加快电线电缆、绿色照明、装饰纸等传统产业改造提升，开展共性关键技术攻关，优化产品结构，提高产业综合实力和竞争力，争创中国节能电光源制造基地。扩大规模工业占比，新增规模企业60家。大力培育大企业大集团，新增亿元以上企业5家。

加快推进现代服务业。坚持发展生产性服务业与生活性服务业并重，深入实施现代服务业发展三年行动计划，完善和实施相关产业扶持政策。加快天目山旅游综合体、湍口众安氡温泉等项目建设，推进中都青山湖畔大酒店创五星和浙江国际旅游集团以柳溪江景区为母体的上市工作，改造提升大明山景区。开展“农家乐”办证省级试点工作，规范“农家乐”乡村旅游发展。整合旅游资源，丰富文化内涵，强化旅游形象宣传和市场推介，提高旅游目的地管理水平，打造休闲健康品牌。全年接待游客550万人次，实现门票收入1.1亿元、旅游综合收入30亿元。加快发展商贸与物流业，积极引进新型商贸业态，改善提升商贸服务功能，大力发展特色潜力行业。推进家政培训基地、昌化国石文化城、天目屠宰场迁建、浙皖农贸城二期、开发区天柱街商业中心等项目建设，启动建设横畈物流中心。编制文化创意产业规划，建设文化创意特色街，完成太湖源国际动漫文化创意产业园一期工程，承办第六届中国四大名石雕刻艺术展。积极发展信息服务业、软件业、中介服务业等其他服务业，加快推进工业企业分离发展服务业工作，促进建筑业做大做强。制定实施政策措施，积极发展总部经济、楼宇经济。

有效推进现代农业。全面完成“强龙兴农”三年行动计划。发展设施农业，大力推广微蓄微灌、钢架大棚、农业机具等设施，积极推进现代农业园区建设，大幅提高设施农业的比重。建设生态农业，实施山核桃生态化经营1万亩、雷竹退化林改造1万亩，建设生态畜牧养殖小区5个，新种香榧12万株，完成测土配方施肥26万亩。做大品牌农业，扩大“天目青顶”等“天目”系列特色农产品品牌效应，新增无公害、绿色、有机农产品10个，证明商标1件。提高组织化程度，新增杭州市级以上农业龙头企业3家，创建规范化专业合作社5家，着力打造中国坚果加工基地和交易集散中心。增强保障能力，完善基层防汛体系建设，完成“千库保安”3座、“百库脱险”61座、“万里清水河道”整治240公里、水土流失治理30平方公里，完成英公水库除险加固工程和三口、湍口、大峡谷3个小流域治理项目；继续推进政策性农业保险工作。稳定粮食综合生产能力，改造中低产田5000亩，完成市中心粮库迁扩建主体工程。

积极推进节能减排减碳。巩固国家生态市和环保模范城市创建成果，启动省级生态文明试点示范市创建工作。强化能源和环境监察，严格执行投资项目能源评估制度、建设项目环境影响评价和环保“三同时”制度。实施节能技改项目30个；实行重点耗能企业季度定额管理，继续开展淘汰关停“小造纸”、“小水泥”专项工作；加大行政机关、事业单位节能降耗考核力度。实施国家水体污染控制与治理科技重大专项；完成“1250”项目50个；扩大企业污染源在线监管面，全面开展山核桃加工企业污染整治；加大集镇污水处理截污纳管力度，提高城乡污水处理能力，积极探索排污权交易制度。主动将低碳理念融入经济发展、城市建设和人民生活。推行清洁生产，发展循环经济，积极推广太阳能、空气源、沼气、沼液等清洁能源和中水回用、垃圾无害化处理技术，新增省、杭州市清洁生产企业10家；积极培育低碳产业，推广低碳技术和低碳产品，着力推动产业结构低碳化。实施既有建筑节能改造，严格执行新建建筑绿色标准，着力打造低碳建筑。加强低碳文化宣传，普及低碳知识，鼓励绿色消费，倡导绿色出行，着力培育低碳生活方式。继续实施青山湖综合治理保护工程，加强天目山、清凉峰国家级自然保护区建设，强化生态公益林保护，争创全国碳汇林业示范市，着力增强碳汇能力。

坚持投资、消费、出口并重
保持经济平稳较快增长

保持经济平稳较快增长是实现杭州西郊现代化生态市建设新跨越的重要基础。必须正确处理投资、消费、出口的关系，更加突出投资与消费在经济增长中的作用。把加快转型升级和保持经济平稳较快增长有机统一起来，在转型中保增长，在增长中促转型。

积极扩大有效投资。继续实施“683”投资促进计划，力争全年固定资产投资冲百亿。坚持项目攻坚常态化，完善项目协调推进机制，狠抓项目落地率、开工率、产出率，72个重点实施项目完成投资41.92亿元。突出抓好省级重点项目、新增中央预算内投资项目的申报和管理，加强重点项目储备，科学谋划“十二五”重大项目。继续实施招商引资三年行动计划，积极运用“以企引企”、平台、地块、产业等招商方式，充分借用临安商会、友好城市、台侨胞等有利资源，开展招强引优工作。精心举办第七届“森博会”“融入世博会、接轨大上海”等主题活动，组织境内外重大招商活动15次以上。全年实到内资40亿元，实际利用外资1.1亿美元，力争在招引世界500强企业上实现零的突破。

促进消费较快增长。严格执行最低工资标准，深入实施低收入农户奔小康工程，多渠道增加城乡居民收入，增强居民消费能力。加强特色商街、专业市场建设，组织开展“购物节”、“山珍美食节”等活动，有效扩大居民消费需求。促进农村连锁经营规范发展，加快连锁

超市进校园步伐。继续开展家电、汽车等下乡活动，进一步开拓农村消费市场。加强“新网工程”建设，严格执行粮油、猪肉等生活必需品和农资商品淡季储备制度，确保市场供应，稳定商品价格。加大住房公积金扩面、归集力度，制定出台置换性贴息贷款政策。规范商品房市场管理，鼓励居民自住型、改善型住房消费，新培育服务示范企业10家，促进房地产业稳定健康发展。积极培育汽车、通信、文化、健身、信息等新兴消费热点。

推动出口稳定增长。继续实施外贸扶持政策，帮助企业争订单，不断拓展新兴市场，延伸海外营销网络。组织120家企业参加境内外重要展会90次以上。鼓励企业发展电子商务，新增开发运用企业400家。精心培育出口主体，新增出口实绩企业60家。加强主要产品、主要企业的预警机制建设，增强应对能力，降低出口风险。引进杭州海关物流监管中心落户开发区，方便企业办理出口通关手续。深入开展争创杭州市“双百”活动，争取成为省市出口基地，优化产品出口结构，提高科技含量和附加值。鼓励企业开拓境内外投资新领域，实现境外投资1050万美元。

强化发展要素保障。全面完成乡镇(街道)土地利用总体规划编制。开展“365”节约集约用地行动，有效提高土地利用率。依法、规范、有序开发矿产资源。积极争取用地指标，综合开发低丘缓坡资源。推进城乡用地增减挂钩工作，规范村级留用地管理，完成建设用地复垦1700亩、造田造地2500亩，盘活存量土地500亩。制定实施国家级试点和基地拓展区三年行动计划，推进经济开发区整合提升工作，加大工业平台建设力度。落实金融扶持政策，引进金融分支机构1家。引导金融机构优化信贷结构，力争年末新增贷款38亿元，其中工业贷款占比达38%。发挥中小企业贷款风险补偿基金、创业投资引导基金作用，加强中小企业担保机构、小额贷款公司以及民间借贷的监管，引导民间资本参与市政设施、工业平台等领域建设。加强国有投资公司管理，提高经营和投融资能力。深化企业上市工作，力争1至2家成功上市。加快电力设施建设，超前谋划中心城镇供电设施配套建设，力争投运220千伏方圆等输变电工程，开工建设220千伏瓶青二回路等输变电工程。积极开展招才引智工作，加大创新团队和创新人才引进力度，引进本科以上人才1000名、高层次创新人才100名。实施人才培养“四项工程”，提高人才队伍综合素质。

加大统筹协调力度，推进城乡一体发展

统筹城乡发展是实现杭州西郊现代化生态市建设新跨越的基本方略。必须坚持主城、副中心城市及中心镇协调发展，全面建设“绿色家园、富丽山村”，着力推进城乡基本公共服务均等化，努力构建城乡一体化新格局。

提升城镇综合功能。调整完善城市控制区详规、修建性详规、重点区域城市设计。全面动建锦南新城，建成主干道路，完成党校迁建项目主体工程，启动体育文化展览中心建设。全面动建钱王文化广场、烈士公园，开工建设市图书馆，确定市博物馆规划设计。完成钱

王陵太庙区块环境整治，推进玲珑山公园基础设施改造。完善城镇路网架构，完成临余公路临安段、玲三路、城中街西延、大学路北延、新环东路北延工程；完成青山湖街道临石路北延、昌化镇江滨路新建工程，启动於潜镇杏花路北延等城区框架道路建设。落实副中心城市专项扶持政策，积极开展省级中心镇培育、申报工作。完善数字城管系统，开展市容重点、难点问题专项整治，强化部门协作，巩固长效管理机制，提高城市管理水平。完善乡镇城管执法网络，依法加大城乡防违控违拆违力度。

加快农村改革发展。以建设“绿色家园、富丽山村”为总载体，深入推进新农村建设，大力实施绿色新环境打造、绿色新产业提升、绿色新社区建设、绿色新文化培育工程。推进农村新社区建设，建成5个乡镇（街道）便民服务中心，完善55个行政村社区服务中心的服务功能。深化乡镇财政体制改革，发展壮大农村集体经济。推进农村土地流转，建设镇、村服务平台，新增流转和规模经营土地5000亩。深化集体林权制度改革，健全林权管理中心、交易中心服务机制，实现林权抵押贷款8000万元。完善农村金融服务体系，加快村镇银行建设，加强兴农担保公司运作管理，创建信用镇1个、信用村30个、信用户1万户。促进农民持续增收，培训农民2万人次，转移就业5000人；加快发展家庭来料加工业，增加非农收入。深入开展“清洁乡村”活动，推进农村改厕、“清洁庭院”工作。实施“农民安全饮水工程”，提升农村饮水安全标准。

统筹城乡交通建设。完善交通设施，改善城乡路况，不断提高通行效率。全面推进15省道至02省道连接线（长西线）改建工程，完成主干线征地拆迁工作，贯通青山至横畈支线道路。18省道龙岗至鱼跳段改建工程完成路基的70%。积极推进14省道（牧松线）、02省道临安至昌化段改建工程等项目前期工作，做好杭州地铁五号线延伸至临安轨道交通以及临金高速的前期对接工作。推进城区公交一体化改造，启动临安公交总站和青山客运中心站建设，进一步优化群众乘车环境。

牢固树立民本理念，促进社会和谐稳定

保持社会和谐稳定是实现杭州西郊现代化生态市建设新跨越的根本前提。必须把改善民生、发展社会事业摆在更加重要的位置切实加以推进，着力解决一批热点、难点问题，妥善处理各类利益关系，全力保障人民群众安居乐业。

全面发展社会事业。加快中小学布局调整，完成锦城五中、昌北中学、青山初中一期、新桥小学等新改扩建工程。有序推进校舍安全工程，消除学校安全隐患。完成5所乡镇中心幼儿园建设，创建杭州市学前教育先进乡镇2个、达标乡镇5个，通过杭州市学前教育达标（县）市评估验收。大力发展职业教育，加强校企合作，提高职业教育质量。支持和规范民办教育健康发展。推进名师名校长培养工程，加强师资队伍建设，切实提高教育内涵和发展水平。完善公共文化服务体系，创建杭州市级以上“东海文化明珠”乡镇2个。打造群众文化品牌，加强文化艺术人才队伍建设，多出精品力作。完成第三次全国文物普

查，编制历史文化遗产名录，力争《钱王传说》列入国家非物质文化遗产名录，出版发行《临安市志》。发展全民体育，举办第十二届全民运动会、第三届残疾人运动会。大力开展全民健身运动，新增省市体育强乡镇3个以上。深化医疗卫生体制改革，全面开展省农村医疗卫生服务体制机制改革试点工作，整合医疗资源，降低医疗费用，方便群众就医。继续完善卫生基础设施，加快临安人民医院医技楼扩容改造和昌化人民医院、精神卫生中心迁建，完成市口腔医院搬迁。加大医技人才培养、引进力度，加强疾病防控、卫生监督和妇幼保健工作，促进中医药事业健康发展。继续推进省级卫生强市创建，全面启动健康城市建设，广泛开展爱国卫生运动，扎实做好杭州市级以上卫生乡镇创建工作。完善人口计生优质服务体系，规范流动人口服务管理，深化免费服务券工作，人口计划生育率保持在97%以上。

继续强化社会保障。全面落实促进就业政策，全年新增城镇就业岗位6000个，组织就业再就业培训6000人次，实现再就业2500人。巩固充分就业社区创建成果，开展充分就业村创建活动，推进充分就业乡镇（街道）创建工作。动态消除城镇零就业家庭，加大低收入农户家庭劳动力就业、残疾人就业援助力度。着力破解企业招工难，新增省外劳务输入基地2个，建立用工信息即时对接机制。优化人力资源服务环境，启动建设城乡互动的就业信息网络，推进人才市场与劳动力市场整合工作。健全基层劳动保障机构，加大劳动保障监察网格化、信息化管理力度。大力推广行业职工工资集体协商制度，构建和谐劳动关系。全面实施城乡居民社会养老保险政策，构建新型养老保障体系。完善医疗、失业、工伤、生育保险政策，推行计划生育保险。完善被征地农民社会保障制度，加快锦城新联、板桥如龙安置小区建设。加强农村五保和城镇“三无”对象集中供养。建成社会福利中心、福利康复中心。做好重度残疾人基本生活补助和低保边缘困难家庭临时救助工作。深入开展“春风行动”、红十字救助和慈善捐赠，加大困难家庭子女的教育资助和弱势群体的综合性帮扶力度。提高企业退休职工社会化管理水平。开展关心“新临安人”生产生活系列活动，继续救助特殊困难外来务工人员。

切实加强社会管理。全面完成“五五”普法教育和“三五”依法治市工作。深化“平安临安”“法治临安”建设，推行重大事项社会稳定风险评估制度。加强社区、农村警务建设，完善治安监控设施，动态视频监控网络逐步从城区向中心集镇延伸，严密防控、严厉打击各类犯罪活动。做好上海世博会等重大节庆活动的维稳、安保工作。提高乡镇（街道）综治工作中心规范化水平，全面推行乡镇（街道）法律顾问制度，完成司法所规范化建设。构建大调解格局，完善多元化矛盾纠纷解决机制，落实排查、接访、化解机制，进一步规范信访秩序。严格落实安全生产责任制，加强道路交通、矿山、学校、旅游景区等重点领域的安全监管，严格山核桃安全采收管理，确保安全生产事故三项指标“零增长”。健全食品药品安全责任体系，深入开展“十小”行业整规与药品专项整治。深化社区共建，开展社区规范化建设，强化社区服务功能。

新的一年，我们将紧紧围绕人民群众最关心、最直接、最现实的利益问题，进一步完善为民办实事的长效机制，努力办好以下十件实事：

1. 强化城乡住房保障，200户城镇低收入困难家庭享受廉租房政策，改造农村困难群众危旧房310户；完成第四期保障性住房一期主体工程量的50%，启动二期建设；出台人才专用房政策。

2. 实施“绿色家园、富丽山村”四大工程，建设精品村5个、特色村5个、整治自然村100个。

3. 建设农村联网公路30公里，实施农村公路大中修60公里，改造农村危桥40座。

4. 以创业带动就业，建成大学生创业园，启用创业平台，开展大学生创业培训500人次。

5. 加大新农村电气化建设力度，建成29个电气化村和1个电气化乡镇（街道）。

6. 实施千里富民林道建设，加大资金扶持力度，建成林道200公里。

7. 完善社区卫生服务网络和城乡社会保障管理体系，实现全市社区卫生服务、行政村劳动保障室全覆盖。

8. 丰富群众文化生活，新改扩建乡镇综合文体站8个；送戏下乡300场，电影下乡3000场；推进城乡数字电视整体转换，完成城区“模转数”，实现乡镇全覆盖。

9. 加大帮扶力度，深化“联乡结村”活动，落实帮扶资金800万元、实施结对项目250个；完成偏远山区下山移民300人。

10. 加强交通组织管理，增设临时中型停车场2个，搬迁客运中心站，拆建临西桥，着力缓解城区行车难、停车难问题。

同时，完成省级“双拥”模范城二次创建和第二次全国R&D资源清查工作；通过国家卫生城市复检；全面开展第六次全国人口普查。大力支持工青妇等人民团体工作，继续做好民兵、兵役、关心下一代、民族、宗教、侨务、对台、外事、气象、档案等各项工作。完成支援四川省青川县金子山乡恢复重建工作任务。支持浙江林学院在成功更名的基础上实施新一轮发展。

强化执行力，提升公信力，加强政府管理和服务

深入贯彻落实科学发展观、推动临安经济社会更好更快发展，是我们义不容辞的职责。新的一年，我们将始终保持开拓进取的朝气、自加压力的勇气和攻坚克难的锐气，继续推进法治型、效能型、节俭型、廉洁型和为民型政府建设，切实加强和改进政府工作，强化执行力、提升公信力，为全面完成新一年各项目标任务提供有力保障。

着力推进开放式决策。自觉接受人大及其常委会的法律监督和工作监督，积极支持人民政协履行政治协商、民主监督、参政议政职能，主动听取各民主党派、工商联、无党派人士和人民团体的意见和建议。坚持向人大报告、向政协协商通报工作，切实做好人大代表建议和政协委员提案办理工作。充分运用市长公开电话、政府门户网站、新闻发布会等渠道，深化政府信息公开工作，加强人民建议征集，保障人民群众的知情权、参与权、表达权和监督权。坚持

民主促民生，完善重大事项公众参与、专家论证和政府集体决策相结合的开放式决策机制。邀请人大代表、政协委员、市民代表列席政府常务会议，审议民生事项。逐步推动开放式决策制度向基层和所有民生领域扩展延伸。深化市情研究，完成“十二五”总体规划、专项规划、区域规划编制工作。

加快提升行政效能。继续加强机关效能建设、满意单位评选和行风评议等工作。积极推进以减少审批事项、审批环节和审批时间为主要内容的行政审批制度改革，清理和规范行政许可、非行政许可审批事项。推进网上行政服务中心建设，完善网上审批功能，提升审批效率。有效整合市级行政机关内部行政许可职能，加快形成权责一致、分工合理、决策科学、执行顺畅、监督有力的行政管理体制和批管分离、规范高效的运作机制。加强应急处置体系建设，整合突发公共事件应急管理资源，完善预案体系，加快构建突发事件快速反应联动网络和机制，提高政府保障公共安全、预防和处置突发公共事件的能力。强化政府工作项目化管理，推进目标量化管理和绩效考评，落实督查、通报和问责制，探索重大决策执行绩效评估机制，确保政令畅通。

全面规范权力运行。推进政府机构改革，加快政府职能转变，强化社会管理和公共服务职能。优化公共财政支出结构，切实把财政支出的重点转移到社会事业和公益性基础设施建设上来。加强对中介机构、社会团体和民间组织的监管。推进依法行政，全面落实行政执法责任制、评议考核制和责任追究制。发挥权力阳光电子政务平台作用，开展规范执法部门行政裁量权工作，加强对行政权力运行的监督和制约，杜绝行政不作为、乱作为和执法不公问题。加强政府法制工作，强化规范性文件的审核、备案和清理。做好行政复议工作，严格执行行政首长出庭应诉制，有效预防和化解行政争议。

切实加强廉政建设。坚持教育、制度、监督并举，进一步加强和推进预防和惩治腐败体系建设。认真落实领导干部党风廉政建设责任制及重大事项报告、任期经济责任审计、述职述廉等制度。发挥“数字监察”系统功能，加强对经营性土地招、拍、挂、政府性项目建设、政府采购和公共资源招投标等领域的监管，努力从源头上预防腐败。严格部门预算、国库集中支付和“收支两条线”管理，加强财政性资金使用绩效评价。厉行节约，严格控制一般性行政支出，继续规范行政公用经费、专项经费和会议、接待、公务用车、出国考察等支出。高度重视乡镇负债管理，探索构建偿债机制，规范举债行为，努力防范和化解债务风险。加大重点领域、重大工程和重要环节的审计监督和行政监察力度，严肃查处各类违法违纪案件，弘扬风清气正、勤政廉政的机关作风。

各位代表！新的一年我市经济社会发展任务艰巨、责任重大、使命光荣。让我们在上级党委政府和中共临安市委的正确领导下，深入贯彻落实科学发展观，高举生态、科技两面“大旗”，以更加饱满的热情，更加务实的作风，坚定信心，奋发有为，全面完成“十一五”规划确定的各项目标任务，为实现杭州西郊现代化生态市建设新跨越而努力奋斗！

附：《政府工作报告》名词解释

1. GDP 增幅：按国家统计报表制度规定，国内生产总值（GDP）及各产业增加值增幅一般用可比价计算的速度进行公布，即剔除了价格变动因素。

2. 浙江省科研机构创新基地（科技城）：2009 年 5 月 15 日，省政府第 32 次常务会议决定在临安环青山湖区域胜联区块建设省科创基地，标志着浙江省科研机构创新基地（科技城）正式落户临安。2009 年 11 月 30 日，省科创基地（科技城）举行奠基仪式。省科创基地（科技城）核心区规划面积 5 平方公里，远景规划建设 115 平方公里青山湖科技城，范围为：东至临安与余杭交界处，南至杭徽高速公路青山湖体育公园一线，西至环城东路、大学路，北至潘山、泉口及东苕溪以北区域围合的部分。青山湖科技城的功能定位是，以高新技术及产品研究开发、高新技术成果转化、高新技术企业及科技型中小企业培育孵化为重点，通过集聚创新要素、培养创新人才、转化创新成果、提高自主创新能力，按照“高起点、高标准、高水平”的建设要求，努力把省科创基地（科技城）建成国际先进、国内一流的科技资源集聚区、技术创新源头区、高新企业孵化区、低碳经济示范区。

3. 帮扶企业六大机制：指市乡联动机制、干部联企机制、一月一查机制、快速交办机制、及时协调机制和督查问责机制。

4. 电子商务平台：是一个为企业和个人提供互联网网上交易洽谈的平台。一般分为 B2B（企业对企业）、B2C（企业对消费者）、C2C（消费者对消费者）三种形式。

5. “天目青顶”品牌战略联盟：成立“天目青顶”品牌战略联盟是根据《振兴临安茶叶产业五年行动计划》的要求，实施品牌创建工程的一项重要举措。通过茶叶规模基地、茶叶加工厂和营销企业、大户的联盟合作，强化品牌创建的主体力量，促进产加销一体化经营，实现资源整合，优势互补，推动“天目青顶”生产标准化、规模化，推进品牌建设，带动产业进步。2009 年 2 月 26 日，“天目青顶”品牌战略联盟成立，大洋茶业有限公司及太湖源镇东坑合作社 12 家“天目青顶”生产、加工、销售单位成为首批联盟成员。联盟成员加强产加销各环节的紧密联系，建立规模优势基地、标准化茶厂，开设专卖店，建立品牌市场网络，规范印制“天目青顶”系列包装，实行品牌、标准、包装、管理、宣传五统一制度，“天目青顶”质量、价格和知名度得到显著提升。

6. 项目攻坚五大专项行动：指 2009 年“项目攻坚”活动中的市四套班子领导集中调研视察项目活动、突破前期专项行动、项目开工专项行动、项目竣工专项行动、项目前期质量提升活动。

7. 农民信箱“每日一助”活动：农民信箱“每日一助”农产品供求信息服务活动（简称“每日一助”服务），

是为进一步拓展农民信箱农产品供求信息对接功能，促进农民增收而采取的新举措；是农民信箱系统管理人员，利用农民信箱电子信息平台，以手机短信群发形式，每天免费为农民信箱注册用户发送一条农产品供求信息的服务活动，帮助农民推介特色农产品，进一步拓展农产品销售渠道和市场，衔接农产品供需，提高经营效益，促进持续增收。临安市从2007年起在全省率先应用“农民信箱”手机短信功能，免费为农户发布农产品供求信息。2009年3月，该项工作得到省政府领导批示并在全省推广。5月起，农民信箱“每日一助”活动正式在全省推行。

8. 中小学校舍安全工程：是国务院2009年统一部署的一项系统性工程，为期三年。我市于2009年7月启动中小学校舍安全工程，分排查鉴定、制定规划方案和分类分步实施三个环节进行，目标是：通过抗震加固、提高综合防灾能力建设，使全市各级各类中小学校舍达到6度抗震设防标准，并符合对山体滑坡、崩塌、泥石流、地面塌陷和洪水、台风、火灾、雷击等灾害的防灾避险安全要求。2009年10月，完成对全市80所中小学校舍安全的排查鉴定工作，11月编制《临安市中小学校舍安全工程规划》。

9. 第四期保障性住房项目：是继成功开发建设临安人家、昌化人家、吴越人家、苕溪人家等保障性住房小区之后，市政府开发的又一民生实事工程。项目规划选址在万马路北延段东侧，概算总投资2.45亿元，开发建筑总面积约11.6万平方米，共有廉租住房、人才专用房、经济适用住房900余套，计划于2013年完成全部建设任务。

10. “和事佬”协会：是村（社区）居民自我教育、自我服务、自我管理、自我约束的民间自治组织。其主要职责是调解村（社区）内的民间纠纷，走访群众，了解掌握社情民意，向村（社区）党组织传递信息，做好信息收集、反馈等工作；向村（社区）居民宣传政策、法律法规，提高居民素质，促进社会和谐。2009年，我市已在所有26个乡镇（街道）建立了“和事佬”协会，在所有行政村建立了分会。

11. 开放式决策：2007年起，杭州市政府按照“民主促民生”的要求，实施“让民意领跑政府”的“开放式决策”，对事关经济社会发展的重大事项和事关群众切身利益的民生问题，决策前、决策中和决策后全过程向社会公开，其目的是提高决策的民主化、科学化水平，扩大公民有序参与民主政治建设，是政府行政管理方式的创新。主要特征是“公开、透明、参与、互动”。2010年1月，杭州市政府“开放式决策”荣获“第五届中国地方政府创新奖”。2009年6月临安市政府制定出台《临安市人民政府开放式决策程序规定》（临政发〔2009〕85号），对实行开放式决策的重大事项范围和决策的具体程序作出了明确的规定。

12. 权力阳光运行机制：是以依法清理和规范行政权力为基础，以政务公开为原则，以电子政务为载体，以网上政务大厅为平台，以实现行政执法、公共资源交易、专项资金使用管理的规范、透明、高效、廉洁为目标而进行的一项体制机制创新。通俗地说，就是让公共行政权力（简称公权）接受监督、在“阳光下”运行。

13. 后金融危机时代：以2008年9月15日美国第四大投资银行雷曼公司破产为标志，美国次贷危机演变为席卷全球的二战后最严重的金融危机和经济衰退。为应对金融危机，世界各国政府通力合作，采取了史无前例的措施对市场进行积极有效的干预。特别是我国政府果断决策，迅速实施扩大内需、促进经济平稳较快增长的一揽子政策措施，启动了4万亿元投资计划。从2009年下半年开始，全球经济逐步走出崩溃边缘，金融危机肆意破坏经济的恶劣态势得到了有效控制，全球经济开始出现复苏性增长，预示了全球正在进入“后金融危机时代”，即危机逐步缓和，进入一个相对平稳期，但是由于固有的危机并没有或不可能完全解决，世界经济等仍存在着很多的不确定性和不稳定性因素，成为一种缓和与未知的动荡并存的状态。

14. 绿色家园、富丽山村：是市委、市政府为统筹城乡发展、推进新农村建设、加快农村改革发展步伐和提升农民生活品质，在充分深入调研基础上，作出的战略决策；是今后一个时期我市新农村建设的总载体、总抓手。“绿色家园”是指：绿色的、极富生命力的生态家园、和谐家园，彰显我市新农村建设经济与生态共赢、人与自然和谐的特色。“富丽山村”是指：富裕美丽的山村农村，顺应了农村居民提升经济生活品质和环境卫生品质的双重愿望，具有与时俱进的时代感和生命力。建设“绿色家园、富丽山村”以精品村、特色村、整治村创建为主体，以实施“打造绿色新环境、提升绿色新产业、建设绿色新社区、培育绿色新文化”四大工程为主要内容，逐步把我市新农村建设成为生态环境优美、村风民风和谐、产业模式多样、社会保障健全、乡土文化深厚、农民生活安康的新农村，实现“村美、家富、社兴、人和”。

15. 研究与试验发展经费支出占生产总值比重：是指研究与试验发展（R&D）经费支出与生产总值（GDP）的比值。研究与试验发展（R&D）经费支出是指统计年度内全社会实际用于基础研究、应用研究和试验发展的经费支出，包括实际用于研究与试验发展活动的人员劳务费、原材料费、固定资产构建费、管理费及其他费用支出。基础研究是指为了获得关于现象和可观察事实的基本原理的新知识而进行的实验性或理论性研究。应用研究是指为获得新知识而进行的创造性研究，主要针对某一特定的目的或目标。试验发展是指利用从基础研究、应用研究和实际经验所获得的现有知识，为产生新的产品、材料和装置，建立新的工艺、系统和服务，以及对已产生和建立的上述各项做实质性的改进而进行的系统性工作。

16. 小造纸、小水泥："小造纸"是指年产1万吨以下以废纸为原料的造纸企业（特种纸除外）；"小水泥"是指直径2.9米以下的水泥磨机。

17. 碳汇：一般是指从空气中清除二氧化碳的过程、活动、机制。它主要是指森林吸收并储存二氧化碳的多少，或者说是森林吸收并储存二氧化碳的能力。森林碳汇是指森林植物在生长过程中通过光合作用吸收二氧化碳、放出氧气，并把大气中的二氧化碳固定在植被和土壤中，从而减少该气体在大气中的浓度。森林是陆地生态系统中最大的碳库，在降低大气中温室气体浓度、减缓全球气候变暖中，具有十分重要的独特作用。

18. "683"投资促进计划：2009年《政府工作报告》提出制定实施"683"投资促进计划。"683"是重点围绕农业基础设施、交通、城镇建设、产业发展、节能减排、社会事业六个领域，实施80个亿元以上的重大项目，力争三年完成全社会固定资产投资300亿元的概括。

19. 新网工程：是新农村现代流通服务网络工程的简称，由中华全国供销合作总社在2006年5月提出并经国务院批准在全国供销系统组织实施，包括农业生产资料现代经营服务网络、农村日用消费品现代经营网络、农副产品市场购销网络和再生资源回收利用网络等四大流通网络建设。

20. "365"节约集约用地行动：为贯彻落实中央关于促进节约集约用地的要求，盘活存量建设用地和转而未供土地，提升土地资源利用效率和综合利用水平，确保耕地占补平衡，2008年，浙江省出台《资源节约与环境保护行动计划》，提出实施为期五年的"365"节约集约用地计划。"365"是节约集约用地三大战略目标、六大重点工程和五大主要抓手的概括。其中，三大战略目标是：保护耕地更加严格规范，保障发展更加持续有力，节约集约更加扎实有效；六大工程是：城镇建设节地工程，工业建设节地工程，住宅建设节地工程，基础设施建设节地工程，农村建设节地工程，土地开发整理工程；五大主要抓手是：节约集约用地的组织保障体系、供应调控体系、市场配置体系、政策法规体系、监测统计体系。

21. 人才培养"四项工程"：指公务员能力提升工程、企业人才优先开发工程、现代服务业高层次人才培育工程、科技人才培养工程。

22. 数字电视整体转换：是把现有的模拟电视信号转换为数字电视信号，最终关闭模拟信号，使用户的电视机成为集公共传播、信息服务、文化娱乐、交流互动于一体的家庭多媒体信息终端。中央将其列入国家中长期发展规划和国家文化发展纲要，并作为对国家有重大影响的高新技术产业加以推进。根据国家规划，我国东部地区于2010年全面实现有线电视数字化。

大 事 记

1月

6日，临安市召开第五次“春风行动”动员大会。

6日，中共杭州市委常委、组织部部长于跃敏到青山街道洞宵宫村，看望慰问“一心为民好书记”许茂盛家属。

8日，杭州市食品安全目标考核综合评价组到临安市综合考评食品放心工程。

8日，临安市召开服务业发展大会。

9日，临安市在北京举行北京·临安经济发展恳谈会。

9日，中共杭州市委组织部、杭州市委老干部局、杭州市人事局有关负责人到临安看望慰问离退休老干部，并与中共临安市委、市政府联合召开老干部春节团拜会。

9日，临安市收藏协会成立。

10日，临安市在上海举行上海·临安经济发展恳谈会。

11日，临安市在杭州举行新春团拜会。

12日，临安市首家小额贷款公司——兆丰小额贷款股份有限公司开业。

16日，临安市与安徽省淮南市田家庵区缔结成为友好市（区）。

18日，浙江小王子食品股份有限公司8万吨食品生产基地项目开工。

20日，临安市与深圳清华大学研究院签订战略合作框架协议。

24日，临安市举办新临安人迎新春团拜会。

2月

1日，中共临安市委举行新春联谊座谈会，与统一战线有关单位和工青妇等人民团体负责人进行座谈。

4日，浙江省水利厅厅长陈川带领杭州市林水局有关负责人到临安检查指导水利工作。

6日，召开全市农村工作会议。

9日，杭州市副市长陈小平一行到临安调研农村公共卫生和综合文体站建设工作。

10~13日，临安市政协七届三次会议在锦城举行。

12~14日，临安市十四届人大三次会议在锦城举行。

18日，召开全市林业工作会议。

19日，中共浙江省委常委、纪委书记王华元，省纪委副书记杨晓光一行，在杭州市委副书记、纪委书记叶明等陪同下到临安调研。

19日，浙江省文联组织部分艺术家到锦城街道青柯村开展“三进三送两深入”活动。

22日，浙江省林业厅厅长楼国华，副巡视员蓝晓光一行，在省人大农业与农村委员会主任委员王良仟的陪同下到临安调研。

22~23日，台湾嘉义市观光协会理事长许贤哲一行到临安考察。

24日，由临安市风景旅游局和台湾嘉义市观光协会主办，浙江天目山国家级自然保护区管理局、省台湾事务办公室承办的“杭州天目山——台湾阿里山缔盟姐妹山”签约仪式在天目山举行。

24日，安徽省宁国市政府考察团一行到临安考察交通建设等工作。

26日，中共临安市委副书记、市长王宏带领市发改局、市科技局、市国土资源局主要负责人，会同杭州市科技局有关领导，到中国医学科学院（中国协和医科大学）洽谈有关招院引所事宜。

26日，临安市成立天目青顶品牌战略联盟，太湖源镇东坑合作社等6个茶叶生产基地、桐坑有机茶厂等6个茶叶加工厂和大洋茶业有限公司等12家茶叶销售企业成为首批成员。

3月

4日，中共浙江省委常委、政法委书记、公安厅长王辉忠到锦城街道集贤村，实地调研浙江警察学院临安新校区有关建设工作。

5日，浙江省总工会党组书记、副主席金长征到临安调研工会工作。

6~10日，临安市开展市纪委领导接访周活动。

9日，中共杭州市委常委、副市长沈坚，杭州市政府副秘书长赵立康一行到临安经济开发区专题调研杭资搬迁企业。

10日，振兴临安茶叶五年行动计划启动仪式在板桥乡上田村举行。

10~11日，临安市旅游部门带领旅游界代表到上海市静安区和江苏省常州市，向两地市民推介临安春季旅游，发放临安旅游消费券。

12日，临安市与中国建设银行浙江省分行、上海浦东发展银行杭州分行、杭州银行、兴业银行杭州分行、省农村信用社杭州办事处等省、市金融机构举行“政银”战略合作签约仪式。

13日，临安市召开深入学习实践科学发展观活动工作培训会，传达中共中央、省委、杭州市委和临安市委关于开展深入学习实践科学发展观活动的有关要求，部署全市第二批学习实践科学发展观活动。

16日，临安市与海南省白沙黎族自治县党政考察团举行两地工作交流会，并举行友好县（市）备忘录签约仪式。

19日，临安市“灯下亮”工程——外宣品进宾馆活动在中都大酒店启动。

20日，临安市政府规划顾问团成立。

20日，宁国市党政考察团到临安市考察。

20日，由浙江省人大常委会委员、教科文卫委员会副主任委员陈永昊带队的省人大文化遗产保护工作执法检查组，到临安检查文化遗产保护工作。

25日，临安市在杭州吴山广场举办

"杭州·临安百笋宴"开幕式。

25日，临安市在杭州举办"杭州·临安农商对接"洽谈会。

26日，中共浙江省委派驻杭州学习实践活动指导检查组到临安检查指导，中共杭州市委副书记王金财，杭州市委常委、组织部部长于跃敏陪同检查。

27~28日，中共临安市委副书记、市长王宏，副市长李文钢带领有关部门和笋竹产品加工企业参加在黑龙江省哈尔滨市举行的"浙江笋竹产品东北行"活动。

28日，原省文化厅厅长、杭州钱镠研究会会长钱法成，全国青联委员、德汇实业集团有限公司董事长钱金耐，运盛（上海）实业股份有限公司董事长钱仁高等钱王后裔200人，在钱王陵园祭祀先祖。

31日，中共杭州市委学习实践活动指导检查组到临安第三批学习实践活动试点乡镇横畈镇检查指导。

4月

1日，由中共杭州市委副秘书长、杭州市直机关工委书记郭禾阳带队的杭州市调研组到临安专题调研结对帮扶工作。

3日，临安市召开项目攻坚暨征地拆迁动员大会。

7日，杭州市副市长何关新到临安市检查英公水库除险加固项目建设情况。

9日，由杭州市人大常委会副主任陈重华带领的杭州市打造"国内最清洁城市"工作督查组，到临安督查贯彻杭州市打造"国内最清洁城市"工作再动员大会精神落实工作。

14日，临安市与浙江林学院签订共建现代生态城市战略合作框架协议。

15日，中共杭州市委常委、常务副市长杨戌标率队到临安，就贯彻落实《中共杭州市委关于加强和改善党的领导，进一步推进人大工作的意见》情况进行专项督查。

16~28日，中共临安市委副书记、市长王宏率招商考察团，到加拿大、美国、马来西亚考察招商。

17日，国际科技合作基地在太湖源镇观赏竹种园揭牌。

20日，北京市住房公积金中心总经济师、新闻发言人李持缨到临安考察住房公积金管理工作。

21~22日，中共临安市委书记邵毅，市委常委张金良，市委常委、副市长柴世民率市招商、科技等部门负责人到上海杨浦科技园区考察。

22日，"清洁临安"志愿服务总队成立。

25日，"醉美临安体验游"在太湖源镇东天目村启动。

29日，临安市村级党组织调整和完善工作在板桥乡启动。

29日，浙江省质监局局长瞿素芬一行到临安调研射频电缆、节能灯等块状产业质量提升工作。

30日，临安市社会福利中心奠基仪式在锦城街道横潭村举行。

30日，第九届天目名茶品评展销会在人民广场举行。

5月

1日，临东公园建成开放。

9日，庆祝中华人民共和国成立60周年"五月红歌会"在人民广场举行。

14日，中共浙江省委副书记、省长吕祖善，副省长金德水一行到临安考察。

15日，2009年科技活动周暨第二十三届科普宣传周开幕仪式在人民广场举行。

18日，中共杭州市委常委、组织部部长于跃敏到临安市调研为企业服务工作。

20日，临安市信用联社职工、见义勇为积极分子俞佳被省委宣传部、省社会治安综合治理委员会办公室、省公安厅、浙江日报社、浙江省见义勇为基金会授予“浙江省先进分子”称号。

24日，临安市自驾车旅游户外运动协会成立。

27日，临安市离休干部纪念解放临安60周年大会在临安剧院举行。

27日，“市民道德巡礼”暨第三批阳光爱心结对帮扶活动启动。

6月

2日，宁波市总工会副主席吴秀华带领宁波地区县（市、区）工会负责人到临安学习考察工会工作。

2日，来自喀麦隆、尼日利亚、苏丹等14个国家的引进智力官员25人到临安考察。

2日，中共杭州市委常委、常务副市长杨戌标，杭州市政府副秘书长孙振洲带领杭州市信访局、林水局、发改委、环保局、交通局、司法局、民政局和余杭区的负责人，到临安接访群众。

4~5日，中共临安市委书记邵毅，市委副书记卞吉安、副市长李文钢带领市委办、市政府办、发改、财政、建设、国土、农办等部门单位负责人到丽水市松阳县考察学习农村破旧房改造工作。

9日，中共杭州市委组织部副部长洪永跃带领有关人员到横畈镇调研第二批学习实践活动进展工作。

9日，中共杭州市委常委、宣传部部长翁卫军一行到临安调研文化创意产业发展工作。

9~10日，由浙江省人力资源和社会保障厅人才交流中心党委书记徐兴堂带领的省“服务企业、服务基层”专项行动组到临安调研。

10~11日，由浙江省食品安全办公室食品监察专员包振阳带领的省考核验收组到临安，对省级食品安全示范县（市）创建工作进行考核验收。

11日，临安市举行民间艺术家、非物质文化遗产代表性传承人表彰命名暨《临安民间音乐集》首发仪式。

15日，中共杭州市委副书记、市长蔡奇到临安检查市属工业基地和省级创新基地建设。

16日，临安市在上海举办“杭州临安·上海院地合作”洽谈会暨签约仪式。

25日，浙江省农业厅厅长孙景淼一行到临安调研农业工作。

26日，由中共临安市委组织部、市委党校联合主办的迎“七一”红色经典朗诵会暨党的知识竞赛颁奖仪式在市政府会议中心举行。

28日，浙江省最大的国石专业市场——昌化国石文化城举行奠基仪式。

29日，由中共临安市委宣传部、市总工会、市文化广电新闻出版局、市文明办主办的庆七一迎国庆“放歌天堂”杭州职工声乐大赛、第二十届“三江”歌手大赛选拔赛暨临安市第十六届“十大”歌手大赛在临安剧院举行。

29日至7月2日，俄罗斯下诺夫哥罗德州维克萨市考察团到临安考察交流。

30日，中共临安市委召开纪念中国共产党成立88周年暨先进表彰大会。

30日，白天鹅大酒店外墙装修过程中发生脚手架倒塌事故，死亡2人，受伤5人。

7月

2日，临安市危险化学品事故应急救援演练在浙江顺达新材料股份有限公司举行。

2日，浙江省副省长王建满带领省政府办公厅、省旅游局有关负责人到临安调研旅游工作。

3日，玲珑工业区店基头区块工业项目启动。

3日，临安市与杭州电子科技大学举行战略合作协议签约仪式。

7日，杭州市新一轮“十大工程”领导小组检查组到临安检查重点项目半年度进展情况。

9日，海宁市党政考察团到临安考察创建国家卫生城市工作。

10日，浙江万马电缆股份有限公司万马电缆股票在深圳证券交易所中小企业板上市。

13日，临安中小企业创业基地和科技孵化基地启用。

15日，浙江省经济和信息化委员会主任汤黎路带领杭州市经委等相关部门负责人到临安调研工业经济工作。

16日，浙江省政协主席周国富、省政协副主席陈艳华带领省政协“建设生态浙江，提升发展质量”专题调研组到临安调研生态建设。

17日，临安市与国家开发银行浙江省分行举行第六次联席会议。

19~21日，临安市四套班子领导带领各乡镇（街道）和部门负责人分工业、农业、现代服务业和科技4个组，到江苏、上海、广东以及余姚、萧山等发达地区考察学习。

22日，第二届洪岭高山馒头节开幕。

26日，全国县域经济研究专门机构——中郡县域经济研究所编制发布第九届全国县域经济基本竞争力与科学发展评价报告，临安市入选百强县（市），列第82位。

28日，中共临安市委召开十二届十次全体（扩大）会议。

29日，杭州市新农村建设工作督查组到临安进行半年度工作督查。

8月

2日，中共杭州市委副书记、市长蔡奇，杭州市人大常委会党组书记、副主任于辉达等率浙江中心组第二小组全国人大代表一行10余人，到浙江林学院视察工作。

3日，临安市教育资产管理中心成立。

7日，杭州市副市长何关新率杭州市政府办公厅、杭州市林水局负责人到临安检查防台风准备工作。

7日，临安市召开见义勇为积极分子表彰大会。

10日，中共杭州市委副书记王金财带领有关部门负责人到临安检查防汛工作。

12日，由浙江省法制办副主任杨必明带队的省检查组到临安市检查政府行政复议工作及土地管理等行政执法监督工作。

12日，农业部无公害农产品督查组一行4人在浙江省、杭州市无公害认证工作机构领导的陪同下，到临安市蔬菜产业协会进行无公害工作督查。

13日，清凉峰镇因暴雨引起突发山体滑坡事故，死亡11人，受伤2人。

24日，浙江省林业有害生物防治检疫局局长蒋平一行在杭州市森林和野生动物保护管理总站和杭州市出入境检验检疫局有关人员的陪同下，到临安督查“绿盾护林”检疫执法专项行动工作。

26日，中共杭州市委副书记王金财，杭州市委常委、组织部部长于跃敏到横畈镇调研第三批学习实践活动试点工作。

9月

1日，由浙江省经信委、省政府督查室等有关专家组成的省政府督查组，到临安督查工业转型升级财政专项资金项目实施情况。

3日，浙江省科技厅厅长蒋泰维、副厅长丁康生带领厅有关处室负责人到临安调研省科创基地（科技城）建设工作。

3日，浙江省水利厅副厅长虞洁夫一行到临安调研英公水库除险加固工程。

6日，中国（临安）山核桃文化节暨山核桃开竿仪式在岛石镇举行。

7日，由中共临安市委、市政府主办的“星光大卖场·临安活动周”在杭州市滨江区星光广场启动。

8日，江阴市党政考察团到临安考察学习。

11日，国务院安全生产督查组到临安检查安全生产工作。

12~14日，由国家农业综合开发办公室组织的2006~2008年度国家农业综合开发验收考评组到临安验收考评农业综合开发项目。

14日，由西安交通大学校长、中国工程院院士郑南宁，副校长蒋庄德、程光旭带领的考察团一行专程到临安参观考察省科创基地建设工作。

17日，建德市党政考察团一行到临安考察。

18日，在北京召开的第二届中国和谐城市可持续发展高层论坛上，临安市获“中国十佳和谐可持续发展城市”称号。

21日，由中共建德市委常委、副市长吴铁民带领的“十小”行业质量安全整治和规范工作互查组到临安交叉督查“十小”行业整治规范工作。

25日，临安金秋购物节开幕。

26日，杭州临安湍口众安氡温泉度假酒店动工。

26~30日，市文广新局举办“中华颂·临安情”庆祝中华人民共和国成立60周年文化献礼艺术周活动。

29日，西墅村城中村改造暨钱王文化中心建设项目开工典礼在锦城街道西墅村举行。

30日，全市规模最大的时尚百货商场——临安银鑫百货商场开业。

30日，纪念中华人民共和国成立60周年暨民族日报社纪念馆扩建启动仪式举行。

30日，临安市民防应急志愿服务队成立。

10月

15日，国家气象局局长郑国光、中央农村工作领导小组办公室副巡视员陈剑波等一行到临安考察气象工作。

19日，太湖源镇白沙村在第二届生

态文化高峰论坛上被评为“全国生态文化村”。

20日，市政府公交一体化改造听证会在市政府会议中心召开。

22日，临安市与西安市雁塔区举行缔结友好城市签约仪式。

22日，由板桥乡和杭州市上城区南星街道联办的“黄丝带系邻里情，嘉年华显睦邻景”暨“南星·临安城乡结邻”启动仪式在上城区南星街道美政社区举行。

22~23日，浙江省林业厅副厅长俞坚到临安调研指导绿化造林工作。

26日，浙江省科技厅副厅长丁康生带领科技厅有关人员到临安了解省科创基地（科技城）建设前期情况。

29~30日，中共浙江省委学习实践活动第一巡回检查组到临安调研和指导第三批学习实践科学发展观活动相关工作。

11月

6日，由临安市教育局主办、於潜中学承办的第30届中小学生田径运动会开幕。

7日，临安市重点工程之一的中海·云雾山庄项目在潜川镇青山殿村举行奠基仪式。

9日，江西省峡江县党政考察团到临安考察绿化造林和森林城市创建工作。

9日，由杭州市副市长佟桂莉带队的调研组到临安调研招商引资、外经贸工作。

10日，“陌上花开、禅茶乐石”雅集在钱王陵园举行。

10~11日，第五届浙西旅游合作峰会在临安举行。

10~11日，杭州市灭蝇先进城区复查组到临安复查灭蝇先进城区达标后巩固工作。

11日，浙江省副省长茅临生带领省政府办公厅、省水利厅、省交通运输厅、省建设厅、省国土资源厅、省防办等单位负责人到临安调研基层防汛体系建设工作。

12日，临安市第十八次妇女代表大会召开。

12日，於潜镇首个杭资企业投资项目——杭州潜阳科技有机酯生产基地项目奠基仪式在逸逸村举行。

12~13日，以杭州市语委副主任、杭州市政府副秘书长张连水为团长的国家三类城市语言文字工作评估团到临安检查评估语言文字规范化工作。

13日，中共临安市委召开政协工作会议。

13日，杭州市远程教育专家服务活动工作现场会在临安召开。

16日，临安市残疾人联合会成立20周年“与爱同行”颁奖文艺晚会在临安剧院举行。

16日，浙江省科技厅厅长蒋泰维主持召开省科创基地（科技城）建设领导小组办公室第一次全体成员会议，贯彻落实省科创基地（科技城）建设领导小组第一次全体会议精神。

16日，浙江省副省长金德水带领省政府办公厅副主任孟刚，省科技厅厅长蒋泰维，中共杭州市委副书记、市长蔡奇，杭州市委常委、副市长沈坚，以及省、杭州市相关部门负责人到临安市调研省科创基地（科技城）建设工作。

20日，中共浙江省委书记、省人大常委会主任赵洪祝，省委副书记、省长吕祖善，省委常委、杭州市委书记、杭州市人大常委会主任王国平，省委常委、秘书长李强，副省长金德水，杭州市委副书记、市长蔡奇和省、杭州市有关部门负责人，到临安市考察调研省科创基地（科技城）建设工作。

24 日，临安市 2008 年重点建设项目之一杭州创美实业有限公司举行竣工落成仪式。

25 日，新 K598 路公交车投入试营运。

30 日，举行浙江省科研机构创新基地（科技城）奠基仪式。

30 日，由杭州市农办副主任林国蛟带队的新农村建设年度工作考核组到临安考核指导新农村建设工作。

30 日，杭州制氧机集团有限公司在杭氧临安制造基地举行迁（扩）建工程竣工典礼。

12 月

3 日，中共临安市委书记邵毅带领市招商局、天目山管理局、太湖源镇等相关部门和乡镇（街道）负责人到爱尔兰共和国科克（Cork）市考察访问。

7 日，浙江省交通科学研究所一行 40 余人到临安参观省科创基地（科技城）。

8 日，永康市党政考察团到临安考察。

10 日，临安市召开第二次全国 R&D 资源清查动员部署会议。

10 日，临安市第四期保障性住房项目举行开工奠基仪式。

14 日，潜川镇青山殿村高坪被命名为杭州市第二批打造“国内最清洁城市”示范点，并获 10 万元奖金。

18 日，临安市邀请建设部原规划司司长赵士修等专家，对青山湖科技城概念性规划及城市设计方案进行评审。

23~24 日，由环保部副部长李干杰带队的考核验收组到临安进行创建国家级生态市工作考核验收。

24 日，临安市与越秀企业集团战略合作签约仪式在市政府会议中心举行。

25 日，中共杭州市委常委、副市长沈坚带领杭州市发改、经委、科技、统计等部门负责人，到临安调研工业经济工作。

25 日，总投资 20 亿元的太湖源动漫文化创意产业园举行开工仪式。

25 日，浙江省农村水利建设现场会议在临安召开。

27~29 日，临安山珍美食火锅节在人民广场举行。

28 日，临安市重点项目新建汽车零部件生产线举行奠基仪式。

29 日，中共临安市委、市政府举行工业企业新年团拜会。

29 日，临安高新技术产业园服务中心举行奠基仪式。

31 日，中共临安市委党校迁建工程举行奠基仪式。

31 日，临安信耳恒生高科技软件产业基地举行奠基仪式。

31 日，15 省道至 02 省道连接线改建工程开工典礼在锦城街道金马村举行。

（方志恩　绘）

市情概览

基本地情

【市名由来】 临安市是太湖水系的源头，位于杭州市西郊，距杭州市区46公里。“临安”作为市（县）名由来已久，据临安旧志记载，临安县建置始于东汉建安十六年（211），时称临水县，县治在高虹镇高乐村。西晋太康元年（280），因境内临安山出名而更名临安县。清乾隆《临安县志》载：临安山位于“县西南十八里”，“高一百丈，周二十三里，《太平寰宇记》云‘县取此山为名’”。

南宋建炎三年（1129）定都杭州，升杭州为临安府，临安为其属县。“杭州”当时称“临安”有三说：一是南宋偏安江南，有“临时安置”之意；二是南宋朝廷感念吴越国王钱镠对杭州的历史功绩，以其故里“临安”为府名；三是寓有“君临即安”之意。“临安”之名从西晋太康元年一直沿用至今。1996年12月28日，临安撤县设市。

【市树银杏】 银杏，别名白果树、公孙树、鸭掌树，属裸子植物。以“活化石”著称的银杏，在中生代侏罗纪曾广泛分布于北半球，而野生状态的银杏仅零星分布于西天目山海拔300米~1200米地带和山谷中。1978年出版的《中国植物志》第7卷《裸子植物卷》载：“银杏为中生代孑遗的稀有树种，系我国的特产，仅浙江天目山有野生状态的林木。”2004年第3期《中国国家地理》载：“目前，世界上只有我国浙江西天目山尚残存少量野生和半野生状态的银杏。”西天目山上有银杏244株，其中，最负盛名的银杏被称为“五世同堂”，有22株，位于海拔960米处，开山老殿下方约50米，它是西天目山的一个知名景观。

临安银杏古树颇多，全市各乡镇（街道）均有分布。大峡谷镇千顷塘1株银杏高20米，胸径1.1米，树龄1300年。湍口镇勤丰村1株银杏横卧小溪，5根分支向溪中平伸，形成“卧银杏”，树龄500余年。清凉峰镇乾山村2株银杏高28米，胸径1.2米，冠幅20米×15米，树龄1000余年。1986年1月19日，临安县人大常委会八届十一次会议通过议案，将银杏树确定为临安“县树”。此后，市民广泛种植，1987~1989年，全市种植银杏24万株。

银杏叶还被用作临安电视台台标和中国首届森林资源博览会会标。

【城标《吴越风》】 《吴越风》城标建于2005年5月，高30米，钢筋、水泥、石材构建。雕塑3根立柱象征森林，寓意临安是一座森林城市，也是一座现代化的充满蓬勃生机和活力的城市；柱体上雕刻9片银杏叶，体现大树王国、生态城市特色；中部正方形是雕塑主体，四面为“钱王射潮”、“衣锦还乡”、“保境安民”、“纳土归宋”浮雕，体现临安悠久的历史和深厚的吴越文化底蕴；雕塑底部为“大树之冠、吴越之尊”8个篆体大字。该城标由浙江大唐文化艺术公司设计。

【历史沿革】 出土文物表明，早在旧石器时期，就有先人在临安这片土地上繁衍生息，出土的石斧石刀，为境内发现最早的原始农业生产工具，距今约10万年；新石器时期的石器残件、陶器残片和磨制工具等多有发现，距今约1万年；良渚文明时期的玉器在临安也有出土，距今约6000年。

临安市全境系原临安、於潜、昌化三县合并。西汉前，三县无建置。春秋时，市境东南地域属越，西北地域属吴。周敬王二十六年（前494），吴占越地，全境属吴。战国时，周元王三年（前473）吴为越所灭，属越地；周显王三十五年（前334），楚败越，属楚；秦王政二十五年（前222），秦灭楚，境东南属会稽郡余杭地，西北属故鄣地。

县治建置有2100余年。西汉武帝元封二年（前109）设於潜县；东汉建安十六年（211）置临水县，晋太康元年（280）改称临安；唐垂拱二年（686）置紫溪县，北宋太平兴国三年（978）改称昌化。1958年，余杭县并入临安县，於潜县并入昌化县。1960年，昌化县（含於潜）并入临安县。1961年，原余杭县析出。（见表1）

建置沿革

表1

朝代	临安县	於潜县	昌化县
夏 商 西 周	扬州之域	扬州之域	扬州之域
春秋	吴越之境	吴越之境	吴越之境
战国	先越后楚	先越后楚	先越后楚
秦	余杭县地	徙大越鸟语人置之晳	晳地
西汉	余杭县地	元封二年（前109）置於晳县	於晳县地
东汉	建安十六年(211)分余杭置临水县	晳加水为於潜县	於潜县地
三国	临水县	於潜县	於潜县地
两晋	太康元年(280)更名临安县	於潜县	於潜县地

续表 1

朝代	临安县	於潜县	昌化县
南朝	宋、齐仍为临安县；梁、陈之间分并余杭、於潜	於潜县，梁、陈之间临安西部并入	於潜县地
隋	余杭、於灊县地	於灊县	於灊县地
唐	武德七年(624)分於潜，复置临水县 武德八年(625)又并入於潜 垂拱四年(688)分於潜、余杭恢复临水县 光化三年(900)改称临安县	武德七年(624)置潜州，领於潜、临水二县 武德八年(625)年废潜州，临水县并入 垂拱二年(686)分於潜置紫溪县 垂拱四年(688)原临水县地划出 大历二年(767)紫溪、唐山均并入 长庆元年(821)原唐山县地划出	垂拱二年(686)分於潜置紫溪县 (周)万岁通天元年(696)改称武隆县，其年复为紫溪；又分紫溪，置武隆县 (周)圣历三年(700)省武隆入紫溪县 (周)长安四年(704)复置武隆县 神龙元年(705)更名唐山县 大历二年(767)紫溪、唐山均并入於潜县 长庆元年(821)复置唐山县
五代	后梁开平二年(908)改为安国县	於潜县	后梁开平二年(908)改为吴昌县 后唐同光初(923)复称唐山县 后晋天福七年(942)改为横山县；又改吴昌县
宋	太平兴国三年(978)复称临安县 太平兴国四年(979)衣锦军改顺化军；五年废军	於潜县	昌化县
元	临安县	於潜县	昌化县
明	临安县	於潜县	昌化县
清	临安县	於潜县	昌化县
民国	临安县	於潜县	昌化县
中华人民共和国	1949年5月4日解放 1958年余杭县并入 1960年昌化县(含於潜)并入 1961年余杭县划出 1996年10月撤临安县设临安市	1949年5月25日解放 1958年并入昌化县	1949年5月25日解放 1958年於潜县并入 1960年并入临安县

【地理位置】 临安市总面积3126.8平方公里，是浙江省陆地面积最大的县级市。地处浙江省西北部天目山区，北纬29°56′~30°23′，东经118°51′~119°52′；东邻杭州市余杭区，南连富阳市和桐庐县、淳安县，西接安徽省歙县，北界安吉县及安徽省绩溪县、宁国县。市境东西宽约100公里，南北长约50公里；中心城市锦城（概指临安市治所在城市）东距杭州市46公里、上海市258公里，西距黄山市128公里，处在杭州至黄山的黄金旅游线上，杭徽高速公路贯穿全境，交通便捷。

【地形地貌】 临安市属江南地层区中江山至临安地层分区，境内地层自元古界震旦纪至新生界第四系，除中生界三叠系和新生界第三系缺失外，均有发育；区域构造属扬子准地台钱塘台褶带。在漫长的地质年代中，受印支运动和燕山运动的作用，构成境内地形地貌的多样性和奇特性。

境内地势自西北向东南倾斜，市境北、西、南三面环山，形成一个东南向的马蹄形屏障。西北多崇山峻岭，深沟幽谷；东南为丘陵宽谷，地势平坦，全境地貌以中低山丘陵为主。西北、西南部山区平均海拔在1000米以上，东部河谷平原海拔在50米以下；西部清凉峰海拔1787米，东部石泉海拔仅9米，东西海拔相差1770余米，为浙江省罕见。境内低山丘陵与河谷盆地相间排列，交错分布，大致可分为中山——深谷、低山丘陵——宽谷和河谷平原三种地貌形态，中山（海拔1000米以上）面积占5.4%，中低山（海拔800米~1000米）占8.8%，低山（海拔500米~800米）占18.3%，丘陵岗地（海拔100米~500米）占57.4%，河谷平原（海拔100米以下）占10.4%。

【气候】 临安地处浙江省西北部、中亚热带季风气候区南缘，属季风型气候，温暖湿润，光照充足，雨量充沛，四季分明。年均降水量1613.9毫米，降水日158天，无霜期年平均为237天，受台风、寒潮和冰雹等灾害性天气影响。境内以丘陵山地为主，地势自西向东南倾斜，立体气候明显，从海拔不足50米的锦城至1500米的天目山顶，年平均气温由16℃降至9℃，年温差7℃，相当于横跨亚热带和温带两个气候带。

【人口状况】 2009年末，临安市户籍人口52.59万人，比上年减少613人。其中，男性人口26.37万人、女性人口26.21万人，男女性别比为100.6（以女性为100）；非农业人口10.94万人。全年出生4006人，其中，一孩出生3154人、二孩出生845人、多孩出生7人，全市人口出生率7.61‰，死亡率6.94‰，人口自然增长率0.67‰。

【少数民族】 全市有畲族、苗族、回族、满族、壮族、朝鲜族、侗族、高山族、傣族、蒙古族、藏族、白族、彝族、黎族、土家族等少数民族26个，少数民族人口6480人，占全市总人口1.15%。其中，畲族4667人，占少数民族人口73.5%。少数民族村基本特点是小聚居大散居，以畲族为主，部分畲族群众保留以畲族语为日常交流用语，少数人能唱山哈歌。一些湖南、贵州、四川、广西为主的土家族、苗族、布依族等少数民族婚嫁到临安市昌化、岛石、大峡谷、横路、千洪、青山湖、横畈、高虹、板桥、三口等乡镇（街道）。

【国家级荣誉称号】 1986年9月，临安县被国家教委公布为全国100个基础教育先进县之一。

1988年11月，临安县被国家教委宣布为全国扫除文盲100个先进县之一。

1993年12月8日，临安县被文化部命名为“书画艺术之乡”。

1993年，临安县进入全国综合实力百强县（市）行列。

1994年，临安县进入全国综合实力百强县（市）行列。

1996年3月，临安县被林业部命名为“中国竹子之乡”。

1996年7月，临安县被林业部列为全国科技兴林示范县。

1998年7月，中国特产之乡推荐暨宣传活动组委会授予临安市“中国山核桃之乡”称号。

2000年4月11日，临安市被国家环保总局命名为“国家级生态示范区”。

2000年4月，临安市被国家林业局命名为“中国名特优经济林山核桃之乡”。

2000年12月，临安市被国家旅游局命名为“中国优秀旅游城市”。

2001年8月，临安市被列入国家农业综合开发项目区。

2001年9月，临安市被国家林业局评为“全国经济林建设先进县”。

2003~2006年，临安市进入全国综合实力百强县（市）行列。

2006年8月2日，临安市被全国爱卫会命名为“国家卫生城市”。

2006年8月15日，临安市被命名为“中国山地户外运动基地”。

2006年10月，临安市再次被国家林业局命名为“中国竹子之乡”。

2007年5月9日，临安市被全国绿化委员会、国家林业局命名为“国家森林城市”。

2007年11月21日，临安市被中国科协列入第三批全国科普示范县（市、区）。

2008年4月20日，临安市被中国金融生态城市评审委员会、中国金融网、中国金融研究会、搜狐财金4家单位评为2007年度中国“金融生态市”。

2008年12月17日，临安市被国家人口计生委授予全国计划生育优质服务先进单位。

2009年2月，临安市被国家林业局列为国家现代林业建设示范市。

2009年9月18日，在第二届中国和谐城市可持续发展高层论坛上临安市获“中国十佳和谐可持续发展城市”称号（县级城市组）。

2009年9月，中国经济林协会授予临安市“中国山核桃之都”称号。

（唐剑平）

山脉水系

【天目山脉】 临安境内山脉分北、南两支，北支为天目山脉，南支为昱岭山脉。天目山脉为浙江省主干山脉仙霞岭北支，由江西怀玉山，经安徽黄山逶迤入境，横亘境内西北部，总体走向从西北向东南，西起浙皖边界清凉峰（海拔1787米），东至临安与余杭交界的窑头山（海拔1094米）。其主脉自清凉峰向东北逶延，有龙塘山（海拔1586米）、长坪尖（海拔1226米）、马啸岭（海拔1502米）、百丈岭（海拔1334米）、纤岭（海拔1014米）、千顷山（海拔1347米）、照君岩（海拔1449米）；支脉纵横，有柳岭（海拔730米）、芦塘岭（海拔885米）、尖山岭（海拔853米）、康山岭（海拔948米）、滴水岩（海拔1217米）等。

主脉经道场坪（海拔963米）向东北后，地势下降，有桐关岭（海拔536米）、千秋关（海拔398米），至老虎坪地势回升，即为并峙市境北的东、西天目山。西天目山（海拔1506米）和东天目山（海拔1479米）双峰之北，与安吉交界，东去有龙王山（海拔1587米）、仰天坪（海拔1248米）、平顶山（海拔1109米）、茶叶坪（海拔1141米）、草山（海拔1122米）、大山岭（海拔988米）、木公山（海拔1059米）、红桃山（海拔1029米）、窑头山（海拔1095米）等，山势向东趋低，自与余杭区交界的径山起，山势渐成尾闾，消失于杭州湾和杭嘉湖平原之间。

【昱岭山脉】 昱岭山脉在境内西南部。自清凉峰始，沿浙皖边界向南延伸，经石耳尖（海拔1172米）、过昱岭（海拔508米）至搁船尖（海拔1477米）折东，有雨伞尖（海拔1459米）、大塔岭（海拔1446米）、牵牛岗（海拔1489米），大塔岭至牵牛岗一线北侧，在市境内有大明山千亩田，主峰海拔1280米，北坡为七峰尖。自大明山东去，山势稍降，散布为海拔1000米以下山峰。至洪岭、马山之间，有和尚坪（海拔1082米）、扁担山（海拔1061米）、留尖山（海拔1135米），从西向东呈带状隆起，绵延4公里后，山势趋缓，为海拔500米左右的丘陵。

【低山丘陵】 低山丘陵在市境中部、南部、东部，为天目山脉和昱岭山脉的延伸，南苕溪、中苕溪、天目溪、昌化溪切割而形成大片低山丘陵。

南苕溪流域：为市境内主要低山丘陵区。干流自太湖源镇的临目、杨桥、浪口以下；支流锦溪自玲珑街道的夏禹桥以下，地势开阔，山丘低缓；也有平地拔起的如大王山（海拔560米）、米济山（海拔407米）、九仙山（海拔392米）、玲珑山（海拔358米）等；锦城街道横溪、横潭以下，至青山湖街道，为全市最大的河谷小平原，沿溪有华石岩（海拔125米）、功臣山（海拔157米）、安国山、石镜山（海拔92米）、琴山（海拔139米）、鹤山（海拔236米）、公山（海拔311米）、母（姥）山（海拔171米）、青山（海拔150米）、大涤山（海拔299米）等。

中苕溪流域：高虹镇的高乐、横畈以下，亦属低山丘陵，并有河谷小平原。高虹镇与锦城街道之间有双林山（海拔413米）。

天目溪流域：各支流自西天目、藻溪、太阳以下，经於潜镇郊至潜川、乐平，形成大片丘陵宽谷与河谷小平原。有於潜的甲子山（海拔419米）、鹤山（海拔453米）、绿筠坪（海拔140米）、凰山（海拔298米）、地风山（海拔261米）、方元的乌金山（海拔368米）、西菩山（俗呼仙人岩，海拔417米）、乐平的白云山（海拔711米）等。

昌化溪流域：自龙岗经昌化至河桥一段，两岸稍阔，多海拔200米~300米低山丘陵。闻名的有昌化镇北的武隆山，海拔340米。

境南低山丘陵与淳安、建德、桐庐延伸而来的千里岗低山丘陵连成一片，岩性主要为砂岩、页岩、石灰岩、石英岩等，因石灰岩的溶蚀作用，亦多奇峰异洞。

【水系概况】 境内主要溪流有东苕溪，主源南苕溪，主要支流中苕溪，属太湖水系；分水江主源昌化溪，主要支流天目溪，属钱塘江水系。主要溪流均发源于海拔1000米以上山脉，上游段多峡谷，坡陡谷深流急，中下游段处低山丘陵，地势较平坦，多河谷平原。

【南苕溪】 位于市境东部，为东苕溪主源，属长江水系，发源于太湖源镇临目马尖岗，主峰海拔1271.4米，全长63公里，流域面积720平方公里，比降12.3‰；境内段长55公里，流域面积620.8平方公里，青山水库水文站实测多年平均流量14.5立方米/秒。南苕溪主源浪（阆）口溪，自溪源水竹坞至双溪口为西坑溪（西坑水），双溪口汇东坑溪后称浪口溪，南流经里畈水库，至浪口汇后称南苕溪。南流至胡芦岭西汇泥沟溪，甘塘堰上汇潘溪；折东流至长桥上汇马溪，青龙口汇锦溪后入青山水库。青山水库南有横溪、灵溪汇入，北有双林溪汇入；出青山水库东流至油车头右汇研溪，至鲍家滩汇斜阳溪，东流至汪家埠出境。1950年后，实施南苕溪综合治理，1964年建成大型防洪工程青山水库；1973年兴建、1993~1995年扩建中型防洪蓄水工程里畈水库；1975~1980年，里畈水库至长桥24.5公里溪岸建成防洪堤34738米。1995年后，南苕溪防洪能力由10年一遇提高为20年一遇。

【中苕溪】 位于市境东北部，为东苕溪主要支流，属长江水系。发源于高虹镇石门与安吉县交界的青草湾岗。主峰海拔1073.9米。溪源自美岭坑起，东南流经石门、高虹、横畈，于下塘楼出境，又东流经长乐至汤湾渡由左岸汇入东苕溪。全长47.8公里，比降17.9‰，流域面积185.6平方公里。1999年12月，上游水涛庄村兴建中型防洪工程水涛庄水库，总库容2888万立方米。中苕溪主源猷溪自美岭坑向东南流经大山村、石门、水涛庄，至高乐汇仇溪，称中苕溪。猷溪长22.5公里，处中低山深谷区。大山至龙头舍间，溪底巨石相接；龙头舍至拜节庙间，溪宽约30米，两岸崖石壁立；拜节庙至大仁寺间，谷形狭窄蜿蜒，惟水涛庄段河谷宽阔，在55米至200米之间。下城折经安村，至勾山脚汇白水溪；东流于下塘楼出境。

【天目溪】 纵贯市境中部，为分水江主要支流，属钱塘江水系。发源于西天目山北与安吉县交界的桐坑岗，主峰海拔1506米。自西天目乡牯牛塘起，由北向南，流经西天目、绍鲁、於潜、堰口、塔山、紫水，于紫 溪汇昌化溪，南入分水江。溪长58公里，流域面积761.5平方公里，比降21.8‰。

天目溪主源东关溪长36公里，比降33.7‰，集水面积173.3平方公里。自牯牛塘南流经平溪、后院，至钟家村汇西关溪，至白鹤村汇正清溪；经交口、绍鲁，于双溪口汇丰陵溪，下称天目溪。过於潜镇，至摇车桥汇藻溪，南山坞汇太阳溪（交溪），龙头畈汇古竹溪，逸村汇竹岭水，小溪口汇竺溪，麻车埠汇中塘水，至紫溪汇昌化溪后入分水江。

【昌化溪】 位于市境西北部，为分水江主源，属钱塘江水系，发源于安徽省绩溪县笔架山，主峰海拔1385米，于新桥乡西舍坞入境。干流流经新桥、岛石、鱼跳、龙井桥、龙岗、昌化、河桥、马山、紫水。紫溪纳天目溪后至七坑段，称分水江（原称天目溪）。昌化溪全长106.9公里，比降8.6‰，流域面积1440.2平方公里，其中境内长93公里，流域面积1376.7平方公里。青山殿水文站实测多年平均流量45.4立方米/秒。

主源昌北溪（昔称后溪、巨溪），溪源自安徽省山支岭流至新桥乡西舍坞入境，至倒龙山称后溪，汇仁里溪后称昌北溪。至呼日塘汇银坑溪，至兔川稍下汇上溪；东南流至太平桥汇桃花溪，荞麦岭脚汇柘林坑溪，东南流至地塔村合溪汇入；至汤家湾汇昌西溪，下称昌化溪。昌北溪全长67.9公里（境内长54公里），比降12.3‰，集水面积385.5平方公里（境内330.5平方公里）。

汤家湾东南流至九坑桥汇龙潭坑溪，白牛桥汇沥溪；至七里桥汇黄干溪，油车里汇平渡溪；流经昌化镇东汇虞溪，童婆桥汇紫溪，至云浪下汇锦坑溪；至白下有昌南溪汇入，东南汇至坑口汇悉山水，青山殿阴山汇马山溪，至紫溪与天目溪汇合，下称分水江。1957~1995年青山殿水文站实测，最大流量7200立方米/秒（1969年7月5日），最小流量0.95立方米/秒（1978年9月8日），最高水位64.51米（1969年7月5日，吴淞高程系，基面52米），最低水位52.11米（1971年7月29日）。

正源昌化溪，支流天目溪。昌化溪与天目溪于紫溪汇合口至乐平七坑，为分水江境内河段。紫溪东南流至倒水坞纳紫坊水；至乐平下纳沈家、里坞水，七坑上纳七坑水，东南流出市境。全长8公里。河道平坦、开阔，落差2米。昌化溪和天目溪会合口河道宽171米。七坑以上集水面积（含昌化、天目溪）2275平方公里。支流有紫坊水、里坞水、沈家水、七坑水。

（唐剑平）

资源特产

【矿产资源】 境内矿产资源有30余种，分四大类：金属矿有钨、铍、锑、铅、锌、钼、锰、铁、镍、铜、铌（钽）铁、独居石和金矿；非金属矿有膨润土、萤石、重晶石、鸡血石、白云石、石灰石、磷、花岗岩、方解石、高岭土矿等；燃料矿有烟煤、沥青煤和石煤等；天然矿泉水主要分布在湍口镇湍口村（温泉）和青山湖街道研里村。除钨、膨润土、萤石、石灰石和鸡血石外，其余矿床品位欠佳或储量较少，开采价值较低。

【昌化石】 又称昌化鸡血石，昌化鸡血石（玉石）矿驰名中外，2003年昌化鸡血石被评为“国石”，列为全国四大国宝石之一。鸡血石是多矿物共生和不同地质环境营造的天然集合体，产地昌北玉岩山，可分为5类100余个品种：

昌化鸡血石：鸡血石是昌化石之精华，属中国特有珍贵宝玉石品种。鸡血石的血是辰砂和地开石、高岭石等矿物集合体，集合体中辰砂的大小、含量及地开石、高岭石等颜色，对“血”的颜色都有不同程度影响。依据地质和色泽，昌化鸡血石分为冻地鸡血石、软地鸡血石、刚地鸡血石和硬地鸡血石4类数十种。

昌化田黄鸡血石：其特征是昌化田黄的质地包裹“鸡血”，因田黄素有“石帝”尊称，鸡血石又有“石后”美名，而昌化田黄鸡血石兼备两者丽质，故被世人称为“宝中之宝”。其主要品种有黄田、白田、红田、黑田、花田、灰田、硬田鸡血石等10余种。

昌化冻石：为昌化石之优质品种，一般硬度2级~3级，根据颜色分为单色冻和多色冻2类。主要品种有牛角冻、羊脂冻、玻璃冻、朱砂冻、玛瑙冻、藕粉冻、桃红冻、银灰冻、鱼子冻、红霞冻、黑白冻、金银冻、黄金冻、栗黄冻、桂黄冻、鱼脑冻、五彩冻、雪花冻、水草冻、掘性冻石等。

昌化田黄石：是20世纪90年代后新开发的品种，明显特征是“无根而璞”，自成单个独石，呈无明显棱角的浑圆状，表面包裹石皮，肌理通灵透亮，温润细洁，纹格清晰。主要品种有黄田石、金银田石、红田石、白田石、灰田石、黑田石、花田石、绿田石、硬田石等10余种。

昌化彩石：为昌化石中色彩最丰富的一类石材，色相绚丽多姿，变化无穷，产量约占昌化石的50%以上。色泽可分单色和多色两类。主要品种有黑昌化、白昌化、紫檀石、孔雀绿、艾叶绿、土黄石、桂花黄、青灰石、黑花石、红花石、黄花石、满天星、五彩石、板纹石、二彩石、三彩石、掘性彩石等。

【保护植物】 根据1999年8月4日国务院公布的《国家重点保护野生植物名录（第一批）》，临安市有国家一级保护植物5种：银杏（银杏科）、天目铁木（桦木科）、南方红豆杉（红豆杉科）、银缕梅（金缕梅科）、中华水韭（水韭科）；国家二级保护植物22种：金钱松（松科）、华东黄杉（松科）、羊角槭（槭树科）、七子花（忍冬科）、连香树（连香树科）、樟树（樟科）、浙江楠（樟科）、野大豆（豆科）、鹅掌楸（木兰科）、凹叶厚朴（木兰科）、厚朴（木兰科）、香果树（茜草科）、黄山梅（虎耳草科）、长序榆（榆科）、榉树（榆科）、榧（红豆杉科）、台湾水青冈（壳斗科）、长叶榧（红豆杉科）、花榈木（豆科）、秤锤树（安息香科）、野菱（菱科）、金荞麦（蓼科）。

【野生动物】 全市有野生动物7大类2000余种。其中，兽类8目、21科、77种；鸟类12目、39科、158种；爬行类3目、9科、44种；两栖类2目、7科、20种。有国家一级保护动物7种、国家二级保护动物36种、省级重点保护动物47种。（见表2~6）

国家一级保护动物名录

表2

序号	名称	别名或俗名	序号	名称	别名或俗名
1	梅花鹿（鹿科）	花鹿	5	白颈长尾雉（雉科）	山鸡、红山鸡、高山雉鸡、锦鸡
2	黑麂（鹿科）	乌金、乌獐	6	白鹳（鹳科）	老鹳
3	云豹（猫科）	乌云豹、龟纹豹、云豹	7	黑鹳（鹳科）	乌鹳、锅鹳
4	豹（猫科）	金钱豹、银钱豹、文豹			

国家二级保护野生动物名录

表3

序号	名称	别名或俗名	序号	名称	别名或俗名
1	鬣羚(牛科)	木羊、苏门羚、野山羊	19	大(鹰科)	花豹、豪豹、白路豹
2	斑羚(牛科)	山羊、青羊	20	红隼(鹰科)	红鹰、砂老鹰、茶隼、红鹞子
3	獐(鹿科)	河獐、牙獐	21	秃鹫(鹰科)	座山雕、狗头雕
4	猕猴(猴科)	猴子、猢狲、恒河猴、广西猴	22	白鹇(雉科)	白山鸡
5	大灵猫(灵猫科)	九节狸、九江狸、麝香猫	23	勺鸡(雉科)	山鸡
6	小灵猫(灵猫科)	七节狸、香狸猫、笔猫、乌脚猫、香狸	24	白枕鹤(鹤科)	白顶鹤、锅鹤、红面鹤
7	水獭(鼬科)	水狗	25	褐翅鸦鹃(杜鹃科)	黄蜂、大毛鸡
8	穿山甲(穿山甲科)	鲮鲤	26	草(草科)	猴面鹰、白胸草、人面
9	豺(犬科)	豺狗、红狗、豺狼、红狼	27	红角(鸱科)	夜猫子、鸺鹠、聒聒鸟子
10	金猫(猫科)	原猫、红春猫	28	雕(鸱科)	猫头鹰、普通雕、角鸱、恨狐
11	青鼬(鼬科)	两头乌、黄猺、黄喉貂、密狗	29	领鸺鹠(鸱科)	小鸺鹠、小猫头鹰
12	小天鹅(鸭科)	短嘴天鹅、啸声天鹅、白鹅	30	斑头鸺鹠(鸱 科)	鸺鹠、横纹小 、猫王鸟
13	鸳鸯(鸭科)	匹鸟、官鸭	31	领角 (鸱鹠科)	猫头鹰
14	鸢(鹰科)	老鹰、黑耳鸢	32	短耳鸱(鸱鹠科)	短耳猫头鹰、仓、田猫王、小耳木兔
15	赤腹鹰(鹰科)	鸽子鹰、红鼻鹞、鹞子、鹅鹰、打乌鹰	33	鹰(鸱科)	褐鹰、青叶、酱色鹰
16	雀鹰(鹰科)	鹞子、鹞鹰	34	褐林(鸱科)	猫头鹰
17	松雀鹰(鹰科)	松子鹰、雀贼	35	蓝翅八色鸫(八色鸫科)	五色麦鴗
18	普通(鹰科)	土豹、鸡姆鹞	36	虎纹蛙(蛙科)	水鸡、粗皮田鸡、糙皮蛤蟆

注:形目、隼形目的所有种均为国家保护动物。

省级重点保护陆生野生动物名录

(一) 兽类

表4

序号	名称	别名或俗名	序号	名称	别名或俗名
1	毛冠鹿(鹿科)	青獾	5	貉(犬科)	狸、貉
2	狐(犬科)	狐狸、红狐、赤狐、草狐	6	豹猫(猫科)	狐狸、拖鸡豹、狸子
3	食蟹獴(灵猫科)	石獾	7	狼(犬科)	豺狼、狼狗、毛狗
4	豪猪(豪猪科)	刺猪、箭猪	8	鼬獾(鼬科)	猸子、山獾

(二) 鸟类

表5

序号	名称	别名或俗名	序号	名称	别名或俗名
1	白鹭(鹭科)	春锄、白鸟、白长脚鹭鹚	17	黑枕绿啄木鸟(啄木鸟科)	绿啄木鸟
2	夜鹭(鹭科)	苍、水洼子、灰洼子、星	18	斑啄木鸟(啄木鸟科)	花啄木鸟
3	红翅凤头鹃(杜鹃科)	有髻小黄蜂	19	星头啄木鸟(啄木鸟科)	红星啄木
4	四声杜鹃(杜鹃科)	光棍好过、快快割麦	20	三宝鸟(佛法科)	佛法僧
5	大杜鹃(杜鹃科)	布谷鸟、郭公	21	普通鳾(鳾科)	茶腹、贴树皮、穿树皮、蓝大胆
6	中杜鹃(杜鹃科)		22	寿带(鹟亚科)	紫带子、老白带子、长尾鹟、绶带
7	小杜鹃(杜鹃科)		23	黑枕黄鹂(黄鹂科)	黄莺
8	八声杜鹃(杜鹃科)		24	红嘴相思鸟(画鹛亚科)	相思鸟、红嘴鸟
9	乌鹃(杜鹃科)	乌喀咕	25	红嘴兰鹊(鸦科)	长尾蓝鹊、蛇鹊
10	鹰鹃(杜鹃科)	鹰头杜鹃、大鹰喀咕	26	喜鹊(鸦科)	山和尚
11	棕腹杜鹃(杜鹃科)		27	灰喜鹊(鸦科)	
12	噪鹃(杜鹃科)	哥好雀、嫂鸟	28	松鸦(鸦科)	山和尚
13	戴胜(戴胜科)	鸡冠鸟	29	虎纹伯劳(伯劳科)	
14	大拟啄木鸟(须裂科)		30	牛头伯劳(伯劳科)	
15	蚁鴷(啄木鸟科)	地啄木	31	棕背伯劳(伯劳科)	
16	姬啄木鸟	(啄木鸟科)	32	红尾伯劳(伯劳科)	

(三) 爬行类

表6

序号	名称	别名或俗名	序号	名称	别名或俗名
1	眼睛蛇(眼睛蛇科)	犁头扑、犁铲头、饭铲头、白花蛇、百步蛇、盘蛇	4	黑眉锦蛇(游蛇科)	棕黑锦蛇
2	五步蛇(蝮亚科)	五步龙、褰鼻蛇、棋盘格、懒蛇、翘鼻蛇、尖吻蛇、蕲蛇	5	平胸龟(龟科)	鹰嘴龟、大头龟
3	滑鼠蛇(游蛇亚科)	水律蛇、笋壳蛇、黄乌梢蛇	6	脆蛇蜥(蛇蜥科)	脆蛇、金星地鳝、金蛇、银蛇、碎蛇

【临安“老三宝”】 茶叶、笋干、山核桃俗称临安“老三宝”。

天目山产茶历史悠久，品质优异，早在唐朝就闻名于世。随着农村产业结构的调整，茶类布局、品种结构更趋合理。通过“科技兴茶、开发名茶”战略的实施，茶叶生产经济效益进一步提高。临安名茶品种分四类：历史名茶有天目青顶，分顶谷、雨前、梅尖、梅白、小青5个品级，有天目山牌、东坑牌、文丽牌、东华牌等；传统名茶有天目龙井、顺溪大方等；大宗茶有青眉茶、烘青等；创新名茶有天目贡（扁形）、钱王牌粒粒香乌龙茶（圆珠形）、山顶牌石谷神螺（卷曲形）、有机茶等。2009年，全市茶叶总产量1843吨，产值1.51亿元，其中，名优茶产量706吨，产值1.34亿元。有机茶颁证总面积8656亩，无性系良种基地8754亩。

天目笋干是临安传统特产，主要产于天目山周围的西天目、千洪、横路、太湖源、高虹、昌化等乡镇，统称为天目笋干。据《临安县志》载，明正德、嘉靖年间，天目笋尖已为人称道。天目笋干之佳者称“天目尖”，尤以临目、杨岭、东天目所产“早园凤尖”焙制考究，形状如虾，黄亮滋润，清香鲜美。三口、上甘等地的“天目挺尖”称“白蒲头”，新笋采制，连蒲带尖，粗若拇指，翠黄肥嫩，清香扑鼻，食之无渣，堪称“山珍”。20世纪70年代，其制作技艺失传。至今，天目笋干仅剩“焙熄”、“肥挺”、“秃挺”、“小挺”、“直尖”等大路品种，其中，以“焙熄”为佳。按传统规格要求，“焙熄”应是烘焙揉制过程中，自行脱落的尖头肥嫩部分，后均以摘头、剪头代替。笋干产区集中于西天目、千洪、横路、太湖源等乡镇。1930年，天目笋干出口新加坡，销往中国香港地区。1948年，临安县销售笋干约5万公斤，於潜县销售笋干约10万公斤。90年代，笋干生产有较大发展。1989~1996年，国家收购963吨。1997年后，笋农自产自销。每年产笋季节，藻溪、西天目、千洪等乡镇笋农赴湖南、广西、江西、四川等地收购鲜笋，加工笋干，运回临安再加工后，以“天目笋干”之名销往杭州、上海、苏州等地，数量较大，获利颇丰。2001年始，临安建立万亩天目笋竹丰产栽培科技示范基地，进行科学管理，标准化生产，全面提高笋干竹产量、质量和经济效益，推动竹产业化建设。至2005年，全市年产天目笋干4400余吨，年产值超过5000万元，居全国之首。2009年，全市笋干竹面积18万亩，笋干总产量7200吨，产值1.22亿元。

山核桃是临安知名特产，名冠江南。浙江省淳安、安吉、桐庐诸县及安徽、湖南、贵州等省也有产，但临安山核桃产量最多，品质最佳。临安山核桃主要分布在昌化、昌北两片，所以称“昌化山核桃”，於潜片横路等乡镇也有产。据科学测定，山核桃除含有丰富的植物油脂外，其果仁蛋白质含量达18.3%，还有多种维生素，在医药上具有润肠滋补抗衰老的功效。2009年，全市山核桃种植面积46万亩，山核桃总产量1.38万吨，总产值5.9亿元。全市山核桃产业实现产值19.44亿元。

【鲜笋】 20世纪80年代起，临安利用丘陵缓坡地种植菜竹（主要品种雷竹、高节竹），普遍推广当时临天乡吴马村笋农葛银万种雷竹、板桥乡西村笋农吴龙福种高节竹的竹笋高效经验，引导发展菜竹生产，菜竹面积每年以700公顷的速度递增。1983~2001年，菜竹面积从2180.67公顷增至1.26万公顷。2009年，全市菜竹面积40万亩，鲜笋产量21.47万吨，总产值7.29亿元，竹产业实现产值27.56亿元。

【水煮笋】 20世纪80年代，打通鲜笋供应上海、杭州等大中城市和水煮笋外销日本流通渠道，临安菜竹笋加工业兴起。20世纪90年代初，兴办水煮笋厂26家，年加工水煮笋65万罐，其中，菜竹笋精加工企业9家，品种有油焖笋、腊油肉笋、糖醋笋、雪笋、酱笋、咸笋等。菜竹笋营销人员3000余人，鲜笋收购点300余个，鲜笋专业批发市场10个。台湾独资企业——杭州益华农畜产品有限公司开发的台湾风味系列鲜味笋，被列入中国美食营养委员会推荐产品。

1992年3月9日，临安镇竹笋交易市场开业，至5月10日，成交额超500万元。1994年建成高虹雷笋专业市场，年销售鲜笋3000吨，购销额1800余万元。1998年初，成立市竹笋加工企业协会。是年，全市竹笋一次加工1.25万吨，二次加工7000吨，出口9000吨，分别为1997年的100%、150%和160%，加工总值超亿元。1999年3月8日，市竹笋协会产品开始实行网络销售。2009年，全市生产水煮笋（当地）产量48.48万罐，总产值3400万元。

【临安“新三宝”】 白果、萸肉、猕猴桃俗称临安“新三宝”。

白果即银杏，银杏树是临安“市树”。白果集果用、材用、风景绿化和特殊的科研价值于一身，历来受到重视。近年来，由于开发银杏叶提取物在治疗心脑血管疾病和延缓衰老方面的特殊功效，被国际医药部门列为新一代重要药用资源。据1983年调查，全县有成林银杏树9893株，其中结果树3283株。产量逐年上升，1951~1980年，年均产量40.4吨；1981~1996年，年均产量125.4吨。1995年，出口白果叶13吨。2005年，产白果283吨，创历史新高。20世纪90年代初，林业科技人员在当时颊口乡株柳村前坞采用良种嫁接、合理密植新技术，建立银杏矮化、密植示范园1.5亩，取得3年结果、7年丰产的效果。

萸肉是山茱萸之果，又名药枣，是名贵中药材，主要产于昌化。20世纪80年代初，县林业部门推广枝接芽接技术，缩短结果期8~10年。1988年，昌化、昌北建立山茱萸示范林30公顷，推广良种嫁接苗4万余株。90年代起投产面积增多，产量上升。1981~1996年，年均产量98.2吨。2001年，人工造林也结果投产，萸肉丰收，全市产量约300吨，创历史纪录，但价格一路走低，从年初每公斤80元跌至年末每公斤30元，产区有2/3萸肉待销，大部分农户增产不增收。2002年，萸肉产量约190吨，加上2001年还有2/5库存量，市场供过于求，出售价下降至每公斤25元~30元。随后，面积缩小，产量下降，湍口镇萸肉面积由2000年的490.27公顷下降至2004年的443公顷。2006年，萸肉价格有所回升，每公斤售价30余元。1993年始，县林业局和浙江林学院进行山茱萸食品开发研究，试产出山茱萸汁天然保健饮料和山茱萸酒，并于1996年12月27日通过省科委评审鉴定，卫生部批准投产，为山茱萸综合开发和产区群众致富开辟新途径。

猕猴桃又叫藤梨、阳桃、猕猴梨，其性味甘酸而寒，有解热、止渴、通淋、健胃等功效，可治疗烦热、消渴、黄疸、呕吐、腹泻、石淋、关节痛等疾病，且有抗衰老作用，是滋补强身的上等果品，被誉为“果中珍品”、“水果之王”、“生命之果”。李时珍《本草纲目》记：“其形如梨，其色如桃，而猕猴喜食，故有诸称。”临安市野生猕猴桃分布较广，产量颇丰。人工栽培猕猴桃有20余年，主要集中在板桥乡、岛石镇，西天目乡、锦城街道等有零星种植。板桥乡牌联村建有猕猴桃实验场，是杭州市科委猕猴桃人工栽培基地，在杭州市植物园协助下，通过野生猕猴桃选优、外地引种等方式，选育出品质好、抗病虫、产量高、果型大优良品种6个，又从新西兰引进果实鲜美、风味独特、酸甜适宜、清香爽口、营养丰富的“布鲁诺”品种，1999年获杭州市优质农产品银奖。2009年，全市种植猕猴桃400余亩，年产量420吨，产值约120万元。

【於术】 临安於潜所产白术称於术，药用部分为根茎。因“鹤形鸡腿，体重质实，品质特优”，享誉医药界。清《本草纲目拾遗》载：“白术产於潜者根斑而力大”。《清异录》载：“潜山产兽术，以其盘结丑怪，有兽之形”，因号“狮子术”。光绪《於潜县志》载：“凡有术处，冬不积雪”，可见药力之强。《药性字典》载：“大凡脾阴亏损，泄泻不止者唯用於术以调之”。明清时期，於术被列为贡品。民国18年（1929），於潜康华於术公司的野生於术获西湖博览会一等奖。民国21年（1932）於术产量71.5万公斤，1958年12万公斤，1961年1.25万公斤，1969年230万公斤，为历史最高年产量。1974年后，於术由国家二类统购改为计划收购，价格时涨时落。於术生长期长，术农怕担风险，产量下降，1974~1988年，年均产量仅11.13万公斤。此后，连续受到外地白术冲击，种植者逐渐减少。於潜生产“於术酒”，为临安特色名酒。

【临安“三石”】 临安产石蛙、石耳、石斑鱼，可做三道特色名菜，俗称临安“三石”。

石蛙学名棘胸蛙，俗称石鸡。两栖类，无尾目，蛙科。体型稍大于青蛙，大者体长12厘米，皮肤粗糙，趾间有蹼。雄蛙背面有成行的长疣，胸部有大团刺疣，刺疣中间有角质黑刺。雌蛙背部有分散的小圆疣，腹部光滑。天目石蛙因其生活环境优越，个体更大，体长可达15厘米，且全身油亮光滑，很少见疣子，肤色黑黄不一。石蛙常栖息于山溪水潭中，产卵繁殖，以小虫为食。夏天闷热之夜，会爬到山涧大石上乘凉，平时躲在阴湿的石洞里。石蛙在天目山、龙塘山山涧均有分布。石蛙腿部结实，肉质鲜嫩，富含高蛋白，被誉为“山珍”，为临安的一道名菜。龙岗镇、板桥乡等地人工养殖石蛙获成功。

石耳是生长在高山深谷滴水悬崖上的一种地衣门生物，形状像木耳，俗称石耳。寄生在石头上，吸收空气中的水分和石头上的养分而生长，基部能分解石头和土壤中的养分。凡长石耳之处，都为悬崖峭壁，采摘难度大。《西天目祖山志》载：“采者腰缒以下，至数十丈，如鱼跃禹门，鸟盘蜀道，以乃身命搏之者。”据《本草纲目》载，石耳有清热解毒、抗菌、降压、补肾、滋养肝脾、防癌抗癌等作用，十分珍贵。石耳比木耳厚实，吸水膨胀系数小，食味也比木耳好。近年，市场上有袋装人工栽培石耳出售，耳衣较薄，质量远不如野生石耳。

石斑鱼是昌化溪中一种野生淡水鱼，又名薄额光唇鱼，通体有斑状花纹，当地人称“石斑佬”或“青石斑鱼”。石斑鱼身长一般为 15 厘米，以水中小虫为食。喜在暖水中群居，食性宽，急水中产卵，生长发育快，产卵 3 个月后即可捕捞。昌化山区溪流湍急而水质清纯，溪中多石，溪岸多为石块垒成，为石斑鱼提供优越的生长条件。石斑鱼作菜肴无须去鳞，肉质细，味鲜美。

【横畈豆腐干】 横畈镇生产的豆腐干油泽均匀，棕红泛光，风味独特，声名远扬，俗称横畈豆腐干，其制作历史有二三百年。横畈豆腐干用优质黄豆为主料，磨浆点卤要求甚严，以鸡汁、冰糖、丁香、桂皮、花椒、糖色、酱油等配料制作。一般 0.5 公斤黄豆能制豆腐干 15 块，10 公斤卤汁浸 250 块豆腐干。1988 年，全镇日产豆腐干 8000 块，主要销往锦城街道，外销杭州、嘉兴等地。1989 年后，产量日渐增多，除以普通产品销往锦城街道及周边乡镇，还以真空包装进入城乡超市。2005 年，日产豆腐干约 4 万块，其中，横畈镇曹前村于文杰豆腐作坊日产约 2 万块。近年来，于文杰创新制作的豆腐干内加火腿、虾仁等馅料，真空包装，日产 5000 块，精包装礼盒销往杭州、上海等大中城市。

【昌西豆腐干】 昌西豆腐干是昌化地区一种传统的豆制品。加工精细，须经煮、烘、卤等数道工序，五香配料为茴香、桂皮、辣椒、花椒、酱油。将白豆腐切成 36 块，原板一次压制脱水加工而成，结构和质地较软，调料容易渗到豆腐干内部，加上烘制脱水后再次回汤煎制调味，味道香美。豆腐干成品形似方糕，见棱见角，色如棕栗，深浅如一，作菜肴可助酒下饭，作干粮可充饥。逢年过节，昌西一带家家户户都要烘几锅豆腐干，或作食用，或作馈赠。在传统婚嫁和寿庆习俗中更是不可或缺的礼物。制作豆腐干一般在腊月，故亦名“昌西腊豆腐干”。

（唐剑平）

旅游休闲

【风景名胜】 临安山清水秀，植被良好，森林覆盖率 76.55%。近年来，临安相继获中国竹子之乡、中国山核桃之乡、国家级生态示范区建设试点市和中国优秀旅游城市、国家卫生城市、国家森林城市等荣誉。境内有天目山、清凉峰两个国家级自然保护区，其中，天目山被列入联合国人与生物圈网络成员，有青山湖国家级森林公园、大明山省级风景名胜区。1999 年，国家旅游局提出“生态环境游”的主题口号，随之，临安生态旅游火爆华东地区和东南亚一带，青山、碧水、峡谷、巨树、溶洞、飞瀑、奇石、温泉、植物、珍禽、火山遗迹等形成临安独特的自然风光。2002 年 6 月 8~15 日，首届中国森林博览会在临安举行。

临安自然风光迷人，人文资源独特，景观类型丰富，集名山、名水、名谷、名洞、名刹、名人古迹于一体。2009 年，全市有旅游景区（景点）19 个（见表 7），其中，AAAA 级景区 4 家（天目山、浙西大峡谷、大明山、柳溪江）。临安旅游以浙西大峡谷、太湖源、大树王国、火山石谷、千亩草甸、石花洞天等主要旅游景观特色，成为长三角地区生态旅游的首选地之一。

旅游景区（景点）一览表

表 7

名　称	主要特点	地　址	联系电话
天目山	高山、原始森林、山溪水、寺庙	西天目乡	63857220
浙西大峡谷	峡谷、涧溪水、石、生态林	大峡谷镇	63631745
大明山	高山、秀峰、瀑布、草甸、生态林	清凉峰镇	63627888
钱王陵园	吴越国历史文化、墓葬、树林	锦城街道	63722883
太湖源	峡谷、崖壁、山溪水、野猴、生态林	太湖源镇	63790368
柳溪江	江水、群山、生态林、渔村	河桥镇	63612388
神龙川	峡谷、山溪水、生态林	太湖源镇	63790882
火山大石谷	峡谷、石、山溪水、生态林	西天目乡	63853718
白水涧	山溪水、竹林、石	横畈镇	63775898
瑞晶洞	溶洞、钟乳石、石花	河桥镇	63619188
青山湖	湖、水上杉林、	青山湖街道	63715677
浙西大龙湾	峡谷、石、山溪水、生态林	龙岗镇	63632858
八百里	徽派民居、寺庙	青山湖街道	63810218
西径山	山、山溪水、寺庙	锦城街道	63707385
浙西天池	高山、湖泊、生态林	大峡谷镇	63648888
山人行	野外拓训	藻溪镇	63818228
东天目山	高山、山溪水、瀑布、生态林、寺庙	太湖源镇	63797356
石长城	石、山溪水、生态林	马啸乡	63739128
清凉峰	高山、山溪水、生态林	清凉峰镇	63625618

【"农家乐"】 "农家乐"是依靠生态环境和旅游景点作支撑，以"进农家门，吃农家饭，住农家屋，干农家活，享'农家乐'"等多种方式，充分享受农村环境、体验农村生活、了解民风民俗的旅游方式。临安市"农家乐"乡村旅游始于 1992 年，源于西天目山麓天目村。经过 10 余年的发展，"农家乐"成为临安乡村旅游的重要业态和主打品牌。2009 年，全市有 13 个乡镇（街道）32 余个村（村规模调整后），计 600 余户农户经营"农家乐"，总床位量 1.17 万张，直接从业人员1231

余人，接待游客96.35万人次，直接经营收入4819万元。经营“农家乐”的重点村有西天目乡天目村、武山村、九狮村、告岭村，太湖源镇白沙村、临目村、东天目村、指南村，大峡谷镇桃花溪村、大峡谷村、五星村，潜川镇青山殿村，清凉峰镇白果村，横畈镇白水涧村，高虹镇龙上村、大山村，河桥镇泥骆村，马啸乡浙川村，锦城街道集贤村等。

（唐剑平）

历史人文

【历史文化】 临安市儒、佛、道文化历史悠久。有大禹、防风氏、秦始皇的遗迹；有保存完好的唐末五代十国之一吴越国王钱镠的墓葬和出土的钱镠父母钱宽、水邱氏墓及康陵等吴越国王陵；有郭璞、谢安、昭明太子、李白、白居易、苏轼、郁达夫、周恩来等名人的足迹和诗文；有宋代文人洪咨夔、清代数学家方克猷、现代革命烈士来学照和爱民模范赵尔春、当代著名经济学家骆耕漠和高原赤子陈金水等地方杰出人物。西汉初，佛教传入中国，印度僧人入天目山传教，天目山被尊为韦驮菩萨道场，历代高僧辈出。天目山佛教对东南亚尤其是日本影响很大。西天目山有道教宗师张道陵的张公舍等遗迹，青山湖街道宫里村有著名的洞霄宫遗迹，昔为江南著名道观。

【吴越国王钱镠】 钱镠（852~932）字具美，小名“婆留”，杭州临安人。唐末五代十国时期吴越国的建立者。唐大中六年(852)二月十六日生于临安县石镜乡临水里（今功臣山南麓钱坞垅），后唐长兴三年(932)三月二十六日薨于杭州，享寿81岁。

钱镠出身贫贱，为生计所迫，17岁起铤而走险，与人结帮，贩卖私盐营生。21岁应募从军，“王入军中骁勇绝伦”，为平息藩镇战乱，维护百姓安宁，他身经百战，屡建奇功。先后加封为天下兵马都元帅、尚父、守尚书令兼中书令，吴越国国王，领一军十三州（今浙江全境和江苏苏州、福建福州），以杭州为都城。钱镠在位30年，历事唐、后梁、后唐三朝五帝，谥武肃王。传位子，子传孙，至978年，其孙钱弘俶纳土归宋。吴越国传三世五王，共77年，为五代十国帝位最长者。

钱镠控制江浙十三州后，奉行“善事中国”、保境安民、发展经济的国策，修筑捍海石塘、疏浚江湖、兴修水利、发展农桑、扩建杭城、开拓海运、扩大贸易、减免赋税等，对杭州、两浙及长三角地区的发展起到积极作用，使吴越国境内“旷土尽辟，桑柘满野，国以富强”，吴越国成为当时“富甲天下”的经济强国，钱镠被誉为“上有天堂，下有苏杭”的奠基人。

钱镠作为唐末五代吴越国国王，兼天下兵马都元帅，立国于干戈扰攘之际，以先人的成败为鉴，武德安邦，文德治国，是中国历史上一位贤明之君。

【钱氏三世五王】 钱镠自创建吴越国始，其儿孙三代中有4人被敕封为吴越国王，史称“三世五王”。

文穆王——钱元瓘（887~941） 钱镠第七子，字明室，初名元瓘。932~941年在位，多次下令免除农民荒田租税，设择能院选拔文士。善诗文，有《锦楼集》流传于世。墓葬杭州。

忠献王——钱弘佐（927~947） 钱元瓘第六子，字玄佑。941~947年在位，对内宽免赋税，将福州并入吴越国版图。墓葬杭州龙山。

忠逊王——钱弘倧（925~975） 钱元瓘第七子，字隆道。947年，钱弘佐病故，钱弘倧即位，当年12月被废。墓葬绍兴秦望山。

忠懿王——钱俶（928~998） 钱元瓘第九子，字文德，原名弘俶。948~978年在位，对内奖励开垦，减免赋税，对中原王朝贡奉不绝，以求自保。978年，迫于形势，献所辖13州于宋，吴越国亡。杭州市内净慈寺、上天竺、保俶塔、六和塔、雷峰塔等古迹，均为钱俶在位时兴建。墓葬河南洛阳贤相里。

【当代钱王著名后裔】 钱王后裔人才迭出，当代著名钱王后裔有：

钱君匋（1906~1998） 浙江桐乡人，著名金石书画家和收藏家，曾任西泠印社副社长。

钱钟书（1910~1998） 江苏无锡人，著名文学家，曾任中国社会科学院副院长，被誉为“中西文学研究泰斗”、“中国第一博学鸿儒”和“文化昆仑”。

钱学森（1911~2009） 浙江杭州人，著名科学家，中国科学院院士，被誉为“中国导弹之父”。

钱伟长（1912~2010） 江苏无锡人，著名科学家，中国科学院院士，曾任全国政协副主席，民盟中央副主席、名誉主席。

钱三强（1913~1992） 浙江湖州人，著名科学家，核物理学家，曾任中国科学院原子能研究所所长、中科院副秘书长、中科院副院长，被誉为“中国原子弹之父”。

钱其琛 1928年出生，上海嘉定人，曾任外交部部长、中共中央政治局委员、国务院副总理。

钱正英 1923年出生，浙江嘉兴人，中国工程院院士，曾任水利部部长、全国政协副主席。

钱永健 1952年生于美国，祖籍浙江杭州，是中国导弹之父钱学森堂侄，美国生物化学家，美国国家科学院院士，美国国家医学院院士，美国艺术与科学院院士，圣地亚哥加利福尼亚大学生物化学及化学系教授，2008年获诺贝尔化学奖。

【钱镠研究会】 钱镠研究会为群众性学术团体，成立于1992年，有会员100余人，主管单位为临安市政协。钱镠研究会由市政协文史委牵头筹备，第一任、第二任会长、副会长均由县（市）委和政府主要领导担任，第三届开始由市政协主席担任。研究会邀请钱其琛、周峰、项秀文等任名誉会长。研究会日常事务由市政协秘书长和副秘书长组织实施。至2008年，先后举行钱镠研究学术研讨会8次，编辑《钱镠研究》会刊17期。1997年中国旅游年钱王故里文化旅游节和历届森林博览会，都把钱镠研究交流活动作为一项重要内容。钱镠研究交流活动引起全国各地新闻媒体的关注，中央电视台、浙江电视台多次宣传报道和专题介绍。习近平、钱其琛、杨汝岱、王光英、严济慈、钱伟长、钱正英、陈慕华、张震、白立忱、钱树根等中央领导及谢晋、金庸等文化界名人曾到临安，听取钱镠研究工作汇报，参观视察钱王陵。研究会先后在上海、江苏、河南、福建、浙江嵊州等钱氏后裔居住较为集中的地方设立分会或联络处（2000年后，研究会与各地分会和联络处分离）。

【文物保护单位】（见表8~11）

全国重点文物保护单位

表8

<table>
<tr><th colspan="2">名　　称</th><th>时代</th><th>地　　点</th><th>公布时间</th><th>备　　注</th></tr>
<tr><td rowspan="3">吴越国王　陵</td><td>钱镠墓</td><td>唐</td><td>锦城街道太庙山</td><td rowspan="3">2001-6-25</td><td rowspan="3">国务院公布(第五批)</td></tr>
<tr><td>钱宽、水邱氏墓</td><td>唐</td><td>锦城街道西墅村明堂山</td></tr>
<tr><td>康　陵</td><td>唐</td><td>玲珑街道祥里村庵基山</td></tr>
<tr><td colspan="2">功臣塔</td><td>唐</td><td>锦城街道功臣山</td><td>2001-6-25</td><td>国务院公布(第五批)</td></tr>
</table>

省级文物保护单位

表9

序号	名　　称	时代	地　　点	公布时间	备　　注
1	普庆寺石塔	元	横畈镇湖山村	1963-3-11	省政府公布(第二批)
2	南屏塔	北宋	昌化镇南屏山	1997-8-29	省政府公布(第四批)
3	昱岭关	南宋	清凉峰镇阳川村	2005-3-16	省政府公布(第五批)
4	天目窑遗址群	北宋	於潜镇凌口、绍鲁	2005-3-16	省政府公布(第五批)
5	功臣寺遗址(含婆留井)	唐	锦城街道功臣山南麓	2005-3-16	省政府公布(第五批)
6	西天目山墓塔群	元	西天目山	2005-3-16	省政府公布(第五批)
7	陈家祠堂	清	马啸乡山边村	2005-3-16	省政府公布(第五批)

省级历史文化保护区

表10

序号	名　　称	时代	地　　点	公布时间	备　　注
1	临安市河桥	清	河桥镇老街	2000-2-18	省政府公布(第二批)

临安市级文物保护单位

表 11

序号	名　　称	时代	地　　点	公布时间	备　　注
1	千秋关	五代	横路乡登村	1982-10-14	市政府公布(第一批)
2	玲珑山摩崖石刻	宋	玲珑街道玲珑山	1982-10-14	市政府公布(第一批)
3	邹子侃烈士墓	现代	锦城街道长桥	1982-10-14	市政府公布(第一批)
4	祈祥塔	明	於潜镇官堰山	1988-12-31	市政府公布(第二批)
5	秀峰塔	清	昌化镇东塔岭	1988-12-31	市政府公布(第二批)
6	元同桥	南宋	青山湖街道宫里村	1988-12-31	市政府公布(第二批)
7	新溪桥	清	锦城街道横溪村	1988-12-31	市政府公布(第二批)
8	昭明禅院	南朝 (梁)	太湖源镇梅家村	1988-12-31	市政府公布(第二批)
9	禅源寺	清	西天目山	1988-12-31	市政府公布(第二批)
10	老殿	元	西天目山	1988-12-31	市政府公布(第二批)
11	民族日报社旧址	近代	於潜镇鹤村	1988-12-31	市政府公布(第二批)
12	龙井桥烈士纪念碑	现代	大峡谷镇龙井村龙王岭	1988-12-31	市政府公布(第二批)
13	赵尔春烈士纪念碑	现代	潜川镇麻车埠馒头山	1988-12-31	市政府公布(第二批)
14	玲珑山钟楼、观音殿	清	玲珑街道玲珑山	1998-07-24	市政府公布(第三批)
15	双林山遗迹	唐	锦城街道集贤村双林山	1999-12-31	市政府公布(第四批)
16	韩世忠墓	清	清凉峰镇义干村韩坟山	1999-12-31	市政府公布(第四批)
17	三槐堂	清	湍口镇石室村	2003-03-19	市政府公布(第五批)
18	惇德堂	清	岛石镇中山村	2003-03-19	市政府公布(第五批)
19	敦伦堂	清	湍口镇何家村	2003-03-19	市政府公布(第五批)
20	章家民居	清	龙岗镇上汤村	2003-03-19	市政府公布(第五批)
21	刘家民居	民国	太湖源镇严家村	2003-03-19	市政府公布(第五批)
22	太极洞	清	藻溪镇越王坪	2003-03-19	市政府公布(第五批)
23	桂芳桥	清	藻溪镇桂芳村	2003-03-19	市政府公布(第五批)
24	久安桥	清	昌化镇联盟村	2003-03-19	市政府公布(第五批)
25	白牛桥	民国	昌化镇白牛村	2003-03-19	市政府公布(第五批)
26	钱镠祖墓	唐	锦城街道锦桥村	2003-03-19	市政府公布(第五批)
27	告岭义冢	清	西天目乡告岭赵家村	2003-03-19	市政府公布(第五批)
28	方氏家族墓	清	河桥镇览川村	2003-03-19	市政府公布(第五批)

(卞建兴)

【名句名联】

天目山垂两乳长，龙飞凤舞到钱塘。

——晋·郭璞《地记》中语

玲珑山卧龙寺山门对联：

山玲珑，水玲珑，山水玲珑；
钟悠远，鼓悠远，钟鼓悠远。

临安地名对联：

藻溪鱼，跳过横塘，化龙去也；
方元鼓，敲上更楼，太阳升矣。

（清·方克猷）

【名人名诗】

登天目山赋示云麾弟

（梁）萧　统

白云飞兮江上阻，北流芬兮山风举。
山万仞兮多高峰，流九派兮饶江渚。
山苕峣兮乃逼天，云微蒙兮后兴雨。
实览历兮此名地，故遨游兮滋胜所。
予登陟兮一长望，理化顾兮忽忆汝。
想玉颜兮在目中，徒踟蹰兮增延伫。

送温处士

（唐）李　白

伊昔升绝顶，下窥天目松。
仙人炼玉处，羽化留余踪。

东　山

（唐）李　白

不到东山久，蔷薇几度花。
白云他自散，明月落谁家。

新妇石

（唐）白居易

堂堂不语望夫君，四畔无居石作邻。
蝉鬓不梳千载髻，蛾眉常扫四时春。
雪为铅粉凭风傅，霞作胭脂仗日匀。
莫道岩前无宝镜，月明依旧照夫人。

还乡歌

（五代十国）钱　镠

三节还乡兮挂锦衣，碧天朗朗兮爱日晖。
功臣道上兮列旌旗，父老远来兮相追随。
家山乡眷兮会时稀，今朝设宴兮觥兕飞。
斗牛无孛兮民无欺，吴越一王兮驷马归。

登玲珑山

（宋）苏　轼

何年僵立两苍龙？瘦脊盘盘尚倚空。
翠浪舞翻红罢亚，白云穿透碧玲珑。
三休亭上工延月，九折岩前巧贮风。
脚力尽时山更好，莫将有限趁无穷。

大涤山

（宋）苏　轼

前生我已到杭州，到处常如忆旧游。
更欲洞霄为隐吏，一庵闲地且相留。

於潜女

（宋）苏　轼

青裙缟袂於潜女，两足如霜不穿屦。
䯻沙鬓发丝穿杼，蓬沓障前走风雨。
老濞宫妆传父祖，至今遗民悲故主。
苕溪杨柳初飞絮，照溪画眉渡溪去。
逢郎樵归相媚妩，不信姬姜有齐鲁。

自昌化双溪馆下步寻溪源至治平寺

（宋）苏　轼

乱山滴翠衣裘重，双涧响空窗户摇。
饱食不嫌溪笋瘦，穿林闲觅野芎苗。
却愁县令知游寺，尚喜渔人争渡桥。
正是醴泉山下路，桑枝刺眼麦齐腰。

东西山

（宋）洪咨夔

西山许迈无人问，只说东山有谢安。
富贵光明贫贱晦，世情从古两般看。

陌上花（三首并引）

（宋）苏　轼

游九仙山，闻里中儿歌《陌上花》。父老云：吴越王妃每岁必归临安，王以书遗妃曰："陌上花开，可缓缓归矣。"吴人用其语为歌，含思宛转，听之凄然，而其词鄙野，为易之云：

陌上花开蝴蝶飞，江山犹是昔人非。
遗民几度垂垂老，游女长歌缓缓归。

陌上山花无数开，路人争看翠軿来。
若为留得堂堂去，且更从教缓缓归。

生前富贵草头露，身后风流陌上花。
已作迟迟君去鲁，犹歌缓缓妾还家。

临安道上

郁达夫

泥壁茅蓬四五家，山茶初茁两三芽。
天晴男女忙农去，闲煞门前一树花。

登东大仙峰望钱塘江（天目山）

郁达夫

仙峰绝顶望钱塘，凤舞龙飞两乳长。
好是夕阳金粉里，众山浓紫大江黄。

琴操墓前杂感

郁达夫

山既玲珑水亦清，东坡曾此访云英。
如何八卷临安志，不记琴操一段情。

宿西天目山禅源寺

郁达夫

二月春寒雪满山，高峰遥望皖东关。
西来两宿禅源寺，为恋林间水一湾。

【民间灯彩】 境内民间灯彩表演艺术普及各乡镇（街道），传承创新有26个品种，表演队伍105支。获国家级大奖2个，浙江省、杭州市级金奖、银奖11个。城乡元宵灯会连续办了25年。2000年来，举办"森博会"4届、"吴越风"广场文化艺术节3届，挖掘创新一批具有地方特色的艺术精品，10支表演队分别参加杭州市民间艺术节、西湖博览会狂欢节、浙江省广场民间艺术展演、中国国际民间艺术节展示，获奖11个。2003年2月28日，《临安水龙》、《吴越双狮》表演队随中国民族民间艺术表演团到法国尼斯参加狂欢节，灯彩首次进入国际文化艺术交流。2004年，《八戒背媳妇》表演队应邀赴法国参加尼斯狂欢节表演。《临安水龙》获第13届全国"群星奖"和国际民间艺术节金奖。《八戒背媳妇》获第三届西湖博览会狂欢节最佳表演奖和最佳创意奖。太阳镇《五凤朝阳》、湍口镇《变狮》、乐平乡《蚕龙灯》、潜川镇《手狮》和《马灯》、岛石镇《红狮》、河桥镇《鱼灯》、龙岗镇《彩凉船》、板桥乡《钱氏灯会》（红毛狮子）、青山湖街道《龙腾狮跃》、玲珑街道《龙飞凤舞》、太湖源镇《花灯》等彩灯皆有精彩表演，获奖颇多。

2003年8月，全面普查民间艺术资源，培训普查员130名，涉及26个乡镇（街道）360个自然村，专访传承人逾千。收录具有吴越文化特色和艺术价值的民间艺术节目89个，其中，灯彩表演类45个。

【《临安水龙》】 2001年，市文化馆程行以三口镇秋口村龙灯队为基础，根据吴越国王钱镠兴修水利，发展农桑，使吴越国富甲东南的史实，创作《临安水龙》。灯队有舞龙19人、鼓乐7人。龙身17节，长50米，龙首魁威，眼、鼻、嘴、腹、脊、尾皆配可控发光装置。阵式分金龙出世、金龙变水龙、水龙变龙舟三个部分。通过游龙跳龙、巨龙腾飞、龙鱼漫游、龙卷巨浪、龙斗旋涡、化为龙舟等舞式展示金龙出世、戏水搏浪、吸水聚气、普降甘霖、风调雨顺、五谷丰登，集中国“龙”之精、气、神于一体。表演气势恢弘，造型遒劲，色彩绚丽。

【根雕艺术】 20世纪70年代中期，临安市颊口镇（今清凉峰镇）兴起根艺创作，辐射龙岗、石瑞、太阳等10余乡镇，有创作人员100余人，800余件作品在杭州市级以上展示获奖，500余件作品销往德国、意大利、比利时、荷兰、日本等国及中国台湾地区和香港地区。中央电视台和浙江电视台等多家新闻媒体有专题报道。

1989年，潘其吉《假慈悲——双狐》获浙江省民间美术创作二等奖，《东方醒狮》、《荷》、《中华龟》获浙江省根艺美术展示活动银奖。郑洁泉《云中鹤》、《贺志章诗》、《松龙图》、《寿》、《野云轩》、《寒雀图》等多件作品销往中国台湾地区和中国香港地区。童建昌作品1996年获浙江省民间艺术展金奖，1997年获浙江省“迎回归”民间美术展一等奖，1999年获浙江省根艺精品展金奖，2004年获国际民间手工艺品展银奖。潘其吉作品《猴子捞月》1998年获1998浙江省根艺旅游品展览铜奖，《猫》获浙江省根艺精品展铜奖。邵飞翔扇面根书《茶道同根》获浙江旅游根艺展览银奖。

【昌化石雕刻艺术】 昌化石产于临安市昌北玉岩山一带，以鸡血石为最，2003年鸡血石被评为“国石”。1974年，上溪乡玉石雕刻厂成立。至2005年，玉山村、平溪村雕刻店发展到100余家，从业人员800余人。

自元代始，鸡血石被列为石中珍品。清乾隆帝巡江南，至天目山，禅源寺住持文慧禅师献鸡血石一方，帝命刻“乾隆宸翰”玉玺，后帝王后妃多有鸡血石印，今多珍藏故宫“珍宝馆”。毛泽东生前保留两方大号鸡血石名章，珍藏中央档案馆。1972年，中日两国建交，国务院总理周恩来以国礼赠到访日本首相田中角荣鸡血石印章一对。1986年，美国总统里根访华，以一方鸡血石印章作为国礼赠送。2004年9月，临安市“森博会”活动期间，举办《鸡血石印》特种邮票首发式。《人民画报》2005年第六期英文版刊登昌化鸡血石。

1990年，钱高潮作品获全国珠宝工艺饰品汇展最优产品奖。1994年，《蝉鸣》入选中国工艺名家作品展。1999年，《松鹤图》获中国工艺美术大师精品展览会银奖，《弥勒佛》获铜奖。2000年，《钱王座像》获全国旅游纪念品设计大赛金奖。2001年，《钱王功绩图》、《邮传万里》获全国国石精品展览特别奖，为中国美术馆收藏，《天下第一峰》获金奖。2003年，《千古一帝》获中国玉雕、石雕作品“天工奖”银奖，第三届国际工艺品展览会金奖。2004年，《鸿运山村》、《财运亨通》获第四届国际民间手工艺品展览金奖，《佛光普照》获第五届中国工艺美术大师作品暨国际艺术精品博览会金奖。2005年，《鸡血石的传说》获中国名石雕刻艺术展评金奖，《群仙聚会》获第六届中国工艺美术大师暨工艺美术精品博览会“百花杯”金奖。

【竹编工艺】 明、清时期，昌化竹编工艺盛传，品种多样，加工精细，图饰美观，具有鲜明地方特色，尤其是嫁妆烘篮、火熜、鞋匾特具艺术欣赏价值。烘篮花饰有“卍”、“福”等多种，图案有8盘、12盘、18盘到24盘，每盘花篾匠1工。以盘花多视为富有。20世纪80年代后，现代家用电器进入农家，嫁妆竹编工艺传承渐稀，有鸟笼等见于市。

20世纪70年代，三口工艺竹编厂建立，产品进入杭州、广州和中国香港地区，外商竞相订货。盛时从业人员有300余人，工艺品1800余种。20世纪80年代初，三口竹编工艺品被轻工业部授予创新奖。北京钓鱼台国宾馆曾以三口竹编工艺品为国宾礼品。20世纪90年代，三口工艺竹编厂改制为民营企业，有加工点5个，职工50人。产品屡有翻新，有动物造型、插花器、花盆套、野餐箱、仿古制品、天然黑竹制品、物品包装盒。产品远销美国、日本、法国、意大利等国家。2005年产值200万元。

（唐剑平）

【非物质文化遗产名录】 2008年，临安市基本构建四级非物质文化遗产名录体系，昌化鸡血石雕被列入国家级非物质文化遗产名录；鸡血石雕、《钱王传说》、《神兽花灯》、《昌化民歌》、《马啸滚灯》、天目云雾茶制作技艺、千洪宣纸桃花纸制作技艺、昌化竹编8项被列入浙江省非物质文化遗产名录项目；《钱王传说》、《玲珑山传说》、《洞霄宫传说》、《十番锣鼓》、《昌化民歌》、《湍口变狮》、《神兽花灯》、《马啸滚灯》、《横街黄龙》、《五凤朝阳》、《目连戏》、鸡血石雕、昌化竹编、天目云雾茶制作技艺、天目笋干制作技艺、千洪宣纸桃花纸制作技艺、顺溪大方茶制作技艺、馒头节、太阳庙会、上田十八般武艺20项被列入杭州市非物质文化遗产名录；《临安水龙》、《变狮》、《五凤朝阳》等45项列入临安市级非物质文化遗产名录。（见表12~14）

临安市首批民间艺术保护项目(17个)

表12

类　别	项目名称	管理单位
民间表演艺术类（13个）	临安水龙	三口镇人民政府
	变 狮	湍口镇人民政府
	滚 灯	马啸乡人民政府
	五凤朝阳	太阳镇人民政府
	九龙舞翠	西天目乡人民政府
	红毛双狮	岛石镇人民政府
	青 龙	玲珑街道办事处
	软腰手狮	潜川镇人民政府
	吴越双狮	太湖源镇人民政府
	鱼 灯	河桥镇人民政府
	乐平蚕龙	乐平乡人民政府
	麒麟灯	乐平乡人民政府
	吴越风元宵灯会	市文化馆
民间造型艺术类（4个）	昌化鸡血石雕	大峡谷镇人民政府
	昌化竹编	清凉峰镇人民政府
	花 轿	青山湖街道办事处
	农民画	市文化馆

（卞建兴）

临安市第二批非物质文化遗产名录(19个)

表13

类　别	项目名称	管理单位
民间文学(3个)	钱王传说	市非物质文化遗产保护中心
	玲珑山传说	玲珑街道
	洞霄宫传说	青山湖街道
民间音乐(3个)	畲族民歌	太湖源镇
	昌化民歌	湍口镇
	十番锣鼓	乐平乡
民间舞蹈(3个)	白沙鳌鱼灯	太湖源镇
	横街黄龙	锦城街道
	南山红毛狮子	於潜镇
传统戏剧(1个)	目连戏	大峡谷镇　马啸乡
杂技与竞技(2个)	上田十八般武艺	板桥乡
	十八般武艺和红毛狮子灯	青山湖街道
传统手工技艺(5个)	顺溪大方茶制作技艺	清凉峰镇
	千洪桃花纸、宣纸制作技艺	千洪乡
	天目云雾茶制作技艺	太湖源镇
	天目笋干制作技艺	太湖源镇
	横畈豆腐干制作技艺	横畈镇
民　俗(2个)	太阳庙会	太阳镇
	馒头节	湍口镇

临安市第三批非物质文化遗产名录(9个)

表14

类　别	项目名称	管理单位
民间文学(1个)	西天目山传说	西天目乡
民间舞蹈(4个)	彩凉船	龙岗镇
	犟灯	湍口镇
	前张马灯	玲珑街道
	九狮双狮灯	西天目乡
传统戏剧(1个)	越剧(首演地)	乐平乡
民间美术(1个)	昌化根艺	清凉峰镇
传统手工技艺(1个)	竹编工艺	三口镇
民俗(1个)	彭祖养生文化	锦城街道

2009年临安市发展综述

【概况】 全市辖4个街道、15个镇、7个乡，有11个社区、298个行政村（含锦城街道撤村建居的11个居委会）。户籍人口52.59万人，人口自然增长率0.67‰。全市生产总值235.03亿元，比上年增长10%。第一产业增加值24.79亿元，第二产业增加值130.87亿元，第三产业增加值79.38亿元，分别增长3.3%、6.7%和18.6%。

农林牧渔业总产值35.97亿元，比上年增长8.2%。其中，农业产值10.7亿元，增长9%；林业产值17.5亿元，增长14.6%；畜牧业产值6.6亿元，下降6%；渔业产值0.48亿元，增长5.6%。全年竹笋产值7.3亿元，增长6.7%；山核桃产值5.9亿元，增长40.2%；生猪产值4.5亿元，下降11.7%；蔬菜产值2.3亿元，下降3%；花卉园艺产值1.4亿元，增长13.9%；水果产值1.2亿元，增长22.7%；茶叶产值1.4亿元，增长12.1%；蚕茧产值0.6亿元，增长14.2%。全年粮食总产量9.7万吨，下降2.2%；水产品0.37万吨，增长2.9%；肉类3.26万吨，增长17.3%；水果4.2万吨，下降7%。提升山核桃、竹笋、蔬菜等传统优势产业，获“中国山核桃之都”称号。全面实施振兴茶叶产业五年行动计划，组建运行“天目青顶”品牌战略联盟。开展农村社区建设试点，建成乡镇便民服务中心5个、村社区服务中心73个。推进农村环境整治，完成杭州市级以上村庄整治83个。建设“万里清水河道”240千米，“千库保安”工程整治水库6座，除险加固危险山塘72座。解决10.93万名农村人口饮用水问题。万村联网工程实现行政村全覆盖。下山移民工程搬迁安置108户347人。

规模以上工业企业产值382.08亿元，销售产值372.86亿元，分别增长7.2%和6%。在规模以上工业企业中，轻工业企业实现销售产值162.37亿元，增长7%；重工业企业实现销售产值219.71亿元，增长7.3%。规模以上工业企业主营业务收入345.9亿元，增长5.8%；实现利税24.69亿元，增长18.7%，其中利润14.04亿元，增长39.4%。规模以上工业企业产销率97.6%。规模以上工业企业新增107个，累计862个。先进装备制造业稳步发展，杭州制氧机集团有限公司、杭州叉车有限公司等杭州迁到临安的企业竣工投产。建筑业增加值10.45亿元，增长17.3%。全市上市公司累计4个。

全社会固定资产投资总额90.34亿元，其中限额以上固定资产投资76.37亿元，分别比上年增长14.2%和14.7%。从限额以上固定资产投资方向看，第一产业投资0.64亿元，增长47.7%；第二产业投资46.63亿元，其中工业投资46.48亿元，分别增长23.4%和23.6%；第三产业投资29.1亿元，增长2.6%。房地产开发投资14.25亿元，下降17.1%。房屋施工面积131.25万平方米，下降23.2%；竣工面积33.5万平方米，下降35.3%。商品房销售面积57.61万平方米，增长42.4%。

社会消费品零售总额62.08亿元，比上年增长15.6%。其中批发零售贸易业零售额52.05亿元，增长15.5%；住宿餐饮业零售额10.04亿元，增长15.9%。有商品交易市场20个（其中年成交额1亿元以上的8个），实现成交额43.53亿元，增长50%。

外贸进出口总额7.05亿美元，比上年下降6.5%。其中，进口总额9322万美元，下降34.7%；出口总额6.11亿美元，增长0.1%。协议利用外资2.32亿美元，增长10.2%；实际利用外资1.79亿美元，增长77.7%。引进内资项目110个，协议利用内资43.88亿元，下降26.2%；实际利用内资39.81亿元，增长5.7%。

货物运输量1349.8万吨，旅客运输量2445万人次。昌文线昌化至湍口段、16省道千秋关隧道建成通车，02省道排山、岳山隧道整治完成。完成农村公路联网、大修、安保工程456千米。境内公路总里程2845.5千米，其中高速公路103.99千米。公路通村率100%，行政村客运班车通达率98%。社会机动车拥有量11.68万辆，增长11.7%。

邮政业务总量3992万元，比上年增长17.9%。电信公司、移动公司、联通公司、数字电视公司业务收入5.23亿元，增长16.2%。年末，固定电话用户21万户，移动电话用户56万户，互联网用户7.2万户。

全年接待游客523.48万人次，比上年增长8.7%。旅游景点接待游客304.8万人次，增长8.5%；实现门票收入1.05亿元，增长10.1%。"农家乐"接待游客96.35万人次，增长14.5%；经营总收入4819万元，增长18.2%。"农家乐"床位数1.17万张，增长12.8%；直接从业人员1231人，增长16.6%。

财政收入25.51亿元，其中地方财政收入14.04亿元，分别比上年增长13.6%和20.4%。地方财政支出18.95亿元，增长27.9%。其中，教育支出4.63亿元，增长22.7%；社会保障和就业支出1.64亿元，增长28.8%；医疗卫生支出1.43亿元，增长20.6%；环境保护支出0.75亿元，增长33.8%。年末，金融机构本外币存款余额229.14亿元，比上年末增长26.9%；贷款余额213.35亿元，增长30%。保险公司保费收入4.62亿元，增长17.7%。

专利申请量1320件，专利授权量798件，分别比上年增长55.3%和71.2%。高新技术产业产值126.74亿元，增长5.6%。新增国家重点支持高新技术企业11个，杭州市级以上企业研发中心4个、技术中心9个。新增省级新产品41种、中国驰名商标2件、省著名商标4件、省知名商号3个、省名牌5个。7个项目获得国家创新基金项目立项。新增高虹绿色照明和重型装备制造2个省级高新技术特色产业基地。12月24日，临安市通过国家级生态市考核验收。学前三年幼儿入园率97.7%。小学40所，在校学生2.86万人；初中26所，在校学生1.81万人；普通高中5所，在校学生1万人。职高4所，在校学生0.58万人。全市小学入学率和初中升学率均达到100%，初中毕业生升入各类高中比例98.57%。

全年开展大型文化活动50多场次，送演出下乡450多场次，送电影下乡3300多场次，送图书下乡10万余册。图书室、健身苑点、广播电视实现行政村全覆盖。图书馆总藏量30.75万册。创建文化示范村38个，其中省级2个、杭州市级6个。新列入浙江省非物质文化遗产名录5项、杭州市非物质文化遗产名录6项。创建杭州市级东海文化明珠乡镇1个。全国重点文物保护单位2处，省级文物保护单位7处，省级历史文化保护区1处。《今日临安》全年出版255期，期赠阅1.2万份。临安电视台平均每周播出17小时，临安人民广播电台平均每天播音18小时。临安新闻网获全国地方网站十佳活力品牌、浙江省“最具影响力新闻网站”等称号。

各类医疗卫生机构54个，医疗床位1446张。各类专业卫生技术人员2012人，其中执业（助理）医师898人。创建杭州市级卫生强乡镇2个。成为浙江省农村医疗卫生服务体制机制改革试点县（市）。新型农村合作医疗参合率98.1%。全市计划生育率98.2%。组织实施群众体育活动60余场，获杭州市级以上比赛金牌165枚、银牌130枚、铜牌126枚。全市有健身苑（点）465个，新增151个，实现健身苑点行政村全覆盖目标。新建篮球场52个、乒乓球室70个。创建省级体育强乡镇2个、先进街道1个、浙江省村级体育俱乐部7个、省小康体育村20个。

城镇居民人均可支配收入22011元，比上年增长11%；人均生活消费性支出14306元，增长5.8%。城镇居民人均住房面积41平方米，增长7.9%。农村居民人均纯收入10735元，增长10.9%；人均生活消费性支出8682元，增长8.7%。农村居民人均居住面积71平方米，增长1.4%。

（曾南方）

村规模调整一览

表15

<table>
<tr><th>乡镇街道</th><th>原　　村</th><th>新　村</th><th>保留建制村</th><th>村总数（个）</th></tr>
<tr><td>合　计</td><td></td><td></td><td></td><td>298</td></tr>
<tr><td rowspan="9">锦城街道</td><td>横街村　后郎村　郎碧村　钱童村</td><td>横街村</td><td rowspan="9">新溪桥村
平山村
回龙村
东湖村
泥山湾村
民主村
大罗村
泥川村</td><td rowspan="9">17</td></tr>
<tr><td>金头村　硖石村　钱王铺村</td><td>钱王铺村</td></tr>
<tr><td>青柯村　联合村</td><td>青柯村</td></tr>
<tr><td>吴马村　大马村　黄金村</td><td>金马村</td></tr>
<tr><td>龚家村　孟家村　石壁村</td><td>龙马村</td></tr>
<tr><td>上东村　石桥村　袁家村　龙浮村</td><td>上东村</td></tr>
<tr><td>集贤村　青贤村</td><td>集贤村</td></tr>
<tr><td>潘山村　陈家坞村</td><td>潘山村</td></tr>
<tr><td>新联村　长桥村</td><td>新联村</td></tr>
<tr><td rowspan="10">玲珑街道</td><td>玲珑村　沙地村　高坎村</td><td>玲珑村</td><td rowspan="10">崂山村</td><td rowspan="10">16</td></tr>
<tr><td>石山村　东山村</td><td>东山村</td></tr>
<tr><td>祥里村　板坞村</td><td>祥里村</td></tr>
<tr><td>上泉村　上山头村</td><td>上泉村</td></tr>
<tr><td>锦秀村　姚家村　殷家山村</td><td>锦绣村</td></tr>
<tr><td>雅坞村　店基头村　徐家坞村</td><td>雅园村</td></tr>
<tr><td>乌渡村　上引坞村</td><td>宏渡村</td></tr>
<tr><td>合庆村　夏禹桥村</td><td>夏禹桥村</td></tr>
<tr><td>高源村　高山村</td><td>高源村</td></tr>
<tr><td>前张村　大山脚村</td><td>前山村</td></tr>
</table>

续表 15

<table>
<tr><th>乡镇街道</th><th>原 村</th><th>新 村</th><th>保留建制村</th><th>村总数（个）</th></tr>
<tr><td rowspan="5">玲珑街道</td><td>锦西村 银球坞村</td><td>锦球村</td><td rowspan="5"></td><td rowspan="5"></td></tr>
<tr><td>化龙村 章东村</td><td>化龙村</td></tr>
<tr><td>桥里村 甘坞岭村</td><td>桥岭村</td></tr>
<tr><td>徐坞村 化岭脚村</td><td>米积村</td></tr>
<tr><td>上源村 下源村</td><td>双源村</td></tr>
<tr><td rowspan="4">青山湖街道</td><td>锦里村 朱村村</td><td>朱村村</td><td rowspan="4">研里村 研口村
青山村 坎头村
胜联村</td><td rowspan="4">9</td></tr>
<tr><td>蒋杨村 新村村 岳山村</td><td>蒋杨村</td></tr>
<tr><td>斜阳村 杨家村 桥头村</td><td>青南村</td></tr>
<tr><td>宫里村 石泉村</td><td>洞霄宫村</td></tr>
<tr><td rowspan="3">锦南街道</td><td>樟村村 长春村 大同村</td><td>上甘村</td><td rowspan="3">柯家村 杨岱村
上畔村 兰锦村
市坞村 卦畈村</td><td rowspan="3">9</td></tr>
<tr><td>深湖村 甘山村 甘岭村</td><td>锦源村</td></tr>
<tr><td>岭西村 沈家头村 周家头村</td><td>横岭村</td></tr>
<tr><td rowspan="7">板桥乡</td><td>岙里村 西村村 平峰村</td><td>环湖村</td><td rowspan="7">牌联村
豆川村</td><td rowspan="7">9</td></tr>
<tr><td>亭子村 如龙村</td><td>如龙村</td></tr>
<tr><td>高墙村 横溪村 高湾村</td><td>灵溪村</td></tr>
<tr><td>珠西村 板桥村 罗塘村</td><td>板桥村</td></tr>
<tr><td>花戏村 居仁村 白华村</td><td>花戏村</td></tr>
<tr><td>上田村 芦山村</td><td>上田村</td></tr>
<tr><td>祝家村 里桃村 外桃村</td><td>桃源村</td></tr>
<tr><td rowspan="4">三口镇</td><td>秋口村 炼川村</td><td>秋口村</td><td rowspan="4">界联村
葱坑村</td><td rowspan="4">6</td></tr>
<tr><td>三口村 下钱村</td><td>三口村</td></tr>
<tr><td>上钱村 大青村 大横村 长明村</td><td>上钱村</td></tr>
<tr><td>花桥村 珠坞村 樟坞村</td><td>花桥村</td></tr>
<tr><td rowspan="10">横畈镇</td><td>安村村 塘下村</td><td>安村村</td><td rowspan="10"></td><td rowspan="10">10</td></tr>
<tr><td>横畈村 横南村</td><td>庆南村</td></tr>
<tr><td>临北村 回里村</td><td>庆北村</td></tr>
<tr><td>雅观村 塘楼村</td><td>雅观村</td></tr>
<tr><td>泉口村 市地村</td><td>泉口村</td></tr>
<tr><td>洪村村 曹前村 湖山村</td><td>洪村村</td></tr>
<tr><td>上潘村 下潘村</td><td>潘联村</td></tr>
<tr><td>郎家村 全胜村</td><td>郎家村</td></tr>
<tr><td>庙下村 孝村村 窑田畈村</td><td>孝村村</td></tr>
<tr><td>泉坑村 姜村村 立塔村</td><td>白水涧村</td></tr>
</table>

续表 15

乡镇街道	原　　村	新　村	保留建制村	村总数（个）
高虹镇	上峰村　下峰村　大溪村　长青村	长溪村	崇阳村	9
	泥马村　陈家坎村	活山村		
	马岭村　卦川村	高桥村		
	高乐村　拜节村　新德村	高乐村		
	虹桥村　水涛庄村	虹桥村		
	石门村　汪家坞村	石门村		
	龙上村　木公山村　冷坞顶村	龙上村		
	大山村　龙头舍村　林家塘村　石路村	大山村		
太湖源镇	东社村　射干村　由口村	射干村	浪口村 杨桥村 指南村	20
	碧淙村　观莲村　潘村村	碧淙村		
	水口村　茹荷村　立新村　上坎村　青云村	青云村		
	夏村村　浪岭村　黄岗村　农场村　盛村坞村	夏村村		
	佃村村　畈龙村	畈龙村		
	横路村　上徐村	横徐村		
	素云村　上高村　下高村	高云村		
	里畈村　溪里村	里畈村		
	众社村　下爿村　举足村	众社村		
	金岫村　陈家村　施家村	金岫村		
	南庄村　龙溪村　横溪村	南庄村		
	梅家村　天目村	东天目村		
	里村村　上阳村	上阳村		
	光辉村　方人头村	光辉村		
	溪口村　横渡村	临目村		
	东坑村　楂岭村	东坑村		
	白沙村　太子庙村　龙须山村	白沙村		
於潜镇	方元村　更楼村	方元村		
	正坞村　乌金村　小昔村　横岭村	横鑫村		
	逸村村　逸坞村	逸逸村		
	堰口村　观新村	堰口村		
	上扶西村　下扶西村	扶西村		
	里古村　外古村	古竺村		

续表 15

乡镇街道	原　村	新　村	保留建制村	村总数（个）
於潜镇	双坑村　小马腿村	双坑村	铜山村 昔口村 横山村 下埠村 民幸村 金家村 绍鲁村	26
	南山村　燕村村　董村村	南山村		
	龙潭村　盈村村	祈祥村		
	鹤村村　后渚村	后渚村		
	棠公村　甲子村　秋村村	观山村		
	姚家村　涌村村　上尤村　下尤村	潜东村		
	田干村　康坞村	田干村		
	敖干村　畔山村	光明村		
	桥北村　紫竹村	凌口桥村		
	南坞村　英公村	英公村		
	谢家村　枫岭村	谢家村		
	上骆村　牛上村　周潭村	百园村		
	自由村　石佛村	自由村		
藻溪镇	郜家村　宋家村　杲村村　蔡山村	杲村村	严家村	12
	甫上村　方塘村　麻泥村	横塘村		
	新坑村　亭口村　下徐村	亭口村		
	长村村　六海村	长六村		
	董家村　藻溪村　新寺村	藻溪村		
	凌家村　百亩村　闽坞村	闽坞村		
	周冕村　落云村	周云村		
	平越村　桂芳村	桂芳桥村		
	上肇村　下肇村	肇村村		
	长亭村　朱直村　对石村　松溪村	对石村		
	九里村　顶山村	九里村		
西天目乡	过溪村　沈村村　白鹤村	白鹤村	西游村 月亮桥村 交口村	11
	天目村　张庄村　大有村	天目村		
	老庵村　武山村　吴家村	武山村		
	齐农村　盛村村	徐村村		
	门口村　西河村	门口村		
	九思村　坦上村	九狮村		
	赵家村　俞家村	一都村		
	钟家村　东关村　后院村	告岭村		

续表 15

乡镇街道	原　　村	新　村	保留建制村	村总数（个）
千洪乡	泗洲村　上洲村　凤亭村	泗洲村	杨洪村	4
	朱湾村　东平村　西桥村	朱湾村		
	乌浪村　潘家村　平渡村	千茂村		
横路乡	寨村村　㫃塘村	寨村村	登村村 武村村 谢家桥村	7
	横路村　后干村　鹤岭村	横路村		
	鹤里村　朱后村	鹤里村		
	大溪村　七里村　寺坑村	大溪坞村		
太阳镇	大地村　周家村　马腿村	大地村	上庄村 锦坑桥村	11
	双庙村　朱伊村　观音村	双庙村		
	诸家村　杨家村　浪山村	浪山村		
	沈家村　枫树岭村	枫树岭村		
	八亩村　富源村　斑竹村	太源村		
	景村村　徐家村	景村村		
	朱柏坞村　界头村　上太阳村	上太阳村		
	桃树岭村　朱相坞村　盛村桥村	桃源溪村		
	王家村 高拔村 下太阳村 乌岗口村 毛竹坪村	太阳村		
潜川镇	建新村　海龙村　竺村村	海龙村	塔山村 城后村 阔滩村 马山村	10
	牧亭村　麻黄村　新梅村	牧亭村		
	麻车村 中塘村 紫溪村 里王家村 茶叶山村	麻车埠村		
	高坪村 过水村　鱼潭村　青山殿村	青山殿村		
	前进村　横坞村	中间桥村		
	林峰村　沈家坞村	沈家坞村		
乐平乡	乐平村　双干村	乐平村	七坑村 西乐村	6
	外伍村　东乐村	外伍村		
	里伍村　中伍村	伍村村		
	上沃村　陈沈村　紫坊村	上沃村		
昌化镇	水南村　宜养村	双塔村	东街村 西街村 朱穴村 后营村 孙家村 上营村	14
	芦岭村　石坎村	石铺村		
	箬建村　杨村村	虞溪村		
	永进村　朱白村　石坦村	朱白村		
	二村村　良源村　后葛村	后葛村		
	联盟村　沃溪村	联盟村		
	白牛村　高犁村　沥溪村	白牛村		
	五丰村　龙寺村　三星村　甲子村	九龙村		

续表 15

乡镇街道	原　　村	新　村	保留建制村	村总数（个）
龙岗镇	燕岭村　中胜村　茆里村	兴龙村	无他村	8
	下汤村　上汤村　手窑村 前山下村	汤家湾村		
	地塔村　龙井村　新建村	龙井村		
	林川村　东坞村　西坞村	林坑村		
	群干村　沃村村	郡沃村		
	新溪村　许联村	新溪新村		
	杨树村　毛山村　双石村	百丈村		
河桥镇	西鸠村　毕家村	罗山村	聚秀村 云浪村 泥骆村	11
	曙光村　誉光村　白下村　曹家村	河桥村		
	朱下村　上卜村　首益村	中鑫村		
	秀下村　双溪村　蒲溪村	秀溪村		
	澄村村　勤建村　蒲村村	蒲村村		
	金村村　召黄村　紫燕村	金燕村		
	学川村　牛胫村	学川村		
	赤石村　寺坞村　浪川村　蒲坑村	七都村		
湍口镇	横塘村　韩家村　潘庄村　军建村	雪山村	迎丰村 桐坑村	13
	柴家村　天源村　东川村	洪岭村		
	童家村　西川村　赤坑村	童家村		
	二联村　考坑村	二联村		
	三联村　大湖村　老坞村	三联村		
	凉溪村　车齐村	凉溪村		
	湍口村　沈溪村	湍口村		
	葛家村　塘里村　秀上村	塘秀村		
	塘溪村　岔口村	塘溪源村		
	石室村　朱贵村	石室村		
	勤丰村　陆家村	湍源村		
清凉峰镇	株柳村　北坞村	九都村	鸠甫村	10
	石朋村　洙浪村	新都村		
	下茆村　阳干村　桥东村　桥西村 前坑村	颊口村		
	义干村　洲头村	杨溪村		
	沙干村　邵家村	新峰村		
	竹溪村　夏林村	林竹村		
	申明村　乾山村　里仁村　岭下村	白果村		
	祝川村　顺溪村	顺溪村		
	新燕村　阳川村	昱岭关村		

续表 15

乡镇街道	原　　村	新　村	保留建制村	村总数（个）
马啸乡	阴山村　大成村	玉屏村	浙川村 浪广村	7
	鹄山村　诸儒村　路口村	大鹄村		
	山边村　洪家村　同山下村	湖门村		
	方家村　吕家村 日升村　陈家塘村	马啸村		
	阳建村　大石门村	石长城村		
岛石镇	仁里村　大坦村　直川村	仁里村	江川村	10
	中山村　南阳村	太平里村		
	杨川村　新川村　阁川村	山川村		
	岛石村 丰裕村 龙川村 下塔村 舒家村　塘家村	岛石村		
	黄阳村　张家村　楼下村	黄川村		
	白坑村　桐坞村　竹坞村　小川村	新二村		
	呼日村　龙山村　株川村　下白村	呼日村		
	汤家村　流水村　马川村　茶亭村	茶亭村		
	姚家村　银坑村	银坑村		
新桥乡	大坞村　箕山村　下川村	大山川村	上许村 下许村	6
	老屋下村　柳川村　刘余村　新桥头村	新桥村		
	桥川村　黄坦村　西舍村	桥川村		
	榧川村　尖山村　芦塘村	阳光村		
大峡谷镇	源头村　新庄村	峡谷源村		16
	玉山村　永安村	玉山村		
	平溪村　中梅村	国石村		
	太平村　狮溪村	太平村		
	竹岭村　上溪村　落塘村	上溪村		
	浮桥村　后山村　毛塔村	东塔村		
	朱岭村　赤岭村　鱼跳村	鱼跳村		
	茶园村　下山村	望湖村		
	石浪村　兔川村　坞口村　车阒寺村	华光潭村		
	内川村　外川村	华川村		
	新兴村　仙人塘村	仙人塘村		
	童玉村　西坑村　九园村	桃花溪村		
	亭子山村　杨岭村　龙井桥村	龙井桥村		
	兰坪村　柘林村	大峡谷村		
	三垅村　上坪村　下坪村	五星村		
	赵建村　相见村	相见村		
锦城街道 居委会	新民　胜利　东门　西瓜　西墅　竹林 锦桥　余村　青龙　横潭　马溪			11

注：上年同表以此为准

临安市主要行政事业机构及负责人名单

（截至2009年12月31日）

中共临安市委主要机构及负责人

书　记：邵　毅
副书记：王　宏　卞吉安　钟文静
常　委：胡　竑　李　磊　张金良
　　　　章　燕　柴世民　何凌超
　　　　徐俊明

市委办公室（政研室、台办、保密局）

主　任：俞琳波
副主任：程炳贵　陶　彧　寿屹峰
　　　　金琴波　蒋　珍

政研室

主　任：寿屹峰
副主任：帅玉康

台　办

主　任：陶　彧

保密局

局　长：管星火
办公室电话：63721417

市委组织部（人才办）

部　长：何凌超
副部长：斯嘉平　岳天明　杜晴洲
副局级组织员：梅晓波

市委人才工作办公室

主　任：杜晴洲
副主任：包钱森
办公室电话：63721410

市委宣传部（文明办、外宣办）

部　长：章　燕
副部长：章威力（常务）　黄贤权

文明办

主　任：王飞熊

外宣办

主　任：叶智燕
办公室电话：63721503

市委统战部（市民族宗教事务局）

部　长：陶正方
副部长：徐玉平（常务）　方爱新

市民族宗教事务局

副局长：仕建国
办公室电话：63721937

市委政法委员会(610办公室、市综治办)

书　记：卞吉安（兼）
副书记：胡　竑(兼)　李　磊(兼)
　　　　程炳贵　方汉忠
政治处主任：朱有良

610办公室

主　任：程炳贵
副主任：方　芳

市综治办

主　任：程炳贵
副主任：方汉忠
办公室电话：63817698

市委、市政府农业和农村工作办公室(新农村建设办公室)

主　任：方锐根
副主任：金培能　郁东升　林余益
办公室电话：63721272

市委直属机关工委

书　记：蒋　珍
副书记：刘训康　骆卫东
办公室电话：63721291

市委、市政府信访局（市长公开电话受理中心）

局　长（主　任）：林生友
副局长（副主任）：王泉水
办公室电话：63748733

市委老干部局

局　长：岳天明

副局长：谢小华

办公室电话：63722594

关工委办公室主任：俞　展

办公室电话：63724746

市纪律检查委员会（监察局）主要机构及负责人

书　记：钟文静

副书记：何洪明　管浩峰

常　委：施建康　马锡钧　方远洋
李为民（兼）

纪检监察一室主任：盛海忠

纪检监察二室主任：曾成华

案件审理室主任：马锡钧

执法监察室主任：周黎宏

效能监察室主任：童向荣

信访室主任：潘乔仙

监察局

局　长：何洪明

副局长：施建康　马锡钧　王成良

市人民政府监察举报中心

主　任：潘乔仙

办公室电话：63731290

市人民武装部主要负责人

部　长：周焕泽

政　委：徐俊明

副部长：赵国华

办公室电话：63734362

市人民政府主要机构及负责人

市　长：王　宏

党组书记：王　宏

副书记：胡　竑

副市长：胡　竑（常务）　柴世民
裘小民　李文钢　陈伟民
冯　镭　李光照

市人民政府办公室（市民防局、人防办、法制办、外事办）

主　任：吴春法

党组书记：吴春法

副主任：叶朝刚　陈立群　沈淑珍
柳兴根　楼　涛　刘　明
翁　涛　褚凯军　林生友
黄晓明　巫振江

市民防局

局　长：叶朝刚

市人防办

主　任：叶朝刚

市法制办

主　任：吴春法

副主任：陈贤凤

市外事办

主　任：吴春法

市发展和改革局（粮食局、物价局）

局　长：俞灵君

党委书记：刘　宇

副书记：俞灵君　张黎泽　翁　康

副局长：刘　宇　张黎泽　刘万忠
郭军波

纪委书记：翁　康

粮食局

局　长：俞灵君

物价局

局　长：俞灵君

办公室电话：63721160

市经济发展局

局　长：汪其顺

党委书记：殷根茂

党委副书记：汪其顺　陈贺青

副局长：殷根茂　陈贺青　蔡苗坤
郭伟伟

办公室电话：63721051

市教育局

局　长：吴云海

党委副书记：吴云海

副局长：潘永成　方红星　朗国宝

办公室电话：63712009

市科学技术局

局　长：项永忠

党组书记：项永忠

副书记：黄绍甬

副局长：徐向东　胡学明　金海燕

纪检组长：黄绍甬

办公室电话：63758587

市公安局

局　长：李　磊

党委书记：李　磊

副书记：吴勤校

副局长：吴勤校（常务）　郭志龙　李家华　钱少华

纪委书记：卢茂生

督察长：卢茂生

政治处主任：朱学钟

交警大队

大队长：李家华

教导员：应文军

巡特警大队

大队长：陈立群

教导员：徐凯军

刑事侦察大队

大队长：潘志军

教导员：张　劲

信息指挥中心

教导员：周柏明

治安大队

大队长：何成梁

禁毒办

专职副主任：胡建军

经侦大队

大队长：沈校生

办公室电话：63750721

市民政局

局　长：王建良

党委书记：童鸿江

副书记：王建良

副局长：林根源　沈文美

纪委书记：童鸿江

办公室电话：63721357

市老龄委副主任、办公室主任：郎一成

办公室电话：63727292

市司法局

局　长：董中南

党组书记：董中南

副局长：帅新永　雷晓华

纪检组长：雷晓华

办公室电话：63737330

市财政局（地税局）

局　长：罗石荣

党委书记：董晓庆

副书记：罗石荣

副局长：董晓庆　马泽华

地税局

局　长：罗石荣

副局长：叶朝阳

稽查局

局　长：余鸿天

办公室电话：63721462

市人事局（市编办）

局　长：斯嘉平

党组书记：斯嘉平

副书记：沈毅民

副局长：沈毅民

市编制委员会办公室

主　任：斯嘉平

副主任：王雨航
办公室电话：63716832

市劳动和社会保障局

局　长：吴云川
党委副书记：吴云川　范照宏
副局长：范照宏　周青萍
办公室电话：63721338

市国土资源局

局　长：叶忠华
党委书记：叶忠华
副书记：严益生
副局长：李遂青　祝　群　季国星　骆伟阳
纪委书记：严益生
办公室电话：63722083

市建设局

局　长：周玉祥（兼）
党委书记：万兆根
党委副书记：周玉祥
副局长：张　春　周国林　贾忠海
纪委书记：彭廷国
总工程师：吴　兵
办公室电话：63722617

市交通局

局　长：应有龙
党委副书记：应有龙
副局长：郑晓林　应建强　夏寅槐
纪委书记：刘国昌
总工程师：陈立华

市公路运输管理所

所　长：于传良
办公室电话：63966010

市农业局（畜牧兽医局）

局　长：赵孟龙
党委书记：王凌尔
副书记：赵孟龙　程放蓓
副局长：王凌尔　赵华新　张大斌
纪委书记：程放蓓

市畜牧兽医局

局　长：方坚勇
办公室电话：63721651

市林业局（青山湖国家森林公园管理局）

局　长：沈志军
党委书记：朱霞平
副书记：沈志军　张小华
副局长：朱霞平　张柳杉　俞志飞
纪委书记：张小华

青山湖国家森林公园管理局

局　长：沈志军
副局长：唐明荣

市森林公安局（森林警察大队）

局长（大队长）：张柳杉
教导员：练红良
办公室电话：63722262

市水利水电局

局　长：俞建明
党委书记：陈林富
副书记：俞建明
副局长：陈林富　戚永祥　朱宏锋　俞国强
纪委书记：章长荣
办公室电话：23618079

市文化广电新闻出版局（体育局）

局　长：褚林森
党委书记：褚林森
副局长：黄建勇　孙水木　胡　仙

市体育局

局　长：褚林森
副局长：孙水木

市文化市场行政执法大队

大队长：黄建勇
办公室电话：63721771

市卫生局（爱卫办、红十字会）

局　长：孟建强

党委书记：李建敏
副书记：孟建强　陈菊平
副局长：杨建林　方志勇　余福友
纪委书记：陈菊平

市红十字会

会　长：裘小民（兼）
副会长：谢壮红
办公室电话：63746258

市人口和计划生育局

局　长：郭忠良
党组书记：郭忠良
副局长：章银娟　石建强　陆旭军
办公室电话：63721570

市审计局

党组书记：胡尚新
副书记：方明元
副局长：方明元　陈诗华
纪检组长：方明元
总审计师：郑国栋
办公室电话：637388045

市统计局

局　长：姜关成
党组书记：姜关成
副局长：周　佳　董一兵
办公室电话：63722058

市环境保护局

局　长：潘林荣
党组书记：潘林荣
副书记：徐玉娟
副局长：张鸿华　金　辉
纪检组长：徐玉娟
办公室电话：63722801

市安全生产监督管理局

局　长：徐正男
党组副书记：徐正男　徐正华
副局长：杜亦明　方兴高
纪检组长：徐正华
办公室电话：63724524

市城市管理行政执法局（行政执法大队）

局长（大队长）：魏柏森
党委书记：夏燕飞
副书记：魏柏森
副局长(副大队长)：陈国松　童根华　王宏浩
办公室电话：61076610

市人大常委会主要工作机构及负责人

主　任：吴苗强
党组书记：吴苗强
副书记：陈林春
副主任：陈林春　王斌鸿　楼国富　朱霞生　杨为伟　钱　铮

市人大办公室

主　任：方永耀
副主任：赵亚琴

市人大法制工委

主　任：洪中来
副主任：沈柏浩

市人大财经工委

主　任：纪立安

市人大教科文卫工委

副主任：江明清

市人大代表工委

主　任：周新民
副主任：邱建国

市人大城建环保工委

主　任：徐国水
副主任：邵　庆
办公室电话：63738657

市政协主要机构及负责人

主　席：陈法生
党组书记：陈法生
副书记：翁东潮
副主席：翁东潮　张亚联　陈有根

陶正方　楼沛明
秘书长：梅　鹊

市政协办公室

主　任：梅　鹊
副主任：鲍永祥　程晓文

市政协提案委员会

主　任：郑维俭

市政协经济科技委员会

主　任：潘智平

市政协城建和人口资源环境委员会

主　任：章兴辉

市政协社会法制和港澳台侨委员会

主　任：董　武

市政协文史和教文卫体委员会

主　任：赵文忠

玲珑联络委员会

主　任：陈水林
办公室电话：63722851

群众团体及主要负责人

市总工会

主　席：杨为伟（兼）
党组书记：许亚萍
副主席：许亚萍　黄文豪
办公室电话：63721328

共青团临安市委

书　记：黄浙挺
党组书记：黄浙挺
副书记：原瑶君　洪梦君
办公室电话：63721273

市妇女联合会

主　席：陈丽梅
党组书记：陈丽梅
副主席：杨岚岚　雷　珍
办公室电话：63722029

市工商业联合会（总商会）

主席（会长）：张德生
党组书记：方爱新
副主席（副会长）：方爱新　张成德
秘书长：张成德
办公室电话：63800116

市科学技术协会

主　席：任小玲
党组副书记：郑建军
副主席：郑建军　朱志辉
办公室电话：63759341

市文学艺术界联合会

主　席：黄贤权
党组书记：黄贤权
副主席：蔡永勤
办公室电话：63700938

市归国华侨联合会（侨办）

副主席（副主任）：周向东
办公室电话：61061226

市人民法院、检察院负责人

市人民法院

院　长：何　敏
党组书记：何　敏
副书记：吕新平
副院长：吕新平　徐雷昶
政治处主任：沈徐萌
纪检组长：冯志刚
执行局局长：蔡建祥
於潜人民法庭庭长：陈卫东
昌化人民法庭庭长：吴伟忠
办公室电话：61072775

市人民检察院

检察长：罗有顺
党组书记：罗有顺
副检察长：章　蓉　李为民
政治处主任：王浩军
反贪污贿赂局局长：王　健
办公室电话：63721370

市风景旅游局

局　长：李红樱
党组书记：潘承文
副书记：李红樱
副局长：王玲萍　章晓静　周卫庆
纪检组长：潘承文
办公室电话：63718647

市对外贸易经济合作局（招商局、国内经济合作办）

局　长：张发平
党组书记：王尧明
副书记：张发平
副局长：王尧明　万凌峰　邵亚飞
　　　　黄小兵

市国内经济合作办公室

主　任：张发平
办公室电话：63748927

市贸易局

局　长：许兴旺
党委书记：袁雪祥
副书记：许兴旺　黄　纲
副局长：袁雪祥　黄　纲　许爱惜
　　　　赵民生
纪委书记：黄　纲
办公室电话：63729979

浙江省临安经济开发区管委会

党工委书记：张金良（兼）
主　任：黄国林
副书记：黄国林
副主任：江雪荣　黄朝荣
　　　　帅建筑(兼)　郑林俊(兼)
办公室电话：63783818

市级机关事务管理局（市委、市政府接待办）

局　长：柳兴根
党组书记：柳兴根
市委、市政府接待办
主　任：柳兴根
办公室电话：63719971

市档案局

局　长：周建明
办公室电话：63723983

市委党校

第一校长：何凌超（兼）
校　长：李洪华
副校长：沈百万　肖碧莲　郭立新
办公室电话：63723942

电大临安分校

副校长：沈坚东
办公室电话：63710155

社区学院（临安市职业教育中心）（筹）

副院长（副主任）：郎国宝
办公室电话：63920202

市委党史研究室（市地方志编纂委员会办公室）

主　任：黄文根
副主任：刘关成　许宝文
办公室电话：63722160

市新闻传媒中心

主　任：谢兆时
党组书记：谢兆时
副主任：寿　芳　刘　晔　李　震
办公室电话：63718842

市广播电视台

台　长：高吉亚
党委副书记：高吉亚　周　良
副台长：王星光　蒋永华
纪委书记：周　良
办公室电话：23613806

市残疾人联合会

理事长：洪　潮
党组书记：洪　潮
副理事长：王录娟　陈华兵
办公室电话：63928266

浙江省临安天目山国家级自然保护区管理局

局　长：吕建中
党组书记：吕建中
副书记：陈关富
副局长：陈建新　杨淑贞
办公室电话：63877008

浙江省临安清凉峰国家级自然保护区管理局

局　长：童彩亮
党组书记：楼鑫华
党组副书记：童彩亮
副局长：楼鑫华　翁东明　郑定根
办公室电话：63666828

市人民政府驻上海工作处

主　任：季国强
办公室电话：021-62837877

市行政服务中心（公共资源招投标管理办公室、招投标交易中心）

主　任：黄晓明
党组书记：黄晓明
副主任：傅剑光　王成良
纪检组长：陈　波

市公共资源招投标管理委员会办公室

主　任：黄晓明

市公共资源招投标交易中心

主　任：童志玉
办公室电话：23616001

锦南新城建设指挥部

总指挥：胡　竑（兼）
副总指挥：陈立群（常务）张　敏　沈雪明
办公室电话：63722575

市创建工作办公室

主　任：周　晓
副主任：顾敏权
办公室电话：63716425

市住房改革委员会办公室

主　任：贾忠海
办公室电话：63962981

杭州住房公积金管理中心临安分中心

主　任：江跃良
办公室电话：63808169

市供销合作总社

会　长：朱关根
主　任：朱关根
党委副书记：朱关根
副主任：王柏祥
纪委书记：陈照荣
办公室电话：63721731

市国有资产投资控股有限公司

董事长：麻成林
总经理：麻成林
党委书记：麻成林
副总经理：苗承华　姜　涌
办公室电话：63962187

农工临安市委员会

副主委：詹寿明

市国税局

局　长：童成林
党组书记：童成林
副局长：赵利民　李　平
纪检组长：叶一军
总经济师：徐永平
办公室电话：63730605

杭州市工商行政管理局临安分局

局　长：胡东海
党委书记：胡东海
副局长：余忠根　汪文峰
纪委书记：宣伟祥
办公室电话：63719317

市质量技术监督局

局　长：骆秀谦
党委副书记：骆秀谦　郎忠华
副局长：郎忠华　文志华　王小明
纪委书记：王小明
办公室电话：63753398

市食品药品监督管理局

局　长：何常青
党委书记：何常青
副局长：黄　群　郑丽华
纪委书记：余筱杭
办公室电话：63748383

市气象局

局　长：朱渭龙
党支部书记：孙小平
副局长：夏建林
纪检员：孙小平
办公室电话：63759130

市供电局

局　长：宋　耘
党委书记：何永林
副局长：许欣农　黄小平
纪委书记：郑应忠
工会主席：包红民
总工程师：李志强
办公室电话：51235080

市电信局

局　长：李海军
党委书记：李海军
副局长：李志明　徐伟斌
纪委书记：李志明
办公室电话：63713626

移动公司临安分公司

总经理：叶郁萌
党支部书记：叶郁萌
办公室电话：63750527

中国联通临安分公司

总经理：谢小明
党支部书记：谢小明
副总经理：夏慧芳
办公室电话：23650053

市邮政局

局　长：吕建平
党委书记：吕建平
副局长：陈军良
纪委书记：章　清
办公室电话：63731812

烟草专卖局（烟草公司）

局长（经理）：翁惠荣
党组书记：翁惠荣
副局长：徐　昊
副经理：孙　勇
纪检组长：徐　昊
办公室电话：63734080

临安数字电视有限公司

总经理：王长华
党总支书记：王长华
副总经理：邵新强　史秀燕
办公室电话：23613023

中国人民银行临安市支行

行　长：楼　华
党组书记：楼　华
副行长：王云祥　吴晓春
办公室电话：63725147

浙江银监局临安办事处

主　任：罗康云
副主任：吴成林
办公室电话：63922616

中国工商银行临安市支行

行　长：宋建艇
党支部书记：宋建艇
副行长：周永江　陈国华　顾　钧
办公室电话：63721295

中国农业银行临安市支行

行　长：汤一峰

党委书记：汤一峰

副行长：翁永恒

办公室电话：63756478

中国银行临安市支行

行　长：王志强

党总支书记：王志强

副行长：潘幸华

办公室电话：63727427

中国建设银行临安市支行

行　长：张建林

党总支书记：张建林

副行长：周晓峰　俞小河　季良斌

办公室电话：63726438

中国交通银行杭州分行临安支行

行　长：杨子江

党支部书记：杨子江

办公室电话：63720729

中国农业发展银行临安市支行

行　长：邹小平

党支部书记：邹小平

副行长：丁 颖

副专员：单优华

办公室电话：63961658

上海浦东发展银行杭州分行临安市支行

行　长：宣骥翃

党支部书记：宣骥翃

副行长：陈英豪

办公室电话：63714267

杭州银行临安支行

行　长：王为民

党支部书记：王为民

副行长：叶 岷　陈斌华

办公室电话：63928866

兴业银行杭州临安支行

行　长：方　皓

党支部书记：方　皓

副行长：张红梅

办公室电话：63730007

邮储银行临安支行

行　长：许利华

党支部书记：许利华

副行长：郑泽童

办公室电话：63734111

中国人民财产保险股份有限公司临安支公司

总经理：程小万

党组书记：程小万

副书记：帅绍武

副总经理：赵 波　帅绍武

办公室电话：63700102

中国人寿保险股份有限公司临安市支公司

总经理：周姚奔

党组书记：周姚奔

副经理：丁新展

办公室电话：63719381

中国太平洋财产保险股份有限公司临安支公司

经　理：段接存

办公室电话：63738520

临安市农村信用合作联社

理事长：来煜标

党委书记：来煜标

主　任：邵新力

副主任：曹关跃　蒋　铭

监事长：鲍建平

纪委书记：鲍建平

办公室电话：63726218

乡镇（街道）党（工）委、政府（办事处）机构主要负责人

锦城街道

书　记：沈文奎

主　任：程爱兴
办公室电话：63721745

玲珑街道

书　记：杨卫国
主　任：许力行
办公室电话：63761102

青山湖街道

书　记：黄国林
主　任：帅建筑
办公室电话：63781020

锦南街道

书　记：练金水
主　任：骆晓明
办公室电话：63766890

板桥乡

书　记：蒋晓明
乡　长：卜志红
办公室电话：63769668

三口镇

书　记：章登峰
镇长建议人选：张　勤
办公室电话：63768607

横畈镇

书　记：程志明
镇　长：钱春雷
办公室电话：63773535

高虹镇

书　记：吴志荣
镇　长：李　军
办公室电话：63777007

太湖源镇

书　记：徐元明
镇　长：朱晓程
办公室电话：63791073

於潜镇

书　记：李赛文
镇　长：楼金山
办公室电话：63866008

藻溪镇

书　记：陈嫩华
镇　长：罗爱芬
办公室电话：63894709

西天目乡

书　记：吕建中
乡　长：谢莉萍
办公室电话：63851003

千洪乡

书　记：李德宝
乡　长：陈国权
办公室电话：63858105

横路乡

书　记：陈　栋
乡　长：邓志明
办公室电话：63836005

太阳镇

书　记：周　杰
镇　长：梁关林
办公室电话：63831009

潜川镇

书　记：沈　慧
镇　长：郑　盛
办公室电话：63821783

乐平乡

书　记：洪忠东
乡长建议人选：王　翔
办公室电话：63823768

昌化镇

书　记：周　军
镇　长：马根龙
办公室电话：63668012

龙岗镇

书　记：王建强
镇　长：盛　伟
办公室电话：63631087

河桥镇

书　记：叶志伟

镇　长：章临凯

办公室电话：63611066

湍口镇

书　记：陈校法

镇　长：李浙峰

办公室电话：63617011

清凉峰镇

书　记：方建中

镇　长：方建中

办公室电话：63621039

马啸乡

书　记：周家根

乡　长：周　骋

办公室电话：63629301

岛石镇

书　记：盛星辉

镇长建议人选：李届胜

办公室电话：63636409

新桥乡

书　记：许祥辉

乡　长：方英儿

办公室电话：63643005

大峡谷镇

书　记：凌　理

镇　长：张　群

办公室电话：63648975

（赵　军）

□ 小资料

邮政编码

乡镇名称	邮政编码	乡镇名称	邮政编码
锦城街道	311300	千洪乡	311311
青山湖街道	311305	横路乡	311311
玲珑街道	311301	潜川镇	311313
上甘街道	311301	乐平乡	311313
三口镇	311301	昌化镇	311321
板桥乡	311301	河桥镇	311324
高虹镇	311307	龙岗镇	311322
横畈镇	311307	马啸乡	311323
太湖源镇	311306	湍口镇	311325
於潜镇	311311	清凉峰镇	311323
太阳镇	311314	岛石镇	311331
藻溪镇	311312	大峡谷镇	311333
西天目乡	311311	新桥乡	311331

农业·水利·气象

农　业

·概　述·

【概况】 2009年，全市实现农村经济总收入729.7亿元，比上年增长10.24%；农业总产值35.9亿元，增长8%；农民人均纯收入1.07万元，增长10.9%。实现粮食总产量9.35万吨，完成对石、龙岗、花溪3个杭州市级粮食功能区项目建设。种植天目香薯面积1万亩。发展无性系良种茶园2200亩，改造老茶园5500亩，茶叶产量增长11.1%，总产值1.51亿元，增长37.1%。发展香榧种植面积6000亩，计17.4万株；发展杨桐、柃木设施栽培1411亩。完成山核桃生态化经营1.36万亩，退化雷竹改造1.22万亩。竹笋实现产值7.3亿元，同比增长6.7%；山核桃实现产值5.9亿元，增长40.2%。新增水果面积3000亩，全市总面积4.7万亩；山地蔬菜面积2.21万亩，产值3.12亿元。完成8个畜牧生态小区和农牧循环示范点建设。

全市新成立农民专业合作社45家，新增杭州市级农业龙头企业7家，新培育区域农业科技创新服务中心5家。天目酒业、桃源食品创建成为中国驰名商标。编制完成《千里富民林道建设总体规划》，完成林道建设项目290.9公里。建成都市农业示范园区7个、森林食品基地1.54万亩，新增无公害农产品基地2.5万亩。完成中低产田改造6689亩，完成山塘除险加固工程72座，治理水土流失面积35平方公里。推广各类新农机具4258台（套）。285个村建立“农民信箱万村联网工程”，占全市行政村总数的95.6%，并在全省首创利用农民信箱手机短信功能帮助农户销售各类农产品，成交金额88.6万元。

启动农村清洁能源利用示范工程，9个村成为杭州市级农村清洁可再生能源利用示范村，20个村启动农村生活污水净化处理工程建设。开展家电下乡、家电以旧换新、汽车下乡等“惠农”活动，全年向农村销售家电产品2万余件，销售额5600万元，发放家电下乡补助资金447万元。

完成乐平乡、板桥乡、岛石镇3个试点乡镇集体林权制度改革。推进土地流转和规模经营，成立土地流转服务中心13家、土地股份合作社1家，完成土地流转和规模经营5300亩。落实新增耕地项目131个，新增耕地面积5019亩。小额农业贷款新增7.8亿元。制订出台《关于按照构建城乡统筹的基层党建新格局要求，全面加强农村基层组织建设的意见》，村主要干部的补助标准提高到人均每年1.35万元。公开招考大学生村官115人，提前完成一村一名大学生村官计划。

制订出台《关于加快推进农村改革发展的实施意见》、《关于实施“低收入农户奔小康”工程的意见》和《深化集体林权制度改革实施意见》等政策文件。实施“联乡结村”共建项目246个，累计到位资金2.37亿元，其中，结对资金到位2400万元。新农村村庄整治建设投资2500万元，同比增长7.7%。48个成员单位实施涉农项目300个，投资5亿元。建成省级整治村79个、杭州市级全面小康示范村4个，完成农村社区建设73个。

省农业广播电视学校临安分校在太阳镇开办畜牧兽医中专班，在横路乡开办林业专业中专班，两个乡镇共招收学员83人，此外，招收大学本科和大专农业技术推广专业远程教育学员7人。全市有4.5万余人参加农村居民养老保险，新型农村合作医疗参合率97.1%，农村住房保险参保率96.8%，政策性农业保险品种扩大到9个。农村“五保”对象集中供养率93.4%，低保救助标准提高到210元。培训农村劳动力2.1万余人，安置下山移民108户，计347人。4845户低收入农户人均纯收入3382元。

临安市获2009年度浙江省社会主义新农村建设优秀单位称号和2009年度杭州市社会主义新农村建设综合优胜奖；市农办获2009年度浙江省农办系统先进单位称号。太湖源镇白沙村获国家首批“全国生态文化村”称号。

【中国林业产业应对金融危机转型升级高峰论坛】 2009年6月13~14日，“中国林业产业应对金融危机转型升级高峰论坛”在浙江林学院举行。中共浙江省委书记、省人大常委会主任赵洪祝致贺信，国家林业局副局长李育材、浙江省人大常委会副主任程渭山出席论坛并讲话。科技部、国家林业局、中国工程院、国内外各科研院所的专家学者100余人和200余家企业负责人参加论坛。论坛以“帮扶促调，为产业转型升级提供科技支撑”为主题。与会人员分析全国林业产业发展面临的新情况、新问题，探讨如何应对国际金融危机挑战、加快林业产业优化升级、促进林业产业可持续发展的对策。

【对口支援西充县工作】 根据杭州市对口支援工作领导小组办公室的统一部署，临安市委、市政府按照“统一规划、分步实施、重点突破、整体推进”的要求，结合四川省西充县建设“中国西部有机食品基地县”的战略目标，在帮扶工作中重点突出产业培育、文化教育和卫生事业。全年市政府落实帮扶资金70万元，完成西充县槐树镇狮子湾村有机畜禽示范基地建设，发展专业大户15户，饲养小家禽5万余羽，规模开发特种蔬菜800亩，新建多扶完小教学综合大楼1100平方米、双凤卫生院病房1200平方米。市农办被评为2009年度杭州市对口支援工作先进集体。

【国家新农村卫生新校园项目建成】 临安市马啸中学新农村卫生新校园建设工程是

教育部、财政部、农业部在浙江省开展试点的首批学校之一。该工程于2008年8月开工建设，2009年3月建成运行。工程采用“生态厕所+沼气净化工程+人工湿地+天然水收集系统+中水利用系统+太阳能利用”的建设模式，通过沼气综合利用、中水利用、太阳能利用三个方面建设，解决学生用热水难、上厕所难和洗澡难问题，改善学校师生工作、学习和生活环境，树立生态环保、新能源开发利用、循环经济、可持续发展和节能减排理念，成为学生劳动实践、师生创新交流、周边农民群众科技示范推广的平台。

（贾炜琦）

【省农技推广基金会临安市执行部工作】 2009年，省农技推广基金会临安市执行部按照“创新农作制度与技术”的要求，在全市农林牧渔各产业中优选确定省、杭州市和临安市三级资助试验示范推广项目13个，跨年度续建项目2个，当年完成并通过验收项目13个。其中，“草莓新品种引进高山繁育示范推广”项目获杭州市级优秀项目成果奖。结合项目实施，基层农技人员撰写论文6篇，其中，省级刊物录用1篇、杭州市级刊物录用3篇。板桥乡农业技术综合服务站被评为杭州市2008~2009年度先进基层农技推广服务组织，科技特派员1人被评为省农技推广基金会先进个人，乡镇农林技术员4人被评为杭州市农技推广基金会先进个人。

（苏锡生）

【村庄整治工程】 2009年，全市完成67个省级待整治村、12个省级已整治村和4个杭州市级全面小康建设示范村创建任务。全年投入建设资金9000余万元，硬化道路211公里；配置垃圾箱1232只、垃圾集中收集房106座、垃圾清运车91辆；新增卫生户厕5131户、公共厕所72座，消除露天粪坑106只；新建污水处理池1.66万立方米，受益农户1.26万户；种植绿化苗木16.16万株；整理宅基地195亩；整治河道2万余平方米，粉刷“赤膊墙”及改造危旧房面积1.44万平方米。是年，临安市连续第六年获浙江省“千村示范万村整治”工程建设先进集体称号，并在杭州市“百村示范、千村整治”工程考核中获一等奖。

（贾炜琦）

【“科技下乡　春耕备耕服务月”活动】 2009年3月，市农业局组织开展“科技下乡、春耕备耕服务月”活动。18日，由市农业局和昌化镇人民政府共同举办的大型农业科技下乡活动暨春耕备耕服务月启动仪式在昌化镇天工广场举行。市农业局农业技术骨干50余人及部分农业龙头企业的技术专家，在现场开展科技宣传、技术咨询、政策法规咨询和优良品种、优质农资、适用农机示范推广等服务活动，发放各类资料1万余份，并开设山核桃机械与植保机械技术、农村电脑维护技能和山地蔬菜优质安全高效生产技术培训班3个，参加培训200余人。活动期间，市农业局累计开展送科技、送良种、送机具、送药肥、送政策活动22次；示范推广良种300余个，计9.5万余公斤；举办农业适用技术培训23期，培训农民1545人次。

（陈英霞）

【“农业短信入万家”活动】 从2007年始，市农业局在全省率先使用农民信箱手机短信功能，免费为农户发布产品供求等信息，帮助农民销售农产品。2009年，市农业局组建“农业短信入万家”信息发布员队伍，开展“农业短信入万家”活动。“农业短信入万家”信息发布员以各农业专业首席专家、业务骨干为主，负责农业科学技术、农产品市场行情、农业政策、疫病防治预警等信息的收集、编写和发布工作。每位信息发布员建立信息接收用户群，通过农民信箱“行业通讯录”实行对口专业发布，帮助农民、企业解决生产、加工、经营中遇到的各种困难。全年建立浙江农民信箱行业通讯录20个，群发信息350余条次，接收25余万人次。3月10日，副省长茅临生批示：“临安市农业局农业信息服务中心为农民搞好农产品销售服务的做法，希望全省每个县都能开展起来。” 5月，农民信箱“每日一助”活动在全省展开。市农业局被评为2009年度全省农民信箱工作先进单位。

（俞　俊）

【市兴农担保有限公司成立】 为解决农业生产经营主体融资担保难问题，2009年9月7日，市兴农担保有限公司成立。该公司由俞传梅等8个股东出资组建而成，注册资金2200万元，主要担保贷款对象为中小农业企业、农民专业合作社、种养大户、低收入农户等，全年担保贷款1200万元。

【森楠小香薯专业合作社成立】 2009年8月，藻溪镇22名农民通过资金入股和土地入股相结合的方式，成立藻溪森楠小香薯专业合作社，共入股土地面积420余亩，土地承包经营权作价出资17.36万元。这是临安市首家土地股份制农民专业合作社。

【首座太阳能景观喷泉】 2009年11月，临安市首座采用太阳能光伏电板提供电力的景观喷泉在锦城街道金马村建成使用。该景观喷泉投资30余万元，喷泉装置设在阿科蔓泛氧化塘末端。系统配置采用1000瓦功率太阳能光伏板和12伏铅酸蓄电池。按系统每天工作4小时~6小时计算，蓄电池能满足3天~4天用电量。喷泉采用散射喷头（花柱）、水膜喷头（喇叭花）及半球喷头3种，安装180瓦潜水泵3台，分别供应3组喷头，以保证相同喷头的水型一致。

（贾炜琦）

·种植业·

【概况】 2009年，临安市种植业生产继续坚持高效生态农业发展方向，加快农业规模化、生态化、设施化、机械化进程，推进粮食生产能力和特色产业竞争力稳步提升，确保农产品质量安全和有效供给，促进农民收入持续增长。

全年粮食生产面积24.64万亩，粮食总产量9.35万吨，超额完成上级考核任务。推广优质超级稻面积10.5万亩，实施水稻轻型栽培技术8万亩、“五改”技术（见第242页“简略语”注释）8万亩、直播技术3万亩、强化栽培技术0.5万亩，创建粮食高产示范区6170亩，辐射带动8万亩。藻溪镇对石、龙岗镇汤加湾、板桥乡花戏3个杭州市级和太阳镇枫树岭等5个临安市级粮食功能区建设通过年度验收，功能区内单季稻平均亩产超过全市平均水平20%。

茶叶产值1.51亿元，同比增长37.1%。

启动实施《振兴临安茶叶产业五年行动计划》，全面推进“品牌创建、基地提升、龙头培育、市场拓展、科技创新、文化弘扬”六大工程，发展改造茶园7390亩，有机认证8656亩，优化改造茶厂11家，建立茶叶区域集散市场2个、外地销售网点24个、天目青顶专卖店7家。

蔬菜复种面积12.5万亩，增长5.4%；总产量14.07万吨，增长5.1%；总产值3.12亿元，增长7.9%。国家级山地蔬菜产业提升项目通过验收。山地蔬菜播种面积2.21万亩，增加4000亩；产值1.33亿元，增长11.5%。城郊蔬菜复种面积1.49万亩，产值8281.5万元，增长4.2%。珍稀菇、香菇、黑木耳等食用菌生产规模保持468.3万平方尺，产量3090吨，产值1520万元，增长45.7%，其中，“桑栽菌”产值926万元，为农民增收近500万元。

水果栽培面积4.68万亩，总产量5.94万吨，总产值1.5亿元，增长10.6%。发展水果3200亩，新建落叶果树良种繁育基地和草莓新品种高山繁育基地，新增水果设施栽培面积500亩、无公害樱桃基地2000亩，包装精品水果300余吨，选送的果品在全省水果展销和评比活动中多次获奖。实施省级现代农业生产发展资金项目——临安市水果产业生产项目，总投资334.37万元，建设期限为2009年5月至2010年6月。

花卉苗木（不包括杨桐、柃木）面积1.68万亩，总产值1.5亿元，增长3.2%。花卉苗木产业发展突出自身特色，推广应用高山反季节栽培和设施栽培，优化调整绿化苗木品种结构，加大造型树培育力度，开展大树移栽和乡土树种开发。

中药材面积1.85万亩，产值6396万元，增长14%。中药材产业发展注重标准化生产和设施化栽培，全年开展标准化生产和GAP管理技术培训班17期，培训2000余人次。

（陈初尉）

【铁皮石斛园区】 2009年7月1日，位于青山湖街道朱村的铁皮石斛园区通过杭州市农业产业化领导小组验收，被评为杭州市十佳示范园区。园区占地面积200亩，平均亩产480公斤，园区内建成温控联体、单体大棚7.3万平方米，棚内全部安装喷滴灌系统，供水、供电、道路、沟渠、组培设施配套齐全，科技含量高，设施先进，是全市设施农业建设典范。

（丁　兰）

【“天目山”牌蔬菜成为省名牌】 临安山地蔬菜有20余年栽培历史，至2009年，有103个村种植山地蔬菜，蔬菜品种从原来单一的番茄、甘蓝发展到四季豆、长瓜、小辣椒、茄子、南瓜等。全市1.69万亩山地蔬菜基地通过浙江省无公害农产品基地认定，“天目山”牌番茄、辣椒、四季豆、南瓜、山地茄子、山地长瓜等通过农业部无公害农产品认证。“天目山”牌番茄、辣椒、茄子被评为浙江省名牌农产品。

【国家级山地蔬菜提升项目】 该项目以清凉峰镇九都村和大峡谷镇桃花溪村680亩核心示范基地建设为重点，辐射马啸、湍口等周边乡镇优势产区，并以此带动全市2万亩山地蔬菜设施化、标准化、规模化生产，形成生产活跃、流通顺畅、品牌响亮的产业化经营新格局，计划每年向上海、杭州等城市供应5万吨优质安全的“天目山”牌无公害山地蔬菜。该项目于2008年8月开工建设，2009年10月通过验收，投入资金489.8万元，完成两个核心基地沟渠、机耕路、微蓄微灌等基础工程建设，功能区工厂化育苗设施、农残检测室、产品初加工场地等辅助设施全部投入使用。项目建成山地蔬菜核心基地690亩，推广应用生物物理防治面积6000亩次。项目辐射区12000亩蔬菜平均亩产2510公斤，总产量3万吨，总产值7240万元，比上年增长7.5%，为农民增收505万元。

(王高林)

【农作物种质资源普查】 临安市种子管理站在2008年普查水果、豆类、水生蔬菜、中药材、食用菌5种农作物的基础上，2009年对稻、麦、玉米、茶叶等其他农作物种质资源进行全面普查。两年共计调查登记天目青豆、七姐妹朝天椒、天目石斛、於术等10大类作物26个品种，收集种植鉴定种子样本13份，基本摸清全市特有种质资源情况，为种质资源开发利用奠定基础。

(袁德明)

【花卉展品获奖】 2009年，在第七届中国花卉博览会上，由市花卉企业选送的展品获金奖2项、银奖6项、铜奖11项、优秀奖8项。其中，杭州绿地种业有限公司的桂花“杭州黄”、“玉玲珑”和杭州临安太湖源观赏竹种园有限公司的“龟甲竹”获金奖。

(蓝海燕)

【休闲观光果园】 临安市依托旅游资源和生态优势，加快完善果园设施和功能，拓展水果产业生产与经营层次，发展休闲观光农业。2009年，全市果园共接待游客2万余人次。如临安愚公果业有限公司利用地理位置和生态环境优势，因地制宜发展休闲观光农业，通过养殖土鸡，修建休闲设施，开设“农家乐”，为游客提供自采鲜果等服务，全年接待游客2000余人次，销售精品水果6000余箱，产值100余万元。

(姚忠华)

【振兴临安茶叶产业五年行动计划启动】 2009年3月10日，振兴临安茶叶产业五年行动计划启动仪式在板桥乡上田村举行。市委副书记卞吉安，副市长李文钢，市振兴茶叶产业五年行动计划领导小组成员单位主要负责人，各乡镇（街道）分管领导，市茶叶产业协会、重点茶叶企业、合作社、重点产茶村和茶叶大户代表等100余人参加启动仪式，中国农科院茶叶研究所副所长鲁成银、省农业厅经济作物局副局长毛祖法、杭州市农业局副局长陈品南等应邀出席。启动仪式上，卞吉安向振兴临安茶叶产业专家咨询委员会委员颁发聘书，市振兴茶叶产业领导小组向茶叶生产加工大户代表赠送良种茶苗和名茶机械。

(丁洁平)

【第九届天目名茶评比】 2009年4月30日，临安市第九届名茶评比暨天目名茶展销会在市人民广场举行，全市20家茶叶生产企业和大户参加展销，50只精品茶叶参与名茶评比。由中国农业科学院茶叶研究所、省农业厅、浙江林学院茶文化学院、杭州市农业局专家组成评审组，对送展的50只精品名茶，从茶叶外形、汤色、香气、滋味、叶底五个方面进行评审，湍口镇铜坑村胡道根和湍口镇石室村童权兴选送的茶叶分别获“天目龙井”金奖、“天目青顶”金奖。

（沈泓华）

【冬季耕地抛荒减少】 2009年，全市冬季耕地抛荒面积控制在8000亩以下，比上年减少25%。10月，市农业局到10余个粮食生产重点乡镇（街道）和抛荒面积较大的乡镇（街道）开展冬种生产和抛荒情况调研、落实有关政策宣传、土地流转等制止抛荒工作，青山湖、太湖源、板桥、三口等乡镇（街道）共减少抛荒1600余亩。重点解决粮食生产功能区和杭徽高速公路、02省道沿线的土地抛荒问题，为全市制止抛荒树立样板。位于杭徽高速临安出口转盘四周的锦城街道余村畈，400亩抛荒农田全部复耕，全市3个杭州市级、5个临安市级粮食功能区抛荒问题全部解决，公路沿线无30亩以上连片抛荒农田。鼓励合作社和大户开展土地流转，利用冬闲田发展冬种生产。太阳镇枫树岭670亩抛荒农田被粮食生产合作社承包，全部种植小麦、油菜。开展农田基础建设，因地制宜推广轮作、套种、种养结合等冬季高效农业生产模式，三口镇秋口村畈田300亩面积完成中低产田改造，采用稻—油菜、稻—黑麦草种植模式，彻底解决抛荒问题。

（毛伟强）

·养殖业·

【概况】 2009年，全市畜牧业总产值6.3亿元，同比下降3%。肉类产量3.02万吨，增长10.9%；禽蛋产量5115吨，增长0.2%；牛奶产量4860吨，增长0.2%。全市饲养蚕种7.17万张，下降13%；蚕茧总产量3439吨，下降7.2%，蚕茧总产值7939.9万元，增长29.03%。

新建杭州市级畜牧小区（场）6个、杭州市级动物尸体无害化处理场8个，完成规模化畜禽排泄物治理项目48个，全市规模化畜禽养殖污染治理率90%以上，粪尿综合利用率95%以上，干畜粪资源化利用率100%。

全年免疫猪瘟55.51万头、蓝耳病44.04万头、牲畜口蹄疫58.55万头、禽流感200.77万羽，完成杭州市下达的免疫任务。全年检疫家畜35.45万头、家禽52.3万羽、畜禽产品48.69万头（羽），处理各类病害动物及产品734头（羽），计8.42吨，全市无重大畜产品安全事件发生。市防治动物疫病指挥部获2009年度杭州市防控重大疫病和畜产品安全监管工作目标考核二等奖。

【重大动物疫情防控应急演练】 2009年11月6日，市防治动物疫病指挥部在锦城街道进行重大动物疫情防控应急演练暨动物防疫员技能大比武活动。全市各乡镇（街道）畜牧兽医专管员和村级动物防疫员60余人参加。应急演练包括现场应急响应、疫区封锁消毒、疫情扑杀、病禽无害化处理、强制紧急免疫、人员健康监控、疫情监测、疫源追溯和疫情评估、应急响应终止等。动物防疫员技能大比武分鸡颈静脉血样采集技术和家禽疫苗免疫接种技术两个项目进行，通过操作速度和技术环节细化量化评分，锦城街道畜牧兽医专管员张志尧、河桥镇防疫员高连军分别获血样采集和免疫接种技术个人一等奖。

【动物疫病诊疗所建设】 动物疫病诊疗所是动物诊疗社会化服务机构，是基层动物防疫体系的重要组成部分。2009年，按照《关于推进动物疫病诊疗所建设的意见》(临政办〔2009〕67号)，市畜牧兽医局推进和完善全市动物疫病诊疗所建设。动物疫病诊疗所以“因地制宜、按需设置、明确责任、择优选用、注重素质、创新机制，确保动物防疫措施落实到位”为原则，配置动物防疫员，核定全市动物防疫员85人，由动物疫病诊疗所负责招聘和管理，由所在乡镇（街道）审核后报市畜牧兽医局登记备案。凡符合条件、被动物疫病诊疗所聘用从事公益性防疫工作的防疫员，在劳动合同期内，以个体参保形式参加并缴纳基本养老保险金，所需资金由市、乡镇（街道）两级财政和个人负担。其中，市财政每年补助额为当年个体参保人员缴纳养老保险最低档次的50%；乡镇（街道）补助额为当年个体参保人员缴纳养老保险最低档次的30%，其余部分由个人支付。动物防疫员每年年底凭养老保险缴费发票到当地动物疫病诊疗所按上述比例报销。

（王向荣）

【方格蔟营茧技术推广】 2009年，市农业局以河桥、於潜、潜川、乐平4个乡镇为重点，推广方格蔟营茧技术，协调方格蔟推广及订单蚕业各项工作，确定方格蔟茧保护价。全年推广方格蔟103.74万片，全市使用方格蔟345万片，占饲养蚕种数量的40%以上，直接为农民增收515万元。

（张科良）

·农业机械·

【概况】 2009年，全市农机总动力42.4万千瓦，比上年增长3.2%（见表16），农机作业总收入1.94亿元。全市机耕面积28.71万亩，机植保47.27万亩，机收12.02万亩，机灌9.17万亩，机脱6.37万吨，农副产品加工8.15万吨，机械化秸秆还田6.23万亩，水稻机插2530亩，农机跨区作业面积1.88万亩，农机运输作业量1.53亿吨公里。全市投入购置政府补贴机具资金1023.5万元，增长148%，其中，财政补贴资金329万元，直接受补助农户4100余户。财政补贴资金中，中央财政补贴资金184万元，省财政补贴资金9万元，杭州市财政补贴资金69万元，临安市财政补贴资金67万元。新增财政补贴各类农业机械84款，计4160台（套），增长159%，其中，农田耕作机械640台、植保机械1835台、山核桃脱壳机992台、割灌机524台、茶叶生产及加工机械83台（套）、油菜收获机械3台、高速乘坐式插秧机4台、机动乘坐式插秧机9台、育秧盘1.8万只、设施农业设备43台、冷藏保鲜库10座（1630立方米）、其他机械17台（套）。农田耕作机械、植保机械、山核桃脱壳机数量继续保持快速增长，割灌机成为全市新的主要推广品种。

开展农业机械化教育培训大行动，培训拖拉机驾驶员40人；举办农机化实用技术培训班，培训农机手和农机修理工150余人；开展农村劳动力转移阳光工程培训，培训280余人。年检拖拉机1195台，1503人参加拖拉机驾驶员安全教育学习，34人参加违法记分满12分驾驶员学习考试。全市有农机维修网点102个，农机维修从业人员135人。全年发生拖拉机道路交通事故10起，死亡4人，重伤6人，比上年分别下降44%、33%、60%和72%。11月，浙江林学院工程学院实习基地在市农业机械管理总站挂牌。

农机具基本情况

表 16

名　称	数量(台)	动力(千瓦)
耕作机械	4040	27568
种植机械	11	78
排灌机械	45720	64516
植保机械	9055	16142
收获机械	12058	19054
农副产品加工机械	6114	29084
畜禽养殖机械	285	1044
渔业机械	55	429
林果业机械	13441	4977
茶叶机械	542	1911
食用菌机械	23	86
运输机械	6284	153419
农田基本建设机械	856	85090
其他农业机械	4545	4545

【市水稻规格化育秧中心动建】 2009 年，市水稻规格化育秧中心建设项目启动，并被列为浙江省农机化促进工程项目。项目建设地点设在太阳镇太阳村，总投资 150 万元。项目引进气吹气吸式水稻育秧播种流水线 4 套、育秧盘 10 万只、高速插秧机 10 台，建有育秧场地 400 平方米、钢架大棚 720 平方米、机库 200 平方米、秧田 60 亩。计划在太阳镇太阳畈、龙岗镇娘娘畈、藻溪镇九里畈和三口镇秋口畈 4 个粮食功能区开展水稻规格化育秧，实施面积 5000 亩，辐射面积 1 万亩。

【“安全生产年”活动】 2009 年是农机行业“安全生产年”。市农业局成立农机行业“安全生产年”活动领导小组，在全市开展农机安全生产事故隐患排查治理工作，重点对农机安全生产责任制落实情况、脱检拖拉机、外省籍拖拉机、农业机械维修网点、易发生事故的危险路段等农机事故隐患，以及拖拉机超速超载、无证驾驶、准驾不符等严重影响安全的违法行为进行排查治理。全年共排查事故隐患 56 个，整改 56 个，整改率 100%。

【拖拉机报废更新工作】 2009 年是贯彻实施《浙江省拖拉机报废更新管理办法》的第一年。市农业机械管理总站通过上门调查摸底、利用农民信箱宣传政策、寄发拖拉机报废通知书、农机警务联络室加强上路检查等措施，当年完成报废拖拉机 11 台，其中，强制报废 6 台，报废农田作业拖拉机 13 台。

【农机专业合作社】 2009 年，市农业机械管理总站在农业生产作业环节中统一开展机耕、机灌、机植保、机收割等农机作业，推进农机作业服务市场化、专业化、规模化、产业化，提升农机社会化服务能力，新建岛石农机专业合作社、太阳高拔农机服务专业合作社、三口农机植保专业合作社、龙岗龙联农机合作社 4 家农机专业合作社。全市有农机专业合作社 6 家，其中，九里农机植保专业合作社和高拔农机服务专业合作社被评为 2009 年度临安市社会主义新农村建设规范化农民专业合作经济组织。

（袁荣平）

·农业执法·

【概况】 2009 年，市农业行政执法大队开展“绿剑”专项执法行动 4 次，出动执法人员 525 人次，监督检查农业投入品经营店425家，查处和纠正各类违法违规行为35起，立案16起，为农民挽回经济损失35万元。完成小农资整治与规范工作，改造农业投入品经营店367家，全部通过市政府考核验收，全市小农资整治与规范率92.6%。受理各类举报投诉电话13起，调解处理农业生产事故和纠纷8起，帮助农民挽回经济损失15万元。开展“放心农资”下乡、农业法规培训、农资识假辨假等农业法制宣传教育活动18次，培训人员3260人次，发放“放心农资”1.05万公斤，发放资料5000份。

【农业行政执法协管员队伍建立】 2009年3月，为解决农业执法工作量大、人员少的矛盾，市农业局建立农业行政执法协管员队伍，充分发挥社会力量加强农业执法工作。3月，市农业局在全市26个乡镇（街道）聘请26位执法协管员，明确职责，规范制度，建立覆盖全市农业执法网络。

【浙皖四县（市）农业行政执法联席会议制度建立】 2009年9月，为加强浙皖两省边界各县（市）农业行政执法机构的协作，实现信息资源共享，强化区域农业投入品监管，市农业局主动与宁国、绩溪、歙县农业部门联系，组织召开首次浙皖四县（市）农业行政执法联席会议。四县（市）农业主管部门主要领导、农业行政执法大队负责人参加会议。会议讨论通过由临安市农业局起草的《临安、宁国、绩溪、歙县农业行政执法联席会议制度》，确定联席会议组成人员、主要职责和工作机制，决定四县（市）农业行政执法联席会议每年定期召开。

（骆　滨）

【农产品质量安全追溯管理】 2009年，市农业局实施农产品质量安全追溯管理制度，实现农产品质量从农田到餐桌全程监管。健全产地标志卡发放制度，加强产地环境监测，对食用农产品进行产地登记，实行安全农产品标识化管理，新建农产品产地标志卡2000张；全面推行农产品生产记录制度，在完善农业企业、农民专业合作社生产记录制度的基础上，重点引导150户种养殖大户建立农产品生产记录档案，对生产过程中农业投入品使用等情况进行全程监控；推进畜产品二维码标识管理，在锦城街道、板桥乡等8个乡镇（街道）和杭州正兴牧业有限公司等5个重点规模场推广应用免疫标识智能识读器，发放牲畜二维码免疫耳标3.47万只。

（陆晓翔）

水　　利

·概　述·

【概况】 2009年，全市完成水利建设投资4亿余元，完成土石方390余万立方米，争取上级补助资金6000余万元。完成中央财政项目4个，总投资1266万元。临安城防工程完成投资1.6亿元，累计完成13.6亿元。英公水库除险加固工程总投资4956万元，完成投资3500万元。

完成“千库保安”工程6座，超额完成3座；完成“百库脱险”工程72座，超额完成6座，连续3年超额完成任务。完成“百里标准堤塘”工程12公里，完成潜川镇阔滩村堤防工程等3个杭州市重要堤防加固项目。完成市本级农村饮用水项目104个，改善农村饮用水条件10.93万人。新增山核桃林、竹林等经济型喷滴灌1万余亩。完成“万里清水河道”整治240余公里，完成小流域治理3条。完成山核桃林生态修复1万亩，总投资1100万元。完成低丘缓坡红壤土改造项目1个。完成经济林水果作物基地改造400亩、香榧林地改造500亩。临安市被列入水利部水土保持监督管理能力建设第一批达标创建单位。完成对口支援四川省青川县金子山乡饮用水工程。

开展水电安全生产和水电安全管理年检工作，年检电站95座，其中，装机2000千瓦以下76座，装机2000千瓦~5000千瓦8座，装机5000千瓦及以上2座。完成全市第一次水产养殖污染源普查，共普查符合条件的养殖场（户）207家，涉及全市25个乡镇（街道）。开展水产养殖用药安全专项执法活动，查处各类水事案件40起，规范水事秩序，确保水产品质量安全。太阳镇成立全市首个乡镇级水（渔）政巡查队。英公、里畈、水涛庄3座中型水库管理体制理顺。

是年，市水利水电局获省水资源费征收工作三等奖、杭州市水利工程安全生产目标管理考核一等奖，被评为杭州市水政执法先进集体。

【陈川到临安检查工作】 2009年2月4日，省水利厅厅长陈川率省水保办、省水库总站等处室领导到临安检查2008年第四季度新增中央水利投资项目建设情况。陈川一行实地察看於潜镇英公村英公水库除险加固现场和昌化镇朱白村山核桃林水土流失治理工程。杭州市林水局局长周定炎、临安市委书记邵毅、常务副市长胡竑等陪同检查。9月，省水利厅副厅长虞洁夫到临安调研水利工作，实地踏看英公水库除险加固工程、青山殿水库、清凉峰镇“8·13”山体滑坡现场、双溪口坝址和华光潭梯级水库等，听取有关情况汇报。

【开展小型农田水利灌排工程运行维护费用测算工作】 2009年，临安市被列入浙江省小型农田灌排工程运行维护费调研典型县，调研结果将为制定《全省小型农田灌排工程运行维护费用测算办法》提供依据。4月21日，市水利水电局开展小型农田水利灌排工程运行维护费用测算工作，对全市13个乡镇（街道）典型蓄水工程、提水工程、输水工程及其他工程维护费用进行调查。

【开展农村饮用水水源地现状调查】 2009年6月，市水利水电局组织开展全市农村饮用水水源地现状调查。调查范围为所有农村用水人口，包括农村学校人口及国有农（林、渔）场饮用水人口。经调查，全市共有饮用水水源561处，其中，水库水源163处，河道水源120处，其余为山泉水或地下水水源。

【南苕溪堤防除险加固工程通过验收】 2009年7月17日，市重点工程南苕溪除险加固工程通过验收。该工程起点为里畈水库，终点为官塘堰，全长15.1公里。工程于2007年10月18日动建，2009年5月27日竣工。新建防洪堤1公里，堤防加固12公里，开挖土石方16.49万立方米，建设工程造价1450万元。

【英公水库除险加固工程通过中央专项检查】 2009年10月23日，以中纪委驻国家质检总局纪检组王炜为组长的中央扩大内需促进经济增长政策落实第三批检查组一行6人，到临安英公水库除险加固工程进行检查。市委副书记卞吉安、副市长李文钢和水利、发改、财政、纪检等相关部门负责人陪同检查。检查组实地察看英公水库除险加固工程施工现场，仔细审查项目报批、资金落实、财务管理等有关资料，详细了解工程相关手续、建设进度、资金使用等情况，检查组对工程建设情况给予肯定。

【全省农村水利建设现场会在临安召开】 2009年12月25日，全省农村水利建设现场会在临安召开。副厅长章国方主持会议，省水利厅厅长陈川讲话，临安市委书记邵毅致辞。省农办、省财政厅、省林业厅等有关部门和全省各市、县(市、区)水利水电局局长参加会议。与会人员参观临安钱王铺潘溪生态河道修复工程、青柯村田间渠道建设工程、太湖源横徐村竹园节水灌溉示范区、夏村片农村饮用水工程及小型水库除险加固工程、沙坞山塘整治工程5个现场。临安等5个县(市)作大会交流发言，会议通报全省农村水利建设进展情况，表彰先进单位和个人。

·防　汛·

【概况】 2009年，市水利水电局组织2000余人检查水利工程1800余处。建立健全防汛考核制度、巡查制度、防汛责任告知制度、防汛值班制度、防汛信息报告制度、防汛岗位责任制度、防汛物资管理制度和预警制度。配备村级预警员350人、山塘水库巡查员1032人、地质灾害监测员153人、中型水库下游河道沿线河道巡查员68人。举办全市基层防汛工作人员培训班。开发市级防汛预警平台，新建27处水情雨情山洪监测站，新增16处小流域预警水位观测点。投资56万元，增添市级防汛物资。建立防汛抢险队26支，共1200余人。全市30座避灾场所通过安全评估。完成基层防汛体系建设和山洪灾害防治试点工作。召开全市防汛工作会议和基层防汛体系建设培训会议。

【8号台风“莫拉克”侵袭】 2009年8月7~11日，全市遭受8号台风“莫拉克”侵袭。受台风影响，8月7日8时至11日6时，全市平均降水186.8毫米，其中，最大降水市岭站369毫米。超过300毫米站点3个，超过200毫米站点16个，全市所有站点均超过100毫米。昌化溪最大洪峰流量达到1400立方米/秒，全市4座中型水库和青山水库水位全部超台汛限水位。全市26个乡镇(街道)5.3万人受灾，倒塌房屋302间；农作物受灾面积6751公顷，绝收715公顷，损失粮食1.02万吨；山核桃、竹笋等经济作物损失1786万元；水产养殖损失615吨；71个工矿企业停产；各类公路中段57条次，供电中断22次，通讯中断9次；损坏堤防381处、护岸617处、塘坝158座、灌溉设施516处、水文站15个、水电站19座，直接经济损失1.22亿元，其中，水利设施损失3851万元。

【茅临生到临安调研】 2009年11月11日，副省长、省防汛抗旱指挥部总指挥茅临生率陈龙、陈川、虞洁夫、郑黎明、樊建平、王功逸、姚月伟等领导，到临安调研基层防汛体系试点建设情况，市委书记邵毅、市长王宏和有关部门负责人陪同调研。茅临生视察昌化镇和该镇后营村镇村两级基层防汛体系建设情况。在昌化镇政府试用检验防汛会商系统，察看基层防汛体系建设台账资料。在后营村检查村级避灾场所，了解村级基层防汛体系建设情况。市长王宏汇报全市基层防汛体系建设情况。通过实地检查和听取汇报，茅临生对临安基层防汛体系建设给予肯定。

【完成基层防汛体系建设试点工作】 2009年9月，临安市被列入全省5个基层防汛体系建设试点县（市）之一。10月，出台《临安市人民政府防汛抗旱指挥部关于加强基层防汛体系建设的实施方案》。12月底，根据实施方案，完成全市26个乡镇（街道）和298个行政村预案编制和审核，成立乡级防汛指挥部，建立完善组织、责任、预警、保障体系，基层防汛体系框架初步建成。

·水政（渔政）·

【概况】 2009年，市水利水电局受理各类行政许可事项203件，办结195件，退办3件。办理人大议案、政协提案14件，承办市长公开电话58件，其中，杭州市交办2件。组织执法巡查220余次，查处各类水事案件70余起。完成青山湖流域砂石作业专项整治立案调查工作，开展青山水库水域占补平衡工作，实施河道清障10次，清除高秆作物7.2万余株。开展全市河道采砂专项整治活动，检查采砂户22家，发出整改通知2份，行政处罚无证采砂户1户，罚款7000元。在分水江五里亭水库库区，开展杭州、临安、桐庐三地联合渔政执法活动2次，收缴“迷魂阵”渔网10余匹。召开临安市水法规培训，加强水法律法规学习。基本实现水政监察员持“双证”（行政执法证、水政监察证）上岗。

【《临安市重大水事纠纷应急预案》出台】 2009年2月，临安市政府出台《临安市重大水事纠纷应急预案》。该预案适用于全市因开发建设、河道砂石开采、水资源利用、水害防治及水环境改变而引发大规模水事纠纷的应急处置，包括总则、组织指挥体系及职责、事件分级、监测预警和信息报送、应急处置、后期处理、应急保障、监督管理等内容。总则明确提出应对各类水事纠纷五大工作原则，即分级负责、加强预防、快速反应、依法处置、加强教育。

【第17届“世界水日”和第22届“中国水周”活动】 2009年3月22~28日，市水利水电局开展纪念第17届世界水日和第22届中国水周活动。“世界水日”宣传主题为“跨界水——共享的水、共享的机遇”，“中国水周”宣传主题为“落实科学发展观，节约保护水资源”。市委副书记、市长王宏在《今日临安》上刊登《以人为本，科学治水，为加快杭州西郊现代化生态市建设提供水利保障》的署名文章，副市长李文钢在临安电视台作纪念“世界水日”电视讲话。市水利水电局联合市司法局、浙江林学院等单位在人民广场开展大型纪念活动，召开水资源管理工作座谈会；出动宣传车到锦城、於潜、昌化等集镇和主要街道进行设点宣传，悬挂横幅100余条，张贴宣传画和标语200余幅，展示图板30余块，发放水法规宣传资料8000余份，向群众发放纸杯5000只，印发《临安水利报》5000份，制作纸杯10万只。活动投入经费10余万元。

【乡镇级水政渔政巡查队成立】 2009年3月20日，太阳镇政府水政渔政巡查队成立。市水利水电局相关科室及当地镇、村干部等50余人参加挂牌仪式，这是全市首个乡镇级水政渔政巡查队。该水政渔政巡查队有队员33人，其中，集镇巡查员10人，辖区内11个行政村协查员各1人，水库巡查员12人。主要负责太阳镇范围河道及山塘水库等水域巡查工作。对未经水行政主管部门批准，擅自占用水域、滩地建房，向河道倾倒垃圾、造成水土流失及电鱼、偷鱼、毒鱼、炸鱼等违法行为进行及时制止，或向上级部门汇报查处，尽可能将水事违法行为制止在萌芽状态。

·水　产·

【概况】 2009年，全市水产养殖水面2704公顷，比上年增加13公顷；水产品产量3831吨，增加189吨；渔业总产值9420万元，增加941万元，其中，渔业产值5218万元，增加600万元；休闲渔业产值3561万元，增加317万元。形成水利渔业、特色渔业、休闲渔业、增殖渔业于一体的生态渔业新格局。全市197个村开展河道禁渔活动，投入资金50万元，放流鱼苗200万尾。

【大鲵产业化养殖基地初步建成】 2009年11月，全市首家大鲵产业化养殖基地初步建成，并投入批量生产。完成中国大鲵（俗称娃娃鱼）孵化室、繁殖池、养殖池及配套设施工程建设，有养殖池4000平方米，引进大鲵2000尾，其中，种鲵200尾，开始育种繁殖幼鲵；建造中华鲟、虹鳟鱼、锦鲤、胭脂鱼等珍稀观赏鱼池400平方米；建造具有休闲配套设施的垂钓鱼池3.35万平方米。

【石斑鱼繁育基地动建】 2009年12月，全市石斑鱼繁育基地在湍口镇二联村和清凉峰镇白果村动建，建仿生态繁育场45亩，其中，湍口镇二联村建30亩，清凉峰镇白果村建15亩。在实施地各划定5公里河道作为种质资源保护区，对保护区河道进行护坝加固和河床清理，投放适量水泥预制件作为护鱼巢，有利于石斑鱼栖息和自然繁殖。

（陈祥伟）

气　象

【概况】 2009年，市气象局新建地质灾害自动气象站17个，总数43个。完成《气象灾害防御应急预案》编制。完善农情监测、雷暴监测预警、土壤墒情监测等气象综合探测系统和部分自动气象站标准化升级改造，促进专业气象监测网快速发展，提高中小尺度天气系统和地质灾害监测能力。整合优化市、乡镇（街道）、村三级气象预警信息发布平台，增加300余名村级山塘水库巡查员和山洪灾害预警员，纳入防灾减灾网络体系，实现农村气象信息全覆盖。通过手机短信，免费发送气象信息40余万条，实现灾害性天气信息、预警信号信息城乡同时覆盖。开展百场科普电影进乡村、进学校、进广场和气象专家讲座进课堂、“百题气象科普”进万家等一系列科普宣传活动。

全年气象观测业务质量无错情。经杭州市气象局验收，3人百班无错情，1人250班无错情。开展八大作物气候适应性研究、10余种特色农业系列化等气象服务。建立特色农业气象服务基本资料库和服务联系卡。开展农作物、经济作物引种、种植等气候影响评价和小气候适应性分析评估工作。编辑气候评价及专题服务材料33期，《今日临安》采用气象服务稿96篇，临安广播电台采用85篇，临安新闻网采用74篇。

全年受理建筑物防雷审核事项承诺363件，发放竣工验收合格证410件，办结率100%。退回不符合标准要求的建筑物防雷图纸31件，向社会公布防雷重点单位。建立农村防雷示范点1个和省级气象防灾减灾示范乡镇1个。启动气象灾害应急准备认证工作，玲珑街道、於潜镇和昌化镇申报认证，并达标。召开全市气象协理员年度总结表彰会议，10位气象协理员受到表彰，对气象协理员进行业务培训。

国家气象局局长郑国光、中央农村工作领导小组办公室副巡视员陈剑波等一行在浙江省气象局局长黎健、杭州市气象局局长王国华和临安市市长王宏、市委副书记卞吉安等陪同下，到临安大气本底污染监测站和国家基本气象站，对气象观测项目、数据采样平台和气象观测场进行考察。退休干部陈金水作为浙江省5位党内先进代表之一，赴北京参加中华人民共和国60周年庆典活动。

是年，市气象局获浙江省文明单位、浙江省气象部门"莫拉克"台风气象服务先进集体、杭州市防灾减灾先进集体、杭州市气象部门宣传信息工作先进集体和临安市森林消防工作先进集体等荣誉，并获浙江省气象部门第四届县级气象影视节目最佳画面设计奖；於潜镇获省级气象防灾减灾示范乡镇称号。

【天气】 2009年，全市平均气温16.6℃，比常年偏高0.7℃；年降水量1454.1毫米，比常年偏少25.7毫米。6月20日入梅，7月7日出梅，梅雨期内雨量分布不均，梅雨量比常年偏少近六成，梅雨不典型，梅中有伏。年日照1825.7小时，比常年偏多12.1小时。

气象灾害偏重，主要表现如下：气候季节规律被打破，冬季雷暴冰雹、春季高温、盛夏冰粒、梅雨带伏、盛夏低温、秋季强寒潮等反季节天气现象频现；极端天气事件频发，冬末春初出现连阴雨，盛夏低温阴雨，秋季强雷雨大风、冬季持续连阴雨（雪），为历史罕见；局部地区超强降雨致灾严重，如8月13日，清凉峰镇短时暴雨，该镇梓棚坞引起山体滑坡，造成11人死亡；台风影响偏重，尤其是受8号台风"莫拉克"影响，全市过程降水面雨量为196.5毫米，其中，太湖源镇市岭降水总量达到534.9毫米。

【连阴雨】 受持续活跃暖湿气流和频繁南下冷空气共同影响，2009年2月中旬始，长江中下游至江南地区形成大范围降雨带。受其影响，2月15日至3月5日，全市连阴雨天气持续19天，雨日比常年偏多8天。平均面雨量226.8毫米，为历史同期最多，是常年同期的3.6倍，最大雨量302.8毫米，在顺溪。连续阴雨天气使土壤墒情偏差，水土饱和，渍害较严重，光照不足，影响茶叶品质，导致采摘期推迟。造成油菜菌核病、小麦蚜虫的滋生及设施大棚内蔬菜各类病虫害多发和蔓延。持续10余天降温降雨，树枝上的冰挂厚度超过5厘米，毛竹、山核桃等植物遭受不同程度的损害，经济损失较大。受长时间雨水浸泡，土壤张力难以承受，导致滑坡等地质灾害发生。2月26日18时，於潜镇横鑫村小昔自然村朱根土家后山，山体下滑，塌方泥石80余立方米，压倒附房3间，压坏气泵2台等，但未造成人员伤亡。

【暴雨】 2009年，全市出现两次局地强降雨，致灾严重。8月5日，由于受局地强对流天气影响，石门和昌西等地出现短时大暴雨，降水时间短、强度大，4个小时降水70毫米~160毫米，受灾乡镇4个，受灾人口1.19万人，倒塌房屋120间，转移人口832人，直接经济损失470万元。造成农作物受灾面积240公顷，粮食作物受灾面积190公顷，农作物成灾面积140公顷，绝收面积200公顷，因灾减产粮食500吨，经济作物损失805万元，水产养殖损失100吨，农、林、牧、渔业直接经济损失120万元。公路中断23条，供电中断3条，通讯中断1条，工业交通运输业直接经济损失80万元。损坏堤防60处、护岸425处、灌溉设施88处、水电站5座，冲毁塘坝113座，水利设施直接经济损失0.13亿元。

8月13日，临安西部受台风残留云系和局地强对流天气影响，出现短时暴雨天气。13日17时至14日零时，全市面雨量25.3毫米。降水量大于50毫米的有：清凉峰镇上朋91毫米、大明山75毫米、顺溪56毫米，大峡谷镇华光潭73毫米、浮桥63毫米、上溪59毫米，昌化镇杨村65毫米，横路乡米坞口52毫米。

【台风】 2009年8月8~11日，受“莫拉克”台风影响，全市出现大暴雨天气。该台风力度较强，云系范围广，持续时间长，累计雨量大。全市面雨量186.4毫米，46个雨量站中有42个站累计降水≥100毫米，市岭、天池、大明山、浮桥、石门、新桥、锦源、斜阳、华光潭和方家头水库10个站点超过200毫米，其中，市岭494.3毫米，为全市最大，也是杭州地区最大值。9日和10日，锦城、湍口军建、太湖源跑马岗等地均出现8级大风。

据市防汛指挥部统计，全市26个乡镇（街道）均受灾，受灾人口5.3万人，倒塌房屋18间，转移人口5512人，直接经济损失1.22亿元。造成农作物受灾面积6750公顷，其中，粮食作物4360公顷；农作物成灾面积4630公顷，其中，粮食作物2870公顷；农作物绝收面积720公顷，其中，粮食作物520公顷。因灾减产粮食1.02万吨，经济作物损失1358万元，水产养殖损失数量500吨，农、林、牧、渔业直接经济损失390万元。工矿企业停产71家，公路中断57条，供电线路中断22条，通讯线路中断9条，工业和交通运输业直接经济损失370万元。损坏堤防381处、灌溉设施516处、护岸617处、机电井2眼、水电站19座、水闸1座，冲毁塘坝158座，堤防决口52处，水利设施直接经济损失390万元。

【雷电】 2009年，全市雷暴天气频发，据杭州市雷电监测数据显示，全市发生雷暴地闪8620次，占杭州地区总地闪数的13.78%，平均雷暴地闪密度2.96次/平方公里。雷暴高发期主要在6~8月，每日12时~23时为雷暴相对集中时段，其中，午后13时~17时为雷暴高发时段。这主要是由于午后地表吸收太阳辐射而强烈加热，水汽上升，在近地面层形成不稳定层结，有利于强对流天气系统的生成并增强，极易伴随出现雷暴、冰雹、大风、短时暴雨等恶劣天气现象。2月21~27日，连续出现雷暴天气。全年雷暴日46天，初雷暴日为2月21日，终雷暴日为11月9日。据临安市防雷工程设施检测所统计，全市遭雷击受损单位51家，直接经济损失74.14万元。

【温室气体监测采样系统启用】 为实时获取准确的温室气体观测数据，及时了解全国温室气体浓度变化状况及地区间差异，掌握不同地区温室气体本底浓度、排放源和吸收汇的动态变化，加强全国温室气体监测、分析和服务能力，为政府温室气体减排、限排措施的制定和实施提供科学依据，提升中国在国际气候变化领域的影响力。2009年10月，临安大气本底污染监测站（横畈镇大罗村）新建一座大气采样铁塔，高55米，开始对二氧化碳、甲烷、氧化亚氮、六氟化硫、一氧化碳5种主要温室气体在线监测采样。温室气体在线监测采样全国仅3家，另两家是北京上甸子大气本底污染监测站和黑龙江龙凤山大气本底污染监测站。

【气象信息应用示范点建立】 2009年6月，市气象局在大峡谷镇桃花溪村省级高山蔬菜基地和高虹镇崇阳村竹笋基地分别建立气象信息应用示范点，以点带面推进气象科技成果和气象服务产品应用进村入户。据调查，高虹镇崇阳村雷竹大户蒋长富种植56亩雷竹，他充分利用气象信息，在每年留养竹种期间，依据气象报告，冬季雷竹根部温度始终保持在10℃以上，使留养种竹鞭粗、肉质厚，具有抗灾能力。在每年冰冻灾害天气中，多数农户竹子均有倒伏现象，雷笋产量大减，而蒋长富的竹子粗大，不易倒伏，每年出笋比其他竹农多，竹笋收入逐年提高。

【安装气象电子显示屏】 2009年11月，为满足气象防灾减灾、农业科技信息显示的要求，实现多部门信息资源共享，市气象局在全市26个乡镇（街道）办公楼内安装多媒体气象与农业信息气象电子显示屏。通过杭州市气象局建立的数字化多媒体气象信息制作、管理、发布平台，实时发布天气预报、电视天气节目、气象指数、图片新闻、农产品供求信息、价格行情、农产品展示、企业展播等视频音频信号、图片、字幕等，滚动显示。

【气象为农服务联系卡】 2009年4月，市气象局向50余户山核桃、竹笋、水稻、茶叶、蚕桑、高山蔬菜、水果等农业专业大户发放为农服务联系卡，将服务联系卡持有人纳入气象灾害预警信息数据库，通过电话、手机短信、电子邮件等形式，针对不同作物品种、不同种植基地、不同生产环节，开展农业气象灾害预警、不利天气影响预测评估、气候资源利用、病虫害发生趋势预测等气象服务。据调查，板桥乡有特产户30余家，经营面积4000余亩，搭建大棚150余个，他们利用气象信息调整生产模式，改变作物生长条件，开发、安排种植业，实现丰产增收。

【校舍防雷安全隐患排查】 2009年8月，根据临安市《中小学校舍安全工程实施方案》，市气象局与市教育局联合成立专项排查组，组织防雷管理和专业技术人员完成全市80所中小学校、111所教育点防雷安全隐患排查鉴定工作，建立校舍防雷安全档案，形成全市中小学校防雷设施隐患检查情况整改建议书面报告，为制订中小学校舍安全总体规划提供依据。

（宣志强）

□ 小资料

太湖源观赏竹种园

2003年5月，杭州临安太湖源观赏竹种园有限公司在太湖源镇高云村创建太湖源观赏竹种园，当时经营面积200余亩，至2010年，竹种园发展到1000余亩。太湖源观赏竹种园是一家集观赏竹、优良笋用竹种质资源收集、保护、种苗扩繁，现代竹业技术研究、培训、推广，农村实用人才培养，竹子园林设计、绿化，国内外科研合作与教学、科普等多功能于一体的现代农业示范园区。园区由杭州临安太湖源观赏竹种园有限公司投资创办(民营企业)，并以民办非企业的临安市现代林业科技服务中心为主要依托，两家合作成立高云竹笋专业合作社和合作社党支部。2010年6月，园区收集各类优良观赏、笋用、材用竹种130余种，有专业技术人员12人，其中，高级职称7人。

园区建立以来，承担、参与科技项目16项，其中，国际培训等项目5项，通过项目实施筛选出耐寒竹种20个，四季竹等优良笋用竹种筛选为临安解决一年四季有鲜笋供应的难题。2007年4月，国际竹藤组织总干事古珍博士参观、考察竹种园建设。2008年5月，通过援外科技项目，公司把25个竹种计5000株竹引种菲律宾。6月，杭州市市委副书记王金财、组织部部长于跃敏到竹种园调研。9月，公司参与承办的国际山地林区综合可持续发展研讨会在青山湖召开。2009年9月，公司选送的“龟甲竹”在第七届花卉园艺博览会上获金奖。

太湖源观赏竹种园被授予杭州市农业科技示范园区、杭州市农业科技孵化器等称号，成为国际竹藤组织、中国林科院亚林所、国家林业局竹子研究中心、浙江农林大学等科研院所科研教学实践基地，获国际科技合作基地、杭州市农村科普示范基地、杭州市农村实用人才实训基地等授牌。2009年，被浙江省科协评为“科普惠农兴村计划”先进单位。

【推广生物有机测土配方施肥技术】 针对雷竹林退化，临安太湖源观赏竹种园科技人员从2006年开始研究和推广生物有机测土配方施肥技术，专门配备测土仪，为高云竹笋专业合作社和太湖源、太阳镇相关农户开展土壤测试和配制生物有机肥。通过5年努力，雷竹笋口感嫩度、内在质量都有明显提高。2009年，示范户张志明1.7亩雷竹园收入6.5万元。

(顾李俭)

林　业

概　述

【概况】 2009年，全市实现林业产业总产值54.99亿元，比上年增长9.6%。其中，竹产业27.56亿元，山核桃产业19.44亿元，木材产业3.82亿元，花卉苗木产业2.31亿元，森林旅游产业0.88亿元，野生动物开发利用产业0.78亿元，银杏、板栗、山茱萸、木本药材等其他经济林产业0.2亿元。国家农业综合开发项目临安杨桐、柃木良种繁育示范基地建设进展顺利，培育杨桐、柃木设施栽培1411亩。千里富民林道建设项目启动实施，建成林道150公里。新增省级名牌产品2个、省级林业龙头企业2家、省级林业示范性合作社2家、杭州市级名牌产品2个。

争取浙江省竹产业和干果生产发展项目2个，到位资金2900余万元。推进低丘缓坡综合开发利用，争取征占用林地指标138公顷。加大林业龙头企业帮扶力度，帮助企业申请贷款贴息和资金补助580余万元。

全年义务植树62万株，新建省级绿化示范村镇5个。杭徽高速公路沿线21个村庄绿化整治工作通过验收。新增省级公益林9.95万亩。生态公益林火灾险统保119万亩。

深化集体林权制度改革，完成3个乡镇林权制度改革试点工作。开展森林采伐改革试点工作，发放林木采伐许可证3654份，发证蓄积14.98万立方米。受理林业行政审批事项1.53万件。举办各类林业科技培训班92期，培训9300余人次。

是年，临安市获“国家现代林业建设示范市”、“中国山核桃之都”称号，市林业局被授予浙江省兴林富民示范工程建设先进单位和杭州天堂山水网站信息工作十佳单位，并获浙江省林业政务信息工作二等奖、杭州市林业责任状考核二等奖。

【林权制度改革试点工作】 2009年4月，临安市委、市政府在调查摸底分析山林现状的基础上，下发《关于全面深化集体林权制度改革的意见》（临委〔2009〕34号），明确全市集体林权制度改革的指导思想、基本原则、总体目标和主要任务，采取分类指导、试点先行的工作方针，启动以岛石镇林权抵押贷款、乐平乡均股均利、板桥乡完善明晰产权为主要内容的深化林权制度改革试点工作。市林业局与人民银行等单位联合下发《关于做好林权抵押贷款工作的指导意见》，编制《临安市森林资源资产抵押管理办法》、《临安市林权流转管理办法》等，成立临安市林权管理中心和林权交易中心。全年完成公益林均股均利面积1.59万亩、产权明晰面积9.45万亩、林权信息化勘界面积16万亩，签订林权抵押贷款协议5300余万元，发放贷款2000余万元，发放股权证3351本。

【夏宝龙调研林业工作】 2009年7月2~3日，省委副书记夏宝龙到临安调研林业工作，考察浙江盛美园艺有限公司杨桐柃木基地、临安人长久食品有限公司山核桃园艺化栽培基地，了解经济林种植和林产品加工企业发展情况；考察大明山和清凉峰国家级自然保护区生态公益林建设、珍稀植物保护、森林旅游等工作，并到清凉峰镇白果村农户家里，就林权改革、林地流转、农民增收等问题听取群众意见。省林业厅厅长楼国华、杭州市林水局局长周定炎等陪同调研。

【获“中国山核桃之都”称号】 2009年9月，中国经济林协会常务副会长杨耀先在中国（临安）山核桃文化节开竿仪式上，宣读中国经济林协会文件，授予临安市“中国山核桃之都”称号，授予岛石镇“中国山核桃第一镇”称号。临安是中国山核桃原产地，1999年获得“中国山核桃之乡”称号。近年来，临安山核桃发展进入快车道，2008年，全市山核桃总面积46万亩，年产1.19万吨，总产值15.48亿元，比1998年分别增长53.3%、196.5%、932%。

【“临安山核桃”品牌价值】 2009年12月，在农业部信息中心举办的“首届中国农产品区域公用品牌建设论坛”上，中国农产品区域公用品牌价值评估课题组公布评估结果：“临安山核桃”区域公用品牌价值为3.64亿元。这是借鉴国际通行的品牌价值评估方法，由第三方专业研究机构开展的品牌价值评估。

【竹笋和山核桃列入“杭州七宝”】 2009年1月，由杭州市农办、杭州市质量技术监督局、杭州日报社联合举办的“杭州七宝”大型优质农产品评选活动公布结果：临安竹笋、临安山核桃列入“杭州七宝”，其中，深宝、世外桃源、人长久、天目雷笋、郭氏笋干、绿一笋干6个商标获“杭州七宝”品牌产品称号。“杭州七宝”是指七类具有鲜明地域特色、深厚文化内涵、广泛群众基础的优质农产品，分别是茶叶、山核桃、竹笋、蜂制品、甲鱼、有机鱼和酱腌菜。

绿化造林

【概况】 2009年，全市验收合格营造林面积1.51万亩，完成中幼林抚育6.25万亩，“长防林”工程（即长江中上游防护林体系工程）2000亩。杭徽高速公路沿线21个村庄绿化通过验收。完成13个村省重点生态公益林分类补偿、分级管理试点工作，试点面积15.25万亩。

白沙村成为首批“全国生态文化村”，太湖源镇成为省级绿化示范镇，锦城街道泥川村、潜川镇青山殿村、太湖源镇里畈村、湍口镇二联村成为省绿化示范村，於潜镇昔口村、青山湖街道研里村成为杭州市绿化园林村，创建临安市花园式单位9家。全市累计完成省绿化示范镇2个、省绿化示范村14个、杭州市园林绿化村21个、临安市园林绿化村43个、临安市花园式单位87家。

【省级公益林扩面区划界定】 2009年7月，按照全省统一部署，启动省级公益林扩面增划工作。该工作是在原有省级以上重点公益林98万亩的基础上，根据全市生态环境建设和经济社会可持续发展的客观需要，重点在饮用水源保护地、成片阔叶林和针阔混交林、交通干线两侧、重要城镇周围、大中型水库及省级自然保护小区等区域开展生态公益林建设布局完善、优化和扩面工作。8月，区划界定工作成果通过省级评审，全市增扩省级公益林9.91万亩。

【省重点生态公益林分类补偿分级管理试点】 2008年，临安被列入浙江省两个分类补偿、分级管理试点工作县（市）之一，全市有省级重点生态公益林98万亩。2009年，按区位重要性和生态效益最大化原则，完成白沙村、浙川村、顺溪村等13个试点单位分类补偿、分级管理工作，总面积15.25万亩。分类补偿按林分质量优劣进行，分一类林、二类林、三类林，补偿标准分别为29元/亩、24.5元/亩、17元/亩，全年下拨分类试点补偿金181万元。通过分类补偿和分级管理试点工作，实现公益林优质优价，促进各单位管理生态公益林的积极性和主动性。

林业产业

【概况】 2009年，新建杭州都市农业示范园区2个、市级林业产业园区（基地）28个。临安大明山桃源山核桃专业合作社、临安“菜篮子”蔬菜专业合作社成为省级林业示范性专业合作社；杭州临安林佳绿色食品有限公司、临安天目山竹业有限公司成为省级林业龙头企业。举办中国（临安）山核桃文化节，召开竹产业转型升级座谈会，参加中国义乌（国际）森林产品博览会、浙江笋竹产品东北行活动。“临安山核桃”、“天目笋干”、“天目雷笋”原产地证明商标注册成功。培育杨桐、柃木高效基地1411亩，种植香榧17.4万株，改造退化竹林1.22万亩，推广山核桃生态化经营1.36万亩。山核桃政策性保险参保农户7193户。干果（山核桃）生产发展项目启动实施。新认证无公害基地1.81万亩、森林食品基地1.54万亩、无公害产品4个。

【“千里富民林道”建设工程】 2009年，临安市把“千里富民林道”建设列入市政府十件实事之一。5月，市政府出台《关于“千里富民林道”建设的实施意见》，从2009年始，市政府每年安排150万元资金，用于扶持林道建设。对纳入项目管理并经验收合格的林区道路，根据建设难易程度和工程量、投资额大小，每公里补助1万元~2万元。市林业局根据意见要求，组织编制《千里富民林道建设总体规划》，制定相应的申报程序和管理办法。据统计，全年完成新建、改建林道140条，计234公里，其中，列入“千里富民林道”建设补助项目的有96条，计150公里。当年争取到杭州市财政补助76.5万元。

【中国（临安）山核桃文化节开竿仪式】 2009年9月6日，中国（临安）山核桃文化节开竿仪式在岛石镇举行。仪式分开竿、祭祀、表演和体验四大板块，杭州电视台一套对开竿仪式进行现场直播。国际竹藤组织原副总干事、资深顾问竺肇华，中国经济林协会常务副会长杨耀先，省林业厅副厅长杨幼平，浙江林学院校长周国模，杭州市人民政府副市长何关新，杭州市林水局局长周定炎及临安市委书记邵毅、副书记卞吉安等领导和嘉宾出席开竿仪式。该文化节主要活动有山核桃精品展销、山核桃文化摄影、绘画展等。

【参加浙江笋竹产品东北行活动】 2009年3月26~28日，市林业局组织全市相关企业赴哈尔滨参加“浙江笋竹产品东北行”活动，全省近30个县（市）、区组团参加。活动包括竹笋菜肴厨师培训班、烹饪大奖赛、专题推介会、百人共享竹笋宴、笋竹产品实物展示、20位县（市）长超市销笋等内容。临安市参展林业龙头企业8家，参展品种100余个、笋制品5000余件。

【省级竹子现代示范区通过验收】 2009年12月，中央财政设立的现代农业生产发展专项资金项目——临安省级竹子现代示范区建设通过验收。项目在太湖源镇、青山湖街道、板桥乡、三口镇、玲珑街道、锦城街道和锦南街道完成示范区建设2.25万亩，完成竹林道117.8公里，修建蓄水池20座，埋设输水管10.1公里，安装喷滴灌设备4座、杀虫灯262盏。建立合作组织5个，评出示范户100户，推广实用技术6项，培训农民2047人次。通过建设，示范区实现增效5179万元，农民人均增收797元。

【香榧种植】 2009年，全市继续实施6亿元香榧产业发展规划，新种植香榧基地5亩以上连片的1400余亩，散种香榧10.3万株，两项合计新发展香榧17.4万株。新建香榧采穗圃基地130余亩、香榧育苗基地30余亩；成立香榧专业合作社4家，吸纳社员300余人；培育实生苗木40余万株，嫁接苗木15万株，基本保障优良香榧苗木当地供应。两年来，全市新发展香榧30余万株，面积1万余亩，超过前20年的总和。

【3件原产地商标获注册】 2009年，由临安市山核桃产业协会注册的“临安山核桃”和临安市竹产业协会注册的“天目笋干”、“天目雷笋”3件原产地地理标志证明商标获国家商标局注册。“临安山核桃”、“天目笋干”商标是继余杭“径山茶”、“塘栖枇杷”，桐庐“雪水云绿”地理标志证明商标注册后，杭州地区第四件、第五件注册商标。山妹子、大地食品、绿叶食品等5家企业成为首批“天目笋干”证明商标许可使用单位。天则、新东林、东升、恒兴、林佳、深宝、人长久等20家企业成为首批“临安山核桃”证明商标授权使用单位。

【两项林业标准修订通过评审】 2009年6月，由市林业局修订的《无公害菜竹栽培技术规程》、《无公害山核桃栽培技术规程》两项省级地方标准通过专家组评审。新修订标准增加了造林地环境质量选择要求、生态化经营和无公害生产规范等内容，替代1998年实施的DB33/T224–1998《临安菜竹丰产栽培技术规程》和DB33/T222–1998《山核桃丰产栽培技术规程》。

【参加中国义乌国际森林产品博览会】 2009年10月31日至11月3日，市林业部门组织新东林、林佳等22家山核桃、竹笋企业参加中国义乌国际森林产品博览会。博览会上，市山核桃产业协会和临安山妹子食品有限公司联合举办主题为“弘扬临安山核桃文化，展示区域品牌魅力”的推介活动。通过舞蹈、独唱、风情秀、实物展示、分发宣传资料、与观众互动等形式，展示临安山核桃深厚的文化底蕴。参展企业总销售额26万余元，与外地客商签订销售合同35份。在产品评比活动中，8家企业的8个产品被评为金奖产品，5家企业的5个产品被评为优质产品。

资源保护

【概况】 2009年，全市发放林木采伐许可证3654份，采伐木材14.98万立方米，其中，商品材12.65万立方米，非商品材2.33万立方米；采伐毛竹292万支。综合开发低丘缓坡，争取征占用林地指标138公顷。受理各类林业行政审批事项1.52万件。加强木竹运输管理，共查处违章车次66起，没收木材414.4立方米、毛竹6422支。开展“禁种铲毒”、“春雷一号”、“清火”等专项行动，查处森林案件149起，处理违法犯罪人员153人次。开展野生动物保护宣传月、爱鸟护鸟签名活动和书画作品展示活动。深化森林可持续经营试点，全市活立木蓄积量1052万立方米，比上年增加58万立方米。编制《天目山林场和部分经营大户森林经营方案》。启动森林采伐管理改革试点工作，简化林木采伐手续。新建杭州市级重点森林消防队伍7支，全市发生森林火灾2起，森林火灾受害面积3.97公顷。松材线虫病疫情得到有效控制，疫木除害处理率和处理合格率均达100%。

【省森林采伐管理改革试点】 2009年，临安市被列为浙江省20个森林采伐管理改革试点县（市）之一，出台《临安市森林采伐管理改革试点工作方案》、《关于加强森林采伐管理改革试点工作的意见》，修订《临安市林木采伐许可证核发管理规定》。试点工作坚持“严格保护、积极发展、科学经营、持续利用森林资源”的基本方针，以“森林可持续经营”为主线，以“森林资源数量增长、质量提高、结构优化”为目标，进一步完善森林采伐管理机制，加快现代林业建设步伐。

【林业有害生物防治】 2009年，全市发生各种林业病虫害面积6.33万亩，成灾面积287亩，成灾率0.008%，其中，山核桃花蕾蛆等经济林虫害面积5.14万亩，竹笋夜蛾发生面积6860亩，松毛虫发生面积3500亩。防治作业面积8.31万亩，无公害防治率97.1%，测报准确率89.1%，产地检疫率97.8%。开展春秋两季松材线虫病疫情普查及枯死松树清理，清理枯死松树3448吨。松材线虫病防治树干注射300亩，喷药防治1万亩，挂置诱捕器539只。全年林相改造面积4900亩。

【启动林木政策性保险工作】 2009年，临安市启动林木政策性保险工作，全市119万亩生态公益林首次参加浙江省政策性农业保险共保体森林火灾保险业务。省政策性农业保险共保体是省内中国人保、中华联合、平安等10家商业保险公司遵循“政府推动+市场运作”原则实行的共保经营。森林火灾保险执行的是政策性林木火灾保险条款和相关部门规定，费率为1‰，保险金额为每亩200元，保费由省、市（县）两级财政全额补贴，农户无须负担。每次事故免赔额为15亩/次。一旦生态公益林区发生火灾，由市林业局和保险公司共同组织人员，对林木受损情况进行调查核实，然后根据相关规定进行理赔支付，保险理赔资金优先用于恢复生态和火烧迹地更新造林。

（张 慧）

国家级自然保护区

·天目山国家级自然保护区·

【概况】 天目山国家级自然保护区位于临安市西北部地区浙、皖两省交界处。1956年，天目山成为全国森林禁伐区。1975年，成为省级重点自然保护区。1986年，成为生物多样性、文化多样性及森林生态系统多样性为重点的综合型国家级自然保护区，所辖面积1018公顷。1996年，成为联合国教科文组织国际生物圈保护区网络成员。2006年，成为全国自然保护区示范单位。1994年扩区后，天目山保护区总面积4284公顷。

天目山自然条件优越，生物资源丰富，被誉为“生物基因库”。天目山共有植物2160种，其中，以“天目”命名的37种，国家保护野生植物18种；以“天目”命名动物127种，国家保护野生动物42种。保护区成为全国青少年科技教育基地、全国科普教育基地及浙江大学、复旦大学、华东师范大学等院校的实习基地。

2009年，天目山自然保护区管理局设立社区发展科。全年投入4000万元，完成南大门起经天目山管理局至禅源寺道路、禅源寺至竹祥山庄步行道、浮玉山庄至原天目山派出所步行道、留椿屋道路及挡墙等市政基础设施改建工程；铺设自来水管网1.55万米、排水（污水）管网5571米；埋设电力和通信线路1.12万米；新建污水处理厂，位于南大门外1.4公里处。

完成70%散坟外迁工作。与西天目乡协调，将东关和西关集体公益林部分管理权限纳入保护区管理局。20公里防火隔离带从12米拓宽到24米。清理维修消防水池13只。增添背包式高压水枪15只、消防砍刀50把、应急照明电筒20只、消防服装65套。查处野外违章用火行为1起，处罚1人；查处擅自砍伐6起，处罚6人。保护区内外插立防火彩旗100面，发放告周边村民书5000份，张贴防火标语300张，发放《游客须知》1万余份，出动防火宣传车100余次，悬挂防火横幅12条。

实施柳杉古树复壮工程，完成1650株古树三盐营养液、植物生长调节剂、杀菌剂、低毒性杀虫剂等8轮药剂叶面喷施工作。开展陆生野生动物疫情疫病日常监测；安放诱捕器17只，捕获松墨天牛388只。完成2426亩松林松材线虫病普查3次，制订《清理拟松材线虫病致死松树实施方案》，实施柳杉病原菌孢子及危险性昆虫连续监测和全年降雨、基础气象数据自动观测。

1月8~9日，浙江省林业厅组织的《浙江天目山国家级示范自然保护区建设实施方案》专家咨询会和论证会在临安举行，该《方案》通过论证。在开山老殿设立数字化网络生态环境监测站。天目山森林生态系统定位站开始筹建。申报国家自然科学基金和省、杭州市科研项目3项，继续实施省、杭州市科研项目8项。繁育保存羊角槭幼苗31株，建立珍稀植物区外引种基地2个。在《林业科学》、《生态学报》、《浙江林学院学报》等学术刊物上发表论文11篇，《A Study of the Visitors´ Behavior Intention in Tianmushan National Nature Reserve, Zhejiang, China –Using the Theory of Reasoned Action》论文入编《2009战略管理国际会议论文集》。全年接待高校教学实习师生2535人，科研考察人员52批240人，科技馆接待访客60批2611人。

《天目山古柳杉群衰退机理和综合调控技术》、《自然保护区生态旅游非生态行为干预模式研究》项目分别获省林业厅“科技兴林”一等奖、三等奖。《浙江省重要生态地区昆虫资源研究》和《天目山古柳杉群衰退机理和综合调控技术》项目获第三届梁希林业科学技术三等奖。天目山国家级自然保护区被命名为杭州市首届十佳涉外采访基地。杨淑贞、赵明水获中国自然科学博物馆协会自然保护区专业委员会先进个人，赵明水获中国林学会第六届劲松奖。

【天目山与阿里山结为姐妹山】 （参见“旅游”栏目）

【天目山野外实习基地开放】 2007年11月，国家自然科学基金委员会、教育部确定天目山为华东地区唯一国家级生物学野外实习基地。2009年7月26日，天目山野外实习基地开放活动开幕式在杭州举行。至8月2日，来自浙江大学、复旦大学、南京大学、南京师范大学、南京农业大学、北京林业大学等10余所高等院校师生95人进驻天目山国家级自然保护区，开展植物学、动物学、微生物学、昆虫学等学科野外联合实习活动。

【全国科普教育基地通过评估】 2009年8月，根据中国科协对第一批、第二批全国科普教育基地进行综合评估要求，天目山自然保护区管理局对天目山科普教育基地10年来建设和管理工作进行总结，上报总结报告和自评结果。经省科协对全省科普教育基地测评，中国科协组织专家抽查，中国科协核准并继续命名天目山科普教育基地为全国科普教育基地（2010~2014年）。

【清理虫害松树】 2009年8月底，在天目山国家级自然保护区实验区内多处松树出现不明原因枯萎死亡现象，采集样品30个，分送临安市森防站和浙江省林业有害生物防治检疫局检测，确定死亡原因为拟松材线虫危害。接着，对实验区死亡松树进行调查，11月3日，《浙江天目山国家级自然保护区拟松材线虫致死松树清理方案》通过专家评审，经临安市林业局、浙江省林业厅上报国家林业局审批。国家林业局批复同意清理方案，并下达采伐林木批准书（林资批〔2010〕02号）。清理范围涉及实验区国有林地6林班、7林班、8林班、9林班中的17个小班，面积1865亩，清理枯死松树491株，立木蓄积106立方米。

【“斯巴鲁生态保护之旅”首站活动】 2009年6月27~28日，斯巴鲁汽车（中国）有限公司与中国野生动物保护协会联合举办的“斯巴鲁生态保护之旅”首站活动在天目山国家级自然保护区举行。斯巴鲁汽车（中国）有限公司工作人员、5家媒体记者及斯巴鲁车主组成的考察团一行22人，驾驶斯巴鲁汽车进入天目山，在天目山自然保护区管理局协助下，考察天目山国家级自然保护区大树王景区和天目大峡谷景区。

【《西天目山志》重修出版】 2009年12月，《西天目山志》（重修）由方志出版社出版，主编吕建中，执行主编苏卿武。该志起编于2007年底，以1991年版《西天目山志》为基础重修。全志10编43章164节，546页，91.8万字，卷首收录彩色及黑白图片32页105张，随文插图167张；开本889×1194，印数1册~3000册，定价368元。

【《天目山——国家级自然保护区》出版】 2009年1月，《天目山——国家级自然保护区》摄影图册由浙江大学出版社出版，主编杜晴洲、杨淑贞，主摄影刘柏良。全书分地理篇、生物篇、保护篇三大块，105页，18万字，收录彩色图片274张，展示天目山国家级自然保护区自然地理景观、历史人文胜迹、动植物资源和保护管理成就；开本889×1194，印数1册~1000册，定价280元。

【《天目山植物学实习手册》第二版出版】 2009年6月，《天目山植物学实习手册》（第二版）由浙江大学出版社出版。浙江大学、复旦大学、南京大学、南京师范大学、南京农业大学等15所基地共建院校32名教师与天目山自然保护区管理局合作编修。全书主要内容有天目山国家级自然保护区概况、野外实习组织和实施、野外实习基础知识与方法、常见植物观察与识别、维管植物分科检索表、天目山植物资源等，213页，35.8万字，收录彩色图片40张，植物黑白线条图283张。主编丁炳扬、傅承新、杨淑贞；开本为787×1092，印数6001册~8000册，定价19.80元。

【《浙江天目山昆虫实习手册》出版】 2009年10月，《浙江天目山昆虫实习手册》由中国林业出版社出版，主编吴鸿、吕建中。浙江林学院组织上海交通大学、上海师范大学等基地共建院校14名教师与天目山自然保护区管理局合作编写。全书主要内容有天目山自然概况、昆虫采集和研究简史及昆虫资源与区系特征、昆虫学实习基础知识、昆虫标本采集、制作与保存方法、天目山常见昆虫鉴定、昆虫生态学等，207页，35万字，收录彩色及黑白图片603张；开本787×1092，印数1册~3000册，定价36元。

（刘海峰　赵明水）

·清凉峰国家级自然保护区·

【概况】 清凉峰国家级自然保护区地处浙江省临安市境内，与浙江淳安县和安徽绩溪县、歙县、宁国市交界，保护区最高峰清凉峰海拔1787.4米。1985年，清凉峰成为浙江省级自然保护区。1998年8月，扩区晋升为国家级自然保护区。1999年11月，清凉峰自然保护区管理局成立。保护区由龙塘山森林生态系统、千顷塘野生梅花鹿区域、顺溪坞珍稀植物区域三大块组成，总面积16.8万亩。区内自然资源丰富，生物多样性突出，是中国重要生物多样性聚集地，也是濒危、珍稀物种的一个集中产地和长江三角洲地区重要的物种基因库，有高等植物1976种，脊椎动物283种，昆虫1800余种，其中，国家一级保护动物6种、二级保护动物32种。该保护区是中国林业书法家协会——清凉峰创作基地、浙江省生态环境教育示范基地、浙江省生态道德教育基地和杭州市环境教育基地。

2009年，投入30余万元，按标准化要求整修千顷塘区域保护站；投入20余万元，在保护区外围建立道场坪保护哨卡，安排保护人员2名；投入149.5万元，抢修被暴雨冲毁的侯龙公路鸠龙路段坍塌道路和沉陷路面20余处。新劈巡护林道、防火带70余公里。开展扑火技能培训和实战扑火演练6次。安排人员参加临安市级以上各类学习培训30余次，培训人员100余人次。派出科技人员80余人次，发放宣传资料3500份（册），悬挂宣传横幅40余条，出动宣传车100余次。保护区连续24年无森林火灾发生，被评为临安市森林消防工作优胜单位。

【承办生态文明与自然保护建设论坛】 2009年12月4日，清凉峰自然保护区管理局承办由省林业厅主办的生态文明与自然保护区建设论坛，为期两天，参加人员有全省12个国家级、省级自然保护区及安徽省清凉峰保护区领导和有关部门负责人，国家林业局保护司自然保护区管理处副处长安丽丹、浙江省林业厅林政处副处长赵岳平、浙江大学教授诸葛阳、浙江林学院人文学院院长钱杭园等有关领导和专家应邀出席。论坛主要内容有探讨浙江省自然保护区在生态文明建设中的重要作用、如何促进浙江省自然保护区健康发展、研究落实国家林业局关于自然保护区考评等，各保护区还就建设发展、存在困难和问题及下一步发展思路进行交流。

【昌化林场成为全国森林经营示范林场】 2009年4月，国家林业局公布全国首批森林经营示范国有林场104个，其中，浙江4个，临安国有昌化林场名列其中。昌化林场是国内首家进行FSC森林认证的国有林场，2001年来，昌化林场FSC项目作为浙江省科技兴林项目在全省林场推广。2009年9月，通过申报、专家核查、征求意见、社会公示等程序，临安国有昌化林场被评为浙江省绿化模范单位。

【保护区内集体山林林权制度改革启动】 2009年5月，清凉峰自然保护区以中共中央下发的《各级地方政府进一步加强集体林权制度及林场改革》文件精神为契机，根据保护区实际，开展集体林权及林场调研，按照浙江省“分类补偿、分档补助”的试点要求，与保护区毗邻8个重点行政村进行签约，启动保护区集体山林租赁试点工作，试点面积5.8万亩。

【千顷塘区域视频监控系统建成】 2009年3月，总投资235万元的千顷塘区域视频监控系统项目动工建设。该项目在大源塘、道场坪、干坑等8个监测点布下视频探头，采用短距离红外夜视、红外入侵报警及防雷、防潮等多种技术手段，比第一期监测设备功能更强大，主要对千顷塘区域森林和梅花鹿进行实时监测，为清凉峰野生华南梅花鹿种群生存力及扩繁技术研究提供数据资料。11月，项目完工，并投入使用，保护区三分之二面积纳入监控范围，基本实现保护区域全面远程监控管理。

【野生植物资源野外调查】 2009年5~7月，清凉峰保护区管理局组织专家组开展野外调查，摸清保护区内野生植物资源情况，建立珍稀植物、植物类型和代表性植物群落、物种档案数据库。专家组由浙江省林勘院、浙江林学院、杭州师范大学植物专家、教授10余人组成，调查地点主要是保护区北坡。调查显示，保护区各类植物资源保护情况较好，部分种群有大幅增长，并在北坡发现原只在南坡极少发现的珍稀植物分布点。

【植物新变种】 2008年，清凉峰国家级自然保护区内发现的清凉峰卷耳、清凉峰苔草分别被《芬兰植物分类学报》、《北欧植物学》确认为植物新种。2009年，保护区科研人员在保护区进行野外植物调查时，又发现有可疑植物新变种。经对比研究，科研人员在《浙江林学院学报》发表科研文章，正式确定毛果垂枝泡花树为植物新变种。

【夏腊梅成为“生物名片”】 2009年9月，由国际野生生物保护协会（WCS）、中国欧盟生物多样性项目（ECBP）与北京市环境保护科学研究院（IEP）联合举办的全国“生物名片”评选结果揭晓，清凉峰国家级自然保护区的模式标本植物夏腊梅被评为浙江省“生物名片”。此次评选历时1年，计31万人参与投票，经专家最终评审，评选出全国34个省、市、自治区各自的生物名片。每个省、市、自治区的生物名片分别为一种动物和一种植物。浙江省另一获选“生物名片”为黑嘴端凤头燕鸥。夏腊梅为浙江省特有，数量极少，占地面积6公顷~7公顷，99.9%分布在清凉峰国家级自然保护区及毗邻地区，因具有较高科研价值，被列为国家二级保护珍稀濒危植物。

【剑门十八瀑景点建设】 清凉峰自然保护区管理局负责牵头协助剑门十八瀑景点开发工作。该项目为市重点工程，位于清凉峰保护区外围马啸乡内，由杭州欧姆控股集团有限公司出资，临安剑门十八瀑景区旅游开发有限公司开发建设，清凉峰自然保护区管理局为项目责任单位，整个开发建设为期8年，规划总面积2400亩，涉及所需建设用地60亩，计划总投资1.07亿元。2009年，累计完成投资额2072万元，超额完成年度目标任务。

【《清凉峰植物》出版】 2009年7月，《清凉峰植物》由浙江大学出版社出版。全书分清凉峰保护区自然概况、珍稀植物、特色植物、药用植物、观赏植物五大块内容，以彩色图谱的形式，记录清凉峰国家级自然保护区内植物，对每种植物均给出中文名、拉丁学名、所隶属的科、形态描述、地理分布和重要用途，记录维管植物217种。该书由清凉峰自然保护区管理局和杭州师范大学主持编写，主编金孝锋、翁东明；主摄影蒋虹、张宏伟；开本为787×1092，242页，25万字；印数1册~2000册，定价188元。

（姜飞龙）

（方志恩　绘）

工　业

概　述

【概况】 2009年，全市实现规模以上工业总产值382.08亿元，同比增长7.2%；规模以上工业销售产值372.86亿元，增长6.0%；完成限额以上工业性投资46.48亿元，增长23.6%；自营出口6.11亿美元，增长0.11%；规模以上工业增加值78.06亿元，增长4.0%；规模以上工业利税24.21亿元，增长18.7%，其中，利润13.86亿元，增长39.4%；万元GDP综合能耗下降5.3%。

玲珑地区实现规模以上工业销售产值304.48亿元，占全市规模工业81.65%；於潜地区实现规模以上工业销售产值32.64亿元，占全市规模工业8.75%；两昌地区实现规模以上工业销售产值15.83亿元，占全市规模工业4.24%。其中，锦城街道、玲珑街道、青山湖街道、板桥乡、高虹镇、横畈镇、太湖源镇、锦南街道、於潜镇、昌化镇、龙岗镇、太阳镇实现规模工业销售产值325.76亿元，占全市规模工业的87.35%。

全市有规模企业789家，其中，年销售产值上亿元企业71家，万马集团、杭氧、杭叉入选2009年度中国大企业集团竞争力500强和中国最大1000强大企业集团，万马集团、锦江集团、杭叉入选2008年度全国民营企业500强；华凯纸业、华兴集团、宇中照明、华兴羽绒、西子富沃德入选2009年度杭州市最大规模工业企业百强榜，华兴集团、鑫富药业、西子富沃德、南都电源入选2009年度杭州市大企业大集团竞争力百强榜。万马电缆上市。

全市完成工业性投资50.73亿元，增长22.1%，其中，限额以上工业性投资46.48亿元，增长23.6%；技改投资37.72亿元，增长19.7%。临安华龙摩擦材料有限公司年产80万套舰艇（船舶）用电机摩擦制动片生产线技改项目、浙江杭州大马水泥有限公司纯低温余热发电项目等33个项目列入杭州市重点工业投资（技术改造）项目。其中，浙江杭叉工程机械集团股份有限公司年产4万台叉车生产项目、杭州南都能源科技有限公司南都阀控密封电池生产线建设项目等4个项目列入省“双千工程”（指每年确定1000个左右项目，总投资在1000亿元以上）重点项目；浙江万马集团有限公司年产250千米220千伏交联聚乙烯电缆生产线技改项目、浙江汇锦梯尔镀层科技有限公司磁控溅射离子镀膜技术产业化项目等17个项目列入省“双千工程”市级重点项目。组建电线电缆和绿色照明行业专家咨询团，组织召开电线电缆和绿色照明行业技改现场会，邀请专家对行业发展趋势、产品发展方向、设备工艺改进途径等进行专题辅导。临安市被评为2008年杭州市工业投资与技术改造工作先进集体。

全市210家高新技术产业企业实现规模工业销售产值126.74亿元，增长5.6%，占规模工业的34.8%，其中，高技术产业产值14.46亿元，增长4.7%，占规模工业的3.97%。全年新增省级高新技术企业11家，累计40家；省、杭州市高新技术企业80家。专利申请1320件，增长55.29%；专利授权798件，增长71.24%；完成专利资助946件，资助金额79.71万元，其中本级财政支出41.4万元。临安高新技术产业园被评为杭州市级优秀高新技术产业园。

【工业技术创新】 2009年，全市55个项目列入省级工业新产品计划，1只产品列入省重点高新技术产品计划，42只产品通过省级工业新产品鉴定。全年实现新产品产值47.72亿元，增长68.3%；新产品产值率12.49%，同比提高4.54个百分点。临安金朝照明电器有限公司“节能灯48工位全自动圆排机”、浙江万马集团特种电子电缆有限公司“共缆监控系统用同轴电缆”和杭州森瑞竹木业有限公司“刨切微薄竹”3只产品获2009年杭州市优秀新产品新技术二等奖，浙江华特新材料股份有限公司“复合有机膨润土及其在印染污水处理中的应用”、浙江顺达新材料股份有限公司“高活性中低分子量聚异丁烯食品添加剂”等9只产品获三等奖。浙江盛龙装饰材料有限公司“对版压花装饰纸印刷方法”、杭州四达电炉成套设备有限公司“超大功率40吨熔炼用中频感应电炉技术开发”等38个项目列入杭州市级技术创新项目。

杭州宇中高虹照明电器有限公司“ERP管理系统升级”、浙江小王子食品股份有限公司“麦烧产品上粉自动化控制系统”等16个项目列入杭州市工业企业信息化项目，浙江帝龙新材料股份有限公司“装饰纸印刷自动配色技术开发与应用”列入省级信息化项目；浙江天杰实业有限公司、杭州天恒机械有限公司等6家企业列入杭州市工业企业信息化示范企业，总数19家；杭州临安光大线缆有限公司、杭州临安万鹏电讯电缆材料有限公司等7家企业列入杭州市工业企业信息化试点企业，总数13家；1064家企业加入第三方电子商务平台。浙江西子富沃德电机有限公司技术中心和杭州天恒机械有限公司技术中心列为浙江省第16批企业技术中心，杭州福斯特热熔胶膜有限公司、浙江万马集团电气有限公司等7家企业技术中心列为杭州市第十批企业技术中心。全市有省级企业技术中心10家，杭州市级企业技术中心28家。

【工业经济发展培训班】 2009年9月，市经济发展局联合市委党校到江苏省江阴市举办两期“工业经济发展（江阴）培训班”，16家大企业大集团、100家成长性企业高层管理人员及乡镇（街道）工业分管领导、工业强乡镇（街道）工办主任、工业行业协会秘书长和工业主管部门中层骨干57人参加。培训班以“科技创新、转型升级”为主题，聘请江苏阳光集团、双良集团、海澜集团等“中国500强”企业的5位企业家和江阴市委党校3位教员任主讲，并进行实地考察学习。

【星光大卖场·临安活动周】 2009年9月7日，以“绿色明珠 生态临安”为主题的“星光大卖场·临安活动周”在杭州市滨江区举行。活动周设立农特产品、服装羽绒制品、新能源产品3个展区，小王子食品、华兴羽绒制品、真心空气能热水器等11家企业参加展销。其间，通过组织文艺表演、发放宣传资料等多种形式，营造宣传临安和企业名特优产品的浓厚氛围，光顾临安活动周专场的杭州市民和游客4000余人次，产品销售额10万余元。

（徐 刚）

工业平台建设

·概述·

【概况】 2009年，全市实施工业平台建设三年行动计划，以政策资金为引导，分解下达开发区和重点功能区年度建设目标任务，实施重点功能区“一年一区一考”动态管理和市四套班子领导联系平台等系列措施，组织银行与园区合作洽谈会、特色城镇工业功能区（省级经济开发区）培训会，申报杭州市级高新技术产业园，鼓励投资主体创新开发模式，构建三级工业平台体系。省科创基地（科技城）动建，临安高新技术产业园建设土地、资金等要素制约突破，新增高虹绿色照明和重型装备制造两个省级高新技术特色产业基地，锦城精密元器件科技孵化基地竣工招商，临安经济开发区获“中国十大最佳投资环境开发区”称号。全年平台新增开发面积5211.66亩，完成基础设施投资3.98亿元，区内企业完成工业性投资40.11亿元，占全市工业性投资的79.1%，实现规模以上工业销售产值255.23亿元，占全市规模产值的68.4%；实现利润10.64亿元，占全市的76.77%，实缴税金8.09亿元，占全市的78.16%。

（徐 刚）

·省科研机构创新基地（科技城）·

【概况】 2009年5月15日，浙江省政府第32次常务会议决定在临安经济开发区建设浙江省科研机构创新基地（简称省科创基地，即科技城）。建设省科创基地（科技城）是浙江深入学习实践科学发展观，全面实施“创业富民、创新强省”总战略的一项重要举措；是集聚创新资源，激活创新要素，转化创新成果，提高科研院所自主创新能力，促进浙江经济转型升级的一个重要抓手。

规划范围：省科创基地（科技城）规划面积115平方公里，可开发利用土地33.92平方公里，其中，核心区位于临安经济开发区，是科研院所的重点研发区块，规划面积5平方公里，首期启动区块面积2.07平方公里。临安高新技术产业园和横畈工业功能区分别作为研发创新成果的转化、孵化、产业化承接区。

功能定位：高新技术及其产品研发，各类研发创新人才集聚培养，高新技术成果中试转化，高新技术企业和科技型中小企业培育孵化，对全省乃至长三角经济转型升级辐射带动。

发展目标：按照“特色鲜明、品质一流、作用突出”的建设要求，坚持“高起点、高标准、高水平”建设省科创基地（科技城），推进高新技术及其产品研究开发，加快高新技术成果中试转化，培育、孵化高新技术企业及技术先进型服务企业，集聚培养各类研发创新人才，辐射带动全省区域块状经济转型升级。力争通过几年乃至更长时间的努力，完善基础设施建设和创新服务功能，引进一批国内外一流的科研院所，集聚一批高层次科技创新人才，特别是研究开发骨干，建设一批国家级和省级重点实验室、工程中心、检测中心，把省科创基地（科技城）建设成为长三角乃至全国创新要素最活跃的研发基地之一，成为“国际先进、国内一流”的科技资源集聚区、技术创新源头区、高新企业孵化区、低碳经济示范区，充分发挥科技对经济社会发展的支撑引领作用。

【省科创基地奠基】 2009年11月30日，浙江省科研机构创新基地（科技城）举行奠基仪式，副省长金德水主持。省委书记、省人大常委会主任赵洪祝宣布科创基地奠基。省委副书记、省长吕祖善在奠基仪式上致辞。赵洪祝、吕祖善为省科创基地（科技城）授牌。省领导王国平、李强、吴国华、徐辉，杭州市市长蔡奇，临安市委书记邵毅、市长王宏等出席奠基仪式。中国工程院、西安交通大学等国内多家科研院所和高校负责人出席奠基仪式。临安市政府与海洋二所等16家院所当场集体签约。省科技厅、临安市政府与中信银行等金融机构签订战略合作协议。

【赵洪祝到省科创基地调研】 2009年11月20日，浙江省委书记、省人大常委会主任赵洪祝，省委副书记、省长吕祖善到省科创基地（科技城）调研，省领导王国平、李强、金德水和杭州市市长蔡奇等陪同调研。赵洪祝在观看省科创基地（科技城）宣传片及规划成果、实地考察项目核心区块和听取省科技厅、临安市主要负责人关于项目建设情况汇报后强调：“要坚持‘高起点、高标准、高水平’的建设目标，按照‘特色鲜明、品质一流、作用突出’的建设要求，创新思路、精心组织、扎实推进，把省科创基地（科技城）建设作为创新强省的重要载体来抓，使之成为国际先进、国内一流的科技资源集聚区、技术创新源头区、高新企业孵化区、低碳经济示范区，充分发挥科技对经济转型升级的支撑引领作用，为建设科技强省和创新型省份奠定扎实基础。”

（翁华飞）

·临安经济开发区（省级）·

【概况】 临安经济开发区前身为临安市工业园区，2001年9月，经省人民政府批准升格为省级经济开发区。全区控制面积22.4平方公里，规划面积11.3平方公里，其中，工业区块7.8平方公里，商贸居住区块3.5平方公里。开发区管委会连续6年获市招商引资一等奖，连续7年获市环保目标责任制考核先进集体称号，连续4年获市综合业绩考核优秀。

至2009年底，累计入区企业83家，其中，外资项目17个，注册资金总额9803万美元，实到外资1.77亿美元，投资总额3.02亿美元；内资项目66个，注册资金总额21.42亿元，实到资金45.9

亿元，投资总额120.47亿元。

2009年5月，省政府常务会议同意浙江省科研机构创新基地（科技城）落户临安。11月30日，省科创基地（科技城）举行奠基仪式。省级层面成立以副省长金德水为组长的省科创基地（科技城）建设领导小组，并在省科技厅设立办公室，由省科技厅厅长蒋泰维担任办公室主任。杭州市出台八项扶持政策。临安市成立以市委、市政府主要领导为指挥长的建设指挥部及办公室，设立核心区、转化中心和产业化中心三个分指挥部。年底，通过国际招标，编制《浙江省科研机构创新基地（科技城）概念性规划》。完成《项目建议书》报批及调整工作，完成环评、水保报批及可研报告编制工作。完成土地征用9715亩，完成房屋拆迁42户，拆除面积9497平方米。经六路等动工建设。

全年开发区实现工业销售产值149.7亿元，比上年增长54%，其中，规模以上企业实现工业销售产值134.4亿元，增长62%，占全市33.3%。工业税金3.8亿元，增长40.9%，占全市32.8%。自营出口1.4亿美元，增长31%，占全市24%。开发区被评为中国十大最佳投资环境开发区和浙江省集约用地示范开发区。

实到内资11.94亿元，增长14.8%；实到外资10829万美元，增长28.95%。天煌科技等11个工业项目成功签约（5个增资扩建项目），项目总投资19.5亿元，其中，投资1亿元以上项目8个，2亿元以上项目4个。引进越秀（企业）集团开发建设省科创基地（科技城）城市综合体。

10家企业进入全市工业大企业大集团行列，接近全市一半；9家企业列为全市最具成长性企业，8家企业列为全市成长性企业。10家企业位列全市纳税大户30强，6家企业位列全市销售额前10强，万马特种电子电缆位居全市自营出口第一位。11家企业每亩销售产值超过500万元，其中，四达电炉每亩产值近2000万元。11家企业每亩实现税金超过20万元，比上年增加1家，其中，四达电炉和华兴羽绒每亩税金均超过50万元。装备制造业有投产企业37家，实现工业销售产值98亿元，工业税金1.92亿元，自营出口6796万美元，分别占开发区的65%、51%和48%。开展“项目投产年”活动，杭叉、杭氧、南都能源、杭重工程机械等重点项目投产。全年新增规模企业12家，完成工业性投入21.6亿元，占全市总量的42.6%，增长13.1%。

开展“向企业送温暖”活动，破解要素制约，全年落实用地指标2200余亩，有序供电4.5亿千瓦时。组织召开“政银企”恳谈会，全年授信376亿元。组织召开政策解读会议，帮助企业了解相关政策；引导企业加大技改力度，全年申报技改项目12个，帮助企业争取各类扶持资金780余万元。

组建企业工会8家，发展会员2680人，开发区被评为杭州市劳动关系和谐工业园区。青山派出所新办公楼建成使用，青山中心小学二期工程动建，开发区职工文化家园建成。筹资400万元建立青山大病医疗救助体系。与浙江机械学院共建劳动力培训基地，开展各类技能培训工作33期；为154名中小学生发放开发区奖学金10.54万元。

【吕祖善视察开发区】 2009年5月14日，省委副书记、省长吕祖善，副省长金德水等在市领导邵毅、王宏等陪同下到临安经济开发区视察指导工作。吕祖善一行先后实地考察临安经济开发区内浙江西子富沃德电机有限公司、杭州杭氧股份有限公司和杭州杭机股份有限公司，听取企业负责人有关企业生产经营和应对国际金融危机的情况汇报。吕祖善对各家企业应对金融危机、加快调整产业结构、全力开拓新的发展空间给予充分肯定。他要求企业把开拓市场作为保增长的基础和调结构的依据，着重围绕拓展市场、培育市场开展工作、落实举措；要求把工作着力点放在调整转型升级上，以块状经济为抓手，实现资源优化配置。他鼓励企业继续培育新的经济增长点，形成新的竞争优势，为打造先进的装备制造业而努力。

【杭氧迁扩建工程竣工】 2009 年 11 月 30 日，杭州制氧机集团有限公司举行迁扩建工程竣工典礼。省委副书记、省长吕祖善，省委常委、杭州市委书记、杭州市人大常委会主任王国平，副省长金德水，杭州市委副书记、市长蔡奇，省政府秘书长张鸿铭，中国机械工业联合会执行副会长赵驰，中国机械工业联合会总工程师隋永滨，杭州市委常委、市委秘书长许勤华，杭州市委常委、副市长沈坚，杭州市政协副主席朱祖德，以及临安市委书记邵毅，市委副书记、市长王宏，市委常委、副市长柴世民等领导参加竣工仪式。吕祖善宣布杭氧迁扩建工程竣工。同时，杭氧化医工程有限公司揭牌成立。杭州中邦化工、中控集团、杭锅集团、省机电院、杭汽轮集团、省安装集团、省天正设计公司、杭氧化医公司 8 家企业在竣工典礼上举行工程总承包战略联盟签约仪式。

【“政银企”恳谈会】 2009 年 2 月 25 日，临安经济开发区举行“政银企”恳谈会暨授信签约仪式。市委书记邵毅作重要讲话，市委副书记、市长王宏主持会议，市委常委张金良，市委常委、副市长柴世民，省、杭州市各金融机构负责人，临安经济开发区、青山湖街道规模以上企业负责人参加会议。会上，11 家金融机构与开发区资金需求企业和单位签订授信额度为 76 亿元的合作协议。11 月底，各金融机构又向临安经济开发区授信 300 亿元，用于省科创基地建设。

【装备制造业职业技能培训基地成立】 2009 年 12 月 11 日，临安经济开发区装备制造业职业技能培训中心揭牌仪式在浙江机电职业技术学院举行。杭州市委常委、副市长沈坚等为培训基地揭牌。临安市委常委张金良出席揭牌仪式并讲话。杭州制氧机集团、杭州机床集团、杭州叉车集团和杭重机械等有关企业领导出席揭牌仪式。该基地是临安经济开发区企业人才培训和服务平台，其功能主要是：为开发区企业提供适合企业要求的高技能人才和员工职业工种培训与鉴定；为开发区居民、失地农民提供上岗技能培训，促进就业；为企业技术人员提供新技术培训及成人学历继续教育；利用各企业资源共建大学生校外实习基地，培养学生技能；校企合作开展技术攻关等。

【城市综合体项目签约】 2009 年 12 月 24 日，市委副书记、市长王宏代表临安市与越秀（企业）集团签订建设浙江省科研机构创新基地（科技城）城市综合体框架协议。城市综合体位于临安经济开发区核心区块南侧，总面积 1200 亩，总投资100亿元。市领导邵毅、杨为伟、翁东潮出席签约仪式。越秀集团成立于1984年，是一家以传统产业为基础、现代服务业为依托的多元化经营大型企业集团，至2009年9月底，集团总资产780余亿元，辖房地产、交通基建、金融证券、水泥、造纸、外经贸、电子七大产业和3家香港上市公司。

【环境整治工作通过考核】 2009年7月30日，由杭州市环保局副局长周钢带队的考核验收组对临安经济开发区环境整治工作进行考核验收。经实地检查、听取汇报、查看台账等，考核小组一致同意开发区通过考核验收。至6月底，开发区在基础配套建设上，铺设污水管网42公里，完成绿化38万平方米，建成垃圾中转站、污水中途提升泵站各1座。在污水处理工程建设上，建成日处理能力2万吨的青山污水处理厂。青山污水处理厂水质达标率为100%，氨氮控制标准在2mg/L以下。区内所有投产企业均纳管接入污水处理厂，企业规范化排放口设置率和入区企业污水收集率均为100%。

【发放“长寿金”】 2009年10月26日，临安经济开发区和青山湖街道举行“长寿金”发放仪式。发放对象为有青山湖街道户籍且年满60周岁以上（含60周岁）的老年人，发放标准按不同的年龄从100元至2000元不等，全年有3002位老人获“长寿金”，发放“长寿金”总额62.26万元。

（戴志红）

·临安高新技术产业园（杭州市级）·

【概况】 临安高新技术产业园于2007年4月动建，规划总面积29平方公里，其中，启动区块面积2.8平方公里，北至青贤、新联、潘山山地，南至青山湖边，东至石临公路水上森林，西至翠阳山，规划建设周期5年，总投资约70亿元。至2009年，完成规划编制和3000亩土地预征收。2009年，新增开发面积703.26亩，完成基础设施投资5020万元，新建标准厂房3.1万平方米，完成工业性投资3.53亿元。临安高新技术产业园产业服务中心和临安信耳恒生高科技软件产业基地项目动建。陈家坞区块环评报告通过专家评审，1号路1标段1000余米路基和永清桥建成，区块内实物量登记和临天砖瓦一厂、临天砖瓦二厂评估完成；陈家坞安置小区基本平整到位，完成农户选址放样；新联综合安置地完成规划设计、地质灾害评估等项目前期工作。城西区块5条道路基本竣工，首批14户拆迁户完成放样，入园企业浙江飞越数字科技有限公司主体工程全部结顶。临安科技孵化基地竣工，完成投资7000余万元，建厂房6万余平方米，杭州药都生物技术有限公司、杭州天阳热水器有限公司等12家企业签约入驻，被评为杭州市小企业创业示范基地。

【杭州青山湖森林硅谷开发有限公司成立】 2009年9月20日，市政府与上海石与木公司签署《临安高新技术产业园合作开发协议》。10月15日，杭州青山湖森林硅谷开发有限公司注册成立。公司注册资本1亿元，按通盘规划、基础先行、适时启动、滚动开发、分步实施的原则，合作开发临安高新技术产业园区域项目。

（陈 丽）

·玲珑工业功能区·

【概况】 玲珑工业功能区于2002年9月开工建设，规划面积11平方公里，建成区6平方公里，是一个以电线电缆、装饰纸两大产业为特色的工业功能区。2009年，区内企业194家，员工1.18万人。全年实现工业总产值68.36亿元，规模以上工业增加值16.67亿元，上缴税金1.85亿元，实际引进内资4.26亿元、外资492万美元，其中，电线电缆和装饰纸实现工业产值50.92亿元。新增开发面积312亩，完成基础设施投资6375万元、工业性投资5.56亿元。

杭州耐特阀门有限公司生产的氧化铝耐高压调节阀列入国家创新基金项目，杭州东兴电讯材料有限公司等两家企业被评定为省级高新技术企业，氧化铝工业用三通换向料浆阀等6个产品被评为省级工业新产品，装饰纸印刷自动配色技术开发应用等5个项目分别列入浙江省和杭州市工业信息化项目。浙江帝龙新材料股份有限公司装饰纸获省名牌产品称号，“帝龙”商标被评为省著名商标，浙江森嘉集团有限公司、浙江都美电缆有限公司的物理高发泡射频同轴电缆获杭州市名牌产品称号。全年专利授权144件，其中，发明专利5件，实用新型专利21件。

【两条道路工程】 玲三路新建、胥高线改建工程是玲珑工业功能区的“主动脉”工程。2009年9月3日，玲珑街道启动“决战150天，确保玲三路、胥高线顺利开通”活动，把这两条道路建设工程列为工业功能区建设的首要任务。玲三路新建工程总投资1.28亿元，胥高线改建工程总投资8000万元。至2010年1月底，胥高线改建工程完成除店基头段外其余路段的油路面浇筑；玲三路新建工程完成全部道路土地征用、路基浇筑和雨水、污水管道铺设等，完成工程总量的80%。

(柯小军)

·太湖源工业功能区·

【概况】 太湖源工业功能区由青云区块和杨岭区块组成，总面积1500亩，区内有企业近30家，主要有纺织服装、绿色照明、电线电缆等行业企业组成。2009年，功能区实现工业销售产值5.45亿元，同比增长21.11%；利润2228万元，增长59.14%；实缴税金1530万元，增长57.73%。全年新增开发面积137亩，新增标准厂房6420平方米；完成基础设施投资4051万元；工业性投资1.62亿元；技改资金850万元；新入园企业3家，新投产企业2家。

·高虹节能灯工业功能区·

【概况】 高虹节能灯工业功能区始建于2000年，前身为高虹镇节能灯工业园区。功能区总规划面积4000亩，由镇中工业片区、镇南工业片区和镇西工业片区三个板块构成。2009年，累计开发面积1211亩，入驻企业36家，完成工业总产值26.2亿元，上缴税金1.06亿元，实现出口交货值6.66亿元。初步形成节能灯研发制造、机械制造、能源供应等产业链，成为全国三大节能灯生产基地之一，被评为杭州市城镇特色工业功能区、临安市先进工业功能区。

【高虹镇污水处理厂运行】 2007年，高虹镇政府投资560万元，兴建高虹镇污水处理厂。2009年7月，高虹镇污水处理有限公司正式运行，日处理量为200吨~300吨，承担工业功能区内绝大多数纳管企业生产、生活污水的达标处理及排放。

（徐一鸣）

·横畈工业功能区·

【概况】 横畈工业功能区于2006年底建成使用，开发面积312亩。2007年，功能区二期（市地区块）扩容建设启动。2009年，入区企业30余家，全年实现工业销售产值13.06亿元，实缴税金4062万元，完成工业性投资1.57亿元；新增开发面积600亩，完成基础设施投资4150余万元，完成场地“三通一平”，污水处理厂投入运行，110千伏雅观变电所主体工程建成。全年签订入园协议企业17家，在谈项目5个，协议总投资30亿元。

横畈工业功能区与临安市江城建设工程有限公司签订代建合同，采用BT（建设、回收）模式建设开发。工业功能区道路、管网及挡土墙工程项目由其负责建设（包括筹措资金），并在规定时限内将竣工后的项目移交，根据签订的合同支付项目总投资。

（王远翔）

·於潜工业功能区·

【概况】 於潜工业功能区总规划面积10平方公里，完成开发面积1000余亩，至2009年底，园区累计完成基础设施投资9450万元、固定资产投资6.2亿元，形成造纸、妇幼卫生用品、环保水处理等主导产业。工业功能区主要分布在四个区块：横山区块，开发面积300亩，有浙江千秋环保水处理有限公司、临安文华饲料有限公司等26家企业；方元区块，建成面积220亩，有临安市雄鹰妇幼卫生用品有限公司、杭州樱花线业有限公司等4家企业；燕村区块，规划用地245亩，开发120亩，有镇污水处理厂及4家企业入园；逸逸村区块，开发面积340亩，入园企业2家，尚有可用面积280亩。

工业功能区全年实现工业销售产值5.7亿元，其中，规模以上工业销售产值5.4亿元，实现税金2659万元。新入园企业6家，新增开发面积150亩。投入900余万元，完成污水处理厂主体工程、配套工程建设及主管网工程建设。投入100万元，完成横山工业园区门面及道路整治方案设计和一期环境整治、绿化工作；投入700万元，完成燕村、逸逸村区块各类管网建设。杭州潜阳科技有机酯生产基地项目动工，项目总投资1.5亿元。

（王钦炜）

·昌化工业功能区·

【概况】 昌化工业功能区于2000年批准设立，总面积2平方公里，为杭州市重点培育的特色城镇工业功能区。2009年，入园企业25家，其中，当年入园企业8家，在建3家。实现销售产值2.1亿元，同比增长17.42%，利润65万元，实缴税金888万元。园区电力、通讯线路迁移和改造全部到位，主干道路供水管网铺设完成，建成工业功能区至城区3公里城市道路，完成南五路、南六路泄洪渠、道路工程和南岸防洪堤工程，污水处理厂一期工程竣工。全年新增开发面积200亩，完成基础设施投资1000万元，完成工业性投资3500万元，增长45.8%。

【存量土地盘活】 昌化工业功能区宜养区块原武隆砖瓦厂于2008年强制关停，土地闲置。2009年，通过租赁方式进行盘活，杭州临安杭派食品有限公司、杭州优合食品有限公司、临安市屹立食品厂3家食品加工企业和临安市巨丰木制品厂、临安市昌化镇宜养木制品厂2家木制品厂临时租用土地30亩，企业简易厂房搭建完成，并投入使用。

(方明富)

·西部工业功能区·

【概况】 西部工业功能区原为龙岗工业功能区，总规划面积3524亩，累计开发面积1785亩，基础设施投资13087万元，有入园企业42家，投入生产18家，在建10家，签订协议未动工14家。2009年，新增开发面积300亩，基础设施投资1600万元，完成工业性投资7100万元；当年入园企业14家，其中，投产2家；全年实现工业销售产值3.45亿元，实缴税金1100万元，初步形成以炒货行业为主导的产业格局。

(潘旭君)

主要行业

【概况】 2009年，全市有电线电缆、纺织服装、医药化工、造纸及纸制品、绿色照明、精密元器件、汽车零配件、装备制造、坚果食品、五金工具十大特色行业，规模企业实现销售产值281.27亿元，同比增长3.6%。

【电线电缆行业】 2009年，全市电线电缆行业有规模以上企业100家，其中，大集团（企业）3家、成长性企业12家，从业人员7405人，资产规模41.89亿元，实现产值56.96亿元。新批技改项目15个，计划投资额2.59亿元，当年实际完成固定资产投资5.09亿元。浙江都美电缆有限公司“年产1万公里3G移动通信射频同轴电缆生产线”技改项目列入市十大先进制造业和高新技术产业项目；浙江万马电缆股份有限公司“年产1550公里特种电缆生产线技术改造项目”、杭州金利多实业有限公司“年产3000吨环保型高性能铝镁合金圆线生产线技改项目”、杭州东兴电讯材料有限公司“年产2000吨电子通信屏蔽用金属塑料复合带生产线技术改造项目”、杭州创美实业有限公司“年产20万公里环保型同轴电缆生产线技术改造项目”列入市十大传统产业改造提升项目；浙江万马集团特种电子电缆有限公司“年产15万公里Ka波段高清卫星电视用同轴电缆生产线技术改造项目”列入市十大“零土地”技改项目。

【纺织服装行业】 2009年，全市纺织服装行业有规模以上企业80家，其中，大集团（企业）3家、成长性企业8家，从业人员9272人，资产规模24.71亿元，实现产值36.31亿元。当年实际完成固定资产投资3.04亿元。杭州玖久袜业有限公司“年产3300万双袜子生产线技术改造项目”列入市十大传统产业改造提升项目。

【医药化工行业】 2009年，全市医药化工行业有规模以上企业83家。其中，大集团（企业）3家、成长性企业9家，从业人员6477人，资产规模50.63亿元，实现产值48.54亿元；医药企业9家，实现产值7.2亿元；化工企业74家，实现产值

41.34亿元。当年实际完成固定资产投资6.84亿元。鑫富药业股份有限公司“年产3万吨全生物降解复合改性专用树脂和5000吨全生物降解制品项目”、杭州杭塑医药包装有限公司“杭塑迁扩建项目”、杭州福斯特热熔胶膜有限公司“年产4000万平方米EVA太阳电池胶膜项目”列入市十大投资上亿元新建项目；杭州得润宝油脂有限公司“年产特种高档润滑脂及合成润滑油8000吨技改项目”列入市十大“零土地”技改项目。

【造纸及纸制品行业】 2009年，全市造纸及纸制品行业有规模以上企业55家，其中，大企业大集团1家、成长性企业8家，从业人员5594人，资产规模36.46亿元，实现产值29.27亿元；装饰纸20家，实现产值19.14亿元。当年实际完成固定资产投资3.82亿元，杭州侨资纸业有限公司“年产6亿片纸尿裤自动化生产线技术改造项目”列入市十大投资上亿元新建项目；帝龙新材料股份有限公司“年产1万吨阳极氧化铝卷板、年产10万平方米三聚氰胺板技改项目”列入市十大传统产业改造提升项目；杭州富庆纸制品有限公司“年产2000万只环保节能型彩印包装盒生产线技术改造项目”、杭州添丽装饰纸有限公司“新增年产4000吨装饰纸技改项目”列入市十大“零土地”技改项目。

【绿色照明行业】 2009年，全市绿色照明行业有规模以上企业120家，其中，大集团（企业）1家、成长性企业19家，从业人员2.14万人，资产规模30亿元，实现产值42.11亿元；整灯生产企业15家，实现产值12.5亿元。当年实际完成固定资产投资1.24亿元。临安市新三联照明电器有限公司“年产3600万支节能环保灯生产线项目”列入市十大传统产业改造提升项目；临安亨得利照明电器有限公司“年产2000万支节能灯管生产线技改项目”、杭州宇中高虹照明电器有限公司“年新增6000万只节能灯（二期）生产线技改项目”、临安高乐电子电器有限公司“年产3000万支高档节能灯管自动化生产线技改项目”列入市十大“零土地”技改项目。

【精密元器件行业】 2009年，全市精密元器件行业有规模以上企业11家，其中，成长性企业4家，从业人员1159人，资产规模1.75亿元，实现产值1.61亿元。当年实际完成固定资产投资8760万元。科星电子有限公司“年产50万件节能家用电器电源谐波控制主板生产线技改项目”列入市十大“零土地”技改项目。

【汽车零配件行业】 2009年，全市汽车零配件行业有规模以上企业14家，其中，成长性企业4家，从业人员1264人，资产规模8.24亿元，实现产值7.24亿元。当年实际完成固定资产投资0.95亿元。浙江杭叉工程机械股份有限公司“年产4万台叉车项目”列入市十大先进制造业和高新技术产业项目。

【装备制造行业】 2009年，全市装备制造行业有规模以上企业53家，其中，大集团（企业）1家、成长性企业7家，从业人员6404人，资产规模39.56亿元，实现产值46.12亿元。德谦杭重锻造有限公司“德谦杭重锻造有限公司建设项目”、杭州西奥电梯有限公司“年产1000台电扶梯项目”列入市十大投资上亿元新建项目；杭州制氧机集团有限公司“杭氧迁扩建项目”、杭州凤起机床有限公司“年产1200台数控机床建设项目”、杭州重型机械有限公司“工程机械产业搬迁扩建项目”、浙江千秋环保水处理有限公司“电驱动膜和膜分离设备生产线技改项目”、临安华龙摩擦材料有限公司“年产80万套舰艇（船舶）用电机摩擦制动片生产线技改项目”列入市十大先进装备制造业和高新技术产业项目。

【坚果食品行业】 2009年，全市坚果食品行业有规模以上企业56家，其中，大集团（企业）1家、成长性企业2家，从业人员1147人，资产规模5.67亿元，实现产值9.45亿元。当年实际完成固定资产投资9640万元。浙江小王子食品股份有限公司“年产8万吨食品生产基地项目”列入市十大投资上亿元新建项目。

【五金工具行业】 2009年，全市五金工具行业有规模以上企业17家，其中，成长性企业4家，从业人员1379人，资产规模1.95亿元，实现产值3.66亿元。为帮助企业开拓市场，打响太阳五金工具品牌，市五金工具协会组织行业企业组团参加第15届中国国际五金博览会、第16届中国国际五金博览会、第105期和106期广州出口商品交易会、中国国际五金展、第十届中国国际机械工业展览会、中国义乌国际小商品博览会等展会，参展企业28家次。

（徐　刚）

招商引资

·区域经济合作·

【概况】 2009年，全市新批外商投资企业11家，增资企业5家，合同外资2.32亿美元，同比增长10.2%。实到外资1.79亿美元，增长77.7%。全年引进内资项目110个，分批到位项目97个。合计引进协议资金43.88亿元，到位资金39.81亿元，完成107.6%，增长5.8%。其中，引进第二产业项目55个，分批到位项目73个，合计协议资金28.41亿元，到位资金25.26亿元。引进杭州市外项目34个，到位内资25.37亿元。临安市级总投资2亿元以上或到位资金3000万元以上的内资“大、好、高”项目17个，其中，当年投资3000万元以上项目11个。当年引进投资总额3000万美元以上或工业项目投资总额1500万美元以上的外资项目6个。是年，临安市获杭州市招商引资目标责任制考核二等奖。（见表17）

2005~2009年临安市招商引资情况

表17

年度	合同利用外资（万美元）	实际利用外资（万美元）	实到内资（亿元）
2005	14685	6041	24.70
2006	7600	2536	28.60
2007	15511	8203	32.48
2008	21031	10085	37.67
2009	23175	17921	39.81

（石惠娟）

【国外招商考察】 2009年12月1日，应英国梯尔公司、匈牙利Okeny市政府和爱尔兰Cork商会邀请，市委书记邵毅率市招商考察团一行6人，到英国、匈牙利、爱尔兰考察，为期12天。参观英国梯尔公司，就其拟在临安设立研发中心进行洽谈。拜访匈牙利Okeny市政府，与匈牙利合作企业就鹅肝生产项目进行洽谈。拜访爱尔兰 Cork 商会，学习爱尔兰发展服务外包先进经验。4 月，市长王宏率队赴加拿大、美国、马来西亚进行招商考察。8 月，市招商局局长张发平率队赴英国、肯尼亚、以色列进行招商考察。11 月，市人大常委会副主任陈林春率队赴巴西、荷兰、瑞典进行农业招商考察。12 月，市委常委、副市长柴世民率队赴美国、加拿大进行招商考察。

【维克萨市市长访问临安】 2009 年 6 月 28 日至 7 月 2 日，俄罗斯下洛夫哥罗德州工商会会长、维克萨市市长一行 5 人，到临安进行友好城市拜访。其间，举行两市友好交流座谈会，市委书记邵毅、市长王宏和有关部门领导出席。举行两市经贸座谈会，临安市对外贸易公司、杭州越华服装有限公司、杭州临安万鹏电讯电缆有限公司、杭州侨资纸业有限公司等 23 家出口俄罗斯企业代表参加交流。

【区域经济合作】 2009 年，临安市与西安市雁塔区签订《缔结友好城市协议书》，结为友好城市，并与海南白沙县、安徽淮南市田家庵区缔结为友好县(市)。争取浙江省、杭州市山海协作财政贴息 62 万元。与开化县开展浙江省“百村结对”活动，落实帮扶资金 10 万元。临安市政府国内经济合作办公室被评为杭州市山海协作工程先进集体和杭州市国内经济合作系统先进单位。

【杭州临安·上海院地合作洽谈会】 2009 年 6 月 16 日，临安市委、市政府主办，临安市国内经济合作办公室承办的“杭州临安·上海院地合作洽谈会暨签约仪式”在上海举行，市长王宏、常务副市长胡竑、副市长柴世民等领导，市有关部门与企业负责人，上海市临安籍同乡会代表共 100 余人参加。洽谈会上，临安市与上海市教委科技发展中心、上海中医药大学、上海电缆研究所签订《建立友好合作关系协议书》，与上海电机学院签订《建立临安科技园工作站协议书》。

【杭州临安·西安科技人才合作洽谈会】 2009 年 4 月 10 日，由临安市委、市政府与杭州市国内经济合作办公室共同主办，临安市国内经济合作办公室承办的 “杭州临安·西安科技人才合作洽谈会”在西安举行，市委常委张金良、副市长柴世民等领导，市有关部门与企业负责人共 100 余人参加。会上，临安市与陕西科技大学签订《建立战略合作关系协议书》，与咸阳非金属矿研究设计院签订《建立院地合作关系协议书》，与国家非金属矿制品质量监督检验中心签订《在临安设立华东分中心的意向书》。

【参加首届杭商大会】 2009 年 9 月 28 日，杭州市政府国内经济合作办公室主办的首届杭商大会·第 12 届杭州国内经济合作洽谈会在杭州举行，临安市委书记邵毅、市长王宏、副市长柴世民出席。临安在外投资的 12 家杭商企业应邀参加。临安签约项目有杭州嘉凯农业开发、杭州临安众安氡温泉度假酒店、杭州福华邦化农化制剂产业园，总投资 8.5 亿元。

·外经贸·

【概况】 2009 年，全市实现自营进出口 7.05 亿美元，同比下降 6.49%。其中，出口6.11亿美元，增长0.11%；进口9322万美元，下降34.74%（见表18、表19）。机电产品继续成为全市第一大出口产品，占出口比重的46.61%；纺织服装、医药化工、装饰纸占出口比重分别为17.15%、9.44%、4.44%。轻工类、无纺产品、节能灯同比增幅最大，分别为114.06%、38.52%、25.11%。欧盟、美国仍是两大主体出口市场，比重分别是25.05%、20.67%。巴基斯坦、日本、俄罗斯同比增长最多，分别是33.96%、25.44%、16.60%。全市新增自营进出口权企业86家，累计402家，其中有外贸自营进出口实绩企业300家。

全市新批境外投资项目10个，总投资960万美元，增长195.4%，完成150%。其中，节能灯产品项目6个，主要投资方向是韩国、匈牙利、迪拜、伊朗等国家。全年累计境外投资项目26个，累计对外投资2708万美元，有生产加工企业4家。全市登记注册服务外包企业4家，完成合同金额818.1万美元，其中离岸700.9万美元。执行金额753.9万美元，其中离岸636.7万美元。

是年，临安市获杭州市外贸目标责任制考核一等奖，市外经贸局获杭州市外经贸综合考评二等奖。

【电缆产品对外贸易预警示范点设立】 2009年3月30日，临安市电缆产品出口预警中心通过验收，被列为浙江省对外贸易预警示范点。近年，临安市电缆行业出口量增长较快，全市有自营出口实绩的电缆企业62家，年出口近2亿美元，对外贸易量占全市出口比重的30%。预警点主要工作有预警信息收集与发布、组织和参与公平贸易及外贸业务培训、组织电缆企业参展、推进企业的自主品牌建设等。

【出口信用保险】 2009年，市外经贸局利用出口信用保险规避风险，鼓励企业参加保险，宣传省、杭州市有关出口信用保险政策。全市参加出口信用保险企业16家，比上年增加6家，投保额5127万美元，增加3974万美元，增长344.67%。出口信用保险出口支持率8.39%，同比提高6.49个百分点。全年市财政对出口信用保险资助金额169.96万元。

【外贸扶持奖金兑现】 2009年5月10日，临安市召开全市经济工作会议，出台《关于支持帮助工业企业应对金融危机、开拓市场的实施意见》（临政发〔2009〕78号）和《帮助工业企业开拓市场工作方案的通知》（临政办〔2009〕33号），从工业、科技、外经外贸资金中整合1000万元，集中用于支持帮助全市工业企业开拓市场。全年兑现外贸企业奖励和补助资金790.02万元。其中，杭州市出口名牌资助20万元，国际体系认证和出口产品认证40.83万元，境外新建销售网点35万元，出口信用保险169.96万元，境外注册商标4.24万元，电子商务7.5万元，境内展览139.57万元，境外展览372.92万元。

【出口名牌创建工作】 2009年12月，杭州市外经贸局《关于公布第二批“杭州出口名牌”的通知》（杭外经贸高新〔2009〕430号），临安市有4家企业被列入，分别是浙江天杰实业有限公司、浙江帝龙新材料股份有限公司、浙江万马天屹通信线缆有限公司、杭州康鑫食品有限公司。全年到海外注册自主商标企业 5 家。全市有浙江省出口名牌 1 个、杭州市出口名牌 8 个，5 个项目被杭州市列入出口创新项目，16 家企业拥有海外注册商标。

【组织企业参展】 2009 年，市外经贸局确定 21 个重点境外展览会、48 个一般推荐境外展览会、10 个境内展览会，编印成册，在全市工业经济大会上发放给企业。其中，推出 15 个重点境内外展览会，对展位费给予全额资助。全年组织 116 家企业参加 86 个境内外展览会，展位数 400 个。10 月，市外经贸局组织 28 家企业参加中国小商品义乌博览会，接待客户 1378 人，其中，新客户 973 家，实际成交金额 30.55 万美元，意向成交金额 158.8 万美元。通过展会，全市有 59 家企业接单进入自营出口行列。

【外贸业务培训班】 2009 年 6 月 19 日，市外经贸局举办杭州市（临安）电线电缆出口产品质量安全专题促进培训班，全市 51 家电线电缆出口企业负责人、外贸员、报检员、质检员 82 人参加培训。此次培训邀请杭州市出入境检验检疫局、杭州市外经贸局有关专家授课。培训内容主要是检验检疫法律法规介绍、报检及相关基础知识、抽样原理、专项产品检验业务知识、电线电缆出口企业应对国际贸易摩擦知识。此外，市外经贸局举办培训 3 期，召开座谈会 3 次，组织参展 2 次，涉及外贸企业人员 500 余人。

2005~2009 年临安市自营进出口情况

表 18 单位：万美元

年度	自营出口	自营进口
2005	29120	4142
2006	35651	5841
2007	50532	5589
2008	60671	14191
2009	61133	9321

2009 年度临安市自营出口前十名企业

表 19 单位：万美元

名次	单位名称	出口额
1	浙江万马集团特种电子电缆有限公司	5148
2	浙江杭州鑫富药业股份有限公司	3619
3	浙江华兴集团有限公司	3257
4	杭州宇中高虹照明电器有限公司	2866
5	杭州侨资纸业有限公司	2010
6	杭州来特电气有限公司	1989
7	浙江天杰实业有限公司	1722
8	杭州亮亮电子照明有限公司	1413
9	杭州天恒机械有限公司	1316
10	杭州锦江集团有限公司	1221

（石惠娟）

重点企业选介

·浙江万马电缆股份有限公司·

【概况】 浙江万马电缆股份有限公司是国家大型企业浙江万马集团的核心企业，前身是1992年创建的浙江万马电缆厂，1996年改制为有限责任公司，2007年整体变更为股份有限公司。公司占地面积近20万平方米，员工1400余人。公司“万马神”牌交联电缆获国家产品质量免检，成为中国电工器材行业协会首家优等品，取得浙江名牌产品证书，并成为中国质量万里行采购首选品牌。公司被列为国家火炬计划临安电线电缆产业基地骨干企业，被评为全国企业管理先进单位和浙江省最大工业企业，是国家经济贸易委员会全国城乡电网建设与改造推荐企业。

2007年，公司110千伏超高压交联聚乙烯绝缘阻水电力电缆产业化项目入选国家火炬计划项目，公司位列“第八届中国电气工业100强”第25位，并进入“中国电气工业创新力10强”。2008年，公司再次名列“中国电气工业100强”。

2009年，公司通过省级高新技术企业认定，220千伏超高压电缆产品通过国家电网电力科学研究院武汉院区的预鉴定试验，取得国家电网系统入网资质，成为国内超高压电力电缆主流供应商。公司在深圳中小企业板上市，公开发行股票5000万股，融资总额5.75亿元。

(杨　娟)

·浙江杭叉工程机械集团股份有限公司·

【概况】 浙江杭叉工程机械集团股份有限公司是在原杭州叉车总厂基础上，经过两次改制后组建设立的股份有限公司，是一家具有50年建厂历史，30余年叉车制造经验的省级高新技术企业。公司注册资本1.04亿元，在岗员工2500余人，专业技术人员300余人。主要产品有1吨~16吨内燃叉车系列、1吨~4.5吨电动叉车系列、蓄电池防爆叉车、液化石油气叉车、电动托盘堆垛车、2吨~4.5吨内燃牵引车、2吨~2.5吨电动牵引车及其他各类搬运设备，产品获全国机械工业大奖和省、杭州市科技进步奖。

公司在叉车行业中首家通ISO 9001、ISO 14001管理体系认证，获全国机械工业文明单位、省级文明单位、浙江省诚信示范企业、杭州市环保模范企业、杭州市十大突出贡献企业等称号。

2007年8月，“浙江杭叉工业园”在临安经济开发区动工建设，整个园区占地面积33万平方米，计划总投资15亿元。园区全面建成后，年生产叉车能力可达8万台。2009年7月1日，一期工程投产，建成面积517亩，拥有5条叉车总装流水线和结构件涂装生产线、整机在线检测线等先进设备。全年实现销售产值30.1亿元，实现利税总额3.58亿元。

(任海华)

·杭州侨资纸业有限公司·

【概况】 杭州侨资纸业有限公司创办于2001年，是一家集科研、制造、贸易于一体，专业生产成人纸尿裤、婴儿纸尿裤、宠物纸尿裤及卫生护理系列用品的高新技术企业。公司占地面积4.6万平方米，注册资金2030万元，员工500余人，拥有全伺服自动化纸尿裤与护理垫生产流水线20余条，年生产能力10亿片。2004年，在行业中率先通过ISO 9001国际质量体系认证。公司拥有自营进出口权，产品主要销往北美、欧洲、亚太等30余个国家和地区，是杭州市出口名牌。公司获浙江省A级守合同重信用企业、杭州市最具成长性企业、杭州市AAA级信用企业、杭州市外贸创新型“百佳企业”、杭州市工业信息化示范企业等称号。

2009年，公司产品完成国内分销渠道网络建设，分销网络覆盖除西藏外的32个省、市、自治区286个城市，拥有近500家经销商和2万余家零售终端，在600余家现代化直营超市门店上架售卖。公司产品获杭州市名牌、杭州市著名商标称号，公司进入临安市大企业大集团、临安市自营出口前10名工业企业、临安市第三批劳动关系和谐企业、杭州市信息化示范企业行列，公司技术中心被认定为杭州市级企业技术中心。

（郎　耀）

·浙江千秋环保水处理有限公司·

【概况】 浙江千秋环保水处理有限公司成立于2002年7月，是一家专业制造销售电驱动膜、膜分离成套设备系列产品，承接石油、化工、电力、医药、食品等领域环保水处理工程的国内行业龙头企业。具有年产电驱动膜系列产品30万对、膜分离成套设备500台（套）、承接各类环保水处理大中型工程的设计、制造、安装能力。公司电驱动膜国内市场占有率位居首位，低渗透膜替代日本膜，EDI膜替代美国和加拿大膜。电驱动膜分离设备在油气田回注水处理、硝铵废水处理回用、大豆低聚糖、木糖醇回收、甜菜碱、甘氨酸、甘露醇脱盐提纯等方面具有核心竞争力和广阔的市场发展前景，是杭州市名牌产品。

公司是中国膜工业协会理事单位、中国脱盐协会常务理事兼副秘书长单位，是浙江省高新技术企业、循环经济示范企业、浙商明日之星企业，又是《电驱动膜》、《电去离子膜堆》行业标准的制定单位。公司通过ISO 9001：2000国际质量管理体系和ISO 14001：2004国际环境管理体系双认证，建有杭州市级技术（研发）中心。公司产品列入《国家膜工业“十一五”发展战略规划》，拥有发明专利1个、实用新型专利3个。

公司相继实施国家发改委2008年循环经济和资源节约重大示范项目中央预算内投资计划（国债项目）、国家火炬计划、国家创新基金、浙江省技术改造“双千工程”、浙江省发展循环经济“991行动计划”等一批重点项目，项目产品符合国家产业政策，有广阔的发展前景。

2009年，公司总资产1.1亿元，主营业务收入9719万元，实现利税2060万元。电驱动膜分离器列入国家创新基金项目，“千秋”商标列入省级著名商标，电驱动膜和膜分离器开发项目列入杭州市振兴先进装备制造业转型升级三年行动计划重点项目。

【承办第一届电驱动膜联谊会】 2009年12月6~7日，由中国膜工业协会主办、浙江千秋环保水处理有限公司承办的“第一届电驱动膜联谊会”在临安中都青山湖畔大酒店举行，全国有关高校、科研院所、企业权威电膜专家及业内相关企业领导60余人参加。会议针对现阶段国内电驱动膜的研发情况、技术壁垒、产业化进展及将来的发展方向等热点问题展开交流和探讨。联谊会由中国膜工业协会副秘书长尤金德主持，中国工程院院士高从堦对未来电驱动膜行业的发展作深度剖析，中国膜工业协会秘书长刘宪秋作重要讲话。与会专家、学者对浙江千秋环保水处理有限公司的发展给予高度评价，并就公司发展提出意见和建议。

（宋新生）

·浙江雄鹰股份有限公司·

【概况】 浙江雄鹰股份有限公司创建于1994年，拥有临安市雄鹰妇幼卫生用品有限公司、杭州天达纸业有限公司、浙江蓝波护理用品有限公司、杭州和颀农业科技开发有限公司、雄鹰建材有限公司5家全资子公司，是一家集护理用品、造纸、农业高科、建筑材料与生态休闲于一体的集团化企业。集团总资产4亿元，注册资金8000万元，有员工1000余人。公司被中国工业经济联合会、中国调查统计事务所、中国消费者协会评为中国“十大名牌产品”厂家和“中国十佳诚信企业”，公司绿色环保技术（产品）受到美国环境技术进出口委员会的推荐。

公司产品远销欧美、东南亚、南非等国家和地区，成为全国卫生护理用品外贸出口重要生产基地之一。拥有“永芳”等注册商标18个、实用新型专利9个，其中，“永芳”商标2001年被评为杭州市著名商标，2004年被评为“中国著名品牌”，2008年被评为“中国驰名商标”。2009年，公司实现销售收入2.95亿元，外贸出口8000万元，上缴税金1760万元，“永芳”牌卫生用品系列产品获中国著名品牌（重点推广企业）。公司对5家子公司进行资产重组，筹备上市。公司被评为临安工业企业纳税大户，进入临安市大企业大集团行列。

【年产10亿片卫生巾生产线项目】 2009年，临安市雄鹰妇幼卫生用品有限公司新上“年产10亿片卫生巾生产线”项目，总投资5000万元，新购置高速卫生巾生产线7条。公司拥有卫生用品生产线27条，年产各类卫生巾、护垫45亿片。

【浙江蓝波护理用品有限公司成立】 2009年，浙江雄鹰股份有限公司投资8000万元，在临安市玲珑工业区征地70亩，组建浙江蓝波护理用品有限公司。新建集团办公楼1栋，购置日本瑞光高档卫生巾生产线5条、婴儿尿裤生产线3条、意大利婴儿纸尿裤生产线1条和床垫生产线2条等生产设备，新厂房硬件及环境设施达到欧洲标准，符合欧美著名品牌OEM加工要求。

【年产1.6万吨装饰原纸技改项目】 杭州天达纸业有限公司为国内最早开发生产装饰原纸的企业，拥有长网多缸造纸机生产线3条，年生产能力1.5万吨。2009年，公司投资5000万元，利用公司原有空余厂房，新增1880毫米高速微控生产线1条，形成年产1.6万吨高强度低克重特种装饰原纸生产能力。

（俞静瑜）

·杭州天恒机械有限公司·

【概况】 杭州天恒机械有限公司专业生产汽车维修起重工具——千斤顶，是省级高新技术企业。1956年建厂，1978年改称板桥轻工机械厂，1981年更名为临安轻工机械厂，1998年改制为杭州天恒机械有限公司。公司占地面积10.6万余平方米，资产总额6000余万元，员工450余人。公司是浙江省知名商号、杭州市企业信息化示范企业和杭州市外贸出口百佳创新型企业，多次获杭州市出口创汇金龙奖，“GLODHORN”商标被评为杭州市名牌和杭州市出口名牌。

公司产品有千斤顶、支架、吊机、引擎架、摩托车升降台等10余个系列上百个品种，产品通过ISO 9001质量管理体系认证、ISO 14001环境管理体系、ISO 18001职业健康和安全管理体系认证。产品远销北美、南美、欧洲、东南亚等国家和地区，与Wal-Mart、CTC等世界知名连锁店和专业工具公司建立业务往来。公司有实用新型和外观设计专利35个、发明专利1个；省级工业新产品8只、省级高新技术产品3只；国内注册商标2个、国外注册商标1个。

2009年，公司实现销售收入1.2亿元，出口交货值9100万元，自营出口1500万美元，利润总额1000万元。公司被评为杭州市信息化示范企业、临安市十佳管理创新示范企业、临安市工业企业纳税大户、临安市自营出口前10名工业企业，企业技术中心被评定为浙江省企业技术中心。

（王国华）

□ 小资料

临安“小三线”工业

【概况】 20世纪60年代中期，美国全面扩大越南战争，并把战火烧到我国海陆边境，加上中苏关系全面破裂，我国面临来自南北战争的威胁。为防止可能的入侵，中共中央提出“三线”防御构想，为战备需要，将沿海沿边的重要工厂实施内迁，而“小三线”是各省、市自行规划的战备区域，要求做到“工厂进山”、“分散隐蔽”、“确保军工”战略性企业大转移。根据国家和省、杭州市统一布局，至20世纪70年代初，在昌化、昌北先后兴建一批电子和国防企业，均为国有企业，主要有6家。这些企业虽在20世纪80年代末至90年代初外迁、改制、撤销，但填补了临安电子工业的空白，并为临安现代工业技术的引进奠定了基础。

【上海市协作机械厂】 该厂代号为国营第9383厂，为第五机械工业部、上海市国防科工办所属国防军工企业。1966年6月定点，厂址设在临安昌北仁里乡，厂区面积13.86万平方米，其中,建筑面积为7.03万平方米。1968年，汤苦公路通至厂。1969年7月1日，生产出样品。1970年初，正式投产。1988年5月，该厂撤销，迁至上海，更名为上海柴油机配件分厂。原厂址设施移交华东师范大学，作为实验工厂。1992年7月10日，华东师大实验工厂厂址整体移交临安县人民政府接管，临安籍职工由临安县计划委员会有偿安置，分配到县属各厂矿。

【浙江电子通讯设备厂】 该厂代号为国营第8300厂，为浙江省国防工业办公室所属，由机械电子工业部定点生产军、民两用无线电通讯设备厂。1970年筹建，厂址设昌化镇，厂区面积13.42万平方米，其中,建筑面积为3.5万平方米。主要生产以“华美”为商标的双工电台（无线电话机）、袖珍电台（无线电话机）、小双工电台、单工电台、数字选呼器、功率放大器、稳压电源、自动拨号系统、各种天线等。1987年初，该厂由省国防工办决定转归嘉兴市属，改称浙江电子通讯设备总厂，1989年迁址嘉兴市。

【杭州计算机外部设备厂】 该厂原为杭州市电子仪表工业公司所属企业，由电子工业部定点生产计算机外部设备厂家。1965年1月,在杭州武林门筹建，定名杭州市武林门模具厂。同年5月，迁至临安昌化镇，改称杭州无线电模具厂，厂区面积为1.37万平方米，以生产军工产品为主。1977年，研制成功计算机外部设备——行式打印机。1979年，企业更名为杭州计算机外部设备厂。1996年10月，企业改制，加入杭州机床集团，改称杭州天工节能冶金设备有限公司。

【杭州无线电二厂】 该厂原为杭州市电子仪表工业公司所属企业，1965年3月在杭州花坞筹建。同年5月，迁至临安昌化镇，本部设在龙岗，在昌化、临安建有两个厂区，主要生产18个大类452个品种的半导体器件，应用于仪器、仪表、邮电、通讯、铁道、广播、电视等行业。1987年，该厂整体移址临安镇苕溪北路5号，厂区面积1.06万平方米。1997年，企业改制。1999年12月，宣告破产。2006年8月，由浙江天松集团有限公司通过拍卖形式收购临安苕溪北路厂区及房产。

【杭州无线电三厂】 该厂原为杭州市电子仪表工业公司所属企业，是电子工业部定点生产无线电测量仪器整机厂家，1965年3月在杭州炮台新村筹建。同年5月，迁至临安昌化镇，厂区面积为1.49万平方米。1970年12月，杭州市决定该厂体制下放归属临安县工业局。1974年2月，收归杭州市电子仪表工业局。1983年，改属杭州市电子仪表工业公司。该厂主要生产各种类型标准信号发生器、功率信号发生器、微电测量仪、微电频率计、电视差转机等。2000年8月，企业改制，由临安冶金设备成套制造有限公司整体收购。

【杭州机床厂临安分厂】 该厂原为杭州市重工业局所属企业，1970年，根据国家安排杭州机床厂在临安设立分厂，厂址在临安镇城南街8号（现为城中街102号），厂区面积8733.77平方米。分厂主要为总厂配套生产多型号平面磨床配件及小型台式钻床。1988年7月，临安分厂撤销，回迁杭州，厂区房产由杭州机床厂有偿转让给原杭州临安手表壳厂和临安县二轻供销公司。

（李东升）

国内贸易

商贸流通

【概况】 2009年，临安市出台《现代服务业发展三年行动计划》和《关于加快商贸与物流业发展的若干政策意见》，进一步加大商贸和物流业的政策扶持力度，专项资金增加到800万元。面对国际金融危机影响，“促消费、保增长”成为全年工作重点，市贸易局通过“杭州·临安百笋宴”、“激情五月·欢乐购物”、临安金秋购物节、临安山珍美食火锅节等活动载体，营造消费氛围，加强企业促销，引导居民扩大消费，推动全市商贸经济平稳较快发展。全年实现社会消费品零售总额62.08亿元，比上年增长15.6%，其中，城区35.66亿元，增长15.8%；农村26.42亿元，增长15.24%。

全市拥有限额以上商贸企业83家，实现零售额21.53亿元，增长10.38%。餐饮业零售额首次达到10亿元，增长15.94%。营业额超1000万元的餐饮企业5家，超200万元12家。汽车消费成为热点，全年新增汽车8589辆，比上年增长92.23%，平均每天新车上牌数超过23辆。二手车交易日趋频繁，全年二手车交易量突破5000辆，成交量明显高于往年。20家商品市场实现成交额43.52亿元，增长50.52%。其中，浙皖农贸城实现成交额12.06亿元，增长44.78%，成为全市首个成交额突破10亿元的商品市场。

全年在建商贸项目56个，实际投资总额5.05亿元。家政培训基地被列为浙江省服务业重大项目，当年投入资金3616万元，完成项目前期。昌化国石文化城开工，被列入杭州市第三批十大特色潜力行业重点扶持项目，年度投资额3000万元，完成一期工程的30%。

全年举办美容师、足浴师、营业员、女经理人、职业店长、农贸市场管理人员、农村连锁超市业主等培训班24期，参加培训835人，获职业资格证书244人。

【“杭州·临安百笋宴”活动】 2009年3月25日，临安市人民政府与杭州市贸易局联合在杭州吴山广场举办“杭州·临安百笋宴”活动，临安市贸易局、杭州市餐饮旅店业协会和杭菜研究会共同承办。临安市20余家餐饮企业参与，推出60个竹笋单品菜肴和10桌竹笋宴席套菜进行展示推介，杭州10家知名酒店确定为“临安百笋宴”特约消费酒店。新五洲大酒店用直径1.5米的大铁锅，烹煮咸肉春笋350余公斤，供杭州市民品尝。临安市贸易局发放餐饮消费抵价券100万元，吸引杭州市民到临安品尝笋菜；组织召开“杭州·临安农商对接洽谈会”，临安10余家农产品生产（加工）企业在吴山广场进行展销，并与杭州20余家商贸流通企业签订购销合作意向书。

【临安金秋购物节】 2009年9月25日至10月25日，市贸易局和市商业总会联合举办金秋购物节活动。开幕式当天，在人民广场举办“国庆”汽车展，现场成交和订购各类汽车110辆。通过《每日商报》组织杭州市民40余人，参加“临安休闲购物体验日”活动。购物节期间，来自汽车、餐饮、家电、土特产等行业的20家商贸企业进行整体促销，实现销售总额2.8亿元，同比增长39%。

【临安山珍美食火锅节】 2009年12月27~29日，在人民广场举办临安山珍美食火锅节。21家餐饮企业制作近百款特色火锅，以“流水宴”的形式供市民和游客品尝，60张餐桌天天爆满。火锅节客流量突破万人，用餐3172人，卖出各类特色火锅2508个。活动期间，消费者投票评选产生“临安十大特色火锅”，分别是咸肉春笋火锅、草猪肉火锅、南瓜石鸡火锅、浙西石板鱼干火锅、生态甲鱼火锅、马啸黄牛肉火锅、野兔火锅、雪菜郎儿火锅、农家豆腐火锅和农家小公鸡火锅。

【商业信用环境建设】 2009年9月，市贸易局开展“诚信兴商宣传月”活动，设计制作“诚信兴商”宣传标语和招贴画，在商场、超市、茶楼、酒店、美容美发等消费场所进行张贴，引导商贸企业树立诚信经营理念。市商业总会在人民广场向全市商贸企业发出“诚信兴商”倡议，并组织会员企业举行集体签名活动。11月，临安馨海健康·美·文化主题馆、山里山酒家、豪门足道和华祥食品有限公司被命名为杭州市“百城万店无假货”示范点。

【家电下乡工作启动】 为促进社会主义新农村建设、提高农民生活质量、扩大农村消费，根据国务院第36次常务会议精神，财政部、商务部、工业和信息化部联合印发《关于全国推广家电下乡工作的通知》（财建〔2008〕862号），决定在全国范围推广家电下乡工作，实施起止时间为2009年2月1日至2013年1月31日，暂定4年。2009年4月9日，临安市举办家电下乡工作启动仪式。全市建立家电下乡销售网点52家，覆盖乡镇（街道）11个。8月18日，开始实施家电以旧换新工作，落实家电以旧换新销售网点12家、回收网点9家。8月20~22日，分别在於潜镇、昌化镇、岛石镇举办家电、汽车“双下乡”巡展活动，组织企业下乡进村送政策、送产品、送服务。全年销售各类家电下乡产品2.03万台（件），位居杭州市七个区、县（市）首位，累计发放补贴资金447.1万元；家电以旧换新回收旧家电3099台，换新销售3041台。家电下乡和家电以旧换新全年销售总额5691.5万元，拉动社会消费品零售总额增长1.06个百分点。

【农村现代流通网络建设】 2009年，市贸易局继续巩固、规范、提升农村连锁经营，开展农村连锁超市示范店和优秀门店评选活动。全年新增农村连锁超市2家，总数378家，建立农村连锁超市示范店20家、优秀门店30家。高虹农产品市场、乐平农贸市场先后完成改造，新建昌化联盟农产品交易市场，美佳锦南综合农贸市场、城西菜场、浙皖农贸城3家市场创建为“清洁农贸市场”，美佳锦南综合农贸市场被命名为“杭州市绿色市场”。农村商贸服务业网点快速发展，全年新增批发零售、住宿餐饮、美容美发等各类商业网点532个。

【定点屠宰管理】 2009年，市贸易局开展定点屠宰执法检查600余次，出动检查2500余人次，立案查处违法屠宰案件22件，收缴销毁不合格肉品500公斤，监督屠宰场无害化处理3.34万公斤，处理病害（死）猪237头，召回质量有瑕疵肉品两批计90公斤。全市生猪进点屠宰量18.6万头，同比增长26.9%，城区和农村肉品上市合格率分别为100%和98%。市贸易局被确定为浙江省商务综合行政执法试点单位。

【於潜中心屠宰场建成】 根据《浙江省生猪定点屠宰厂（场）设置规划》要求，2009年，於潜中心屠宰场项目被列为市政府重点工作。8月9日，於潜中心屠宰场奠基。12月底，完成主体工程建设。该屠宰场位于於潜镇横山村，由於潜深山坞里肉类有限公司投资建设，总投资1000余万元，占地面积15亩，设计班产能力500头以上。

【银鑫百货开业】 2009年，杭州卓尔百货投资管理有限公司投资成立临安银鑫百货有限公司，租赁尚城国际1层~4层经营场地，开设中高档百货商场。该商场位于人民广场西侧，总投资8000万元，营业面积1.8万平方米，是全市最大的百货主题商场。9月30日，银鑫百货开业，主要经营中高档烟酒、手表、黄金珠宝、化妆品、服装、鞋包等。当年实现销售额1400余万元。

【方宜电器规模扩大】 方宜电器是临安市商贸服务业重点骨干企业，拥有临安旗舰卖场、桐庐连锁卖场、分水连锁卖场、新登连锁卖场、建德连锁卖场、联华超市联营、世纪联华联营、方宜电器中央空调工程8家门店。2009年，方宜电器再次扩大规模，在横潭村购置土地17亩，投资1200万元，建成家电物流配送中心，总建筑面积8000平方米。9月30日，方宜电器尚城店开业，经营面积4000余平方米，成为方宜电器的第九家连锁门店。方宜电器全年实现销售额1.49亿元，位居全市家电销售行业首位。

【小美容美发行业专项整治】 根据《国务院关于加强产品质量和食品安全工作的通知》（国发〔2007〕23号）精神，省政府决定从2008年始，在全省开展以农村为重点的“十小”行业质量安全整治，为期3年。按照《临安市“十小”行业质量安全整治与规范实施意见》（临政办〔2008〕71号）要求，2009年，市贸易局牵头开展小美容美发行业专项整治工作，制定实施《临安市小美容美发监管制度》，全年26个乡镇（街道）排查小美容美发整改对象372个，整治达标341家，达标率91.7%。

【首届新娘化妆造型技能比赛】 2009年4月28日，临安市举办首届新娘化妆造型技能比赛。比赛由临安市社会主义劳动竞赛委员会主办，市贸易局承办，市总工会、市劳动和社会保障局协办。6家婚纱摄影、美容美发企业的选手12人参赛，樊慧获新娘化妆行业状元、临安市职工经济技术能手、临安市职业技能带头人称号，周惠兰、张月红、金辉获临安市职工经济技术创新能手称号。

（巫九龙）

供销合作

【概况】 2009年，市供销总社机关工作人员列为参照公务员管理。市供销总社联合浙江省回收公司，出资组建临安市在线再生资源回收有限公司。全年市供销社系统实现销售总额11.23亿元，比上年增长10.47%；实现利润342万元，增长24%；上缴税金1655万元，增长66%；实现社会贡献额4806万元，增长10%。引进内资4275万元，实到外资59.55万美元，分别完成年度目标任务的142.5%和119.1%。

新建27家农资便利店，全市有农资便利店102家（其中直营店2家）和农资物流配送中心1家。新农资便利店和农资物流配送中心改造项目通过杭州市级考核验收。新建供销便民店12家，实现三年创建100家日用品连锁网点的目标任务（总数102家），全系统连锁超市日用品销售额3.5亿元，比上年增长7.28%。

销售各类盐产品1.4万吨，出动盐政检查607人次，查获涉盐违法案件2起，查扣非法盐产品13吨。储备各类化肥8000吨，其中尿素5500吨、复合肥1830吨；储备农药300吨；供应各类化肥和农药13.44万吨，供应额2.27亿元。临安市特产有限公司、临安市天风商业有限公司、临安市土产有限公司筹措收购资金4000余万元，收购蚕茧1021吨，占全市总产量的70%以上。

解决临安市盐业有限公司党组织建设和老干部待遇、临安市钱王大酒店有限公司经营机制改革、临安市日用杂品有限公司烟花爆竹经营权和出资人权益保障等突出问题。380余家烟花爆竹经营网点运营安全。投资2000万元、建筑面积8300平方米的昌化大卖场项目竣工。

举办第三届农产品经纪人培训班，参加培训70人。办理来信、来访18件次，比上年有较大幅度下降；承办市长公开电话6件。是年，市供销总社被评为全省供销社系统社务信息先进单位、杭州市爱国卫生先进单位。

【农民专业合作社平台建设】 2009年，市供销总社建立香榧、竹笋、辣椒、山核桃等6家专业合作社，全社领办参办各类专业合作社40家，入社农户3810户，建立基地34个，面积4.94万亩，带动农户5.12万户，带动农业产值1.11亿元。开展专业合作社增资扩股工作，市供销总社入股面、股本比例保持稳定，略有增长。绿叶笋干、燕村蚕桑、昌北山核桃3家合作社被评为浙江省示范性专业合作社；严家山花生、明山本草、昌北山核桃3家合作社被评为杭州市规范化专业合作社；牛上水果、大洋茶叶、横街水果3家合作社被评为杭州市中小专业合作社；呼日山核桃、九里植保等7家合作社被评为临安市级示范先进合作社。深宝山核桃专业合作社桐坞基地申报林业部门山核桃高效示范基地。

【钱王大酒店转变经营机制】 2009年，为改变行政化管理模式，实现现代企业制度管理，在公开、公平、公正的原则下，经过竞聘、综合评审等环节，钱王大酒店产生新一届总经理班子（3人）。7月1日起，新一届总经理班子缴纳80万元集体履约保证金，实行目标责任制经营模式，绩效与薪酬挂钩，明确经济责任，成本费用得到有效管控，经济效益明显提升。

（胡春沐）

粮食购销

【概况】 2009年，全市轮换市级储备粮油5974吨，新增成品粮储备340吨，储备规模1.95万吨。实行“订单粮食”政策，收购订单粮食1220吨，其中，晚籼谷831吨、晚粳谷389吨，订单合同履约率94%。加强粮食购销基地建设，从浙江湖州购入小麦1196吨，从安徽祁门、宣城、肥西等地购入稻谷3892吨。坚持“一符四无”（“一符”即账实相符，“四无”即无虫害、无变质、无鼠雀、无事故）粮仓建设，全年累计鉴定粮油7.15万吨，熏蒸处理虫害粮2万余吨；确定社会周转粮最低库存1140吨，兑现财政资助资金19万元。

【全国粮食清仓查库工作】 2009年，成立临安市粮食清仓查库领导小组，设立清仓查库领导小组办公室，制订《临安市清仓查库实施方案》。组织专项培训，安排专项资金购置清仓查库器材设备。4月1~5日，对全市17个储粮站点的1.9万吨市级储备粮进行自查。4月11~13日，杭州市粮食清仓查库普查小组对临安市粮食清仓查库自查情况进行普查，普查结果符合上级要求。

【中心粮库迁扩建工作】 2009年，临安市中心粮库迁扩建项目被列入浙江省重点项目。全年完成项目环境影响报告表、水土保持方案报告书、用地预审、用地规划等立项手续，完成土地征用、图纸设计、工程监理招标，落实土地指标65亩，累计完成投资1600万元，占总投资的24.5%。

【粮食批发市场】 2009年，临安市粮食批发市场粮食销售总量1.73万吨，其中，面粉3966吨、晚籼米5586吨、晚粳米6392吨、糯米1379吨，销售金额5281万元。食用油及油料销售总量1379吨，其中，菜子油543吨、豆油836吨，销售金额1078万元。

（徐文雄）

商品交易市场

【概况】 2009年，全市20家商品交易市场交易额43.52亿元（见表20），比上年增长50.52%，其中，超亿元市场8家。商品交易市场摊位、营业房总数4230个，市场经营户2635户，从业人员5700余人。

【汽车市场交易】 2009年，受扩大内需多项政策刺激，临安汽车交易市场兴旺，成交额猛增。华兴汽车城市场年成交额从2008年的2.32亿元增加到6.65亿元；华兴二手车交易市场从2008年的0.9亿元增加到2.11亿元。两家汽车交易市场成交额比上年增长172%，占全市20家商品交易市场总交易额的12.73%。

【开展“小菜场”整治规范工作】 2009年，临安工商分局对全市14家农村“小菜场”开展专项整治规范工作，其中，按要求整治规范到位6家、关闭1家、整治规范中2家。对纳入新建或改造提升的农贸市场，经验收合格，按实际新建或改建筑面积80元/平方米给予一次性补助。制订和完善经营户台账、食品安全责任书等市场相关管理制度13个。

【高虹农产品市场改建】 高虹镇有外来务工人员2.5万余人，高虹农产品市场原有的硬件设施和摊位设置已不适应实际需求。2009年，横畈供销合作社投资260万元，按临安农村农贸市场改造提升标准，对市场进行改建。市场改建后，有建筑面积1000平方米、摊位120个，摊位按划行归市的要求设置。

【青云竹笋市场评为一星级市场】 2009年，太湖源镇青云竹笋专业市场成交额超3亿元，被评为临安市一星级文明规范市场。2006年该市场建立后，为笋农提供较好的交易场所，解决当地交通堵塞问题，也吸引大批上海、江苏、山东、北京等大中城市的客商，市场成交量逐年增加，市场建成当年成交量9361万元，2009年成交量近3亿元。据统计，鲜笋收购期间，该市场经营户每天需包装工700余人、装卸工80余人，累计支付工资300余万元，支付运输费400余万元。因该竹笋市场鲜笋收购价比周边略高，吸引大量周边乡镇笋农投售。该竹笋市场的繁荣带动市场周边的餐饮业、旅馆业和商业经营，为当地发展农村第三产业、促进劳动力就业提供一个良好平台。中央电视台《聚焦三农》栏目曾专题报道该竹笋市场的发展情况。

20家市场商品交易情况

表20 单位：万元

市场名称	年成交额
合计	435295
天工商贸大厦	59400
江南日用品市场	22023
浙皖农贸城	120615
於潜集贸市场	67500
青云竹笋市场	31500
昌化城中市场	13382
锦天市场	3600
锦城小商品市场	1610
天目农特产品市场	2000
果品批发市场	4560
钱王家私市场	4100
二手货市场	1915
华兴汽车城市场	66523
青山消费品市场	7500
青云农贸市场	1611
昌化土特产市场	3587
横畈农贸市场	1075
华兴二手车交易市场	21139
美佳锦南综合农贸市场	590
高虹农贸市场	1065

（王　杰）

烟草专卖

【概况】 2009年，市烟草专卖局销售卷烟2.75万箱（一箱为250条），比上年下降5.51%；销售收入6.13亿元，增长3.46%；毛利1.93亿元，下降2.55%；利润1.53亿元，下降6.19%；税费0.39亿元，其中，国税0.32亿元、地税0.07亿元。全年查处各类涉烟违法经营案件117起；查获各类违法卷烟7826.2条，其中，假烟案38起、6416.5条，案值205.3万元。

704家卷烟零售客户使用网络订购，占客户总数的19.5%。统一示范店门头、灯箱、店内招示等，完成75家零售示范店建设。组织开展许可证延续换发工作，对4150户零售户许可证进行重新审理，对其中符合延续换证条件的3629户进行换证。修订《临安市卷烟零售点合理布局规定》。建立全员360度绩效考核管理体系，召开绩效管理现场会。开展廉情风险辨识、风险评价、风险控制策划，从流程上规范控制廉情风险，健全权力制约监督机制。按照“一体化”管理要求，成立杭州烟草工会临安分工会。全年各类捐款近60万元。

【办公楼改建工程竣工】 2009年8月，市烟草专卖局办公楼改建工程竣工，总投资近1000万元。该办公楼原为临安市物资总公司所有，建于1994年。1997年，在市政府协调下，市烟草专卖局与市物资总公司进行房产置换。次年，市烟草专卖局搬入该楼。2007年，市烟草专卖局（分公司）向省、杭州市烟草专卖局（公司）提出改建办公楼请示，获省烟草专卖局（公司）批复，并立项。2008年10月，该楼改建工程启动。

【网络卷烟销假案】 2009年，市烟草专卖局从一起卷烟违法记录中，发现一个以福建籍人为主的网络卷烟销假团伙，其活动地点在杭州市江干区彭埠镇一带。7~9月，市烟草专卖局会同杭州市烟草稽查大队、杭州市公安特警机动大队、临安市公安局，对该卷烟销假团伙7名成员进行抓捕，5名涉案人员被依法逮捕，2名涉案人员被刑事拘留，捣毁假烟窝点10个，查获假冒卷烟2937.5条，涉案价值104.13万元。

（戴海芸）

医　药

【概况】 市医药药材有限公司主要经营药品批发业务，公司内设临安区内业务分公司、临安区外业务分公司、临安中药饮片销售分公司、昌化业务销售分公司、於潜业务销售分公司。2009年，在医改新政策出台和医保基本药物目录全部实行统一招标及医院实行零利率形势下，公司各部门寻找药品厂商合作参与投标竞标，获浙江省内（除舟山外）所有市县的药品招标供应商资质，取得临安所有医疗机构基本药物配送供应权。

公司全年实现销售额2.3亿元，比上年增长9.5%；实现利润607万元，增长60%；上缴税金352万元，增长23%。通过省药品监督管理局药品许可证换证检查，取得新一轮药品经营许可证。投资100万元，建造300平方米煎药房，为医院煎药5万余包。公司职工平均年工资增幅10%。是年，公司获杭州市创建和谐劳动关系先进集体、杭州市社会责任建设先进企业称号，公司投资的杭州华东中药饮片有限公司被评为杭州市农业龙头企业。

（张玲建）

□ 小资料

临安市部分机关单位、群众团体、社会团体、金融机构和主要企业简称、全称对照一览

简　称	全　称
省科创基地	省科研机构创新基地
市委	中共临安市委员会
市委办	中共临安市委员会办公室
市纪委	中共临安市纪律检查委员会
市纪委办	中共临安市纪律检查委员会办公室
市人大	市人大常委会
市人大办公室	市人大常委会办公室
市政府	市人民政府
市政府办	市人民政府办公室
市政协	政协临安市委员会
市政协办	政协临安市委员会办公室
市政法委	市委政法委员会
民进市委员会	中国民主促进会临安市委员会
农工市委员会	中国农工党临安市委员会
市信访局	市委、市政府信访局
市农办	市委、市政府农业和农村工作办公室
市人武部	市人民武装部
市法院	市人民法院
市检察院	市人民检察院
市机关党工委	市委直属机关工委
市发改局	市发展和改革局
市经发局	市经济发展局
市国土局	市国土资源管理局
市环保局	市环境保护局
市劳动局	市劳动和社会保障局
市水电局	市水利水电局
市科技局	市科学技术局
市外经局	市对外贸易经济合作局
市机关事务局	市级机关事务管理局
市文广新局	市文化广电新闻出版局
市药监局	市食品药品监督管理局
市旅游局	市风景旅游局

(下转第160页)

旅　　游

概　述

【概况】 2009年，市风景旅游局按照《临安市现代服务业三年行动计划》工作要求，以打造长三角地区环境优美、布局合理、功能完善的旅游休闲度假基地为目标，实施旅游产业提升工程，加强旅游宣传力度，加大旅游项目建设投入，强化行业管理。

全市共有旅游景区（景点）19家，其中AAAA级景区4家；星级宾馆饭店14家，其中三星级酒店4家；旅行社21家，“农家乐”经营户600余户。全年接待游客523.48万人次，比上年增长8.74%。景区接待游客304.8万人次，增长8.54%；门票收入1.05亿元，增长10.08%。“农家乐”接待游客96.35万人次，增长14.53%。实现旅游综合收入28.5亿元，增长17.8%。完成临安市人民代表大会提出的三项旅游经济指标。市旅游局引进内资1.21亿元，完成任务的172.5%；引进外资205万美元，完成任务的120.6%。是年，市风景旅游局被杭州市旅游委员会评为统计工作先进单位。

旅游促销

【概况】 2009年，市风景旅游局围绕“春乐临安”亲情大迎宾、“醉美临安”乡村体验游两大主题，策划举办“千人快闪　畅游临安”网络互动、“快乐乡村游”、“清凉嘉年华”、“百年双喜百对新人——源起长三角　情系太湖源”、“品临安鲜笋　游临安山水”哈尔滨专题推广等一系列活动。纳入大杭州的旅游城市形象宣传片在中央电视台播出；中央电视台四套《走遍中国》栏目制作并播出《“灵异”天目古树》、《大明山寻宝》等专题片；上海东方卫视《看东方》、杭州电视台《生活大参考》、杭州电视台新闻频道对柳溪江、东天目山、钱王陵园相关活动进行直播；在《浙江日报》旅游周刊、《休闲杂志》、《今日早报》、《上海申江服务导报》等11家平面媒体和19楼空间（www.19lou.com）、驴妈妈（www.lvmama.com）、临安新闻网、浙江在线等网络媒体进行专题宣传；首次在上海公交车上投放“森林度假　杭州临安”车身形象广告。

【天目山与阿里山结为姐妹山】 2009年2月24日，由市风景旅游局和台湾嘉义市观光协会主办，浙江天目山国家级自然保护区管理局、省台湾事务办公室承办的“杭州天目山——台湾阿里山缔盟姐妹山”签约仪式在天目山举行，天目山与阿里山结为姊妹山。杭州市副市长佟桂莉、浙江省旅游局局长赵金勇、浙江省台办副主任邵建伟等参加签约仪式。天目山是联合国教科文组织国际生物圈保护区网络成员、国家级自然保护区、国家AAAA级旅游景区，素有“江南奇山”、“大树王国”、“物种基因宝库”之称，又是集儒、释、道于一体的文化名山。森林景观以“高、大、古、稀、多、美”而称绝，其中银杏、柳杉、金钱松、天目铁木为天目山古森林“四绝”。阿里山以神木、樱花、云海和日出四大奇观闻名遐迩，是台湾最热门的森林游乐区与游憩景点。两山在生态环境、植被分布及气候、人文地理等环境上有很多相似之处，在旅游资源方面具有很强的对接性和互补性。4月，第一批台湾客人到天目山旅游。“莫拉克”台风袭击台湾期间，临安市举行“游天目山献爱心给阿里山”活动，募集善款5.8万元。

【第五届浙西旅游合作峰会】 2009年11月10日，以“走进浙西　享受健康”为主题的第五届浙西旅游合作峰会在临安举行。杭州市副市长张建庭，临安市领导邵毅、钟文静、陈伟民及江浙沪70余家旅行社和50余家媒体代表参加此次活动。市委副书记、市长王宏主持会议。浙西五县（市）（临安市、富阳市、建德市、桐庐县、淳安县）分管县（市）长向各旅行社和新闻媒体代表作“走进浙西　享受健康”的主题演讲。五县（市）旅游局长签署《加大浙西旅游品牌建设合作书》。峰会还推出10条“接轨世博浙西健康旅游”推荐路线，并对上海大通等10家旅行社和天目山等浙西五县（市）10个景区进行表彰。

【大型雅集】 2009年11月10日，“陌上花开　禅茶乐石”雅集在钱王陵园举行，参加浙西旅游合作峰会的代表参加此次活动。雅集分为衔花临境、禅意幽深、尺八传情、赏石鉴宝、调琴啜茗五个篇章，由中国著名茶文化学者陈文华、著名尺八演奏家杜如松、著名石雕艺术家吴寿淼和灵隐寺戒清禅师分别担任“禅、茶、乐、石”代表。禅意，以钱王纳土归宋为例，介绍浙西佛教的渊源；茶品，吟诗、唱曲推介浙西茶品；听乐，通过天目尺八的介绍，引出以尺八领弦的民乐合奏；赏石，大红袍鸡血奇石亮相，学者专家介绍昌化石、鸡血石在中国印石界的地位和特色。“禅、茶、乐、石”大型雅集把临安的禅宗文化、茶文化、乐文化、石文化与旅游充分融合，展示临安的文化和物产。

【旅游消费券】 2009年，市风景旅游局通过直邮、网上申请等各种途径向客源市场发放临安旅游消费券，共发放价值50元/套的临安旅游消费券20万套（计1000万元），其中随杭州旅游券发放10万套，主要面向上海、江苏、浙江等长三角主要客源市场。在哈尔滨、长春、重庆、广州、深圳等长线市场发放1万套。全市旅游消费券商家全年收到杭州旅游消费券1.79万张（每张面值为10元），临安旅游消费券1.45万张（每张面值10元），共3.24万张。

【“千人快闪　畅游临安”活动】 2009年3月21日，由市政府主办，市风景旅游局和19楼空间网站共同承办的“千人快闪　畅游临安”主题活动在杭州黄龙旅游集散中心广场举行。临安市政府领导向杭州市25个社区代表发放价值30万元的临安旅游消费券，并为通过网络募集的“闪客”1000人派发临安旅游大礼包，每位“闪客”获50元临安旅游消费券和景点免费门票1张。开幕式后，“闪客”（是指做Flash的人，也指经常使用flash的人）集结，高声喊出“我要去临安”，随后奔赴临安。3~5月，临安市部分景区推出一些特色活动，主要有西天目山景区“首届中国欢乐赶春节”、东天目山景区“中国·东天目山第一届酷跑节”、白水涧景区“第五届春笋节”、大明山景区“泡春吧”等。

【上海、常州促销活动】 为尽快启动旅游客源市场，2009年3月10~11日，市风景旅游局组织旅游企业赴上海、常州进行“春乐临安”春季旅游亲情大推介活动。通过进社区召开新闻发布会等形式，邀请两地近300余家旅行社、50位社区代表和50余家新闻媒体参与推介活动，向社区代表及组团旅行社赠送价值350万元的临安旅游消费券。其间，《常州日报》、《上海劳动报》、《新民晚报》对临安市副市长陈伟民及临安市风景旅游局局长李红樱进行专访。

【“醉美临安”体验游】 2009年4月25日，“醉美临安”体验游启动仪式在东天目山景区举行。该活动由临安市政府、杭州文化广播电视集团主办；市风景旅游局、杭州电视台综合频道、太湖源镇政府承办，以“迎着鸟语花香，去临安聆听乡村故事，在森林中放飞美丽心情”为主题。启动仪式现场，由杭州电视台和杭州国际旅行社招募的游客观看当地民俗文艺节目，体验磨豆腐、酿土酒、打年糕、炒茶叶、烘笋干等农事活动。“醉美临安”体验游活动时间为1个月。其间，各大景区推出特色体验游活动，主要包括神龙川御茶节、太湖源野猴节、天目山赶春节、天目山冰川石寨游乐节暨天目青顶采摘游、大明山户外运动月、柳溪江万人漂流大会、天目大峡谷露营相亲野炊大会、瑞晶洞观花节等。

【“醉美临安”清凉嘉年华】 2009年7月11日，“醉美临安”清凉嘉年华开幕式在柳溪江景区下码头沙滩举行。该活动由临安市政府主办，市风景旅游局、杭州电视台综合生活频道承办。开幕式以VCR的形式展示“醉美临安”的戏水和美食，并穿插竹筏对歌、竹竿舞、板鞋舞、烧烤等观众参与性活动。有关景区同时推出以“嬉水纳凉”为主题的系列活动10余项，主要有天目大峡谷冰川纳凉节、东天目山溯瀑挑战赛、青山湖夜游风情节、浙西大峡谷有奖之旅等。

【“品临安鲜笋　游临安山水”专题推广活动】 2009年3月，由省林业厅主办的“浙江笋竹产品东北行”活动在黑龙江省哈尔滨市举行，全省近30个县（市、区）组团参加。该活动包括竹笋菜肴厨师培训班、烹饪大奖赛、专题推介会、百人共享竹笋宴、笋竹产品实物展示、20位县（市）长超市销笋等内容。临安市委副书记、市长王宏带领旅游、林业等有关部门和8家笋、竹产品加工企业参加此次活动，开展“品临安鲜笋　游临安山水”专题推广活动，除展销笋竹产品外，向当地群众发放价值20万元的旅游消费券。

规划建设

【概况】 2009年，全市有重点旅游项目9个，计划总投资22.19亿元，完成投资1.65亿元。其中，重点实施项目有天目山综合保护工程、青山湖酒店资源整合项目、金沙湾大型户外拓展基地、剑门十八瀑旅游区项目、中海云雾山庄，重点预备项目有湍口众安氡温泉度假酒店项目、河桥休闲农业观光园、浙西大龙湾新农村旅游综合体项目、佳都天目乐园项目。编制完成《潜川镇青山殿区域旅游发展规划》、《杭徽古道浙川旅游发展规划》等。太湖源镇、清凉峰镇被浙江省旅游局被评为2008年度省旅游强镇。天目山景区游客中心、龙凤尖厕所被评为三星级旅游厕所；天目山景区开山老殿、柳溪江景区停车场、白水涧景区游客服务中心厕所被评为二星级旅游厕所。

【青山湖西岸酒店整合项目动建】 青山湖西岸酒店整合项目即青山湖“郡原·美树”项目，位于锦城街道泥山湾，投资主体为青山湖圣元（杭州）置业有限公司，2009年底动建。项目总投资5800万美元，其中酒店及配套设施1.2亿元；项目规划用地268亩，其中酒店及配套设施用地22.3亩；总建筑面积8.29万平方米，其中酒店及配套设施1.19万平方米。

【天目山市政基础设施改造工程实施】 天目山市政基础设施改造工程是天目山综合保护工程组成部分之一，项目总投资4450万元，主要对天目山禅源寺景区及周边区域道路等基础设施进行改建。2009年，完成全线道路水稳层浇筑及南大门至进山门全线管道铺设，完成投资4277万元。

【湍口众安氡温泉度假酒店奠基】 湍口众安氡温泉度假酒店项目占地面积150亩，建筑面积3.8万平方米，分酒店主体区、会议及餐饮区、温泉浴场区、体检康复中心及体育活动区、套房及会馆区等8个区块，由杭州临安湍口众安氡温泉度假酒店有限公司投资兴建，计划总投资1.57亿元。2009年9月26日，该酒店举行动工仪式。

【河桥休闲农业观光园动建】 河桥休闲农业观光园位于河桥镇秀溪村，由杭州宁远农业技术开发有限公司投资开发，开发区域2.6平方公里，核心区面积660亩，总投资6800万元，其中一期投资2800万元。该观光园以“名优果树种植、清水鱼养殖”为特色，主要包括入口服务区、农业教育区、亲水娱乐区、农耕体验区、休闲度假区、经济林培育区六大区块。2009年，基本完成项目前期，水保、环评、立项已批复；完成河道整治，建成滨水餐厅茶室，完成木屋A区、B区建设，上岙畜牧小区动工建设，清水鱼养殖基地部分完成，完成苗木种植3500株。

【金沙湾大型户外拓展基地试营业】 2009年10月1日，金沙湾大型户外拓展基地对外试营业。该拓展基地于2008年7月动工建设，累计投入资金3000余万元，完成接待中心、彩弹管理中心、拓展中心、军训场四大接待主体及停车场、餐厅、客房、水电通讯、环保等配套设施建设。9月28日，该项目通过相关职能部门的联合验收。

【剑门十八瀑旅游区项目动建】 剑门十八瀑旅游区项目即原石长城景区提升改造项目，规划总面积2400亩，计划总投资1.02亿元，分剑门（小石门）、虎门（大石门）、龙门（十八龙潭）3个风格各异、功能独立的景点。整个开发建设周期为8年，2009~2011年为近期。2009年“8·5”洪灾中，新建的和原有的游步道、凉亭等基础设施冲毁殆尽。至年末，剑门、龙门接待中心和龙门区消防通道、游步道等动工建设，剑门伴天居栈道完成修建，完成投资2072万元。

【临安旅游信息咨询中心成立】 为提升临安旅游接待服务质量，满足现代旅游人个性化旅游方式的需求，2009年10月10日，临安旅游信息咨询中心成立。该中心主要承担信息咨询、宣传窗口、投诉接待、应急援助等功能，并与浙西旅游集散中心合作承担咨询后的延伸服务功能。临安旅游信息咨询中心为民办公助性质的公益性服务企业，不从事非业务范围内的有偿服务活动，市风景旅游局负责对中心的考核、检查、管理工作。

行业管理

【概况】 2009年，市风景旅游局以“和谐旅游·阳光行动”品质服务为主题，宣传贯彻《旅行社条例》，规范旅行社年检和导游的年审、星级宾馆饭店复核复评等工作。全年举办乡镇（街道）旅游分管领导业务培训、旅游从业人员培训等31期，培训人员2833人次。组织16家旅行社导游参加杭州市金牌导游大赛，新世纪旅行社袁金辉和东美航空旅行社唐梅红获杭州市金牌导游员称号，新世纪旅行社卞婷婷获杭州市文明导游员称号。组织参加杭州优秀旅游纪念品评选活动，莲龙斋鸡血石商行的昌化石首饰纪念品和森瑞竹制品公司的竹制品分别获杭州优秀旅游纪念品评选金奖和铜奖。杭州中都青山湖畔大酒店申报五星级酒店工作上报省旅游局审核；浙江国际旅游集团公司以柳溪江为母体的上市工作初步完成前期准备，计划上报国家证监会；天目山创建国家AAAAA级景区工作接受国家旅游局组织的旅游资源价值评估检查；大明山创建国家重点风景名胜区工作纳入杭州“两江一湖”规划，报送建设部。

全年召开旅游安全工作会议9次，下发、转发旅游安全生产文件20个。编发《临安旅游安全质量管理规范手册》、《临安旅游安全小贴士》和《旅游安全防范与应急救护手册》10万余份。全年发生游客意外伤亡事故3起。制订《临安市旅游行业安全生产奖罚制度》和《旅游安全生产保证金制度》，建立黄金周机关人员不休假联系企业制度、旅游安全生产情况书面月报告制度和旅游质监联络员节假日开展体验式安全检查制度，完善全市景区安全责任人网络和安全隐患分级制等工作机制。全年开展部门联合检查4次、专项检查47次，累计查出安全隐患258处，整改率100%。

【天目山创AAAAA级景区工作】 天目山是国务院首批公布的国家级自然保护区，2002年被国家旅游局命名为国家AAAA级旅游景区。2004年起，天目山实施综合保护工程，对景点、游步道、上山公路、游客中心及一些基础设施等进行重点改造。2007年，天目山实施创建国家AAAAA级景区准备工作。2008年5月，市政府组织旅游、交通、卫生、环保等部门召开天目山景区创建国家AAAAA级景区工作动员大会。2009年，天目山创建工作列入《政府工作报告》。8月5~6日，杭州市旅委副主任周志平到临安指导创建工作。9月初，浙江省旅游局副局长朱红炜到临安指导创建工作。9月下旬，天目山接受国家旅游局对景区的资源价值评价检查。

【乡镇分管旅游领导业务培训班】 2009年5月19~22日，市风景旅游局与市委党校联合举办乡镇分管旅游工作领导业务培训班，邀请浙大旅游规划设计院教授程玉申、杭州旅委规划处处长赵弘中讲解旅游形势、旅游发展趋势等，市安监局、市风景旅游局相关人员参加安全管理、旅游资源等培训授课。培训班安排学员到河南考察学习。各乡镇（街道）分管旅游领导及专管员30人参加培训。

【饭店技术比武活动】 2009年11月26日，全市饭店服务人员技能竞赛在青山湖中都大酒店举行。比赛分餐厅中式摆台和客房中式铺床两组，全市9家饭店48人参加竞赛。经过笔试和操作比赛，临安大酒店孙婷获餐厅中式摆台一等奖，钱王大酒店林洁、大世界酒店黄美仙获二等奖；中都大酒店周海燕获客房中式铺床一等奖，中都大酒店叶慧旭、牵手驿家酒店毛建芬获二等奖。

【醉芳园成为杭州休闲生活体验点】 2009年8月，杭州市旅委开展“乐生活·悦杭州”——首批杭州休闲生活体验点评选活动。杭州市有292家商户报名参选，经过企业征集、公众投票、市民体验、专家投票、社会公示等环节，最终评定150家，醉芳园为临安唯一一家。醉芳园位于锦城街道钱王铺村，占地面积30余亩，可提供餐饮、休闲、娱乐等服务。

乡村旅游

【概况】 2009年，全市乡村旅游以打造品质“农家乐”和“农家乐”生活污水处理为重点。全市累计有18个重点村完成“农家乐”生活污水处理工程建设，完成率86%，470户“农家乐”经营户实现截污纳管，占全市经营户比例的78%，清凉峰镇白果村等7个村通过杭州市乡村休闲观光旅游业污染治理项目考核验收。在“农家乐”品牌创建中，潜川镇青山殿村被评为浙江省“农家乐”特色村，高虹镇龙上村和大峡谷镇五星村创建成为浙江省特色旅游村，太湖源镇白沙村、临目村、东天目村和西天目乡天目村被评为杭州市民“最喜爱的乡村旅游点”，太湖源镇白沙村太湖源农家院和临目村双溪饭店被评为杭州市十佳“妇”字号“农家乐”。

（刘智燕）

（方志恩　绘）

财政·税务·金融

财　政

【概况】 2009年，全市实现财政总收入25.51亿元，比上年增长13.6%。其中，地方财政收入14.04亿元，增长20.4%；地税各项收入17.37亿元，增长9.6%。全年完成财政支出18.95亿元，增长27.9%，其中，一般公共服务支出3.34亿元，增长6.8%；公共安全支出1.3亿元，增长15.4%；教育支出4.63亿元，增长22.7%；科学技术支出8223万元，增长19.2%；文化体育与传媒支出3290万元，增长24.1%；社会保障和就业支出1.64亿元，增长28.8%；医疗卫生支出1.43亿元，增长20.6%；环境保护支出7473万元，增长33.8%；城乡社区事务支出9241万元，增长38.3%；农林水事务支出2亿元，增长48.1%。全年财政实现收支平衡，略有节余。

安排工业发展专项资金6000万元，向上争取工程建设领域资金2.51亿元，向上争取和市本级兑现技改贴息、科技创新和循环经济等专项资金1.11亿元。国税、地税审核办理各类减免税2.75亿元，退税1.16亿元，出口退税3.9亿元。落实各类支农资金3.7亿元，向上争取各类涉农补助资金1.9亿元，通过农业综合开发2006~2008年项目国家级验收，总投资2092万元的2009年度3个农业综合开发项目和总投资5972万元的2010年度5个农业综合开发项目实施申报工作。

【预算管理改革】 2009年，市财政局健全预算编制、执行、监督一体化运行机制，细化一般预算、专项预算和基建项目预算编制，修订完善行政事业单位会议费、接待费、差旅费和办公设备配备标准，尝试对市人口和计划生育局、市安全生产监督管理局预算编制、执行的跟踪监督，探索公益类事业单位“花钱办事”管理机制。健全以单位自评为主、财政抽评为辅的绩效评价体系，开展对工业科技创强、农业产业化和重点项目等2.75亿元资金的绩效评价。

【政府非税收入管理】 2009年，市财政局取消、暂停、降低行政事业性收费项目103个，全市行政事业性收费收入2.18亿元，比上年下降9%；各类罚没款收入4678万元，下降26.0%。全市政府性基金收入19.62亿元，完成预算的151.7%，增长120.1%。其中，教育费附加与地方教育费附加收入2856万元，增长0.9%；地方水利建设基金收入3575万元，增长1.2%；国有土地使用权出让金收入17.91亿元，增长131.6%。全市社会保险基金收入5.09亿元，增长7.9%。

【财政支出管理】 2009年，市财政局执行公用经费压缩5%、专项经费“零增长”、出国费用缩减20%和公务用车购置冻结一年等规定，控制一般性支出过快增长，压缩政府运行成本，保障和改善民生需求。全年一般公共服务经费支出3.34亿元，增幅同比回落4.9个百分点，低于一般预算支出的21.1个百分点。实施义务教育教师工资绩效改革，提高中小学生人均公用经费标准，免除城乡义务教育阶段学生课本费、作业本费。全年新农村建设、科教文卫、社会保障、生态环保和平安创建等民生保障支出13.83亿元，增长26.9%，占一般预算支出的72.9%。

【财政监督管理】 2009年，市财政局制定《临安市土地储备中心财务管理办法》、《临安市土地开发整理资金管理暂行办法》，促进土地开发整理资金、土地储备资金的规范化管理。制订《临安市社区卫生服务机构“收支两条线”试点工作实施方案》，板桥乡社区服务中心列入全省试点单位。开展对财税政策执行、“小金库”专项治理、财政专项资金使用和乡镇(街道)财政财务管理等监督检查。加强政府采购监管，全年预算采购资金1.28亿元，实际采购资金1.11亿元，资金节约率13.2%。规范政府性投资项目全过程管理，全年委托中介机构对59个项目进行审价，送审资金1.39亿元，净核减工程造价1325万元，核减率9.6%。贯彻《临安市现代会计管理新模式实施方案》，全年培训财会人员6600人，查处无证上岗82人，对719人下达扣分通知书。

【出台财政扶持政策】 2009年，市财政局会同市有关部门制订《关于深入实施工业强市战略，加快工业经济发展的若干意见》、《关于增强工业科技自主创新能力的若干政策意见》、《关于加快商贸与物流业发展的若干政策意见》、《关于加快旅游业发展的若干政策意见》、《临安市创业投资引导基金管理暂行办法》、《临安市中小企业贷款风险补偿资金管理暂行办法》、《促进我市房地产市场健康发展的若干意见》和《临安市现代服务业发展三年行动计划》等，出台扶持工业经济发展“18条”措施，政策性减轻企业负担8522万元。

【《临安市级预算单位公务卡制度改革方案》出台】 2009年6月，市政府出台《临安市级预算单位公务卡制度改革方案》，明确公务卡开立、管理、使用范围和报销流程。公务卡是预算单位工作人员持有，主要用于日常公务支出和财务报销业务的贷记卡，使用公务卡进行公务支出后，持卡人应当同时提供报销凭证（发票）和银行卡付款单据（POS机小票），预算单位按照规定的财务报销程序进行审批，与银行消费信息核对无误后，将资金从预算单位零余额账户划转到公务卡账户。同时，由代理银行将相关支付信息导入国库集中支付系统，预算单位根据导入的支付信息生成支付申请，并将上述报销单证作为原始凭据一并登记入账，向会计核算中心办理结报手续。

【财政国库集中支付制度改革试点】 2009年11月，市财政局制订《临安市财政国库管理制度改革方案》，并选取市卫生局、市水利水电局等5家单位作为改革试点。建立国库单一账户体系，规范收支缴拨类型、方式和程序，完善用款计划制度，将所有财政资金纳入国库单一账户体系管理，收入直接缴入国库单一账户或财政专户，支出分别采取财政直接支付和财政授权支付方式，通过国库单一账户体系支付到商品和劳务供应者或用款单位账户。全年受理、批复单位用款706万元，其中，直接支付578万元、预算单位财政授权支付128万元。

【建立财政支农资金稳定增长机制】 2009年12月，市财政局出台《关于建立财政支农资金稳定增长机制的意见》，加大水利资金清欠力度，规范水资源费和农业土地开发金的征收和使用，将农业土地开发金纳入财政预算；从土地出让净收益中提取8%用于全市新农村建设，将耕地占用税征收标准提高后新增地方财政留成部分用于支农支出，提高国有土地有偿使用净收入用于支农支出的比例；探索“民办公助”方式，采取“以奖代补”等多种形式，引导农民自愿筹资和投工投劳，参与农业基础设施建设；建立信贷风险抵御机制，加大财政贴息力度，设立风险补偿金，引导各类金融机构增加对“三农”的信贷投放。全年落实各类支农资金3.7亿元，向上争取各类涉农补助资金1.9亿元。

【国有资产管理】 2009年，市财政局制定《临安市行政事业单位出租房管理办法》，行政事业单位营业房出租出让实行集中统一公开办理。推进国有林地清理工作，完成实地测绘等基础性工作。按公开、公正、公平原则对市振兴担保公司、天目拍卖行等国有股权进行转让，全年共处置国有资产5915万元。完善《临安市国有资产投资（控股）有限公司经营者绩效考核办法》，筹建临安市交通投资有限公司、临安市基础设施投资发展有限公司。加强对政府性债务规模、借贷资金周转和借款资金使用等监管，防范财政债务风险。

（崔　超）

地　税

【概况】 2009年，全市地税系统组织各项收入17.37亿元，比上年增收1.52亿元，增长9.6%，其中，地方税收收入11亿元，增收1.13亿元，增长11.5%。

全年落实涉及营业税、企业所得税、城镇土地使用税等30多个项目的各类减免税优惠政策，为975家企业减免税款6552万元；办理企业所得税税前扣除事项128家，税前扣除应纳税所得金额1.31亿元。落实社会保险费集中减征政策，减征社会保险费4601万元；实行水利建设专项资金和残疾人就业保障金减免政策，减免472万元。实施“税收+会计”的稽查模式，制定《临安市地税局税务行政处罚自由裁量权规则》和《临安市地税局税务稽查案件质量检查制度》，开展对建筑安装、医疗卫生、旅游业、连锁超市和教育机构等税收专项检查，全年检查各类企业356家，查补税款罚款2250万元，曝光案件6件，查处大案要案5件。

【税（费）源监控管理】 2009年，市地税局建立城镇土地使用税税源动态管理长效机制，出台《临安市地方税务局企业投资者信息管理办法》，制定营业税分行业管理办法，与国税部门实现重点企业销售收入数据比对分析，实现税收计划管理网上流转。加强税（费）源的调查、分析、预测和监控。全市税（费）源监控企业625家，监控面72%以上，实施税收政策执行绩效评价办法，堵塞税收管理漏洞，全年征收纯地税收入6.8亿元，增长20.7%。

【社会保险费征缴】 2009年，市地税局制定《临安市地税局社会保险费费源管理办法》，完善社会保险费“五费合征”(即基本养老保险费、基本医疗保险费、失业保险费、工伤保险费和生育保险费)征缴机制，实施税费比对分析，压缩陈欠。全市社会保险基金收入5.09亿元，比上年增长7.9%。其中，基本养老保险基金收入3.26亿元，增长2.5%；失业保险基金收入2105万元，增长9.5%；基本医疗保险基金收入1.37亿元，增长17.9%；工伤保险基金收入1701万元，增长64.5%；生育保险基金收入246万元，增长9.8%。企业职工养老保险金支付能力由上年的24.78个月提高到27.97个月。

【办税服务大厅标准化建设】 2009年，市地税局制订《临安市地税局办税服务大厅标准化建设项目实施方案》，梳理办税服务厅服务项目、业务流程、窗口设置、功能区划分、制度建设、环境设施等工作，优化办税服务大厅资源配置，实现网上办税系统功能由“网上申报”向“网上办税”转化，鼓励纳税人使用预约扣税、预约登记、发票预约领购、发票预约缴销等功能，实现网上发票使用情况明细导出、发票发售信息导入、网上在线调查、扣款凭证网上打印和代征代扣手续费网上支付等。实施“12366”语音服务热线平台建设，全年接受语音咨询200余人次。

【企业减负“春雨”专项行动】 2009年，市地税局定期召开税政例会，讲解研发费加计扣除、小型微利企业、高新技术企业等税收优惠政策。走访全市重点骨干企业，关注企业在新税法实施环节涉及的财务和税收问题，帮助企业防范财务风险。完成17家高新技术企业认定服务工作，调查走访货运、广告、物业管理等多家代理服务企业及涉及分离服务业形成主辅分离的有关工业企业，宣传营业税差额征收政策。企业社会保险费缴纳比例实行临时性下浮，将用人单位的基本养老保险费率从17%降至15%，对企业所属2月份费款进行集中减征，按政策规定和审批权限，受理、报批各项减免税费申请463家次，涉及减免税费项目26项，依法给予减免税收优惠2548万元。

【分离发展服务业工作】 2009年，市地税局制订《临安市财政地税局推进企业分离发展服务业工作三年行动计划》与《临安市财政地税局推进企业分离发展服务业工作绩效评价实施意见》，报送市政府出台实施《临安市关于推进企业分离发展服务业工作实施意见》，在办理工商登记、评优认定、财政补助、考核奖励、信用贷款、税收减征等方面予以政策优惠，鼓励企业实施分离发展服务业。全年分离企业7家，超过任务数1家。

（崔 超）

国 税

【概况】 2009年，市国税局组织税收收入14.1亿元，同比增收1.68亿元，增长13.58%；完成财政收入12.05亿元，完成计划的102.4%，同比增收1.2亿元，增长11.11%。完成全年收入计划和财政收入目标，国税收入实现与经济协调增长。

办理一般纳税人购进机器设备抵扣进项税1052户，抵扣进项税额9214万元。办理出口退税6.1亿元（含调库2.2亿元），增长4.56%。办理各类政策性退（免）税2.06亿元，其中，企业所得税征前减免8497万元（含支持高新技术企业减免683万元），扶持残疾人就业减免8622万元，综合资源利用减免1254万元，小排量车辆购置税减免1314万元。

【出口退免税提速】 2009年，根据上级文件精神，市国税局整合岗位责任体系，加快审核审批进度。开展“出口退税相关事宜提醒”活动，在办理出口认定、出口退税申报、退关退运、遗失单据凭证补办证明、延期申报审批等过程中，简并资料种类，将退税时间由45个工作日压缩到30个工作日以内，实现“当月申报、当月审核、当月退税”的目标，服务外向型经济。

【国税大要案查处】 2009年，市国税局对临安市志通电器厂和杭州钱王机械有限公司的偷税行为作出补缴处罚决定。经查实，临安市志通电器厂从2008年2月至12月，采取隐匿销售收入不申报纳税的方式，逃避缴纳税款，隐匿产品销售收入109.43万元（含税），逃避缴纳增值税15.9万元。2009年1~3月，隐匿产品销售收入5.62万元（含税），逃避缴纳增值税8175元。合计隐匿销售收入115.05万元（含税）未申报纳税，逃避缴纳增值税16.71万元。依据有关法规，追缴该企业少缴的增值税16.71万元，加收滞纳金6203元，决定对该企业处罚款8.35万元，补税、罚款、滞纳金合计25.69万元。

杭州钱王机械有限公司采取隐匿销售收入不申报纳税方式逃避缴纳税款。2008年1月至2009年7月，销售废铁收入7.89万元（含税）未计销售申报纳税，逃避缴纳增值税1.14万元。2007年1月至2009年6月，产品销售收入83.29万元（含税）未开具发票入账申报纳税，逃避缴纳增值税12.1万元，合计隐匿销售收入91.18万元（含税）未申报纳税，逃避缴纳增值税13.24万元。依据有关法规，对该企业少缴的增值税加收滞纳金2.12万元，处罚款6.62万元，补税、罚款、滞纳金合计22万元。

（徐婧静）

银 行

·人民银行临安市支行·

【概况】 2009年，全市金融业发展速度加快，人民币存贷业务大幅增长，信贷资产质量持续好转，经营效益保持稳定。年末全市金融机构人民币各项存款余额226.22亿元（人民银行临安市支行统计口径），比年初增加47.4亿元，比上年多增12.15亿元，增长26.51%，同比上升1.96个百分点。其中，居民储蓄存款余额101.34亿元，比年初增加16.28亿元，比上年少增1.42亿元，增长19.13%，同比下降7.14个百分点；企业存款余额74.69亿元，比年初增加26.1亿元，比上年多增16.97亿元，增长53.73%，同比上升30.56个百分点。

年末全市金融机构人民币贷款余额213.05亿元，比年初增加49.03亿元，比上年多增33.28亿元，增长29.89%，同比上升19.28个百分点。其中，短期贷款余额122.73亿元，比年初增加26.2亿元，同比多增14.24亿元；中长期贷款余额88.23亿元，比年初增加21.77亿元，同比多增18.23亿元。中长期贷款中，基本建设贷款余额34.99亿元，比年初增加8.11亿元；技术改造贷款余额0.51亿元，与年初持平；其他中长期贷款余额52.73亿元，比年初增加13.65亿元。

贷款余额中，工业贷款77.49亿元，占比36.37%，其中，中小企业贷款余额65.41亿元，占比30.70%；基础设施建设贷款46.83亿元，占比21.98%；个人消费贷款41.89亿元，占比19.66%；农业贷款25.41亿元，占比11.93%；房地产开发贷款8.23亿元，占比3.86%；建筑业、商业等其他贷款12.20亿元，占比6.20%。

新增贷款中，工业贷款17.72亿元，占比36.15%；基础设施建设贷款12.04亿元，占比24.55%；个人消费贷款9.86亿元，占比20.11%；农业贷款3.83亿元，占比7.81%；房地产开发贷款1.58亿元，占比3.23%；建筑业、商业等其他贷款4亿元，占比8.15%。

年末全市金融机构不良贷款余额3.5亿元，比年初减少1.33亿元，不良贷款率1.64%，比年初下降1.3个百分点。其中，次级贷款余额1.45亿元，比年初增加0.09亿元，占全部贷款比率的0.68%；可疑贷款余额0.83亿元，比年初减少0.16亿元，占比0.39%；损失贷款余额1.22亿元，比年初减少1.25亿元，占比0.57%。全市金融机构实现利润5.36亿元，比上年减少0.15亿元，同比下降2.79%。

1月12日，人民银行临安市支行被上海总部授予“2006~2008年上海总部级文明单位”称号。

【“政银企”恳谈会】 （参见“工业”栏目）

【“政银”战略合作会议】 为应对国际金融危机的影响，2009年3月12日，在市政府召开政府和银行（简称“政银”）战略合作会议，市长王宏分别与建设银行、浦发银行、杭州银行、兴业银行和市信用合作联社签订战略合作协议。与会金融机构承诺3年内在临安投放225亿元信贷资金，支持政府重点项目、中小企业和农业经济。市四套班子主要领导，各签约单位上级银行领导，各乡镇（街道）及市有关部门负责人，人民银行临安市支行、市银监办和辖内有关金融机构负责人参加签约仪式。

【“便农支付工程”建设】 2009年5月27日，人民银行临安市支行制订“便农支付工程”实施方案，在全市金融系统开展“便民支付工程”建设。主要工作有：开展“刷卡无障碍示范街”创建活动，建成“银行卡消费示范街区”1个；增加农村自助设备，金融机构新增ATM机39台，总数125台；推动POS机具在农副产品购销点、“农家乐”经营户、大型商品交易市场的应用，新发展POS商户709家，总数1853家；推广银行本票业务，农村信用社新增签发网点3家；推进“三省一市”（即浙江、安徽、江苏、上海）汇票业务开展，指导农村信用社网点软硬件建设，新增签发网点9家。

【林权抵押贷款试点】 为进一步深化林权制度改革，拓宽林业投资融资渠道，盘活全市林业存量资产，人民银行临安市支行会同相关部门开展林权抵押贷款试点工作。2009年7月2日，人民银行临安市支行、市银监办、市林业局、市财政局联合出台《关于做好林权抵押贷款工作的指导意见》。7月27日，林权抵押贷款业务在市农村信用联社开办。至年末，签订贷款授信5433万元，累计发放林权抵押贷款269户，金额1703万余元，年末贷款户数195户，贷款余额1372万元。

【市兆丰小额贷款股份公司挂牌】 2008年12月，市兆丰小额贷款股份公司经浙江省人民政府金融工作领导小组办公室批复同意，办理注册登记。2009年1月12日，挂牌营业。公司经营范围：在临安范围内依法从事办理各项小额贷款，办理小企业发展、管理、财务等咨询业务及其他准许业务。至年末，累计发放贷款17.83亿元，贷款余额2.98亿元。

【处置天松集团资金风险】 2009年上半年，浙江天松集团有限公司因民间借贷引发资金风险，人民银行临安市支行、浙江省银监局临安办事处协同市政府等相关部门进行处理，提出处置意见；多次牵头组织召开债权银行协调会议，确保到期贷款正常周转；成立债权银行工作小组，协助市政府研究天松集团风险处置方案。其间，市政府筹集处置专项资金2000万元，并与各债权银行达成一致意见，处置工作开展顺利。

（黄兰荣）

·浙江银监局临安办事处·

【概况】 2009年，全市银行业整体运行健康平稳，银行业金融机构继续保持“零案件”，各项存款余额218.7亿元，比年初增加43.5亿元；各项贷款余额213.05亿元，增加49亿元；实现税后利润4.95亿元。不良贷款余额3.5亿元，下降1.33亿元；不良贷款比率1.64%，下降1.3%；法人机构市农村信用合作联社资本充足率7.15%，拨备覆盖率85.18%，分别增长2.32%和42.71%；

协助市政府出台《临安市林权抵押贷款工作指导意见》，规范和推进林权抵押贷款工作；出台《临安市中小企业贷款风险补偿办法》，进一步完善辖内中小企业融资环境。协助市政府筹建兴农担保公司，为金融支农增强保障作用；处置天松集团资金风险，维护银行合法权益；关注临安高利贷行为带来的负面影响，严密监测，及时报告。天松集团资金风险涉及10家银行巨额银行贷款和巨额社会高利息借款缺口、顺达公司等企业连环担保等问题，对全市社会经济发展造成很大危害。

与市纪委、市公安局经侦大队等建立工作联系机制，对重点机构高管人员进行动态监管。完成对市农村信用合作联社2008年度内部评级工作。督促市农村信用合作联社落实监管指标三年规划相关指标完成等，以风险提示单形式督促市农村信用合作联社注重管理，提高风险控制能力。主导与市农村信用合作联社、市会计师事务所“三方会谈”，针对审计年报反映的情况，提出问题和建议。

落实辖内银行机构案防和风险排查工作，对全市发生的新型复制银行卡案件情况及时预警，提出防范措施。贯彻落实浙江省银监局银行业案件防控和安保工作会议精神，重点对市农村信用合作联社进行跟踪式督查，对其下属3家信用社大额存款和票据业务案件风险排查工作进行抽查，对存在问题，约见市农村信用合作联社分管主任、监事长等，要求其明确排查工作责任，对大额存款进行重新排查等。

全年处置投诉案3起、举报案2起、上访事件1起，其中，针对太湖源镇邮储银行网点违规操作柜面储蓄业务等举报情况展开调查，督促邮政部门及时排查风险，处理责任人，规范操作，消除隐患。办理人大议案、政协提案7件。

（罗康云）

·工商银行临安支行·

【概况】 2009年末，工商银行临安支行各项人民币存款余额23.27亿元，比年初增加4.83亿元，增长26.21%；各项贷款余额30.21亿元，增加3.94亿元，增长15%。该行重点支持杭徽高速公路、省科创基地、临安经济开发区等重点基础设施项目建设和先进装备制造业搬迁项目、中小企业发展等。小企业金融业务分中心挂牌。投入1000余万元，对支行大楼、各营业网点进行装修改造，新增贵宾理财中心1家，投放ATM机5台、自助终端4台、POS机71台。

【四家网点升格二级支行】 2009年11月9日，经中国银行业监督管理委员会浙江监管局批准，中国工商银行股份有限公司临安支行钱王储蓄所、锦江路储蓄所、於潜镇储蓄所、昌化分理处原址升格，并更名为中国工商银行股份有限公司临安钱王支行、临安锦江路支行、临安於潜支行、临安昌化支行。

（胡朝晖）

·农业银行临安支行·

【概况】 2009年末，农业银行临安支行拥有机构网点9个、员工168名。完成内设机构调整，机关由原来5部1室，撤并为综合管理部、业务管理部、公司业务部和个人金融部。

全年本外币存款总量18.2亿元，比年初增加4.34亿元，增长31.32%。个人存款增加2.04亿元，对公存款增加2.29亿元。本币占当地四大国有商业银行（工商银行、农业银行、中国银行和建设银行）市场份额的19.8%，增长1.72%，增量四行占比28.4%，增速31.34%。各项贷款余额15.39亿元，增加4.4亿元，占四行市场份额15.97%，增长2.49%，增量四行占比29.67%，增速40.04%。个人存款余额和增量四行占比均居第二位。新增贷款100%投向优质客户和优质资产业务。其中，法人客户贷款余额7.43亿元，增加2.88亿元；个人贷款余额7.96亿元，增加1.52亿元。五级分类不良贷款余额3004万元，不良贷款占比1.95%，下降1.21%。中间业务收入902万元，增加81万元；业务收入1.01亿元，业务支出6472万元；利润3150万元；总资产净回报率1.42%。

【开展系列产品专项营销活动】2009年，农业银行临安支行以“客户综合经营，业务综合营销”为经营理念，实施对产品奖励明码标价，增加贷记卡录入、激活使用、批量营销和电子银行等业务中间环节的奖励，拉开营销奖励差距，开展“稳中求赢”特别理财周、“比贡献，比奖金”主题营销等系列专项营销活动。全年银行卡收入599万元，比上年多收51万元；营销有效贷记卡3339张，代理保险手续费收入76万元，代理寿险手续费收入72万元。电子银行业务收入42万元，完成全年任务的140%。电子渠道金融性交易量占比51.35%。个人网银有效渗透率9.92%，企业网银有效渗透率23.17%。

【启动“三农”业务】2009年，农业银行临安支行确立“面向‘三农’、商业运作”的市场定位，把县域业务作为服务载体和平台，与支持中小企业和服务“三农”结合起来，在风险控制前提下，引导信贷有效投入，培育和扶持全市中小企业发展。先后与临安经济开发区、万马集团、华兴集团、鑫富药业等开展各项合作。依托年初成立的小企业金融服务分中心，结合辖区各网点经营转型优势，延伸营销触角，缩短决策链条，提高中小企业信贷支持的服务水平。加强与当地知名担保公司合作，培育和扩大中小企业客户群体。全年有效惠农卡发卡6494张，累计发卡9710张，小额农贷授信增加1197户，农贷余额2225万元。

（宋　靖）

·中国银行临安支行·

【概况】2009年末，中国银行临安支行各项人民币存款余额14亿元，比年初增加7800万元；各项人民币贷款余额18亿元，增加1.97亿元。完成国际结算量1.8亿美元，实现中间业务净收入1020万元，实现税前利润4361万元。调整信贷结构，争揽资源型、垄断性行业及有高附加值的优质重点项目。立足临安经济开发区，加大对杭州投资企业的营销。成功营销市政府重点招商引资项目杭州大自然潜阳科技项目。贯彻上级银行案件风险“百日大排查”的工作要求，成立内控风险排查小组，拟定“业务排雷方案”，对全行重点业务和重点操作环节进行全面排查，有效识别和防范操作风险，防止各类案件发生。

（胡　临）

·建设银行临安支行·

【概况】2009年，建设银行临安支行有营业网点9个、自助银行9个，分布在锦城街道、青山湖街道、於潜镇、昌化镇和高虹镇。年末，各项存款余额38.52亿元，比上年增长22.54%；各项贷款余额32.7亿元，增长16.01%，存款余额和贷款余额均位列当地四大国有商业银行（工商银行、农业银行、中国银行、建设银行）第一位。贷款不良率0.49%，下降1.24%；完成国际结算业务1.87亿美元，增长16.49%；实现税前利润1.03亿元。建设银行临安锦城储蓄所迁址高虹镇，并升格为建设银行临安高虹支行（网点型支行）。

【信贷签约130亿元】2009年初，建设银行临安支行根据中国建设银行浙江省分行关于进一步落实中央适度宽松货币政策的工作要求，与当地政府部门进行沟通，走访临安经济开发区和当地企业，了解资金需求情况，并多次向省分行作专题汇报，争取省分行在信贷上加大对临安地方经济发展的支持力度。建设银行浙江省分行与临安市政府签订《进一步支持地方经济发展合作协议书》，2009~2011年，建设银行向临安投放信贷资金30亿元，支持企业发展和公共基础设施建设。年底，中国建设银行浙江省分行与省科创基地签订合作协议，建设银行向省科创基地投放100亿元，并成立由建设银行浙江省分行分管行长为组长，省分行业务部门和临安支行主要负责人为成员的省科创基地金融服务领导小组，负责落实合作协议所确定的金融服务要求。

（华益新）

·交通银行临安支行·

【概况】 2009年末，交通银行临安支行各项存款余额9.12亿元，各项贷款余额9.46亿元。新增多家优质公司客户，新增授信总额2.13亿元。新增“展业通”客户9户，贷款余额7255万元，新增3655万元。与全市多家房地产公司及中介公司合作，发放按揭贷款1.7亿元，新增3485万元，无不良贷款。定期推出“沃德添利”周末版理财产品，不定期推出“得利宝”理财产品。新增锦江路、石镜街ATM自助网点。营销白沙村和梅家村“农家乐”家易通37户。

（周　凌）

·浦东发展银行临安支行·

【概况】 2009年末，浦东发展银行临安支行本外币存款余额30.58亿元，比年初增长19.76%；各项贷款余额31.82亿元，增加7.43亿元，增长30.46%；国际结算量2.71亿美元，其中，离岸结算1098万美元。三类不良资产余额385.5万元，减少76.4万元，不良资产率0.12%，下降0.07%。完成轻松理财卡1.45万张；完成公司网银228户、个人网银1884户。召开公司网银推介及中小企业客户答谢会、公司银行客户贷后检查汇报交流会、国际业务客户答谢会，举办“私人金融顾问在您身边”系列服务进社区等活动。

（卢　意）

·农业发展银行临安市支行·

【概况】 2009年末，农业发展银行临安市支行各项存款余额6585万元，比年初增加701万元，增长11.91%；各项贷款余额5.93亿元，增加3.68亿元，增长164.48%；累计发放各项贷款5.48亿元，同比多放3.5亿元；实现中间业务收入15.52万元，其中，保险代理收入9.84万元；实现账面利润1274万元，同比增加553万元，增长77%。累计发放市级储备粮贷款2151万元，支持企业购进粮食1369万公斤（包括2008年收购的订单粮转入市级储备）、销售粮食1264万公斤、回笼货款2375万元，按规定收回地方储备贷款1241万元和地方储备粮轮换贷款963万元。对14家商业性贷款企业发放贷款5.27亿元，商业性贷款余额5.34亿元，比年初增加3.69亿元，增长225%。加强临安市城市防洪工程（4亿元农村基础设施建设项目）资金投放和贷后管理工作。对新增企业临安天目山竹业有限公司发放短期流动资金贷款500万元。

（单优华）

·市农村信用合作联社·

【概况】 2009年末，市农村信用合作联社各项存款余额54.91亿元，比年初增加

8.35亿元，增长17.93%；各项贷款余额41.48亿元，增加5.99亿元，增长16.87%；实现各项业务收入3.5亿元、账面利润3807万元。小农业贷款余额24.44亿元，其中，农户贷款余额22.15亿元，比年初增加1.39亿元，贷款农户2.32万户，增加2270余户。农业龙头企业贷款余额1.29亿元，增加5641万元；农业龙头企业贷款42家，增加11家。推出丰收小额贷款卡，全年发卡240张，签订合同1455万元，发放贷款1284万元。中小企业贷款余额13.89亿元，比年初增加1.75亿元，增长14.43%。下调企业贷款执行利率，开展“苗头型”企业培育工作，推出存贷积数挂钩贷款。年末，贷款小企业735家，比年初增加116家，增长18.74%。合作担保公司扩大到6家，全年发放担保公司担保贷款1.97亿元。联合团市委、市青联出台《临安市农村青年创业小额贷款实施办法》，推出农村青年创业小额贷款，全年支持创业青年56人，发放贷款813万元。

与市农办联合出台《关于开展信用村、镇创建活动的实施意见》。全年创建信用村27个，创建信用镇1个（横畈镇），评定信用户2.01万户。年末，全市有信用村60个、信用镇2个、信用户5.95万户。新增ATM机16台，总数26台；发放丰收卡9596张，发卡总量10.58万张。

成立事后监督中心和远程监控中心。集体和职工向社会各界捐款41万元，其中，集体对四川省青川县农村信用合作联社捐款10万元，职工向“莫拉克”台风灾区捐款4.48万元。衣锦信用社员工俞佳被授予“浙江省见义勇为先进分子”称号。

【林权抵押贷款发放】 2009年，为推进全市集体林权制度改革，规范森林资源资产抵押贷款业务，市农村信用合作联社出台《森林资源资产抵押贷款管理暂行办法》，并与市林业局在岛石镇银坑村、茶亭村、新二村开展林权抵押贷款发放试点工作。全年签订林权抵押贷款合同646户，金额5433万元；发放林权抵押贷款269户，金额1703万元。

（程永主）

·杭州银行临安支行·

【概况】 2009年末，杭州银行临安支行各项存款余额17.1亿元，比上年增加5.9亿元。其中，储蓄存款余额1.8亿元，增加0.5亿元；各项贷款余额（含贴现）16.8亿元，增加3.4亿元；账面利润7063万元。销售理财产品2400余万元。发展贵宾卡客户85个，核发贷记卡524张。增设离行式24小时自助银行1个、离行式ATM机1台。10月15日，龙岗支行营业。至年末，龙岗支行各项存款余额3511万元、贷款余额1.03亿元，发展涉农信贷企业28家、农户21个。

（蒋红萍）

·邮储银行临安支行·

【概况】 经邮储银行总行批准，2009年8月31日，邮储银行临安支行对外开办公司业务。按照《中华人民共和国商业银行法》规定，全面办理商业银行业务，其中，包括对公存款、对公结算、企业网银，还可接入人民银行现代化支付系统办理跨行业务。

2009年末，该行各项人民币存款余额8.05亿元，比年初增加1.23亿元，增长18%，其中，自营部分各项人民币存款余额1.43亿元，增加0.43亿元，增长42.3%；各项贷款余额1.58亿元，增加1.52亿元。实现各项业务收入2046万元，增长31.66%，其中，自营部分实现各项业务收入637万元，增长157.89%。

全年开展“牛年加邮”和第四季度“激情百日”竞赛活动。以服务“三农”、个体工商户、个人独资企业为重点的“好借好还”小额贷款系列产品受到用户欢迎，全年向农户发放贷款4818万元，向商户发放贷款6027万元。开办个人房产抵押贷款业务，发放贷款1992万元。个人二手房按揭发放贷款8582.34万元。

（王琪琳）

·兴业银行临安支行·

【概况】 兴业银行临安支行成立于2008年9月22日，至2009年12月底，各项人民币存款余额7.02亿元，比年初增加3.92亿元；各项人民币贷款余额9.7亿元，比年初增加9.19亿元。2009年，该行与临安市政府签订战略合作伙伴协议，被市政府指定为临安市扶持中小企业专项（信用）贷款合作银行，与市工商联签订《支持临安中小企业发展合作协议》。全年向72家企业授信12.03亿元，向60家企业发放贷款8.54亿元。与10家房屋中介机构合作，发放按揭贷款2143.4万元。除每月8日、18日、28日推出短期保本理财产品外，不定期推出信托类特别理财计划，开展“随薪投”基金定投、“卓越2号”券商集合理财计划、“国庆”礼仪存单等营销活动，利率高于同档次银行定期存款。

（章　晶）

保　险

·人保财险临安支公司·

【概况】 人保财险临安支公司开办企业财产、家庭财产、车辆、货物运输、政策性农业、农村住房及各种责任险、意外险、工程险等70余个险种，承担保险责任160亿元以上。2009年，公司实现保费收入1.19亿元，比上年增长21.49%，首次进入亿元支公司行列。处理各类赔案8257件，支付赔款5935万元，缴纳各项税款638万元，实现利润532万元。

农业保险稳步发展。公司利用政策惠农保险平台，组建4个农村集镇营销部，业务渗透到乡、村两级。新一轮农村住房保险覆盖全市，保费126.6万元；生猪保险8.55万头，保费273.8万元；能繁母猪保险7418头，保费44.5万元；水稻保险5893亩，保费11.78万元。新增油菜保险1.91万亩，保费28.78万元；奶牛保险913头，保费21.58万元；生态公益林保险119万亩，保费23.8万元。至年底，仅畜牧类理赔生猪4503头、母猪41头、奶牛42头，赔付金额102.62万元。

公司连续第六年获市政府公务用车承保权，促成杭州K598路区间车、市区1路~10路公交车、乡间公交车及长途客车共1000余车辆投保，人保投保覆盖面95%。提高优质车辆承保比例，赔付率降至52%，车辆保险扭亏为盈。连续两次调整车辆手续费标准，由原来的15+4%降至手续费上限为7+4%。公司营业五部长驻华兴汽车城，与广州本田等8家汽车4S店建立合作伙伴关系。

改造营业大厅，安装电子显示屏和

指示牌，提供客户意见簿，增设客户引导员，实行开放式服务。3G无线网络引入车险理赔系统。全年组织开展业务技术培训15次、劳动竞赛2次，参加人数864人次。按照浙江省保监局和上级公司要求，开展中介业务自查自纠和营销员清理整顿工作，清理不合规个人代理56人、不合规兼业代理点3家。是年，公司获人保财险浙江省公司颁发的综合管理奖。

【启动交通事故赔偿联动机制】 2009年5月19日，人保财险临安支公司牵头召开市法院、市交警大队和18家财产保险公司负责人联席会议，统一辖区交通事故护理费、误工费、伙食费等处理标准，建立交通事故伤残评定监督机制，直接派员参与交警事故调解处理，启动法院、交警与保险公司联动协调机制，解决长期以来交通事故纠纷案件处理周期长、调解难、结案难问题。同时，专门设立核赔核审部，对完成修理车辆进行复检，核审率100%。

（陈少瑛）

·人寿保险临安支公司·

【概况】 人寿保险临安支公司主要经营以人的生命和身体为标的的传统寿险（人寿保险、健康保险和意外伤害保险三大类保险业务）及非传统寿险共30余个产品。产品涵盖人的生、老、病、死及教育、成长全过程。同时，公司负责保险事故立案、查勘和理赔工作，接待客户咨询、投诉及保险条款解释工作。

2009年，公司完成总保费1.93亿元，处理赔案和满期给付9215件，给付金额6200余万元。在清凉峰“8·13”山体滑坡事件中，参与市政府组织的事故善后处理工作，支付赔款133万元。在山核桃采摘险承保中，为7000余户农户提供意外保险，全年赔付180余万元，赔付率148.3%。对学生平安险实施升级改造，推出“特惠高保型学生平安保险”，其中，意外身故保障和意外医疗保障由原来1万元分别提高到5万元和2万元。是年，公司被浙江省分公司评为“树行业之星 创和谐公司”优胜单位。

（桂显明）

证　券

·临安钱王街证券营业部·

【概况】 临安钱王街证券营业部隶属于中信金通证券有限责任公司。该营业部前身隶属于1994年8月成立的浙江省国际信托投资公司证券管理部。2002年2月6日，在浙江省国际信托投资公司证券管理部的基础上组建金通证券股份有限公司，该营业部更名为金通证券股份有限公司临安营业部。2006年7月，中信证券股份有限公司收购金通证券股份有限公司，该营业部又更名为中信金通证券有限责任公司临安钱王街证券营业部。

2007年，营业部组建营销部门，有营销人员18人，市场覆盖全市。2008年，全体员工获证券从业资格。2009年，营业部员工59人，其中当年招聘17人；有效客户3万余户。7月始，接受创业板开户申请，至年底，接受创业板申请4506户。全年实现证券交易量664.73亿元。其中，股票及基金交易量629.45亿元，比上年增长83.78%；权证交易量35.28亿元，增长65.62%。

（张佳佳）

(上接第 140 页)

临安市部分机关单位、群众团体、社会团体、金融机构和主要企业简称、全称对照一览

简　　称	全　　称
市计生局(计划生育局、人口计生局)	市人口和计划生育局
市安监局	市安全生产监督管理局
市质监局	市质量技术监督局
市城管执法局	市城市管理行政执法局
市信用联社	市农村信用合作联社
市烟草局	市烟草专卖局
市创建办	市创建工作办公室
市房改办	市住房改革委员会办公室
市住房公积金管理中心	杭州住房公积金管理中心临安分中心
市供销总社	市供销合作总社
市国资公司	市国有资产投资控股有限公司
市工商局	杭州市工商行政管理局临安分局
市行政审批中心	市行政审批办理中心
市台办	市委台湾工作办公室
市综治办	市社会治安综合治理委员会办公室
市人才办	市委人才工作办公室
市外宣办	市委对外宣传办公室
市文明办	市精神文明建设委员会办公室
市编办	市编制委员会办公室
市人防办（市民防局)	市人民防空办公室（市民防局)
市应急办	市应急管理办公室
市法制办	市人民政府法制办公室
市侨办	市人民政府侨务办公室
市防火委	市防火委员会
市政府驻上海工作处	市人民政府驻上海工作处
临安经济开发区管委会	浙江省临安经济开发区管委会
天目山管理局	浙江天目山国家级自然保护区管理局
清凉峰管理局	浙江清凉峰国家级自然保护区管理局
数字电视公司	临安数字电视有限公司
移动公司	中国移动通信集团公司临安分公司
联通公司	中国联合网络通信有限公司临安分公司
乡（镇）政府	乡（镇）人民政府

(下转第 182 页)

综合管理与监督

发展和改革

·概　述·

【概况】 2009年，市发展和改革局围绕事关全市经济社会发展热点、难点问题，对城市副中心规划定位、体制改革、临安市产业转型升级突破口选择、国家级产业基地临安拓展区等10大重点专题开展调研，撰写各类调研论文42篇。《金融危机背景下产业转型升级突破口的选择》等3篇文章发表在省级以上刊物，《深化乡镇卫生体制改革 推进社会主义新农村建设》等7篇文章发表在杭州市级刊物。《临安市循环经济发展的战略思考》获浙江省区域经济优秀调研成果三等奖，《关于於潜、昌化两个市域副中心发展定位及管理体制改革的调研报告》获临安市市管领导干部优秀调研课题二等奖。向市委、市人大、市政府提交《临安市2009年一季度经济形势分析报告》、《2009半年度经济形势分析及工作建议》、《临安市2009年前三季度经济形势分析报告》和《临安市2009年上半年国民经济和社会发展计划执行情况报告与下半年工作建议》、《临安市2009年国民经济和社会发展计划执行情况与2010年国民经济和社会发展计划草案的报告》等。

建立重点企业监测网络，完善形势分析联席会议制度。开展低丘缓坡开发利用、农村饮用水及文化创意等现代服务业专项规划（行动计划）前期调研。制订《临安市“十二五”规划编制工作方案》，全面启动“十二五”发展规划前期研究。

全年安排重点实施项目62个，年度计划投资33.03亿元，占全市固定资产投资计划的37.9%；安排重点预备项目48个。至年底，全市重点实施项目完成投资36.42亿元，完成年度计划的110.3%。省科创基地、青山湖综合治理保护工程、锦南新城、市委党校迁扩建工程等一批重大项目前期工作加快开展。第四期保障性住房、普达海太湖源动漫文化创意产业园、杭州众安湍口氡温泉、小王子食品迁扩建等32个项目开工建设，横畈工业功能区、临余公路、锦城五中、杭塑迁扩建等一批项目建设进度加快。51个项目完成或超额完成年度投资任务，杭氧、杭叉、南都能源科技等重大产业项目竣工投产，昌文线建成通车，於潜二中建成使用，全年有17个重点项目竣工。

完善和深化项目投资审批制度改革，实行政府性投资项目审批制、社会性投资项目登记备案制和核准制，审批时限和流程进一步压缩，推行代办员代理制和网上申报等多种形式，简化办事程序。受理固定资产投资申报项目300余件，依法实施行政许可项目261件，其中，按备案制办理备案164件，按核准制核准22件，按审批制办理审批75件，计划总投资122.31亿元。对审批限额以内，事关国家宏观调控政策、行业发展规划和产业政策要求，事关全市经济安全和公共利益、资源开发利用和区域布局及产业垄断的53件基本建设项目进行前期审批和扩初会审。

制订下达“863”投资计划及年度计划，建立乡镇（街道）年度投资增长目标考核制度。争取各类国家、省、杭州市扶持资金8196万元，其中，17个项目争取新增中央预算内资金4847万元，其他7个中央和国家级项目获资金2193万元；12个省级项目获资金926万元；杭州市级项目获资金230万元，其中，3个海洋经济项目58万元、13个高技术产业化项目98万元。杭氧迁扩建等14个项目列为省级重点项目，昌化国石文化创意集聚区等2个项目列入省重点服务业和集聚区建设计划，於潜二中、锦城五中等17个项目列入杭州市级重点项目，60余个项目列入省市其他专项扶持发展。

是年，市发展和改革局获杭州市发展和改革系统考核综合优秀奖、临安市项目共建活动优质服务奖等，并获创建“平安临安”工作先进集体、生态建设和环境保护目标责任考核先进集体称号。

（朱建忠　郑慧峰　朱洪倩）

【重点企业经济运行监测】 2009年，鉴于经济形势复杂多变，市发展和改革局根据浙江省发展和改革委员会的指示，启动经济运行监测工作，选取具有代表性的20家重点样本企业，于每季度最后一个月的18日前，在网上完成调查问卷填报工作。全年监测工作进行3次。

【“十二五”规划启动】 2009年，召开全市“十二五”规划工作动员大会，制订《临安市“十二五”规划编制工作方案》，明确全市“十二五”规划编制组织领导、经费保障、工作进度、工作内容和要求等，分解落实课题和专项规划编制工作任务，开展业务指导工作，督促各相关部门、乡镇（街道）建立工作机构，明确责任领导和联系人，启动课题研究。

【创业投资引导基金设立】 2009年，临安市设立创业投资引导基金（以下简称引导基金）。设立该引导基金的宗旨是通过扶持创业投资企业的发展，引导社会资本进入创业投资领域，促进优质创业资本、项目、技术、人才向临安集聚，推进全市经济结构调整和产业升级。引导基金按照项目选择市场化、资金使用公共化、提供服务专业化的原则运作。其出资原则是参股不控股，通过股权结构的科学设计，保证创业投资企业和创业企业决策及经营独立性和商业化运作。制定《临安市创业投资引导基金管理暂行办法》，成立临安市创业投资引导基金管理委员会，下设办公室，办公室设在市发展和改革局。全面启动引导基金管理公司筹建、资金落实、专户开设、项目对接等相关工作。

【开展国家级试点和基地拓展区建设工作】 2000年后，杭州市共获国家有关部委授予的国家级试点城市14个、国家级产业基地（示范园区）19个。为进一步加强国家试点和基地建设，充分发挥试点和基地的集聚辐射功能和示范带动效应，杭州市委、市政府出台《关于加强我市国家级试点和基地建设的若干意见》、《杭州市国家级试点和基地拓展区认定和管理办法》、《杭州市2009年国家级试点和基地建设工作计划》。争取纳入国家级试点和基地拓展区是临安市产业转型升级和跨越发展的重大机遇。2009年，市发展和改革局对国家级试点和基地拓展区的申报和建设等相关工作进行前期调研，市长办公会议作专题讨论，成立临安市国家级试点和基地拓展区建设工作领导小组，办公室设在市发展和改革局，并由市政府牵头就申报杭州市国家级试点和基地拓展区工作有关问题召开专题协调会，将省级科创基地、临安经济开发区、玲珑工业功能区和太湖源动漫创意产业园作为临安市首批申报国家级试点和基地拓展区。

（朱洪倩）

【重点项目推进】 2009年，重点项目推进组织实施工作分项目攻坚大会战（4~8月）和项目攻坚大决战（9~12月）两个阶段。开展市四套班子领导集中调研视察项目、突破前期、项目开工、项目竣工、项目前期质量提升5个专项行动。组织开展重点建设项目防洪工作检查，落实建设项目度汛预案。由市发展和改革局、市财政局共同牵头，组织建设、国土、审计、监察等部门单位，对11个政府性投资项目（中央预算内投资补助项目）进行稽查，检查项目审批、招投标和项目档案管理情况、项目实施情况、财务管理情况、廉政建设情况。国庆节前，开展重点项目安保工作检查，排查工程建设中的安全隐患。

（朱建忠）

【成品油市场管理】 2009年，全市有加油站（点）97家（其中，加油站80家、加油点17家），批发企业1家，从业人员800余人。全年销售成品油14万吨，其中，汽油5.8万吨、柴油7.6万吨、其他油品0.6万吨，销售收入9.1亿元。全年成品油调价8次，上调5次，下调3次。新建中石化杭徽高速公路临安藻溪服务区南加油站和北加油站，改建临安青山湖石化有限公司第二分公司加油站。

【煤炭市场管理】 2009年，国家提高煤炭经营资格证企业年检标准，要求通过年检的煤炭经营企业必须同时满足以下条件：注册资金达到500万元，煤场面积3000平方米以上，符合环保要求，全年煤炭销售量3万吨以上。全市报请年检的煤炭经营资格证企业11家，其中，年检合格企业8家。全年销售煤炭84.9万吨，销售收入5.1亿元。

【现代服务业】 2009年，是全面实施《临安市现代服务业发展三年行动计划》的第一年，全市实现第三产业增加值78.59亿元，同比增长17.4%，分别比第一产业和第二产业多增11.4和10.6个百分点。三次产业增加值结构比例从上年的10:60.1:29.9调整为10.5:56.3:33.2。全面推行现代服务业发展政策，出台商贸、旅游、金融和房地产4项扶持政策，落实政策性扶持资金5000万元。明确全市24个部门、26个乡镇（街道）服务业目标责任制考核细则和各项配套附则。

（娄亚敏　王　晖）

【新型墙体材料应用】 2009年，全市新型墙体材料产量为3.71亿块标准砖，比上年增长5%，占墙体材料总量的85.32%，节约土地资源718亩，节约能源2.7万吨标准煤；利用工业废渣15.46万吨，减少废气排放700吨。城镇新型墙体材料建筑使用比例85%以上，混凝土多孔砖在临安经济开发区、重点工业功能区工业性厂房、综合楼及公共事业基础设施建筑工程中得到广泛应用，临安汽车东站（建筑面积2.59万平方米）、锦城五中（建筑面积5.75万平方米）等项目墙体材料全部采用混凝土多孔砖。随着《浙江省发展新型墙体材料条例》的实施，农居建筑中，村镇农民自建房工程混凝土多孔砖、普通砖逐步应用，全年建筑面积2万余平方米。

（章　新　赵　庆）

·体制改革·

【概况】 2009年，发布全市年度改革工作重点，明确行政管理、民营经济管理、环保节能、农村经营、就业与社会保障制度、医疗制度六个方面24项重点改革工作，出台相关政策措施50余项。开展非行政许可审批事项清理和规范工作，构建权力阳光运行机制，建立开放式决策程序。开展扩权强县改革，承接省、杭州市下放管理权限。开展财政国库管理体制改革，实行市级预算单位公务卡制度。加强项目管理，出台《临安市政府投资建设项目跟踪审计监督暂行办法》、《临安市工程建设项目招标投标实施细则》。加大民营经济扶持力度，加强工业企业上规模和企业上市培育工作，完善中小企业贷款风险补偿制度，设立创业投资引导基金。加快服务业发展，建立推进服务业发展工作机制，开展企业分离发展服务业工作。深化统筹城乡改革，出台《关于加快推进农村改革发展的实施意见》，推进农村土地承包经营权流转和规模经营，全面深化集体林权制度改革，开展森林采伐管理改革试点工作。全面推进政策性农业保险和农村住房保险工作。加强中心镇培育，加快两个市域副中心发展，出台《关于加快於潜和昌化副中心城市发展的若干意见》。进一步完善就业工作机制，出台《临安市事业单位公开招聘人员实施办法》、《临安市外来务工人员特殊困难救助办法》（试行）。

是年，於潜、昌化、高虹3个中心镇获杭州市年度中心镇综合改革试点考核二等奖，各获专项奖励资金12万元；太湖源镇获三等奖，获专项奖励资金8万元。

【政策性农业保险扩面工作】 2009年，在全市政策性农业保险两年试点工作的基础上，制订《关于全面推进政策性农业保险工作的意见》，保险品种由上年的6个调整为9个，增加油菜、奶牛、公益林火灾、林木综合4个险种，取消大棚蔬菜险种。当年累计投保奶牛913头、油菜1.91万亩、水稻5893亩、能繁母猪7418头、生猪8.55万头、公益林火灾119万亩、蚕桑726张、山核桃人身意外伤害险7094户。至年底，全市参加政策性农业保险农户因灾受益300余万元。

【政策性农村住房保险工作】 2009年，临安市继续执行政策性农村住房保险政策，1月底，完成组织参保工作。参加政策性农村住房保险农户12.66万户，参保率为96.8%，保费收入126.61万元。全年因灾受损房屋484间，因灾受益农户320户，受益100.21万元。

【首家小额贷款公司开业】 2009年1月12日，临安市兆丰小额贷款股份有限公司开业。这是全市成立的首家小额贷款公司。公司注册资金2亿元，主要通过保证、抵押等方式发放贷款，重点为市域内种养大户、农业龙头企业、有短期小额资金需求的中小企业及进入联保组织的农户服务。全年公司累计发放贷款1149笔，计17.83亿元，其中，种养殖业及100万元以下贷款910笔，计5.66亿元。

【“万马电缆” 股票上市】 2009年6月23日，浙江万马电缆股份有限公司（简称“万马电缆”）获中国证监会IPO批文，成为2009年A股市场IPO重启第二单。7月2日，“万马电缆”股票（代码002276）正式发行。7月10日，在深圳证券交易所中小企业板挂牌上市。“万马电缆”公开发行股票5000万股，发行价格11.5元/股，募集资金5.75亿元，主要用于交联聚乙烯环保电缆投资项目和电力电缆研发中心建设项目。

【“鑫富药业” 股票增发】 2009年9月9日，“鑫富药业”股票公开增发不超过3360万股普通股（A股）申请获中国证监会批准。9月22日，完成公开发行。根据申购情况及公司募集资金总额需求，公司最终增发A股2932万股，募集资金3.5亿元。此次增发是“鑫富药业” 股票上市以来第一次实施再融资，募集资金项目为年产2万吨全生物降解新材料（PBS）项目和年产6000吨泛解酸内酯、年产3000吨羟基乙酸项目。

（朱志军　王　容）

·信息化建设·

【概况】 2009年，全市固定电话用户21万户（含小灵通2.2万用户），其中电信17万户。移动电话用户56万户，其中移动38万户、联通12万户、电信6万户。互联网用户7.2万户，其中电信6万户。有线电视用户15万户，数字电视新增投资1900万元，用户约5万户。移动公司网络通信基站数突破800座，新建TD基站48个，项目总投资5000余万元，第一期3G（TD-SCDMA）网络建设实现锦城街道、青山湖街道主城区及玲珑工业功能区和临安经济开发区信号全覆盖。4月20日，杭州移动3G（TD-SCDMA）网络开通，并启动188号码上市，临安3G（TD-SCDMA）网络同步正式商用。临安联通公司完成企业改组，新增基站20个。临安电信C网业务快速发展，移动用户突破7万户。

【电子政务建设】 2009年11月，市政府门户网站完成升级改造，网站整合政府公开平台、政民互动平台及网上政务大厅。7月20日，完成政府信息公开平台整合与规范建设。全市78家单位发布信息，至年底，发布信息1.26万余条，日均访问量近万人次。权力阳光电子政务系统一期工程启动。完成权力阳光电子政务系统开发（包含网上政务大厅、网上执法系统、电子监察系统等）。完成市劳动和社会保障局、市建设局、市城管执法局3个试点部门权力事项加载，完成与杭州市数据交换，并进入试运行。临安数字社区项目建设启动。

【新农村信息化建设】 2009年，全市"浙江农民信箱"注册用户3.19万户，启用数2.87万户，启用率90.1%。全年"浙江农民信箱"信件、短信交流7300万条次，发布买卖信息400余条，成交3500万元；"浙江农民信箱"用户培训29次，培训1427人次，参加并通过"浙江农民信箱"网上考试2.19万人次，占全市启用用户数的76.1%。实施"农业短信入万家"工程，建立"浙江农民信箱"行业通讯录20个，群发信息350余条次，接收25万余人次。"每日一助"服务开通，并通过"浙江农民信箱"手机短信群发买卖信息100余条，帮助农户销售各类自产农产品，成交金额110余万元。临安农业信息网"农村电脑维护"和"农网话廉政"等栏目发布农业动态信息1万余条，发布农业企业和产品信息400余条，网站点击28万次。组织18个乡镇（街道）、村"两员"（"浙江农民信箱"信息员、联络员）培训500余人次，发放《农民电脑维护手册》等各类教材1000余份。横鑫等13个村被列为杭州市农村信息化试点村，获奖励资金13万元；省信息化试点於潜镇获省信息化试点奖励资金6万元；横鑫、扶西两个省信息化试点村获奖励资金2万元。

【企业信息化建设】 2009年，新增企业信息化试点示范企业7家，其中，6家企业由试点企业升级为示范企业，全市企业信息化试点示范企业总数38家。全年列入杭州市工业企业信息化项目备案计划16个，其中，9个项目通过验收。1064家企业通过第三方电子商务企业开展电子商务应用，获上级资金资助7批，计197.28万元，临安相应配套资金197.28万元。深入实施"386"电子商务培训工程，全年分期分批在19个乡镇举办中小企业"386"电子商务上网工程培训班，培训人员744人。组织实施"百家企业电子商务应用体检"工程，杭州市专家上门为8家企业把脉辅导。信息港备案企业18家，临安天舰、创远2个项目获"杭州信息港"产业发展项目"信息服务业专项资金"支助。

（黄　坤）

·价格管理·

【概况】 2009年，临安市物价局继续实行收费验审制度，对全市24个部门125个行政事业性收费单位的收费项目、标准进行验审，取消行政事业性收费项目248个，暂停征收78个，降低标准79个，减轻群众及企业负担1.45亿元。

深化价格公共服务，对全市110个重点工程项目宣传国家涉企价费减免政策，确定价格服务重点项目35个，建立价格服务进重点项目联络员，编制《重点工程建设项目价费政策宣传册》、《重点工程建设项目缴费登记本》和价格服务进重点工程活动工作联系卡。

开展涉农涉企收费、医疗和药品服务价格、教育收费、电力收费等一系列价格专项检查，处理价格违法行为12

件，经济制裁 50.04 万元，其中，没收 36.12 万元，退还 3.93 万元，罚款10 万元。全年受理各类价格咨询、举报投诉案件 56 件，其中，上级主管部门交办 4 件，市长公开电话（有关部门）12 件，“12358” 价格举报案件 40 件，退还 4.2 万元，没收 2.15 万元，罚款 0.1 万元。

（孙黎明　马仁茂）

【价格认证】 2009 年，临安市价格认证中心出具涉案类价格鉴证报告 598 份，标的总额 7322 万元。其中，刑事案件 411 件，标的额 556 万元；经济案件 41 件，标的额 6066 万元；其他鉴证 146 件，标的额 700 余万元。

（方有祥）

【卫生防护用品价格应急监测机制启动】 2009 年 5 月 12 日，全市启动防控甲型 H1N1 流感疫情卫生防护用品价格应急监测机制。应急价格监测人员密切关注口罩、消毒液等相关卫生防护用品价格变动情况，监测价格走势，并在监测上报价格数据的同时，注意掌握各监测点的销售、库存等经营情况，对可能引起市场价格异常波动的苗头性、倾向性问题，在第一时间向同级人民政府和上级物价部门报告动态情况。

【民生商品价格信息监测公布工作启动】 2009 年 9 月，全市启动民生商品价格信息监测公布工作。对 3 家农贸市场、3 家超市和 5 家药店的 65 种商品进行价格监测和采集，对采集到的价格信息定期在全市主要媒体及相关网络进行公布，做到常年采价，常年公布。

（徐斌红）

审计工作

【概况】 2009 年，临安市审计局完成审计项目 65 个，共审计金额 31.4 亿元。其中，发现管理不规范资金 2.8 亿元，占 9%；查处违规金额 8277 万元，损失浪费资金 1572 万元。增加政府性收入 4285 万元，其中，直接上缴财政 557 万元；减少政府性资金支出 630 万元；规避损失 1230 万元。提出审计建议 112 条，采纳 94 条，采纳率 84%。出台《临安市政府投资建设项目跟踪审计监督暂行办法》、《临安市政府投资建设项目工程造价变更管理暂行办法》、《临安市审计意见建议整改落实办法》。

向政协临安市委员会七届三十四次主席会议作《关于民生项目资金审计工作汇报》。召开全市审计工作会议，召开“问审于民”征求意见座谈会，召开金融危机对中小企业影响调查座谈会。市审计局成为浙江林学院天目学院审计学教学实习基地。是年，市审计局获杭州市审计系统年度工作考核二等奖。

【市本级财政预算执行和其他财政收支情况审计】 2008 年，临安市实现财政总收入 22.44 亿元，完成年初预算的 103.2%，比上年增长 20%，其中，地方财政收入 11.66 亿元，完成年初预算的 103.9%，增长 19.1%。按现行分税制财政体制计算，市财政可用资金 18.54 亿元，一般预算支出 14.82 亿元，为调整预算的 100.1%，比上年实绩增长 26.9%。新增一般预算可用财力 2.14 亿元，其中，用于民生支出 1.85 亿元。民生支出中，教育支出 6469 万元，占 35%；环境保护支出 1202 万元，占6%；社会保险支出4134万元，占22%；科学技术支出1208万元，占7%；农、林、水事务支出2405万元，占13%；医疗卫生支出3082万元，占17%。市本级财政预算执行和其他财政收支存在的主要问题有：存在应纳入预算未纳入预算、固定预算替代实际预算、项目预算细化不够问题；会计核算制度存在缺陷，收支两条线未执行到位；政府采购内部监督不到位，政府分散采购缺乏管理办法；部分专项资金闲置、沉淀；对国有资产（资本）对外投资的监督力度需进一步加强。

【乡镇财政决算审计】 2009年，市审计局完成对6个乡镇全部政府性资金使用情况审计，审计金额2.11亿元，提出审计建议12条。2008年度，乡镇政府对农、林、水事务、城乡社区事务支出比例较大，均在10%以上，交通运输、环境保护、社会保障与就业及教育方面的支出比例均在5%以上。6个乡镇实际用于新农村建设资金1481万元。2008年末，财政性可用资金结余3084万元。乡镇财政存在的主要问题有：一是存在未代扣代缴个人所得税、税收结构不够合理问题；二是工程管理方面存在大额现金、“白条”支付工程款和工程转包，导致工程款直接支付个人问题；三是固定资产核算管理不规范，调节决算支出，虚增结余，暂存暂付款未及时处理形成呆账问题；四是公用经费增长速度较快；五是村级财务管理方面存在管理不规范，“白条”列支问题。

【政府性投资审计】 2009年，开展36个政府投资建设项目的工程价款审计，送审金额5.89亿元，净核减工程造价7800万元，平均净核减率13%。对38个建设项目进行招标前标底审核，对工程量清单、预算标底进行复核，对招标文件进行审核，提出100余条审计建议。选取4个重点建设项目，发出跟踪审计通知书，对建设过程实施跟踪审计。对四川省青川县援建项目提供审计服务，进行工程竣工决算审计，金子山乡卫生院送审造价99万元，核减造价28万元，核减率28%；金子山乡中心学校核减造价220万元，核减率20%。政府性投资存在的主要问题有：存在违规串标、不招标及分包、转包现象；部分政府工程实施过程中变更较大；勘察、设计、测量等前期管理还需进一步加强。

【领导干部经济责任审计】 2009年，市审计局完成经济责任审计项目16个，审计党政领导干部21人，查出违规金额1497万元，其中，应上缴财政金额250万元，已上缴财政250万元，应纠正金额560万元，已纠正金额560万元。查出管理不规范和损失浪费金额9451万元。提出审计建议52条。

【内部审计】 2009年，全市35个内审机构完成审计项目1435个，查出损失浪费金额152.5万元，促进增收节支1662万元，纠正违规金额2354万元，审计建议被采纳563条。内部审计工作存在问题主要有：一是宣传力度不够，人员编制、工作经费未得到有效落实；二是缺乏刚性制度约束，存在统计报表未上报、报送不及时、不严谨等问题；三是缺少交流平台，信息报道薄弱，先进经验难以推广；四是缺乏创新意识，审计项目内容没有拓展。

【利用计算机辅助审计】 2009年，市审计局利用“现场审计实施系统2008”，开展市本级财政预算执行情况审计和住房公积金归集使用管理情况审计调查。加强业务能力建设，对审计人员进行数据库知识培训。市审计局计算机攻关小组与浙江林学院计算机专家合作，开发AO2008数据桥——财政同级审专版软件，解决市本级财政预算执行情况审计数据自动导入AO系统问题和全省县以上财政部门通用的国库集中支付系统数据采集导入问题。

（杨丹瑜）

统计工作

【概况】 2009年，市统计局对60家单位开展以统计基础工作和统计数据质量为主要内容的执法检查，查处统计违法案件35起，其中，对统计工作不规范或违法情节轻微的26家单位给予书面警告，对违法情节较严重的9家单位作出罚款处理。编辑《决策参考》7期、《统计分析》27期、《统计信息》32期、《统计专报》20期，27篇分析材料获市领导批示；完成《促进经济转危为机，实现临安又好又快发展的思考》等调研课题。利用网络、电视、电子屏幕等多种形式宣传《中华人民共和国统计法》和《统计违法违纪行为处分规定》。在《今日临安》开辟“看数据、增信心”专栏，用数据描述发展成果，增强全市人民在危机之年的发展信心。

是年，市统计局连续第三年被评为杭州统计系统工作目标管理考核先进单位，连续第三年被评为临安市综合考评满意单位。

【第二次全国经济普查】 经济普查每5年进行一次，目的是为全面调查了解中国第二产业和第三产业的发展规模及布局、产业结构现状、各类企业和单位能源消耗基本情况，建立健全覆盖国民经济各行业的基本单位名录库、基础信息数据库和统计电子地理信息系统，为加强和改善宏观调控，科学制订中长期发展规划提供科学准确的统计信息。普查范围涉及除农业以外的19个国民经济门类、90个行业大类、378个行业中类和875个行业小类，有9大类48种普查表。主要内容包括单位基本属性、从业人员、财务状况、生产经营情况、生产能力、能源消耗、科技活动等。

2008年5月，国务院召开全国经济普查电视电话会议。6月，临安市召开第二次经济普查领导小组第一次成员会议，落实全市经济普查工作。7月，全市召开第二次经济普查工作动员大会，全面部署第二次经济普查工作。至年底，完成对普查对象的清查摸底工作和普查准备工作。

2009年1~9月是普查登记及数据处理阶段，完成普查表收集整理、审核订正和上报、逐级审核汇总、数据质量抽查及评估等工作。10月是数据发布、资料开发和总结表彰阶段，推荐评选国家级先进个人7名、省级先进个人13名、杭州市级先进个人16名，评选国家级先进集体1个、省级先进集体3个、杭州市级先进集体2个。

【第二次全国R&D资源清查工作】 第二次全国研究与试验发展（R&D）资源清查对象是国民经济中R&D活动相对密集行业的法人单位，涉及范围包括农、林、牧、渔业，采矿业，制造业，电力、燃气及水生产和供应业，建筑业，交通运输、仓储和邮政业，信息传输、计算机服务和软件业，金融业，租赁和商务服务业，科学研究、技术服务和地质勘察业，水利、环境和公共设施管理业，教育，卫生、社会保障和社会福利业，文化、体育和娱乐业等。主要内容包括R&D活动人员数量、素质及其工作量情况；R&D经费支出、用途及来源情况；研发仪器设备等固定资产拥有情况；各类研发机构基本情况；R&D项目（课题）研究类型、组织方式及社会经济目标等情况；专利等自主知识产权的拥有及使用情况；技术引进、消化吸收和技术改造情况；政府给予研发活动的税收减免情况等。此次清查标准时点为2009年12月31日，时期资料为2009年度。市政府下发《关于开展全市第二次研究与试验发展（R&D）资源清查的通知》，成立临安市第二次全国R&D资源清查领导小组，下设办公室。各乡镇（街道）明确R&D资源清查工作分管领导，配备工作人员。12月10日，召开各乡镇（街道）R&D资源清查动员大会，全面部署工作。临安市R&D资源清查领导小组成员对各乡镇（街道）统计人员进行指导和培训。开展工业企业科技活动摸底调查、R&D资源清查报表上报等工作。

【统计基层基础工作创“三星”活动】 2009年，全市乡镇（街道）开展统计基层基础工作创“三星”活动。根据全市实际，分别设一星、二星、三星统计基础标准，涉及办公条件、数据质量、统计服务等方面。实行市统计局班子成员、科室联系挂钩乡镇（街道）制度，通过邀请人员座谈、定期下访、网络交流等途径，加强对基层统计工作的指导。

【专项调查工作】 2009年，市统计局开展企业景气度快速调查、农业主导产业调查、服务业九大产业调查工作。在企业景气度调查中，抽取350户调查企业，范围涉及工业、建筑业、房地产业，开展每季一次企业景气调查。利用企业家对所在行业状况和企业生产经营状况判断和预期，编制企业景气状况变量指数。在农业主导产业调查中，抽选农业主导产业样本，在各个生产周期展开抽样调查，确保八大农业主导产业统计数据的准确性。在服务业九大产业调查中，建立临安市现代服务业九大产业分产业数据库，理清临安市九大产业发展规模和结构，测算出当年全市九大产业的增加值，同时，根据限上直报、限下抽样的方法，分季度统计出九大产业数据。

【“三走进”调查研究活动】 2009年，市统计局开展走进重点项目、走进部门乡村、走进工商企业的“三走进”调查研究活动。市统计局班子成员带领科室人员走访26个乡镇（街道）、130余个重点项目、220余个行政村和260余家企业，采取听、查、问、议的方式，掌握第一手基础资料，通过对一线情况的调查研究和综合分析，把相关信息和服务送给企业，为企业排忧解难。

【全员业务培训工程】 2009年，市统计局开展继续教育、从业资格、各类专业、各项调查“四位一体”的培训工程，提升统计系统工作人员业务水平。对全市所有规模以上工业企业进行全方位轮训，共举办培训12期，参加培训700余人。对全市统计专业技术人员和专职、兼职统计人员，开展继续教育培训9期，内容涉及《中华人民共和国统计法》知识、农业统计、工业统计、服务业统计、建筑和房地产统计等，累计培训1100人。对参加从业资格考试的203人进行集中培训辅导。开展非公有制企业人才资源调查培训、粮食生产监测抽样调查培训、人口抽样调查和群众安全感调查等10余个调查项目培训，增强基层统计人员思想素质和业务能力，提高源头数据质量。

（崔　璀）

工商行政管理

【概况】 2009年，全市新设立内资企业795家，初审外商投资企业11家，个体工商户新开业4978户。实施内资企业网上注册登记，网上审批率88%。全市在册市场主体总数2.74万家，其中，内资企业6647家，个体工商户2.07万户（见表21、表22）。办理抵押登记58份，主债权3.6亿元；办理股权出质75户，出质权3.04亿元。新增注册商标近800件，全市注册商标总数约3000件。指导农村经济组织发展订单农业，签订订单955份，合同金额4980万元。

开展“红盾护农”专项行动，接待农民咨询2500人次，发放宣传资料5500份。查处违法农资案件4起，没收不合格化肥9900公斤。捣毁传销窝点47个。清理无照经营户1940户，引导办照1324户，依法取缔85户。检查个体户8505家，发放责令改正通知书2316份。受理消费申诉301件、举报285件、消费咨询250件，消费纠纷解决率98.7%，为消费者挽回损失25.56万元。抽检食品、钢材等62个批次，检出不合格批次12个。

走访企业311家次，解决企业困难47项。完成《临安“农家乐”发展现状、存在问题及发展建议》和《从房东入手建立无照经营监管长效机制》等调研文章。培训民营企业老总及企业管理人员1044人次，培训农村公共安全协管员400人次。开展民营企业、个体劳动者协会乡镇服务站建设试点。根据上级纪检督察机关要求，实行基层工商所派驻纪检监察员制度。

加强食品安全监管，整治规范小杂食店。全市有小食杂店3039户，基本达标2865户，达标率94.27%。全年出动执法检查人员4123人次，检查商场、超市、小杂食店1.3万家次，取缔食品无照经营户24户，捣毁制假窝点3个，没收销毁不合格味精5500包、甜酒酿1350盒。完成12家校园“放心店”创建试点工作。培训各类经营人员3900人次，发放各种宣传资料1.08万份。

是年，临安工商分局被浙江省打击传销工作联席会议评为“百日联合执法行动”先进集体，玲珑工商所被浙江省工商局评为三星级文明规范化工商所。

【地理标志证明商标实现零突破】 2007年来，临安工商分局围绕市委、市政府提出的“品牌强市、品牌兴市”战略目标，推进地理标志证明商标注册。2009年2月，临安山核桃、天目笋干两件地理标志证明商标获国家工商行政管理总局商标局注册，商标注册单位分别是临安市山核桃产业协会和临安市竹产业协会。12月，天目青顶、天目雷笋两件地理标志证明商标又获国家工商行政管理总局商标局注册，商标注册单位为临安市茶叶协会和临安市竹产业协会。临安市地理标志证明商标实现零突破。

【"一票通"发票启用】 2009年，为从源头上加强食品安全管理，完善食品安全监管体系，临安工商分局对食品安全监管实施"一票通"发票。全市3000余家食品经营户进货时须向食品批发经营单位索证索票，把监管重点集中在全市70家食品批发经营单位，检查时，只要查验食品批发经营单位开出的食品批发"一票通"发票即可。至年底，全市有63家批发经营单位实施"一票通"发票，实施率90%。

【首家小香薯专业合作社成立】 2009年，临安市森楠小香薯专业合作社成立，这是临安市首家以土地承包经营权作价出资的农民专业合作社。合作社有成员15人，出资总额16.36万元。合作社负责为各成员供应所需化肥，收购、销售其种植的小香薯，为成员提供植保防治作业和植保技术服务，引进新技术、新品种，开展技术培训、信息咨询服务等。

【侵犯"BOSCH"注册商标案】 "BOSCH"及其图形是罗伯特博世有限公司注册商标，英文名为ROBERTBOSCHGMBH，列于中华人民共和国注册商标国际分类号第12类商品（挡风玻璃刮水器等），其专用权受《中华人民共和国商标法》保护。临安安耐汽车零部件制造厂于2008年11月通过互联网阿里巴巴网站，受自称上海润泰国际贸易有限公司王高峰委托，加工组装"BOSCH"牌汽车雨刷，规格15寸~20寸各1000支，共6000支，价格20寸每支3元，其余每支2.5元，经营额1.55万元。查获时，该厂不能提供"BOSCH"商标使用许可及其他合法有效证明，执法人员依法当场扣留涉嫌商标侵权的"BOSCH"牌汽车雨刷6000支。该厂擅自生产组装销售他人注册商标"BOSCH"牌汽车雨刷行为，违反《中华人民共和国商标法》第52条规定。2009年3月16日，临安工商分局向该厂送达听证告知书，在法定期限内，该厂未提出陈述和申辩，对其处罚如下：责令立即停止侵权行为，没收、销毁扣留的"BOSCH"牌汽车雨刷6000支，罚款1万元。

【冒用他人厂名化肥案】 2009年3月27日，临安市玲珑综合服务部从河南莲花宝科技肥业有限公司购进标注为"河南莲花味精股份有限公司"生产的有机氮肥（含氨基酸）10吨，价格为1160元/吨，总价值1.16万元，以1600元/吨价格在昌化、龙岗、颊口等乡镇销售。4月2日检查时，已销售3吨，获利1320元，其余7吨被临安工商分局扣留。其所售上述标注化肥既非"河南莲花味精股份有限公司"的产品，也未经该公司同意，且无法提供主观故意证明材料，其行为违反《中华人民共和国产品质量法》第37条，销售"冒用他人的厂名、厂址"产品。6月15日，临安工商分局向玲珑综合服务部送达杭工商临检字〔2009〕8号《行政处罚告知书》，在法定期限内，该服务部未提出陈述和申辩，对其处罚如下：没收被扣化肥7吨，没收违法所得1320元，罚款5316元。

【责任区监管工作】 2009年，临安工商分局根据杭州市工商局《工商所责任区监管工作实施意见》，推行责任区监管工作。责任区监管以工商所为单位，将其管辖区域划分若干监管责任区，建立巡查队（组），每人负责一个责任区，设立AB岗合作协调机制；制订《责任区监管工作问责和免责制度》等12项有关责任区监管工作制度，做到区域明、对象明、任务明、责任明，一级抓一级，层层建立和落实责任制及责任追究制，加大工商监管力度，确保履行工商职能。

【“1+3”培训工程】 2009年，为提升全市民营企业国际竞争力，增强民营企业家综合素质，临安工商分局和临安市民营企业、个体劳动者协会开展“1+3”培训工程（即：人文教育实践项目培训+企业经营管理培训，企业职工技能培训，民营企业、个体劳动者协会理事法律法规知识培训）。全年人文教育实践项目培训5期209人，企业经营管理培训3期112人，企业职工技能培训2期180人，民营企业、个体劳动者协会理事法律法规知识培训2期120人。7月28日，在浙江林学院举办“全球通VIP浙商大讲堂”，邀请上海交通大学MBA课程教授授课，360余位中小企业业主听讲。

个体工商户发展情况

表21　　单位：户、万元

行业分类	年末累计		2009年	
	户　数	资　金	户　数	资　金
合计	20749	125088	4978	35261
农、林、牧、渔业	214	5490	43	1721
采矿业	39	1578	3	340
制造业	2096	23774	366	6539
电力、燃气业	5	43		
建筑业	74	1258	13	367
交通运输业	949	9184	258	1832
信息传输业	35	183	8	57
批发零售业	13607	56547	3424	17650
住宿餐饮业	1730	14154	372	2948
金融业	6	27	4	19
房地产业				
租赁商务服务业	100	958	40	533
广告业	5	10		
科技服务业				
水利、环境业	3	60	1	30
居民服务业	1787	10455	421	2960
教育、卫生、文化业	99	1367	25	265
其他				

内资企业注册情况

表 22　　单位：家、万元

行业分类	年末累计		2009 年	
	家　数	注册资本	家　数	注册资本
合计	6647	2073567	795	346535
农、林、牧、渔业	148	24081	24	2860
采矿业	46	3041	3	3500
制造业	3388	673007	331	42410
电力、燃汽业	107	54539	6	3370
建筑业	185	102606	31	17120
交通运输业	88	23505	11	8564
信息传输业	127	10705	4	141
批发、零售业	360	318497	221	18069
住宿、餐饮业	137	49947	11	3226
金融业	168	148498	8	3855
房地产业	187	271283	29	26125
租赁服务业	192	248340	36	201599
期货服务业				
广告业	53	2101	10	500
科研业	66	22797	12	12170
水利、环境业	35	29600	13	376
居民服务业	315	79568	37	2030
教育业	7	9513	1	10
卫生、社保业	20	1073	6	590
文化、体育业	18	866	1	20
其他行业				

（舒峦峰）

质量技术监督

【概况】 2009 年，市质量技术监督局出动行政执法检查 2092 人次，立案查处违法案件 91 起，查处违法产品 57.8 万件，查获假冒伪劣产品总值 101.97 万元，上缴国库罚没款 82.43 万元。完成各级监督检验 251 批次，完成企、事业单位委托检验 1130 批次；检验各种测量设备 1.27 万台件，修理、检定锅炉安全阀 750 只；提供 QS 技术咨询服务 60 家次；办理条码 124 家，发放代码证 3306 家；举办标准、质量、特种设备等培训班 26 期，培训从业人员 1839 人次。

帮助企业参与国家标准制定或修订工作，起草新产品标准 28 项，备案产品标准 226 个，提交省卫生部门备案食品卫生标准 54 个。帮助企业取得采标证书 5 项。完成《山核桃优质高产高效生态安全生产技术系列标准》制定工作。完成省级农业标准化重点帮扶项目申报 2 个、杭州市级农业标准化重点帮扶项目申报 1 个；实施国家级项目 1 个，即无公害山核桃栽培标准化示范区，实施省级项目 2 个，即无公害豆芽孵化标准化示范和无公害山核桃标准化推广示范，并通过验收。

编制《2009~2011年临安市名牌产品培育发展规划》和《2009年临安市名牌培育计划》，确定24个产品为创省、杭州市名牌对象，指导9家企业建立标准体系和计量检测体系，为27家企业提供服务，指导企业申报省名牌15家、杭州市名牌13家，其中，5个省名牌、9个杭州市名牌进入公示期。

【食品安全监管】2009年，按照《小作坊基本规范通则》要求，市质量技术监督局对全市49家小作坊按不同的整治规范目标分成ABC三类进行整治。取证17家，达到规范要求20家，关停并转12家。开展食品添加剂专项整治工作，落实添加剂备案制度，全市食品企业备案率100%；重点针对炒货和酱腌菜类企业开展添加剂使用监督检查，累计出动执法检查人员170余人次，检查企业207家，对50家企业的产品进行抽样检测，对其中11家抽检不合格企业进行处罚。严格市场准入制，全年新增QS取证企业51家，全市取证总数291家。配合市食品安全委员会开展食品安全示范县（市）创建工作，通过省级检查验收。

【特种设备安全整治】2009年，市质量技术监督局开展以液化石油气瓶、起重机械和安全附件为重点的安全生产执法行动。全年检查企事业单位635家次，排查一般隐患387处，整改350处；排查重大隐患56处，整改48处；发出安全监察指令书21份。清理“杭州市特种设备安全监察动态监管系统”动态信息数据库，核查疑问数据500余条，查实数据不符企业79家，清理过期数据237条。完成各类特种设备检验工作，锅炉检验率97%，压力容器检验率95%，起重机械检验率98%，电梯检验率98%；检验厂内机动车辆197台，检验压力管道14.28公里，校准安全阀700只。

【能源计量】2009年，市质量技术监督局开展能源计量示范单位创建活动，获省级能源计量示范单位企业1家，获杭州市能源计量示范单位企业4家。与18家重点用能企业签订《节能降耗工作责任书》，协同市经济发展局等部门参与全市重点用能企业节能目标责任评价考核工作。联合杭州市质量技术监督检测院为企业开展能源计量平衡测试、能源计量器具配备和管理等节能技改服务。加强能源标识制度和节能产品认证监管，向生产企业宣传贯彻《能效标识管理办法》和《节能产品认证管理办法》，开展重点用能单位能效标识认证工作。

【构建权力阳光运行机制】2009年，市质量技术监督局对行政权力进行清理规范，梳理完成行政许可6项、行政监管35项、行政征收9项、行政裁决1项、行政强制12项、行政处罚227项，编制完成权力清单目录和权力运行流程图，并录入权力网上运行业务系统；推行“说理式”执法、开门审案，规范行政许可、执法检查、检验检测行为，规范使用自由裁量权；设立电话、信箱、网络三条监督热线，发动全体干部职工和社会各界参与监督，拓宽反馈渠道。

【块状产业质量提升工程】2009年，市质量技术监督局开展射频电缆专项整治及产品质量提升工作，起草制订《临安市射频电缆产品质量重点关注和提升工作实施计划》及方案，合格率从整治前的74.5%上升到90%左右。实施浙江省质量提升重点项目——制定和实施节能灯行业标准，提升临安节能灯整灯产业整体水平，产品一次性合格率从项目实施前的89.5%提高到95.7%以上，整灯企业销售产值同比增长2%。加大炒货产业QS取证力度，指导申报取证企业41家；形成《整合资源 市场引领 着力打造华东地区炒货集散地》调研报告。

【“企业服务年”活动】 2009年，市质量技术监督局开展“企业服务年”活动，主动降低检测收费标准，免费为企业检查生产设备、提供技术咨询和标准查询服务，对生产经营困难企业只收取技术服务成本费，重点用能企业计量技术咨询服务费减半收取，免收农贸市场计量检定费，免收乡镇卫生院医疗器具检定费用，免费开展中小食品、特种设备使用企业“千人培训工程”，免收特种设备注册登记费用，全年总计为企业减负约100万元。

【“十小”行业整治规范工作】 2009年，市质量技术监督局作为整治规范领导小组办公室单位，拟定“十小”行业（即小作坊、小餐饮、小食杂、小农资、小菜场、小客运、小液化气供应点、小美容美发、小音像、小药店）整治规范活动方案，召开全市动员大会，签订责任书，开展部门协调工作，落实整治规范工作任务。组织对全市乡镇（街道）开展“十小”整治规范情况督查，“十小”行业整治规范领导小组办公室每月召开工作例会，总结前阶段工作，部署下阶段工作。至12月底，全市“十小”整治规范完成率93%，完成年初制订的目标任务。

（马莎莎）

食品药品监督管理

【概况】 2009年，市食品药品监督管理局以《中华人民共和国食品安全法》实施为契机，重点开展打击违法添加非食用物质和滥用食品添加剂专项整治行动、食品安全专项整治行动、校园食品安全专项整治及食品安全整顿工作，在重要节日、重大活动、重要事件期间，开展全市食品安全突击检查和联合执法行动，开展非药品冒充药品专项检查、中药饮片专项检查、药品零售企业药械广告专项检查、小药店整治、抗甲型H1N1流感药品专项检查、违法药品广告专项检查、医疗机构药械等专项整治行动。

全年组织出动食品药品执法人员2.38万人次，食品案件立案查处43起，提升小作坊9家、规范32家、取缔1家，小食杂店提升3083家、规范2342家、取缔16家，小餐饮店提升20家、规范92家，18个区域被确定为整治重点区域，38家单位被确定为重点整治单位，39个品种被确定为重点整治品种；检查药械35.49万批次，查处违法药械案件36起，其中，立案20起，当场行政处罚16起，查获假劣药械102批次，罚没款到位18万余元，责令改正65起，受理投诉举报67起，受理药品安全电话咨询100余起，移送违法药械广告6起。

举办以“开展一次宣传讲座、开辟一个报纸专栏、做好一期电视专题、举行一台大型现场咨询、制作（播放）一个公益广告”为主要内容的食品药品安全宣传活动。举办大型现场咨询宣传活动3次、食品安全专题讲座1次、食品安全公开课3次，设立食品安全宣传点

299个，悬挂宣传横幅114条，制作宣传展板14块、宣传栏及板报11块，印制《中华人民共和国食品安全法》5000本，张贴宣传漫画4000余份，发放宣传材料1万余份，近5000市民接受宣传、咨询、服务；全年播出电视专题片18期，刊发各类新闻宣传报道78篇，上报信息173条。组织开展全国食品安全知识竞赛，连续第三次获优秀组织奖。

【省级食品安全示范市创建完成】 2009年7月10日，临安市被授予“省级食品安全示范市”称号。自申报创建省级食品安全示范市以来，市食品药品监督管理局把食品安全示范创建与日常监管工作相结合，在省级食品安全示范市创建中完善常态监管机制，在日常监管中提升创建水平和成效。开展对食品生产加工业、农业投入品、儿童和农村食品市场三大重点专项整治，建设现代流通网、监管责任网和群众监督网，推进食品安全标准体系、食品安全检验检测体系、食品安全信用和信息体系建设，促进全市食品安全工作。有关部门对照省级食品安全示范市创建的148条标准，把示范市创建工作向乡镇（街道）、村居（社区）、街、企业、学校延伸。全年创建杭州市级食品安全示范乡镇3个，示范村居（社区）、示范街、示范企业、示范学校73个，涉及乡镇（街道）16个。

【公共安全员队伍建设】 2009年，市食品药品监督管理局落实农村公共安全员人头保障年度经费72.4万元，进行集中培训与分片指导，提高公共安全员业务能力，使其“信息员、监督员、宣传员、联络员”角色定位明确。同时，通过明确工作任务、发放工作手册、落实考核机制、健全食品安全举报和奖励办法，完善农村公共安全员日常管理制度，确保农村食品药品监管队伍稳定。全年收到农村公共安全员举报42起，协助调查所在辖区食品药品生产经营企业800余家次，发放各类宣传资料6.5万余份，调解或移送多起食品安全纠纷，基本发挥食品药品安全群防群治作用。

【食品安全抽检】 2009年，市食品安全委员会办公室（市食品药品监督管理局）通过加大对市食品安全检测中心硬件投入，加快检测项目计量认证，进一步提升检测中心检测能力，检测参数由122项增加到370项，其中包括食品中三聚氰胺、苏丹红、吊白块、六六六、滴滴涕等老百姓关注的热点项目，基本满足全市食品安全检测要求。同时，对全市食品安全检测品种、检测计划、检测经费和信息发布继续实行“四统一”。全年针对大米、小麦粉、肉类、蔬菜、水果、水产品、酱油、食醋、食用油、豆制品、熟食制品、现榨果汁、桶装饮用水、酒类、月饼、保健食品、茶叶、鲜笋、炒货食品（山核桃）、腌制品（笋干）20类食品开展定量检测481批次，合格率93.76%，比上年增长1.63%，抽检结果及评价信息第一时间在媒体上公布。进一步强化农药残留快速定性检测“四级检测网络”和“监督抽检、评价性检测和企业自检”三位一体检测体系建设。新建锦城城南农贸市场、锦城城西农贸市场、於潜自由农贸市场、锦南街道城郊蔬菜基地、清凉峰绿源蔬菜合作社5个农产品快速定性动态监测点，全市农产品快速定性检测点50个。全年开展定性检测2万余批次。

【食品药品安全信息预警预报机制建立】2009年，市食品药品监督管理局建立食品药品安全信息预警预报机制，通过“一个QQ群、一个短信平台、一个媒体实时传播系统及两条食品药品安全服务热线”，将日常监管、质量抽检和案件查处中发现的食品药品质量安全隐患和苗头性问题，以食品药品安全预警信息形式告知公众，防范或制止食品药品安全事件发生。全年发布各类食品药品安全预警预报信息100余条。

【药品不良反应监测体系建立】2009年7月23日，临安市药品与医疗器械不良反应监测站成立，形成以不良反应监测站为中心、广大药品生产经营使用单位监测点为补充的不良反应监测网络。通过药品不良反应监测，促进涉药单位自觉及时发现药品医疗器械安全隐患。全年上报药品不良反应报告389例，新出现的、严重的药品不良反应报告130例，占33.42%，医疗器械不良事件25例。

【甲型H1N1流感药械安全和供应】2009年，针对甲型H1N1流感疫情的发展形势，对全市范围内防控药械存储情况开展调查摸底，了解掌握各涉药单位防控药械的种类、质量状况、储存数量、供应能力等情况，督促辖区内有关药械生产、经营、使用单位切实做好防控相关药械的储备、供应工作，确保库存药品充足、购销渠道畅通，满足全市医疗机构防治甲型H1N1流感疾病治疗的用药需求。加强对防控药品医疗器械监管，加大药械生产、流通、使用等环节的监管力度和重点品种的抽验力度，尤其是加强对甲型H1N1流感诊疗方案中的药品品种和中药饮片及对中药饮片生产经营单位的监管，并关注甲型H1N1流感疫苗接种不良反应情况。

【零售药店信用等级评定】2009年，根据《临安市药品零售企业质量信用分级监管实施方案》，经企业自评、评审小组评审、公示、公告四个步骤及全年日常监管综合评价、不良行为记录和行政处罚记录，并在充分听取企业意见基础上对辖区内132家企业进行评审，评出AAA级企业2家（钱王大药房临安连锁店、康锐药房江桥连锁店）、AA级企业37家、A级企业90家、B级企业3家。

（沈伟南）

安全生产监督管理

【概况】2009年，全市发生各类安全生产事故441起，同比下降6.37%；死亡81人，下降1.22%；直接经济损失351.89万元，下降2.09%。其中，工矿、商贸企业发生死亡事故9起，上升12.5%；死亡10人，上升25%；直接经济损失230万元，下降1.29%。道路交通发生事故380起，下降20.1%；死亡71人，下降8.82%；受伤551人，下降25.29%；直接经济损失102.91万元，下降3.29%。消防安全发生火灾事故52起，下降3.7%；直接财产损失18.98万元，下降5.05%。

市安全生产监督管理局组织开展元旦、春节、“五一”、“十一”全市安全生产大检查，对安全生产责任制和各项规章制度建立落实情况，省、杭州市级挂牌督办的17个事故隐患及专项整治开展情况等进行全面检查，组织开展安全生产持证上岗专项执法检查、高处悬挂作业企业安全专项整治等工作。全年检查生产经营单位658家次，其中，矿山企业106家次、危险化学品企业228家次、烟花爆竹经营单位253家次，查处一般事故隐患1064个。发出现场检查记录74份、责令整改指令书102份、整改复查意见书47份、强制措施决定书8份，对7家生产经营单位责令停产停业整顿，处理市长公开电话交办件、信访件、投诉举报等31件。市安全生产宣传教育中心举办各类安全生产培训班31期，培训1939人次，其中，生产经营单位主要负责人、安全管理人员培训班13期，培训1145人次；特种作业人员培训班18期，培训794人次。

7家矿山和2家烟花爆竹批发企业通过杭州市安全标准化考评，2家危险化学品生产企业通过杭州市安全生产标准化示范企业综合考评。核发非金属矿山安全生产许可证11家、烟花爆竹零售经营许可证135家；申领变更危险化学品定点生产批准证书8家、危险化学品安全生产许可证9家、危险化学品乙种经营许可证63家、危险化学品甲种经营许可证17家；备案重大危险源1家、非药品类易制毒化学品经营单位1家、剧毒化学品使用单位2家。按照《浙江省危险化学品建设项目安全许可实施细则》规定，审核上报危险化学品建设项目设立安全审查申请18家，备案危险化学品建设项目试生产（使用）方案3家。

【“安全生产年”活动】 2009年，全市开展以“三项行动”和“三项建设”为主要内容的安全生产年活动，市政府办公室出台《临安市安全生产执法行动实施方案》、《临安市安全生产宣传教育行动实施方案》和《临安市安全生产治理行动实施方案》。4741家生产经营单位开展隐患排查治理活动，排查治理一般隐患4096个。列入省、杭州市级挂牌督办重大事故隐患单位17家，其中，工矿、商贸企业3家，分别为杭州临安锦南化工有限公司、临安市河桥加油站和临安市顺溪钨矿；重大火灾隐患单位3家，分别为临安焦点娱乐广场、临安香格里拉娱乐有限公司和临安市浙皖农贸城实业有限公司；道路交通危险路段11处。

【第二批安全生产监察中队成立】 2009年，临安市在11个乡镇（街道）组建第二批安全生产监察中队，全市26个乡镇（街道）全部设立监察中队。至年底，乡镇（街道）专（兼）职安全生产管理员62人，298个行政村及22个社区（居委会）配备公共安全员362人，其中，乡镇（街道）安全生产管理员24人取得浙江省安全生产监督管理局颁发的安全生产执法资格证。

【矿山生产“零死亡”】 2009年，市安全生产监督管理局印发《临安市矿山隐患排查治理及安全专项整治方案》，实行矿山企业安全状况达标制，编制《矿山企业安全生产检查评分表》，制订露天矿山、地下矿山两类评分标准，实行所有涉及爆破、凿岩等高危环节均由爆破公司负责制度，由爆破公司进驻矿山企业（露天）施工，开通矿山安全短信平台，发送安全警示短信1200余条。全年排查整治矿山隐患295个，矿山企业安全生产事故“零死亡”。

【“安全服务进企业”活动】 2009年3月，市安全生产监督管理局开展“安全服务进企业”专项行动，实行干部联系企业制度，确定临安市气体有限公司、临安市於潜建筑石料矿等18家企业为对口服务企业，为企业开展包括安全生产信息咨询、法律法规资料提供、安全管理制度编撰指导等内容的安全服务。同时，市安全生产监督管理局联合市安全生产宣传教育中心开展“送教上门”服务，选派教师前往企业开展免费安全知识讲座，服务面向全市各类生产经营企业，讲座内容包括安全常识、急救知识及事故分析等，接受培训3000余人。

【“安全生产月”活动】 2009年，全国安全生产月宣传主题为“关爱生命　安全发展”。6月14日，在人民广场举行全国第七个安全生产月活动启动仪式，并进行万人签名及安全生产咨询活动。全市24个部门单位参与，设宣传展板120余块，发放《安全生产宣传手册》2000余份，当晚放映安全生产宣传影片。开展安全生产有奖征文比赛，收到参赛文章350余篇，楼凌云、安妮、章青霞等28人获奖，市教育局、市风景旅游局和市交通局获组织奖。开展送“安全文化”下乡宣传活动，印发《安全生产监管手册》、安全服务联系卡近6000份，发放宣传资料12万份，开展安全知识图板展70场次。6月22日，举办首期全市生产安全事故预防培训班，2005~2008年发生过重大安全生产事故的55家企业负责人和安全生产管理员共83人参加培训。

【危险化学品事故应急救援演练】 2009年7月2日，由市政府主办，市安全生产监督管理局承办的临安市危险化学品事故应急救援演练在浙江顺达新材料股份有限公司厂区进行，演练模拟该厂储罐异丁烯泄漏，有毒气体扩散，导致现场操作人员2人中毒，随后启动市级危险化学品事故应急救援预案，开展应急救援工作。市委宣传部、市安全生产监督管理局、市公安局、市环保局、市卫生局、市质量技术监督局、市消防大队、青山湖街道办事处等100余人参加演练，辖区内有危险化学品生产企业的乡镇(街道)和全市危险化学品生产企业的相关负责人到现场观摩。

【专职烟花爆竹安全稽查队】 2009年11月，市安全生产监督管理局设立专职烟花爆竹安全稽查队，配备专职人员1人，兼职人员2人，并投入30万元，配备车辆及烟花爆竹监测仪器等设备。全年烟花爆竹执法监管出动300余人次，行程6000余公里，检查烟花爆竹经营单位200余家，查处涉嫌非法储存、经营烟花爆竹窝点24个，涉嫌非法运输2次，没收销毁非法烟花爆竹5000余箱。

(万雅芬)

国资公司经营管理

【概况】 临安市国有资产投资控股有限公司(以下简称国资公司)、临安市城建发展有限公司(以下简称城发公司)，两个公司实行一套班子、两块牌子管理。公司内设办公室、发展部、财务部。国资公司下属紧密型子公司有临安市於潜自来水有限公司、临安市昌化自来水有限公司、临安新都房地产开发有限公司、临安市汇金创业投资有限公司；城发公司下属紧密型子公司有杭州大明山风景旅游有限公司、临安市自来水有限公司、临安城市污水处理有限公司、临安市财务开发有限公司。

2009年，国资公司、城发公司转型升级初见成效，确立以房地产、水务、旅游、矿产开发四大产业经营发展格局。国资公司、城发公司及下属子公司根据预审计结果，实现主营收入2.91亿元，净利润

1.07亿元，分别比上年增长48%、152%。02省道收费所收费320万元。年末，全系统合并总资产109.92亿元，净资产50.63亿元，分别增长22%、3%。1月19日，城发公司发行企业债券6亿元。全年国资公司、城发公司新增贷款9.5亿元，归还贷款2.35亿元，净增贷款7.15亿元。

国资公司、城发公司为市政府重点项目投入资金7.21亿元，为临余公路建设、02省道隧道大修等基础设施建设提供资金保障；出资6.29亿元，支持浙江省科研机构创新基地、临安高新技术园、锦南新城等创业基地和平台建设。完成6万吨/日尾水除磷脱氮工程前期工作，完成9.7公里截污纳管工程建设。国资公司完成保通驾校房产和土地收购工作，完成万乐西苑房屋与牙防所房屋置换工作，完成临安市振兴担保公司2000万元国有股权退出工作。国资公司通过招、拍、挂程序，取得新桥乡5.9平方公里高岭土探矿权，并委托中化地质矿山总局浙江地质勘查院对矿区进行勘查工作。

【城市污水处理】 2009年，临安城市污水处理有限公司实现主营业务收入1552万元，水质达标率98.9%，管网完好率99.98%，设备完好率98.94%，抢修及时率100%。对2000吨/日示范区工程实施技术升级改造，将原处理尾水2000吨/日提高到3000吨/日；对二期厌氧池阀门实施改造，实现阀门由手动转为中控、自控；对污水管网井盖设施增设防跌落装置。公司管网长200余公里，有井盖9222只，对330只井盖安装防跌落装置。投入110万元，对原有污水处理设施进行改造。

【新都房地产公司成立】 2009年6月26日，国资公司与杭州地上房地产集团有限公司合资成立临安新都房地产开发有限公司。12月28日，该公司由浙江众力建筑工程有限公司负责承建的“新都·公园·家”住宅项目开工。12月，新都房地产开发有限公司经市场公开拍卖，拍得玲珑山转盘处约40亩土地，并完成设计和监理招投标工作。启动青山湖街道原化工厂地块房产项目前期设计工作；基本完成青山湖街道鹤亭大街南侧地块项目前期搬迁工作，进入规划方案论证和评审。

【钱王文化广场项目】 2009年，城发公司与绿城房地产集团有限公司合资成立临安绿城置业有限公司，合作开发市政府南面的钱王文化广场项目。12月25日，该项目开工建设，占地面积75亩，其中，住宅地块60亩，计划建造高层住宅10幢680余套，三层营业楼1幢，总建筑面积17万平方米；代建图书馆和钱王文化广场，占地面积15亩，建筑面积5000余平方米。

【大明山景区】 2009年，大明山景区接待游客28.42万人次，营业收入1325万元。中央电视台四套《走遍中国》和中央电视台七套《乡土》栏目牵手大明山，分别以《大明山寻宝》、《人与自然的和谐》为主题的拍摄活动。“十一”期间，景区推出“寻找共和国同龄人”活动，邀请100位1949年出生的杭州市民游览大明山。大明山旅游公司通过公开招标方式，引入杭州园林设计研究院对大明山景区综合开发概念性规划和重点区域修建性详规进行整体修编，确定开发高山滑雪场、索道移位等4个工程项目，对大明山景区进行全面升级改造。

（郑兴红）

(上接第160页)

临安市部分机关单位、群众团体、社会团体、金融机构和主要企业简称、全称对照一览

简　称	全　称
团市委	共青团临安市委
市妇联	市妇女联合会
市工商联	市工商业联合会
市科协	市科学技术协会
市文联	市文学艺术界联合会
市侨联	市归国华侨联合会
市残联	市残疾人联合会
市青联	市青年联合会
市知联会	市知识分子联谊会
市留联会	市留学人员和家属联谊会
市三胞联谊会	市三胞及亲属联谊会
人民银行	中国人民银行临安市支行
市银监办	浙江银监局临安办事处
工商银行	中国工商银行临安市支行
农业银行	中国农业银行临安市支行
中国银行	中国银行临安市支行
建设银行	中国建设银行临安市支行
交通银行	中国交通银行杭州分行临安支行
农业发展银行	中国农业发展银行临安市支行
浦东发展银行	上海浦东发展银行杭州分行临安市支行
人保财险临安支公司	中国人民财产保险股份有限公司临安支公司
人保寿险临安支公司	中国人寿保险股份有限公司临安市支公司
杭重	杭州杭重第二锻造有限公司
杭氧	杭州制氧机集团有限公司
杭叉	浙江杭叉工程机械股份有限公司
杭塑	杭州杭塑医药包装有限公司
杭机	杭州凤起机床有限公司

(唐剑平)

基础设施建设

交　通

【概况】 2009年，临安市完成交通建设投资6.2亿元。公路通车里程2845.42千米，公路网密度91千米/百平方千米。昌文线昌化至湍口段改建完成。16省道千秋关隧道建成通车。排山、岳山隧道整治完成并恢复通车。临余公路（临安至余杭）改建路基工程拉出线型。胥高线夏禹桥至高坎段改建路基工程基本完成。杭徽高速公路累计完成失地农民保障投入7600余万元，项目环保、水保、档案等通过省级专项验收，其中昌昱段通过省交通厅竣工验收。汽车东站改（扩）建进入收尾阶段。援建公路四川省青川县金子山乡明山公路灾后路面整治主体工程完工。全年公路交通建设工程合格率100%，重点工程优良率100%，未发生重大质量、安全事故。

全年完成公路客运量2445万人次，客运周转量10.85亿人千米，货运量1320万吨，货运周转量13.7亿吨千米。春运期间，共投入运输车辆590辆，计1.31万座，发送客运9.17万班次，完成旅客运量142.32万人次，旅客周转量3347.33万人千米。全年水路货运量29.8万吨，水路货运周转量3637.62万吨千米。水上旅游量35.96万人次，增长86.42%。水上货运船70艘，运力1.86万吨，比上年增加1009吨。

市交通局组织开展违章和超载超限专项整治，查处各类案件1280件，罚款252万元，查处“黑车”30辆，非法改装车辆58辆，罚款44.55万元。办理行政许可354件，受理行政许可案件265件。组织开展安全生产教育培训，培训各类人员998人，其中，企业负责人、职能部门负责人和安全管理人员107人，系统各企业员工865人。

开展学习实践科学发展观活动，对市满意办反馈的22条意见和建议进行整改落实。开展局管干部选拔使用试点工作，规范选人用人制度。推行党员干部“金字塔”式谈心谈话制度，落实财务内审制度。与所属单位及3个工程指挥部签订《党风廉政建设目标管理责任书》，制订考核方案，组织半年检查和年终评比。组织中层干部和基层单位主要负责人开展“公述民评”活动，接受群众监督。办理市人大代表和市政协委员议案、提案37件，办理上级领导批办件和群众来信21件、市长公开电话403件，接待群众来访25批135人次。

【昌文线昌化至湍口段改建工程通车】 2009年9月26日，昌文线昌化至湍口段改建工程建成通车，累计完成投资2.21亿元。该路段全长21.95千米，于2006年12月27日开工建设，按二级公路标准设计，路基宽10米，路面宽9米，设计时速60千米/小时，桥涵与路基同宽。工程起自昌化镇杭徽高速公路出口处，途经昌化镇水南村，河桥镇朱秀村、誉光村、上卜村、首益村、赤石村，湍口镇三联村、老坞村、迎丰村，终于湍口村。

【千秋关隧道通车】 千秋关隧道是16省道浙皖交界的控制性工程，全长830米，临安市境内410米，宁国市境内420米，由双方各自负责境内工程。2009年9月23日，临安方隧道建设通过验收，完成投资1000万元。10月12日，安徽宁国方完工，整个隧道建成通车。隧道净宽10.5米，高5米，设计时速为60千米/小时。宁国段概算投资3200万元。

【排山、岳山隧道整治工程】 排山、岳山隧道始建于20世纪90年代，受地质条件及长年运营影响，隧道出现数次围岩掉石。2009年3月10日，排山、岳山隧道整治工程开工，11月1日建成通车，总投资6773万元。排山、岳山隧道为分离式双向四车道公路隧道，双洞间距14.2米，按一级公路标准设计，设计时速80千米/小时，隧道宽10.25米，净高5米。其中，岳山隧道全长599米，排山隧道全长366米，两隧道合计1930米。工程征地47亩，洞口挖方14万立方米，隧道开挖5.8万立方米，初期支护1930米，混凝土洞身衬砌1.9万立方米。

【余杭15省道至临安02省道连接线改建工程开工】 2009年12月31日，余杭15省道至临安02省道连接线改建工程举行开工典礼。该工程由主线和支线两部分组成。主线起点位于余杭径山镇15省道一期终点，穿越横畈镇、高虹镇，终点接玲珑街道境内的02省道。支线起点位于横畈镇雅观村，穿越省科创基地、临安经济开发区，终点位于青山湖街道石亭子与02省道相接。主线临安境内长21.21千米，按一级公路标准设计，路基宽24.5米，设计时速80千米/小时。支线长9.89千米，设计时速80千米/小时。全线采用沥青砼路面，设桥梁11座、涵洞100道、隧道2座。工程估算投资11.5亿元，其中临安境内9.8亿元，计划于2012年底建成通车。该工程涉及锦城街道、玲珑街道、青山湖街道、高虹镇、横畈镇13个行政村和2个社区，全线需征用土地约2500亩，拆迁房屋4.56万平方米，迁移杆线579根、高压塔7个、变电房9个。

【交通重点项目前期工作】 15省道至02省道连接线改建工程列入2009年省重点建设预安排项目增补名单。02省道临安至昌化段改建工程委托省设计院开展项目调查研究，对路线线位方案进行踏勘、论证。14省道（牧松线）改建工程与富阳市交通局进行多次对接，完成工程可行性研究报告。横畈物流中心项目水保、环评已办理，并列入2009年省重点建设项目增补名单。

【出租车管理】 2009年7月起，市交通局在出租车行业开展“我是临安新名片”文明巡礼活动，内容包括出租车“五星”评比、“的哥的姐”爱心助学、“的哥的姐”免费体检、“金点子”征集、聘请行业新风监督员等。严格IC卡扣分曝光台等制度，规范出租车管理。全年受理出租车投诉503件，投诉率较上年下降38.2%。

【K598路公交车一体化改造完成】 2009年8月，按照杭州市委、市政府关于构建杭州都市经济圈、实施公交一体化指示精神，临安市成立公交一体化工作领导小组。依照“依法依规、合情合理、尊重历史、积极稳妥”的原则，对原杭州天目客运公交有限责任公司股权和29辆大宇车进行一体化改造。根据《临安融入杭州都市经济圈公交一体化实施方案》，临安市交通投资发展有限公司和杭州市公交集团有限公司共同投资组建杭州临安公共交通有限公司。11月27日，新K598路公交车正式开通运行，实现国有公司化经营管理。改造后的杭州临安公交实行高速直达和经02省道两种城市公交营运模式，通达杭州黄龙公交站。经高速直达车29辆（大宇客车），票价10元；经02省道的城市公交车20辆（金旅客车），至杭州西站票价6元，至黄龙站票价8元。2004年，由浙江临安长途汽车运输有限公司、临安市通力实业有限公司等7家公司出资，成立杭州天目客运公交有限责任公司，将原来临安至杭州班线车辆整合为29辆大宇客车，命名为K598路公交车，以公交形式运营，杭州起讫站为古荡公交站。

【农村公路建设】 2009年，市交通局完成联网公路63.8千米，完成农村公路大中修工程70.68千米，完成颊浙线延伸段改建工程，完成干线公路大中修3条线路计25千米，完成危桥改造31座，实施农村公路安保工程32条线路计320千米。高虹准四级客运站通过竣工验收，岛石和太阳客运站完成主体工程，横路站竣工。新建港湾式停靠站104个。

【明山公路整治工程】 四川省青川县金子山乡明山公路建于1987年，东接剑阁县，西连江油市，是贯穿金子山乡最主要的交通运输通道，“5·12”大地震后，交通中断。灾后路面整治路段全长15.23千米，路面宽3.5米至6米，桥涵14座，需挖土石方1.75万立方米，填方1.14万立方米，由杭州永通公路工程监理有限公司和临安市天目公路养护工程有限公司承担监理和施工。2009年6月，该工程开工建设，至年底主体工程完工，完成投资1350万元。

【“交通安全生产年”活动】 2009年，市交通局在全市27家道路客货运输企业、施工企业、水上旅游企业及交通重点领域组织6次安全检查，完成10处道路交通事故多发点（段）的治理，与农村公路安保工程同步完成景区道路安全设施增设工作。排查治理交通重点工程隐患38起，清理边坡塌方3.5万立方米，增设交通标志87副。落实防汛物资沙包1万只、水泥100吨、钢材20吨、黄沙200吨、石材3000立方米、木材30立方米、道路交通标志牌300幅等。成立6个应急分队，落实抢险设备，会同市公安局制订《青山湖库区段中断交通（淹没）应急预案》。

（张 屏）

供　电

【概况】 2009年，全市全社会用电量22.75亿千瓦时，比上年增长10.02%，除去综合线损，实际销售电量21.58亿千瓦时，增长9.8%，其中，工业用电量17.76亿千瓦时，增长9.98%。完成电费回收16.04亿元，连续9年实现当年电费结零。全网最大负荷42.85万千瓦，增长10.78%。实现工业产值（主营业务收入）12.8亿元，上缴税收7421.12万元。（见表23）

全市有35千伏及以上公用变电所29座，变电总容量176.1万千伏安，比上年增加7.9万千伏安。其中，220千伏变电所2座，变电容量69万千伏安；110千伏变电所14座，变电容量87.5万千伏安；35千伏变电所13座，变电容量19.6万千伏安；10千伏配电变压器5011台，总容量128.4万千伏安。管辖35千伏~110千伏线路56条（包括用户线路），合计644.9千米。其中，110千伏架空线路23条，计343.8千米，电缆8.175千米；35千伏架空线路33条，计284.27千米，电缆8.632千米。10千伏配电线路246条，计2643千米，电缆273.2千米；0.4千伏线路4457.6千米。全市电力用户24.01万户（含农村一户一表）。小水电97座，发电机容量8.1万千瓦。

110千伏杨岭输变电工程和35千伏西天目输变电二期扩建工程建成投产。投入新农村电气化改造资金5728万元。完成50个行政村（99个自然村）低压电网改造项目，对市政府确定的重点整治村、示范村、特色村全面开展新农村电气化建设。

开展学习实践科学发展观活动，确定6个课题进行调研，完成7篇调研报告；开展各类“违章”行为排查治理活动，共检查内容117项，排查并整改风险较大问题4个；开展“节约一分钱、节约一张纸、节约一寸导线”活动，压缩费用1000余万元；开展“社会责任年”活动，完成重大保电任务15次；开展“电力春风行动”，走访企业160余家；开展“无违章年”和“防误操作管理年”活动，全年未发生安全事故，实现累计安全日3132天。

全社会用电性质构成

表23　　单位:万千瓦时

行业分类	全社会用电量	用电量构成(%)	同比增长率(%)
全社会用电总计	227504.96	100	10.02
A、全行业用电合计	199716.19	87.79	9.77
第一产业	1311.89	0.58	-4.84
第二产业	179751.28	79.01	10.03
第三产业	18653.02	8.20	8.45
B、城乡居民生活用电合计	27788.77	12.21	11.90
城镇居民	13323.66	5.85	15.73

续表 23

行业分类	全社会用电量	用电量构成（%）	同比增长率（%）
乡村居民	14465.11	6.36	8.59
全行业用电合计	199716.19	87.79	9.77
一、农、林、牧、渔业	1311.89	0.58	–4.84
二、工业合计	177568.63	78.05	9.98
1.轻工业	83023.15	36.49	13.33
2.重工业	94545.48	41.56	7.21
三、建筑业	2182.65	0.96	13.66
四、交通运输、仓储、邮政业	1232.83	0.54	6.43
五、信息传输、计算机服务和软件业	890.39	0.39	19.24
六、商业、住宿和餐饮业	7552.67	3.32	12.86
七、金融、房地产、商务及居民服务业	2290.29	1.01	23.19
八、公共事业及管理组织	6686.84	2.94	–0.83

【《临安电网 2030 目标网架规划》通过评审】 2009 年 9 月 18 日，杭州电网 2030 目标网架规划评审会在杭州召开，浙江省电力设计院、杭州市电力局、杭州市电力设计院和余杭区、萧山区、富阳市、桐庐县、临安市供电局等相关单位参加会议。会议对各县（市区）局 2030 年目标网架规划成果进行讨论，一致认为规划基本符合设计要求，相关设计方案合理，能指导各地区电网建设。《临安市 2030 年目标网架规划》分析了 2006 年以来电力电量需求情况，在研究经济发展情况及趋势基础上，预测 2030 年及重要过渡年份临安的电力电量需求，以及临安电网 220 千伏、110 千伏变电站的布点、规模和 110 千伏网架结构等。

【新农村电气化建设通过验收】 2009 年，市供电局投入新农村电气化改造资金 5728 万元，完成 50 个行政村（99 个自然村）低压电网改造项目，共立项改造 10 千伏及以下电网项目 251 项，新增 10 千伏高压布点 35 处，变压器增容 46 台，增加配变容量 8865 千伏安，对 4195 户农户的表箱进行改造，并实现 100%安装家用漏电保护器。12 月 29 日，由杭州市经委、杭州市农办、杭州市电力局组成的新农村电气化考评验收组到临安进行考核，高虹镇、三口镇 50 个村通过验收。至年底，临安市供电局在新农村电气化建设中累计投资 1.5 亿元，建成 18 个新农村电气化乡镇、140 个新农村电气化村，基本达到杭州市2010 年创建新农村电气化市的目标要求。

【110 千伏杨岭输变电工程】 2009 年 6 月 11 日，杭州地区首座“两型一化”（即资源节约型、环境友好型、工业化）变电站——110 千伏杨岭输变电工程投运。该变电所位于太湖源镇浪口村，占地面积 5.77 亩，新建双圈变 1 台，容量

50兆伏安，110千伏出线1回，工程总概算3407.6万元。该变电所的投运有效缓解杨岭工业开发区用电紧张，确保迎峰度夏安全可靠供电。

（章　梵）

自来水

【概况】 临安自来水公司下辖临安市第一水厂、临安市第二水厂（太湖源水厂）、临安市第三自来水厂（筹建中）、青山水厂、高虹水厂5家水厂。2009年，临安自来水公司供水量2366万吨，比上年增长5.08%；售水量1756万吨，增长5.87%；售水产值2582万元，增长4.89%；水质综合合格率100%，水压合格率99%。於潜自来水公司供水量125.11万吨，增长3.4%；售水量121.52万吨，增长12.5%；售水产值205.06万元，增长6.25%；水质综合合格率100%，水压合格率100%。昌化自来水有限公司供水量129.84万吨，增长7.51%；售水量103.76万吨，增长7.71%；售水产值172.28万元，增长7.49%；水质综合合格率99.28%，水压合格率99.8%。

（郑兴红）

邮　政

【概况】 2009年末，临安市邮政局有从业人员261人，其中在岗职工115人；内设职能部门3个，邮政服务点61个，其中，邮政中心支局5个，自办邮政所21个，能提供邮政全功能服务局所21个（含邮政储蓄银行网点2个）；邮政报刊图书销售点（报刊亭）30个，集邮品销售点1个。

全年实现邮政系统业务总收入4019万元，比上年增长24.79%。邮政企业收入3430万元，增长15.23%。其中，函件403.56万元，增长37.7%；包件126万元，下降9%；速递物流862.64万元，增长43.19%；报刊发行351.73万元，增长9.2%；储蓄1331万元，增长13.37%。

全年完成邮政业务总量3991.54万元，比上年增长17.95%。其中，函件261.35万件，下降15.31%；包件3.79万件，下降27.94%；汇票16.46万张，增长2.74%；机要文件0.44万件，与上年持平；特快专递23.84万件，增长42.24%；报刊累计份数1334.11万份，增长3.7%；集邮邮票75.07万枚，增长96.62%。全市平均每百人函件邮寄量5件；人均报刊订阅费18.87元。

全局拥有邮政储蓄异地存取全国银联卡联网网点20个，邮政储蓄ATM机9台，邮政储蓄年末存款余额7.62亿元，比上年净增1.12亿元。

全局拥有邮路16条，单程总长度537千米，其中，自办汽车邮路14条505千米，委办汽车邮路1条22千米，其他邮路1条10千米。拥有城市投递段道13条，城市投递段道长度（单程）202千米；农村投递道路线46条，农村单程投递路线1786千米。固定班期投递邮件乡镇22个，已通邮行政村287个，占全市行政村100%。直接投递邮政妥投点2.96万个，城区每日平均投递次数1次，农村每周投递次数6次。全市设有邮政信报箱63群2万个格口数，单设信筒69个。拥有通信生产运输用汽车36辆、摩托车43辆、邮政储蓄专用汽车3辆。

是年，市邮政局通过ISO 9001标准

体系持续认证审核，保持杭州市级文明单位称号。

（陈裕华）

电 信

【概况】 2009年末，市电信局下设综合办公室、网络运营部、市场部、政企客户部4个职能部室和城东分局、城西分局、玲珑支局、於潜支局、昌化支局、营业服务中心6个生产部门，有员工179人。全年完成业务收入1.6亿元，年末拥有固定资产净值2.5亿元。全市固定电话用户17万余户，CDMA手机用户6万余户，宽带用户6万余户。

加快CDMA网络建设和无线网络质量提升步伐，城区、主要乡镇（街道）、高速公路和沿线乡镇（街道）CDMA网络信号覆盖明显增强。全年新增宏基站82个、RRU点位20个、直放站点位30个，实现物理覆盖点位翻番；完成20个室内分点位的信源替换工作，完成10个新建小区的电梯、地下室CDMA信号覆盖。开展基站支架和天馈系统的巡检和大修工作，全年完成150个点位。开展CDMA"百日网优"工作，有效测试里程1万余公里，城区完成6次完整的测试工作，EVDO完成10次完整的测试工作，高速公路完成7次完整的测试工作。通过全网优化后，掉话率从0.24%下降至0.14%，软切换比例从58%上升到69%。

全年签约代理商54家，其中，合作营业厅11家，全业务经营的代理商5家。开设新民街电信营业厅，按四星级标准进行装修，设立业务受理区、客户体验区、业务演示区、咨询服务区、客户休息区等功能区。在办公大楼保安室安装空调集中管理遥控器，将所有办公室、会议室空调内机纳入集中管理。开展"装维服务学海尔"活动，通过规范服务、装维服务"八个一"标准（穿着一双干净的鞋套，佩戴一张统一的胸卡，携带一块整洁的抹布，赠送一本用户手册，建立一份宽带测试档案，安装一套客户端软件，登记一份材料清单，清理一次施工现场）等措施，对装维服务的各个环节进行细化。组织开展"无偿献血，奉献爱心"活动。

【CDMA网络基站替换割接】 2009年3月7日，岛石区域的12个替换基站启动实施预割接，杭州地区CDMA网络基站替换割接正式启动，临安市成为杭州地区第一个CDMA网络基站替换割接实施单位。14日，临安市CDMA网络基站（包括室外站点133个、室外直放站51个和室内分布系统28个）实施替换割接。15日凌晨零时38分，基站割接结束。此次替换割接采取间隔保覆盖的方式，合理安排北电基站下电和华为基站开站入网，涉及工程队34支，参与割接人员200余人，替换后的网络架构采用最先进的NGN架构，网络的安全性、稳定性、可靠性和网络质量得到质的飞跃。

【3G业务开通】 2009年1月7日，工业和信息化部为中国电信发放3G牌照。4月1日，市电信局率先在锦城核心区域及浙江林学院开通3G信号，成为临安首家开通3G服务的运营商。4月底，锦城、於潜、昌化、青山4个中心城镇实现3G网络覆盖。至12月底，累计开通3G基站185个，全部乡镇（街道）驻地、杭徽高速公路沿线、工业园区、风景旅游区

实现3G信号覆盖。新开通的3G网络称为EVDO，是原有CDMA1X网络的升级，无线上网下载速率可达到3.1兆/秒，比CDMA1X无线上网快20倍左右。享受EVDO网络有189互联网手机和笔记本电脑两种途径，用户开通3G业务后，不仅能够实现视频通话、视频点播，还能实现高速上网等多种功能。

【赠送宽带、电脑活动】 2009年5月16日，市电信局和市残联启动向残障人士赠送宽带、电脑活动。市电信局与舒源网吧、海平电脑商行合作，由舒源网吧捐赠10台电脑给有需求的残疾人，市电信局赠送1年的宽带使用权，海平电脑商行提供免费电脑维护和优惠装机措施。

（陈振乙）

移　动

【概况】 2009年末，中国移动通信集团浙江有限公司临安分公司（简称临安移动公司）有正式员工18人，外聘员工127人，下设市场部、网络部、综合办公室3个职能部门和城东、城中、於昌3个区域经营部。设临安总部、衣锦街、於潜、昌化、岛石、高虹、青山、天目等11个自办营业厅，有营业服务网点264家，有迪信、协亨、迪亨、金大、广远等手机大卖场13家。全市移动手机用户约38万户。

全市建有临安移动直放站258个、基站479个、杆路1750千米、管道114千米，GSM网络实现与IP电话、移动互联网、虚拟专用网、GSM1800双频网、移动智能网、短消息平台的拓展与融合，并向第三代移动通信网络平稳过渡。建成包括双频网、微蜂窝、室内分布系统、街道站在内的全方位、立体化、智能化、多层化的移动通信网络，实现全市主要乡镇（街道）全覆盖、高话务区域立体覆盖及主要交通干道无缝覆盖，并实现全国自动漫游，与235个国家和地区、359个运营商开通国际自动漫游业务。

是年，临安移动公司被评为杭州市社会治安综合治理工作平安示范企业，网络部获杭州市"工人先锋号"称号。

（石妮妮）

联　通

【概况】 2009年末，中国联合网络通信有限公司临安市分公司（以下简称临安联通公司）有员工85人，下设综合部、营销部、集团客户部、客户服务部、网络建设部5个部门，设立城区、高青、临西3个区域中心，有服务网点156家，其中新增合作营业厅10家。全市联通公司有移动用户12万余户、固定电话用户6000余户、宽带用户6500余户。全年完成业务收入5000万元。有2G基站331个、杆路约1400千米、管道约320千米。新增2G基站45个、杆路115千米、管道8千米，完成G18期工程，全面提升2G网络覆盖和通话质量。完成W1期、W2期、W3期、W4期3G工程建设，新增3G基站124个，实现临安城区及周边区域、青山湖街道、高虹镇、於潜镇、昌化镇、玲珑工业区及浙西大峡谷、清凉峰等风景区3G网络覆盖。

是年，临安联通公司石镜街营业厅获杭州市青年文明号称号，天屹路营业厅获临安市青年文明号称号。

（陈彩霞）

城建·土地·环保

城市建设与管理

·概述·

【概况】 2009年，《临安市市域总体规划（2007~2020年）》通过省建设厅评审；完成锦南新城概念性规划与核心区城市设计、钱王陵园改造规划设计、城东新区滨湖商住中心控制性详细规划与城市设计、钱王文化广场城市综合体规划设计、杭徽高速出入口改造设计及青山湖综合治理保护工程概念性规划设计；开展城市广告设置专项规划编制工作；完成锦城街道、锦南街道区块10平方公里规划区1:500地形图修测。

全年投入城建资金1.7亿元。完成圣园路、横潭路北延、城中街西延、临水路北延、苕溪北侧地块一号路北延、万马路北延道路建设工程；临余公路（临安段）改建工程完成总工程量48.48%；大学路北延道路工程完成总工程量52%；锦城五中西侧道路、泥山弯路完成项目前期工作。临安市基础设施投资发展有限公司融资5000万元，用于城市基础设施建设；实施土地、房地产市场化运作，市委党校异地动建，钱王家庙交钥匙工程启动；实施项目市场化运作，运用BT模式投资建设大学路二期工程。

全年达成拆迁安置补偿协议户54家，其中农户48家、单位7家，拆迁面积5.97万平方米，支付拆迁补偿资金5500万元；组织强制拆迁2起；万马路北延安置小区动工建设。建设系统为“春风行动”捐款350万元；开展“联乡结对”活动，为锦城街道28个行政村筹集资金120万元。临安市城建档案馆通过省一级档案目标管理考核。市建设局和市电视台联合制作的电视专题片《崛起的杭州市西郊现代化生态市——临安城市建设纪实》，国庆期间在临安电视台播出。

【农村困难群众住房救助】 2009年1月，市建设局组织各乡镇（街道）对低保家庭和人均月收入225元以下低保边缘家庭、重点优抚对象、残疾人家庭中的无房户、危房户和缺房户的住房情况开展调查摸底。4月，按照各乡镇（街道）上报的救助名单，组织人员逐户走访。通过村、乡镇（街道）两级公示，最终确定200户年度救助对象，其中，“五保”

户2户、低保户40户、灾损户13户、残疾户51户、下山移民8户。年底前，完成200户农村困难群众住房救助工作，拨付补助资金240.98万元，新建185户、改建7户、修缮7户、置换1户，完成住房改造面积4万平方米。

【背街小巷整治改造工程】 2009年7~10月，对锦城街道背街小巷的道路、绿化、排水、路灯、环卫等设施进行整治改造。共改造临天九弄、临天乡镇通道、丽景苑西侧小弄、南苑小区弄、白泥路南延段、阿里山大酒店西侧道路、平山路南延段、西林街8条背街小巷，改造面积1.76万平方米，总投资766.08万元。

【咪表停车管理】 2009年6月22日，经市政府专题会议研究，城区道路咪表停车管理工作从临安市众诚交通设施有限公司(主要经营城区泊位收费)划归市基础设施投资发展有限公司。6月30日，市基础设施投资发展有限公司会同市交通警察大队，与原经营单位开展道路咪表停车管理涉及的人、事、物、财等移交工作。7月1日，市基础设施投资发展有限公司正式接管城区道路咪表停车管理工作。

【金子山乡对口援建工作】 2009年，按照杭州市援川建设前线指挥部的要求，市建设局选派建设工程质量安全监督站总工程师盖秋临、副站长陈安、质量安全监督员钟燕军和许炯浩到地震灾区青川县金子山乡，对口支援地基土方的“三通一平”测算、房屋建筑工程及基础设施质量安全监督工作。至年底，完成金子山乡小学、卫生院、入城口道路改造等工程项目的质量安全监督工作。

【户外全彩LED电子显示屏建成】 2009年11月14日，临安市首块超大型户外全彩LED电子显示屏进入试运行阶段。该LED电子显示屏由临安市基础设施投资发展有限公司投资300万元建设，位于人民广场西侧尚城国际大厦外墙，显示屏面积141.56平方米，采用P16规格的二红一纯绿一纯蓝三基色组成，主要用于对外宣传和发布公益广告、综合资讯等。

·城市规划·

【概况】 2009年，市建设局继续开展阳光规划行动，推行“城乡规划编制事前公示、事后公布，建设项目审批事前公示、事后公告”制度和规划听证制度。开展房地产开发中违规变更规划、调整容积率专项治理工作，清查房地产工程项目25个。累计核发建设项目选址意见书87本；核发建设用地规划许可证617本，其中，农居民个人建房453本、单位建房164本；核发建设工程规划许可证1099本，其中，农居民个人建房262本、单位建房837本。办理乡镇农民个人住宅建设用地规划许可证299本、个人住宅建设工程规划许可证146本，办理村镇规划选址意见书2040本。召开规划审批联席会议5次。完成测绘项目412件次，其中涉及市政项目26件次。

【省科创基地（科技城）征集规划】 2009年7月，按照“国内领先、国际一流”建设要求，开展省科创基地(科技城)概念性规划及城市设计面向全球征集工作。国内外86家设计单位报名，经筛选，确定上海同济规划设计研究院、阿特金斯顾问有限公司上海分公司、香港贝利设计集团、杭州市城市规划设计研究院、深圳城市空间规划设计有限公司5家设计单位入围。8月18日，举行项目介绍会，介绍相关前期基础资料，签订征集协议。12月18日，以建设部规划司原司长赵士修为组长的规划评审专家组对科技城规划进行评审，同济大学规划设计院的5号方案和深圳空间设计院的3号方案被评为优胜方案。

【乡镇和村庄规划修编】 2009年，完成於潜、昌化两个副中心和三口、湍口、清凉峰三个建制镇的城镇总体规划修编；完成太阳镇、板桥乡的总体规划初步设计方案。太湖源镇碧淙村、里畈村、上阳村，高虹镇长溪村、活山村，横畈镇郎家村，三口镇花桥村、上钱村，於潜镇逸逸村、方元村、堰口村、凌口桥村、后诸村（鹤村），潜川镇海龙村、中间桥村，藻溪镇桂芳村，太阳镇景村村、浪山村，河桥镇中鑫村、金燕村、蒲村村，湍口镇三联村、湍源村，龙岗镇无他村、林坑村、百丈村、兴龙村，清凉峰镇九都村、新都村、白果村、顺溪村、杨溪村，岛石镇呼日村、江川村，大峡谷镇鱼跳村、望湖村、五星村、桃花溪村，西天目乡武山村、月亮桥村，横路乡武村村，千洪乡朱湾村、千茂村，乐平乡上沃村，马啸乡石长城村、浙川村，锦城街道金马村、青柯村，玲珑街道锦绣村、化龙村50个行政村完成村庄规划设计方案评审和技术鉴定。

【永久性测量标志】 2009年，市建设局开展国家永久性测量标志分类保护管理工作。实地勘查国家一等、二等测量标志点81座，经普查确认，保存完好64处，灭失12处，遭受不同程度损坏4处，另有1处因资料不全，没有找到。按永久性测量标志分类保护管理规定，完成标志点保护工作，并重新确定标志保管员。

【城市规划顾问团成立】 2009年3月，临安市城市规划顾问团成立。该顾问团由城乡规划专家、学者和实际工作者组成，实行聘任制，每届任期一年，可续聘，每年不定期召开全体会议，总结城乡规划工作经验，对城乡规划工作重点及工作思路提出意见和建议，日常管理工作由市建设局负责。首届顾问团由10位专家组成，分别是：同济大学教授、博士生导师陈秉钊，省建设厅城乡规划处处长姚昭晖，浙江大学教授、博士生导师王竹，浙江大学副教授胡晓鸣，杭州市综合交通研究中心主任陈茜，省城乡规划设计院原院长周茂新，浙江林学院园林学院院长包志毅，杭州市园林设计研究院副院长周为，杭州市政设施监管中心副主任岳巍，上海建筑学会生态专委会主任钱振华。

【农村空房调查】 2009年6月30日，全市农村空房情况调查工作完成。全市农村范围内共有空置房（含平时无人居住房屋）3092幢，总占地面积约27.18万平方米，涉及人口1.37万。其中，住房2558幢、生产用房534幢；砖混结构172幢、砖木结构1696幢、土坯房1224幢；建筑质量较好的125幢、质量一般的1452幢、质量较差的1515幢。产生空置房的原因主要有：原使用者新建住宅而未及时拆除，占50.8%；原使用者进城务工或在城镇购买商品房，占32.1%；原使用者死亡或户口迁出而未登记注销，占3.1%；原有使用者转为城镇居民户，占2.5%；生产用房和其他原因，占11.5%。

·建筑业·

【概况】 2009年底，全市建筑企业62家，其中总承包企业28家、专业承包企业26家、劳务分包企业8家。全年完成产值56.29亿元，比上年增长11.02%，上缴地税1.345亿元，占全市地税收入11.1%。办理建筑工程施工许可证190项，建筑面积92.24万平方米，竣工工程项目354个，建筑面积100.5万平方米，合格率100%。创建杭州市建设工地农民工示范学校5个、杭州市“绿色工地”14个、杭州市安全生产和文明施工标准化样板工地4个、杭州市“西湖杯”优质工程3个；创建临安市“绿色工地”24个、临安市安全生产和文明施工标准化样板工地15个、临安市“天目杯”优质工程10个。全市有建筑一级总承包企业3家、一级施工专业承包企业2家、二级总承包企业7家。浙江东兴建设有限公司被浙江省建设厅核准为一级总承包企业，临安恒茂建设工程有限公司被浙江省建设厅核准为二级总承包企业，中天建设集团浙江幕墙有限公司由二级施工专业承包晋升为一级总承包企业。开展岗位从业人员资格培训4期。处理农民工工资纠纷19件，协助清讨农民工工资600万元。

【《关于促进建筑业发展的若干政策意见》出台】 2009年3月，市政府制订《关于促进建筑业发展的若干政策意见》，出台6条建筑企业奖励扶持政策。对缴纳营业税和企业所得税总额前五名的当地建筑企业，企业市场竞争力加强、资质得到晋升企业，创国家、省、杭州市级优质工程、科技示范工程和获设计奖、绿色建筑奖、QC成果奖企业，企业年度综合考评信用前六名企业，人才培养引进与科技创新工作突出企业实行奖励，额度从几万元到几十万元不等，获奖企业在工程招投标时还可受益。为鼓励企业诚信守法经营和加强人才培养、引进与科技创新，年度综合考评信用前六位的当地建筑企业，由主管单位发文表彰，直接列入市政府投资工程承包商优先推荐名录。对引进人才有贡献、研究开发推广应用技术的当地建筑企业，给予表彰奖励，人事部门在专业人员职称评审时给予支持。该《意见》要求各有关部门加大对当地建筑企业职工养老、医疗、失业、生育、工伤五项保险缴费的支持力度，尽量减轻企业负担，为建筑企业发展营造良好成长环境。

【建筑业职工技能大赛】 2009年10月23日，临安市“万马·樱花杯”建筑业职工技能大赛在“万马·樱花府第”工地举行。该次大赛由市建设局、市总工会、市劳动和社会保障局、临安电视台联合主办，浙江万马房地产集团公司、浙江大华建设集团有限公司、浙江万利建筑工程有限公司协办，设砌筑和抹灰两个项目，属市级一类竞赛。来自全市建筑施工单位的31个代表队204人参加比赛。临安恒茂建设工程有限公司江兴武获砌筑比赛一等奖，杭州临安宏成建设工程有限公司余义长获抹灰比赛一等奖。

【“四位一体”监管模式】 2009年，市建设局实施工程质量、安全生产、文明施工、劳动用工管理“四位一体”监管模式，采用企业自查与管理部门督查相结合、专项检查与执法检查相结合的方法，开展建筑施工现场监管。全年开展4次质量安全文明施工执法大检查，组织开展工程质量检测机构、工程运输车辆、商品混凝土质量、在建中小学校舍、违法用地违法建设违法施工、监理工作质量、劳动用工7次专项检查。抽查施工企业105家、监理企业59家、建设项目131个。签发整改意见书89份，停工整改15项，对16家企业负责人施行安全生产约谈，通报表彰企业17家，通报批评企业17家。对严重违反法律法规的企业进行立案查处，结案7件，罚款13.7万元。

【一建设工程获“鲁班奖”】 2009年9月，由浙江大华建设集团有限公司承建的杭州市委党校迁建项目Ⅰ标段工程被中国建筑业协会评为建设工程国家最高质量奖——“中国建设工程鲁班奖”，这是全市建筑企业首次获该荣誉。大华建设集团有限公司是一家集土建、市政、道桥、房地产等于一体的集团型施工总承包一级企业，曾获浙江省“钱江杯”优质工程奖4个、杭州市“西湖杯”优质工程奖34个。

·房地产·

【概况】 2009年，临安市楼市价格全面回暖，开发量减少，二手房市场活跃。全市完成房地产开发投资14.25亿元，比上年下降17.1%。房地产施工面积131.25万平方米，下降23.2%，其中住宅施工面积105.69万平方米；房地产新开工面积27.12万平方米，下降16%，其中住宅新开工面积22.57万平方米；房地产竣工面积33.5万平方米，下降35.3%，其中住宅竣工面积23.55万平方米。办理预售许可证面积30.24万平方米，下降8.64%，其中住宅上市面积27.78万平方米，下降2.66%。

商品房交易面积75.82万平方米，比上年增长106.14%，成交总额42.92亿元，增长135.56%，其中，住宅交易面积70.87万平方米，计4808套，分别增长107.95%和110.32%。年度商品住宅房成交均价为：多层3492元/平方米、高层4504元/平方米、别墅13378元/平方米，分别上涨10.78%、13.93%、15.7%。

累计可售商品房剩余38.42万平方米。购房者中，当地居民占62.16%、外地购房者占38.84%，比上年下降6.9个百分点。市场以当地自住刚性消费为主，整体投资、投机行为下降。成交商品房中，现房销售28.08万平方米，占总销售面积的37.03%，其中，多层2464套、高层2018套。

全年二手房交易68万平方米，增长103.47%，新房与二手房成交面积比为1.12∶1。二手房交易中，住宅交易量47.92万平方米，计3888套，分别增长113.64%和123.19%。二手房住宅年成交均价为：多层2543元/平方米、高层3974元/平方米、别墅9334元/平方米，分别上涨29.08%、42.69%、13.57%。新房与二手房交易量均创历史纪录。

商品房土地购置面积136.33公顷，比上年增长19.26%；征收出让金15.37亿元，增长83.12%；成交均价75.14万元/亩，上涨53.55%。全市房地产土地出让占政府性基金收入60.25%，房地产企业缴纳的地税款总额占全市地税总额29.8%。发放房屋各类权证1.94万本，物业维修资金归集2590万元，保修金归集1460万元。

协助7个小区组建成立业主委员会，确立8家物业企业为全市重点培育物业管理企业。对新建房屋80万平方米进行预防处理，检查治理蚁害房屋面积4.8万平方米。市城建档案馆通过省一级档案管理达标验收，组卷进馆城建档案1.01万卷。

是年，市建设局被杭州市房管局评为杭州市房管系统优秀管理单位。市白蚁防治所被评为全国白蚁防治信息化管理先进单位和杭州市白蚁防治先进集体。

【出台房地产兴业政策】 2009年3月，为降低房地产业运营成本，鼓励企业按照市场需求适度开发房地产，促进市场销售，临安市参照杭州市房地产“新政”，制定实施《关于促进我市房地产市场健康稳定发展的若干意见》和《关于促进房地产发展的若干政策意见》。

《关于促进我市房地产市场健康稳定发展的若干意见》根据临安市实际财政能力，对杭州市房产“新政”中实行的商品房契税和印花税补贴、存量房交易税收补贴、暂停征收房产登记相关收费等政策暂未参照执行，但对房地产经营性用地出让价款已经全额缴纳完毕，而滞纳金未缴纳完毕的相应缓免政策起价标准进一步放宽，调整新出让地块地价款期限的起价总额由杭州市房产“新政”规定的“5亿元以上”下调至“2亿元以上”。将普通住宅的面积标准从140平方米上限上调到国务院允许的144平方米面积上限，这在杭州市区与周边县(市)中都未曾达到。

《关于促进房地产发展的若干政策意见》依照市财政分配的专项引导资金，并结合企业实际需求，2009~2011年将平均每年拿出200万元房地产业发展专项资金，用于房地产发展的奖励、扶持和宣传、培训。在奖励扶持政策上，把握“既考虑全盘，又突出重点”、“既立足经营，又注重基础”两条原则。奖励扶持政策覆盖房地产开发、物业与中介服务等行业，其中侧重与民生关系紧密的物业服务业，并注重发挥行业协会、社区及业委会的作用。总体扶持方向包括提升企业品质、补贴物业服务、规范基础管理、树立示范引导四个方面。

【机床厂小区改造完工】 2009年11月，市政府“十件实事”之一的锦城塔山路东侧机床厂小区改造工程完工。该工程由大华建设集团公司承建，投入资金120万元。针对小区老旧、长期存在设施及管理缺失的问题，对总建筑面积1.25万平方米的小区住房立面、楼道、屋面及小区地下管线和路面进行整修，并更换陈旧门窗和增加屋顶防漏隔热设施，受益居民152户。

【房地产中介市场专项整治】 2009年10~12月，市房地产管理处与市工商部门联合开展全市房地产中介机构集中检查整治活动。活动分自查自纠、检查整改、总结公告三个阶段。对发现有违规行为的中介机构，责令其制订整改计划，限期进行整改，并将整治结果在报纸和网站上公告。整治活动共检查企业28家，查出违规企业2家，督促并完成整改2家。

【新版房屋权证启用】 2009年1月，根据住房和城乡建设部颁布的《房屋登记办法》规定，临安市正式启用新版房屋所有权证和房屋他项权证。新版权证在栏目设置上更加简明、合理。新版房屋所有权证取消旧版中“设定他项权利摘要”、“填发日期”等，增加“登记时间”、“共有情况”等；新版房屋他项权证取消“权利范围”、“填发日期”等，增加“登记时间”。同时取消原房屋权属证书可以登记多处房屋的形式，一本房屋所有权证只能登记一处房屋。对房屋共有关系包括共有形式、份额等在新版房屋所有权证的“共有情况”一栏中反映，共有权人也将领有房屋所有权证。此次换发新证后，原颁发的房屋权属证书仍然有效。

【新版商品房预（销）售合同启用】 2009年7月，临安市房地产透明售房网正式启用新版商品房预（销）售合同。新版商品房合同电子模板按照省建设厅公布的示范文本制作，在一些细节上对购房者权益作了约定；对小区公用绿地、场所、设施、房屋等建筑物的权属，采取合同约定排他的方式，规定除合同约定之外的公共建筑物属业主共有；依法增加预告登记内容，将预告登记的约定事项、法律效力以及办理手续纳入合同管理，保障商品房预购人的合法权益。

·公用事业·

【概况】 2009年，城区纳入环卫清扫保洁作业面积280余万平方米，清运生活垃圾10.25万吨，日均清运284.7吨；清运粪便2931吨，日均清运8.03吨。垃圾、粪便清运实现密闭化运输，清运率100%，无害化处理100%。山牛坞垃圾填埋场污水处理厂全年处理垃圾渗滤液7万吨，达到国家环保排放标准。投资77万元，购置环卫专用高压冲洗车和垃圾压缩车各1辆；投资30万元，购置安装新式果壳箱800只；集中维修改造城区公共厕所20座，修缮公厕内部设施，规范标志标牌；投资10万元，建设环卫车辆实时监控指挥调度管理系统和填埋场垃圾称重数据自动采集系统。市容环境卫生管理处城东清扫组被评为杭州市市容环卫先进集体，郑培松获浙江省优秀城市美容师称号，龚昌艳、贺一荣分别获杭州市十佳城市美容师和优秀城市美容师称号。

全年新增道路面积5.6万平方米，城区道路总面积171.1万平方米。完成左邻右里、圣园路等地绿地建设2.8万平方米，建成区绿地面积418万平方米，人均公共绿地面积8.05平方米。投资400万元，对城东片区、城南片区和锦城街道里弄小巷进行路灯亮化改造，计100处。新环东路大桥工程开工建设，概算投资2500万元。数字城管立案派遣有效案卷2.63万件，案卷办结率93%。人民广场接待上级领导和来宾7500人次，参观团体200个，举办各类大型晚会10场、公益活动100场、商业咨询和促销活动1085次，放映露天电影30场，调换鲜花1.5万平方米，养护绿地面积5.5万平方米，补植、调整草坪色块8000平方米，补植乔灌木158棵。铺设燃气管道4.28千米。

【临东公园建成】 2009年5月1日，临东公园建成并向市民开放。该公园面积1.6万平方米，2008年底开工建设，投资400万元，由浙江林学院园林设计院设计，浙江林学院环境艺术工程公司施工。该公园在园林建筑和绿化配置的设计和施工中，遵循“因地制宜、依形导势、功能完善、精品铸造”原则，保留现有地势地貌和植被分布，景观堤设计建设既符合城市防洪要求，又不失滨河景观效果；植物配置上采用相对集中的丛林式造景手法，以色叶树种为基调，建植后山体植被季相分明，林相突出，结构明显。东面山体新建菠萝格原木材质松风亭1座，采用仿传统斗拱古建筑重檐设计。

【城区垃圾处置联动机制建立】 2009年3月，市城管执法局与市容环境卫生管理处建立城区垃圾处置联动机制，明确执法中队、环卫所和保洁公司管辖范围、工作职责、联系方式、处置程序，重点处置城区垃圾，特别是装修装潢垃圾。辖区执法中队、环卫所及保洁公司对乱倒垃圾做到第一时间发现、第一时间清运、第一时间处罚，消除城区视觉污染，避免建筑垃圾造成二次污染；同时，建立联席会议制度，协调解决联动机制执行中出现的问题。全年联动执法34次，处理各类无主垃圾135吨。

【环卫工人持证上岗】 2009年6月，市容环境卫生管理处实行环卫工人持证上岗制度，600余人持证上岗。按照城东、城西和城北三大区块划分，发放红、蓝、绿三种颜色上岗证，上岗证按组确定名称并依次编号，环卫工人作业时随身佩带，实行一人一证一编号。监督部门以上岗证编号为凭证，有针对性地加强督查，对不规范作业现象，进行及时制止、纠正和处罚。同时接受市民监督，推动市民与环卫工人双向互动，推进环卫工作。

【垃圾袋装化管理】 2009年7月，锦城城区全面实施垃圾袋装化管理。市容环境卫生管理处向城区沿街单位、商户和市民发放4500份《关于加强城区主街道垃圾袋装收集力度的通告》，明确城区垃圾袋装收集路线、收集时间和市民投放垃圾要求；落实摇铃垃圾收集设备，实行上门摇铃收集；对城区繁华路段除白天按规定时间收集外，增加一次夜间收集；市容环境卫生管理处和市城管执法局配合，对违规和随意投放垃圾的单位和个人依法予以处罚。

【小液化气行业整治规范工作】 2009年，根据省、杭州市“十小”行业整治和规范要求，市建设局联合市城管执法局等相关部门，对全市197家液化气供应点开展整治规范工作。完成锦城、昌化、於潜等供应点许可审核，取缔无证经营户2家，暂扣钢瓶80余只，99%的供应点按规范整治到位，196家供气点达到规范要求，超额完成省下达的整治规范任务。

【城区道路保洁新一轮招投标】 2009年1月12日，市容环境卫生管理处受市建设局和锦城街道、玲珑街道办事处委托，对城西和城北区域道路保洁权进行公开招投标。有7家单位参加投标，临安力达环境服务有限公司和杭州钱王物业管理有限公司分别获城西区域约82万平方米和城北区域约72万平方米道路2009年的清扫保洁权。城东区域的清扫保洁权继续收回，由市环卫处下属保洁公司负责。

【3号橡胶坝清理工程】 临天桥3号橡胶坝上下游清理工程主要对临东桥、临水桥、临天桥橡胶坝坝体上游砂卵石、集水池和集水沟内淤泥、消力池内及消力

池下游砂卵石进行清理，对消力池后坝、橡胶坝及泵房进行维修。该工程由晟元集团有限公司临安建筑分公司施工，2009年4月16日开工，5月15日完工，总投资32.7万元。

【市垃圾焚烧项目】 2009年7月，临安绿能环保发电有限公司垃圾焚烧项目通过省发改委立项。该项目总投资18750万元，位于锦南街道上畔村，用地面积3.78公顷，主要建设1座日处理生活垃圾450吨的生活垃圾焚烧发电厂，配置2台日处理生活垃圾225吨的二段式炉排焚烧炉、1台6WM汽轮发电机组。

【城区积水专项改造】 2009年5~7月，对石镜街沙地路口、万马路尚城国际区块、苕溪南路国际大酒店门口和左邻右里区块4处重点积水区块实施专项改造。专项改造由创新市政园林公司实施。铺设雨水管280米，增设收水井5只，总投资近80万元。

【玲珑山公园改造】 2009年，实施玲珑山公园基础设施整治改造工程。该工程总投资310万元，完成上山公路边沟浇筑2公里，建造卧龙寺前小广场，安装浏览环线路灯91盏，修复沥青路面1400平方米，配套公园整体服务功能，保障游客安全。

（董立新）

·城市管理与执法·

【概况】 2009年，市城市管理行政执法局办理一般程序案件1614起，简易程序案件6004起，教育纠违4万余次，无错案发生。

以“百日大整治”活动为载体，开展各类市容专项整治11次，查处流动摊贩案件891起、出店占道经营案件206起、乱倒垃圾和路面污染案件328起、户外广告案件240起，查抄违章停放车辆5714辆，收容暂扣无证犬151条，暂扣三轮车、自行车等200余辆，拆除户外广告198块。

办理违法建设案件125起，组织拆违111起，拆除面积1.89万平方米。联合相关部门到玲珑、青山、西天目、昌化等地拆违50起，拆除面积1.06万平方米；配合市征迁办公室为钱王文化广场、万马路北延、杭氧搬迁等项目强制拆迁4300余平方米。

承办人大议案、政协提案8件；畅通“96310”投诉热线，受理市民来电、来信、来访2948件；完成市长公开电话交办件298件，办结率100%，满意率100%；受理数字城管案件1.77万件，办结1.53万件。

是年，市城市管理行政执法局获杭州市城管执法考评单位B组优胜奖，机动中队被评为杭州市优秀城管执法中队，赵坚伟被评为杭州市“十佳城管执法队员”，许海波被评为杭州市“十佳办案能手”。

【“队伍建设年”活动】 市城市管理行政执法局实行准军事化管理。2009年，开展大小集训70余次，举办执法业务培训20余次；开展竞岗双选活动，选拔任用中层干部23人，队员交流轮岗20人，招录新队员28人；开展党员干部下基层活动，基层蹲点200余天，形成调研文章12篇；建立局领导、督查科、中队三级督查机制，开发电子排名系统，实行每月考核排名。

【"百日大整治"活动】 2009年4~9月，市城市管理行政执法局开展流动摊贩、出店经营、乱倒垃圾、户外广告、违法停车专项整治工作。通过整治，基本破解广场路马路市场、店外摆桌吃饭、重点路段流动摊贩三大难题，重点治理流动摊贩、出店经营、乱倒垃圾、户外广告、违法停车、违法建设等违法违章行为，启动沿街装修新型围栏试点作业，筹建成立临安市限制养犬管理工作领导小组办公室。

【市城管执法志愿服务总队成立】 2009年，为组织动员更多热心公益事业的市民参与到城市管理中，市政府成立城管执法志愿服务工作领导小组，下设城管执法志愿服务总队，总队下设办公室和志愿服务小组，办公地址设在市城市管理行政执法局。9月，举行成立仪式，有志愿者50人。

（程　婷）

土　地

【概况】 2009年，全市有用地指标6960亩，其中，计划指标410亩、折抵指标1041亩、向上争取指标5509亩。上报农转用批次24个7770亩。出让经营性土地259宗4044亩，其中工业用地123宗1754亩，合同出让金总额20.47亿元。天目高中东侧房地产用地，以606万元/亩地价创临安出让单价新高。出台《临安市土地出让金清理收缴实施方案》，收缴欠缴出让金1.89亿元，注销合同7120万元。全年入库土地出让金18.71亿元。完成动迁87户，拆迁面积5.4万平方米。

全年立项实施复垦项目120个，规划复垦面积2583亩，完工89个，新增耕地1621亩，验收2088亩（含上年完工当年验收项目）。实施宅基地整村整理项目6个，搬迁213户，新增耕地356亩，复垦指标全部由杭州市回购，回购款4984万元。实施造田造地项目24个4196亩，其中实施表土利用面积300亩，完工16个，新造耕地2973亩，其中杭州市区委托造地1354亩，是任务数的226%。有42个项目被评为优良工程，其中，2个项目被评为浙江省"十佳"示范工程，4个项目被评为杭州市"十佳"示范工程。向杭州市争取补助资金100万元，复垦"莫拉克"台风中毁坏的19个乡镇（街道）88个行政村的1506亩农田。发放资源保护宣传资料2000余份、《地质灾害防治手册》15万份，悬挂宣传横幅100余条，与团市委、市教育局联合组织"地球小卫士"手抄报评比活动。

在153个地质灾害隐患点制作警示牌，给农户发放明白卡和避险卡。建立地质灾害防治值班、巡查、速报、信息发布等制度。投入180万元，对7处地质灾害隐患点采取搬迁避让或治理措施。设立300万元地质勘察基金，制定动态监测和矿业权核查管理制度。执行新设矿山准入门槛和标准，合理布设采矿权，矿山数量控制在41个，规模在20万吨/年以上。规范矿业权出让，核查采矿权33宗，新设探矿权5宗。征收采矿权出让金1197.1万元、滞纳金85万元，征收矿山生态治理备用金1351万元。

全年征收土地7566亩，储备土地34宗562亩。启用"土地证书专用章"，简化窗口办事环节。办理国有土地登记6540本，抵押登记2855件，宅基地登记3500余宗。对30户农民切坡建房实行地质灾害危险性评价。

LIN'AN 临安

生态文明建设巡礼

SHENGTAI WENMING JIANSHE XUNLI

临安地处长三角南翼、杭州西郊，市域面积3126.8平方公里，辖4个街道、22个乡镇、298个行政村，人口52.59万人，交通便利，杭徽高速公路贯穿全境，驱车半个小时便可直达杭州主城区，是长三角地区距大都市最近的山区（县）市。生态环境优良，地貌特征为“九山半水半分田”，森林覆盖率达76.55%，成为长三角地区生态旅游的重要目的地。临安历史文化底蕴深厚，县治史可上溯两千多年，1996年撤县设市，是五代十国时期吴越国王、“上有天堂、下有苏杭”奠基人钱镠的出生地和归息地；儒、释、道文化源远流长，民间民俗文化异彩纷呈。物产丰富，国宝鸡血石享誉中外，茶叶、笋干、山核桃“老三宝”和银杏、萸肉、猕猴桃“新三宝”声名远播。自古以来，临安就十分注重生态保护，从钱镠立国时对西湖的保护，到如今天目山的大树华盖、清凉峰的呦呦鹿鸣，无不向世人展示着历代临安人生态建设的丰功伟绩。

改革开放伊始，临安历届党委、政府就依托生态优势，积极探索具有地方特色的生态经济共赢之路，从封山育林、农业综合开发、发展生态旅游，到建设经济强市、文化大市、生态名市和“强市、名城、胜地”战略，全市上下对生态建设的认识和实践不断深化。进入新世纪，特别是本届市委、市政府以来，市领导适时提出了全面构建杭州西郊现代化生态市的战略构想，高举生态、科技两面大旗，成功创建了国家环保模范城市和国家级生态市，揭开了临安生态文明建设的时代序幕。在新的历史时期，全市不断深化杭州西郊现代化生态市建设，阐释并贯彻生态文明内涵，创新构建生态文明建设与发展的长效机制，形成生态文明建设“临安模式”，努力把临安打造成为生态优美、生活富裕、生产发达的国家级生态文明建设典范城市。

临安市生态办公室
临安市环境保护局 潘林荣

人与自然如何和谐共存，这个话题伴随着整个人类文明史，而一直没有找到合适的答案。或许在临安，你能看到一种令人信服的回答。在黛山碧水间，人们富足、幸福，憧憬着美好的未来。看远山隐隐，满目翠色，这份人文的诗意蕴藏着人们美好的精神追求，还有什么比这些更能让人心动呢！

临安建置已有2100余年，时光流转其间，文化浩如星海。有高于庙堂之上，有来自乡野村间，或凝于一方小小的印石，或被传诵为一个英雄的事迹，或飘散在水龙的一起一落间。时至今日，有些早已失散在时间的辗转中，无处寻踪。但那些先贤的崇高、民族智慧的夺目却依然时时出现在眼前，让人们的脚步得以停驻，让心灵得以充实，让生命倍感温暖。

▲ 2009年，临安获“中国十佳和谐可持续发展城市”称号，市委书记邵毅出席授牌仪式

▲ 2007年，临安获“国家森林城市”称号，市委副书记、市长王宏出席授牌仪式

- 国家级生态市
- 国家环保模范城市
- 中国十佳和谐可持续发展城市
- 国家森林城市
- 国家卫生城市
- 全国绿色小康县
- 国家级生态示范区
- 全国综合实力百强县（市）
- 全国县域经济基本竞争力百强县（市）
- 全国首批生态建设示范区
- 全国科技先进市
- 全国农业开发示范市
- 中国优秀旅游城市
- 中国竹子之乡
- 中国山核桃之乡
- 中国民间书画艺术之乡
- 浙江省文明城市
- 浙江省首批小康县（市）

天目山国家级自然保护区

领导重视

LINGDAO ZHONGSHI

国家、省、杭州市主要领导与有关专家一直高度重视和关心临安生态市建设，多次到临安考察指导生态市建设工作，全面提升临安生态市创建工作成效。2004年1月，习近平（时任中共浙江省委书记）到临安考察后，勉励临安要“继续在生态建设上发挥示范、龙头和领跑作用，走在全省前列”。

▲ 2004年1月，习近平（时任中共浙江省委书记）调研临安生态市建设

▲ 2008年10月，中共浙江省委书记赵洪祝到临安调研生态林业建设

▲ 2009年6月，环保部部长周生贤在听取临安市生态建设工作汇报后与副市长冯镭、市环保局局长潘林荣合影

▲ 2008年5月，环保部党组成员祝光耀视察太湖源白沙村“农家乐”

▲ 2008年5月，杭州市市长蔡奇一行在市委书记邵毅、市长王宏的陪同下调研临安市水环境治理工作

▲ 2007年11月，中央十七大宣讲团到临安太湖源白沙村考察

生态工业

SHENGTAI GONGYE

临安的工业化新路，就是立足自身优势，发挥生态比较优势，坚定不移地实施“工业强市”第一战略，坚持工业“三大发展”方针和“调强提质”思路，加快推进产业转型升级，促进产业高端化发展，走“以高新技术产业为主导、先进装备制造业为主体、现代服务业为支撑”的工业化新路，努力抢占发展的产业制高点、市场制高点、竞争制高点。全市上下以“生态经济化，经济生态化”为主导理念，围绕打造先进制造业特色基地、大都市高新技术产业拓展基地这一目标，坚持工业“第一经济”、招商引资“一号工程”不动摇，注重发展低污染、低能耗、具有临安特色的生态型工业经济。

2009年，全市实现规模以上工业销售产值372.86亿元，拥有万马集团、锦江集团、华兴集团、鑫富药业、华兴羽绒、帝龙新材、福斯特太阳能、小王子食品、宇中高虹、富沃德、鸿硕、华凯、奥星等大企业大集团和一批成长型企业，初步形成以电线电缆、绿色照明、纺织服装、医药化工、造纸与纸制品、农特产品加工等六大特色主导产业，是著名的“电缆之乡”。电缆、节能灯、装饰纸、精密元器件、五金工具、竹制品等块状经济初具规模，发展迅猛。浙江省科研机构创新基地（青山湖科技城）落户青山湖畔，临安实现了由山区农业县向生态科技城的华丽转变，朝着“以先进装备制造业为主体，以高新技术产业为主导的新型工业化”目标大步迈进。

▲上市公司·万马电缆

▲上市公司·帝龙新材

▲省级绿色企业·小王子公司

▲上市公司·鑫富药业

青山湖科技城鸟瞰图

建设浙江省科研机构创新基地（青山湖科技城）（以下简称“青山湖科技城”）是浙江省委、省政府落实科学发展观、深入实施“创业富民，创新强省”战略的重大决策，也是实施国家技术创新工程试点、搭建科技发展大平台、提高自主创新能力、促进经济转型升级的重要举措。

青山湖科技城位于风景秀丽的青山湖畔，规划面积115平方公里，其中实际可开发面积约33.9平方公里，核心区块面积5平方公里，启动区块面积2.07平方公里，并逐步形成沿杭州大城西的“三湖一带”（西湖、南湖、青山湖）科技创新走廊。

这是一片生机勃勃的土地，充满了前进的动力与美景；这里有一群辛勤努力的人，他们勇往直前，无所畏惧；这是一座规划科学、布局分明的城市，自然与科学在这里融合互惠；这里有一群拼搏进取的人，他们创造今天，更憧憬未来。这是临安城市发展的黄金时期，远古的光辉与梦想在这一刻交相辉映。

▲2010年6月，温家宝总理视察青山湖科技城企业杭叉集团

▲2009年11月，省委书记赵洪祝、省长吕祖善在青山湖科技城调研

青山湖科技城中心区远景图

生态农业

SHENGTAI NONGYE

绿色是美丽，更是资本；绿色是希望，更是财富。绿色生态是临安的“天然银行”，绿色经济林是农民的“摇钱树”。国家级生态市的建设，良好的生态环境，丰富的农业资源，优质的农特产品，深厚的农业文化底蕴，使临安成为长三角地区的一座“绿色宝库”，生态农业具备了独特的竞争优势，走出了一条经济与生态相辅相成、相得益彰的“富民强市”之路。打造大都市绿色农产品供应基地是临安生态农业的主旋律，通过大力实施“百公里绿色经济长廊”工程，临安成为江南最大的“菜竹园”，形成“东竹西果”的农业生产格局。“东竹西果”的宏观格局里，竹笋、山核桃、畜牧、茶叶、蚕桑、蔬菜、瓜果、花卉苗木八大主导产业，如同一串串活力音符，共同奏响了山青、水绿、民富的可持续发展之歌。香榧、杨桐、柃木、观赏竹、休闲观光农业等新兴产业后劲勃发，绿色农产品走俏。临安“老三宝”茶叶、笋干、山核桃，“新三宝”萸肉、白果、猕猴桃，早已驰名中外，成为临安的代名词。

▲山核桃

▲银杏果

▲天目笋

山乡通衢·杭徽高速公路

▲ 茶山—竹园·生态模式

▲ 蔬菜—粮食·生态模式

▲ 莲藕种植—水产养殖·生态模式

▲ 山核桃基地—荞麦草套种·生态模式

▲ 波尔山羊—牧草种植·生态模式

▲ 山核桃外壳—环保碳加工·生态模式

▲ 蚯蚓—蛋鸡·生态模式

乐平蚕桑·生态模式

乾隆宝玺·印文"乾隆宸翰"

生态旅游

SHENGTAI LUYOU

自西向东百余公里的临安境内，有清凉峰、大明山、瑞晶石花洞、湍口温泉、西天目山、东天目山、越王坪、玲珑山、钱王陵、功臣塔、洞霄宫、青山湖、彭祖遗迹等旅游景区和景点，其中国家级自然保护区2处、国家级森林公园1处、省级自然保护区1处、国家级重点文物保护单位2处、省级重点文物保护单位2处、市级文物保护单位15处。临安有六大旅游区，即天目山自然生态宗教文化旅游区、太湖源生态旅游区、青山湖休闲度假区、锦城吴越文化旅游区、大明山自然风光旅游区和昌西北自然生态绿色长廊旅游区。得天独厚的生态环境和良好的旅游接待基础设施，使临安获得"中国优秀旅游城市"的称号。近年来，通过大力发展休闲度假产业，依托丰富的山地、森林、湖泊、草甸等自然资源，开发各具特色、功能齐全的旅游度假区块，临安成为现代都市人回归自然、怡情山水的美好去处。

▲天目山国家自然保护区·五世同堂

▲国家级文物保护单位·钱王陵园

▲浙西大峡谷·剑门关

▲国家级文物保护单位·功臣塔

大明山省级风景名胜区

▲太湖源·野生猕猴

▲顺溪坞·野生夏腊梅

▲千顷塘·野生梅花鹿

▲太湖源·小黄果树瀑布

▲清凉峰国家级自然保护区·龙塘秋色

▲青山湖国家级森林公园·水上森林

▲喀斯特地貌·瑞晶石花洞

在生态环境综合整治中，坚持以规划为先导，以监管为重点，以项目为基础，立足城乡，全面推进，注重防治并重，生态环境质量不断提高，生态优势更加凸显。2003年以来，全市18个乡镇先后创建成为全国环境优美乡镇，居全省县（市）前列；全市区域环境质量持续稳定优良。水、气、声环境质量均达到或优于功能区要求。

严格新建、扩建、改建项目审批工作，严格执行“环评”、“三同时”制度。逐年开展造纸、印染、电镀、五金工具等行业整治，综合整治南苕溪、中苕溪、锦溪、青山湖等主要流域。开展烟尘控制区创建和“一部三沿”整治；创新城区保洁管理市场化运作机制，推行城市生活、建筑垃圾容器化、袋装化收集和密闭化运输。

与此同时，项目化推进生态建设与环境保护工程：建成日处理能力6万吨的城市污水处理厂和2万吨的青山污水处理厂，完善配套管网基础设施；建设生态项目1000余个，不少工程成为省、杭州市生态建设亮点工程。2006年以来，22个乡镇开展有动力或微动力生活污水处理工程和规范化垃圾处理工程建设，全市95%的乡镇建成有动力或微动力生活污水处理、规范化垃圾处理工程。

▲ 太湖源镇垃圾中转站

▲ 城市垃圾填埋场渗漏液处理工程

▲ 西天目乡集镇微动力生活污水处理设施

饮用水源一级保护区 · 里畈水库

青山湖国家级森林公园

▲ 城市污水处理厂全景

▲ 正兴牧业沼气生态工程

▲ 苕溪水环境综合整治

临安大气自动监测站

▲ 临安市环境质量监控中心

▲ 乐平七坑生活污水处理工程·阿科蔓技术

生态文化
SHENGTAI WENHUA

临安在生态市建设进程中，始终坚持理念引领、规划先行，科学制订并实施生态市、生态乡镇（街道）、生态村三级生态建设规划，充分发挥规划对生态市建设的引领作用。坚持在传承地方传统文化中，开展生态环境宣传教育活动；坚持在改善环境的过程中，加强宣传教育，引导公众参与；加强组织领导，确保干部参与；强化科技支撑，鼓励专家参与。临安市采用的高效植物生态系统削减尾水氮磷技术处于国际领先水平。丰富多彩的活动载体和活动内容，挖掘并充实生态文化内涵，培育有临安特色的生态文化，提升市民的生活品质。

▲生态市建设领导小组会议

▲生态市创建暨创模动员大会

▲杭州市生态办组织市级生态乡镇规划评审

▲中国工程学院院士考察临安生态建设

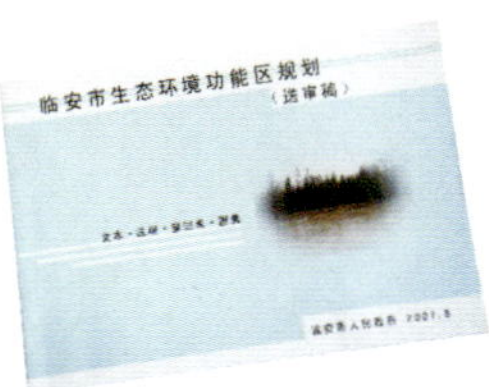

▲生态环境功能区规划

▲生态市建设规划

◀生态村建设规划

生态乡镇建设规划▶

人民广场

▲临安水龙

▲“十月的阳光”浙江卫视直播现场·浙江农林大学东湖校区

▲市委党校为中青班开设生态建设与环境保护课程

▲世界环境日宣传活动

▲举办“六·五”世界环境日纪念活动

▲横畈竹叶龙

外国友人参与临安山核桃文化节活动

生态人居

SHENGTAI RENJU

一直以来，临安市委、市政府都十分注重改善城乡生态人居环境，致力于完善环境基础建设，推进城市有机更新，完善城市功能；与此同时，协同推进新农村建设，建设农村生态项目。临安的自然魅力不断增添，综合实力逐年提升，城市与森林相融，鸟鸣城区闹市，绿茵乡村角落，生态市建设成为临安改善环境品质的现实追求，良好的生态环境化作临安发展的第一引力。优美的自然环境和人文环境都是临安的"金名片"，结合临安特有的名山、秀水和人文，以"绿色家园、富丽山村"为主题的新农村建设蓬勃开展，与古城、山城、水城相符的高品质房产应运而生，楼盘规模、配套设施以及服务功能等人居内涵都有了新的跃升，许多楼盘可与上海、杭州等大城市的高端房产项目相媲美。

▲ 地上·春天花园

▲ 新都·公园城

▲ 中都·青山湖畔

▲ 绿城·青山湖玫瑰园

金秋·指南天池

▲ 新德·石牌坊

▲ 平山·新村广场

▲ 白沙·绿色家园

▲ 玉山·富丽山村

▲ 河桥·唐昌古镇

▲ 桥头·石亭子

LINANSHI JIAOTONGJU

临安市交通局

▲2008年4月，副省长王建满视察临安农村公路建设

“十一五”期间，临安市交通局坚持科学发展，抢抓机遇，取得了辉煌的成绩。全市公路水路交通建设完成投资35.2亿元，比“十五”期间增长38.5%。其中，完成公路建设投资34.16亿元、公路站场建设投资1.04亿元、内河港口航道建设投资160万元。至2010年底，全市公路总里程达2860.5公里，比“十五”期末增加725.5公里，公路网密度达91.7公里/百平方公里，比“十五”期末增长14公里/百平方公里，其中高速公路104公里，一级公路21.6公里，二级公路239公里。

杭徽高速公路于2006年12月建成通车，全长104公里，总投资约37亿元，其中“十一五”期间投资8.05亿元。2007年12月24日，13省道锦城至里畈段改建工程建成通车，全长14.58公里，总投资1.32亿元。2008年12月28日，16省道桐千线改建工程建成通车，全长44.40公里，总投资3.865亿元。2009年9月26日，昌文线昌化至湍口段改建工程建成通车，全长21.953公里，总投资2.21亿元，“一横四纵”公路主骨架网基本形成。

农村公路是公路网的重要组成部分。“十一五”时期头两年，临安市继续实施乡村康庄工程，两年共实施

2006年12月，杭徽高速公路建成通车

路基更新和路面硬化项目158个，计483.9公里，实现等级公路通村率和路面硬化率双百目标。“十一五”期间，临安市加大农村公路建设改造力度，实施县乡道路大中修322.18公里、联网公路163.7公里、病危桥改造78座。

“十一五”期间，按交通部二级汽车客运站标准建设的临安汽车东站建成并投入使用，具有日发班车300辆次，日发旅客1.5万人次能力，总投资1.1亿元。高虹、太湖源、乐平等8个乡镇客运站建成。至2010年，全市在各客运线路上（包含农村线路）建造港湾式停靠站393个。

2010年，临安公交总站、青山湖客货运中心、青山物流信息中心和横畈物流中心项目动建，14省道（牧松线）、02省道临安至龙岗段改建工程，临金高速临安段各项前期工作有序推进。

▲ 新改建的干线公路

“十一五”期间，临安市加快推进城乡客运一体化步伐，城乡公交现有线路40条，城乡公交主要以临安、昌化、於潜为中心向外发射分布，运营运车辆409辆，多数为中巴。为实现与杭州市区公交一体化，根据杭州市统一部署，2009年11月完成杭临K598路公交一体化改造，有高速直达和经02省道的城市公交两种营运模式，有效提高了临安与杭州市区的通勤服务水平。2010年8月27日，杭州公交集团与临安交通投资发展有限公司合资经营杭州至临安K598路公交车，为全市城乡客运一体化建设注入了新的活力。

► 经一体化改造的杭州至临安K598路公交于2009年11月27日开通

LINANSHI JIAOTONGJU

临安市交通局

一湖三桥

▶ 2010年 11月16日，临安汽车东站投入试运营

◀ 2009年 11月，02省道岳山、排山隧道整治工程建成通车

▶ 生态环保的农村公路

临安市水利水电局

LINANSHI SHUILISHUIDIANJU

省水利厅陈川厅长（右三）视察临安水利工作

水是生命之源，水利是国民经济的基础产业。临安境内有清凉峰、天目山两个省级暴雨中心，河道主要有中苕溪、南苕溪、天目溪、昌化溪四大干流和72条支流，总长度3729.8公里。作为太湖和钱塘江水系的源头，临安市委、市政府历来重视水利建设。有大型水库1座、中型水库5座、小（二）型以上水库142座、山塘近5000座，蓄水总量达5.2亿立方米；小水电站98座，总装机容量20余万千瓦；堰坝2000余条、堤防近500公里。

“十一·五”期间，在科学发展观的指引下，临安水利始终坚持“人水和谐”的理念，以科学规划为先导，以项目建设为抓手，以品质水利为目标，统筹城市水利、农村水利、生态水利协调发展，开创临安水利新格局。累计社会总投入20余亿元，实施完成城防工程、英公水库除险加固、青山水库下游河道整治、南苕溪整治等一大批重点水利工程，全面推进“万里清水河道整治”、“千万农民饮用水”、“千库保安”、“百库脱险”、“百里标准堤塘”等工程建设，取得较为显著的成效，获省水利“大禹杯”银奖等荣誉。

杭州市副市长何关新（左四）视察青山湖科技城防汛工作

中共临安市委书记邵毅调研水利工作

中共临安市委副书记、市长王宏调研水利工作

市人大领导听取"千库保安"工程建设工作汇报

市政协领导听取水利和渔业工作汇报

临安市水利工作会议

"创先争优"活动动员大会

苕溪城防工程

临安市水利水电局

LINANSHI SHUILISHUIDIANJU

除险加固后的英公水库

2010年，全市水利工作以科学发展观为统领，围绕中心，服务大局，克难攻坚，扎实推进，全年水利建设总投资4.5亿余元，完成土石方285万立方米，全面完成市委、市政府和上级部门下达的各项工作任务，开创良好的发展局面。

一是防汛保安上新台阶。完成基层防汛体系建设，狠抓各个环节的督查检查，有效防御春汛，确保经济社会稳定发展。

二是项目建设有新成效。争取上级项目近160个、资金近8000万元；完成英公水库除险加固主体工程、“千库保安”工程3座、“百库脱险”工程61座、小流域治理3条、万里清水河道整治240公里、渠道衬砌17公里、重要堤防加固7公里；治理水土流失面积30平方公里，新增（改善）灌溉面积1.66万亩，新增小水电装机1000千瓦；成功争取全国小型农田水利重点县建设和第一批全国水土保持监督管理能力建设达标创建单位，水土保持监管能力建设走在全省乃至全国前列，获水利部好评。

三是服务民生有新举措。实施“水利上山”工程，完成山核桃等经济林节水灌溉示范工程11000亩、山核桃林等经济林地水土流失综合治理项目10个；完成新桥等5个农村饮用水工程，惠及农村人口近5万；发展生态渔业，产值突破5800万元。

四是水行政执法有新力度。共受理各类行政许可事项242件，办结235件，办结率97.1%；加强水（渔）政执法力度，查处案件50余起；推进青山湖流域采砂整治和临余公路水域占补平衡工作，承办市长公开电话63件、来信来访10件，维护稳定大局。

五是水利形象有新提升。进一步理顺水利管理机制体制，深入开展“一线两真三服务”、服务百姓档案等活动，扎实开展党风廉政建设、基层站所建设和创满意、创文明单位等工作，强化队伍作风，水利系统整体精神面貌和形象实现了新提升。

锦溪防洪工程

昌化武隆电站连拱坝一景

千库保安工程

农村河道整治

山核桃林水保及喷灌工程

竹园喷灌工程

防汛抢险

农村饮用水工程

野生石斑鱼保护

竹林农家·省级休闲渔业示范点

华光潭水库库区

加快转型升级 实现工业发展新跨越

全市工业经济暨转型升级动员大会

全市工业经济转型升级培训班

市经济发展局局长汪其顺调研重点工程

2009年全市实现规模工业销售产值372.86亿元，同比增长66%；实现限额以上工业性投资46.48亿元，同比增长23.6%。2010年，市委、市政府根据国内外经济形势和全市产业结构现状，及时提出“加快工业转型升级、奋力实现临安工业发展新跨越”的战略性部署，并将2010年确定为“转型升级年”。临安市经济发展局作为工业经济主管部门，抓紧、抓实、抓好以下八个方面的工作，全力以赴促进临安工业经济转型升级。

一、政策引导促转型。研究制订并出台工业经济综合政策和绿色照明、坚果食品、精密机械元器件等三个转型升级实施意见，同时还将出台装饰纸、电线电缆和新能源新材料等实施意见。这些政策都紧扣转型升级这一主题，突出了技术改造、产业结构优化、推进节能降耗、企业自主创新、推动品牌建设等重点，全力培育大产业、大平台、大项目、大企业。

二、扶优扶强促转型。支持企业实施重点技改项目和“大好高”项目，鼓励市内企业采取并购、联合、控股等方式实施资产重组，引导行业龙头企业通过加强管理、优化流程、创新产品等方式提高核心竞争力，着力培养有市场竞争力的企业发展梯队。

临安市经济发展局

三、**优化产业结构促转型**。加快传统产业的改造提升和集群发展，大力发展高新技术产业和先进装备制造业，重点鼓励新能源、新材料、电子信息等战略性新兴产业；鼓励以技术改造促进产业结构调整。

四、**平台发展促转型**。突出浙江省科创基地（青山湖科技城）、横畈工业功能区、锦城高新技术园、於潜工业功能区和龙岗工业功能区等重点功能区建设。鼓励中小企业创业基地建设，做到领导力量、政策、资金“三倾斜”，鼓励平台创新开发模式，借势发展。

五、**节能降耗促转型**。着力把好源头关，控制能耗增量环节。加快对落后产业、产能的淘汰，优化能耗存量结构。大力发展循环经济，抓好在水泥、化工、造纸等高能耗行业中积极推广余热、余压、余能回收利用以及中水、废水回用等节能节水技术与产品，努力实现“零排放”。

六、**自主创新促转型**。积极扶持企业技术中心建设，鼓励企业开发新产品、申报技术创新项目，推进行业公共服务平台建设；大力推进信息化与工业化融合，实施“管理创新示范企业”滚动培育计划。

七、**品牌建设促转型**。支持企业争创中国名牌产品、中国驰名商标、省和杭州市级名牌产品和省和杭州市著名商标，鼓励企业实质性参加制定国家标准、行业标准、地方性标准，鼓励企业争创产品质量奖和产品区域品牌。

八、**优化资源配置促转型**。每年安排不少于50%的新增用地指标，用于保障工业产业转型升级项目用地；加大中小企业金融支持力度，提高对企业融资的信用担保能力，鼓励社会资本创办融资性担保机构，创新企业融资平台，鼓励金融机构创新金融产品；积极实施人才培训计划和发挥工业行业协会作用，促进临安工业发展。

重点企业生产车间

临安市社会福利中心

临安市社会福利中心前身是临安市社会福利院，其主要任务是收养市区革命老伤残军人、社会弃婴、孤残儿童、城镇“三无”老人和社会自费寄养老人，实行养、治、教并举工作方针，保障弱势群体合法权益，维护社会稳定。

临安市社会福利院于1995年市政府立项，1998年建成使用，座落在青山湖畔，隶属于临安市民政局。2010年，全院收养“三无”老人和革命老军人6人，自费寄养老人20人，收养孤、残儿童55人，其中，残疾儿童27人，在学儿童9人；院内抚养儿童21人，家庭寄养儿童34人。全院有职工20人。

临安市社会福利中心项目于2007年11月12日立项，位于锦城街道横潭村五虎山白沙岭。2009年7月8日动建，年底主体工程完工。2010年12月，临安市社会福利院实行整体搬迁，更名为临安市社会福利中心。该中心占地面积15亩，建筑面积6180平方米，总投资1929.16万元。福利中心是“养护、医疗、康复、教育”四位一体的综合型福利院，建有儿童楼、老年楼、综合楼等，内部设施齐全，有居室、康复室、特教室、书画室、舞蹈室、器乐室、电脑室、医务室、餐厅、洗衣房等，配有操场、游乐场等设施。福利中心二期项目（福利康复中心）计划投资6000余万元。

福利院是一项需要支持和奉献的社会公益事业，这里有一群需要阳光和爱心的群体。多年来，市社会福利院得到党和政府的亲切关怀，得到社会各界的支持帮助，孩子和老人们的幸福生活凝聚着全社会的关爱。“老吾老以及人之老，幼吾幼以及人之幼。”让我们献出挚爱来温暖他们。

主任 张 平　电话 0571-63723386

地址 锦城街道横潭村五虎山白沙岭

①综合楼
②老年楼
③儿童楼
④侧　影

临安市社会福利院（青山湖）

BANQIAOXIANG

板桥乡

省委副书记夏宝龙一行来上田村调研新农村建设

板桥乡地处风景秀丽的青山湖畔，东接杭州市余杭区，南毗富阳市，西邻临安市区锦城和锦南街道，北靠临安经济开发区、省科技创新基地（科技城），省道牧松线贯穿全境，区位优越。区域面积82.3平方公里，辖9个行政村、1个居委会、146个村民小组。总户数6026户，其中农业户5461户；总人口1.89万人，其中，农业人口1.69万人，外来人口1946人。

近年来，板桥乡党委、政府高举“生态、科技”两面大旗，全面实施“立足圈线点，打造品质乡”发展战略，大力推进“工业经济富乡、现代农业美乡、生态经济强乡”建设，开创板桥一、二、三产业齐头并进，协调发展新局面。板桥乡已形成集聚建材、机械、制鞋、造纸、农产品加工五大行业的工业发展长廊，规模企业有42家，连续3年被评为临安市工业强乡镇。依托农业龙头企业正兴牧业、康鑫食品的示范引领和一村一品农业产业特色基础，大力发展名特优农产品示范点，实现农业产业化、生态化。

2009年，全乡实现工农业总产值23.07亿元，其中，农业总产值1.98亿元，工业销售产值20.65亿元，财政总收入6493万元，实际到位内资11723万元，外资3111万美元，上缴国税、地税5500万元，农民人均纯收入11178元。

经济的快速发展，促进社会事业的全面进步。板桥乡先后获得浙江省教育强乡镇、杭州市农村经济发展十佳乡镇、临安市新农村建设先进乡镇、临安市招商引资先进单位、临安市工业强乡镇等荣誉称号。随着省级科创基地（科技城）建设和杭州“战略西进”目标的逐步实施，板桥将建设成为社会经济和谐发展、生活休闲的品质新区。

原杭州市市长孙忠焕在杭州正兴牧业有限公司视察工作

临安市市长王宏调研杭州锦湖鞋业有限公司

上田十八般武艺

书记 蒋晓明　乡长 卜志红　电话 0571-63769001　63769002

天目高级中学

TIANMU GAOJI ZHONGXUE

学校创建于1999年，占地面积170余亩，校园总建筑面积4万平方米，总投资近亿元。现有教学班44个、学生2400余人，教职工171人。学校环境幽雅，设施一流。

学校师资一流，敬业奉献。学校有省级优秀教师2人、杭州市优秀教师3人、中高级教师100余人；杭州市教坛新秀27人、临安市教坛新秀59人、临安市名师培养对象34人、临安市学科带头人11人。国家级、省级刊物上发表、获奖论文计380余篇。

学校坚持德育为先，规范与人文并举，全面与个性发展共存；坚持以“提高学校教育教学质量”为中心。九年来，学校为社会培养合格毕业生7000余人，向各类高等院校输送人才6500余人，九年高考平均上线率95%以上，本科上线人数2750余人，本科率40%以上。2010年高考，何丽君同学以总分664分夺得临安市高考文科状元。数理化竞赛成绩优异，30余人次获国家级、浙江省级奖项。坚持“全面+特色”的办学方针，2002年9月，与杭州师范学院音乐学院合作办学，成立杭州师范学院音乐实验中学。 2005届学生邓舒扬以优异的成绩考入上海音乐学院。九年来，高考艺术类本科上线400余人，其中，34人考入中国美术学院。

办学以来，学校获浙江省现代教育技术实验学校、浙江省绿色学校、浙江省卫生先进单位、浙江省中小学优秀网站、第三批省级现代教育技术实验学校中期评估成果突出学校、杭州市文明单位等荣誉100余项。

学校继续全面贯彻党的教育方针，坚定“安全是天，质量是地”的办学理念，励精图治，群策群力，优化学校管理，改革创新机制，提高教育质量，提升办学水平，把学校办成一所高质量、有品位、有特色的省级重点中学。

地址 锦城城中街888号
电话 0571-63753821

浙江省一级重点中学

於潜中学

於潜中学坐落于风景秀丽的天目山麓，校园占地面积81364平方米。学校创建于1945年9月，几经更名，1961年更名为临安县於潜中学。学校现有班级36个，在校学生1835人，教职工145人，其中高级教师36人、一级教师60人、杭州市教坛新秀9人，临安市教坛新秀33人，获得临安市级以上荣誉称号的教师72人，5人入选临安市“812人才工程”培养计划。

科研成绩硕果累累。近三年，学校共有146篇论文发表或获奖，其中国家级获奖论文2篇、省和杭州市级获奖26篇；现有国家级课题1个、省级立项课题2个、杭州市立项课题1个；1位教师被评为杭州市教科研先进个人。2009学年，学科竞赛有248人次获临安市级以上奖，其中国家级1人、省级2人、杭州市级2人。校绿筠文学社两次获得省中学生文学社团一等奖。

高考成绩屡创辉煌。2004年、2005年高考理科状元卞卓舟、钱波分别被北京大学和复旦大学录取。2006年高考上线率98%，临安市高考状元朱燕琼以总分659分位列浙江省文科第20名，被北京大学录取。2008年，临安市高考理科状元裘园以总分672分位居浙江省理科实考分第60名，刘瑜霖以总分607分获临安市文科状元。2009年，作为浙江省实施新课改30所样本学校之一，高考成绩又创辉煌，一类学校上线105人，二类上线率85%，文理科各有2人进入临安市前10名。2010年高考上线率98.7%，文理科分别有2人和4人进入临安市前10名。

硬件设施争创一流。学校先后投资4000多万元改造教学设施，建造图书馆、学生公寓、教学楼、师生餐厅、行政科技大楼、体育馆、400米标准田径场和水泥球场，全面实行现代化配套设施。

三年来，学校先后被评为浙江省中小学教育装备工作先进集体、杭州市文明单位和文明学校、临安市先进党支部等，连续7年获省体育达标先进集体称号，连续6年被评为临安市社会治安综合治理先进集体。

校风 和谐 自主 求是 创新

教风 严谨 务实 开拓

学风 勤学 守纪 进取

地址 於潜镇潜阳路28号

临安市锦城第三初级中学
LINANSHI JINCHENG DISAN CHUJI ZHONGXUE
同在蓝天下，
共同进步成长！
地址 锦城街道保锦路333号
电话 0571-63927391
锦城第三中学

临安市衣锦小学

LINANSHI YIJIN XIAOXUE

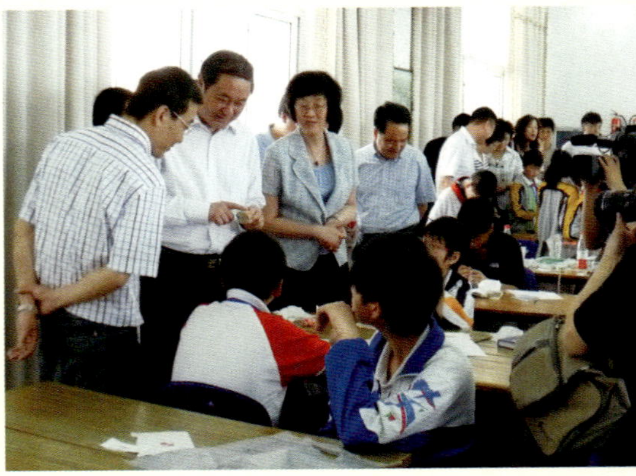

六一节邵毅书记带领四套班子领导来校慰问

学校创建于1964年，前身为玲珑区辅导中心小学，几经更名，1994年定名为临安市衣锦小学。学校占地面积31.2亩，建筑面积17044平方米；配有各类专用教室，各班级均配有大屏幕、实物投影仪和液晶投影仪；建有闭路电视系统、全自动音控系统；拥有电脑150台、藏书40093册；建有塑胶操场和风雨操场。学校现有31个教学班、学生1660余人、教职工90人，有省教坛新秀1人、杭州市第一层次学科带头人2人、杭州市教坛新秀14人、教改之星4人。

学校素质教育成果喜人：体育比赛获杭州市级冠军3个；舞蹈《竹乡欢歌》、《竹火熄》获省、杭州市级奖；学生多篇作文获全国特等奖、一等奖；学生书画作品多次在美国克拉夫顿伍兹小学展览。

几年来，学校先后获全国现代教育技术实验学校、省文明学校、省示范小学、省十佳少科校、省教科研先进集体、省科研学校200强、省先进家长学校、杭州市关心下一代工作先进集体等荣誉。

新时期，学校继承传统，以师生发展为主线，以整体优化为教改纲领，启动新一轮教育教学改革，开发具有衣锦特色的校本课程，建设品牌学科，追求魅力课堂，丰富德育活动，坚持在课程建设中促进学生、教师和学校全面发展。

教学研讨

校运会

虎虎生威闹元宵

教师风采

地址 锦城街道临水路168号

完善土地违法行为综合防治机制，下发《临安市违反土地管理规定行政问责暂行办法》、《临安市土地违法行为综合防控考核办法》、《关于切实做好土地违法行为整改查处工作的通知》，建立查处土地违法违规案件联席会议制度、违法用地查处抄告制度，成立土地违法行为整改查处督察机构。开展违法占用耕地专项整治行动，清理违法占用耕地行为40起。开展执法巡查1330批次2520人次，发现土地违法行为480起，责令停止违法行为426起，强行制止78起，拆违42起，拆除10万余平方米；立案查处212起，涉案面积256亩，其中耕地66亩，没收建筑物6.8万平方米，罚款439万余元；建议党纪处分1人，移交公安处理3起。清理权力事项，编制并上网公开权力清单、目录、运行流程及法律依据。办理行政复议案件7起，行政诉讼案件5起，未发生败诉案件。

开展地籍调查，完成二次调查中可调整地类补充调查及上图工作。城镇数字地籍调查项目第二期27平方公里测量成果通过省质检站检查，第三期30平方公里调查项目全面展开，并按计划完成昌化、於潜、高虹、太湖源4个乡镇近20平方公里调查任务。修正基准地价，确定新的行业修正系数，调整土地征收综合区片价。土地复核验收、登记发证、使用权抵押实现网上审批，完成历年档案扫描工作，建成市国土资源局门户网站。

是年，临安市被评为杭州市耕地保护责任目标考核优秀单位；临安市国土资源局获杭州市国土系统工作目标考核优秀单位、杭州市防灾减灾先进集体、临安市信访工作先进集体、创建“平安临安”先进集体等荣誉；交易发证中心获临安市“青年文明号”称号，并被评为临安市行政服务工作先进窗口。

【土地利用总体规划修编】 2009年，临安市成立由市国土资源局、市建设局、市交通局、市农业局、市水利局20余位专家组成的土地利用总体规划修编领导小组。落实各项控制性和约束性指标，分解乡镇（街道）规划期内新增建设用地指标。召开总体规划修编征求意见会、听证会、论证会。6月，《临安市土地利用总体规划（2006~2020年）》通过市政府办公会议审核和市委常委会审议。同时，完成锦城等21个乡镇（街道）非耕地土地利用总体规划局部修改工作，总修改面积6667亩，局部修改规划全部获杭州市和浙江省批准。

【节约集约用地行动】 2009年3月，市国土资源局出台《关于切实推进节约集约利用土地的实施意见》，明确工作主体、工作目标和奖惩措施。与市发展和改革局、市建设局合作，建立联席审批机制，使土地利用强度同比提高5%。开展转而未供土地专项清理行动，下发《关于进一步做好盘活存量土地工作的通知》和《关于下达2009年盘活存量工业用地任务的通知》，落实乡镇（街道）和开发区盘活存量土地的主体责任和任务。在摸清2006年以来转而未供土地总量的基础上，集中供地245宗3388亩，盘活存量土地629亩。

【地质灾害隐患大排查】 2009年8月14日起，临安市派出26个工作小组，采取分片分组分村实地排查形式，对全市298个行政村进行地质灾害隐患拉网式大排查。排查重点是全市267个地质灾害监测点（包括已排除的老地质灾害隐患点）、公路边坡、农民切坡建房、山脚造房、乡道和村道两侧、山塘水库、小流域等区域。通过排查，发现地质灾害隐患点124个，安排专职监测人员187人，撤离人员321人；发现山体裂缝27处、塌方63处(塌方量7350立方米)、崩落29处、房屋和水体渗水49处、小型泥石流9处、房屋倒塌3间；查出存在隐患山塘水库28座、河道堤防56处、电站2座。

【村民住宅原基拆（扩）建用地审批】 2009年4月，市国土资源局将农村村民住宅原基拆（扩）建用地审核权授给各国土中心所、办事处，由所长（主任）负责，并启用“临安市人民政府农村村民住宅用地审批专用章”。该制度简化审批手续，提高办事效率，方便群众办事。全年共审批农民建房477件。

【土地执法检查】 2009年，市国土资源局针对卫星遥感监测的483个图斑开展土地执法检查。经实地核查，发现46宗违法用地，面积371.4亩，其中耕地140.4亩。作出行政处罚38宗，罚款326.14万元，没收建筑物4.10万平方米，责令拆除建筑物3.61万平方米；责令自行整改8宗，复耕面积27.7亩。对违法用地当事人，移交公安2起，向纪检部门提出处分建议2起，落实处分建议1起。

（程立新）

环境保护

【概况】 2009年，临安市环境质量继续稳步改善，全市环境质量总体保持优良，全面完成主要污染物减排工作任务，在杭州市生态建设与环境保护目标责任制考核中被评为综合优秀。巩固深化国家环保模范城市创建成果，通过环保部组织的国家级生态市考核验收。

全年安排生态建设专项资金2250万元，占地方财政支出的1.51%，资金纳入市级专项资金预算管理。完成乐平乡七坑村、高虹镇龙上村等15个农村生活污水处理工程建设。完成10个农产品加工企业及“农家乐”污染治理工程。完成9个清洁能源利用示范村建设。完善全市农村生活垃圾无害化处置体系，农村生活垃圾集中收集的行政村覆盖率在95%以上。完成省级32家、杭州市级11家规模化养殖场年度治理任务。继续对公路边坡、废弃矿山进行生态修复，完成7个生态墓地建设。

新增污水管网20公里，日均增加处理量0.63万吨，青山污水处理有限公司新增污水处理量0.21万吨/日。13个乡镇污水处理厂基本完成一期主管网纳管建设，高虹、太湖源、横畈、龙岗、板桥污水处理厂投入试运行。对杭徽高速公路沿线企业开展整治，实现污染物达标排放，厂容厂貌做到“四化”（硬化、绿化、美化和洁化）。市环保局全年审批、核准各类环保项目1773项，其中，执行环评报告表（书）项目257项、登记表1335项、锅炉安装8项、建筑噪声排污许可证核准173项。“三同时”竣工验收855家。全年未发生重、特大环境污染和生态破坏事件。

开展环保青年志愿者活动，组织环保宣讲活动20场次。横路乡谢家桥村、太湖源镇东天目村创建为杭州市级生态村；完成8个村整村推进生态工程建设，并通过杭州市环保、财政部门验收。创建农村饮用水源达标区3个。创建省级“绿色社区”1家；杭州市级“绿色学校”5家、临安市级“绿色学校”4家；杭州市级“绿色工地”14家、临安市级“绿色工地”24家，评选临安市级“环境教育基地”1家。

【地表水环境质量】 2009年，临安市域主要水系水质良好。市环境监测站对两大水系和湖库的11个断面水质监测结果显示，90.9%的断面水质达到或优于地表水环境质量Ⅲ类标准。与余杭交界断面汪家埠水质为Ⅱ类、径山断面水质为Ⅲ类、与桐庐交接断面印渚水质为Ⅱ类，交界断面达标率为100%。青山水库为Ⅴ类水质，呈中度富营养化。全市各饮用水源地水质达到或优于Ⅱ类，符合国家对城市饮用水源地水质考核要求。市区饮用水源地水质按项目（28项）水质达标率为100%。

【城区大气环境质量】 2009年，临安市大气环境质量总体评价为清洁水平。市区两个自动监测站点监测显示，市区空气首要污染物为可吸入颗粒物。二氧化硫、二氧化氮和可吸入颗粒物年日均值分别为0.023毫克/立方米、0.03毫克/立方米、0.095毫克/立方米，达到国家二级标准。根据空气质量日报统计，全年空气质量优良天数333天。市区降尘年月均值为6.18毫克/立方米。市区降水pH值范围为3.58~6.44，年均值4.18，酸雨频率94.3%。

【城区声环境质量】 2009年，临安城市区域环境质量较好。市区区域环境噪声加权平均值54.9分贝，与上年持平，生活噪声和交通噪声依然是区域环境噪声主要来源。市区道路交通噪声等效声级67.4分贝，道路交通噪声路段超标率11.7%，比上年下降2.5个百分点，平均车流量1029辆/小时。

【主要污染物排放与减排】 2009年，临安市工业企业废水排放量3257.69万吨，比上年下降6.35%；万元工业增加值废水排放强度26.49吨/万元，比上年下降1.85%；主要污染物化学需氧量排放3888.38吨，比上年下降6.15%；万元工业增加值化学需氧量排放强度0.003吨/万元，比上年下降1.65 %。临安城市污水处理有限公司处理废水1718.55万吨，其中生活污水1323.81万吨，青山污水处理厂处理废水584万吨，其中生活污水164.25万吨，出水均达到国家排放标准。全市工业企业废气排放量113.15万立方米，其中二氧化硫排放4954.78吨，比上年下降9.60 %，万元工业增加值二氧化硫排放强度0.004吨/万元，比上年下降5.27 %；烟尘排放2476.51吨，比上年下降14.00 %，万元工业增加值烟尘排放强度0.002吨/万元，比上年下降9.85 %。

【固体废物管理】 2009年，全市工业固体废弃物产生量14.06万吨，综合利用量14.00万吨，处置量0.06万吨，处置利用率100%；工业危险废物产生量0.06万吨，处置量0.06万吨；医疗废物产生量199.7吨，处置量199.7吨；市区生活垃圾产生量10.3万吨，比上年增加2.8万吨，生活垃圾无害化处理率100%。全市危险废物产生量799.7吨，其中，工业危险废物 600 吨，医疗危险废物 199.7 吨。危险物实行集中代处置制度，全年处置危险废物 799.7 吨，处置率 100%。市环保局落实危险废物转移计划网络审批和转移联单制度，把规范危险废物处置与排污许可证发放相挂钩，明确规定不规范处置危险废物的单位不得发放排污许可证。完善危险废物台账资料建档工作，全市电镀、化工等 30 余家单位按照上级要求建立危险废物处置台账。

【辐射安全管理】 2009 年末，全市有辐射工作单位 43 家，其中涉源单位 9 家，主要分布在水泥、造纸、金属压延行业。有放射源 27 枚，其中 Ⅳ 类放射源 7 枚、Ⅴ 类放射源 20 枚。射线装置使用单位 34 家，Ⅲ类医用射线装置 48 台，Ⅱ类工业探伤射线装置 34 套。9 家涉源单位 3 枚闲置源由省辐射站收贮，废源回收率 100%。市环保局对全市所有辐射源和射线装置全面监管，联合市公安局、市卫生局召开辐射安全管理工作会议，落实岗位责任制，执行安全管理制度，及时排查和处置安全隐患。与辐射源使用单位签订责任书；组织开展全市辐射安全与防护培训，60 人参加培训并通过考试；严格新增辐射源使用单位的环评和初审工作；组织开展辐射安全执法检查，督促相关单位落实辐射安全防护措施。

【环境监察与管理】 2009 年，市环保局完成日常监察 2527 家次。开展飞行监测 163 家次，达标企业 144 家次，达标率 88.3%。建设项目“三同时”跟踪管理 510 家次，责令立即停止违法行为 20 家，下达限期整改意见书 58 家。查处环境违法行为企业 138 家，其中，立案查处 62 家，作出行政处罚决定 44 家，限期整改或不予处罚 11 家，罚款 139.5 万元。受理各类投诉 300 件，其中，省环保厅和杭州市环保局交办件 36 件，市委、市政府交办件25 件，市长电话交办件 198 件，市环保局公开电话受理 41 件，投诉处理率 100%，反馈率 100%，满意率 98%以上。完成排污申报企业 1286 家，核发排污许可证 1253 家，征收排污企业 1452 家，排污收费总额 847.35 万元。发放机动车环保标志 2.4 万张，其中，绿色标志 2.27 万张、黄色标志 1290 张。

【清洁生产审核】 2009 年，临安市列入杭州市清洁生产审核试点企业 18 家，累计投资 4043.1 万元，实施无/低费方案 272 个、中/高费方案 62 个，实现经济效益 4906.92 万元，节水 22.15 万吨，节电 1629.7 万千瓦时，节煤 3868 吨，节蒸气 1.2 万吨，减少废水排放 29.62 万吨、化学需氧量排放 13.41 吨、二氧化硫排放 626.04 吨、固体废弃物 2498.09 吨。

（陈思远）

（方志恩　绘）

人事·劳动和社会保障

人　事

【概况】 出台《加强人才资源开发工作实施办法》和《关于加强高等学校就业工作的意见》，新建高校毕业生见习基地22家，建立人才服务工作站12家，促进就业3200余人，其中应届毕业生1757人。选拔“812”人才工程培养人选119人，培训企业经营管理和高技能人才1045人，专业技术人员培训1.2万人。建立现代服务业高层次人才培训基地。25位发展中国家政府官员到临安考察学习。开展“人才兴市”宣传月活动。

推进农村社区卫生体制、水管体制、国有林场体制改革等相关工作；建立完善机构编制实名制管理数据库；完成事业单位年检277家，完成参照公务员管理依法规范登记139人，完成事业单位模拟分类方案。招考公务员59人、事业人员185人，面向高校毕业生公开选聘农村和社区工作人员110人。组织公务员参加新干线学习2189人。

制订《公务员规范津补贴方案》，完成机关工作人员规范津补贴工作，涉及在职公务员2709人和离退休人员1195人。落实退休干部两项待遇；完成义务教育学校绩效工资的前期调研、方案制订、组织实施等工作；提高改制事业单位退休人员生活福利费。

是年，临安市人事局获省军转安置工作先进集体、省人事宣传先进单位、省无烟单位、杭州市人事宣传先进单位等荣誉。（附表24、表25）

【人才引进工作】 2009年，市人事局坚持“招商引资”和“招才引智”相结合，促进市人才市场、劳动力市场一体化，加快引进高层次紧缺人才。坚持有形市场和无形市场并举，组织127家用人单位到杭州、宁波、广州、武汉等地招聘人才；举办春季、夏季人才交流大会，提供岗位3600余个。全年举办（参与）人才交流会和人才集市25场次；依托临安人才网、“人才广场”橱窗等平台，提供快捷的人才交流和信息服务；依托临安高新技术园区、工业集聚点，鼓励企业引进中高级人才。全年引进硕博士人才105人，紧缺专业人才166人，高技能实用性人才109人。

【大学生创业扶持】 2009年，市人事局制定出台《临安市大学生自主创业扶持资金实施办法》（试行），设立大学生创业扶持基金，大学生入园创业根据项目的等次分别给予2万元、5万元、10万元的资助。初步完成《临安市大学生创业园筹建方案》，拟在临安科技孵化基地建立临安市大学生创业园，利用临安科技孵化基地人才层次高、项目技术领先、配套设施齐全等资源优势和完善的创业服务体系，为大学生创业提供平台。

【百企大学生储备计划】 2009年，市人事局按照“政府鼓励引导、市场基础配置、毕业生和企业双向选择”的原则，计划在三年内选拔100名左右紧缺专业且为两年内毕业的高校毕业生，到全市销售额1000万元以上的非公有制企业工作，管理期限两年。管理期内定期组织集中培训，并实施津贴制度，按本科学历每人每月500元、硕士研究生及以上学历每人每月800元对企业予以补助。管理期满后继续留在企业工作的，可优先享受人才培养、评选奖励、经费资（补）助等相关政策。

【大学生创业就业优惠政策】 2009年，市政府制定出台《关于加强普通高等学校毕业生就业工作的意见》，包括设立大学生创业扶持资金、高校毕业生到企业就业计划、百企大学生储备计划、事业单位招聘高校毕业生计划、“毕业生就业服务月”活动、未就业和困难家庭高校毕业生帮扶计划等10项内容，每年设立大学生就业专项经费200万元。

【春季人才交流大会】 2009年2月14日，市人事局举办春季人才交流大会，临安奥星电子有限公司、浙江帝龙新材料股份有限公司等110余家单位进场设摊招聘，面向社会推出企业管理、市场营销、网络维护、会计等岗位1300余个。与以往相比，此次交流大会面向一线基层岗位的需求量大，市场营销等岗位需求较为突出，用人单位对学历、工作经验的要求相对理性。

【公务员招考录用】 2009年，临安市招考录用公务员职位计划数59人（不含市法院、市检察院）。经过网上报名，有考生2739人通过资格初审取得笔试资格，实际参加笔试2195人。按照招考计划1:3比例确定面试对象，实际进入面试考生184人。经面试、体检、考核，录用公务员59人。

【村支书任面试考官】 2009年6月7日，临安市举行面向全日制普通高校毕业生公开招聘农村（社区）工作人员面试，高校毕业生240人参加面试，计划招聘大学生村官115人。市人事局首次邀请村支书6人担任面试考官，确保选拔适合农村工作的大学生村官。

【就业创业大型招聘会】 2009年7月4日，临安市就业创业大型招聘会在浙江林学院衣锦校区举行，共有180余家企、事业单位推出岗位2000余个，其中，事业单位30余家，206个事业编制岗位中180个直接面向应届毕业生招聘。接待各类应聘人员6000余人次，初步达成意向1500余人次。

【事业单位法定代表人培训】 2009年7月29~30日，市事业单位登记管理局举办事业单位法定代表人培训。来自全市

22个主管部门的事业单位法定代表人73人参加培训，主要学习事业单位登记管理制度和法定代表人相关知识、事业单位分配制度改革、事业单位分配自主权、事业单位聘用制和人事争议仲裁等内容。

【“812”人才工程】 2009年，临安市继续推进“812”人才工程培养人选选拔工作。10月12日，市人才办、市人事局联合下文公布“812”人才工程第三批培养人选名单，市文学艺术界联合会郑龙华等90人入选。其中，第一层次19人、第二层次24人、第三层次47人。

【“走进企业 送服务”行动】 2009年10~11月，市人事局开展“走进企业 送服务”专项行动。市人才办、市人事局、市劳动和社会保障局、市经济发展局、团市委联合成立走访组，以集中和分散走访相结合的形式，在临安“16100”大集团和成长性企业开展走访活动。通过走访临安经济开发区、玲珑工业园区等地的重点企业和供电、金融、电信系统，与企业人力资源管理人员座谈交流，发放《人才政策汇编》1000余册，了解掌握企业需求，帮助企业解决难题。

【现代服务业高级人才培训基地成立】 2009年11月27日，临安市首个现代服务业高级人才培训基地在杭州天外教育集团挂牌成立。基地负责组织开展全市金融、旅游、信息与软件、现代物流、商贸流通、科技与信息服务、房地产、文化创意等领域的高级人才培训工作，加大服务业领军人才培养力度，提升服务业人才综合素质，缓解服务业人才紧缺和人才知识更新等问题。

【建立12家人才服务工作站】 2009年，市人事局在工业强乡镇（街道）、临安经济开发区建立12家人才服务工作站。工作站职责主要有：完成辖区内企业人才资源数据库的采集统计，及时为企业和个人提供人才供需信息；组织辖区内企业参加各类人才招聘会，协调辖区内企业人才流动中发生的纠纷问题；协助企业开展技术带头人、拔尖人才、政府特殊津贴人才的推荐、选拔和培养及引进国外智力项目申报等工作；组织辖区内企业管理和专业技术人员参加市级以上培训；传达落实人才和人事工作的方针、政策，开展企业人才政策法规、人才流动、人事代理等咨询工作。

【确定杭州钱江特聘专家岗位3个】 2009年，浙江小王子食品的大豆蛋白休闲食品研发、改良及提升，浙江汉力电缆有限公司的电缆性能指标控制和工艺，浙江万马电子有限公司的光分路器产品开发3个岗位被确定为杭州市钱江特聘专家岗位。受聘专家获杭州市特聘专家荣誉证书，与设岗单位在岗位有效期内签订聘任合同，在聘期内享受财政给予每人每年10万元的工作津贴，并享受设岗单位按不低于1:1比例予以配套的报酬及生活补助。特聘专家年度工作津贴10万元拨付到位。

【范尼卡获“国家友谊奖”】 2009年9月，临安市引进的南非比勒陀尼亚大学教授、世界山羊协会秘书长范尼卡获国家外国专家局授予的“国家友谊奖”，这是杭州市唯一年度获奖专家。市人事局自2005年始，连续引进范尼卡，实地传授波尔山羊育种和饲养技术，先后举办山羊繁育与推广技术培训班4期，为全省各地的种羊场、规模养羊大户代表讲授山羊的发展、育种、饲养等新技术，现场指导胚胎移植技术近50例，培训省内畜牧技术人员和养羊规模大户260人次。在范尼卡的指导下，临安波尔山羊育种、饲养、管理水平明显提升，育种技术在短期内迅速达到国内领先水平。

【人事代理】 2009年，市人事局办理人事代理1536人，调出479人，调入385人，毕业生落户372人，代办养老保险收缴715人，调整档案工资715人，毕业生就业协议鉴证1460人，出具各类证明531份。档案存放总数2.11万份，其中，人事代理总数1.32万人，集体人事代理单位116家。

【公务员能力提升工程】 2009年，市人事局组织公务员参加“干部学习新干线”培训考试2189人。开展公务员学法日活动。组织开展公务员普通话再培训和补测试工作，全市公务员1726人参加培训，其中1655人参加普通话水平等级测试，1490人通过测试，参加测试率95%、合格率86%，通过国家三类城市公务员普通话评估。选派优秀公务员到发达地区、成长性企业、重点工程挂职锻炼，组织新录用公务员69人参加初任培训。

各类专业技术人员统计表

表24

类　　别	合　计	高　级	中　级	初　级
总　计	33209	1378	8688	23143
1.工程技术人员	8012	176	2043	5793
2.农业技术人员	713	56	158	499
3.科学技术人员	76	12	25	39
4.卫生技术人员	4145	165	928	3052
5.教育人员	10338	817	4049	5472
高　校	802	186	251	365
中专技校	142	20	75	47
中学	4727	588	1884	2255
小学	4667	23	1553	2805
6.经济人员	4041	76	707	3258

续表 24

类 别	合 计	高 级	中 级	初 级
7.会计人员	4379	28	428	3923
8.统计人员	614	1	112	501
9.翻译人员	7			7
10.图书、档案、文博人员	405	28	102	275
11.新闻出版人员	136	4	14	118
12.律师公正人员	36	3	5	28
13.播音人员	21		11	10
14.工艺美术员	31	1	6	24
15.体育人员	13		4	9
16.艺术人员	21		13	8
17.其他人员（政工）	22	11	83	127

初定、考试、评审取得职称人数统计表

表 25

类 别	合 计	高 级	中 级	初 级
总 计	1919	131	446	1342
1.工程技术人员	643	13	76	554
2.农业技术人员	18	5	9	4
3.科学技术人员				
4.卫生技术人员	267	14	33	220
5.教育人员				
高校	9	4	3	2
中专技校	23	2	17	4
中学	366	77	138	151

续表 25

类 别	合 计	高 级	中 级	初 级
小学	341	6	143	192
6.经济人员	92	7	3	82
7.会计人员	109			109
8.统计人员	2			2
9.翻译人员				
10.图书、档案、文博人员	17	1	13	3
11.新闻出版人员	2			2
12.律师公正人员	1			1
13.播音人员				
14.工艺美术员				
15.体育人员				
16.艺术人员				
17.其他人员（政工）	29	2	11	16

（汪露琳）

劳动和社会保障

【概况】 2009年，临安市城镇登记失业率3.28%。新增就业岗位7030个，失业人员实现再就业2978人，其中就业困难人员安置557人。农村劳动力转移就业5634人，全市高技能人才培训668人，创业培训172人，再就业培训1180人，其中技能培训608人。全市企业养老保险新增参保5762人，基本医疗保险新增参保5330人，失业保险新增1635人，女工生育保险新增2830人。参加合作医疗40.09万人，参合率98.1%，超额完成目标任务。

工伤保险参保新增1040人，实现工伤保险全覆盖。受理工伤申报案件2370件，伤残鉴定227人。办理退休审批914人，特殊工时审批56家，办理视作缴费年限审批1200人，办理未成年工备案210人。收缴失业保险基金1969.97万元，办理新增登记失业人员1082人次，累计发放失业救济金390.16万元，其中，支付失业保险金186.57万元，医疗补助金21.65万元，农民合同制工人一次性补助费48.3万元。失业保险基金累计结余5914.89万元；审核享受再就业优惠政策1121人次；累计发放就业专项资金515.83万元。发放就业援助证2180本。全年举办各类招聘会13场次，组织空岗1.59万个，进场交流企业738家次，进场交流劳动力3.39万人次，达成意向

2870人，交流成功3928人。人力资源市场接待用人单位1118家次，发布各类招用工信息4983条次，提供空岗信息2.66万个，交流成功6131人，其中临安市劳动力3045人。

市委、市政府出台《关于进一步完善促进就业工作机制的若干意见》，市劳动和社会保障局出台《关于进一步完善促进就业工作机制若干意见实施办法》等12个相关配套文件。完善医疗保险政策，建立在职职工门诊统筹、提高年度封顶线、降低退休人员门诊统筹起付标准，提高困难救助限额。出台《关于完善机关事业单位养老保险政策的意见》。

是年，市劳动和社会保障局获浙江省就业系统先进集体、医疗保险主要业务评价先进单位、争创养老保险工作先进单位，杭州市社会保险工作先进单位、就业与失业保险工作优秀单位、劳动争议仲裁工作先进单位等荣誉。

【社会保险管理】 2009年，全市征收各项保险费9.88亿元，支付6.36亿元，当年结余3.52亿元，累计结余12.54亿元。全市参加企业职工基本养老保险单位4023家，比上年新增123家，净增1.15万人。征收养老保险费3.65亿元，支付养老保险费2.37亿元，当年结余1.29亿元，累计基金结余5.51亿元；支付能力达到27.97个月，比上年增加3.19个月。参加机关事业养老保险总人数1.9万人，其中，在职1.38万人，离退休5698人；征收养老保险基金1.17亿元，支付离退休费用1.38亿元，当年赤字2012万元，累计结余1681万元。工伤保险参保职工11.13万人，新增1040人，基金征缴1786万元，为2085人次支付工伤补偿金1018万元，当年结余768万元，累计结余2312万元。女工生育保险参保6.44万人，当年收入259万元，支付138万元，当年结余121万元，累计结余672万元。基本医疗保险新增参保9682人，基金收入2.08亿元，基金支出1.75亿元，累计结余1.85亿元。增加定点药店2家，在於潜镇、昌化镇各增设定点零售药店1家。增加临安水涛庄中医院、临安市中医院第二门诊部、临安联谊医院门诊部为定点医院。

【社会保险费减征】 2009年，全市减征社会保险费7980万元。按照浙江省政府《关于调整用人单位基本养老保险缴费比例有关工作的通知》（浙政发〔2008〕70号），降低企业养老保险单位缴费比例2个百分点，从17%降至15%，一年为企业减负1650万元。减征五大保险2个月的单位缴纳部分3913万元，减征2个月个体参保人员医疗保险费450万元，减征2个月个体参保人员养老保险费1124万元。4月起，个体养老保险缴费比例由20%下调至18%，全年减征843万元。

【被征地农民基本生活保障】 2009年，被征地农民基本生活保障制度涉及13个乡镇（街道）63个行政村。完成杭徽高速公路汪昱段沿线被征地农民基本生活保障办理工作，办结1.25万人。在大峡谷镇华光潭村，太湖源镇浪口村，锦城街道新溪桥村、新联村、东湖村，湍口镇湍口村等现场办理参保手续，解决历史遗留问题。1月起，被征地农民基本生活保障金领取标准分别由原来的每人每月280元、225元、170元调整为320元、265元、210元。开展失地农民困难助学调查工作，为全市46名符合条件的失地农民家庭发 放困难学生助学补助11.4万元。

【《临安市城乡居民社会养老保险实施意见》出台】 2009年9月，国务院、浙江省相继出台《关于开展新型农村社会养老保险试点的指导意见》、《关于建立城乡居民社会养老保险制度的实施意见》。据调查，全市人口52.59万人，其中，16周岁以下6.6万人，16周岁~44周岁24.11万人，45周岁~59周岁13.74万人，60周岁以上8.07万人（其中符合城乡居民社会养老保险登记条件的7万人）；二级以上残疾人3272人，复员退伍军人中60周岁以上2900人，60周岁以下2万人。市劳动和社会保障局对全市60周岁以上人员年死亡情况进行统计，测算出全市城乡居民社会养老保险政策出台后2010年市财政承担情况。先后到淳安、桐庐、永康、缙云等地考察。11月，在锦南街道试点基础上，制订《城乡居民养老保险实施方案》，印制登记表格，召开全市登记工作动员大会。12月25日，市政府常务会议讨论并通过《临安市城乡居民社会养老保险实施意见》。凡具有临安市户籍，年满16周岁（全日制在校学生除外），非国家机关、事业单位、社会团体工作人员，未参加职工基本养老保险的城乡居民，均可参加城乡居民社会养老保险。城乡居民社会养老保险基金主要由个人缴费、集体补助和政府补贴构成。城乡居民养老金待遇由基础养老金（70元）、个人账户养老金和缴费年限养老金三个部分组成，支付终身。

【“五费”合征工作】 2009年，临安市养老保险支付能力提高到27.97个月。市劳动和社会保障局推行社会保险网上申报，企业可通过网上服务平台办理职工增员、职工减员、缴费基数申报、社保信息阅读、单位和职工信息查询等社会保险业务。全年办理网上申报企业439家，通过网上办理社会保险业务6.71万笔。保持2008年企业缴费基数不变，企业职工养老、医疗、失业、工伤、生育五大保险最低缴费工资为1225元，最高为6125元；个体缴费工资最低为1525元，最高为6125元。4月，在业务大厅设立咨询台，开通咨询电话，派人轮流值班，解答业务咨询。举办社会保险业务培训班33期，发放宣传资料和业务表格10万余份。9月，个体参保人员养老保险实现银行代扣代缴。至12月，办理银行代扣代缴手续2.55万人。

【养老金发放和社会化管理】 2009年，市劳动和社会保障局调整退休（退职）人员工资待遇1.08万人，继续采取普通调整和特殊调整方式。普通调整按退休人员增加69元、退职人员增加55元，另加缴费年限每满1年（不满1年按1年计算）增加2元；特殊调整按教授级高级专业技术人员增发60元，其他高级专业技术人员增发50元，2008年底前男年满70周岁、女年满65周岁及以上人员缴费年限每满1年增发1元，1953年12月31日前参加工作的退休（退职）人员缴费年限满30年及以上的增发25元，缴费年限满20年不满30年的增发20元，缴费年限不满20年的增发15元。调整后，月人均增加养老金137元，月增发养老金149万元。春节、端午节、中秋节慰问费由每人每年150元调整到300元。新办退休（职）人员919人，最低基本养老金标准为820元，加上社会化管理生活补贴73元和生活品价格浮动补贴35元，共计928元。调整生活困难补助费精减退职483人，供养遗属1477人。

出台《关于企业退休（职）人员档案管理工作的通知》（临劳险〔2009〕8号）。4月起，分阶段对部分企业退休人员进行健康体检，全年体检1800余人。在全市26个乡镇（街道）、11个社区分别召开退休人员座谈会，成立376个退休人员自管小组，召开首次全市企业退休人员社会化管理工作会议。6月起，定期与殡仪馆进行数据比对。至年底，共比对数据9.25万笔，及时掌握待遇享受人员死亡情况。

【职业技能培训与鉴定】 2009年，市劳动和社会保障局培训各类人数累计1.21万人，其中，高技能人才培养668人，失业人员再就业技能培训608人，农民工（含外省到临安务工人员）7208人，创业培训172人，农村富余劳动力转移技能培训4941人。杭州正驰达精密机械有限公司袁和军被评为2009年度杭州市首席技师。全市有1.58万人通过国家职业技能资格等级鉴定，其中，取得结业证4314人、初级7025人、中级3770人、高技能人才668人。

【农村合作医疗】 2009年，合作医疗人均筹资188元，为上年度农民人均纯收入的1.9%，其中，中央财政4元/人、浙江省财政24元/人、杭州市财政10元/人、临安市财政54元/人、乡级财政36元/人、农民个人60元/人。全市参加合作医疗40.09万人，其中，农民39.22万人，居民8701人，参合率98.1%。合作医疗基金总筹资7536.5万元，支出6960.6万元。其中，住院及指定病种补助支出5635.7万元，补助3.59万人次；门诊补助支出1324.9万元，补助106.61万人次。当年结余575.9万元。

【《2010年临安市新型农村合作医疗实施办法》出台】 2009年12月，《2010年临安市新型农村合作医疗实施办法》经市新型农村合作医疗管理委员会讨论研究，并提交市长办公会议讨论通过。该《办法》对以下几个方面作了调整：一是提高人均筹资额。人均筹资额由2009年的188元提高到220元。二是扩大参合对象，提高参合率，将在临安市居住5年以上（包括5年）的僧人纳入参合对象范围。三是调整补助政策内容。（1）提高门诊补助标准及最高补助额。门诊补助标准在2009年的基础上提高5%。乡镇卫生院门诊费用当场刷卡补助25%，其中，中草药、部分中医诊疗项目补助30%；市属医院门诊费用当场刷卡补助20%，其中，中草药、部分中医诊疗项目补助25%。年最高补助额为1000元。（2）扩大门诊补助范围。市外普通门诊医疗费用超过2000元以上的部分享受补助，补助标准为20%，年终一次性补助，与市内门诊补助额累计，最高补助额为1000元。（3）提高市内住院补助标准及最高补助额。市内住院费用501元~1万元部分补助45%，1万元~2万元部分补助60%，2万元以上部分补助55%，其中少年儿童提高10%。住院年最高补助额提高到8万元。（4）提高市外住院补助标准。市外定点医疗机构住院费用按市内标准的80%补助，市外非定点医疗机构（系当地医保定点医院）住院费用按市内标准的60%补助，最高补助额同市内。四是凭医疗费用发票原件予以补助，复印件将不予补助。

【劳务代理】 2009年，市劳动和社会保障局为44家企、事业单位进行劳务代理，代理人数1747人。累计为代理职工缴纳五大保险518.97万元，缴纳住房公积金181.64万元，上缴各类税收106.91万元，申报工伤8人次，女工生养保险16人次。

【劳动监察】 2009年，市劳动和社会保障局受理各类投诉举报案件250件，其中市长公开电话55件（杭州市长公开电话交办件16件、临安市长公开电话交办件39件），涉及职工679人，追回工资39.9万元，清退押金5200元。监察企业832家，依法立案查处案件12件，责令退还押金5200元，清退童工6人，罚款4.1万元。开展农民工工资支付情况等各类专项检查活动10次，有4543家用人单位提交劳动保障书面审查材料。经审核，134家用人单位定为A级，1220家用人单位定为B级，14家用人单位定为C级，3171家规模较小或所属分支单位定为验讫。全年发放宣传资料1.2万余册。

【劳动保障网格化管理】 2009年，市劳动和社会保障局实施劳动保障监察网格化管理，26个乡镇（街道）成立劳动保障监察中队。制定《临安市劳动保障监察网格化管理办法》，以乡镇（街道）、临安经济开发区为单位，根据各乡镇(街道)、临安经济开发区行政区域面积、企业分布、职工人数等情况划分31个网格。面向社会公开招聘15名劳动保障监察协管员。对相关人员实施劳动保障监察网格化培训，建立用人单位劳动用工电子信息档案和基本数据库。

【劳动仲裁】 2009年，市劳动和社会保障局受理并立案234件，涉及职工525人，案件涉及经济标的1355.58万元，为劳动者挽回损失1058.65万元，为用人单位减少损失187.5万元。对26个乡镇(街道）劳动关系协调委员会进行调整，规模以上企业相继建立劳动争议调解委员会，对全市调解员268人进行辅导考核，颁发调解员资格证书。在全市规模以上企业（职工人数在200人以上）建立劳动争议调解组织230家。

【市技工学校】 2009年，该校招收新生450人，在校生1200人。高职毕业生升学率和社会就业率均达99%。根据与杭州制氧机集团有限公司、浙江杭叉工程机械股份有限公司签订的校企联合办学协议，为两家企业定向招收、培养技术工人250人。与浙江林学院天目学院签订大学生技能实训考核协议，成为天目学院创新创业技能实训考核基地。9月，经杭州市劳动和社会保障局、杭州市人事局、杭州市教育局审核通过，成为临安市唯一一家大学生实训机构，承担机修钳工、装配钳工、工具钳工、车工、无线电装接工、电工、数控车工、焊工8个工种的中、高级技能培训。

（骆金伟）

中共临安市委员会

重要会议

【市委十二届十次全体（扩大）会议】 2009 年 7 月 28 日，市委召开十二届十次全体（扩大）会议。会议学习贯彻党的十七大、省委十二届五次全会和杭州市委有关会议精神，回顾上半年工作，部署下半年任务，动员全市党员干部群众，依托生态优势、依靠科技创新，推进临安转型升级科学发展，朝着杭州西郊现代化生态市目标奋力迈进。会议指出，生态是临安转型升级科学发展的最大优势、最大特色，科技创新是临安转型升级科学发展的第一驱动力。要坚持建设杭州西郊现代化生态市目标不动摇，坚定不移地高举生态、科技“两面大旗”，加快转型升级科学发展。会议强调，当前和今后一段时期，要以构建现代产业体系为目标，加快产业转型升级；要以青山湖科技城建设为龙头，打造科技创新引擎；要以提升自主创新能力为核心，切实做强创新主体；要以壮大科技创新队伍为重点，着力构筑人才高地；要以深化政产学研合作为支撑，提升核心竞争能力；要以完善创新体制机制为保障，凝聚科学发展合力。

【市委常委（扩大）会议】 2009 年 11 月 22 日，市委召开十二届市委常委（扩大）会议，学习传达省委、省政府主要领导到临安考察调研省科创基地（科技城）建设时的重要指示精神，进一步统一思想、提高认识，加快推进科技城建设。会议认为：省科创基地落户是全市努力争取的结果，来之不易；建设以省科创基地为核心的科技城，是一份全新的事业，机遇难得，任务艰巨，责任重大，需要创新务实，才能事业竟成。会议强调，要按照“一切为了科技城、为了科技城一切”要求，高品位编制规划，高起点招院引所，高强度推进建设，高效能经营管理，高水平筹备奠基，全力建设科技城。

【全市农村工作会议】 2009 年 2 月 6 日，市委召开全市农村工作会议。会议认为，抓好新一年农业农村工作，机遇难得，基础良好，责任重大，要力求在深化农村改革上实现新突破，在高效生态农业发展上跃上新台阶，在农民生活品质提升上取得新成效，在农村新社区建设上迈出新步伐，在农村基层基础建设上得到新加强，努力开创全市农业农村工作新局面。会议要求：要深化集体林权制度改革，推进农村土地流转，完善农村金融服务体系；要以实施“强龙兴农”三年行动计划为抓手，着力做好“提升、拓展”文章；要努力拓宽农民增收渠道，千方百计促进农民增收；要搞好统筹规划，完善服务体系，优化社区环境；要以开展深入学习实践科学发展观活动为契机，切实加强农村基层干部队伍建设。

【全市工业经济暨技改投入年活动动员大会】 2009年3月5日，市委召开全市工业经济暨“技改投入年”活动动员大会。会议指出，当前尽管受到金融危机的冲击，但临安有行之有效的应对举措，有较为扎实的工业基础，有工业发展的强大后劲，全市工业发展的基本面依然没有改变，完全有信心、有能力战胜危机，渡过难关。会议强调，要继续全力帮扶企业，坚持把“向企业送温暖”活动贯穿全年，强化政策扶持，优化政府服务，做到靠前服务、主动服务、全程服务。企业要加强管理创新和员工素质培训，强化社会责任，不轻易裁员、不轻易欠薪，努力构建和谐劳动关系。会议要求：要加大投入，大干快上，狠抓企业技改投入、平台建设和项目推进；要倒逼转型，弯道赶超，大力发展高新技术产业，积极发展先进装备制造业，提升发展传统优势产业，不断调优工业结构；要大力培育行业龙头企业，加强技术创新、产品创新、品牌创新，引导企业清洁生产，推进节能减排。

【全市现代服务业发展大会】 2009年1月8日，市委召开全市现代服务业发展大会。会议指出，临安加快发展现代服务业势在必行，全市上下一定要坚定信心，坚定不移，持之以恒，常抓不懈，为加快打造杭州西郊现代服务业高地而努力奋斗。会议强调，临安加快发展现代服务业要以实施三年行动计划为主抓手，突出重点，狠抓落实。要规划引领，制订具有科学性、统筹性、超前性、权威性的服务业发展规划。要坚持产业互动，推进现代服务业与先进制造业、现代农业互动发展，促进服务业内部融合发展。要项目带动，全力推进38个重点项目和51个实施项目。要招商突破，大力推进规划招商、项目招商、地块招商、产业招商。要构筑平台，加快建设旅游休闲功能区、商务商贸功能区、现代物流功能区、文化创意产业功能区、金融服务功能区、软件与信息服务功能区，着力打造全市现代服务业发展大平台。

【全市招商引资工作会议】 2009年2月2日，市委召开全市招商引资工作会议。会议指出，新一年全市招商引资工作，既面临严峻挑战，也有重大机遇，关键在于清醒认识，理性把握，趋利避害。会议要求：抓好新一年招商引资工作，要着力“三招三引”，大力招引“大、好、高”项目，推进“以院引院、以所引所”，重点抓好企业职业经理人、高技术人才、海归人员、大学生、文化人五类人才的引进；要拓展产业领域招商，围绕构建现代产业体系，推进三次产业全方位招商，同时加大交通、城建、民生等重大基础设施项目招商力度；要创新招商方法，突出抓好项目招商、地块招商、企业招商和驻点招商；要提高招商效率，进一步落实责任，完善政策，健全制度，为企业提供“保姆式”服务，不断提高项目洽谈、推进和服务效率。

【全市经济工作会议】 2009年5月10日，市委召开全市经济工作会议。会议贯彻落实省委十二届五次全会、全省经济工作电视电话会议和杭州市工业兴市大会精神，对全市应对国际金融危机、做好当前经济工作进行再动员再部署。会议强调，全市上下要围绕构建现代产业体系目标，稳定一产，主攻二产，提升三产，在保持农业和服务业稳定增长的基础上，主攻工业，决战工业，确保工业销售产值、工业增加值、工业投入等主要经济指标在6月底前企稳回升、实现增长，国税、地税收入实现“时间过半完成任务过半”，打一场保稳促调的攻坚战。会议要求：要用好送温暖、攻项目、抓技改、强招商四大载体，确保各项工作落到实处。

【完成全年目标任务动员大会】 2009年9月22日，市委召开全市奋战百日全面完成全年目标任务动员大会。会议认为，年初以来，在全市上下共同努力下，工作有力度、有亮点、有成效，取得保稳促调、化危为机的阶段性成效，为完成全年工作任务奠定基础。会议强调，要突出提速冲刺，力保完成全年各项目标任务，力保综合考评争先进位，力保社会和谐稳定，打好以提速冲刺为主基调攻坚决战、以保稳促调为主方向攻坚决战、以项目建设为主抓手攻坚决战、以学习实践活动为主载体攻坚决战，完成年度各项目标任务，确保在杭州市综合考评中争先进位。

【市委人大工作会议】 2009年9月25日，市委召开人大工作会议。会议指出，要从全局和战略的高度，进一步提高对加强和改进新形势下人大工作的认识，切实增强做好人大工作的责任感和使命感。会议强调，全市各级人大及其常委会要以深入学习实践科学发展观活动为动力，把握人大工作的性质、特点和规律，着力做到“三个坚持、三个围绕、三个提升”，更好地履行法定职责，努力推动人大工作再上新台阶。要以坚持正确的政治方向、坚持民主集中制、坚持走群众路线“三个坚持”为关键，从政治高度把握人大整体工作；要以围绕事关发展的重大问题履行职责、围绕社会普遍关注的热点问题履行职责、围绕民主法制建设的突出问题履行职责“三个围绕”为重点，切实增强人大工作实效；要以进一步提升人大工作的制度化水平、提升人大常委会的履职水平、提升人大代表的业务水平“三个提升”为基础，着力促进人大工作发展。

【市委政协工作会议】 2009年11月13日，市委召开政协工作会议。会议指出，要站在全局和战略的高度，深刻认识新形势下加强人民政协工作，切实增强做好政协工作的责任感和使命感。会议强调，要大力支持人民政协围绕团结和民主两大主题，更好履行政治协商、民主监督、参政议政职能。要切实把政治协商纳入决策程序，强化协商意识，明确协商要求，健全协商机制；要不断完善民主监督机制，着力优化民主监督的外部环境，不断丰富民主监督的实现形式，切实强化民主监督的制度保障；要进一步提高参政议政实效，积极为政协参政议政创造知情明政条件，大力支持人民政协开展调查研究和建言献策活动，重视政协参政议政成果的转化和运用。要充分发挥人民政协的特点和优势，为临安转型升级科学发展作出新的贡献。

重大活动

【学习实践科学发展观活动】 按照中央、省委和杭州市委的统一部署，从2009年3月至2010年2月底，全市党组织1867个、党员3.3万余人分两批参加深入学习实践科学发展观活动。全市结合实际，精心组织，周密部署，以“转型升级推进科学发展、克难攻坚建设现代化生态市”为总载体，以应对金融危机、保持经济平稳发展作为主任务，全面开展各项工作，较好地实现“党员干部受教育，科学发展上水平，人民群众得实惠”的目标要求。第二批学习实践活动群众满意度达到99.5%。学习实践活动突出真学真用，学习内容丰富，方式创新，加强对基层辅导，合力进一步增强；突出开门实践，沉下去查找问题，敞开门征求意见，请进来监督评议，科学发展思路进一步明晰；突出攻坚破难，深入开展专项行为，着力解决共性问题，扎实推进整改落实，转型升级步伐进一步加快；突出惠民利民，为群众办实事、送服务、保稳定，民生保障水平进一步提升；突出固本强基，强化保障，党的基层基础进一步夯实。

【通过国家级生态市建设考核验收】 2009年12月23~24日，由环境保护部副部长李干杰带队的考核验收组对临安市创建国家级生态市工作进行考核验收。考核验收组通过听汇报、查台账、看现场等形式，对临安市的创建工作进行考核审议，最后通报验收意见：同意临安市生态示范区通过考核验收，并按程序报请环境保护部批准。临安市生态市建设工作于20世纪80年代开始启动，起步较早，历经生态农业县、国家级生态示范区建设两个阶段后，于2003年11月正式提出国家级生态市建设目标。全市创建全国环境优美乡镇18个、省级生态乡镇1个、杭州市生态乡镇4个，连续6年被评为杭州市生态建设与环境保护目标责任制考核优秀单位，是浙江省政府命名的首批省级生态市，并通过国家环保模范城市验收和国家级生态市技术评估。

【赵洪祝调研省科创基地建设工作】 （参见“工业”栏目）

【周国富调研生态建设】 2009年7月16日，省政协主席周国富、省政协副主席陈艳华带领省政协“建设生态浙江，提升发展质量”专题调研组到临安市调研生态建设。杭州市政协主席孙忠焕、副主席董建平，临安市委书记邵毅、市政协主席陈法生、副市长冯镭、市政协副主席翁东潮等陪同调研。周国富指出，在当前国际金融危机背景下，建设生态浙江对浙江保增长、促发展很有意义，有利于解决重发展、轻环保等一些认识偏差。生态建设不仅关系到当前发展，更关系到长远发展，在生态建设中要把生态建设与转型升级有效结合起来，从转型发展的目标出发，把环境保护、生态重建作为转变经济发展方式的重要突破口，牢固树立环保优先的发展理念，大力转变经济增长方式，全力巩固环境保护成效，真正把环境优势转化为跨越发展的竞争优势，做到经济建设和生态建设一起推进，产业竞争力和环境竞争力一起提升，物质文明和生态文明一起发展。周国富强调，加强生态建设要从规划入手，规划好生态、农业、工业等区块，严格按照区域分类来发展，特别是生态发展区块应种植经济林果和吸碳效果明显的树种，起到既能保护生态又能发展经济的作用。要做好节能减排工作，严格控制高耗能、高排放行业准入，推进节能减排技术进步，引导支持企业开展节能减排技术改造，推广应用节能减排新设备、新工艺、新技术，大力发展绿色企业，推广新能源、绿色技术。要建设人与自然和谐的生态文明，尊重自然，正确对待和处理人与自然的关系，使工业、农业的发展符合生态环境平衡、和谐发展的要求，切实提高群众素质，既要压缩控制，又要规划调控，还要加强生态文明的教育，把生态环境和生产发展、提高生活质量统一起来，努力建设人与自然相和谐的新型关系。

【“项目攻坚”活动】 2009年，全市项目攻坚活动以“项目化管理，制度化推进”为抓手，实行市领导联系、部门领办和“一周一协调”、“半月一督查”、“一月一结果”、“一季一讲评”项目推进机制，全力破解要素制约，加大结构调整力度，全市62个重点实施项目完成投资额36.42亿元，完成年度计划的112.4%。其中，省科创基地、青山湖综合治理保护工程、锦南新城建设等一批重大项目前期取得突破，锦城五中、太湖源动漫文化创意产业园、杭州众安湍口氡温泉等30个项目开工建设，横畈工业功能区、太湖源工业功能区、南都新能源等25个项目建设进度明显加快，杭氧、杭叉、於潜二中、昌文线等17个项目完成建设目标任务。

【“海外清华学子浙江行”项目对接活动】 2009年12月21日，“海外清华学子浙江行”海外清华学子60余人到临安，与近百家高新技术企业、风险投资机构、高新园区举行项目对接活动。省科技厅厅长蒋泰维、中国驻旧金山总领事馆参赞董建龙，临安市委书记邵毅，市委副书记、市长王宏出席对接活动。此次活动由省科技厅主办，主要为推动浙江省建设国家技术创新工程试点工作，加快引进海外优秀留学人才到浙江创业创新，提升全省自主创新能力，提高企业核心竞争力。临安是活动第一站，该批清华学子在国外主要从事金融、IT、生物医药、环保、新能源、机械等领域的研发工作。

市委办公室（政研室）工作

【概况】 2009年，市委办公室完成全委会等各类重要报告及领导日常会议讲话、汇报材料180余篇，累计编发《市委办通报》24期，《市委常委会会议纪要》17期。开展加快於潜、昌化副中心城市建设专题调研，制订实施意见；围绕推进临安产业转型升级等课题，先后到苏南等发达地区开展调研活动，完成调研报告4篇；编发《思考与交流》15期。进一步完善信息报送机制，坚持紧急信息跟踪报送制、一般信息每日报送制，累计报送各类信息1000余条；编发《今日要情》213期、《要情专报》63期、《转报信息》23期。开展专项督查5次，编发《督查工作》5期，督办领导批示件253件。坚持每月召开1次市四套班子办公室主任联席会议，研究协调每月全市主要工作安排，编发《市四套班子办公室主任联席会议纪要》12期。完成大型活动接待和协调工作，全年组织各类会议、活动300余次。市委报道组累计在杭州市级以上新闻媒体发表报道150余篇。按照“绝对安全、绝对畅通”的要求，加强机要保密工作，启用商用密码安全公文系统，开通对省、杭州市涉密公文交换系统。

(方鑫俊)

纪检工作

【概况】 2009年，市纪委受理群众信访举报247件次，比上年下降18.5%；立案87件，下降23%；处分党员干部85人，其中，涉及乡科级干部3人，移送司法机关处理7人。重点查处市农村信用合作联社原党委书记、理事长姜强，市建设局原正局级调研员郭美宝等一批有影响、有震动的违纪违法案件，挽回经济损失414万元，澄清干部问题15人。临安市在杭州市党风廉政建设责任制考核中排名第五位，市纪委监察局调查组被评为杭州市办案成绩突出调查组。

制订《临安市建立健全惩治和预防腐败体系2009年工作要点》、《临安市党风廉政建设责任制落实情况考核办法》及乡镇（街道）和市直部门细化考核标准，对26个乡镇(街道)、65个市级机关部门和部分省、杭州市驻临机构进行检查考核。对全市自1992年至2008年受留党察看和政纪处分人员的恢复党员权利和解除行政处分情况进行全面清理。开展非行政许可审批事项清理规范工作。组织开展“强党性、优作风、促勤廉”反腐倡廉专题教育活动，召开全市领导干部党风廉政建设会议，邀请省纪委领导作反腐倡廉形势报告、市委书记上廉政党课。组织市四套班子领导、市管党政正职集中观看《贪官心理档案》等廉政教育片。开展法纪教育基地警示教育，组织金融系统和建设、国土、水利等重点单位负责人及中层以上干部旁听姜强、郭美宝受贿案庭审，接受警示教育。

继续深化第四轮行政审批制度改革，加强便民服务中心和三级代办服务体系建设。对全市23个新增中央投资项目工作进展和整改落实情况进行监督检查。对全市117个重点项目实施行政效能全程监察。开展构建权力阳光运行机制工作，市建设局、市劳动和社会保障局、市城管执法局3家试点单位上网试运行。出台《临安市开展工程建设领域突出问题专项治理工作实施意见》，开展工程建设领域突出问题专项治理工作，对33个政府投资项目实施跟踪审计监督，净核减工程造价3345万元。开展“小金库”专项治理工作，纠正违规资金26万元。规范公共资源交易平台建设，制定《临安市工程建设项目招标投标实施细则》、《临安市小额公共资源交易实施细则（试行)》，建立招投标不良行为记录公告制度，对10家投标单位实行准入限制。

【干部作风建设】 2009年，市纪委制订出台《全市作风建设工作要点》，明确领导干部帮困、解难、办实事等8个方面的重点内容和要求，推进领导干部上党课、蹲点调研等工作。结合第二批学习实践科学发展观活动，组织开展“公述民评”活动，确定35家机关部门作为重点部门，制订工作方案，组建工作联络组，对各单位开展活动情况进行督促指导，并通过组织召开现场会、经验交流会等形式，进一步规范评议的组织形式和工作流程。35家单位中层科室负责人和基层站所负责人242人，向民评代表述职述廉，接受民评代表的现场提问和评议，征求各类意见建议329条，落实整改措施231条。

【规范村（社）务监督委员会权力运行】 2009年，市纪委会同有关部门组织举办全市村纪检委员、村（社）务监督委员会主任培训班，学习财务、涉农相关政策等。组织人员到各乡镇、村开展监督检查和调查研究，了解掌握村纪检委员、村（社）务监督委员会工作运行情况。对村（社）务监督委员会的印章进行规范，统一刻制新的村（社）务监督委员会印章，统一使用时间，废止原村财务监督章，规范村（社）务监督委员会权力运行。

【机关效能建设】 2009年，市纪委开展以“提高工作效率、提高服务水平、降低公务支出、降低行政成本”为主要内容的机关效能建设主题活动，公用经费比上年下降5.3%。加大对“四条禁令”执行情况及公车使用情况明察暗访力度，追究机关工作人员效能责任46人。进一步修改和完善效能监察指数，开展“千企评议机关”和“三员评议机关”活动。

【岗位廉政教育试点】 2009年，市纪委在市建设局、市环保局、市农业局、市卫生局和横畈镇、潜川镇开展公职人员岗位廉政教育试点工作，梳理岗位421个，查找风险点865个，编写情景案例619个。组织开展岗位廉政征文活动和“清风之旅”专题教育活动。会同市直机关党工委组织开展岗位廉政征文活动，收到稿件72篇，获奖20篇（其中，一等奖3篇、二等奖5篇、三等奖12篇）。

【责任制考核落实】 2009年11月中旬起，市纪委对26个乡镇（街道）、33个重点考核单位、32个一般考核单位落实党风廉政建设责任制情况进行考核，基本达到全覆盖，对其中12个单位中层进行延伸考核。先后组建18个考核组，邀请部分行风效能监督员、特邀监察员、基层纪委书记参加，抽调工作组成员88人次，累计召开汇报会59个，领导干部394人和中层干部162人进行述职述廉，发放测评表2286份，个别谈话1217人次，走访企业、个体经营户、农户124个，发现问题104个，征求到意见建议98条。

（谢丽霞）

组织工作

【概况】 2009年末，全市有基层党组织1960个，其中，党委86个、党总支177个、党支部1642个；另有部门党委19个、各类党组30个、市委派出工委6个。党员35502人，其中，女性6994人、少数民族250人，45岁及以下14482人、大专及以上7894人。全年发展党员875人，其中女性263人。

组织全市领导干部学习贯彻党的十七大和十七届三中、四中全会精神，开展深入学习实践科学发展观活动，强化领导班子和党员干部队伍思想政治建设。不断深化干部人事制度改革，创新方式选拔任用市管领导干部，完成第九次公开选拔领导干部工作，树立“重视基层、崇尚实干”的用人导向，提高选人用人公信度。加强干部队伍动态管理和服务，开展干部选拔任用全程纪实工作，完善领导干部定期考核机制，制订实施《关于进一步加强和规范退出现职领导岗位干部管理工作的意见》和《进一步发挥退出现职领导岗位干部作用的意见》两个规范性文件，研究提出晋升正局级非领导职务的政策措施。继续推进“一线工作法”培养锻炼干部，选派干部49人进行挂职锻炼。扎实推进大规模培训干部工作，会同市委党校举办30期主体班，受训人员1352人次；探索“菜单式”培训与“干部学习新干线”资源整合、培训接轨，选派干部19人赴新加坡参加城市建设与社区管理专题培训，选派干部40人到复旦大学参加产业集群与招商引资专题研讨班，拓展外向型干部教育培训途径。推进“人才兴市”战略，实施“天目彩虹”引智工程，开展“人才兴市宣传月”活动，推进“三百”人才引进工程，加强博士后工作站的博士后招收培养工作，推进与浙江林学院的人才合作，选聘高校毕业生110人到农村和社区工作。做好村党组织设置优化调整工作。开展基层党建工作争先创优活动，开展“四型组织”示范创建，开展基层党建课题创新活动，评选出先进基层党组织20个、优秀共产党员20人和优秀党务工作者10人。完成市乡两级党员服务中心建设，全市26个乡镇（街道）推行“网格化管理、组团式服务、片组户联系”制度。开展“城乡共建互帮”活动，全市结成帮扶对子747个，走访慰问“三老人员”、困难党员，落实村主要干部误工报酬和离任村主要干部定期补助待遇政策，举办村党组织书记示范培训班，抓好党员干部现代远程教育工作。开展“讲党性、重品行、作表率、树组工干部新形象”和“组工干部下基层”活动，完善实施组工讲坛、全员信息员、定期例会等制度，加强组织部门自身建设。

【干部选拔任用工作】 2009年8月，启动创新方式选拔市管领导干部工作，采取“两轮推荐、两轮票决”方式选拔市管正职领导干部5人，采取“两推荐、一票决、一征求”方式选拔乡镇（街道）党（工）委副书记7人，采取“两推荐、一考察、一票决”方式在公安系统选拔市管副职领导干部8人。邀请“两代表一委员”57人全程参与选拔工作的各个环节，实行全程差额选拔方法和组织考察提前预告制，扩大社会知情参与面，提高干部选任工作的公开性和透明度。严肃工作纪律，下发纪律通知，进行入围人选集体谈话，签订《遵纪承诺书》，营造风清气正的工作氛围。

【公开选拔领导干部工作】 2009年，开展第九次公开选拔干部工作。推出市外经局（招商局）副局长、市交通局总工程师、乡镇长建议人选、团市委副书记4个目标职位，共有符合条件的114人参加笔试。首次采取面试“大评委制”，邀请市“两代表一委员”和基层党员代表担任面试评委，实行定性和定量相结合的方式进行组织考察。加大公选监督力度，市公选办公室专门设立监督组，邀请市“两代表一委员”监督笔试、阅卷和面试等工作，全程监督公选工作。

【干部队伍动态管理】 2009年，严格执行市管领导班子和领导干部日常管理服务意见，继续推行干部监督信息定期分析制度，开展"一把手"年度总结报告、党员领导干部个人重大事项报告、领导干部经济责任审计等工作，完成19个项目24人的审计任务。规范出国（境）人员审查审批工作，受理审批各类因公出国（境）人员34批次80人次。结合"组工干部下基层"活动，对26个乡镇（街道）和63个市直机关部门市管领导干部521人逐个谈心谈话，加强与干部的思想沟通和交流，动态掌握班子建设情况。制订实施《关于进一步加强和规范退出现职领导岗位干部管理工作的意见》、《关于进一步发挥退出领导岗位干部作用的意见（试行）》，加强对退出现职领导岗位干部的管理。研究提出晋升正局级调研员的政策措施，破解干部职级问题。

【"天目彩虹"引智工程】 2009年，国家级示范项目"2万亩无公害山地生态蔬菜生产基地"项目完成建设任务，"20万头优质肉猪繁育和示范推广"等4个农业产业化项目有序推进，3个新农村建设示范点确定的16项年度重点项目得到落实。根据"应对金融危机、促进科学发展"的需要，开展企业项目需求征集活动，筛选10个项目与工业组科技人员进行对接，邀请科技人员到临安"一对一"帮助企业破解技术难题，促进企业转型升级。实施"名师名校长培养工程"，对中小学校长和教科研负责人进行集中培训，选派骨干教师25人赴杭州高级中学、学军中学等开展业务交流和挂职锻炼。

【人才工作政策】 2009年，制定实施《加强人才资源开发工作实施办法》，政策涉及各类人才的引进、教育培养、项目资助、表彰奖励、服务保障等方面的内容，重点突出高层次人才建设，优先保障企业人才开发，落实人才经费750万元。加强人才专用房问题研究，修改完善《人才专用房销售管理暂行办法》。会同市人事局制订出台《关于加强普通高等学校毕业生就业工作的意见》，涉及大学生创业扶持、到企业就业、实训、见习等10个方面内容，每年设立大学生就业专项经费200万元，推进高校毕业生创业就业。

【构建基层党建新格局】 2009年，按照省委"1+15"政策文件体系，制订实施《关于按照构建城乡统筹的基层党建新格局要求　全面加强农村基层组织建设的意见》等"1+4"政策文件。调整村党组织设置的优化调整工作，升格村级党委29个、村党总支128个，新增农村党支部518个，农村党支部党员平均人数下降到28人，形成以村党组织为核心、特色党小组、产业党支部为基础"一个核心、多个堡垒"的组织架构体系。完成市乡两级党员服务中心建设，提高基层组织阵地建设水平。开展"四型组织"示范创建工作，评选产生致富型农村党组织7个、和谐型企业党组织4个、服务型社区党组织1个、满意型机关党组织5个。开展基层党建"课题创新"活动，各基层党组织申报课题创新项目31个，确定参评项目16个。

【关爱基层保障激励机制】 2009年，在全市基层党组织和广大党员干部中开展"城乡共建互帮"活动，设计"红色帮扶”、“联村帮困”、“访贫结对”、村企“共建新农村”等活动载体，加强困难党员信息库动态管理，加大对“三老”人员、困难党员的慰问帮扶力度，全市共结成固定帮扶对子747个。实施《临安市村主要干部基本报酬保障机制》和《临安市离任村主要干部定期补助办法》，市乡两级财政每年安排670余万元用于保障村干部待遇，选派80个重点村的党组织书记参加示范培训班。

【“组工干部下基层”活动】 2009年，按照上级组织部门的工作部署，组织开展“组工干部下基层”活动，重点开展“服务企业、服务基层”，“蹲点调研、破解难题”，“谈心谈话、交心暖心”，“结对帮扶、凝聚民心”，“下访约访、和谐组工”五个专项行动，落实“周六访谈”活动，推动组工干部深入基层转变作风，服务群众解决难题。活动中，部机关全体干部下基层调研8次，集中蹲点调研3次，确定调研课题3个，解决实际问题5个，制定完善政策规章2项；参加接访5次，接访7人，解决、息访信访老案2起，与重点企业、有关乡镇、困难党员群众结对联系，帮助解决实际问题。

(赵　军)

宣传工作

【概况】 2009年，开展深入学习实践科学发展观学习宣传活动，在市级新闻媒体刊（播）发各类新闻报道3500余篇(条)，市领导首次走进临安新闻网视频直播室，进行网上恳谈8场。开展“心里话宣讲”活动，组织杭州市中国特色社会主义理论体系宣传普及讲师团到临安农村，完成宣讲5场。举办“天目大讲坛——科学发展观”系列报告会5场。实施党委（党组）中心组学习通报制度，选定领导干部学习书籍12本，编辑学习资料13期。《临安市生态文明建设的实践与探索》获杭州市2009年度宣传思想文化工作优秀调研报告一等奖，《全方位宽领域深层次融入大都市》收入中央党校编辑、中央文献出版社出版的《求是先锋》。组织开展2009年哲学社会科学普及周活动，获杭州市优秀组织奖。编印《临安宣传》6期。

以“栏目品牌建设年”为抓手，组织开展“为企业送温暖”、“主攻工业，决战工业，稳定工业”、创建国家级生态市、打造“清洁临安”与“平安临安”、K598公交车改造等主题宣传活动28个。组织“5·12”地震周年援建、“8·13”清凉峰自然灾害等报道，地震周年社会活动宣传获杭州市三等奖。完善《临安市重大主题和突发性事件宣传报道工作制度》，举办突发事件新闻发布会7次。出台《关于加强临安市互联网宣传管理工作的实施意见》，进一步健全互联网新闻宣传和管理体制。出台《新闻单位新闻业务考核办法》，完善《市委办公室市政府办公室关于进一步规范领导活动和会议报道的实施意见》。

创建杭州市级“东海明珠”1个，省、杭州市级文化示范乡镇、基层文化建设示范点、文化示范村7个。5个乡镇建成综合文体站，298个行政村完成广播电视“村村响”、“村村通”升级联网改造工程，公共文化服务体系更加完善。举办“吴越风”元宵灯会、“五月红歌会”和“中华颂、临安情”庆祝新中国成立60周年文化献礼艺术周等大型广场文化活动53场，进一步丰富群众文化活动。主办“辉煌岁月　临安畅想”大型电视迎新主题晚会，邀请中央电视台、浙江经视主持人主持节目，提升广播电视台举办综合性文艺晚会的能力。全年有75件文艺作品获杭州市级以上奖。

开展“爱心巡礼”、“道德巡礼”、“文明巡礼”三大“市民道德巡礼”系列活动20余个，参与群众5.5万余人次。开展“祖国，祝福您!”——临安市庆祝新中国成立60周年大会暨升旗仪式、阳光爱心结对帮扶、我是临安新名片、文明单位“领养”文化墙等活动。墙景《吴越钱王》、《生态临安》、《迎国庆·文明礼仪》分别获杭州市“祖国颂”墙景美化大赛特等奖、二等奖、三等奖。举办“放歌60年”征文比赛，编辑作品集《天目放歌》。举办首届“十大阳光少年”评选活动。制订《临安市进一步净化社会文化环境实施意见》，开展专项整治行动300余次。开展“春泥计划”试点工作，昌化镇西街村“少儿之家”被评为杭州市“春泥计划”示范点。

实施“森林城市走出去”外宣战略。与中央电视台合作制作《寻找鸡血石》等5集专题片，在中央电视台四套《走遍中国》栏目播出。《经济日报》整版报道全市非物质文化遗产鸡血石雕。全年在杭州市级以上主流媒体刊（播）发新闻稿件1000余篇（条）。临安新闻网获“全国地方网站十佳活力品牌”奖，是浙江省唯一获此荣誉的地方新闻网。

是年，市委宣传部获杭州市宣传思想工作创新奖、杭州市哲学社会科学普及活动优秀组织奖、杭州市“祖国颂”墙景美化大赛组织奖、2009年度临安市合力兴工优秀单位等荣誉。“心里话”宣讲团被评为省优秀宣讲团。打造“道德金名片”活动入选2009年浙江省基层宣传思想文化工作“三贴近”创新100例。《开展“市民道德巡礼”，推进公民道德建设》被评为2009年度杭州市精神文明建设创新案例。

【思想高速公路】 2009年，市委宣传部在临安新闻网开设《思想高速公路》专栏，为全市党员干部学习实践科学发展观搭建学习、研讨、互动三大平台。学习平台设《上级精神》、《高端理论》、《天目讲坛》、《专家视频讲座》、《十七届四中全会精神速递》等子栏目，传递有关科学发展观、十七届四中全会精神及中央、省、杭州市领导讲话和高端理论研究成果等内容。研讨平台设《领导思维》、《临安思考》等子栏目，分别刊载市四套班子领导，乡镇(街道)、部门单位领导及中层干部、党员的调研课题、理论文章、心得体会等。互动平台率先在杭州地区完成领导干部系列访谈，全年推出8场网上民主恳谈视频直播节目。《思想高速公路》专栏被省委宣传部选入《走向大众化，强基固本——浙江省推动当代中国马克思主义大众化百法百例》，《浙江日报》对此进行报道。

【《人间天堂　品质杭州》临安卷出版】 2009年6月，《人间天堂　品质杭州》临安卷由杭州汉书数字出版传播有限公司出版发行。全书分6章，12万字，从工业、农业、交通、文化、城建、旅游、生态建设等领域，多角度、图文并茂地展示临安的生态环境、自然资源、历史文化及改革开放以来经济社会发展的巨大成就。这是继1994年编写的《可爱的杭州·临安卷》之后新出版的乡土教材。

【“走企业　访乡镇”采访活动】 为应对国际金融危机影响，2009年6~9月，市委宣传部组织新闻单位开展“新闻记者走进企业”大型采访活动和“辉煌岁月·魅力乡镇”记者行采访活动，通过骨干记者集中时间进企业、访乡镇，挖掘一批典型企业，在全市新闻媒体集中时段、集中版面进行宣传报道，全面反映中华人民共和国成立以来临安的发展成就和市委、市政府为应对国际金融危机影响而采取的政策举措，在全市营造化危为机、转型升级，推进科学发展的良好氛围。该活动获杭州市宣传思想文化工作创新奖。

【群众性精神文明创建工作】 2009年，临安市精神文明建设委员会召开正副主任（扩大）会议，专题研究全市精神文明工作。全市新申报命名浙江省创建文明街道工作先进街道1个，杭州市文明街道1个、文明乡镇1个、示范文明村1个、文明村6个，临安市文明村28个；新申报命名省级文明社区1个，杭州市示范文明社区1个、文明社区1个、优秀市民学校1所。新民里社区、马溪社区、文昌阁社区举办的邻居节活动分别获杭州市优秀邻居节、最受欢迎社区邻居节、最有创意邻居节。深化“双百结对共创文明”活动，文明单位资助结对村经费共计220余万元。

【文艺人才库建立】 2009年，为进一步加强宣传文化人才队伍建设，促进民族民间艺术的传承和发展，市委宣传部建立全市文艺人才库，为400余人建立信息档案，其中，国家级非物质文化遗产传承人1人、省级非物质文化遗产传承人5人、临安市第二批民间艺术家9人、临安市第一批非物质文化遗产传承人12人。

（吴　兵）

统战工作

【概况】 2009年，市委统战部开展庆祝中华人民共和国成立60周年和纪念多党合作制度确立60周年系列活动，弘扬多党合作的优良传统。在市政协七届三次会议上，民主党派成员提交提案67件。邀请民主党派、工商联和无党派人士参加市委、市政府召开的座谈会3次，落实开展政府有关部门与民主党派、工商联对口联系活动12次。建立向党外人士通报工作制度，由市委办下发《关于定期向党外人士通报工作的通知》，全年召开经济发展、党风廉政建设情况和“三农”、劳动保障及财政等5个方面的工作通报会。对全市新阶层人士中自由择业知识分子进行调查摸底，建立一支46人组成的代表人士队伍，举办新阶层人士读书会1期。

调整充实党外后备干部队伍，进一步优化党外后备干部队伍结构。民主党派市委会主委2人参加杭州市各民主党派、工商联领导干部读书班，党外人士4人参加杭州市党外中青年干部培训班。指导市工商联加强机关自身建设，新建和换届基层商会各1个。指导非公有制企业组织开展第三批深入学习实践科学发展观活动，有14个非公有制企业党委、6个非公有制企业党总支、292个非公有制企业党支部党员3221人参加学习实践活动。指导市民宗局开展民族团结进步小康村创建活动和“和谐寺观教堂”创建活动。指导市侨办、市侨联加强海外联络联谊，开通“临安侨网”，建立4

个海外联络处。引导统一战线成员开展社会服务活动，加强统一战线领域的维稳工作。指导基层开展统战工作，健全完善工作制度，规范工作台账。

支持两个民主党派市委会开展社会服务活动。中国民主促进会临安市委会与中国民主促进会杭州市委会联合开展送医下乡活动。中国农工民主党临安市委会开展农村农民健康状况调查活动和“健康知识进百企活动”等，服务人数1023人次。党外知识分子联谊会组织会员参加《杭州日报》读者、网友年度大型公益活动“衣+衣=爱”。全市有348家非公有制企业先后结对298个行政村，累计投入新农村建设资金1000万元。在宗教界开展主题捐助活动，关心帮助弱势群体和少数民族村建设，在六一节，慰问市特殊教育学校、市儿童福利院，送去慰问金8000元。

开展第二批深入学习实践科学发展观活动，组织开展微型党课、主题宣讲报告等学习活动16次，走访重点代表人士400余人次，发放征求意见表400余份，汇总意见、建议16条，完成调研报告3份。开展“两提高、两降低”、“向企业送温暖”等活动，坚持每月学习制度。举办全市统战干部培训班，邀请专家就“统一战线与科学发展观的关系”、“如何坚持以科学发展为指导，开创宗教工作新局面”等内容为统战干部授课。全年信息录用153篇次，其中，《应对国际金融危机影响情况综述》、《临安市建立海外侨胞联络处拓展海外统战工作》等3条信息被中央、省委统战部采用。

【制订《2009~2013年临安市党外干部队伍建设规划》】 2009年6月，为进一步加强全市党外干部的培养选拔工作，根据中央和省、杭州市委有关文件精神，会同市委组织部在充分调研和征求各方面意见的基础上，协助中共临安市委制订下发《2009~2013年临安市党外干部队伍建设规划》。该《规划》分指导思想、主要目标、基本条件和任职资格、主要措施、组织领导五个部分。培养选拔党外干部措施主要有三个方面：通过各种有效途径和方法，加强党外干部理论培训和实践锻炼；改进和完善选拔党外干部的方式方法，充分考虑党外干部的特点，在同等条件下优先选拔任用党外干部；加强党外后备干部队伍建设，保证党外后备干部数量和质量，拓宽党外干部来源。

【统战工作考核机制】 2009年，制订《统战宣传工作考核办法》，对乡镇（街道）和部门及部机关科室的信息、宣传工作采取奖励机制。根据市委要求，首次制订《乡镇（街道）、部门统战工作目标责任制考核细则》，对乡镇（街道）统战工作从组织领导与管理、民主党派和党外代表人士工作、民族工作、宗教工作、侨务工作、新的社会阶层人士统战工作六个方面进行细化量化；对部门从组织管理、工作措施和特色工作三个方面进行细化量化，市委统战工作领导小组成员单位除考核共性工作之外，还增加各自统战工作职责作为考核内容。

（蔡德锋）

侨务工作

【概况】 2009年末，全市港澳同胞、海外侨胞（出国留学人员）1390余人，其中出国留学人员410余人；归侨2人，归侨侨眷、港澳眷属（出国留学人员家属）2110余人；海外归来留学人员40余人。海外华侨华人、留学人员分布在四大洲（除非洲）32个国家，居住地以西方发达国家为主，仅美国就占30%。侨资企业97家，其中新引进7家，投资总额6.95亿元美元。

在美国、荷兰、澳大利亚3个国家4个城市建立临安侨胞海外联络处。邀请30余位海外侨团负责人，到临安访问考察。利用省、杭州市侨务部门组织的海外华商杭州投资洽谈会、海外华文传媒杭州行、海外博士杭州行等活动，发布临安信息，筛选项目提供给招商部门和侨资企业，在市政府牵头协调下，市侨办与市外办形成借力联谊工作机制，凡市重要组团出访，均由侨务部门提供所在地侨胞情况，在出访期间进行联络联谊。市侨联全年提供美国、澳大利亚等到访地侨胞情况5次。年底，市侨联与临安电视台合作，录制临安籍海外侨胞新年祝福和问候视频资料。该视频在新年晚会上播出。

与锦城街道侨联组织推荐50余篇学生作文，参加由中华全国归国华侨联合会等单位主办的世界华人小学生作文大赛，获一等奖1人、二等奖2人、三等奖4人。争取杭州市侨联领导与临安重点侨资企业杭州大马水泥有限公司结对。在侨资企业中开展“在村助村”助推新农村建设活动，全市侨界企业为新农村建设捐资270余万元。

是年，锦城街道侨联获浙江省示范性基层侨联称号，市侨联被评为浙江省侨联系统先进集体和杭州市侨联系统先进集体。

【建立侨胞海外联络处】 2009年，市侨联先后在美国休斯敦、美国纽约、荷兰阿姆斯特丹、澳大利亚布里斯班建立临安侨胞海外联络处。联络处聘请华人华侨为联络处成员，主要负责召集当地华侨华人、留学生联络联谊；汇总当地华侨华人、留学生对临安建设的建议和意见，并参与衔接临安重要组团到访；为家乡临安产品外销企业、青少年出国留学、海外人员家属探亲签证等需求提供有偿服务。这一举措得到省、杭州市侨联领导的重视和肯定。

对台工作

【概况】 2009年末，全市有第一代去台湾人员500余人，去台湾人员及在台亲属3000余人，台胞台属6000余人。全市定居台湾籍同胞（第一代）2人。有台资企业21家。

全年接待回乡省亲、祭祖、考察的台胞台商及台籍华人5批200余人次。4~5月，台湾中台禅寺惟觉大和尚、见类法师先后两次到临安考察。2月24日，天目山与阿里山缔结为姐妹山，临安市与嘉义市观光协会初步达成“加强合作，共同打造旅游品牌；产品互推，合作拓展客源市场；客源互送，加快实现市场共赢；信息互通，共享两地旅游资讯；交流互动，共谋两地旅游协作商机；加强协调，建立双方联系机制”六个方面的旅游合作意向。新华社、《人民日报》、《浙江日报》、浙江卫视以及香港《大公报》等20多家媒体作了报道。7月，组织策划海峡两岸大学生交流活动，台湾3所大学的40多名师生与杭州师范大学、浙江林学院大学生一起同登天目山。10月，副市长陈伟民带团到台湾阿里山等地进行回访考察和旅游促销活动。12月，市政协副主席陶正方带领经贸考察团到台湾进行招商引资活动。

全年有5条信息被《浙江对台工作》、杭州《台情参考》及省、杭州市媒体录用。市台办被评为浙江省对台工作先进单位。

(雷柏荣)

党校工作

【概况】 2009年，市委党校举办新农村村庄整治建设培训班、领导干部应急管理专题研讨班、信访和网上信访工作培训班、生态建设与环境保护培训班、政府公信力建设专题研讨班、新社会阶层人士（自由择业知识分子）读书会、网络信息员业务培训班等主体班32期，培训干部3000人次。承办社会培训班（计划外）52期，培训5032人次。为乡镇、学校、社区、企业、部门等授课200余场次，听众2万余人次。获大专、本科毕业文凭的党员干部和在职人员210人，新招学员160人，参加全国计算机等级培训考试326人。

全校教职工申报课题45个，其中，省委党校系统规划课题2个、省委党校科学发展课题3个、杭州市委党校理论研讨会课题6个、校委中心组课题3个、校乡合作课题6个。撰写论文50余篇，其中，5篇参加省委党校理论研讨会交流，3篇参加省委党校优秀调研文章评比，6篇参加杭州市委党校理论研讨会。市委党校获杭州市党校系统科研组织奖。首次面向全国公开招聘硕士以上人才，录用3人。

【市委党校迁建工程奠基】 2009年12月31日，市委党校迁建工程举行奠基仪式。市委书记邵毅宣布工程奠基，市委副书记、市长王宏致辞，市委常委、常务副市长胡竑主持仪式，市委常委、市委组织部部长、市委党校第一校长何凌超介绍党校建设基本情况。浙江省委党校教育长杨仲林，杭州市委党校常务副校长詹敏及市领导陈法生、陈林春、裘小民、冯镭出席仪式。新党校位于锦南新城，占地面积49亩，建筑面积约2万平方米，分教学、办公综合、生活服务三个主要功能区，概算总投资8000万元。

【开门办学】 2009年，市委党校推出“开门办学”系列活动，探索“一个学校、多个基地”的办学模式，主动服务基层，与锦南街道、市行政服务中心、万马集团、江阴市委党校等21家单位开展合作办学，开设专题讲座61场，培训7600余人次。市委党校“开门办学”的经验代表杭州地区在全省党校系统教学改革研讨会和第六届长三角地区党校校长论坛上交流，并在《杭州通讯》上发表。

【领导干部应急管理研讨班】 2009年3月26~27日，市委组织部、市委党校、市政府应急管理办公室联合举办临安市首期领导干部应急管理专题研讨班。31名机关部门和乡镇(街道)的主要负责人参加培训。省法制办副主任周小平、省应急办副主任王飞、省委党校教授金进喜、省委党校教授何显明分别应邀作《突发事件应对法》、《领导干部如何做好基层应急管理工作》、《领导干部突发事件的处理能力》和《风险社会的危机管理》专题讲座。

【市政府公信力建设研讨班】 2009年8月13~14日，举办市政府公信力建设专题研讨班。38名机关部门和乡镇（街道）的主要负责人参加培训。培训班开设公共政策与行政执行力、从审计视角看公共财政财务活动的新趋势、机构编制管理、文化修养与领导工作等课程，邀请省委党校教授曹文彪和陶建钟、杭州市编办副主任田建华、市审计局局长汪其顺作专题讲座。

【贯彻市全委会精神培训班】 2009年8月24~26日，举办全市机关部门中层干部贯彻全委会精神培训班。来自市直机关各单位，省、杭州市各驻临机构的80余名中层干部参加培训。开设全委会报告解读、干部文化修养、应对突发事件和处理媒体关系、政府工作的公信力和执行力、政务礼仪等课程。

【企业经营战略发展与竞争培训班】 2009年9月6~10日，市委党校与市工商联在浙江大学联合举办"企业经营战略发展与竞争"培训班，邀请华立集团首席运营官帅新武和浙江大学特聘教授孙家良授课。万马集团总裁张德生等25位企业家参加培训。

【中青年干部培训班】 2009年10月12日至11月20日，举办临安市第17期中青年干部培训班，来自市直机关和部门的36名学员参加培训。市领导何凌超、徐俊明及10余个部门主要领导为中青班授课。培训班在教学上设置32次专题理论学习、6次专题讨论、5次考试、5次考察调研、3次学员论坛和4次班级活动等内容。其间，举办"高举生态科技大旗，构建绿色富丽家园"主题论坛。

【村党组织书记示范培训班】 2009年8月18~22日，举办全市村党组织书记示范培训班。培训内容有："深入学习实践科学发展观讲座"、"学党章、知党史、守党纪，做一名合格的农村党组织书记"、"项目谋划与管理"、"规范农村财务管理"等，并安排两天异地培训课程，到全省党建工作先进村德清县武康镇五四村开展现场教学。

(郑旭升)

机关党务工作

【概况】 2009年末，市直机关工委辖机关党委3个、党总支10个、党支部164个，有党员2711人。新批准成立市清洁办临时党支部、市投资项目审批代办员（挂职干部）临时党支部和市国税局计划增收科党支部；理顺市公安局机关党组织关系，将其机关4个党支部纳入机关工委管理。对43个机关党组织的换届选举和班子成员增补进行指导和审批。按照"坚持标准、保证质量、改善结构、慎重发展"的方针，全年发展吸收新党员45人，预备党员按期转正79人，除名处理长期不参加组织生活的党员2人。

继续开展满意型、学习型、创新型机关党组织创建活动，市食品药品监督管理局、市国税局计划征收科、市住房公积金中心3个机关党支部被评为市基层党建工作示范点（满意型机关党组织），市委党校、市检察院等10个单位被评为学习型机关建设先进单位，市委党校、市人事局获全市基层党建工作创新奖。开展党内双评工作，评出市直机关党员积极分子202人。支持机关工会、团工委、妇工委等群团组织开展各项活动，对5个机关工会组织进行换届选举，机关团工委新增团支部1个，团工委下属团支部共有杭州市级青年文明号5个、杭州市级青少年维权岗3个。

继续开展廉政文化进机关活动，市检察院、市国税局被授予杭州市廉政文化进机关示范点，市检察院被授予省级示范点。开展机关公职人员岗位廉政教育，与市纪委联合开展岗位廉政征文活动。参加杭州市岗位廉政征文活动，市机关工委被授予优秀组织单位。联合市文广新局（市体育局）、市体育总会组织开展迎“国庆”体育周系列比赛活动，设有篮球、乒乓球、羽毛球、拔河等项目，64支代表队参加比赛，有运动员500余人；组织“大明山杯”机关钓鱼比赛、迎“七一”登山比赛、“电信杯”机关红五星比赛等。

【机关思想宣传教育工作】 2009年，市直机关工委开展“七一”系列纪念活动，在机关党组织中部署开展帮困结对、向企业送服务等为主要内容的8个系列纪念建党宣传教育活动，组织机关部门新党员150余人举行入党宣誓仪式；联合市委学习实践科学发展观活动办公室、市委组织部和市志愿者工作指导中心组织31个机关企、事业单位、党员志愿者100余人，在人民广场举行“强服务、促民生”大型为民服务活动，开展劳动、就业、就学、社会保险政策和道路交通管理、消费维权等有关法律法规咨询服务和义剪、义诊、义修活动；围绕“清洁临安”活动，组织机关党员开展文明劝导等志愿者服务活动；指导机关党组织继续开展“城乡互帮共建”活动，所有机关党组织分别联系1个村，结对困难党员2人，一年开展2次慰问帮困活动；联合市委组织部、市委宣传部等单位，在“七一”前夕组织开展党的知识竞赛活动，收到有效答题卡7770份，获奖75人，市财政局等4个单位被评为优秀组织单位。

【机关理论培训工作】 2009年6月，市直机关工委举办第13期入党积极分子培训班，培训内容有《中国共产党党章》及党的知识、科学发展观辅导报告、党风廉政建设知识等，市直机关及其下属单位200人参加教育培训。会同市委组织部、市委党校联合举办机关部门中层干部理论培训班，培训内容有市委十二届十次全会报告解读、政府工作的公信力和执行力、干部的文化修养、应对突发事件和处理媒体关系、政务礼仪等，市直机关和省、杭州市各驻临安机构81人参加培训。举办市直机关党务干部培训班，培训内容有十七届四中全会精神讲解、党员发展和党组织换届选举等党支部日常业务工作辅导，市委宣传部、市检察院、市药监局3个基层党组织作党建工作经验交流，来自48个机关部门的基层党组织书记（委员）60余人和市直机关党建教育调研基地负责人参加培训。

【党建调研工作】 2009年，市直机关工委制订下发市直机关党建调研工作意见，组织机关党组织开展党建调研工作，收到党建调研文章46篇，获奖20篇。调整党建调研基地成员单位，吸收3个乡镇（街道）加入调研基地，并设定课题开展集中研讨。《关于机关女干部心理健康教育》和《创新机关党建工作的调查与思考》分别获省直机关工委中华人民共和国成立

60周年征文活动一等奖、二等奖；《以创建满意型机关党组织活动为抓手推进科学发展》等4篇文章在省直机关工委《机关党建》上发表，8条党建工作信息被杭州机关党建网录用。

【微型党课教育活动】 2009年，市直机关工委组织人员赴余姚学习取经，制订《机关部门开展微型党课教育方案》，会同市委学习实践科学发展观活动办公室在第二批学习实践活动学习调研阶段组织开展“我为发展讲一课”微型党课教育活动，分别组织优秀课案评选和演讲比赛活动，评选产生31篇优秀课案和15位微型党课主讲人。选择部分作品参加全国优秀微型党课教案征集评选活动，被中央党建文汇杂志社授予优秀组织奖。此项活动被市委宣传部评为宣传思想工作创新奖。

【机关部门满意单位不满意单位综合考评工作】 2009年，根据市委统一部署，继续开展机关部门满意单位不满意单位综合考评。综合考评由业绩考核（45%）、领导评价（5%）、社会评价（40%）、杭州市综合考评项目、效能监察（10%）和“一票否决”项目组成，全市90个机关部门和101个中层科室（随机抽取产生）接受考评。业绩考核包括重点工作、共性工作和创新工作，由市委办、市政府办牵头组织考核。参与社会评价的代表涵盖九大层面、19个小层面，从6784人的数据库中随机抽取2511人，收集到群众意见建议397条。依据考评得分高低和“一票否决”结果，市农业局等24个单位获满意单位称号，市民政局优抚安置科等15个机关部门中层科室获满意中层科室称号，同时产生3个不满意中层科室。

在杭州市对13个区、县（市）实施的全要素综合考评中，临安市综合排名第五位，“生态市建设”特色创新项目排名第二位。

（雷其林）

老干部工作

【概况】 2009年末，全市离休干部247人，其中，9人易地安置在浙江省外，17人易地安置在浙江省内。有外地安置在临安市离休干部10人。

按照“政治上尊重、生活上照顾、思想上关心”的要求，落实老干部政治、生活两项待遇。市委、市政府为老干部举行形势通报会两次，召开老干部新春团拜会和老干部春节慰问会。市委老干部局举办杭州市老干部先进事迹巡回报告会和十七届四中全会精神辅导报告会，召开老干部学习座谈会和老年大学学员代表座谈会4次，每月定期、定点向离休干部传达学习文件。

全年发放离休干部四项经费22万元、离休干部困难补助金5万元、纪念杭州解放60周年消费券16.08万元、华数电视基本月租充值卡268张6.75万元。走访居住市内离休干部221人，看望易地安置省内离休干部17人。

组织全市离休干部健康体检；组织副市级以上和80周岁以上离休干部健康休养；组织地专级及享受地专两项待遇的离休干部避暑疗养。开展送医上门服务，组织医生为老干部健康、心理咨询；到医院探望老干部300余人次。重阳节为80岁和90岁以上离休干部举办祝寿活动。继续向离休干部赠送《浙江老年报》、《杭州日报》、《今日临安》、《组工通讯》、《临安宣传》、《临安统计》等学习资料。

是年，市委老干部局被评为省级信息报道先进集体，市政协机关离退休干部党支部、马啸乡离退休干部党支部被评为杭州市老干部“五好党支部”，童珺被评为杭州市老年大学信息工作先进个人。

【老干部活动中心工作】 2009年，市老干部活动中心与临安老年大学、市离休干部书画协会联合举办纪念中华人民共和国成立60周年书画展；组织老干部参加庆祝中华人民共和国成立60周年象棋、桥牌、乒乓球、台球等友谊赛；组织乒乓球队与浙江林学院乒乓球爱好者进行友谊赛；与文昌阁社区联合举办老年保健知识讲座；动员老同志参加关心下一代工作；对老干部活动中心乒乓球室进行防滑改造，铺设地板。

【老年大学工作】 2009年，临安老年大学开设春季班和秋季班。春季班开设24门课程，有25个班，学员686人；秋季班开设26门课程，有28个班，学员736人。参与安全节能、爱国卫生月、清洁乡村等主题活动，发放资料3000余份。“送戏下乡”37场。组织学员参加多种文体活动，盛宪忠的《村民心愿》获全国“柯达杯”摄影月赛二等奖；胡同的《鹰》、赵钦岱的《浙西新村》分别获杭州市“倡导健康长寿，促进文明和谐”老年绘画大赛二等奖、三等奖；盛宪忠、田德的《税收宣传启动仪式》分别获临安市第九届“税收杯”摄影大赛一等奖；洪裕玕的《纽带》、俞义军的《丰收的喜悦》分别获“辉煌岁月 临安印象”摄影大赛一等奖。书画研究会举办庆新中国成立60周年暨书画研究会成立10周年书画展。昌化、於潜老年大学分校均举行建校10周年纪念活动。

【纪念临安解放60周年系列活动】 2009年，围绕临安解放60周年主题，举行“五个一”（一次大走访、一次大会、一台专场晚会、一枚纪念章、一次书画展）纪念活动。2月，开展“真情慰问，寻访历史，新春大拜年”走访活动，走访居住在境内的221名离休干部；5月27日，临安市举行全市离休干部大会；为老干部举行纪念临安解放60周年专题文艺晚会；向离休干部发放“临安解放60周年”纯银纪念章；与浙江老干部美术家协会举行书画联展。

【离休干部健康休养】 2009年，市委老干部局首次组织离休干部在青山湖碧海宾馆举行的健康休养，80周岁以上和副市级以上离休干部参加。市中医院副主任中医师毛鸿平、离休干部萧福林分别作《衰老与疾病或健康——观念制胜》、《坚持健康新概念提高生活品质，促进21世纪长寿新形势发展》健康知识讲座；离休干部杨一平作《临安和平解放》革命历史讲座；为老干部放映革命历史题材电影《杨得志围城打援》、《血战陈庄》。

（袁丽亚）

党史编纂工作

【概况】 2009年，中共临安市委党史研究室完成《中国共产党临安历史（1949~1978）》、《临安市抗战时期人口伤亡和财产损失》编纂出版；完成《中国共产党浙江省临安市组织史资料》第四卷送审稿，并经杭州市委组织部审阅，召开评审会。完成全市党史遗址、遗迹普查工作。为纪念中华人民共和国成立60周年暨杭州解放60周年，配合杭州市委党史研究室完成《点燃记忆——杭州六十年》中临安入编材料，即“1975年天目山成为自然保护区”和“1992年最低生活保障制度”的相关采访任务，形成口述资料《相约天目》和《春风化时雨 低保暖人心》以及相关链接材料；配合杭州电视台综合频道完成两项工作的采访、拍摄，相关内容在杭州电视台一套《杭州新闻联播》中播出。在临安市电视台和广播电台推出《辉煌60年》专栏。上报省委、杭州市委党史研究室信息7条。朱纫频被浙江省委党史研究室评为浙江省抗损调研先进个人。

【《中国共产党临安历史（1949~1978)》】 2009年5月，《中国共产党临安历史(1949~1978)》由中共党史出版社出版发行。根据中共临安市委和上级党史部门的统一部署，中共临安市委党史研究室于2003年年底启动该书编撰工作，2006年完成初稿，在广泛征求有关领导、专家、老干部意见的基础上，进行修改、补充。整个编撰过程历时5年，数易其稿。全书分“人民政权的建立与国民经济的恢复”、“过渡时期总路线的贯彻和社会主义制度的建立”、“社会主义建设的全面展开和对建设道路的曲折探索”、“‘文化大革命’的内乱与工农业生产的艰难推进”、“思想政治上的拨乱反正和经济社会事业的快速发展” 五编，计40余万字，全面、客观、系统地记述临安从解放到改革开放中剿匪反霸、土地改革、镇压反革命、“三反”“五反”、农业合作化、“大跃进”、“文化大革命”、“揭、批、查”等历次政治运动的演变过程，充分展现30年间临安政治、经济和社会事业取得的建设成果，科学分析总结历史经验和失误教训。市委书记邵毅为该书作序。

【《临安市抗战时期人口伤亡和财产损失》】 2009年，根据中央党史研究室关于出版抗损课题丛书的通知，中共临安市委党史研究室在临安市抗战时期人口伤亡和财产损失调研工作的基础上，完成《临安市抗战时期人口伤亡和财产损失》编纂工作。该书由中共党史出版社出版发行，全书分调研成果、档案资料选编、文献资料摘录、口述史料、部分乡镇（街道）调研手记五个部分，计22余万字。

【党史遗址、遗迹普查工作】 2009年4~5月，根据中央、省委、杭州市委党史研究室统一部署，中共临安市委党史研究室在全市开展党史遗址、遗迹普查工作。经普查，全市有首批党史遗址、遗迹11处，分别为红军北上抗日先遣队侯头之战纪念碑、清凉峰镇里仁村红军墙、龙井桥革命烈士纪念碑、邹子侃烈士墓、来学照烈士纪念碑、告岭之战阵亡将士墓、天目山周恩来演讲旧址、民族日报社纪念馆、林岩生烈士墓、藻溪革命烈士纪念碑、赵尔春烈士纪念馆。

(朱纫频)

临安市人民代表大会

【概况】 2009年，市人大常委会举行常委会会议10次，主任会议18次，听取和审议“一府两院”工作报告16项，对4部法律、法规开展执法检查，组织视察12次，作出决议、决定10项，发出审议意见书7份，检查、视察等建议17份，任免国家机关工作人员21人次，受理群众来信125件，接待来访152人次。

支持发展，加强监督。听取和审议《市政府关于“向企业送温暖”专项工作报告》，向市政府发出审议意见书；组织视察临安高新技术产业园、临安经济开发区、省科创基地（科技城），向市政府提出强化产业布局等意见建议；主任会议成员深入工业企业和涉工部门开展专题调研，为传统产业转型升级献计献策，力促工业经济逆势发展。组织开展《中华人民共和国农业法》执法检查，督促市政府依法保障财政支农投入，出台相关惠农政策，推进集体林权制度改革；视察农村电气化建设，促进农村基础设施改善与新农村建设。听取现代商贸服务业工作汇报，组织开展旅游企业融资难等专题调研，助推现代服务业发展。

关注民生，维护民利。听取和审议市政府《食品安全专项工作报告》，组织视察农民饮用水工程建设，加强对十件实事、文体事业、道路交通安全、城管行政执法等工作的监督，推动相关问题解决；主任会议先后听取低保救助、城乡居民社会养老保险、保障性住房建设等工作汇报，促进民生福祉改善。在全市创建国家级生态市的攻坚阶段，综合运用各种监督手段，开展对《中华人民共和国环境保护法》贯彻实施、“88”工程和“1010”工程建设、“清洁临安”、“农家乐”生活污水处理系统建设等工作的监督，推动全市生态环境持续改善和国家级生态市成功创建。

整合联动，推动法治。开展对《中华人民共和国农业法》、《中华人民共和国环境保护法》、《中华人民共和国就业促进法》等4部法律的执法检查工作，推进依法治市进程；首次开展对市人口和计划生育局和市安监局预算跟踪监督，增强部门预算编制的严肃规范和预算执行的刚性约束；对市林业局、市教育局开展工作评议，推动部门依法行政，改进作风，提升服务水平；对14件规范性文件进行备案审查，维护国家法制统一；审议半年度计划、预算执行情况和审计工作报告，批准临安市2008年财政决算，作出2009年财政收支预算调整的决定。听取政府性项目招投标和政府采购工作汇报，提出意见要求；专题听取市检察院、市人民法院关于金融及涉企纠纷案件审判执行情况和涉农职务犯罪工作汇报，提出工作要求；专题听取检察院、市人民法院半年度工作报告，提出审议意见；组织市人大代表和常委会委员旁听市检察院公诉工作和市法院庭审，依法作出增加市人民法院人民陪审员员额的决定。组织视察深化“平安临安”建设工作，听取《中华人民共和国未成年人保护法》等“两法一条例”贯彻实施情况的汇报，净化青少年成长环境。

拓宽载体，夯实基础。配合市委召开人大工作会议，出台《中共临安市委关于进一步加强和改进人大工作的意见》。开展人大常委会党组及机关深入学习实践科学发展观活动，指导全市第三批学习实践活动。坚持会前学法制度，举办法制讲座7次；深入调查研究，开展教育软实力提升等5个专题调研；推进制度建设，制定出台监督公开和部门工作评议两项制度；注重加强与“一府两院”的联系沟通，建立健全沟通机制，形成良性互动的工作局面。强化代表建议督办，完善领办、承办及督办机制，两次专题听取重点建议交办处理及整体办理工作汇报，组织代表评议重点建议办理，建议解决率54.3%，办理情况满意和基本满意率100%。

【市十四届人大三次会议】 2009年2月12~14日，临安市第十四届人民代表大会第三次会议在锦城举行。会议应到代表225人，出席代表210人。会议听取和审议市长王宏所作的《政府工作报告》、市人大常委会主任吴苗强所作的《市人大常委会工作报告》、市人民法院院长何敏所作的《市人民法院工作报告》、市人民检察院检察长罗有顺所作的《市人民检察院工作报告》，审议计划和财政（书面）工作报告，通过上述工作报告决议。会议收到代表10人以上联名提出的议案51件，经大会主席团研究，作为意见建议处理。同时收到代表提出的建议、批评和意见65件。大会主席团根据城乡区域统筹、产业协调发展、加强民生保障等原则，确定6件意见建议作为重点建议（见表26）。

6件重点建议

表26

序号	建议名称	建议人
1	关于要求加快推进於潜、昌化两个副中心城市建设并给予政策倾斜的议案	李赛文等代表
2	关于促进我市就业工作的议案	吴云川等代表
3	关于深化“清洁乡村”活动，建立垃圾处置区域化管理机制的议案	郑金亮等代表
4	关于小集镇建设要坚持规划先行，体现自身特色的议案	詹有耕等代表
5	关于切实加强我市国有资产监督管理的建议	吴春法等代表
6	关于建立“临安工业经济网”的建议	张德生等代表

【市委人大工作会议】 2009年9月25日，市委召开全市人大工作会议，深入贯彻省委、杭州市委人大工作会议精神，总结近年来临安市人大工作的实践经验，研究部署新形势下加强和改进人大工作的目标任务。出台《中共临安市委关于进一步加强和改进人大工作的意见》，明确坚持依法履职、加强代表工作、强化自身建设、夯实基层基础等6个方面19条具体意见。

【市人大常委会会议】 2009年，市十四届人大常委会举行会议10次，分别为：

1月4日，举行第十九次会议。听取《临安市人民政府关于提请审议市城建发展有限公司向农业发展银行申请农村基础设施建设中长期贷款事宜的议案》及相关情况的说明。审议作出关于《市人民政府关于提请审议市城建发展有限公司向农业发展银行申请农村基础设施建设中长期贷款事宜的议案》的决定。

1月14日，举行第二十次会议。讨论提出市十四届人大三次会议议程草案、日程草案；决定市十四届人大三次会议列席人员、邀请人员；讨论提出了市十四届人大三次会议各类建议名单；听取和审议关于市十四届人大二次会议以来代表变动情况的报告。听取和审议关于市十四届人大三次会议筹备情况的汇报和市人大常委会工作报告（送审稿）的说明，审议通过市人大常委会工作报告（送审稿）。

3月10日，举行第二十一次会议。听取市人民检察院《关于报请许可对市人大代表刘晓鸣采取强制措施的报告》和市公安局《关于请求许可对市人大代表胡良堂行政拘留的报告》，审议作出《关于许可对市十四届人大代表刘晓鸣依法采取强制措施》和《关于许可对市十四届人大代表胡良堂依法采取行政拘留》的决定。

3月25日，举行第二十二次会议。听取和审议市政府《关于开展“向企业送温暖”活动情况的专项工作报告》及《关于人代会代表建议处理情况》和2008年度常委会审议意见书5号、6号、7号、9号办理情况的报告，听取和审议市人民法院院长何敏所作的关于2008年度常委会审议意见书8号办理情况的汇报。听取常务副市长胡竑代表市人民政府提交的《关于提请审议临安市域总体规划（2007~2020）的议案》及说明，审议并作出《关于同意临安市域总体规划（2007~2020）的决定》。

5月27日，举行第二十三次会议。听取和审议市政府关于贯彻执行农业法及相关法律法规的自查报告和市人大常委会执法检查组的执法检查报告。听取和审议市政府关于贯彻执行就业促进法的自查报告和市人大常委会执法检查组的执法检查报告。听取并审议市公安局提交的《关于请求许可对市人大代表吕永法采取取保候审的报告》，作出《关于许可对市十四届人大代表吕永法依法采取取保候审强制措施的决定》。

6月25日，举行第二十四次会议。听取和审议市政府《关于2008年度市本级财政预算执行和其他财政收支情况的审计工作报告》；听取和审议市政府《关于临安市2008年财政决算情况报告》，批准2008年财政决算。

7月29日，举行第二十五次会议。听取和审议关于全市上半年国民经济和社会发展计划执行情况、预算执行情况和“两院”上半年工作情况的报告；听取市林业局、教育局工作自查报告和市人大常委会两个工作评议小组的调查报告，现场进行集中评议和满意度测评。

8月19日，举行第二十六次会议。表决通过市人民政府提请的人事任免议案。

9月22日，举行第二十七次会议。听取和审议市政府《关于食品安全工作情况的报告》和市十四届人大三次会议代表建议及市人大常委会2009年审议意见书1号~3号办理情况的汇报；审议并表决通过《市人大常委会关于贯彻落实〈中华人民共和国各级人民代表大会常务委员会监督法〉公开原则的实施意见(草案)》和《临安市人民代表大会常务委员会工作评议办法（草案)》；审议通过市人民法院关于提请调整人民陪审员员额和任命人民陪审员的议案。

11月6日，举行第二十八次会议。听取并审议市林业局、教育局关于工作评议整改情况的汇报；讨论作出市人大常委会关于补选市人民代表大会代表选举时间的决定；审议并作出市人大常委会关于接受刘晓鸣辞去市十四届人民代表大会代表职务的决定；表决通过市人大常委会主任会议、市人民政府提请的人事任免议案。

【执法检查】 2009年，市人大常委会开展对《中华人民共和国农业法》等4部法律的执法检查。

3月20日，省人大文化遗产保护工作执法检查组到临安检查文化遗产保护工作。副市长裘小民向检查组汇报相关工作情况。检查组对临安市的文保工作给予充分肯定，对检查中发现的问题，表示将向省人大常委会报告，帮助解决困难。检查组实地考察钱王陵、鸡血石雕刻展示点、清凉峰镇义干村忠孝祠堂、郎氏宗祠等。

5月15日，市人大常委会执法检查组就全市贯彻实施就业促进法情况开展执法检查。检查组一行实地检查临安职工帮扶中心、人力资源市场、临安国际层压板有限公司和浙江华兴集团的就业工作。听取市劳动和社会保障局关于就业促进法贯彻实施情况的汇报。检查组认为，市政府高度重视全市《中华人民共和国就业促进法》的贯彻实施，部门积极努力，落实政策举措，取得明显成效。检查组就进一步加强就业工作提出意见和要求。

6月9日，市人大常委会组织开展环境保护法执法检查及视察“清洁临安”工作。视察组先后踏看高虹镇污水处理厂，“88”工程、“1010”工程运行和“清洁乡村”有关工作开展情况并听取市政府相关工作汇报。视察组认为，市政府高度重视全市生态环境保护工作，职能部门工作有力，工作成效明显。视察组要求，要坚持常抓不懈，突出整治重点，落实有效举措，进一步做好巩固、深化和创新文章，抓紧探索“88”工程、“1010”工程运行机制，切实做好各项迎检工作，确保“国家级生态市”成功创建。

4~9月，省、杭州市和县（区、市）三级联动，开展对《中华人民共和国农业法》及相关法律法规执法检查。该次执法检查包括建立农业投入保障长效机制、耕地保护、农业社会化服务体系建设以及低收入农户增收致富等内容。5月26日，杭州市人大常委会执法检查组对临安大田生花科技园艺有限公司和临安农业信息服务中心进行实地检查，听取市政府相关工作汇报。市人大执法检查组对部分乡镇（街道）实施检查，肯定两年来的工作成效，提出建立健全稳定的农业投入增长机制，进一步改善农业生产条件等意见建议，并经常委会审议后形成审议意见交市政府研究处理。

【视察活动】 2009年，市人大常委会根据工作要点安排，组织委员和部分人大代表开展各类视察活动12次，分别为：

3月10日，市人大常委会组织视察临安高新技术产业园筹建工作。视察组实地视察高新技术产业园陈家坞区块拆迁安置点、陈家坞区块核心区、锦城精密元件科技孵化基地和新溪区块建设情况，听取锦城街道有关情况汇报。视察组就进一步做好高新技术产业园工作要求政府把好招商引资关，增强招商引资吸引力，明确体制、融资和政策支持，形成合力，全力推进园区建设。

4月16日，市人大常委会组织视察昌文线改建工程。听取市交通局有关昌文线改建工程和长西线前期工作情况汇报。分别就加快昌文线及长西线建设提出要求。

4月29日，市人大常委会组织视察道路交通安全工作。视察组实地察看临天桥头五岔路口车辆通行情况和市公安局交警大队车辆管理所。听取市公安局关于全市道路交通安全工作情况的汇报。视察组就深化宣传教育、强化监控管理、加强队伍建设三方面提出要求。

6月9日，市人大常委会组织开展环境保护法执法检查及视察“清洁临安”工作。视察组实地踏看“88”工程、“1010”工程运行情况和“清洁乡村”有关工作开展情况，听取市政府相关工作汇报。分别就环保法律法规贯彻落实和“清洁临安”工作提出工作要求。

7月4日，市人大常委会组织杭州市、市本级和乡镇三级人大代表视察高校毕业生就业工作。听取市人事局以及浙江林学院学工部相关工作汇报，向市政府及相关职能部门提出为大学生就业开辟绿色通道，提供便捷、全面、准确的就业信息以及加大对大学生自主创业典型宣传的工作要求。

8月14日，市人大常委会组织视察全市“农家乐”重点村生活污水处理系统建设情况。视察组实地踏看西天目乡天目村和告岭村“农家乐”污水处理系统建设情况并听取相关工作汇报。视察组要求市政府进一步提高思想认识，坚持高标准建设，加快工作进度，有效保护生态环境，促进全市“农家乐”可持续发展。

8月18日，市人大常委会组织视察全市农民饮用水工程建设情况，实地踏看藻溪集镇水厂、玲珑街道宏渡村等农民饮用水工程建设情况，听取市政府相关工作情况汇报。视察组要求市政府加快农民饮用水工程建设进度，进一步明确和完善政策，建立健全长效管理机制，确保农民喝上安全、卫生、放心的饮用水。

9月17日，市人大常委会组织视察临安经济开发区。视察组实地视察浙江杭叉工程机械集团股份有限公司、杭州制氧机集团有限公司、浙江南都电源动力股份有限公司等企业生产现场，听取开发区“一城两基地”建设情况汇报。视察组高度肯定开发区建设工作取得的成效，并提出突出主攻工业主线、突出相关服务保障、突出建立科学运行机制三个方面的工作要求。

10月15日，市人大常委会组织视察政府十件实事办理工作。视察组实地踏看临天九弄背街小巷整治改造和横畈镇白水溪沿线农民饮用水工程建设情况，听取市政府及横畈镇相关工作汇报。视察组要求市政府在克难攻坚中加快办理进度，抓紧抓实K598路公交一体化改造、“下山移民”工程等工作，在抓好重点中增强办理实效，把妥善解决农民饮用水安全问题作为重中之重的工作加以落实，确保农民饮水安全。在深化完善中健全长效机制，进一步完善实事的选题机制，及时总结建设管理经验，确保实事工程效益的普惠性和长效性。

10月26日，市人大常委会组织视察创建“平安临安”工作。视察组实地踏看了宇中照明、高虹镇综治工作中心和交警中队。视察组要求不断完善“三员合一”工作机制，注重重点整治和经常性管理相结合，进一步重视解决人民群众关注的热点、难点问题，力争在创建工作中争先进位。

11月19日，市人大常委会组织视察新农村电气化建设和改造工作。视察组实地视察了西天目乡输变电工程、河桥镇部分村电气化建设等情况并听取相关工作汇报。视察组就启动“十二五”电力专项规划，加大农村电气化改造力度，做好全市重点工程电力项目建设，营造电力建设良好环境等内容提出工作要求。

12月7日，市人大常委会组织视察玲三路、胥高线工程建设工作。视察组实地踏看玲三路、胥高线工程建设情况并听取相关工作汇报。视察组肯定了玲三路、胥高线工程建设工作取得的突破性进展。要求进一步明确阶段性建设目标，确保如期完成建设任务；进一步破难攻坚，妥善解决拆迁安置、土地征用、三产用地调整等重点、难点问题。进一步加强联动支持，各相关部门和道路沿线村进一步加强配合，全力支持做好工作。

【部门预算跟踪监督】 2009年，市人大常委会首次开展对市计生局、市安监局预算编制执行跟踪监督。在监督过程中，注重加强与财政、审计部门的联系指导，突出细化预算编制、规范预算执行、严格依法审计等环节。主任会议专题听取两个部门预算执行期中审计报告并提出意见建议，切实增强预算编制的刚性约束，促进预算执行的严肃规范。

【部门工作评议】 2009年5~10月，市人大常委会开展对市林业局、市教育局工作评议。评议分准备、调研、评议、整改四个阶段进行。工作评议组通过座谈、走访、查阅台账等形式，全面了解被评议部门各项工作开展情况。7月29日，在市人大常委会第二十五次会议上进行集中评议和满意度测评。被评议的两个部门自觉接受监督，认真开展自查自纠，有效落实整改举措，严格依法行政，提升服务水平。市林业局有效开展依法治林，强化资源保护，加大兴林富民力度，推动产业转型升级，全面推进林权改革。市教育局优化资源配置，推进教育均衡发展，深化队伍建设，提升教育质量，在破解“上好学难”问题上取得良好成效。

【代表工作】 2009年，开展“积极履职发挥作用，争当人民满意代表”主题活动。深化代表结对帮扶工作，召开企业家代表社会责任建设座谈会，组织倡导118家企业发起“不裁员、不欠薪”倡议。坚持和完善民意直达制度，多渠道收集并分类处理社会各界意见建议，推动解决一些实际问题。继续开展市乡两级人大代表向选民述职活动，启动在临杭州市人大代表向主任会议述职活动，全市基层市人大代表述职比例达到60.4%。进一步扩大人大代表常委会工作参与面，组织市人大代表385人次参加常委会召开的会议以及执法检查、视察、评议等活动。各代表小组、代表专业组开展活动114次，参加代表709人次。组织在临的杭州市人大代表视察临余公路等活动5次。

【指导基层人大工作】 2009年，市人大常委会指导基层人大围绕当地经济社会发展大局有效开展工作监督。各乡镇（街道）人大立足实际，开展小流域综合治理、“清洁乡村”、政府财政收支、村级财务管理、重点项目建设等工作监督。指导太湖源、於潜、昌化等6个乡镇人大对当地的国土所、派出所工作进行评议。市人大常委会指导部分乡镇补选市人大代表1人，乡镇人大代表19人，依法选举乡镇人大主席团主席5人，副主席2人，依法选举乡镇长3人。

【人事任免】 2009年，市人大常委会坚持党管干部与人大依法任免相结合原则，审议人事任免议案，坚持干部任命任前法律知识考试和法官检察官任职资格审查等制度，严格依法行使任免权，先后任免临安市国家机关工作人员21人次；任命市人民法院人民陪审员18人。

任命：

李光照为临安市人民政府副市长，

汪其顺为临安市经济发展局局长，

俞建明为临安市水利水电局局长，

何洪明为临安市监察局局长。

任命：

沈柏浩为临安市人大常委会法制工作委员会副主任，

邵庆为临安市人大常委会城建环保工作委员会副主任，

郑林俊为临安市人大常委会青山湖街道工作委员会主任，

张斌为临安市人民法院於潜人民法庭副庭长，

钟飞燕为临安市人民法院审判员、民事审判第一庭副庭长，

冯娅为临安市人民法院审判员，

周建利为临安市人民法院审判员，

胡宇翔为临安市人民检察院检察员。

免去：

汪其顺的临安市审计局局长职务，

张凌的临安市经济发展局局长职务，

童鸿江的临安市民族宗教事务局局长职务，

万兆根的临安市监察局局长职务。

免去：

陈丽梅的临安市人大常委会教科文卫工作委员会主任职务，

方卫忠的临安市人民法院民事审判第一庭副庭长职务，

张斌的临安市人民法院民事审判第一庭副庭长职务，

李光的临安市人民法院审判员职务，

吕珠凤的临安市人民法院审判员职务。

2009年9月22日，临安市第十四届人民代表大会常务委员会第二十七次会议任命：

李军跃、陈小平、赵素杰、张凯华、高学军、汪广奉、李萍、滕朝晖、盛杰、章芳华、吴迪、冯辉、陈晓、帅茂松、徐云峰、朱天一、章含珠、章培婷为临安市人民法院人民陪审员。

（陈向阳）

□ 小资料

部分"简略语"注释

简略语	注释
一城两基地	临安经济开发区提出的青山湖科创新城和先进装备制造业基地、省科研机构创新基地
"天目彩虹"引智工程	是2007年由临安市委组织部牵头的一项人才引进工程
三农	农业、农民、农村
四害	鼠、蟑、蝇、蚊
三无	无劳动能力、无生活来源、无法定赡养人抚养人的城镇居民
三属	烈属遗属、因公牺牲军人遗属、病故军人遗属
森博会	2008中国（临安）森林生态资源博览会
创国卫	创建国家卫生城市
三同时	建设项目需要配套建设的环境保护设施，必须与主体工程同时设计、同时施工、同时投入使用
五保户	农村中无劳动能力、无依无靠、无生活来源的老年人、残疾人和未成年人
三贴近	贴近实际、贴近群众、贴近生活
五通一平	通水、通电、通路、通气、通讯、平整土地
市依普办	市依法治市、普法教育办公室
依普工作	依法治市、普法教育工作
三来件	来信、来电、来访
"16100"大集团	指16家大企业、大集团和50家最具成长性企业、50家成长性企业
"五费"合征	"五费"指养老、医疗、失业、工伤、生育
"88"生态工程	指於潜镇、昌化镇、太湖源镇、高虹镇、岛石镇、河桥镇、清凉峰镇、大峡谷镇8个集镇污水处理设施和垃圾处理设施
"1010"生态工程	指板桥乡、横畈镇、藻溪镇、潜川镇、乐平乡、龙岗镇、太阳镇、湍口镇、马啸乡、三口镇10个乡镇集镇生活污水处理工程和垃圾处理工程
一符四无	要求各粮库能做到账、卡、物相符，账卡登记及时、完整，仓库机械保养和保粮制度执行情况良好，无事故、无害虫、无发热霉变、无鼠害
三台合一	110、119、122合一
三员合一	指人民调解、治保、信访
"十小"行业	食品加工小作坊、小食杂店、小餐饮店、小药店、小农资店、小菜场、小音像店（包括网吧）、小美容美发店、小客运、小液化气供应点
"812"人才培养工程	是临安加快培养高层次人才、扎实推进人才兴市战略的重要举措，临安市计划用5年时间，培养80名45岁左右的学术技术带头人，100名40岁以下的后备学术技术带头人，200名40岁左右的专业技术骨干
测土配方施肥"五改"技术	是江西省农业厅土肥站在总结江西水稻测土配方施肥技术推广应用的基础上提出来的。"五改"主要内容是：一改重施氮肥为氮、磷、钾平衡施用；二改重施分蘖肥为基肥、分蘖肥、穗粒肥平衡施用；三改重前期施肥为基肥追肥平衡施用；四改重施化肥为有机无机肥平衡施用；五改施单质肥为配方肥。"五改"技术并不是独特的技术，它是根据测土配方施肥基本原理，结合江西水稻施肥现状，提出的更为细化的施肥技术

（唐剑平）

临安市人民政府

重要会议

【市政府全体(扩大)会议】 2009年，市人民政府召开两次全体(扩大)会议，分别为：

2月27日,召开第五次全体(扩大)会议。市长、副市长及市政府组成部门主要负责人参加会议，各乡镇(街道)、市政府直属各部门、省市各驻临安机构、部分非常设机构主要负责人列席会议，党群系统有关部门主要负责人应邀出席会议，人大代表、政协委员及市民代表10人应邀旁听会议。

市长王宏作题为《坚定信心，奋发有为，在逆势中树新形象创新业绩》动员讲话。会议指出，政府各部门和各乡(镇)、街道要正视金融危机，坚定发展信心。要深入分析和判断宏观形势，准确把握临安市情，增强应对金融危机的主观意识，提振信心，有效应对国际金融危机影响，确保全市经济平稳较快发展。会议强调，要把握工作重点，有所作为。要把帮扶企业作为当务之急，通过落实各项帮扶政策、搭建抱团发展平台、引导企业做强内功等举措，努力在保护现有生产力上实现新突破。要把项目建设作为重中之重，吃透政策、紧盯上情抓项目，精心谋划、全力以赴备项目，深入一线、真抓实干建项目，努力在扩大投资上实现新突破。要把转型升级作为关键之举，大力发展高新技术产业、先进装备制造业、现代服务业和现代农业，努力在构建现代产业体系上实现新突破。要把改革创新作为动力之源，深入推进农村改革发展，继续推进投融资体制改革，加快行政审批制度改革，努力在增强发展活力上实现新突破。要把改善民生作为全局之本，努力办好民生实事，提高“满意指数”，着力改善群众生活，提高“幸福指数”，全面发展社会事业，提高“人文指数”，切实加强节能减排，提高“环保指数”，继续加强社会管理，提高“安全指数”，努力在维护社会和谐稳定上实现新突破。

会议要求，要全面提升公信力，树立政府形象。要围绕中心、转变作风、严明责任，继续强化政府执行力。要加强依法行政教育，完善依法行政机制，强化行政行为监督，严格依法行政。要落实群众的知情权、参与权、监督权和表达权，规范行政决策程序，推进政府开放式决策。要努力降低行政成本，建设节俭型政府、节俭型机关，坚持廉洁干事，全面落实廉政建设责任制，努力塑造政府“为民、务实、清廉”的良好形象。

7月29日，召开第六次全体（扩大）会议。市长王宏作题为《咬定目标保增长，转型升级求突破，推进全市经济社会平稳较快发展》的主题讲话。会议指出，要紧扣年度各项目标，把主攻工业作为当前保增长的重中之重，千方百计促使工业经济加速回暖。要更加有力地开拓国内外市场、更加有效地为企业送温暖解难题、更加有劲地推进项目攻坚、更加有为地拓展发展空间。

会议明确，要着眼推进转型升级，依托生态优势、依靠科技创新，加快转型升级科学发展步伐。一是要按照高起点规划、高标准建设、高强度推进、高品质引进的要求，着力建设以“一核多元”为主平台、面积115平方公里的青山湖科技城，打造科技创新主引擎。二是要通过建设科技公共服务平台、多层级研发平台和科技成果转化平台，促进创新要素集聚、创新资源激活和创新成果转化，积极搭建科技创新平台。三是要以特色产业基地创建为重点做强优势产业、以高新技术产业园建设为重点大力引进培育新兴产业、以科技中介培育为重点大力发展科技服务业、以信息技术应用为重点积极推进各产业和各领域转型升级，增强产业创新能力。四是要从分类培育、政策扶持、引导投入、优化服务等四个方面入手，着力培育一批推动临安新一轮发展的科技创新主体。五是要通过人才引进、人才培养和人才使用，积极培育科技创新人才。

会议要求，要坚持为民理念，提升执政能力。要牢记为民之责，加快推进临安经济社会更好更快发展，重视并妥善解决群众的利益诉求。要善谋为民之策，提高决策水平，推进决策的科学化、民主化，重视民意民情，做到问计于民。要办好为民之事，扎实做好就业再就业、社会保障、社会事业、社会稳定等工作，努力改善群众生活品质。要提升为民能力，善于学习、狠抓执行、拒腐防变，着力提升政府公信力。要尽心尽力尽责、勤干实干巧干，确保完成全年各项目标任务，以优异的工作成绩迎接新中国成立60周年。

【市政府常务会议】 2009年，市政府召开13次常务会议，分别为：

1月5日，召开第二十次常务会议，审议并通过《关于实施“低收入农户奔小康”工程的意见》、《振兴临安茶叶产业五年行动计划（2009—2013）》、《临安市推进服务业发展工作机制》、《关于加快旅游业发展的若干政策意见》、《关于加快商贸与物流业发展的若干政策意见》等政策文件。会议同时研究了食品安全工作，要求加强食品生产、流通、销售各环节的安全监管，推进食品安全监管体系建设，以对人民群众高度负责的态度，切实做好食品安全工作。

2月27日，召开第二十一次常务会议，审议并通过《关于保增长促转型加快工业化新步伐的若干意见》、《关于增强工业企业科技自主创新能力的若干意见》、《关于切实推进节约集约利用土地的实施意见》、《临安市房改房、经济适用房、国有土地拆迁安置房和划拨土地商品房土地使用权登记发证工作实施意见》等政策文件。

3月13日，召开第二十二次常务会议，审议并通过《关于促进房地产市场健康稳定发展的若干意见》、《关于打造建筑业强市的若干政策意见》、《关于促进房地产业发展的若干政策意见》、《临安市工程建设项目招标投标实施细则》、《关于进一步加强乡（镇）、街道综合文体站建设的意见》、《临安市卷烟零售点合理布局管理办法》、《临安市烟花爆竹燃放安全管理办法》和《临安市限制养犬暂行规定》等政策文件。

4月10日，召开第二十三次常务会议，审议并通过《关于全面深化集体林权制度改革的意见》、《临安市土地违法行为综合防控考核暂行办法》、《临安市违反土地管理规定行政问责暂行办法》、《临安市政府投资建设项目工程造价变更管理暂行办法》、《临安市政府投资建设项目跟踪审计监督暂行办法》和《临安市审计意见建议整改落实办法》等政策文件。

5月31日，召开第二十四次常务会议，审议并通过《关于完善促进就业工作的意见》、《临安市2009年城镇低收入家庭住房保障实施计划》、《临安市2009年城镇廉租住房保障申请准入条件和租金补贴标准》、《临安市社会抚养费征收管理办法》、《临安市人民政府开放式决策程序规定》等政策文件。会议还审议通过有关公路建设项目征地拆迁补偿办法。

6月12日，召开第二十五次常务会议，审议并通过《关于加快推进残疾人事业发展的实施意见》和《关于实施残疾人共享小康工程提升残疾人生活品质的规定》两个政策文件。会议邀请市人大代表、政协委员和市民代表6人列席，会议实况在临安市政府门户网站同步视频直播。

6月29日，召开第二十六次常务会议，审议并通过《关于推进企业分离发展服务业的实施意见》、《临安市事业单位公开招聘人员实施办法》、《临安市营职以下和专业技术军转干部安置办法》、《临安市公办学校资产管理办法》等政策文件，并传达贯彻《叶明同志在杭州市作风建设领导小组会议上的讲话要点》精神。

7月30日，召开第二十七次常务会议，审议并通过《关于加强人才资源开发工作的若干意见》、《关于加强普通高等学校毕业生就业工作的意见》、《临安市融入杭州都市经济圈公交一体化实施方案》等政策文件。会议邀请市人大代表、政协委员及市民代表6人列席，会议实况在临安市政府门户网站进行同步视频直播。

9月18日，召开第二十八次常务会议，审议并通过《临安市创业投资引导基金管理办法》、《临安市中小企业贷款风险补偿资金管理暂行办法》等政策文件和《临安高新技术产业园合作开发协议》。会议邀请市人大代表、政协委员和金融机构代表8人列席。

10月15日，召开第二十九次常务会议，审议并通过《临安市人民政府2009—2013年依法行政实施方案》、《临安市军人抚恤优待实施办法》、《临安市社区卫生服务站（村卫生室）建设实施方案》等政策文件。

10月26日，召开第三十次常务会议。会议专题研究推进杭州主城区与临安市公交一体化工作中的《杭州天目客运有限公司股权收购方案》问题，决定按照“公司资产+法律许可未满期限的预期收益+政府特别补偿”的公式收购。其中，公司资产部分以评估结果为准；法律许可未满期限的预期收益为股权收购协议签约之日起至2010年9月24日道路经营许可证期满止的预期净收益；政府特别补偿以公司收益为基数，给予两年年限的政策性补偿。

11月12日，召开第三十一次常务会议，审议并通过《临安市级机关内部行政许可职能整合改革工作实施意见》、《公交一体化工作车辆收购和人员安置方案》等政策文件。关于公交一体化工作中车辆收购问题，会议明确，按照“车辆现值+未满经营期的预期收益+政府特别补偿+运力调整特别补偿”的公式确定K598路车辆收购价。其中，车辆现值按评估结果确定；未满经营期的预期收益为评估确定的月均收益乘以未满期限(月)；政府特别补偿以车辆预期月均收益为基数，给予24个月时限的政策性补偿；运力调整特别补偿是指车辆改造中，因减少行政许可数量，由政府给予相应补偿。

12月11日，召开第三十二次常务会议，专题研究并审议通过《临安市低保边缘及困难家庭临时救助暂行办法》，明确暂停出台《临安市无社会保障老年人生活补助金发放实施意见》。

重要表彰

【概况】 2009年，市政府表彰各类先进30批次，主要有：

1月23日，对杭州临安茂林食品有限公司等18家2008年度农产品市场拓展先进企业进行表彰；对2008年度通过有机食品认证、全国无公害农产品认证、无公害农产品产地认证、农业龙头企业国际质量体系认证的企业和获得森林食品基地称号的单位及农业龙头企业创新项目所在单位进行表彰。

2月9日，对锦城街道办事处等46个2008年度人口与计划生育目标管理先进集体和练金水等先进个人30人进行表彰；对青山湖街道办事处等9个2008年度国土资源保护与利用目标管理先进集体和施上游等先进个人17人进行表彰；对市发展和改革局等34个2008年度生态建设与环境保护目标责任制考核先进集体和陈晨等先进个人59人进行表彰。

3月5日，对浙江万马集团有限公司等16家2008年度临安市工业大企业大集团、浙江天伦实业集团有限公司等50家2008年度临安市最具成长性企业、杭州临安恒生科技有限公司等50家2008年度临安市成长性企业进行表彰；对锦城街道等9个2008年度临安市工业强乡镇（街道）、龙岗镇和太阳镇工业创强先进乡镇进行表彰；授予临安天山小企业创业基地、临安横畈汇金中小企业创业基地临安市中小企业创业示范基地称号，并进行表彰；对浙江杭州鑫富药业股份有限公司等2008年度临安市纳税前30名工业企业进行表彰；对浙江振兴担保有限公司、临安市金诺信用担保有限公司等2008年度临安市先进中小企业信用担保公司进行表彰。

3月6日，对於潜镇政府等6个2008年度临安市民政工作先进集体、胡延军等先进个人13人和曹志洪等老龄工作先进个人4人进行表彰。

3月11日，对市国土资源局等5个2008年度土地开发整理工作先进集体和蒋晓明等先进个人20人进行表彰；对市工商分局等13个2008年度依法行政工作先进单位和吴向东等先进个人16人进行表彰。

3月16日，对新桥乡政府等6个2008年度农民素质培训工作先进集体和方学锋等先进个人41人进行表彰。

3月18日，对藻溪镇政府等28个2008年度统计工作先进集体和朱青亚等先进统计工作者56人进行表彰。

3月23日，命名中石化浙江临安石油支公司等32家企业（市场）为2008年度临安市商贸服务业重点骨干企业，并进行表彰；对昌化镇政府等11个2008年度商贸工作先进集体和帅乐芳等先进个人进行20人表彰。

3月31日，对大峡谷镇政府等4个2008年度农村财务规范化管理先进单位和董来宾等农经管理先进工作者10人、应莎等村会计代理中心先进记账员6人进行表彰；对市财政局等10个2008年度劳动保障工作先进单位、市建设局等10个就业再就业工作先进单位、临安奥星电子有限公司等10个社会保险工作先进单位和翁涛等劳动保障工作先进个人40人进行表彰。

4月8日，对市贸易局等5个2008年度“放心肉”管理先进集体和方坚勇等先进个人20人进行表彰；对方志恩等临安市第六届政府文艺奖获得者进行表彰。

4月13日，对市审计局等10个2008年度审计工作先进集体和纪立安等先进工作者10人进行表彰。

6月3日，公布“西天目山传说”等9个项目为临安市第三批非物质文化遗产；公布王立勋等9人为临安市第二批民族民间艺术家。

6月17日，对青山湖街道办事处等6个2008年度住房公积金扩面工作先进单位和吴建林等先进个人15人进行表彰。

8月4日，对市人事局等25个2008年度科技工作先进集体和金海燕等先进个人37人进行表彰。

8月6日，对临安市体育学校等3个参加杭州市第十七届运动会突出贡献奖获奖单位、临安市晨曦小学等9个先进集体和李新华等先进个人13人进行表彰。

9月15日，对岛石镇政府等12个2008年度征兵工作先进单位和余旭等先进个人24人进行表彰。

9月23日，对市农业局等10个2007~2008年度科普工作先进集体和陈晓生等先进工作者43人进行表彰。

11月4日，对天目山自然保护区管理局等9个2009年度森林消防工作优胜单位、市武警消防中队等7个先进集体和赵国华等先进个人36人进行表彰。

十件实事

【十件实事】

十件实事及完成情况

表 27

序号	实事内容	完成情况
1	继续加大建设力度，全面完成农民安全饮用水工程建设任务	2009 年投资 8700 余万元，共完成 104 个市本级农村饮用水工程项目，改善 10.93 万农村人口饮用水条件。按照 3 年任务 2 年完成要求，2008~2009 年共解决 25.5 万群众的饮水问题
2	加大农村文体设施建设力度，实现图书室、健身苑点行政村全覆盖	实现全市 298 个行政村图书室、健身苑点全覆盖目标任务。配送健身器材 465 套，累计投入资金 1390 万元；配送图书 10 万余册，累计投入资金 143 万元
3	加快推进偏远山区“下山移民”工程，完成搬迁 300 人	完成西天目乡、大峡谷镇、河桥镇、横路乡、昌化镇 5 个乡镇偏远山区“下山移民”，搬迁 108 户 347 人
4	实施千里富民林道建设，加大资金扶持力度，当年建成林道 150 公里	制订《临安市千里富民林道建设总体规划》，印发《关于加快千里富民林道建设的实施意见》。2009 年共完成千里富民林道建设项目 96 条 150 公里
5	推进城区有机更新，改造背街小巷 8 处、旧小区 1 个。实施新一轮农村危旧房改造，完成 200 户农村困难群众住房救助	改造临天九弄等 9 条背街小巷，总面积 1.8 万平方米，总投资 766 万元。完成机床厂宿舍小区综合改造，完成农村困难群众住房救助 200 户
6	继续加大教育经费投入，进一步提高生均公用经费，免收义务教育阶段学生住宿费	2009 年临安市义务教育阶段生均公用经费定额标准为：小学 370 元/生·年、初中 560 元/生·年，分别比省定最低标准高 20 元和 10 元，初中生均公用经费比 2008 年提高 40 元。义务教育阶段学生免收住宿费因上级政策原因暂缓实施，2009 年度仍按原政策收取住宿费
7	制定“低保边缘”家庭救助政策，对 70 周岁以上无生活保障人员发放生活补贴	制定出台《临安市低保边缘及困难家庭临时救助暂行办法》（临政发〔2009〕169 号）和《临安市人民政府关于建立城乡居民社会养老保险制度的实施意见》（临政发〔2009〕160 号），将无固定社会保障老年人纳入城乡居民社会养老保险参保人群
8	提升城乡信息化水平，推进 3G 网络工程建设，力争实现 3G 网络基本覆盖全市	开通电信、移动、联通 3G 网络，并正式商用。电信开通 176 个基站的 3G 信号，移动开通运营 48 个标准室外基站，联通建成 3G 宏基站 64 个、室内分布 46 个站点

续表 27

序号	实事内容	完成情况
9	加快融入杭州大都市步伐，完成 K598 路公交一体化改造	根据经杭州市政府批准的《临安融入杭州都市经济圈公交一体化实施方案》，临安市人民政府与杭州市公交集团有限公司合作组建杭州市临安公共交通有限公司。改造后，原 K598 路的杭州起讫站由杭州古荡公交站改为黄龙公交站，临安至杭州西站票价降至 6 元，至黄龙公交站为 8 元，高速班车 10 元。新 K598 路公交于 2009 年 11 月 27 日正式运营
10	新建农村联网公路 60 公里，实施干线和农村公路大中修工程 85 公里、农村公路安保工程 150 公里，改造危旧桥梁 30 座	农村联网公路完成 63.8 公里，总投资 2850 万元。农村公路大修完成 95.68 公里，总投资 3000 万元。农村公路安保工程完成 319.7 公里，总投资 4256 万元。危桥改造工程完成 31 座，总投资 3000 余万元

（徐志军）

法制工作

【概况】 2009 年，市政府法制办公室收到行政复议申请 28 件，办结 26 件，结转下年度 2 件，结案率 93%。做出行政复议决定 26 件，其中，不予受理 2 件，决定维持具体行政行为 16 件，部分撤销 1 件，因双方当事人达成和解和调解协议等原因申请人撤回申请或因被申请人改变具体行政行为申请人撤回申请而决定终止 7 件。受理的 28 件行政复议案件中，公安治安管理类 9 件、土地类 6 件、林业类 5 件、城建类 4 件、劳动和社会保障类 2 件、商贸类 1 件、其他类 1 件。三级法院受理临安市行政诉讼案件 24 件， 审结 19 件，中止 4 件，结转下年度 1 件。审结诉讼案中撤诉 4 件，维持 6 件，判决驳回诉讼请求 7 件，判决撤销 2 件。

对全市 33 个行政执法责任单位和 26 个乡镇（街道）进行行政执法责任制评议考核。开展落实农民减负、整治非法排污、食品安全监管、违法用地查处、建设工程领域等方面的专项执法监督活动。与市委党校以联合办学模式，依托党校主阵地，将学法专题培训列入年度干部教育培训主体班计划，将依法行政知识列为宣传干部、中青年干部、初任公务员培训重要课程。完成全市 36 个行政执法部门行政权力清理工作，编制行政权力目录 6830 项。开展行政执法证申领工作，组织对全市行政执法人员 202 人进行综合法律知识培训考试，办理浙江省行政执法证 32 本。召开房屋强制拆迁听证会 6 次，作出强拆决定 5 件，无一件被上级复议机关及法院确认违法或撤销。

贯彻落实杭州市人民政府关于推进开放式决策有关文件要求，市政府在作出涉及人民群众切身利益的重大决策前，严格遵循调查研究、公开征求意见、专家论证、合法性审核和集体讨论等程序。召开听证会，广泛听取群众对《临安市卷烟零售点合理布局管理办法》、《临安市限制养犬暂行规定》、《临安市征地补偿标准调整方案》的意见。进一步明确规范性文件立项、起草、审查、公布和备案流程，全年对 35 件政府决策事项和 16 件上级法规规章征求意见稿进行合法性审查。

（章元峰）

电子政务工作

【概况】 2009年，推进电子政务网络平台应用和管理工作。依托电子政务网络平台，B/S架构的新版党政办公系统运行稳定。加强政府门户网站建设，完成临安市政府门户网站升级改造。整合政府信息公开平台、政民互动平台以及网上政务大厅，全市78家单位在信息公开平台发布信息，累计发布信息1.26万条，日均访问量近万人次。启动权力阳光电子政务系统一期工程建设，完成市劳动和社会保障局、市建设局、市城管执法局3家试点单位的权力事项加载，完成权力阳光电子政务系统开发（包含网上政务大厅、网上执法系统、电子监察系统等），完成与杭州市权力阳光电子政务系统数据交换，试运行情况良好。

（王黎阳）

外事工作

【概况】 2009年，临安市共办理因公出国（境）团组34批91人次，比上年分别下降30.6%和9.6%。6个计划自组团中，5个为经贸团、1个为培训团。加强党政干部因公出国（境）管理，继续实施计划报批制度。加强对企业办理邀请函的管理，组织上百家企业召开外事政策宣讲专题培训会议，实行专办员制度、一次性告知制度、企业所在地乡镇（街道）预审制度，建立信息库，并加强与临安市公安局出入境管理处、宾馆酒店的联系，强化后续监督管理。

【出国访问】 2009年12月2~12日，中共临安市委书记邵毅率经贸招商团出访爱尔兰、英国和匈牙利，代表团参观访问爱尔兰科克市的微电子及软件和生物制药等国际化基地，参观考察英国锑尔（Teer）镀层科技公司，就锑尔（Teer）公司在浙江省科研机构创新基地（科技城）设立研发中心事宜与该公司董事长丹尼斯·锑尔进行交流。代表团还考察匈牙利黑维兹小镇的温泉建设和奥克尼市社区建设，并与对方进行友好交流。

4月16~28日，市委副书记、市长王宏率招商考察团出访加拿大、美国和马来西亚，代表团在加拿大本拿比市举行临安高新技术产业投资环境说明会，与该市政府官员座谈交流，并签署友好交流合作备忘录。代表团参观考察美国硅谷首府——圣何塞、惠普公司、斯坦福大学等，并与旧金山市有关企业负责人及企业家洽谈交流。代表团还参观马来西亚杨忠礼集团，双方签署进一步加大在临安投资合作框架协议。

10月，组织旅游招商团到澳大利亚、新西兰和新加坡进行招商、旅游推介和交流。11月，组织经贸招商代表团到巴西、荷兰和瑞典开展招商引资和经贸考察。12月，组织工业代表团到美国、加拿大开展招商引资和经贸活动。

【俄罗斯维克萨市考察团访问临安】 2009年6月29日至7月2日，由市长萨嘎罗夫带领的俄罗斯下诺夫哥罗德州维克萨市考察团到临安回访。中共临安市委书记邵毅，市委副书记、市长王宏及市领导张金良、柴世民、陈伟民等接待考察团一行，双方进行了友好交流座谈，并签署备忘录。其间，考察团实地参观考察浙江林学院、天目山景区以及相关企业，并参加对接经贸座谈。

(张泓阳)

应急管理工作

【概况】 2009年，全市发生各类突发事件368起。其中，自然灾害5起（洪涝灾害3起、台风灾害1起、山体滑坡灾害1起），受灾8.26万人，受灾面积9351公顷，因灾死亡11人，造成直接经济损失2.54亿元；事故灾难259起，死亡54人，造成直接经济损失258.94万元；公共卫生事件20起；社会安全事件102起。

强化避险防灾意识，建立风险监控体系，加强隐患排查治理，完善监测预警系统，有效应对和妥善处置“8·13”清凉峰突发性山体滑坡重大自然灾害、甲型H1N1流感疫情等突发公共事件。开展“全国消防日”、“国际减灾日”、“世界水日”等专项宣传活动，组织应急知识科普宣教活动。健全应急预案体系，制订出台总体预案1个、市级专项应急预案49个。加强队伍建设和应急演练。全市公安系统、卫生系统、畜牧系统、森林防火系统、安全生产系统、防汛抢险系统等均配备专业应急救援队伍。乡镇（街道）组建相应的应急救援小分队。全市应急救援队伍的中坚力量为驻临安部队、民兵应急分队、公安干警以及乡镇（街道）、村应急小分队。开展危险化学品泄漏应急演练等各类综合和专项应急演练。

（张力军）

接待工作

【概况】 2009年，全市接待国家部委、浙江省、杭州市各级领导及国内其他县（市）来宾45批790人次。其中，国家机关部委领导7批90人次，主要有国家气象局局长郑国光、环境保护部副部长李干杰、监察部执法监察司副司长赵江涛及中纪委、安监总局、国务院台湾事务办公室等有关部门领导；浙江省级领导13批290人次，主要有省委副书记、省长吕祖善，副省长茅临生、金德水，省林业厅厅长楼国华、省审计厅厅长谢力群、省科技厅厅长蒋泰维、省水利厅厅长陈川、省委组织部副部长庄跃成及省政府台湾事务办公室、省司法厅、省信访局、省委政策研究室等部门领导；地级市领导及国内其他县（市）考察团25批410人次，主要有中共浙江省委学习实践科学发展观活动巡视组、国家卫生城市督查组、杭州籍海外华侨考察团、义乌市考察团、永康市党政考察团、嵊州市考察团、安吉县政府考察团、泰顺县考察团、江西省峡江县党政考察团、安徽省桐城市政府考察团、安徽省宁国市政府考察团、北京市顺义区考察团、江苏省江阴市党政考察团、四川省宜宾市党政考察团、云南省镇康县政府考察团、湖南省桃江县考察团、山东省昌乐县政府考察团、山东省邹城市政府考察团等。

（胡丽萍）

信访（市长公开电话）工作

【概况】 2009年，市信访局(市长公开电话受理中心）共受理群众来信来访1648件4212人次，比上年分别减少23.7%和32.9%。其中，群众来信506件，减少12.6%；群众来访1151批3781人次，分别减少27.2%和33.6%；重复访102批789人次，分别减少53.2%和48.3%；集体访143批1873人次，分别减少23.3%

和 47.5%；重复集体访 21 批 635 人次，分别减少 59.6%和 48.9%。市长公开电话受理中心受理群众来电 15883 件，增长 5.3%。办结来信来访 1618 件，办结率 98.2%；办结群众来电 15740 件，办结率 99.1%，满意率 98.5%；办结上级转交办案件 224 件，办结率 100%。

年初，市委常委会听取信访工作汇报，明确“五个抓”(抓源头、抓责任、抓制度、抓化解、抓队伍) 的工作要求。市政府把“完善领导包案和领导接待日制度、深入开展矛盾纠纷排查调处”作为重点工作跟进落实。市委、市政府先后 7 次召开全市性的信访和社会稳定工作会议。市委、市政府主要领导继续与乡镇（街道）和部门签订责任书，细化考核内容，加大考核力度，在定性考核基础上，增加信访工作在综合考评中定量考核的分值。严格落实信访和社会稳定工作领导责任制和责任追究制，对信访工作中职责落实不到位、工作不负责、问题久拖不决、矛盾激化升级、给全市造成严重负面影响的，由信访联席会议联合纪检监察部门进行“一案三查”，在查明原因后，视情予以通报批评或教育处理。举办信访工作培训班，邀请专家分别作网上信访受理平台操作方法、依法行政、信访群众心理干预等方面知识讲座。

按照“分类细化”要求，建立滚动排查、信息报送和分析研判机制。严格实行市、乡、村三级联动每周排查、敏感时期每天滚动排查和重大活动前专项排查，乡镇（街道）累计报送矛盾纠纷 689 件，市处理信访突出问题及群体性事件联席会议办公室编辑《信访稳定工作每周专报》40 期，报送重要不稳定因素 29 件。按照“把力量下移到基层，把工作做实在基层，把矛盾解决在基层，把奖惩落实到基层”的要求，进一步规范各村人民调解、治保、信访“三员合一”运作机制，提高基层信访工作的能力和水平。实施重大事项信访稳定工作评估，在征地拆迁等敏感问题和 K598 路公交一体化改造等重点工作推进中，专门设立信访稳定组，实行稳定工作风险评估。

坚持敏感时期设立信访稳定工作领导小组和指挥部制度，实行集中办公。在此基础上，对不同的对象分别采取不同的稳控措施，并组建驻京、驻杭劝返组和应急机动组三支劝返队伍。每周一安排市领导到人民来访接待中心接访，敏感时期每天由市领导接访，全年市领导接访群众 92 批 414 人次。杭州市委常委、常务副市长杨戌标到临安接访群众 3 批 8 人次。乡镇（街道）部门领导实行开门接访。

投入 20 余万元，开通网上信访，实现全国、省、市、县、乡“五级联网”。市公安局、市信访局、市机关事务管理局全力维护机关大院的信访秩序，加大对无理访、缠访、闹访和恶性上访行为处置力度，对极个别挑头煽动人员进行依法训诫和处理。

按照“能解决就快解决”的要求，强化首接责任，实行“分级协调”，确保初信初访及时化解。加大疑难问题市乡两级领导包案化解和挂牌督办力度，全年市领导包案的 36 件信访积案，办结 27 件。其中，列入省级信访积案的 5 件，化解 4 件，化解率 80%；列入杭州市三色预警的 4 件全部化解。全年复查复核信访案件 6 件。

是年，临安市实现“两会”、“八一”

和中华人民共和国成立60周年等敏感时期“零上访”目标，其中，国庆60周年期间信访稳定工作获省、杭州市表彰，并在全省电视电话会议上作经验介绍，被评为省信访工作目标管理考核优秀单位、杭州市信访工作目标管理考核优秀单位和杭州市信访工作先进集体。

【信访突出问题】 2009年，群众反映的热点难点问题主要有：城乡建设类问题，约占来访总量的20.2%；涉法涉诉类问题，约占来访总量的15.1%；劳动社保类问题，约占来访总量的14.4%；土地征用和土地资源管理类问题，约占来访总量的11.8%；村级事务和管理类问题，约占来访总量的8.4%；历史遗留问题，主要涉及农村籍对越自卫反击战参战退役人员、农村电影放映员、民办教师、“五六”支农人员、20世纪60年代精简人员等。

(郑建平)

行政审批工作

【概况】 2009年，市行政服务中心受理各类行政审批（服务）事项10.12万件，办结10.03万件，办结率99.15%，提前办结率83.94%；综合窗口受理固定资产投资项目申报368项。通过服务质量跟踪调查，社会对窗口服务满意率98%。

市公共资源交易中心组织政府采购255批次，预算资金8700万元，实际采购资金7500万元，节约资金1200万元，节约率14.3%；组织水利、交通工程建设项目招投标16项（次），工程预算资金1.98亿元，实际中标资金1.91亿元，节约率3.7%。建设工程项目招投标129项（次），工程预算资金14.57亿元，实际中标资金13.22亿元，节约率9.3%。

市投资项目审批代办服务中心受理代办服务项目162个，投资总额201.27亿元。其中，市代办中心专职、挂职代办员代办项目79个，投资总额63.55亿元。办结项目129个。举办乡镇（街道）、开发区代办（理）员培训班。编辑《临安市投资项目审批代办工作实践与思考》，收录代办工作理论、心得体会文章19篇。

是年，市行政服务中心被评为杭州市作风建设先进集体、杭州市爱国卫生先进单位，市公共资源交易中心被评为杭州市示范公共资源交易中心，中心妇委会被评为市妇女工作先进集体，市国土资源局窗口获市巾帼文明示范岗称号。

【市行政审批办理中心更名】 2009年7月28日，按照杭州市中心统一名称、规范服务的要求，经市编委批准，临安市行政审批办理中心更名为临安市行政服务中心。服务中心内设办公室、业务科、招管科，有市发改局、市经济发展局、市财政（地税）局等45个市级部门和单位（含委托受理的11个单位）进驻，设立43个服务窗口，承担各类行政审批服务事项334项，工作人员140余人。

【非行政许可审批事项清理和规范工作】 2009年11月14日，市政府办公室下发《关于开展非行政许可审批事项清理和规范工作的通知》。此次清理和规范工作分自行清理、确认审核、规范程序三个阶段进行。通过清理和规范非行政许可审批事项，理顺部门审批职能，规范非行政许可审批事项的设定和实施，归并交叉重复审批事项，确定拟保留的本级非行政许可审批事项；规范审批程序，优化审批方式，强化批后监管；对涉及社会公众事项，纳入市行政服务中心统一受理、统一办理。

【市级机关内部行政许可职能整合改革】 2009年12月，按照《关于推进市级机关内部行政许可职能整合改革工作的实施意见》(临政发〔2009〕174号)，全市启动市级机关内部行政许可职能整合改革试点工作，市林业局、市质监局、市安监局、市气象局、市人防办为第一批实施部门。此次改革坚持依法整合、精简效能、集中办理原则，通过调整职能，设立行政许可科，成建制进驻市行政服务中心实行集中办理，批管分离。

【重点项目联办服务制】 2009年，市行政服务中心联合市发改局、市建设局、市国土局、市环保局、市林业局、市水利局、市消防大队、市气象局、市人防办等窗口，推出"绿色通道"联办服务制。完善投资项目审批代办制，由代办员对全市重点项目提供全程无偿跟踪代办服务；完善项目并联审批办理制，重点是工商注册、项目立项、施工许可和竣工验收的并联审批；实行节假日预约办理制；实行上门服务制；实行项目办理跟踪监督制。开通"绿色通道"咨询、投诉电话，把项目办理质量与效率作为各窗口单位效能考核依据之一。

【《临安市工程建设项目招投标实施细则》出台】 2009年，市公共资源交易中心进一步推进公共资源招投标市场体系建设，出台《临安市工程建设项目招投标实施细则》(临政发〔2009〕73号)，明确招投标各环节，利用成本干预原理阻止各种违法违规行为，从源头上减少和杜绝不正当交易行为，实现政府投资利益最大化。该《细则》分6章98条，主要内容有：招标范围、招标组织形式和招标方式；招投标各个关键环节的操作程序，主要包括招标文件的编制、备案，信息发布的时间、渠道，投标保证金的收退、组织交易、结果公示等；工程建设项目招投标各方主体的责任。

【首次竞价拍卖房地产项目】 2009年5月12日，原青山派出所房地产拍卖会在市公共资源招投标交易中心举行。拍卖起拍价158万元，参加竞买32人，经过39轮次竞价，最终以432万元拍卖成交，高出起拍价274万元，增值率173.4%。这是自国有资产交易纳入公共资源交易统一平台以来，首次对房地产项目采用竞价方式进行公开拍卖。市国资办、市招管办到现场监督，市公证处派员对拍卖活动进行全程现场监督。

(黎　威)

清洁乡村工作

【概况】 2009年，全市农村环境面貌持续改善，长效保洁机制逐步完善，群众卫生意识普遍提升，清洁乡村工作逐步转入常态化、规范化和制度化，初步实现城乡保洁一体化。民意调查显示，"清洁乡村"活动群众知晓率和支持率均达100%，群众满意率98.5%。

建立三级考核制度，一级督查为市清洁办每季度对26个乡镇（街道）进行明察暗访、排名公示，年终总成绩纳入乡镇（街道）综合业绩考核；二级督查为各乡镇（街道）对村级"清洁乡村"工作定期检查考核，每月不少于1次；

三级督查为各村对保洁员、清运人员督促检查，每周不少于1次，并建立台账资料。

财政投入基本稳定。市级财政投入500万元，根据《临安市农村生活垃圾收集处置工作实施意见》的规定，市财政补助按农村实际人口计算，每人每年保洁费5元、垃圾清运费3元、垃圾处置费3元，各乡镇（街道）设立专项资金账户，按季度发放，并确保乡财政和市财政1:1足额配套，专款专用。12个乡镇（街道）组建环卫所，村级保洁员达1164人。横路乡垃圾中转站和千洪乡垃圾填埋场建成使用，基本实现生活垃圾收集处置设施全覆盖，农村生活垃圾收集处置率90%以上。全市农村累计建成垃圾填埋场16个、中转站5个、垃圾焚烧炉32个、垃圾房368个、垃圾箱（桶）1.5万余只。

是年，潜川镇高坪村创建为杭州市打造“国内最清洁城市”示范点，乐平乡上沃村、岛石镇新二村、玲珑街道祥里村被评为杭州市“清洁乡村”先进单位。全市评选出“清洁乡村”工作先进集体7个、“清洁乡村”工作示范村35个、十佳乡村“美容师”10人、优秀保洁员90人、“清洁乡村”先进工作者68人。

【“清洁庭院”活动】 2009年4月，市清洁办和市妇联将“清洁庭院”纳入“清洁乡村”工作，在於潜镇昔口村举办“清洁庭院”现场推进会。至年末，全市80%行政村开展庭院整治工作，创建“清洁庭院”星级示范村5个、示范村45个。各级妇女组织开展“清洁庭院”集中行动570余次，参与家庭5万余户。

【“庭院改厕”工作】 2009年6月，市清洁办和市卫生局（爱卫办）将“庭院改厕”列为“清洁乡村”拓展内容，在横畈镇潘联村召开全市农村改厕工作现场会。全年完成5个乡镇10个村共1120户农村改厕项目，创建改厕达标村71个，新建卫生户厕5100座，新（改）建无害化卫生户厕1.32万座。

【山核桃蒲壳专项治理行动】 2009年，临安市全面启动山核桃蒲壳专项治理行动。在岛石镇新二村开展山核桃蒲壳袋装化试点，通过规范化堆放、袋装化收集、生态化处置等途径，8万吨山核桃蒲壳得到科学处置，其中，2万吨脱壳还林，6万吨被昌南活性炭厂、昌化嘉天山核桃壳有限公司、岛石长胜碳业有限公司、清凉峰虹越花卉有限公司4家公司消耗，山核桃产区蒲壳污染得到有效控制。

（徐 杰）

房改和住房保障工作

【概况】 2009年，全市廉租住房享受家庭180户、经济适用房享受家庭246户。制订出台《临安市城镇低收入家庭住房保障实施计划》、《临安市2009年度城镇廉租住房保障申请准入条件和租金补贴标准》。核准出售（衔接）公有住房28套（户），参改面积0.21万平方米，总房价74.64万元。归集单位住房资金59.12万元，归集住房维修基金15.52万元。基本完成全市行政事业单位在职职工一次性住房补贴发放工作，审核近4100人，筹集资金3400万元。收集整理房改档案2034件（盒），其中，文书档案398件、科技档案168盒、业务档案682件、会计档案122件。

是年，市房改办在杭州市房管（房改）系统目标责任考核中获二等奖，并被评为杭州市“双千结对”先进单位。

【经济适用房工程】 2009年，按照住房保障年度计划和经济适用住房申购程序，向社会公开销售住房近300套，基本完成第三期经济适用房“吴越人家”1200余套住房的申购和销售。完成该项目工程竣工结算、综合验收等收尾工作，完善会馆、技防等配套设施设备，成立业主委员会。定向市农业局下属农场职工建设销售的经济适用房“苕溪人家”，总建筑面积2.2万平方米，主体工程于9月底竣工。

【第四期保障性住房项目开工】 该项目由廉租住房、经济适用房、人才专用房“三房一体”组合而成，规划定点在锦城街道万马路北延段东侧、新环北路南侧地块，总用地面积5.16万平方米，总建筑面积11.6万平方米。工程概算总投资2.45亿元，设计住房960余套，分两期4个标段进行。2009年底，该项目完成总体规划设计、初步设计、地址勘察、扩初设计等前期工作，其中，一标段、二标段完成施工图设计与审查、实物量清单编制与审查。经公开招投标，两个施工单位和监理单位到位，施工证等各项施工审批手续全部完成。12月10日，举行开工仪式。

【廉租住房保障扩面工作】 2009年，从土地出让净收益和公积金增值收益中筹集廉租住房专项保障资金400余万元，在“吴越人家”小区和勤俭弄落实廉租房实物配租房源14套。按照将廉租住房保障范围扩大到城镇低保（特困）标准两倍（含）以内（人均月收入在640元以下）住房困难家庭要求，于6月下旬启动廉租住房申请报名工作。经社区（居委会）初审、部门联审、联席会议复审，并经媒体公示后，确定符合条件家庭180户，其中，实物配租24户（次），租金补贴156户（次）。11月，廉租住房钥匙和租金补贴送至廉租住房享受家庭。

【廉租住房保障政策调整】 2009年，按照廉租住房实现人均收入在城市低保（特困）标准两倍以下应保尽保的原则，制订出台《临安市2009年度城镇廉租住房保障申请准入条件和租金补贴标准》，对廉租住房准入条件和租金补贴标准作进一步调整：城镇低保（特困）边缘的未婚申请人，年龄须满35周岁（含）以上；廉租房租金补贴分低保（特困）家庭和低保边缘家庭两个档次，执行不同标准。低保（特困）住房困难家庭的廉租房租金补贴是：锦城街道建成区内每平方米4.5元/月，其他区域每平方米4.1元/月。低保边缘住房困难家庭廉租房租金补贴是：锦城街道建成区内每平方米3.5元/月，其他区域每平方米3.1元/月。

(邵　萍)

住房公积金管理工作

【概况】 2009年，全市归集住房公积金2.5亿元，发放个人住房公积金贷款2.15亿元。至年底，全市1636个单位建立住房公积金制度，正常缴存2.64万人；累计归集住房公积金12.37亿元，提取6.24亿元，归集余额6.13亿元；累计发放个人住房公积金贷款9.82亿元，回收住房公积金贷款4.14亿元，贷款余额5.68亿元，累计支持6718户家庭购买住房，面积83.55万平方米。通过扩面工作，全年净增缴存职工1648人。

4月20日，北京市住房公积金管理中心总经济师、新闻发言人李持缨到临安考察住房公积金管理工作。是年，市住房公积金管理中心被评为浙江省住房公积金管理岗位目标责任制考核优秀单位，结算大厅被共青团杭州市委授予“青年文明号”。

【推出住房公积金转按揭贷款业务】 2009年3月1日起，在临安买房办理商业住房按揭贷款，且住房公积金缴存在临安的职工，具备个人住房公积金贷款资格的借款人，可将商业贷款转为住房公积金贷款。转按揭贷款需具备3个条件：所购房屋取得房屋所有权证，借款人在临安连续正常缴存住房公积金12个月以上，夫妻双方个人征信系统中两年内无连续3个月或累计6个月逾期还款记录。申请转按揭贷款有两种方式：借款人可筹款结清商业贷款，再发放公积金贷款，或者由担保机构提供担保先发放公积金贷款用来提前结清商业按揭贷款。转按揭贷款额度不超过商业按揭贷款剩余本金金额。

【公积金余额提取新政策出台】 2009年3月1日起，临安市实施一年提取一次公积金账户余额用于归还住房贷款政策。还商业银行贷款的可根据当年度还款总额提取住房公积金余额现金，还住房公积金贷款的只能用于冲抵公积金贷款余额。

【住房公积金贷款政策调整】 2009年3月18日，印发《关于调整住房公积金贷款有关政策的通知》，对住房公积金最高贷款限额、贷款年限、二次住房公积金贷款条件等作出相关规定。调高住房公积金最高贷款限额，职工按规定正常缴存住房公积金的，最高贷款限额从18万元提高到20万元；夫妻双方均正常缴存住房公积金的，最高贷款额度从26万元提高到30万元；延长贷款年限，在30年的贷款期限内，将借款人的公积金贷款最长期限延至借款人退休年龄后5年；降低住房公积金贷款首付比例，职工首次申请住房公积金贷款的，首付款比例由原来房价的30%降低至20%；放宽职工申请二次住房公积金贷款条件，取消首次住房公积金贷款的住房面积在140平方米以上和还清首次贷款后1年内购房不享受二次公积金贷款的原限制条件。

【住房公积金缴存基数调整】 2009年7月1日起，调整全市住房公积金缴存基数，缴存基数以职工本人2008年度月平均工资计算确定。机关、事业单位职工工资口径按套改工资标准及财政、人事部门有关口径计算；企业和其他组织职工工资口径按国家统计局规定列入工资总额统计的项目计算；职工2008年月平均工资低于2010元的，缴存基数按2010元确定；职工住房公积金缴存基数一般不超过10050元，最高不超过16750元。住房公积金缴存比例为8%~12%；单位因经营困难，申请降低缴存比例的，需办理备案手续，最低缴存比例为5%。

（陈利生）

机关后勤工作

【概况】 2009年，全市公务接待各类来宾1280批，计1.15万人次。承接会议服务605场次，接待会议人数4.2万人次，外出执行任务21场次。机关大院严格管理，凭证出入，登记出入人员6600余人次，车辆12万余辆次，制止违规上访3000余人次，确保机关大院“零案件”。机关食堂确保每天提供菜肴24个品种以上、点心15个以上，保证每天700余人次的用餐服务工作。全年为市四套班子领导做好柯斯达出车服务230次。开展零星维修房屋770余人次，水电设施维修2330余人次，家具、空调、电脑、门锁等维修1100余人次。机关理发室为机关工作人员提供理发服务9000余人次。

【重大活动保障】 2009年，完成临安在北京、上海、宁波、温州举行的经济发展恳谈会和在杭州举行的新春团拜会后勤保障工作；完成临安市“两会”及全市农村工作会议后勤保障任务；完成临安参加浙江投资贸易洽谈会活动和“临安·上海院地合作洽谈会”后勤保障工作；完成浙江省科研机构创新基地（科技城）奠基仪式后勤保障工作。接待参加杭州天目山——台湾阿里山缔盟姐妹山签约活动的台湾吉泰旅行社董事长和嘉义市观光协会理事长许贤哲一行、俄罗斯维克萨市市长率领的考察团、省委副书记夏宝龙率领的考察团等。

【市级机关公房基建资产管理】 2009年，完成市委学习实践科学发展观活动办公室26间办公用房整修和室外环境整治及电脑、空调等基本办公设备和日常办公用品采购；完成市行政服务中心电梯更新工程和室外楼梯（消防楼梯）工程；完成机关大院各个办公场所节能灯更换工作；完成市犬管办办公楼装修及办公家具、空调采购；完成市锦南新城建设指挥部办公楼简易装修和办公家具采购；完成天目山榴椿屋地热工程。

【机关车辆管理】 2009年7月，成立机关车队，接手市委办公室、市政府办公室、市人大办公室、市政协办公室车辆管理工作。出台《临安市政府机关大院四办车辆管理办法》。通过招标方式确定车辆定点加油和维修厂商，实行定点加油和定点维修，严格规定车辆加油和维修程序，实行油卡一车一卡，凭卡对照车号加油，在车辆维修中加强驻厂监督员把关制度。

【公共机构节能减排工作】 2009年，市级公共机构节能减排领导小组办公室出台《临安市2009年度市级公共机构节能工作考核办法》，完成《进一步推进我市公共机构节能工作的实践与思考》调研文章。举办全市69家市级公共机构分管领导、节能工作联络员及各乡镇（街道）党政办负责人参加的节能工作培训班。参加科普宣传周、节能宣传月和“七一”广场为民服务活动，累计展览节能图板150余块，发放《节能宣传手册》1500余份，组织开展“节约能源，从我做起”全民签名活动。完成机关食堂1台炉灶节能改造。市级机关事务管理局获2008年度杭州市公共机构节能工作先进集体、2008年度临安市职工经济技术创新活动先进集体等荣誉。

（陈钰明）

政协临安市委员会

【概况】 2009年，政协临安市委员会共召开常委会议5次、主席会议14次；开展调研9次、专题协商6次；进行民主评议活动2次；选派政协委员到部门担任民主监督员，组织开展各类视察活动23次。协助中共临安市委召开政协工作会议；市委出台《关于进一步加强人民政协工作的意见》，提出加强和改善党对人民政协工作的领导、切实把人民政协政治协商纳入决策程序、进一步完善人民政协民主监督机制、着力提高人民政协参政议政实效、不断加强人民政协的自身建设五大方面23条意见。组织开展委员培训会，安排优秀委员介绍履职经验。组织召开政情通报会，为委员知情明政搭建平台。开展委员约谈会，加强政协领导与委员之间的联络联系，听取委员们对经济社会发展和政协工作的意见建议。开展“争当优秀政协委员，树立良好公众形象”主题实践活动。

编辑出版《新中国邮票上的浙江》，编印《钱镠研究》第18辑；组织开展浙江省第一届“兰亭奖”中小学生书法大赛临安地区的培训、选拔和参赛工作。全年在《人民政协报》、《联谊报》、《杭州日报》、《政协通讯》等报刊上发表文章近50篇；在《今日临安》刊发报道120余篇，在广播电台、电视台播报信息140余条；《临安政协》出刊6期，与市新闻传媒中心联办“议政建言”专版12期。《基层政协民主监督应把握好三个关键环节》在《人民政协报》上刊发，《彰显政协文化特色、推进政协工作创新发展》入围《中国（浙江）政协文化论坛论文汇编》，完成杭州市政协理论研究课题《人民政协基层组织建设探讨》并作研讨会交流发言。

【市政协七届三次全体会议】 2009年2月10~13日，政协第七届临安市委员会第三次会议在锦城举行。会议应到委员220人，出席219人。会议听取和审议政协第七届临安市委员会常务委员会工作报告、政协第七届临安市委员会常务委员会关于提案工作情况的报告；审议通过《政协第七届临安市委员会第三次会议关于提案收集和初审情况的报告》、《中国人民政治协商会议第七届临安市委员会第三次会议决议》。以提案形式提出的意见建议233件，其中集体提案27

件，有391人次提出或参与提出提案。《促进我市工业经济转型升级的建议》、《关于加快建立林业要素市场的建议》、《关于促进大学生创业就业的建议》、《对提高我市教学质量的建议与思考》、《加强对农村基础建设工程监管的建议》、《关于加快青山商贸服务业发展的几点建议》6件提案被列为重点提案。与会人员列席临安市第十四届人民代表大会第三次会议，听取并讨论政府工作报告及其他有关报告。部分市民代表旁听此次会议。

【市政协七届常委会议】 2009年，市政协七届常委会召开会议5次，分别为：

1月14日，召开第十一次常委会议，学习贯彻中共临安市委十二届九次全体（扩大）会议精神，进一步研究市政协七届三次会议筹备工作，协商决定市政协七届三次会议有关事项。

2月12日，召开第十二次常委会议。会议听取各组对《政府工作报告》、市政协七届三次会议决议（草案）、市政协2009年度工作要点（草案）的讨论情况和委员出席、缺席会议情况的汇报；审议市政协七届三次会议决议（草案）、市政协七届三次会议关于提案收集和初审情况的报告（草案）；审议通过市政协2009年工作要点（草案）。

5月20日，召开第十三次常委会议，主要学习传达全市经济工作会议精神，协商讨论当前经济形势，围绕市政协机关开展深入学习实践科学发展观活动征求意见建议。

7月31日，召开第十四次常委会议，学习贯彻中共临安市委十二届十次全会精神和全省政协工作会议精神，专题协商社会保障和改善民生工作。

11月20日，召开第十五次常委会议，专题协商污染减排工作。

【主席会议】 2009年，七届市政协召开主席会议14次，分别为：

1月4日，召开第二十九次主席会议，研究市政协七届三次会议筹备工作等事项。会议审议市政协七届三次会议的两个报告（征求意见稿），讨论研究市政协七届三次会议的日程安排和报告人等事项。

1月13日，召开第三十次主席会议，传达中共临安市委十二届常委会第四十二次会议精神，研究市政协七届十一次常委会议和七届三次会议有关事项。

2月3日，召开第三十一次主席会议，研究市政协2009年工作要点和市政协七届三次会议筹备工作有关事项。

2月25日，召开第三十二次主席会议，传达杭州市政协九届三次会议精神，研究2009年调研工作、老干部工作和部署3月工作。

3月10日，召开第三十三次主席会议，会议听取市政协提案委关于市政协七届三次会议提案审查立案情况汇报，审议确定市政协七届三次会议重点提案和重要提案；协商确定市政协秘书长办公会议提交的市政协2009年民主监督小组及成员（草案）和调整、增补特聘委员建议名单；研究部署市政协民主监督工作会议的准备工作。

4月30日，召开第三十四次主席会议，专题协商全市民生资金审计工作，听取各专委会有关工作情况汇报，研究部署5月工作。

6月4日，召开第三十五次主席会议，研究部署6月工作。

7月2日，召开第三十六次主席会

议，传达学习全省政协工作会议和中共临安市委常委会第51次会议精神，研究部署7月工作。

8月3日，召开第三十七次主席会议，传达学习《中共浙江省委关于加强和完善人民政协政治协商促进科学民主决策的意见》和省政协主席周国富在全省政协主席读书会上的讲话精神，研究部署市委政协工作会议筹备、民主评议等工作。

8月31日，召开第三十八次主席会议，听取各课题调研组调研情况汇报，讨论《市委关于进一步加强人民政协工作的意见》（代拟稿），研究部署9月工作。

10月9日，召开第三十九次主席会议，学习贯彻中共十七届四中全会精神和胡锦涛总书记在庆祝人民政协成立60周年大会上的重要讲话精神，协商讨论民主评议工作，研究部署10月工作。

11月6日，召开第四十次主席会议，研究部署协助市委召开政协工作会议、开展市政协常委会专题协商活动、民主评议重点提案办理等11月工作。

12月1日，召开第四十一次主席会议，研究部署市政协与市政府联席会议、市政协七届四次会议有关事项和12月工作。

12月16日，召开第四十二次主席会议，专题协商《临安市城乡居民社会养老保险办法（讨论稿）》。

【专题调研和协商】 2009年，市政协完成临安市水资源综合利用、天目山文化、深化集体林权制度改革、加快推进城中村综合改造、进一步完善被征地农民社会保障制度、完善社会保障体系、加快推进和谐社区建设、中医药发展、破解高校毕业生就业难等方面调研，撰写《临安市水资源综合利用调查报告》、《关于深化我市集体林权制度改革的调研报告》、《完善我市社会保障体系的思考与建议》、《临安市破解高校毕业生就业难的研究与思考》等调研报告9个。

市政协常委会议围绕社会保障与改善民生、污染减排等重点课题进行专题协商，形成《关于完善我市社会保障体系的建议案》、《关于加强我市污染减排工作的建议案》报送市委、市政府。主席会议围绕全市高校毕业生就业、民生资金审计、锦南新城概念性规划、临安市城乡居民社会养老保险办法等重要工作进行专题协商，形成《关于促进我市高校毕业生就业工作的建议案》、《关于加强民生资金审计工作的建议案》等意见建议。

【民主监督】 2009年，市政协把民主监督小组工作与界别组活动相结合，以界别活动组为单位，向18个部门选派委员73人担任民主监督员，建立向被监督部门送达民主监督建议书制度。各民主监督小组向各被监督单位发出关于落实民主监督建议书的函，提出45条意见建议。把民主评议与调查研究、专题协商等履职形式相结合，在民主评议小组评议的基础上，召开政协常委会议分别对市劳动和社会保障局的社会保障工作、市环保局的污染减排工作进行深度评议。对重点提案办理开展民主评议活动。

【信息工作】 2009年，市政协向市委、市政府报送《社情民意》26期、《情况反映》5期，得到市委、市政府领导批示，要求部门采纳落实的有16期；向有关职能部门转交《社情民意转报单》34件，承办部门作出书面反馈，其中，认为情况属实、应予采纳的 21 件；向上级政协报送《政协信息》23 期，其中有关内容被采纳的有 10 期。

【界别工作】 2009 年，市政协支持各界别开展富有特色的视察、调研和考察活动。创新活动载体，按照《关于开展“政协委员进社区”活动的实施意见》，通过界别联系社区，组织界别委员走访联系社区群众，开展座谈交流，设置“社情民意信箱”征集社情民意，为推进和谐社区建设出谋划策。各界别考察高新产业园区建设，调研科技、交通等工作，开展支教、送医下乡、为企业送健康等活动，举办“企业战略”专题知识讲座，组织探望慰问福利院儿童，向四川昭觉学生捐助过冬衣物等。

【团结联谊】 2009 年，市政协密切与各民主党派、工商联和无党派人士的合作共事，邀请他们参加政协组织开展的重要调研、视察、考察和座谈等活动，为他们建言献策畅通渠道、提供平台。密切与市政协各参加单位的联络联系，下发《关于建立加强政协各参加单位工作联络联系有关制度的通知》，为增进理解、扩大共识、发挥作用提供制度保证；开展政协领导走访委员企业活动。走访宗教团体，关心宗教人士的医疗保障问题，促进《关于给常住僧人参与新型农村合作医疗补助、医疗救助政策的提案》办理落实。全年接待到临安考察外地政协工作人员 20 余批次，计 500 余人次。

【人民政协成立 60 周年庆祝活动】 2009 年，为庆祝人民政协成立 60 周年，市政协组织开展系列庆祝活动，主要有：组织学习胡锦涛总书记在庆祝人民政协成立 60 周年大会上的重要讲话，召开社会各界人士代表座谈会；开展征文、书画、羽毛球比赛等活动；举行电影献礼大片《建国大业》首映式；组织参加全国“辉煌 60 年——政协委员摄影作品展”等。

（奚红燕）

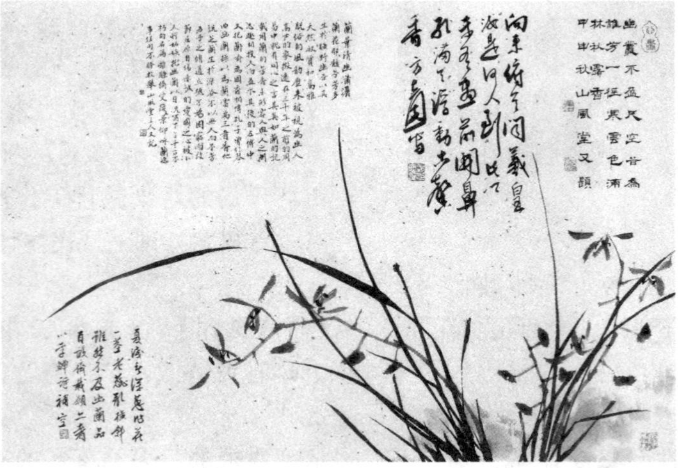

（方志恩　绘）

民主党派·工商联·人民团体

民主促进会

【概况】 2009 年末，全市有民进会员 120 人（新会员 6 人），支部 5 个。其中，高级职称 45 人，中级以上职称 112 人，退休 49 人；教育文化界 86 人；乡镇任副职 2 人，担任市政协委员 15 人，任政协常委 5 人，杭州市、临安市人大代表各 1 人，担任政府部门中层正职 4 人，其他单位或部门中层以上干部 20 人；各类特约监督员 6 人。

召开民进临安市委员会会议 4 次。组织全体委员、各支部主任到遂昌考察；组织女会员到跨海大桥、海宁皮革城参观；组织离退休会员到於潜二中和文昌公路参观。与民进杭州市委员会在颊口镇联合开展“送医下乡”活动；参与协办“信合杯”杭州市区县（市）男篮比赛；会员王江松、汪新妃、张向红、陈春林等利用自身工作平台，参与送文化到企业、社区、农村等活动。市人大常委会副主任、民进临安市委员会主委楼国富参加杭州市委统战部举办的民主党派、工商联领导干部学习班；会员梁静参加杭州市社会主义学院学习。

【民进参政议政】 2009 年，在临安市政协七届三次会议上，副主委胡廖明代表民进临安市委员会作《再提高我市教学质量的思考与建议》大会发言；市委员会提交集体提案 4 份，其中，《再提高我市教学质量的思考与建议》被列为重点提案，《关于加强农村幼儿园规范化建设的几点建议》被评为优秀提案；会员中的政协委员提交个人提案 25 份。民进界别被评为先进界别活动组；派驻建设局民主监督组被评为优秀监督组；伍柏松、叶芳琴被评为优秀政协委员；王正道、叶芳琴被评为提案积极分子；董平、方再耕、叶芳琴、张向红等被评为优秀信息员。全年提交社情民意 8 则，均被市政协采纳。

民进界别派驻市劳动和社会保障局民主监督小组开展活动 4 次，提交民主监督意见书 1 份；参与市政协课题调研、各类座谈会 7 次，参加落实科学发展观民主评议会 3 次；参加市政府房屋拆迁、公交一体化听证会各 1 次。

（董　平）

农工民主党

【概况】 2009年末，农工民主党临安市委员会有党员110人，预备党员3人，党支部7个，其中，四星级支部3个、三星级支部2个。

召开农工民主党临安市委员会会议5次，分别就中国共产党十七大精神、全国人大和政协会议精神、中共临安市委十二届十次全体（扩大）会议精神等进行专题学习。开展“我为应对国际金融危机影响献一策”活动，号召农工党党员向各级中共党委、政府提出合理化建议。引导农工党党员围绕经济社会发展中的热点、难点问题广泛开展“一人一议”等形式的建言献策活动。为西天目乡徐村新农村建设结对帮扶点开展系列服务工作，邀请水果、林业、蔬菜、茶叶、畜牧、法律、医卫等方面专家，为徐村发展出谋划策；争取项目与资金进行帮扶，帮助引进旧茶园改造项目。开展“健康知识进百企活动”，组织农工党党员中的医卫人才，为杭州新联电器有限公司、杭州真心太阳能有限公司、杭州奥星电子有限公司、杭州大明山旅游有限公司、杭州大田生花有限公司等企业管理人员与业务骨干、外来务工人员进行健康体检，举办健康知识讲座，服务人数1023人次。与省疾控中心支部联合开展农村农民健康状况调查活动，向10户贫困农村家庭赠送米、油等物资，上门进行健康咨询。

组织农工党党员中的政协委员和主要骨干，到宁波、温州等地考察；农工党上海市委员会、农工党余姚总支到临安考察交流。农工党省疾控中心支部与昌化支部进行结对交流活动。

是年，农工民主党临安市委员会被农工党杭州市委员会评为先进工作集体，被市政协评为信息工作先进集体；农工党界别活动组被市政协评为先进活动界别组，民主监督小组（驻市工商分局）被评为先进监督小组；詹寿明被农工党中央评为优秀组织工作者；於潜支部、临安医一支部被杭州市委员会评为先进支部；6人被评为农工党杭州市社会服务优秀工作者。

【农工党参政议政】 2009年，在临安市政协七届三次会议期间，农工党党员提交个人提案与集体提案共38件。詹寿明代表市委会在大会上作《构建农产品市场推广体系 促进产业经济持续发展》发言，市委员会提交的《实施食品一体化经营监管体系、保障食品优质安全》进行书面交流。《加快苕溪两岸交通网络建设步伐，提升临安城市形象》调研报告得到市政府领导批示，《联谊报》以《委员促桥梁添‘护栏’》为题作了报道。

（詹寿明）

工 商 联

【概况】 2009年末，临安市工商业联合会下辖青山湖、锦南、玲珑、於潜、太阳、昌化、新桥7个基层乡镇（街道）商会和中国轻纺城临安商会、北京临安商会两个异地商会，下属临安市广告行业协会、临安电线电缆协会两家行业协会。新发展会员企业441家，年末有会员企业784家。

组织开展非公有制经济代表人士各类培训活动。与市委党校合作，在浙江大学举办“企业经营战略与竞争”主体培训班，组织学员到云南参观考察临安投资企业；与万马集团联合举办“企业发展战略”专题知识讲座；与市委统战部联合举办“非公有制经济如何应对金融危机”培训班，30家会员企业参加；举办“金融危机下企业管理与利润升级——生产精细化管理七大利器”培训班，56家会员企业的中层骨干参加培训。会同市总工会开展“企业爱员工、员工爱企业”双爱双评活动，杭州宇中高虹照明电器有限公司、临安振有电子有限公司、临安乾龙电子有限公司3家企业被评为2009年杭州市 “双爱双评”先进企业。组织民营企业参加“杭州市民营企业论坛”、“杭州市做大做强民营经济研讨会”等活动。组织推荐3个科技项目参加杭州市首届统一战线科技创新竞赛，杭州金利多实业有限公司“盐酸无氰法铜包铝镁双金属导线”项目获优胜奖。会同农工党临安市委员会开展“健康知识进百家企业”服务活动，为10余家会员企业职工1000余人免费体检，举办健康知识讲座。开展“关爱关心民营企业家身体健康”活动，为非公有制经济代表人士95人免费体检。11月，市有关领导到福建参观慰问临安投资企业。协助浙江振兴担保有限公司引进资金4850万元。

开展“三百结对，共建新农村”活动，组织348家企业与行政村结对，实现行政村村企结对全覆盖，累计投入新农村建设资金1000万元。组织会员企业参与结对帮扶援建四川金子山乡活动，浙江杭州鑫富药业股份有限公司捐款500多万元援建四川金子山乡博爱卫生院。与市总工会合作，开展“百家企业帮扶百户困难家庭”活动，组织非公有制经济人士参与“公民爱心日”和“春风行动”活动，共捐款1000余万元。会同市委宣传部编辑《临安企业家风采》一书。

是年，市工商联获浙江省工商联系统先进集体、宣传工作一等奖，杭州市工商联“2008年度全国工商联上规模民营企业调研”工作先进集体等荣誉。

【工商联参政议政】 2009年，非公有制经济中的人大代表、政协委员共提交人大议案12件、政协提案22件、社情民意10篇、调研报告2篇。其中，人大议案《建立临安工业网》被列为市人大十四届三次会议重点议案，促成市经济发展局于11月开通临安工业网。政协提案《关于我市民营企业转型升级的几点建议》及4篇社情民意，得到市委、市政府主要领导批示。组织工商联界别政协委员到江西等地学习考察，开展工商联界别政协委员进社区活动，设置委员信箱、组织委员参与社区活动。

【锦南商会成立】 2009年4月23日，临安市总商会锦南商会召开第一次会员代表大会，参加会议42人。大会选举浙江天伦集团有限公司董事长咸天伦为锦南商会第一届理事会会长，浙江金盾塑胶有限公司董事长沈为平、杭州临安万鹏电讯电缆有限公司总经理曹小玲、杭州临安强盛车圈有限公司总经理洪青强、杭州乾龙电器有限公司总经理李乾良4人为副会长，张良斌为秘书长。

【中国轻纺城临安商会代表大会】 2009年7月8日，异地商会中国轻纺城临安商会召开第二次会员代表大会，参加会员253人。会议根据《中华全国工商联章程》规定，选举产生第二届理事53人、常务理事17人、候补理事14人和理事会会长、副会长、秘书长14人。曹天龙当选为第二届理事会会长。

【“向企业送温暖”活动】 2009年，市工商联开展“向企业送温暖”活动，累计走访会员企业100余家。与兴业银行临安分行建立战略合作关系，签订战略合作协议书，为工商联优质会员企业提供融资贷款、理财等金融服务。加强与工商联系统担保公司和小额贷款公司的交流与合作，为中小企业融资担保提供服务，全年累计提供担保6.35亿元。

【融资担保服务】 2009年，浙江振兴担保有限公司引进资金4850万元，注册资金1亿元，累计为中小企业担保214笔，担保总额4.85亿元。受保企业中，全年新增就业1095人，新增销售6.4亿元，新增利税9400万元。临安市金诺信用担保有限公司为41家中小企业（专业户）提供融资担保服务，新增担保额6546万元。临安市兆丰小额贷款股份有限公司全年为224家企业、529户农户办理贷款及提供财务、理财等服务，累计贷款总额17.83亿元。

（吴爱琴）

总工会

【概况】 2009年末，市总工会下设临安经济开发区、玲珑街道总工会，教育、市级机关、市经济发展局、市发展和改革局、市贸易局、市供销总社、市信用联社、市农业局、市林业局、市建设局、市交通局、市卫生局、市水利水电局、市风景旅游局、私营企业15家产业（局）工会工作委员会和25家乡镇（街道）工会工作委员会及32家直属工会。全年新建基层工会146家，发展会员1.35万人（其中农民工会员1.02万人）。至年末，全市下属基层工会1776家，覆盖机关、企业和事业单位2967家；职工总数16.15万人，其中，女职工6.35万人，农民工8.87万人；工会会员15.86万人，其中女会员6.24万人，农民工会员8.74万人。

是年，市总工会获浙江省先进职工维权帮扶中心、省“安康杯”竞赛优秀组织单位、杭州市创建劳动关系和谐企业优秀组织单位等荣誉，被杭州市总工会考核确认为工会经审工作规范化建设A级达标单位和计拨经费审查工作一等奖单位，市总工会失业职工就业创业基地被省总工会命名为浙江省首批工会就业创业基地。

【工会组织建设】 2009年，重点推进乡镇（街道）总工会、村级工会、社区工会、商贸工会组织建设。组建玲珑街道米积村等10家基层工会联合会，实现村级工会零的突破；建立锦城街道武肃里社区等10家社区工会和浙江临安长途汽车运输有限公司出租车分公司工会、临安市强盛出租汽车有限公司工会2家出租汽车工会和临安市服装零售业工会。9月26日，玲珑街道成立总工会，是全市首家乡镇（街道）总工会。

【“三级联创”活动】 2009年，市委组织部、市总工会联合开展第二轮市、乡镇（街道、部门）、基层工会“三级联创”活动，继续推进工会规范化建设。指导76家基层工会进行换届，对9家乡镇（街道）工会主任进行调整，招聘工会工作者7人，指导高虹镇节能灯行业召开第一次职代会，投入50万元建立非公有制企业工会干部权益保障金，评选表彰优秀工会工作者60人。玲珑街道总工会被评为浙江省示范镇乡（街道）工会，於潜镇工会、锦南街道工会被评为杭州市先进镇乡（街道）工会；浙江万马集团有限公司工会被评为省模范职工之家，杭州临安乾龙电器有限公司工会、杭州华通精工器件有限公司工会被评为杭州市职工之家。

【社会主义劳动竞赛】 2009年，市总工会以“竞赛五一五，建功十一五”为主题，在全市工业企业、重点工程、商贸服务行业、教育卫生系统中开展社会主义劳动竞赛。组织职工开展技术革新10项、技术攻关5项，提出合理化建议4880条（采用1979条），产生经济效益3196万元。组织开展乡镇产业技能大赛33项、市级技能大赛23项，参加杭州市级以上技能大赛12项。杭州正驰达精密机械有限公司林峰、广远家电余伟民获“杭州市技术能手”称号；临安奥星电子陈峰，市畜牧兽医局张亚民、骆军，昌化公路段许国平，临安家电维修中心帅胜利获“杭州市职工经济技术创新能手”称号；浙江万马电缆股份有限公司吴山青发明的“山青护套修补操作法”等5项操作法被评为杭州市级以职工名字命名的先进操作法，浙江万马电缆股份有限公司高级技师叶金龙发明的“金龙导体电阻在线检测法”等10项操作法被评为临安市级以职工名字命名的先进操作法；通过行业比武产生行业状元17人。经推荐评选，市供电局“95598”电力服务热线被授予浙江省“工人先锋号”称号，临安移动公司网络部等5个部门被授予杭州市“工人先锋号”称号，杭州樱花线业有限公司造筒车间等28个集体被授予临安市“工人先锋号”称号。

【百名杰出职工评选活动】 2009年，为肯定广大职工在应对金融危机、共克时艰、推进经济社会发展中作出的贡献，市委宣传部和市总工会联合开展勇克时艰百名杰出职工宣传评选活动。通过逐级推荐和评选委员会评选，万马电缆公司技术部副经理刘晓光等100名职工获“临安市勇克时艰杰出职工”称号。杭州康赛特服饰有限公司车间主任陈益群另获“杭州市勇克时艰十大杰出职工”称号。4月28日，市委、市政府在市人民广场召开表彰大会。

【企业工资集体协商工作】 2009年，市总工会贯彻落实市委、市政府《关于推进职工工资集体协商工作的实施意见》，推进企业工资集体协商工作，推动企业职工工资共决机制和支付保障机制的建设完善。5月14日，与劳动部门在高虹镇节能灯行业开展行业工资集体协商试点，在杭州地区率先签订首份行业职工工资集体协商协议。11月3~4日，省总工会在临安市召开全省行业（区域）性工资集体协商工作推进会，进行总结推广。全年新签订集体合同、工资协议178份，涵盖企业325家。至年末，共签订集体合同、工资协议1354份，覆盖企业1939家。

【创建劳动关系和谐企业活动】 2009年，市创建活动领导小组制订下发《关于下达2009年度“创建劳动关系和谐企业活动”计划的通知》和《临安市创建和谐劳动关系达标企业评价细则》。组织开展创建检查指导，对260余名乡镇（街道）、企业劳动争议调解员进行业务辅导培训，开展省、杭州市和谐工业园区创建工作。全市应开展创建劳动关系和谐企业活动企业1264家，已参与创建1239家，达标企业599家，参与率和达标率分别为98%、48.35%。

【“春风”行动】 2009年1月6日，市委、市政府召开第5次“春风”行动动员大会。全市520余家机关、企业和事业单位工作人员捐款320万元。市委、市政府下发《关于进一步深化“春风”行动工作的意见》，将市民政局、市慈善总会、市残联、市总工会等部门帮扶救助资金纳入“春风”行动资金统一管理，扩大帮扶救助范围，推进“春风”行动深化延伸。开展元旦、春节送温暖活动，走访慰问生活困难职工和劳动模范家庭1567户，发放慰问金141万元；为39户特困职工发放特困证，每户每月发放生活补助320元，并在看病、读书、用电、收看有线电视、支付电话费等方面给予减免；为125户大病困难职工发放大病救助款54万元；为200名困难单亲女职工和女劳模免费办理安康保险；将343名困难职工纳入市惠民医院医疗救助范围；将12户困难职工纳入市廉租房援助范围。开展新一轮市管领导干部结对帮扶困难家庭活动，结对353户，扩大帮扶覆盖面；启动“1+X”社会结对帮扶活动，共有120家企、事业单位和20位个人与321户困难家庭结对帮扶；实施“春满临安”帮困助学行动，为351名困难职工家庭发放助学金103万元。

【“11211”就业援助计划】 2009年，实施杭州市总工会“11211”（举办就业招聘会100场，建立就业创业基地100个，培训职工2万个，介绍职业1万个，安置就业1万个）就业援助计划，开展职工就业创业援助工作，提高困难职工家庭自我脱贫解困能力。举办大型就业招聘会、工会创业就业基地展示会，参加现场咨询求职人员3000余人次，470人与用人单位初步达成就业意向。建立浙江盛美园艺有限公司、临安康顺家政服务有限公司等10个工会就业创业基地，提供就业岗位790个。市总工会困难职工就业基地、临安康顺家政公司被省总工会评为“浙江省工会就业创业基地”。

【帮扶外来务工人员】 2009年，市委、市政府下发《临安市外来务工人员特殊困难救助办法（试行）》，进一步完善外来务工人员帮扶救助机制。建立完善困难农民工档案483户，将336户困难农民工（其中外来农民工58户）纳入领导干部结对帮扶范围；组织开展外来务工人员平安返乡专项行动，为20余家企业职工购买返乡车票1000余张；组织市总工会文工团下企业慰问留守农民工；邀请市主要领导与临安经济开发区、玲珑工业园区的300多名外来务工人员同吃年夜饭。

【第六次联席会议】 2009年12月30日，市政府与市总工会举行第六次联席会议。市人大常委会副主任、市总工会主席杨为伟向市政府通报市总工会2009年工作情况和2010年工作思路。会议对市总工会提请市政府商议解决的关于要求将劳动关系和谐企业创建和“春风行动”工作纳入市政府对乡镇（街道）工作考核、尽快制订出台《加强企业社会责任建设的实施细则》、落实各级劳模专项管理经费、进一步加强工业性行业协会建设四个议题进行讨论研究。

【"五一新闻奖"评选】 2009年，市委宣传部、市总工会联合开展第三届"五一新闻奖"评选活动。各新闻单位及各级工会共推荐2008年5月至2009年4月在县（市）级及以上新闻媒体发表或播放的各类文字、图片、广播、电视作品105件。经市评选委员会评选，评出一等奖5个、二等奖10个、三等奖9个，市新闻传媒中心被评为优秀组织奖。4月24日，召开表彰大会。

【摄影大奖赛】 2009年7~9月，市总工会举办临安市庆祝中华人民共和国成立60周年"工运杯"摄影大奖赛。共收到参赛作品264幅，经省、杭州市摄影专家等组成的评委评选，评出一等奖1个、二等奖3个、三等奖5个，优秀奖4个。9月23日，召开表彰大会。该比赛由市新闻传媒中心协办。

【职工教育】 2009年，面对全球金融危机，在全市200多家企业近10万名职工中开展"企业有困难，职工怎么办？"主题大讨论、"我为企业献一计、帮助企业渡难关"克难攻坚等系列活动。市职工业余学校开展各类职工岗位技能培训班43期，培训1682人次，其中，家政服务员培训9期748人次。通过培训，获得岗位技能结业证书1065人、初级工证书827人，晋升为中级工110人。开展职工高等学历教育，毕业大专生182人、本科生62人，在校大专以上学员273人。

临安市职工业余学校被省教育厅、省财政厅、省总工会认定为"浙江省工会家政服务定点培训机构"，被省总工会认定为"浙江省总工会就业培训（实训）基地"。继续开展"创建学习型组织、争做知识型职工"活动（以下简称"创争"活动），新建学习型组织108个、学习型班组（科室）211个，培养知识型职工245人。杭州天恒机械有限公司被杭州市创争活动领导小组授予2005~2009年杭州市"创争"活动示范单位，市供电局青云操作站被授予示范班组，市总工会吴佳涛被授予学习型标兵。杭州创远电缆有限公司、浙江新剑精密制品有限公司文化家园被杭州市总工会授予"新杭州人文化家园"；市职工业余学校、市自来水有限公司被授予"浙江省文化共享工程示范服务点"；浙江华兴集团有限公司、市中医院、临安华龙装饰材料有限公司、中天建设集团浙江幕墙有限公司、市人民医院职工书屋被授予"浙江省文化共享工程职工电子书屋"；临安华龙装饰材料有限公司职工书屋被授予"浙江省职工书屋"；临安经济开发区、杭州创远电缆有限公司职工书屋被授予"杭州市职工书屋"；临安经济开发区、杭州创远电缆有限公司、临安市人民医院、临安市建设局职工学校被授予"杭州市基层职工学校"，临安经济开发区、杭州市创远电缆有限公司、临安都美电镀有限公司、杭州南都科技有限公司俱乐部被授予"杭州市基层职工俱乐部"。

【职工文体活动】 2009年，市工人文化宫和下属於潜、昌化职工活动中心常年向职工群众开放图书室、阅览室、乒乓球室、台球室等公益性文化娱乐场所13

个。拉丁舞培训中心组队参加省少儿体育舞蹈大赛，获银奖6个、铜奖3个；金帆文化艺术中心帮助西墅村居委会、玲珑村、夏禹桥村组建女子管乐队。昌化、於潜职工活动中心分别承办老年大学成立10周年文艺庆典演出和科学发展观文艺宣传下乡下企业活动；昌化职工活动中心承办昌化镇第四届乒乓球赛及老年人象棋赛、双扣比赛；於潜职工活动中心承担镇、村排舞培训，培训4000余人次，并会同镇体协组织举办“永芳杯”排舞大赛。组队参加杭州市职工羽毛球等级联赛，进入乙级队行列。选送歌手10人参加杭州市庆祝中华人民共和国成立60周年“放歌天堂”职工声乐大赛，葛文茂获银奖，蒋华锋等4人获优秀歌手奖，市工人文化宫获优秀组织奖。完成棋类协会换届工作，产生第九届棋类协会；举办临安市象棋赛。市总工会文工团全年送戏下企、下乡演出88场；在临安经济开发区、玲珑工业区举办文艺联欢活动；联合杭州职工艺术团下企业进行“情系职工，共享和谐”慰问演出。

(吴佳涛)

共青团

【概况】 2009年末，全市有14周岁至35周岁青年14.81万人，14周岁至28周岁青年10.28万人，共青团员3.73万人，团青比例14.9%；建立团组织1520个，团市委直属团组织65个，其中，乡镇22个、街道4个、部门机关和企事业单位26个、学校13个；全市298个村和11个社区都建立团组织，459家规模以上企业建立团组织，建团率98.7%。

开展中学生业余党校工作，举办各类培训班10场次，在校中学生参加培训近800人。市青少年思想道德与法制教育宣讲团开展宣讲73场次，青少年接受教育3.29万人次。开展纪念“五四”运动90周年3G杯有奖知识竞赛、国旗下青春誓言和“红色经典”影片巡回展活动。开展18周岁成人预备期教育，对青少年进行社会责任意识教育。

举办浙江万马电子保安器安装技能、新闻传媒中心新闻写作、青年民警警务技能等10场青工技能比武。组建杭州叉车厂迁建项目、临余公路临安段改建工程、英公水库除险加固等6支市级青年突击队。6人成为杭州市青年企业家协会会员，4人成为杭州市青联委员，1人被评为第九届杭州市十大青年英才。团干部到市重点一线挂职锻炼4人，参加市委党校中青班学习5人。组织青联委员、青联企业家赴宁波北仑区、鄞州区和安徽省宁国市等地考察；接待“探寻吴越文脉，感受古都魅力”两岸大学生交流团；举办第三届临安市单身青年交友联谊会；加强与浙江林学院共青团校地合作。

继续推进低收入农户青少年关爱行动，帮扶农村青少年600余人，筹集社会捐款100余万元。开展青年安全生产示范岗创建活动。开展优秀青少年维权岗创建活动，新增临安市级优秀青少年维权岗3家、杭州市级优秀青少年维权岗1家。

是年，团市委获浙江省共青团工作先进团委、杭州市学生会工作先进集体、临安市创建“平安临安”工作先进集体、临安市未成年人思想道德建设10件实事优秀组织奖等荣誉。

【青年就业创业服务】 2009年，团市委、市青年联合会在临安市第一期人才集市上推出见习岗位170余个，与企业达成见习意向200余人。成立临安市青年就业创业见习基地70家，提供见习岗位640余个，400余人参加见习，130人通过见习实现就业。组建由17人组成的临安市青年创业导师团，引导青年以创业带动就业。举办大学生就业创业进校园专场招聘会、就业创业大型招聘会等活动，100余家青联企、事业单位提供800余个就业岗位面向大学生进行招聘。举办SYB培训班3期，为农村创业青年提供免费创业培训。

【农村青年创业小额贷款实施】 2009年，团市委、市信用联社、市青年联合会联合在全市实施农村青年小额创业贷款项目。举行农村青年创业小额贷款授信仪式，确定首批50个农村创业青年授信户，授信1015万元，颁发“丰收——青年创业贷款证”。全年累计为创业青年发放小额贷款730.6万元。

【首届十大“阳光少年”评选活动】 2009年，市委宣传部、市文明办、团市委、市教育局联合举办临安市第一届十大“阳光少年”评选活动。活动自8月开始，经层层发动和初评，各中小学校推荐候选人76人。10月，进行复赛，产生入围决赛选手20人。11月28日，举行决赛，选手分为小学组和初中组，进行“阳光少年”主题演讲，展示各种才艺，并以现场答题的形式进行综合素质测试，最终评选小学组童舒祺、初中组王珏璟等10人为“阳光少年”。活动结束后，主办单位组织入围决赛的选手参加冬令营活动。

【志愿服务工作】 2009年，团市委招募志愿者5364人，年末有注册志愿者2万人。开展各类培训36期。组建交通事故处理志愿服务队、市城管执法志愿服务队、“清洁临安”志愿服务队和民防应急志愿服务队。开展“清洁乡村”、“三下乡”、“七一”广场大型便民等志愿服务活动，全年组织活动70余次，服务1252小时。借助网络平台，发动网民加入志愿服务行列，组建临安市志愿者义工同盟。与浙江林学院联合举办2009浙江林学院志愿者文化节。

【青少年活动中心工作】 2009年，市青少年活动中心组织开展读书节、少年儿童跳蚤市场、走进临安敬老院、流动少年宫走进昌化暨临安市未成年人思想道德建设10件实事启动仪式、我为临安绘明天大型少儿公益绘画等活动。组织“生态之旅”夏令营活动2场，举办科普展览，参观人数3000余人次。举办防止甲型H1N1流感知识讲座9场，参加人数2600余人次。

（徐　璐）

妇　联

【概况】 2009年末，全市有乡镇（街道）妇联26个、单位妇委会30个，村妇代会298个，社区妇联11个，企业妇代会51个。有专职妇联干部32人，其中，45岁以下27人、大学本科以上学历26人、中共党员28人。乡镇（街道）妇联主席100%进入党政领导班子。全年发展女党员263人，占党员发展总数的30%。

召开妇儿工委成员单位会议，对《临安市“十一五”妇女发展规划》、

《临安市“十一五”儿童发展规划》目标任务进行分解和再落实。开展妇女儿童发展规划中期监测评估和指标数据的采集、分析、评价等工作。中期监测结果显示：《临安市“十一五”妇女发展规划》40项可量化指标，有30项达标，达标率75%；《临安市“十一五”儿童发展规划》51项可量化指标，有45项达标，达标率88%。

市妇女儿童权益保障联席会议将维权工作目标任务分解落实到各职能部门，市、乡镇（街道）妇联信访窗口接待调处信访案件234件，调处率98%，“12348”热线为妇女提供心理疏导和法律咨询1299人次，“110”家庭暴力救助中心出警264次，法律援助中心为妇女提供法律援助157次，妇联干部陪审员陪审妇女权益类案件1件。

开展优秀女干部、双学双比女能手、巾帼文明岗、巾帼建功标兵、十佳来料加工经纪人等先进评比表彰活动，树立女性先进典型70余人。其中，西天目乡乡长谢莉萍被评为全国“三八”红旗手，人民法院立案大厅被授予全国巾帼文明岗；河桥镇泥洛村、潜川镇塔山村被授予省巾帼示范村。

开展深入学习实践科学发展观活动，组织集中学习7次，撰写心得体会文章6篇，组织调研20余次，形成调研报告3篇，开展向企业“送温暖”和“送政策、送健康、送法律、送维权”进村活动，共计展出图板31块，发放宣传资料2万余份，接受法律咨询90余次，妇女免费健康体检200余人。

是年，市妇联获杭州市来料加工工作显著奖、“清洁庭院”工作优胜单位等荣誉。

【纪念“三八”国际劳动妇女节99周年】 2009年3月8日，市妇联、市体育局、市体育总会在人民广场联合举办机关女干部趣味运动会，比赛设集体跳长绳、趣味接力和车轮滚滚3个项目，来自各机关单位的29个代表队300余人参加，市文广新局获团体一等奖，市公安局、市文广新局和市级机关妇委会分别获三个单项第一名。各乡镇（街道）妇联开展排舞大赛、文艺晚会等各具特色的活动，有5个乡镇（街道）69支队伍参加排舞大赛，6个乡镇（街道）51支队伍开展其他形式的文体活动。

【第18次妇女代表大会】 2009年11月12~13日，临安市第18次妇女代表大会在锦城召开。此次大会有正式代表178人，特邀列席代表24人。大会审议通过陈丽梅代表第17届执委会作的题为《举全市妇女之力走创新发展之路为建设杭州西郊现代化生态市而努力奋斗》的工作报告。会议选举产生市妇联第18届执行委员会委员29人、常委11人，陈丽梅当选为妇联主席，杨岚岚、雷珍分别当选为副主席。

【农村妇女素质培训工程】 2009年，市妇联依托职业技能培训中心平台，采取市乡妇联联动方式，开展计算机操作、家政服务、来料加工、“农家乐”等方面的适用技能培训。全市共培训农村妇女7617人，占总培训人数的35%，其中，妇联系统直接培训1216人，转移就业700人。

【家庭文明工程】 2009年，市妇联开展“不让毒品进我家”活动，村、社区“平安家庭”创建面达96.6%和100%。开展健身球操、腰鼓、秧歌、扇子舞、舞龙等文体活动，累计建立各类女子文体队伍456支，将创卫生城市、家庭美德、婚育新风、健身礼仪等知识送进千家万户。开展绿色家庭、学习型家庭、清洁家庭、双合格家庭等特色家庭创建，发放倡议书10万余份，植树6.07万株，争创五好文明家庭8.69万户，特色家庭7.85万户。

【姐妹帮扶工程】 2009年，根据《杭州市妇联姐妹帮扶三年行动计划》要求，市、乡镇（街道）妇联组织女企业家、女经纪人、女干部、女党员等与低收入家庭妇女结对，共计结对184对，慰问困难妇女儿童403人，慰问资金105万元。开展“妇女健康行”活动，为贫困和低收入家庭妇女350人提供免费体检和医疗救助。

【巾帼建功竞赛活动】 2009年，市妇联发动各机关、企业和事业单位争创巾帼文明岗，拓展巾帼文明岗创建覆盖面，对台账、申报、自查、复查等程序进行规范，做到动态管理。全年创建“巾帼文明岗”113个，其中国家级1个、省级7个，被评为杭州市级以上巾帼建功标兵5人。全市有巾帼志愿者队伍323支，志愿者3300人。

【家庭来料加工业】 2009年，市妇联多次到义乌市考察来料加工业务，引领有经验的经纪人到义乌市接洽业务，引进干花、雨衣、玩具加工等项目，累计发放加工费6137万元。发动534户低收入农户从事来料加工，户均增收3184元。促成市领导针对来料加工开展专题调研，出台《关于加快发展来料加工业的实施意见》。新培育经纪人49人，新增从业人员3479人。向上级妇联争取资金30余万元，补助低收入农户和经纪人；向财政争取资金61.5万元，奖励经纪人、加工企业、专业村和有突出贡献乡镇（街道）。

【“清洁庭院”行动】 2009年，市妇联制订《清洁庭院三年行动工作计划》。在於潜镇昔口村召开“清洁庭院”现场推进会，层层签订责任状，分解落实工作任务。先后在“三八”、“五一”、“六五”等节日，组织开展集中卫生整治活动570余次，清理垃圾1600余吨，清除卫生死角1.2万余处，参与家庭5万余户。成立庭院环境评比小组、监督队、巾帼志愿者队，建立清洁户、示范户评比表彰制度，完善长效管理机制。全年有239个村（社区）开展清洁庭院活动，占行政村（社区）总数80.2%；实行长效管理村（社区）90个，占“清洁庭院”村（社区）30.2%；创建清洁庭院达标户7.85万户，占农村家庭总数57.6%；创建示范户8232户，占农村家庭6%；创建临安市清洁庭院星级示范村5个，清洁庭院示范村45个，发放奖金32.5万元。

【家庭教育工作】 2009年，市妇联以实施“百万家庭素质”工程为载体，邀请家庭教育讲师团成员到街道、社区、学校进行巡回演讲70余场次，直接受益家长7万余人次。加强家庭教育师资队伍建设，讲师团成员充实至17人，家长学校负责人培训率100%。举行“代理家长与留守儿童”结对关爱活动，累计结对156对，开展捐资、赠书、写信、“亲情热线”等活动。小学、中学、社区家长学校办学率分别达到89.5%、90%和70.5%，树立优秀家长学校17所。

（厉曙霞）

□ 小资料

山核桃安全采摘宣传画

按：临安是中国山核桃之都，山核桃是临安的著名特产。山核桃好吃，令人口齿生香，回味无穷，但山核桃采摘很难，且很危险。每年9月初，山核桃开打，都会发生伤亡事故。为此，2010年市有关部门专门组织人员绘制安全采摘山核桃宣传画。

精心准备

聚精会神

下雨忌打

树老防折

疲劳过度

掉以轻心

（方志恩　绘）

政法·武装

概　述

【概况】 2009年，全市未发生影响稳定的政治性事件、重特大恶性刑事案件和群体性事件，无群死群伤的安全生产事故，盗窃、“双抢”等侵财性案件比上一年均有下降，命案破案率连续6年保持100%。

重视群体性事件的预防处置工作，健全维稳各项工作机制，运用重大事项社会稳定风险评估机制，确保公交K598路一体化改造等重点工作顺利推进。加强情报信息搜集、研判和不稳定因素的化解工作，完成各类敏感时期的稳定工作。开展反邪教警示教育活动，发放各类宣传资料10套2万余份，组织法制培训班1期。

全市政法系统开展“百警联百企百警结百村”、“向企业送温暖”、“贯彻五项司法 助力企业发展”、“护农促农联合行动”、“送法给企业”等一系列帮扶活动，帮助企业应对金融危机。依法处理涉企案件，维护企业职工合法权益，预防涉企群体性事件的发生。将涉法涉诉重信重访问题的化解、打击“两抢一盗”、电子监控系统建设、预防涉农职务犯罪等工作列为政法综治年度重点工作，继续运用项目化管理手段逐个突破。

深化流动人口服务管理工作。“市、乡、村（企业）”三级服务管理体系进一步健全，流动人口协管员基本配备到位。村级调解、治保、信访“三员合一”机制进一步完善，“和事佬”协会建设稳步推进。发展社区矫正阳光志愿者、党员小喇叭巡逻队、蚕农互救组织、护笋巡逻队、山核桃看管队等各具特色的群防群治组织。建立政法系统舆情信息反馈联动机制，组织开展“政法四长（市公安局局长、市法院院长、市检察院检察长、市司法局局长）与网民对话”活动，开通网络警务室，尝试进行庭审直播，开辟政法部门引导舆情新途径。

是年，临安市连续5年被省委、省政府命名为“平安市”，考核得分位居全省第23位，杭州县（市、区）第二位。连续第三次被省委、省政府授予社会治安综合治理工作先进集体称号。连续7年获杭州市社会治安综合治理工作优秀达标单位称号，连续两年获杭州市维稳优秀达标单位称号，考核得分均列杭州县（市、区）第一位。610工作考核获杭州县（市、区）第二名。

【国庆60周年维稳工作】 2009年，临安市成立“国庆”信访稳定工作领导小组，下设信访紧急事项处置指挥部，并设立督查组、接待组、信息组、劝返组、矛盾纠纷化解组和法制培训组6个工作小组，集中办公。实行指挥部及下属6个工作小组每日一碰头制度，采取“一揽子”装进、“一门子”受理、“一竿子”到底的项目化管理方法，动态掌握情况，及时处置重要情况。市委以文件形式明确信访突出问题及群体性事件联席会议10个专项工作小组和乡镇（街道）工作责任，与各乡镇（街道）和专项小组成员部门签订维稳、信访工作责任状，同时推行领导包案、信息报送、督促检查、情况通报、考核奖惩等各项制度。推进领导信访接待制度化，加大重点约访和带案下访力度。组织开展不稳定因素大排查，“国庆”前后一个月内，实行“滚动式”排查，对排查梳理出的重点不稳定因素按照“谁主管，谁负责”和“属地管理，分级负责”的原则，交办给相关责任单位和乡镇（街道），进行集中处理。“国庆”期间，实现“不发生重大恶性刑事案件、不发生重大群体性事件、不发生重大安全生产责任事故、不发生进京异常上访事件、不发生邪教人员滋事事件、不发生涉疆不稳定事件”的目标。“国庆”60周年维稳工作获杭州市一等奖。

【“平安临安”宣传活动】 2009年初，市委政法委将“平安临安”建设宣传工作纳入全市政法综治和平安建设年度10项重点工作，落实牵头领导、责任单位和责任人。开展“国际金融危机影响背景下如何开展好平安建设，维护社会稳定和谐”、“深化农村平安建设问题初探”等课题调研。市委学习实践活动领导小组办公室将创建“平安临安”的相关内容制作成课件，纳入全市第三批学习实践活动的理论学习和调查研究范围。组织开展以建设“平安临安”、构建和谐社会为主题的调研文章评比活动，收到参评作品300余篇，对优秀作品进行表彰奖励和整理汇编。制作《平安临安》专题并在临安电视台《民情半月谈》栏目播出，在《临安新闻》前的黄金档插播平安建设公益广告。在《今日临安》开设平安建设专栏，集中宣传报道市委、市政府关于平安建设的重大决策、主要措施和进展动态，宣传“平安乡镇、街道”、“平安社区”、“平安村”、“平安校园”等各类创建活动中典型。创办《平安之路》宣传画册。

组织开展平安建设集中宣传月活动，把活动开展情况纳入年度综治目标责任制考核和部门平安建设考核内容，成立活动协调小组。9月11日，在人民广场举行启动仪式。在《今日临安》和临安电视台等新闻媒体发表《致全体市民的公开信》，倡导市民积极参与平安建设活动。市平安办制作“平安临安建设五年成果展”图板160余块，在市人民广场和各乡镇（街道）巡回展出；编印《临安市民平安知识读本》5万册；制作平安建设公益广告20余条，在主要交通要道、各大宾馆电子显示屏等设备上实时滚动播放。各机关单位开展各具特色的宣传活动，市安监局发放印有安全生产知识的扑克牌3万副，市妇联发放印有“创建平安家庭”字样的妇女厨房用围裙1万条，青山湖街道发放平安环保袋2万只，玲珑街道发放各类宣传资料6000余份。据统计，集中宣传月活动期间，全市共制作宣传标语、板报、挂图、宣传画等5000余幅（块），在村（社区）和企、事业单位悬挂、张贴，各乡镇（街道）在人群密集地段刷写永久性标语2幅以上。

【推行“阳光调解法”】 2009年初，市综治办在新桥乡和大峡谷镇开展化解矛盾纠纷试点工作的基础上，总结出“阳光调解法”，并予以推行。“阳光调解法”主要体现在“两个公开”：一是调解人员选定公开，允许纠纷当事人自由选择调解员，可以邀请不同村、不同乡镇数名调解员组成“合议庭”；二是调解过程公开，调解员不先入为主，不偏袒一方，讲事实、摆道理，当事人对自己选定的调解员充分信任，对调解结果容易接受。

（姚向阳）

公 安

【概况】 2009年，市公安局围绕“国庆”60周年安保工作，加大隐蔽战线对敌斗争力度，预防境内外敌对分子的渗透、颠覆、破坏活动。落实“国庆”安保工作措施，强化重点人员、特殊群体稳控工作，协助市委、市政府劝返进京赴省上访人员，完成“国庆”60周年安保任务。开展社会不安定因素排查，化解处置人民内部矛盾；开展特警练兵汇报演练；妥善处置群众哄抢鸡血石、公交一体化改革、企业退休职工集体上访等影响较大的事件。出台公安机关帮扶企业、服务群众措施5项20条。

组织开展“四打两整治”等专项斗争。严密社会治安防控网络，开展“数字巡访”试点推广工作，推进社会治安监控系统建设，建立巡（特）警常态巡逻机制。整治酒后驾车等严重交通违法行为。加强实有人口特别是流动人口管理，开展公共复杂场所治安整治，落实实名登记、阵地控制等管控措施。全市刑事立案比上年下降0.16%，破案率上升1.47%，命案和五类案件破案率均达到100%，打击处理人数上升16.2%。全年破获各类经济案件36件，挽回经济损失1.7亿元，分别上升50%和3075.28%，侦办“闻氏姐妹地下钱庄案”、“浙江天松集团非法吸收公众存款案”、“蓝光公司虚假出资案”等一批重大案件。开展打击传销犯罪活动，共捣毁传销窝点25个，移送起诉20人，被依法判处有期徒刑9人，教育遣送传销参与人员360余人。市公安局经济犯罪侦查大队被评为浙江省打击传销百日联合执法行动先进集体。

发生交通事故380起，死亡71人，受伤551人，直接经济损失73.9万元，分别下降7.09%、4.05%、0.18%、3.27%。发生火灾事故52起，直接经济损失18.98万元，分别下降3.7%、5.05%，未发生人员伤亡火灾事故。

加强公安信息化建设，制订出台《公安科技发展三年规划（2009~2011年）》，推进以信息采集录入、分析研判、实战应用为主要内容的情报信息体系建设。加大执法规范化建设，树立“理性、平和、文明、规范”执法理念，开展以规范工作用语、规范执法执勤为主要内容的“双规范”教育活动。建立健全执法办案制度，改革行政案件审核方式。推广执法监督信息系统，组建信访监督员队伍，聘请群众代表27人担任公安信访监督员。执法质量考评连续第二年进入全省优秀单位行列。组织开展“警民恳谈”、“警营开放日”、“相约警务室”等活动，通过参观、座谈交流、亲身体验等方式进行民警与群众之间的情感交流。

开展学习实践科学发展观和人民警察核心价值观教育活动。落实队伍状况定期分析、重大事项报告、谈心谈话等制度。举办警察技能大比武运动会，推行师徒工作制，建立兼职教官队伍。开展“大走访”爱民实践活动。落实民警健康体检工作，建立帮扶困难民警、协(辅)警互助基金。开展创建无违法违纪、无执法过错、无信访投诉“三无所队”活动，未发生队伍违法情况。

是年，市公安局被浙江省公安厅评为打防控工作考核A等单位、全省执法质量优秀单位、全省公安信访工作优秀单位，被杭州市人民政府评为综治工作先进单位；5个下属单位记集体三等功，14人记个人三等功。

【特警练兵汇报会】 2009年9月24日，市公安局在市看守所操场举行“国庆”60周年安保暨特警练兵汇报会。120位特警队员进行长警棍操、警犬扑咬搜爆、车辆查缉战术、突发性骚乱事件处置等科目演练。省公安厅治安总队政委沈鑫祥，杭州市公安局党委委员、政治部主任边卫跃，临安市四套班子主要领导，临安市相关单位负责人及部分人大代表、政协委员和群众代表观摩汇报演练。

【“四打两整治”专项斗争】 2009年，市公安局按照上级公安机关统一部署，组织开展“四打两整治”专项斗争，并结合临安实际，组织开展“铁拳”集中行动，拓宽侦查破案途径，严厉打击“两抢一盗”、涉黑涉恶、有组织赌博等违法犯罪活动。全年破获“两抢”案件74件、盗窃案件1377件、诈骗案件57件；摧毁恶势力团伙8个、涉恶团伙6个，打击处理犯罪嫌疑人60人；打掉有组织赌博犯罪团伙15个71人，查处赌博案件315件，行政处罚754人；查处卖淫嫖娼案件24件，行政处罚103人。“四打两整治”专项斗争成绩名列杭州市三类地区第一名。

【机构改革试点工作完成】 2009年，市公安局根据《公安机关组织管理条例》、公安部《关于县级公安机关机构设置的指导意见》的有关规定，通过精简机关、合并重组、调整职能、更改名称，完成机构改革试点工作。机构改革后，市公安局共设综合管理机构4个、直属执法勤务机构7个、监管机构2个、派出所机构13个(其中3个公安派出所保留机构但未配警力办公)，机构总数比原来减少9个，副科级机构由原来的3个增加到5个，新增副科级干部职数5个、高配副科级干部职数2个。

【青山派出所新办公用房建成】 2009年12月28日，位于青山湖街道南环北路的青山派出所新办公用房启用。作为《公安基层基础设施建设五年规划》的第一个项目，青山派出所办公用房于2007年底开始筹建，占地面积7.84亩，建筑面积6205平方米，总投资2000余万元，是青山派出所、交警青山中队、青山巡逻大队、青山消防中队的集体办公用房。新办公用房设置办事区、办公区、办案区和生活区四大区域，配备先进的办公、办案设施，解决了青山地区公安基层所队办公区域狭小、设备陈旧等问题。

【“数字巡访”试点推广工作】 2009年，市公安局根据杭州市公安局推广“数字巡访”工作要求，投资130余万元，在锦城、青山、玲珑3个派出所试点推广“数字巡访”工作。建立GIS警用地理信息平台、GPS指挥平台，配发GPS定位对讲机、车载台，3个派出所于5月26日正式启动“数字巡访”工作。

【网络警务室开通】 2009年2月，市公安局与市新闻传媒中心联合在临安新闻网《天目论坛》中开通网络警务室。网络警务室以网上论坛形式面向广大群众，分设咨询求助、建议投诉、防范支招、请你破案、通缉令等版块，每天安排一定警力网上值班，做好答复回帖、日常维护等工作，并公布局长邮箱地址和工作联系QQ号码，方便群众反映问题、在线交流。至年底，网络警务室点击率60万次以上，发帖、跟帖共计8060条，解答群众咨询求助类问题110余个，发布安全防范、宣传报道类信息80余条，网上受理并解决涉警投诉类问题10余个，通过网友提供的线索破获案件10余件。

【“10·18”故意杀人案】 2009年10月18日晚，市公安局指挥中心接到乐平乡东乐村李某报案，该村石门头21号村民宋某（女）被杀死在自家一楼卫生间。通过对死者家属的走访，掌握宋某的社会关系，发现宋某的男朋友吕某（男，51岁，河南省邓州市人）有重大作案嫌疑。公安机关根据犯罪嫌疑人逃跑路线，组织刑侦大队、巡（特）警大队、於潜派出所及当地村民，在主要路口设卡盘查，对周边山林进行地毯式搜查。22日，吕某向警方投案自首。经审查，吕某交代因口角纠纷，采用掐脖子手段将宋某杀死的作案事实。

【捣毁盗抢团伙】 2009年初，锦城街道胜利苑发生多起以色情按摩为诱饵，将受害人骗至出租房后实施抢劫、盗窃的案件。女性犯罪嫌疑人在长途客运西站等地以色情按摩为诱饵，将受害人骗至胜利苑出租房内，按摩过程中由其同伙（男性）实施盗窃，一旦被受害人发现，就采用拳打脚踢等暴力手段实施抢劫。为严厉打击此类违法犯罪活动，市公安局抽调警力成立专案组，通过侦查发现，该团伙主要由湖南安化籍人员组成。4月28日晚，市公安局出动警员160余人对涉案人员进行抓捕，抓获涉案人员28人，其中刑拘16人、取保候审1人，其余人员予以行政处罚。借此，还破获盗窃、抢劫案件30余件。

【盗骨灰盒案】 2009年4月30日，骆某到锦城派出所报案称，其母亲墓地被撬，骨灰盒被偷走，一男子打电话给骆某，要求用60万元赎回骨灰盒。接案后，市公安局通过侦查，锁定该案嫌疑人闫某（男，33岁，吉林公主岭市人）和周某（男，45岁，临安市人），并将其抓捕归案。经审查，犯罪嫌疑人对盗取骨灰盒实施敲诈勒索的作案事实供认不讳。

（金　新）

检　察

【概况】 2009年，市检察院受理批捕案件417件709人，审查后批捕404件686人；受理移送起诉案件537件949人，审查后公诉492件870人，移送杭州市检察院9件20人。对无逮捕必要决定不批捕23人；对犯罪情节轻微决定不起诉9人。对被告人认罪的轻微刑事案件快速办理，建议法院适用简易程序或简化审理程序审理案件295件，约占起诉案件总数60%。与市林业局、市烟草专卖局、市卫生局等5家单位建立网上执法信息共享平台，完善行政执法与刑事司法衔接机制，促进行政执法规范化。

受理各类职务犯罪案件线索28件，立案侦查贪污贿赂、渎职侵权犯罪案件12件14人，已全部侦结并提起公诉。其中，贪污贿赂大案9件11人，大案比例达到100%；渎职侵权案件3件3人；科级以上要案3件3人。结合办案追缴赃款200余万元，为国家挽回经济损失100余万元。

推动建立“党委领导、检察监督指导、乡镇（街道）密切配合”的全市涉农职务犯罪预防工作格局，完善预防工作网络，健全预防工作机制。将行贿犯罪档案录入和查询范围由建设、金融等领域扩大到所有领域，先后向社会提供查询12次，涉及被查询单位73家105人次。举办大型广场法制宣传教育和法律服务活动，成立预防职务犯罪宣教讲师团，到市信用联社、市房改办等10余家单位召开职务犯罪案例剖析会，分发资料1000余份，受教育人数2000余人。

对应当立案而不立案的，监督公安机关立案8件9人；对应当逮捕而未提请逮捕、应当起诉而未移送起诉的，决定追加逮捕1人、追加起诉2人、增诉罪名14个；对刑事诉讼活动中的违法情况提出书面纠正意见10余件次；对认为确有错误的刑事判决提出抗诉并改判1件。依法受理不服人民法院生效判决、裁定的申诉9件，经依法审查，对认为确有错误的民事、行政裁判提请抗诉3件，建议提请抗诉3件。探索民事行政检察调解，和解1件多次到省、杭州市上访长达4年之久的工伤事故损害赔偿纠纷申诉案件。完善羁押期限届满提示等制度，全年无超期羁押现象发生，依法监督纠正减刑、假释、暂予监外执行不当23人；开展看守所监管执法专项检查，提出纠正意见20余件次；围绕浙江省“社区矫正规范落实年”，对全市26个乡镇（街道）社区矫正工作多次进行监督检查，对发现脱管漏管、未按规定及时解除矫正措施、严重违反社区矫正规定等问题，通过检察建议督促纠正。依法处理各类控告、申诉、举报线索145件，未发生因工作不当而引发越级上访或矛盾激化等情况。

制订出台《关于为更好更快推进杭州西郊现代化生态市建设服务的意见》。试行领导分片联系乡镇（街道）和科室联系乡镇（街道）制度，在锦城街道建立检察联络室，聘任乡镇（街道）检察联络员，深化农村廉政监督员制度，加强与基层乡镇村企的联系与沟通。结合全市政法机关“百警联百企，百警结百村”活动，开展以“关注民生，贴近基层”为主题的“四走访”（走访各乡镇街道、企业、社区、学校）活动。成立检察官民生工作室，继续完善执法便民措施，设立司法救助绿色通道，对涉及民生案件的当事人建立“快速办理绿色通道”。

是年，市检察院获杭州市廉政文化进机关示范点、杭州市文明单位、杭州市综合治理先进单位、临安市平安创建工作先进集体等荣誉。

【“护农　促农”联合行动】 2009年7月，市检察院为创新涉农检察工作模式，与市环保局、市农业局等开展“护农、促农”联合行动。围绕当前农村工作大局，关注“钱、权、人”，即关注涉农公共资金使用、涉农公共权力运用和涉农工作人员行为，对涉农专项资金使用情况进行检察，提出检察建议13份，帮助全市20余个乡镇、村完善财务制度等预防措施。《检察日报》、《浙江日报》、《浙江法制报》等媒体对该项活动进行报道。

【“办案质量提升年”活动】 2009年2月，市检察院开展“办案质量提升年”活动。加强批捕、起诉环节证据审查力度，加强自行补充侦查和对证据的调查复核工作，提升讯（询）问能力，提高审查判断证据能力和运用证据揭露证实犯罪的水平。修订和完善案件质量评审督察办法等7项制度，对初查后决定不立案、撤案、改变强制措施的职务犯罪案件以及不捕、不诉、撤回起诉等刑事案件，开展案件质量评审督察，通过日常备案抽查和季度专门评查相结合，科室自评和院里讲评相结合，提升办案质量。全年无错捕漏捕案件，起诉案件法院均作有罪判决。

【专项检务督查】 2009年3月，为强化内部管理监督，市检察院制订《检务督察工作实施办法》，开展专项检务督察10次，规范检察人员纪律、作风建设。加强对干部队伍的管理和监督，落实述职述廉、个人重大事项报告、任前廉政谈话等制度。建立检察干警违法违纪三级预警机制，建立中层干部廉政档案和干警执法档案，执行“廉洁从检十项纪律”和“禁酒令”。

【人大代表旁听职务犯罪庭审】 2009年7月30日，市检察院邀请市人大法制专业组人大代表旁听姜某受贿案。开庭过程中，检察机关公诉人向法庭出示依法获取的被告人供述、证人证言、书证、鉴定结论等证据，展示姜某受贿的时间、地点、数额及其利用职务便利为他人谋取利益的犯罪事实。姜某对检察机关的指控供认不讳。庭审结束后，参与旁听的人大代表对庭审进行评议，对公诉人法庭表现表示满意，并提出意见和建议。

【涉检信访风险评估预警化解机制】 2009年10月，为从源头上预防、减少和化解涉检信访，市检察院建立涉检信访风险评估预警化解机制。建立由检察长任组长，各部门负责人为组员的领导小组。对拟作出不立案、不批捕、不起诉、撤案、不予确认、不予赔偿等决定可能引起上访等7种情形必须进行信访风险评估、预警、化解。风险评估实行级别制，根据涉检信访的性质、严重程度、可控性和影响范围等因素，分为四级，遵循“谁决定、谁负责”、“及时评估预警化解”的原则，采取由下至上分级预警，逐级预防。通过依法处理、教育疏导、救助救济，把化解矛盾贯穿执法办案始终。

【民事行政申诉案件风险告知制度】 2009年1月，为从根本上避免民事行政申诉案件当事人误解，改变对申诉结果盲目期望，减少不必要诉累，市检察院推行民事行政申诉案件风险告知制度。制作《民事行政申诉风险告知书》，向申诉人提示申诉风险，并结合案件事实、证据以及适用法律和政策进行解释。区分不同类型案件告知重点和处理方法，对不属检察机关受理范围的案件，向申诉人说明，并为其联系相关部门；对原裁判认定事实清楚、适用法律正确的案件，消除其思想顾虑，劝其息诉；对因邻里矛盾、家庭纠纷、侵权损害赔偿和标的额比较小的申诉案件，在尊重双方当事人意愿，不违反法律规定，不损害国家、集体和他人利益的前提下，主持双方和解，化解矛盾。全年对24件民事行政申诉案件进行风险告知，举办公开风险告知现场会7次，参加现场会的案件当事人和群众300余人次，无一案件被当事人缠诉，未发生因工作不当引发的越级上访或矛盾激化情况。

（徐　军　胡宇翔）

审　判

【概况】 2009年，市法院受理各类案件7518件，比上年增长18.19%；办结7474件，增长18.64%；结案率96.5%。

审结刑事案件506件，比上年增长5.64%，判处被告人864人，其中5年以上有期徒刑111人。审结“两抢一盗”(抢夺、抢劫、盗窃)、寻衅滋事、聚众斗殴等危害社会治安的犯罪案件285件465人。审结诈骗、非法传销、强迫交易、侵犯知识产权等破坏市场经济秩序的犯罪案件19件21人。审结贪污、贿赂等职务犯罪案件8件10人。依法审判建设局原党委副书记郭美宝受贿案、市信用联社原理事长姜强受贿案等一批有较大影响的案件。开展犯罪预防和失足青少年的教育、感化、挽救工作。审结未成年人犯罪案件40件56人，下降22%。

审结各类民事纠纷案件2230件，调解撤诉率72.65%。贯彻调解优先、调判结合的原则，统筹诉前调解、立案调解、诉讼调解等多种方式，开展全程、全员调解，从根本上平息纠纷。对劳资、债务纠纷，注重平衡双方当事人的利益，尽量运用调解手段化解矛盾，实现互利共赢和案结事了。加强诉调衔接，融人人民调解、行政调解、司法调解“三位一体”的大调解格局，推进多元化纠纷解决机制建设。

审结行政诉讼案件11件，其中经协调后原告撤诉5件。推进行政首长出庭应诉制度，提升行政机关执法意识。通过法官授课、司法建议、与政府部门建立例会制度等形式，提升行政机关执法水平。探索行政案件协调和解机制，化解行政争议。

审结商事纠纷案件2383件，比上年增长43.21%，结案标的额4.26亿元；办结涉企类审理和执行案件2785件，增长22.04%。因受国际金融危机等综合因素的影响，金融类、涉企债务类等商事纠纷案件大幅上升。出台《运用司法职能保障经济平稳较快发展的20条实施意见》和《开展“贯彻五项司法、助力企业发展”活动的实施意见》。

加大对弱势群体的司法救助力度，解决困难当事人的诉讼难题，全年对121件案件的当事人缓、减、免收诉讼费8.1万元，向困难当事人发放司法救助金39.7万元。

是年，市法院获浙江省文明单位、杭州市妇女权益保障工作先进集体、2008年度创建平安临安先进集体等荣誉。

【执行积案清理】 2009年，市法院办结各类执行案件2269件，实际执行率65.5%，执行到位标的额1.89亿元。开展清理执行积案专项行动，逐案建立并落实“五定一包”（定承办人员、定督办领导、定执行措施、定执行期限、定目标责任及重点案件院领导包案）清理积案责任制，累计清理2007年底前受理的执行积案365件。

【设立速裁组和交通法庭】 2009年，市法院在立案庭设置速裁组，将简易民商事案件交由速裁法官依法采用简便方式快速处理，减少案件流转环节，方便当事人化解简易纠纷。全年民商事案件简易程序适用率87.17%，以速裁方式结案538件，平均结案时间16天。在市交警大队事故处理中心设立交通法庭，现场快速调处交通事故赔偿纠纷，全年调解结案244件，自动履行率97.95%。

【网络庭审直播】 2009年5月26日，市法院首次通过网络图文同步直播一起普通的刑事案件审理现场。犯罪嫌疑人刘某为所谓的兄弟义气，两次殴打他人，造成他人人身伤害和财产损失，被判处有期徒刑3年6个月。市法院将该起案件事先在网上进行预告，开庭时在法庭设立由现场主持人、庭审速录员、图片摄影人员、资料上传人员等组成的直播现场组，将庭审过程同步图文上传至互联网。

【立案大厅获"全国巾帼文明岗"称号】 2009年3月2日，市法院立案大厅被最高人民法院、全国妇联联合授予"全国巾帼文明岗"称号，立案大厅集导诉、立案、接访、咨询、查询诉讼流程、传递诉讼材料、收结诉讼费等立案信访功能和其他辅助性服务功能于一体，实现一站式服务，有工作人员5人，其中女性4人。

（陈晓华）

司法行政

【概况】 2009年，市司法局实施"强基固本"发展战略，坚持强化基层基础和拓展法律服务。加大司法所基础设施建设，以"统一形象设计、统一标识标牌、统一上墙内容、统一功能布局"为标准，对司法所进行标准化改造，完成12个司法所改造。开展基层人民调解主任、司法所工作人员、社区矫正志愿者素质培训，分3批举办人民调解主任、社区矫正志愿者培训班，培训354人，参训率100%。加强"三员合一"机制建设，出台《司法所综合考核办法》和《人民调解工作考核办法》。指导基层开展全市矛盾纠纷排查、调处，全年各级调解组织调处纠纷5012件，成功4992件，成功率99.6%。

年末全市有律师事务所7家，专职律师48人，兼职律师3人；法律服务所6家，工作人员32人。各律师事务所全年办理案件1815件，其中，民事诉讼1470件、刑事诉讼109件、行政诉讼18件；担任常年法律顾问303家。市公证处办理公证4656件，其中，国内经济公证1670件、国内民事公证2350件、涉外公证603件、涉港澳台公证33件。市法律援助中心实施"法律援助全覆盖"和"一小时法律援助圈"计划，降低援助门槛、完善便民措施，为弱势群体提供优质法律服务，办理援助案件418件，其中，民事案件359件、刑事案件59件。受理"12348"法律咨询电话1299次，接待群众来访1333批次。

制订《临安市2009年乡镇（街道）和部门依普工作考核办法和评分细则》，分解《"五五"普法教育"三五"依法治市规划》工作内容。制订《临安市2009年普法教育系列活动方案》，指导各乡镇（街道）、部门单位组织实施。发挥部门单位专业优势，结合各类主题日、主题活动，开展图版展览、送电影下乡、法制讲座、有奖竞猜等法制宣传教育活动。深化民主法治村（社区）创建，创建省级民主法治村（社区）3个，杭州市级50个，临安市级242个。

贯彻落实浙江省、杭州市关于开展“社区矫正规范落实年”活动要求，出台《关于进一步加强社区矫正工作的意见》和《社区矫正对象减刑申报初审办法》。加大对日常管理工作的指导检查考核力度，加强社区矫正对象和矫正志愿者队伍的数据库建设，成立社区矫正心理辅导员队伍。年末有在册社区矫正对象367人，无脱管漏管，无重新犯罪；在册归正人员1181人，重新犯罪5人，重新犯罪率0.4%。

是年，市公证处陶靖被司法部授予“法律服务和法律援助工作为构建社会主义和谐社会服务”主题实践活动先进个人称号，市司法局、市公证处被杭州市司法局通报嘉奖，董中南、章国和被杭州市司法局授予个人三等功。

【司法所体制改革】 2009年，市委下发《关于加强临安市基层司法所建设的意见》，市编办下发《关于基层司法所机构编制有关事项的通知》，调整机构设置，明确司法所组织机构、基础设施、业务能力建设内容，单独设立26个派驻司法所。市司法局制订《司法所建设三年行动计划》，与市财政局、市人事局联合下发《关于临安市司法局派驻司法所经费保障、人事管理及职级待遇的意见》，争取市政府办公室转发《关于司法所机构设置和管理工作的意见》。

【“送法帮企”活动】 2009年3月，市司法局下发《关于开展“送法帮企”活动的实施意见》，帮助企业解决法律问题。组织开展“企业法律风险防范”专题讲座2次；开展“法律体检”活动，帮助企业分析法律风险；为地方党委、政府提供法律咨询、法律建议，参与乡（镇）书记、乡（镇）长接访活动；推行乡（镇）政府、部门法律顾问制度，“乡村法律顾问”达到50%。活动期间，司法行政系统走访企业97次，对32家企业进行法律体检；举办讲座13场次，受训人员380人；参与企业重整、重组7次，处理债务2650万元，涉及标的4.99亿元。

【“服务新农村”活动】 2009年3月11日，市司法局下发《司法行政为新农村建设服务主题活动实施意见》。开展“法律进农村”活动，建立为三农服务信息公证平台，构建“一小时法律援助服务圈”，加强村级调解员的培训力度。出台机关干部联系乡（镇）制度，一名干部联系一个乡（镇）。机关干部全年走访乡（镇）171人次，走访结对村48人次，梳理矛盾纠纷33件，协助调处纠纷14件，为企业和村委会提供意见和建议30次，走访结对企业57人次。

【“和事佬”协会】 2009年，市司法局贯彻落实杭州市委、市政府《关于推行“和事佬”协会的实施意见》精神，制订“和事佬”试点工作实施意见和面上工作指导意见。9月，选定锦城街道开展试点。11月6日，召开“和事佬”协会工作推广会，总结交流锦城街道试点工作经验，动员部署全市“和事佬”协会推广工作。至年末，全市26个乡镇（街道）均建立“和事佬”协会，各村设“和事佬”协会分会，11个社区单独建立“和事佬”协会，全市共有“和事佬”协会成员1144人。

【社区矫正心理辅导员队伍成立】 2009年，市司法局贯彻浙江省、杭州市开展“社区矫正规范落实年”活动要求，加强矫正对象心理辅导工作，探索依托学校心理辅导老师开展社区矫正对象心理辅导工作。在於潜镇开展心理辅导工作试点。10月10日，与市教育局联合发文，成立临安市社区矫正心理辅导员队伍，首批成员11人，由具有专业心理辅导师资格证的心理辅导老师担任。

【法律援助全覆盖初步实现】 2009年，市司法局在乡镇（街道）统一挂牌设立法律援助站，结合社区服务中心建设，在村、社区建立法律援助联络点，推进法律援助全覆盖工作。在巩固市残联、市老龄委、市妇联、市人武部、市看守所法律援助站的同时，增设劳动保障、工会法律援助站。初步实现重点部门、26个乡镇（街道）全部建立法律援助工作站，所有村、社区建立法律援助联络点的工作目标。

【“局长对话网友”活动】 2009年11月17日，市司法局局长董中南走进临安新闻网视频直播室，围绕“弘扬法治 服务社会”主题，就基层人民调解、法制宣传教育、法律服务队伍管理等方面工作与广大网友进行互动交流，临安新闻网全程视频直播实况。董中南现场回答网友提问20余个，100余名网友参与互动活动。

【档案工作目标管理省二级认定】 2009年12月14日，市司法局档案工作目标管理省二级创建工作通过由杭州市档案局副局长赵建国带领的考核组考核验收。至年末，市司法局有文书档案2881卷（件）。其中，永久567卷（件）、长期1122卷（件）、短期1192卷（件）；会计档案868卷，其中，永久32卷（盒）、25年的73卷（盒）、15年的155卷（盒）、会计凭证608卷（盒）；特种载体4卷；业务档案6卷；实物档案31件。

（吕　炜）

消　防

【概况】 2009年，中共临安市委、市政府坚持每季度召开市防火委员会工作例会，传达上级精神，研究分析消防安全形势，解决消防安全工作面临的新情况和新问题。完成“国庆”60周年、西博会烟花大会等重大消防安全保卫任务。

市消防大队共接警处置火灾、抢险、救助等446次，出动车辆607辆，出动警力3851人次，抢救被困人员121人。开展实战演练66次，“六熟悉”活动122次，制（修）订预案119份。检查单位508家，发现火灾隐患或违法行为514处，责令立即改正违法行为61处，发出责令限期改正通知书261份，责令改正通知书121份，重大火灾隐患限期整改通知书6份，督促整改火灾隐患或违法行为508处，办理行政处罚案件85件，处罚金额37.22万元，责令“三停”企、事业单位35家，查封单位7家，拘留2人。全年发生火灾52起，直接经济损失19.01万元，比上年分别下降3.7%和4.9%，无重大火灾、无人员伤亡。引进五十铃大功率水罐抢险救援车1辆；市政府拨款560万元，购置32米进口曲臂登高车1辆。全市有室外消火栓564个，新增96个。成功处置“5·8”24吨液化气槽罐车侧翻泄漏事故、“6·30”白天鹅酒店脚手架坍塌事故、“8·13”清凉峰山体滑坡地质灾害等，救出被困人员17人。

以“进社区、进学校、进企业、进农村、进家庭、进场所”为载体，开展消防宣传教育工作。中央电视台、《人民公安报》、新华网、浙江电视台等媒体均对临安重要消防新闻进行报道。成立大学生消防知识移动宣讲团，联合浙江林学院大学生消防志愿者，举办消防志愿者暑期社会实践活动，组织志愿者走进学校、农村、社区、企业，宣传消防安全知识，悬挂宣传标语、条幅15条，发放资料5万份，收回调查问卷5000份，举行消防演练10场、文艺演出10余场。举办企、事业单位责任人、管理人消防安全培训6期，培训人员782人次；举办公众聚集场所从业人员培训26期，培训人员2289人次。

是年，市政府被评为杭州市消防安全工作先进单位；市消防大队被评为全省消防部队基层建设标兵大队、省级双拥模范单位、杭州市级青年文明号、临安市文明单位，立集体三等功1次，8人受到嘉奖；所属中队党支部被省消防总队党委评为先进基层党组织，团支部被省消防总队评为先进团组织。

【“利剑”行动】 2009年，市消防大队开展消防安全集中整治“利剑”行动，对全市公众聚集场所、高层和地下建筑等重点整治对象进行排查摸底。排查易燃可燃装修材料场所170家，发现存在重大火灾隐患6家，发现火灾隐患和违法行为140处，督促整改132处，占发现火灾隐患数的94.3%；排查高层和地下建筑103处，发现火灾隐患和违法行为49处，督促整改49处，占发现火灾隐患数的100%。

【市场消防安全整治】 2009年，市消防大队在全市开展市场消防安全隐患治理活动。排查商品交易市场20家，发现火灾隐患18处，整改火灾隐患18处，占发现火灾隐患数的100%。对列为重点整治对象的浙皖农贸城，市消防大队制订整改方案，提请市政府于4月1日专门召开协调会，采取上门服务方式，督促其整改火灾隐患，9月30日前浙皖农贸城火灾隐患整改完毕。

【“国庆”消防安保工作】 2009年“国庆”期间，市消防大队加强检查力度，开展“五个攻坚行动”和错时检查行动，先后组成18个检查组，出动执法警力54人次，共检查单位88家，发现火灾隐患和违法行为38处，发出责令改正通知书30份，督促整改火灾隐患和违法行为32处。

(翁梦斐)

人民武装

【概况】 2009年，市人武部围绕军事斗争准备，以提高遂行多样化军事任务能力为目标，以安全稳定为保证，开展各项军事工作。按照年度工作部署，对全市民兵组织进行整顿，26个乡镇（街道）根据整组任务，在落实基干民兵总规模的基础上，围绕提高遂行任务能力、突出重点队伍、规范种类名称、提高专业对口率、优化年龄结构、清编单编队伍6个方面重点，调整民兵队伍规模、种类、布局，基本达到布局合理、结构优化、训练有素、管理规范、动员快速的要求。根据杭州警备区赋予的战备规范化试点任务，开展战备规范化试点工作。组织相关人员赴嘉兴、宁波、余杭、富阳等地考察，制订《临安市人武部战备规范化建设规划》，编写《临安市战备规范化建设手册》，根据人武部可能担负的任务，拟订各种行动方案。投入60余万元，修建完善“三室一库”战备基础设施，配套建设干扰、防盗等安全设施。完成兵员动员机制。开展青山湖街道人武部、锦南街道乾龙电器有限公司民兵连战备规范化试点工作，规范基层武装部和民兵连（营）部建设。5月中旬，杭州警备区在临安市召开基层规范化建设暨战备工作会议，市人武部在会上作交流发言。

按计划组织民兵军事训练和基层武装部长集训，组织10个乡镇党政班子成员150余人在太阳民兵训练基地体验军事生活。开展冬季征兵工作，完成新兵征集任务。利用民兵整组、训练、征兵和重大节假日组织民兵政治教育和全民国防教育，按兵员动员要求开展国防动员潜力调查、退伍军人核对和与专业对口人员的登记统计工作。组织民兵预备役人员参建参治，在抗击“莫拉克”台风、清凉峰镇泥石流灾害等行动中发挥重要作用。市委先后召开议军会和市委武装工作暨市国动委会议，研究部署武装工作重大问题。12月，市委副书记、市长、市国动委主任王宏带领慰问团到广西崇左慰问临安籍官兵。

是年，市人武部被省军区评为文明卫生营院，被杭州警备区评为军事训练先进单位，锦城街道、潜川镇、太阳镇被杭州市评为国防动员工作先进单位。

【民兵军事训练】 2009年3月22~31日，市人武部在教学骨干培训的基础上，集中全市6支重点分队200余人在临安金盾职业高中进行按纲施训。在参训人员中，退伍军人占98%，离开临安市外出打工返乡参训的占15%，离开原乡镇外出打工返乡参训的占25%，参训率100%，确保训练“人员、时间、内容、效果”四落实。经考核，总评成绩优秀。根据警备区指示要求，5月19~27日，组织乡镇（街道）武装部长集训，采取基本理论自学、基础技能本级组训、重点课目依托省军区教导大队组训的方法，着重对军事地形学、识图用图能力和基层武装部常用战术图的判读、标绘等课目进行培训。

【民兵整组工作】 2009年5月19日，省军区参谋长王海涛带领考核组，在杭州市委常委、警备区司令李大清，警备区参谋长张刚的陪同下，到临安对5支民兵任务分队进行拉动点验，对青山湖街道重点目标警戒分队“三个现地”演练进行考核，听取市人武部关于民兵整组工作情况汇报。王海涛对临安市民兵整组工作和“三个现地”训练的落实给予充分肯定。点验结束后，考核组对市人武部战备规范化建设工作进行检查。

【武器装备物资条码仓储管理系统应用】 2009年，为提高仓储信息化管理水平，市人武部引进武器装备物资条码仓储管理系统，率先在杭州警备区采用“二维条形码”技术、计算机软件信息管理技术，对仓库的日常管理采取系统逐日登记方式，便于查询，提高效率。在弹药和枪械的入库、出库、库存盘点采取无线扫描条码方式进行，减少人工输入差错，同时，所有信息采用电脑查询，方便快捷。

（卢　江）

□ 小资料

市各直属学校（单位）和乡镇（街道）中小学、幼儿园全称、简称对照表

序号	简　称	全　称
1	临安中学	浙江省临安中学
2	於潜中学	临安市於潜中学
3	昌化中学	临安市昌化中学
4	天目高级中学	临安市天目高级中学
5	教师进修学校	临安市教师进修学校
6	昌化职高	临安市昌化职业高级中学
7	中职技校	临安市中等职业技术学校
8	交口职高	临安市交口职业高级中学
9	昌北中学	临安市昌北中学
10	特殊学校	临安市特殊教育学校
11	实验初中	临安市实验初级中学
12	博世凯实验小学	临安市博世凯实验小学
13	锦城中心幼儿园	临安市锦城中心幼儿园
14	金盾职高	临安市金盾职业高级中学
15	天目外国语学校	杭州天目外国语学校
16	天目双语实验学校	杭州天目双语实验学校
17	锦城中心学校	临安市锦城中心学校
18	锦城一中	临安市锦城第一中学
19	锦城二中	临安市锦城第二中学
20	锦城三中	临安市锦城第三中学
21	锦城四中	临安市锦城第四中学
22	石镜小学	临安市石镜小学
23	衣锦小学	临安市衣锦小学
24	横溪小学	临安市横溪小学
25	城南小学	临安市城南小学
26	西林小学	临安市西林小学
27	晨曦小学	临安市晨曦小学
28	林学院附小	浙江林学院附属小学
29	玲珑辅导站	临安市玲珑教育辅导站
30	玲珑初中	临安市玲珑初级中学
31	板桥初中	临安市板桥乡初级中学
32	高虹初中	临安市高虹镇初级中学
33	横畈初中	临安市横畈镇初级中学
34	青山初中	临安市青山初级中学
35	青云初中	临安市太湖源镇青云初级中学
36	杨岭中心学校	临安市太湖源镇杨岭中心学校
37	三口中心学校	临安市三口镇中心学校
38	东天目中心学校	临安市太湖源镇东天目中心学校
39	上甘中心学校	临安市上甘中心学校
40	玲珑小学	临安市玲珑中心小学
41	横畈小学	临安市横畈镇中心小学
42	青云小学	临安市太湖源镇青云中心小学
43	板桥小学	临安市板桥乡中心小学
44	青山小学	临安市青山中心小学
45	高虹小学	临安市高虹镇中心小学
46	於潜辅导站	临安市於潜教育辅导站
47	於潜一中	临安市於潜第一初级中学
48	於潜二中	临安市於潜第二初级中学
49	藻溪初中	临安市藻溪镇初级中学
50	太阳初中	临安市太阳镇初级中学
51	於潜一小	临安市於潜镇第一小学
52	於潜二小	临安市於潜镇第二小学
53	潜川小学	临安市潜川镇中心小学
54	横塘小学	临安市藻溪镇横塘小学
55	太阳小学	临安市太阳镇中心小学
56	藻溪小学	临安市藻溪镇中心小学
57	绍鲁小学	临安市於潜镇绍鲁小学
58	堰口小学	临安市於潜镇堰口小学
59	景村小学	临安市太阳镇景村小学
60	乐平小学	临安市乐平乡中心小学
61	对石小学	临安市藻溪镇对石小学
62	西天目小学	临安市西天目乡中心小学

（下转第 324 页）

科学技术

科技管理

【概况】 2009年，市科技局组织申报各级科技项目300余项，其中，国家初创期科技型中小企业创新基金项目10项、浙江省级项目15项、杭州市级项目100余项。浙江千秋环保水处理有限公司“电驱动膜分离器”等7个项目列入国家创新基金项目，获资助经费430万元。

开展“科技小分队走进行业技术研发中心”活动，攻关电缆挤出工艺节能技术，推广节能灯行业联盟标准，深化精密元件、电线电缆、装饰纸、节能灯、涂料5个行业研发中心建设。组织实施山区可持续特色优势农业、环境友好型农村工业、生态和谐型社区、高效型农村科技服务体系、现代科技型农民等科技项目。推广应用农村户用沼气、生猪生态养殖等农业农村共性关键技术。太湖源镇、岛石镇、龙岗镇和太湖源镇白沙村、光辉村，岛石镇银坑村，昌化镇朱穴村，龙岗镇郡沃村成为杭州市级科技示范试点；乐平生猪、三口香榧、岛石山核桃、太湖源竹笋等园区成为杭州市级农业科技示范园区。

到浙江大学、浙江林学院、浙江工商大学等高校宣传孵化器优惠政策和服务措施。创建国家大学生科技创业见习基地，组织临安伍特环境工程有限公司、杭州临安天鸿生物科技有限公司和杭州胜尔科技有限公司3家企业参加孵化器企业与大学生专场招聘会，为大学生提供见习和实习岗位40余个、就业岗位30个。临安市R&D经费支出占生产总值比例超1.5%，每万人中科技活动人员超60人，高新技术产业增加值占工业增加值比重超30%。

是年，临安市党政领导科技进步考核被评为省级先进，市科技局被评为省科技政务信息工作先进单位、省科技宣传与普及工作先进单位。

【“产学研”合作交流】 2009年，市科技局收集企业、行业技术难题40余个，发放难题册200余本，先后6次推动近50余家企业与省外40余家院校合作。加入上海高校技术市场，举办“临安·上海产学研合作”座谈会、国防军工系统科技合作座谈会、“临安市·西安科技人才合作”洽谈会、浙川军民科技合作对接大会等10余次大型“产学研”对接活动，为70余家企业与科研院所牵线搭桥，联合攻关技术难题100余项。组织15家投资融资机构与临安市60余家科技型企业开展投资融资座谈会，为企业实现科技融资7000余万元。

【科技项目获奖】 2009年，在孵企业临安伍特环境工程有限公司“农村生物质能源实用技术研究与示范”项目，获由浙江、江苏、安徽三省科技厅和上海市科技委员会联合举办的“中新创投杯”首届长三角科技创新创业大赛二等奖。“农村养殖场污水处理回用系统”项目获第四届“春晖杯”中国留学人员创新创业大赛二等奖。杭州感知软件有限公司“多技术协同智能森林火险监管系统”项目获国家创新基金项目支持，并获杭州市科技进步二等奖。“森林资源安全监管新模式及其信息系统应用”项目获中国林业学会梁希林业科学技术奖二等奖、省科技进步奖三等奖、省科技兴林奖一等奖。

【《关于增强工业企业科技自主创新能力的若干意见》出台】 2009年3月，《临安市关于增强工业企业科技自主创新能力的若干意见》专项科技政策出台，加大促进企业自主创新、加快发展高新技术产业等方面的扶持力度。下基层调研90余家科技企业，向企业宣传各类科技政策。鼓励和协助企业享受技术开发费抵扣所得税政策，58家企业的76个项目享受技术开发费抵扣所得税政策，实际减免所得税额1252万元。

科技成果

【概况】 2009年，市科技局增挂“临安市知识产权局”牌子，为知识产权工作提供组织保障。全年专利申请量1320件，比上年增长55.29%，首次突破1000件。授权专利798件，增长71.24%（见表28）。完成专利资助946件，资助金额79.71万元，其中本级支出41.4万元。30余家企业实现专利申请零突破。授权专利分布呈现出由少数大企业集中掌握向众多中小企业扩展的良好态势。

全市获国家创新基金项目7个，获浙江省科技项目18个。新增国家重点支持高新技术企业11家，新增高虹绿色照明和重型装备制造省级高新技术特色产业基地2个，盛美园艺有限公司、临安九诚茶叶有限公司、临安丰野食品有限公司等5家企业列入省级农业科技企业。(见表29、表30、表31)

专利申请和授权情况

表28　　单位：项

类别	申请		授权	
	2008年	2009年	2008年	2009年
合　　计	850	1320	466	798
发　　明	180	145	52	64
实用新型	286	469	169	314
外观设计	384	706	245	420

国家创新基金项目

表29

序号	项目名称	承担单位
1	电驱动膜分离器	浙江千秋环保水处理有限公司
2	膨润土复合型絮凝剂及其在印染废水处理中的应用	浙江华特新材料股份有限公司
3	重负荷大齿轮润滑剂	杭州得润宝油脂有限公司
4	氧化铝工业用耐高压抗磨损角式针型调节阀	杭州耐特阀门有限公司
5	酸盐无氰电镀法铜包铝镁双金属复合导线	杭州金利多实业有限公司
6	萝卜硫素提取纯化工艺研究及产业化	杭州天鸿生物科技有限公司
7	利用厌氧发酵技术处理集约化畜禽养殖废水的应用	临安伍特环境工程有限公司

国家重点支持高新技术企业

表30

序号	企业名称	备注
1	杭州临安新联电器工业有限公司	第二批
2	浙江万马天屹通信线缆有限公司	
3	临安华龙摩擦材料有限公司	
4	浙江汉力电缆有限公司	
5	杭州天目电力科技有限公司	第三批
6	杭州得润宝油脂有限公司	
7	浙江万马电缆股份有限公司	
8	杭州侨资纸业有限公司	
9	杭州正驰达精密机械有限公司	
10	杭州东兴电讯材料有限公司	第四批
11	杭州恒信电气有限公司	

省级科技项目

表 31

序号	项目名称	承担单位	备注
1	高纯中分子量聚异丁烯技术开发项目	浙江顺达新材料股份有限公司	浙江省 2009 年第一批重大科技专项和优先主题项目
2	年产 2 万吨全生物降解塑料（PBS）集成工艺及成套生产线开发项目	浙江杭州鑫富药业股份有限公司	浙江省 2009 年第二批重大科技专项和优先主题项目结转

续表 31

序号	项目名称	承担单位	备注
3	液体硅橡胶(LSR)挤出悬浮连续成型技术研发及产业化	杭州矽能电力技术有限公司	浙江省第三批一般科研项目
4	慢性心力衰竭的医院与社区联合院外干预研究	临安人民医院	
5	功率型发光二极管(LED)照明用高散热铝基覆铜板	杭州普耀电子材料有限公司	2008 年国家科技型中小企业技术创新 2009 年省级补助项目
6	超高温高压特种阀门	浙江高中压阀门有限公司	
7	液体硅橡胶悬浮连续成管新技术	临安矽能新材料有限公司	浙江省 2009 年第一批科技型中小企业技术创新项目
8	新型波纹面滑动轴承	杭州钱王机械配件有限公司	
9	电驱动膜分离器	浙江千秋环保水处理有限公司	浙江省 2009 年第二批科技型中小企业技术创新项目
10	膨润土复合型絮凝剂及其在印染废水处理中的应用	浙江华特新材料股份有限公司	
11	重负荷大齿轮润滑剂	杭州得润宝油脂有限公司	
12	氧化铝工业用耐高压抗磨损角式针型调节阀	杭州耐特阀门有限公司	
13	酸盐无氰电镀法铜包铝镁双金属复合导线	杭州金利多实业有限公司	
14	电驱动膜分离器	浙江千秋环保水处理有限公司	浙江省 2009 年第三批科技型中小企业技术创新项目
15	重负荷大齿轮润滑剂	杭州得润宝油脂有限公司	
16	临安市精密元器件公共研发技术服务平台	临安市科技孵化中心	浙江省 2009 年科技孵化器专项
17	“农秀一号”秀珍菇高效栽培模式示范与推广	临安森源菌业有限公司	浙江省农业科技成果转化专项
18	天然花香型绿茶产业化开发与示范	临安香雪茶业有限公司	

科 协

【概况】 2009年，临安市科协下辖自然科学、社会科学和交叉学科学会（协会、研究会）31个、市级农村专业技术协会9个、企业科协12个、乡镇（街道）科协26个。新建杭州得润宝油脂有限公司科学技术协会。

3月23日，召开七届五次全委（扩大）会议，全体委员、市级各学会（协会、研究会）秘书长、各乡镇（街道）科协主席和秘书长、市级各企业科协秘书长等100余人参加会议。会议听取和审议《组织和动员广大科技工作者，为提高全民科学素质、建设创新型城市作出新贡献》工作报告。

组织相关科技人员到河桥、湍口、新桥等乡镇开展送科技下乡活动。组织有关专家到锦城街道、太阳镇、昌化镇等联系基地开展党员干部远程教育专家服务活动。继续组织实施农民素质提高工程，统筹培训农村劳动力2.16万人，实现转移就业5346人。完成农函大一年制办班26个，结业1033人。完成第十次农民技术职称评定工作，新评定或晋升农民技术人员397人。

实施“春蕾计划”，开展校园反邪教活动。举办临安市学校科技节开幕式，邀请上海师范大学教授钱源伟作题为《当前青少年科技教育发展动态》讲座。在市科普活动中心（青少年活动中心）举办科技与未来图片展、昆虫展。联合各社区开设甲型H1N1流感防控知识、美容与健康、安全用药小知识等科普讲座15场次。编印《迈向低碳生活》、《防灾自救》、《居家生活》、《环保节能》、《健康保健》、《饮食科学》6种全民科学素质科普读本，共计8万册。出台《关于加强科普画廊（宣传栏）建设管理的通知》，开展科普设施日常管理检查工作。新建科普画廊2个，为基层提供各类科普展板150张，挂图1500套。继续与临安电视台、市新闻传媒中心等单位合作，联合举办《科普大篷车》等科普栏目。组织开展“为企业、农村、决策服务”活动。举办全市科协系统干部学习会。刊印《临安科协》4期。

是年，市科协被评为杭州市2009年科技活动周暨第23届科普宣传周活动优秀组织单位、临安市2007~2008年度科普工作先进集体；农函大临安分校被中国农函大总校授予“开展返乡农民工培训工作先进分校”称号。

【第23届科普宣传周】 2009年5月15~21日，市科协以“自主创新，和谐发展——携手建设创新型城市”为主题，举办第23届科普宣传周（科技活动周）活动。15日，在人民广场举行科普宣传周开幕式。活动周期间，全市共举办科普宣传活动52场、培训班46个、科普讲座15场、科技（科普）报告会3场，印发各类资料200余种计3万余份，展出科普画板（挂图）1200余张，接受咨询5000余人次。

【全国科普日活动】 2009年9月17日，市科协、市环保局、市卫生局、市教育局、市食品和药品监督局等11个单位在人民广场举行全国科普日活动。开展咨询服务、低碳知识有奖竞答、图板展示等活动，共发放《迈向低碳生活》、《环保节能》、《健康保健》等科普小册子5000余份，展出图板120张。以“发展低碳经济

打造低碳社会 倡导低碳生活”为主题，在全市同步开展科普宣传、科普讲座等活动30余个。9月22日，市科协与湍口镇政府联合举办主题为“生态农业——发展农村经济的必然选择”的讲座。

【基层科普示范单位创建工作】2009年，市科协根据基层申报等情况，确定创建目标，指导各创建单位对照创建标准，健全科普组织队伍，加强科普设施建设，开展科普宣传活动。太湖源镇创建成为杭州市科普示范乡镇，太湖源镇光辉村、南庄村创建成为杭州市科普示范村、锦城街道马溪社区创建成为“崇尚科学、反对邪教”示范社区。农村科普示范基地——杭州临安太湖源观赏竹种园有限公司被评为省级科普惠农先进单位，湍口镇被确定为第六批浙江省基层科普示范创建单位。

【青少年科技创新大赛】2009年8~10月，市科协与市科技局、市教育局、团市委等单位联合举办临安市青少年科技创新大赛。比赛收到33所学校的参赛作品307件，评出各类奖项100个。组织参加全国（第24届）、省（第23届）、杭州市（第24届）青少年科技创新大赛，获奖11个。其中，於潜镇第二小学蓝城的《电子蜂——地震能量转化转换专家》获全国少儿科幻画二等奖。

【学术年会】2009年3月，市科协召开学术工作委员会会议，确定学术年会主题为“临安应对金融危机的发展对策研究”。5月，市科协学术工作委员会按照研究的目的与年会主题的符合程度、研究内容的适宜性、研究方法的可行性三项指标进行量化评分，对30个课题予以立项并下拨项目经费。10月，组织专家对30个课题依据年会论文评分值进行排序，评定优秀论文一等奖2篇、二等奖4篇、三等奖9篇。编印论文集，送各级领导和相关部门参阅。10月28日，召开学术年会，表彰奖励优秀论文获得者，交流课题研究成果。

【创新方法及知识产权培训班】2009年4月29日，市科协举办临安市创新方法及知识产权培训班，全市33家企业技术骨干50人参加培训。中国科学技术咨询服务中心总工程师系统讲解“发明问题解决理论（TRIZ)”，杭州天欣专利商标事务所所长陈红讲授“专利法基本知识”、“企业专利战略”和“企业专利申请”等内容。

（应水忠）

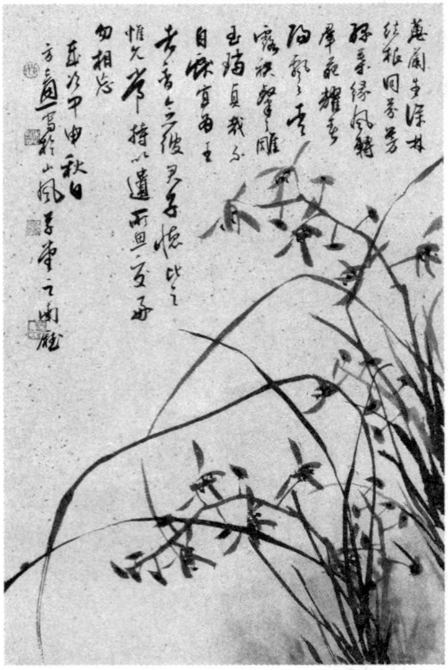

（方志恩 绘）

教　育

概　述

【概况】 2009年，市教育局以“工作落实推进年”为载体，围绕教育发展规划和五年目标，推进教育安全保障、教育质量提升、学校布局调整、教育环境改造、教师队伍建设、师生健康关爱、机制体制改革、教育协调发展八大工程。出台《临安市公办学校资产处置管理办法》，加强国有资产管理，明确教育局、学校、乡镇（街道）产权关系和资产管理处置权限；修改《关于进一步加强中小学（幼儿园）食堂管理的意见》，完善学校食堂管理。

青山湖街道、横畈镇、马啸乡成为杭州市学前教育先进镇，乐平乡、西天目乡成为杭州市学前教育达标镇。横畈镇中心幼儿园、马啸乡中心幼儿园成为杭州市农村示范中心幼儿园。青山湖街道小主人幼儿园、青山湖街道青山湖畔幼儿园、锦城街道乐乐幼儿园、锦城街道天松幼儿园环北分园、横畈镇中心幼儿园潘洪分园、於潜镇中心幼儿园绍鲁分园、藻溪镇横塘幼儿园、於潜镇大风车幼儿园、板桥乡牌联幼儿园、板桥乡百灵幼儿园成为杭州市农村规范幼儿园。浙江林学院附属小学、青山中心幼儿园、天阳幼儿园、龙岗中心幼儿园、河桥中心幼儿园获临安市第八批“绿色学校”称号。市中等职业技术学校、湍口小学、大峡谷中心学校、锦城中心幼儿园获杭州市“绿色学校”称号。

全市学前三年幼儿入园率97.7%，小学学龄人口入学率、巩固率均为100%，“三类”残疾儿童入学率、巩固率保持100%；小学升初中比例100%，初中毕业生升各类高中比例98.21%，普高和职高招生比为1∶1.2。高考普高上线率95.85%，重点线万人比为7.269，临安中学常融和王凯分别被北京大学、清华大学录取。中小学生参加学科竞赛，获省级奖32人次、杭州市级奖103人次。解决外来务工人员子女8220人就学问题。

全市有1101人参加全国成人高校考试。全年自学考试4次，分别安排在1月、4月、7月、10月，参加考试累计1286人，申请毕业65人。全国计算机等级考试和全国英语等级考试两项社会类证书考试有考生196人。

【“平安教育”建设】 2009年，市教育局制订下发《临安市学校综治安全工作意见》、《临安市“平安学校”创建工作实施意见》和安全教育主题月活动计划，开展“平安学校”和“交通安全学校”创建活动，构建“点线面体”互为结合安全工作体系，建设平安和谐校园。

以“安全隐患排查治理”为重点，采取领导分片盯隐患、专家“诊断”查隐患、人人参与纠隐患的方式进行隐患排查治理。会同市文广新局、市卫生局、市工商局和市交警大队对河桥镇中心小学等10余所学校及周边环境进行检查，维持学校及周边治安秩序。5月12日，在西林小学举办“全省万校师生应急避险大演练”活动启动仪式；消防安全日前后，组织开展“防火安全”专题教育系列活动；12月10日，在昌化中学举行中小学生消防演练现场会。组织师生参加临安市安全生产有奖征文活动，获一等奖2篇、二等奖3篇、三等奖14篇，市教育局获优秀组织奖。“安全生产月”活动中，各中小学悬挂标语（横幅）186条，张贴宣传画366张，举办知识竞赛和演讲比赛35场，出黑板报359期，组织安全检查287次，发放宣传资料4.79万份，开展安全咨询21次。

开展“交通文明我、你、他”主题班会、“文明出行进万家”等交通安全宣传教育系列活动，3月30日，举行临安市“全国中小学生交通安全宣传教育日”主题活动。於潜二中实施错时接送方案，错天、错时放假，解决学生1538人乘车问题。全市中小学生中乘车学生为1.9万人，其中乘学生接送车9075人，全市285辆学生接送车无交通事故发生。47所学校被评为临安市第二批交通安全学校，按照以奖代补相关政策，评选出全市中小学学生接送车优秀车队5个和优秀驾驶员（乘务员）20人。

全年投入安全经费750万元，组织开展校舍安全隐患排查、甲型H1N1流感防控和中小学实验室化学危险品等全市性学校安全大检查12次，排查覆盖面100%，排查出一般隐患466项，整改460项，整改率98.7%；重点隐患4项，整改4项。於潜中学、於潜二中、昌化镇中学、浙江林学院附属小学、青山中心幼儿园食堂达到A级标准，全市A级食堂增加到10所。龙岗镇中心小学、玲珑初级中学通过“浙江省健康促进学校”铜奖验收。在“平安学校”创建考核中，昌化职业高级中学等20所学校（幼儿园）被评为优秀级，临安市教师进修学校等45所学校（幼儿园）被评为良好级，临安中学、锦城第一中学、杨岭中心学校、昌化镇第二小学4所学校被评为杭州市级平安学校。

【“工作落实推进年”活动】 市教育局党委确定2009年为“工作落实推进年”，专项督导推进“教学常规落实”和“教科研工作提升”两项工作。10~11月，全市范围内对“两个年”落实推进工作进行专项督导。根据“教学常规落实”工作要求，针对“课堂”和“训练”两个环节，制订《课堂教学情况调查表》和《优质适量训练情况调查表》，在教学调查中了解各学校教学常规落实情况，并对存在问题提出整改意见。倡导“教科研必须与教育实践相结合”、“教科研必须坚持普及与提高相结合”的原则。全市有省级立项课题6项、杭州市级立项课题27项；浙江省获奖成果1项、杭州市教科研获奖成果45项。石镜小学获浙江省教科研先进集体，杭州天目外国语学校陈宏辉被评为浙江省教科研先进个人；石镜小学和城南小学被评为杭州市第六届教育科研先进单位，4人被评为杭州市第六届教育科研先进个人。

学前教育

【概况】 2009年，全市共有幼儿园77所，其中，公办幼儿园21所（含学校办4所）、部门办幼儿园1所、民办幼儿园55所，在园幼儿1.49万人，教职工1226人。全市有省、杭州市示范幼儿园16所，其中，省级示范幼儿园2所、杭州市农村示范中心幼儿园14所。全市幼儿园中，临安市甲级幼儿园5所，甲级园区3个；乙级幼儿园7所，乙级园区2个；丙级幼儿园11所，丙级园区1个；丁级幼儿园12所，丁级园区2个；准办级幼儿园12所，准办级园区3个。

出台《临安市先进幼儿园评估验收及奖励办法（暂行）》，鼓励全市规范幼儿园申报。新建横畈镇中心幼儿园、湍口镇中心幼儿园、岛石镇中心幼儿园仁里分园、於潜镇大风车幼儿园、板桥乡牌联村幼儿园、高虹镇长溪幼儿园，改建马啸乡中心幼儿园、乐平乡中心幼儿园、横畈镇潘洪幼儿园、於潜镇绍鲁幼儿园。城市小区配套幼儿园锦绣科技幼儿园投入使用，左邻右里幼儿园无偿移交给市教育局。

全市形成以公办为示范、民办为主体的办园格局。城市发展小区配套幼儿园，农村发展乡镇中心幼儿园，通过中心幼儿园举办分园、教学点实现优质教育资源共享，实行“六统一”管理。於潜镇绍鲁幼儿园、方元幼儿园纳入於潜镇中心幼儿园，岛石镇呼日幼儿园、仁里幼儿园纳入岛石镇中心幼儿园。新组建於潜镇学前教育集团、岛石镇学前教育集团、江南学前教育集团、锦江学前教育集团，全市幼儿教育集团数量增至6个。

开展全市幼儿园教师体育类、音乐类技能考核，参加体育类考核365人，参加音乐类考核368人。举办新教师上岗培训4期，安排学前教育政策法规、保教常规、班主任工作、教师职业道德等方面学习。青山中心幼儿园园长舒国祥被评为杭州市教育先进工作者，於潜镇中心幼儿园园长张立群被列为杭州市学科带头人培养对象。昌化镇中心幼儿园互助共同体、天阳幼儿园互助共同体被评为2009年先进城乡互助共同体。

【城乡幼儿园互助共同体】 2009年，横畈镇中心幼儿园、横畈镇庆北幼儿园与杭州上城区欣欣幼儿园结对。锦城乐乐幼儿园、ABC幼儿园与上城区近江幼儿园结对。组织全市39所规范幼儿园园长和教研组长到杭州上城区近江六苑阳光幼儿园开展城乡结对交流活动。举办华东师范大学建构式课程培训2期，参加培训教师788人。召开园长例会4次，分别邀请杭州市行知学前教育集团、胜利学前教育集团、钱塘春晓学前教育集团、余杭新星学前教育集团园长到临安开设讲座。

义务教育

【概况】 2009年，全市有小学40所、初中26所、九年一贯制学校6所。小学毕业生5459人，在校学生2.86万人，教学班789个；初中毕业生6847人，在校学生1.81万人，教学班405个。

开展中小学生环境健康教育社会实践活动，收到环境健康教育社会实践征文80余篇。开展首届临安市优秀家长学校评选，玲珑初中、景村小学、昌南初中、昌化二小、湍口小学、昌化中心幼儿园、太湖源中心幼儿园7所学校（幼儿园）被评为临安市优秀家长学校。

【读书教育活动】 2009年，市教育局和市新华书店联合举办“品味书香　爱我中华”暑期读书征文活动，收到各校推荐征文800余篇。经评审，15篇文章获杭州市级奖，90篇文章获临安市级奖。以国庆60周年为主题，围绕《我爱我的祖国》读本，在小学三年级至五年级和初一、初二年级中开展读书活动，举行演讲比赛。

【首届十大“阳光少年”评选活动】 （参见“民主党派·工商联·人民团体”栏目）

【参加杭州市青少年科技创新大赛】 2009年，组织全市学生参加第24届杭州市青少年科技创新大赛，交口少科院沈洁《巧用香菜法驱赶蟑螂》获优秀科技创新项目三等奖，交口少科院楼岚、刘捷、熊跃、伊怡等学生《利用生物技术对山核桃蒲与笋壳堆积成有机肥料的实践研究》获优秀科技实践活动二等奖，於潜二小王宛璐《神奇的烫发机》获少儿科幻画二等奖，锦城三中宋淑娇《幸运伞》、晨曦小学李颖慧《山核桃养殖基地的新助手——电子猴》获少儿科幻画三等奖。

【参加浙江省中小学生艺术节】 2009年，选派部分节目和作品参加浙江省中小学生艺术节，活动分艺术表演、艺术作品两大类，设置项目有：声乐、器乐、舞蹈、校园剧、书法、绘画、摄影、篆刻等。於潜二小张婧之绘画《我心飞扬》获小学组美术类作品一等奖，锦城一中帅宽作品《军训》获中学组摄影类作品一等奖，昌化镇中周诗苑作品《快乐时光》获中学组摄影类作品一等奖，於潜一小陈鉴宇作品《创编室内课间座位操》获小学组摄影类作品二等奖，石镜小学方玫航获写生类作品三等奖。参加全省中小学艺术教育论文报告会，许海燕美术论文《镜头里的“头脑风暴”——挖掘“视觉文化”下的图像资源　开展多元儿童画创作》获教育论文一等奖。

【城乡学校互助共同体】 2009年，为逐步缩小城乡教育差距，促进城乡义务教育均衡发展，市教育局发动全市义务教育学校采用“以城带乡、以强带弱、以大带小”的模式，成立16个城乡学校互助共同体，参与学校67所，实现全市义务教育阶段学校共同体全覆盖。另有38所中小学与杭州市优秀学校结对。

高中教育

【概况】 2009年，全市有普通高级中学5所，教学班183个，招收新生3314人，在校学生9956人，毕业生3424人；有职业高中5所，教学班118个，招收新生2231人，在校学生5754人，毕业生1918人。高考普高上线3095人，高职类上线528人，录取528人。

【普通高中新课程实验】 2009年，市教育局组织普通高中学习教育部颁布的

《普通高中课程方案（实验）》、《浙江省普通高中新课程实验第一阶段工作方案》、《浙江省普通高中学校新课程实验工作指导意见》等文件，对新课程的实施、学生综合素质评价、学籍管理和新高考研究作具体要求，要求学校完善新课程实施的相关组织（学校新课程实施领导小组、学生选课工作领导小组、学生学籍管理领导小组、学生综合素质评价领导小组、学校新课程学分认定委员会），完善实施方案和操作程序（学生选课方案、学生综合素质评价实施方案、学生走班选修管理方案、学籍管理工作程序、新课程学分认定程序），实施普通高中新课程，完成新课程（实验）第一阶段首批高三学生的毕业和高考任务。是年为新课程实施第一年高考，市教育局教育科多次组织召开普通高中教学质量分析会，对普通高中进行教育调研工作，制定《普通高中教学质量奖励办法（试行）》。

成人教育

【概况】 2009年，全市培训劳动力9.8万人次，占劳动力的36.3%，其中，农业专业技能培训2.17万人次、企业职工岗位技能培训6692人次、农民转移就业技能培训5568人次、农村预备劳动力培训366人。於潜成校（“成校”为成人文化技术学校的简称）被评为杭州市十佳农民素质示范基地，锦城成校、青山成校被评为农民素质示范基地。清凉峰成校、横路成校、乐平成校成为杭州市示范成校。清凉峰成校、河桥成校成为杭州市区域性成校。於潜镇社区学校通过杭州市示范社区学校评估验收，锦城街道、昌化镇等9所社区学校通过杭州市合格社区学校验收。昌化镇成校《推进山核桃产品经纪人的专业化》课题被确定为杭州市重点实验项目。3篇论文在杭州市第12届成人教育论文评比中获奖，2人被评为杭州市成人教育教科研先进个人。

【学分制工作】 2009年，根据《教育部关于在职业学校逐步推行学分制的若干意见》，全市各职业高中全面推行学分制，建立适合职业高中学生发展特点的课程体系。学校课程分三部分：必修课、限定选修课和任意选修课。实行学分制后，学校建立弹性学习模式，学生在学习一个专业的同时，可根据自己的爱好选修第二专业。学生经过两年半或三年时间学习，达到规定的学分可以毕业。在选修过程中，学生可以跨年级、跨班级、跨专业选修课程。

办学条件

【概况】 2009年，全市教育经费总投入7.31亿元。财政预算内事业费4.16亿元，比上年增长21.72%，超过经常性财政收入增长比例20.91%。生均预算内事业费初中为6784.37元、小学为6594.39元；预算内生均公用经费初中为709.91元、小学为526.50元。征收地方教育附加3172万元、教育费附加4188万元，停止征收建筑地方高等教育费。中小学在建项目13个，建筑面积14.01万平方米，其中，新开工项目7个，建筑面积8.23万平方米，竣工建筑面积6.03万平方米，年度完成基建投资1.43亿元。於潜二中竣工并交付使用，撤并告岭初中、乐平初中、塔山中心学校、马山中心学校、紫水中心学校、西天目中心学校、千洪中心学校、横路中心学校和马啸中心学校初中部，扩建昌化镇初中。全年受教育资助 5558 人次，资助金额 303.36 万元；享受“爱心营养餐”4826 人次，金额 89.04 万元。中等职业技术学校全年享受国家助学金 7675 人次，累计投资 575.62 万元。

【实施中小学校舍安全工程】 根据国务院统一部署，2009~2012 年，在全国中小学校开展抗震加固、提高综合防灾能力建设，使学校校舍达到重点设防类抗震设防标准，并符合对山体滑坡、崩塌、泥石流、地面塌陷和洪水、台风、火灾、雷击等灾害防灾避险安全要求。市委和市政府成立中小学校舍安全工程领导小组及办公室，统一部署实施全市中小学校舍安全工程。制订印发《临安市中小学校舍安全工程实施方案》。8 月 19 日，邀请建设、国土、水利、气象部门和消防大队专家组成 5 个专项排查组，对全市 80 所学校、111 个校区 751 幢校舍建筑隐患等进行排查，提出整改对策。

【实施 4 项省级工程】 2009 年，全市教育系统开始实施浙江省农村中小学教师集体宿舍改造、浙江省乡镇中心幼儿园建设、浙江省特殊教育学校建设和浙江省第二轮农村中小学现代远程教育工程。全年投资 255.03 万元，完成农村中小学教师集体宿舍改造 1.26 万平方米；投资 900 万元，完成乡镇中心幼儿园改扩建 9338 平方米；投资 1.17 亿元，实施农村现代远程教育工程，新增计算机 944 台、多媒体 346 套、校园网 2 套、图书 4.58 万册。

师资队伍建设

【概况】 2009 年，全市有专任教师 4312 人，幼儿园、小学、初中、普高、职高专任教师合格学历分别为 95.89%、99.94%、99.07%、98.28%和 89.30%；幼儿园、小学、初中专任教师中高一层次学历教师比例分别为 58.80%、90.20%、85.22%，职高双师型教师 87%。39 人获中学高级教师职称，6 人获小中高职称，133 人获中学一级教师职称，140 人获小学高级教师职称。录用师范院校应届毕业生 25 人，招考录用合格学历社会青年 95 人。全年两次面向社会人员认定教师资格 104 人。

全年培训教师 7262 人次，通过调整，确认临安市中小学“名师”培养对象 596 人，设立名师培养基地 28 个，初中名师培养对象青年教师后备库推荐人选 60 人。完成省、杭州市、县（市）三级“领雁工程”培训 167 人。在三个层次名师培养基础上，推出杭州市“名师”培养人选 5 人、学科带头人 28 人。45 人被评为杭州市教坛新秀，34 人被列为临安市“812”人才培养对象。

昌北中学王继准获首届浙江省农村教师突出贡献奖，东天目中心学校方仁火被评为首届浙江省师德先进个人，昌化镇人民政府周军获浙江省“绿叶奖”，临安中学胡奇波、实验初中汤艳君、昌化二小蒋昌松、博世凯实验小学方佩获浙江省“春蚕奖”，临安中学吕京阳、天目高级中学方向如、昌化中学方丽娟、晨曦小学梅晨霞、实验初中许小青、於潜一小项海燕、新桥中心小学张必相被评为杭州市优秀教师，城南小学徐新德、青山中心幼儿园舒国祥被评为杭州优秀教育工作者，临安中学郎晓勤、玲珑中心小学李晓芳、锦城二中郑琳瑛被评为杭州市首届中小学模范班主任，市教育局王燕萍被评为省级优秀团干部。

选派校长 17 人到上海、杭州、宁波、绍兴等地名校挂职锻炼，参加省、杭州市领雁骨干校长培训 27 人，完成“十一五”校长提高培训 60 人。出台《临安市教育局关于加强校级后备干部队伍建设的意见》，推出“两荐两考一测评”选拔制，参加后备干部笔试选拔 122 人。

主办教育硕士研究生进修、英国吉尔福德中学英语、博世凯小学英语等 8 个主题培训班。结合学校布局调整，分别对於潜、玲珑片教师进行为期 6 天的全员培训；完成新教师试用期和提高期培训；组织部分教师出国培训。在培训上采用“领雁”工程、“天目彩虹”引智工程、名师培养基地、学校互助共同体、杭州市特级教师支教等相结合，多个工程并轨运行模式。邀请浙江大学附中校长尚可、杭州市教育局教研室主任曹宝龙等到临安作报告，开设辅导讲座，进行课题指导，开展校际互动及教师结对活动。举办“天目金秋”教育名家专题报告会，邀请中国教育家、语文特级教师于漪，上海市特级教师、特级校长风光宇作专题报告。

【“领雁”工程】 2009 年，实施省、杭州市、县（市）三级“领雁”工程，骨干教师、骨干校长参加培训。参加省级培训 45 人、杭州市级培训 41 人；全市举办“领雁”培训班 3 个，分别是小学数学骨干班、初中数学骨干班、初中科学骨干班，邀请朱乐平、平国强、唐彩斌等多位名优教师上课。继续开展师范生支教顶岗实习制，4~5 月，杭州师范大学派出 43 位顶岗支教实习师范生到 26 所中小学任教；9~10 月，派出 41 位顶岗支教实习师范生到 22 所中小学任教。

【“名师”工程】 2009 年，全市确定“名师”培养人选 596 人。其中，小学 265 人、初中 168 人、高中 121 人、职高 42 人；第一层次 52 人、第二层次 126 人、第三层次 418 人。制订“名师”培养经费使用方案，以“共同基础上的有选择发展”为指导思想，通过“必修加选修”方式，用学分管理方法进行评价考核。28 个基地均制订学科培养培训方案。

教育工会

【概况】 2009 年，市教育工会有兼职主席 1 人、常务副主席 1 人，下辖基层学校工会 86 个、基层工会联合会 5 个，有会员 4420 人。基层工会完成换届 22 家，新建工会 4 家。修改完善《工会工作目标考核细则》，召开直属学校（单位）校长校务公开工作培训指导会。市教育局、市教育工会对全市中小学校务公开工作进行检查。召开庆祝第 25 个教师节教师代表座谈会，对 2008 年度获省、杭州市及临安市级的各类先进教师个人进行表彰，全年表彰各级先进 110 人次。全市教育系统开展“师德在我心”主题师德演讲比赛活动。市教育工会收到各教育辅导站选送的调研成果和论文获奖28 篇，其中，省、杭州市级奖 6 篇，临安市级奖 26 篇。

围绕市教育局党委提出的“教师关爱工程”开展各项工作，倡导“每天锻炼一小时，健康生活一辈子”科学理念，开展“迎国庆”系列活动，组织教师参加“迎国庆祖国在我心”诗歌朗诵比赛与“迎国庆”篮球赛、乒乓球赛、拔河比赛。举行全市教职工羽毛球赛，参赛代表队31个，参赛教职工近250人。组织女干部和女教师50人参加“构建和谐社会，营造温馨家庭”庆“三八”女性知识讲座。举办市中小学教职工排舞培训班，近百名教职工参加培训。开展“送温暖”活动，通过大病救助、助学结对、暑期“送清凉”、春节“送温暖”等形式关爱困难教职工。市教育工会慰问因病住院先进教师、困难教职工200余人次，与困难教职工子女结对16人，发放慰问金21万元。组织“青春·交友·结对”联谊活动，参加团市委组织的“青春有约，缘来有你”单身青年人才交友联谊活动；发动基层学校为女教师购买“关爱女性健康”安康团体保险。在第六次“春风行动”中，教职工捐款近90万元。

(潘军强)

电大工作

【概况】 2009年，临安电大以中央广播电视大学远程开放教育为主体，继续与浙江大学、中国人民大学、绍兴文理学院、福建师范大学、大连理工大学、北京航空航天大学、中国医科大学等知名高校建立联合办学关系，扩大宣传，拓宽招生、培训市场。全年完成各类招生756人，增设农村行政管理和林业技术两个专业，招生84人。完成周末班、暑期班、转移劳动力、务工人员、职业技能、农村劳动力六大类培训计2.23万人次。组织全国网考1420人，本科、专科及中专毕业生700余人，各类在册学生2300人。校级课题立项6个，其中，被杭州广播电视大学立项2个，教师在各类刊物上发表论文20余篇。

是年，临安电大被评为中国人民大学网络教育招生工作先进集体、临安市综合治理先进单位。

【校庆30周年活动】 2009年是电大成立30周年，学校开展一系列庆祝活动。召开电大历任领导、毕业生代表、离退休教职工等座谈会；制作校庆电视片《在水一方 桃李芬芳》，并在临安电视台多次播出；出刊画册《电大三十年》，向社会各界分发；在《今日临安》进行增刊宣传；邀请临安籍书法家题写“名人名言”作品20余幅，装裱张挂。

【农民大学生培养工程】 2009年，“农民大学生培养工程”由市委组织部牵头，在市农办、市教育局、各乡镇（街道）协同配合下，通过筛选、测试，录取学员84人。设置两个专业，纯农专业22人，主要是种植养殖科技示范户人员；农村管理专业62人，其中，村干部（书记、主任）16人、村级后备干部46人。

(舒正人)

驻市高校

·浙江林学院·

【概况】 2009年，浙江林学院面向全国24个省（直辖市、自治区）录取本科新生5263人，其中本部3361人、“专升本”99人、天目学院1803人。研究生招生376人，录取2008级农业推广硕士生

107 人。招收成人高等学历教育学生 999 人。本科毕业生初次就业率为 88.53%，研究生初次就业率为 84.11%。1 人获全国大学生志愿服务西部计划优秀志愿者称号，3 人获省级两项计划优秀志愿者称号，学校被评为“浙江省志愿服务优秀集体”。

全年引进专任教师 68 人，其中，正高级专业技术资格 4 人、副高级专业技术资格 8 人、博士（含博士后）学位 35 人。聘请在国内本行业有一定知名度的学者担任客座教授或兼职教授 14 人。1 人获教育部高校骨干教师国内访学，1 人获省高校访问学者国内进修，2 人参加省高校中青年学科带头人学科交叉培训班。获全国优秀教师、省级教学名师、省级教坛新秀各 1 人，入选省“151 人才”第三层次 16 人；获省高等学校第五届现代教学技能比赛优秀奖 2 人；获省高等学校创新团队 1 个、省级教学团队 2 个、省高校优秀青年教师资助项目 9 项。全年有 228 人申请评审专业技术资格，取得中级职称资格 90 人、高级职称资格 68 人，其中正高级职称 16 人。新增园艺学、马克思主义理论、工商管理和环境科学与工程 4 个一级学科副高级资格评审权，一级学科副高级评审权增至 12 个。

新增生态学本科专业，本科专业数增至 51 个；园林、木材科学与工程 2 个专业被确认为国家级特色专业，食品科学与工程、机械设计制造及其自动化、会计学、广告学 4 个专业被确认为省级重点专业；《森林经理学》获国家级精品课程，《设施园艺》、《大学英语》、《无机及分析化学》3 门课程获省级精品课程。全年获省新世纪教改项目 8 项；获省级教学成果一等奖 2 项、二等奖 2 项，其中“多校联动共享共赢的产学研合作教育创新与实践”获国家级教学成果奖二等奖，实现国家级教学成果奖零的突破。大学生在省教育厅教学业绩考核所列竞赛中获全国一等奖 1 项、二等奖 4 项、三等奖 7 项；发表论文 24 篇，获授权专利 11 项；获全国“挑战杯”大学生课外学术科技作品竞赛二等奖 1 项、三等奖 1 项，综合积分全国排名第 30 位。获得外专外教经费、重点引智项目经费 50 余万元。组建浙江林学院——美国太平洋大学中心，组织学生 38 人出国学习和交流。留学生教育规模继续扩大，招收来自 10 余个国家语言生、学历生、高级进修生近 60 人。

建设浙江省研究生教育创新示范基地 1 个，获浙江省百篇优秀博士/硕士学位论文 1 篇，获浙江省研究生创新基金 3 项。木材科学与技术学科获准成为第二批省级“重中之重”学科，园林植物与观赏园艺学科获准成为省重点学科 A 类，环境与资源保护法学、土壤学学科获准成为省重点学科 B 类。竹产业等 7 个团队被列为省重点资助团队。继续推进校园文化品牌建设，茶文化产品创意创新团队被确定为首批浙江省重点创新团队。

全年批准立项 454 项，其中，国家自然科学基金项目 19 项、国家社科基金项目 1 项、国家重大科技专项资助项目 1 项。获国家科技进步二等奖 1 项，获省部级奖 13 项，其中浙江省科学技术三等奖 3 项；发表学术论文 1235 篇，其中，被SCI、EI 等三大索引收录 120 篇，被 Sensys 会议录用 1 篇，被重点推介参加“科技期刊与新闻媒体见面会”1 篇；获授权发明专利 37 项，其中发明专利 17 项。国家木质资源综合利用工程技术研究中心各项建设有序推进，浙江省亚热带森林培育重点实验室——省部共建国家重点实验室培育基地落户学校，浙江省森林生态系统碳循环与固碳减排重点实验室获批建设。“竹炭生产关键技术、应用机理及系列产品开发”成果获2009年国家科技进步二等奖。

全年组织开展大型送科技下乡与技术推广活动14次，组织实施山核桃、香榧良种推广和竹木加工等项目80余个。深化校地合作，与庆元、江山、平阳、建德、遂昌等地签订科技合作协议。学校被评为浙江省科技特派员工作先进单位，并被评为全国科技特派员工作先进集体。成立浙江林学院创新农作制度研究促进会筹委会和创新农作制度研发、培训中心，开展创新农作制度的教育、科研、推广工作。《浙江林学院学报》被《中文核心期刊要目总览》列为林业类核心期刊，被中国科学评价研究中心评为中国核心学术期刊，获全国高校科技期刊优秀编辑质量奖。

全年采编各类纸质图书3万余种、6万余册。农学基础实验教学中心等8个项目获浙江省财政厅实验室建设专项资助，植物生产类现代智能温室建设等3个项目获省教育厅教育专项资助。完成大学生创业园建设、衣锦南校区继续教育学院办公楼装修等20余个维修改造项目。

解决学校教职工参加省级单位公务员医疗保险、学生参加杭州市城镇居民医疗保险问题。完成153套吴越人家经济适用住房销售工作。完成葡萄园教工生活区一户一表改造工程。完成东湖校区3幢、衣锦校区6幢共9幢学生公寓的空气源热水进寝室工程。学校被评为浙江省高校后勤改革10周年先进集体。加强校园环境和植物园建设，学校被评为“浙江省绿化模范单位”。

开展甲型H1N1流感防控工作。强化交通、治安、消防和特种设备的安全管理，举行大型应急消防演练。开展重点、敏感时期安全稳定工作，维护校园安全稳定。（附表32）

【李育材到校视察】 2009年3月19日，国家林业局副局长李育材到学校视察，听取学校申报省部共建亚热带森林培育国家重点实验室培育基地相关情况和学校总体发展方向汇报后，对学校在教学、科研、人才培养和社会服务工作等方面成绩表示肯定，认为亚热带森林培育实验室建设符合当今时代精神，就如何发展碳汇林业与学校领导进行深入探讨，并对学校发展提出建议。

【吕祖善到校视察】 2009年5月14日，浙江省委副书记、省长吕祖善，副省长郑继伟到学校视察。吕祖善一行先后视察林工科技楼（国家木质资源综合利用工程中心）、东湖校区、农学基础实验教学中心、智能实验楼（竹业科学与技术省部共建教育部重点实验室）等，听取汇报后分别作了重要讲话。吕祖善指出：“浙江林学院建校50多年来历经风雨坎坷，近些年实现了稳健快速的发展，学校面貌发生了翻天覆地的变化，不论硬件软件建设都有很大进展，成绩来之不易。学校既出人才又出科研成果，对浙江经济社会发展特别是‘三农’建设作出显著贡献，高校‘三大职能’在林学院得到了充分体现。”郑继伟指出：“浙江林学院的发展是近年来浙江高校快速发展的一个典型缩影，特别是1997年通过教育部合格评价后这些年，成功申报硕士授予权、优秀成绩通过教育部评估、建设省级创新平台和国家工程中心、获得国家科技大奖等，取得了一系列标志性成果。”

【与临安市签约共建现代生态城市】 2009年4月14日，浙江林学院与临安市签订《全面深化战略合作，共建现代生态城市》合作框架协议，同时成立共建现代生态城市战略合作促进委员会。双方将以和谐社区和校园建设、城乡规划和新农村建设、科技和创业创新、基础教育和人才培育、旅游和现代服务业五大领域为重点，推进合作。

【中国林业产业应对金融危机转型升级高峰论坛启动仪式】 2009年6月13日，学校举行中国林业产业应对金融危机转型升级高峰论坛暨启动仪式。省委书记赵洪祝向大会发来贺信，国家林业局副局长李育材、浙江省人大常委会副主任程渭山、省科技厅厅长蒋泰维、省林业厅厅长楼国华、省教育厅副厅长李鲁在开幕式上致辞。科技部农村司许增泰处长宣读国家木质资源综合利用工程技术研究中心成立文件，李育材、程渭山共同为国家木质资源综合利用工程技术研究中心揭牌。

【周国模出席哥本哈根联合国气候变化大会】 2009年12月7日，校长周国模以国际竹藤组织代表团成员的身份出席哥本哈根全球气候变化大会。大会期间，周国模以会议日志方式，每天在国际竹藤组织“竹类学术和文化论坛”介绍会议进展和成果，使广大师生员工和林业界同行及时了解哥本哈根气候变化大会信息和进展。

【消防安全工作】 2009年5月22日，教育部消防安全工作检查组到校检查。检查组察看林工科技楼、农学基础实验教学中心、学生公寓等重点防火部位，并现场与师生进行交流，要求学校以新《中华人民共和国消防法》公布实施为契机，依法完成规定动作，并将工作细化，保障平安和谐校园建设。检查组就消防安全经费投入、设施建设与维护、师生安全宣传教育、责任制度落实、突发事件处置等方面问题提出意见和建议。12月21日，教育部学习宣传落实《高等学校消防安全管理规定》研讨会在浙江林学院召开，来自全国各省市代表近40人参加，并现场观摩应急消防演练。

【第三届国际矩阵分析与应用研讨会】 2009年7月10日，由国际线性代数协会、国际自然科学基金委和浙江省自然科学基金委主办，浙江林学院承办的第三届国际矩阵分析与应用研讨会在东湖校区开幕。来自国内外代表200余人参加会议，会议为期3天。大会邀请ILAS副主席、《Linear Algebra and Applications》、《Linear Multilinear Algebra》主编、威廉玛丽学院Chikwong Li教授，《中国科学》编委等国际数学界权威人士作报告。来自美国威廉玛丽学院的Chikwong Li教授作《量子计算、完全正线性变换以及数值域》主题报告。大会收到论文摘要投稿583篇，最后经审稿筛选接受发表论文281篇。会议摘要论文集由国际学术出版社（World Academic Press）出版

《The Proceedings of The 3rd International Workshop on Matrix Analysis and Applications》，进入该摘要论文集的每篇文章摘要将被ISTP收录；会议论文全集将由国际线性代数电子期刊（The Electronic Journal of Linear Algebra，ELA）作为专刊发表，ELA由国际线性代数协会出版发表，且被SCI全文检索。

增列硕士研究生指导教师名单

表32

序号	学科名称	硕士研究生导师
1	森林保护学	樊建庭　刘长国
2	林木遗传育种	周　慧
3	生态学	金　川
4	森林经理学	刘安兴　徐爱俊　徐丽华　唐丽华
5	土壤学	李永夫　宋照亮
6	木材科学与技术	汪杭军
7	森林工程	修树东
8	林产化学加工工程	罗锡平
9	城市规划与设计（含风景园林规划与设计）	张建国　肖胜和
10	林业经济管理	顾　蕾　余　康　刘梅娟
11	环境与资源保护法学	阳相翼　刘　铮
12	马克思主义中国化研究	许志红　任　重　彭庭松
13	设计艺术学	方善用

（张佩成）

浙江林学院更名为浙江农林大学

根据教育部教发函〔2010〕20号文件，2010年3月18日，浙江林学院更名为浙江农林大学。浙江农林大学系省属多科性本科学校，以本科教育为主，同时承担研究生培养任务。

文　化

群众文化

【概况】 2009年，全市完成图书室行政村全覆盖工程，向上级争取到图书经费15万元；建成乡镇省级标准综合文体站5个；完成26个乡镇（街道）综合文化站评估定级，评出特级综合文化站6个、一级综合文化站2个、二级综合文化站13个、三级综合文化站3个。千洪乡创建成为杭州市级“东海文化明珠”。

举办“吴越风”元宵灯会、“五月红歌会”、“中华颂·临安情”庆祝新中国成立60周年文化献礼艺术周等大型广场文化活动50余场。组织“送文化”下乡活动，到全市农村演出450余场，放电影3300余场，送图书10万余册；为16个行政村配送价值10万余元文化活动器材。全市文艺队伍增至600余支，开展群众文化活动3600余场。全年开展文化业务培训200余期。获杭州市级以上奖项文艺作品75件。

新增图书8.2万册，新建於潜镇昔口村和太湖源镇里畈村、众社村、东天目村图书室“一证通”服务点4个。潜川镇、西天目乡创建成为杭州市级文化示范乡镇，马啸乡、龙岗镇创建成为临安市特色文化乡镇；锦城街道横街村、湍口镇湍源村创建成为省级文化示范村，青山湖街道青南村、太湖源镇东天目村、横路乡谢家桥村、潜川镇牧亭村和湍口镇二联村、童家村创建成为杭州市级文化示范村。创建浙江省文化示范户25个、杭州市文化示范户50个、临安市文化示范村30个。

全市新增娱乐场所4家、动漫企业1家、印刷复制企业13家。全市网吧新增面积2000平方米，娱乐场所新增面积1000平方米。昌化国石文化城开工，盛艺佳歌厅开业，动漫出版企业浙江普达海文化产业有限公司落户临安。越窑青瓷褐彩熏炉艺术品开发项目进入新产品研发阶段。

加强对业主和从业人员法律教育，全年开办法规和安全培训班4期，培训300余人次。文化市场开展“春耘行动”、“打‘五黑’剑斩行动”、“暑季风行动”、“‘十小’行业整规行动”等一系列专项整治行动。全年出动执法人员1161人次，检查经营单位1539家次，其中，网吧620家次、演出场所227家次、娱乐场所（含电子游戏）256家次、音像制品店218家次、出版企业89家次、印刷复制企业111家次、广电企业13家次、文物店5家次。立案查处经营单位105家，当场处罚5家。

规范行政许可，完成对全市154家印刷企业换证工作。继续实施新一轮农村广播“村村响”、“优质响”工程，完成广播行政村全覆盖目标任务，80%行政村实现广播“市、乡、村三级联响”。

【“中华颂·临安情”文化献礼艺术周活动】 2009年9月26~30日，举办“中华颂·临安情”庆祝新中国成立60周年文化献礼艺术周活动。庆祝新中国成立60周年文化体育成果展·现代民间绘画精品展开展，有50件农民画作品、98幅摄影作品入展，集中展示和体现临安民间艺术之乡现代民间绘画成果。举办“锦绣中华　生态临安”庆祝新中国成立60周年大型综艺晚会，晚会分“祝福祖国、创业创新、和谐家园、美好明天”4个篇章。举办“爱我中华　和谐临安”庆祝新中国成立60周年民歌民艺大展示，昌化镇联盟村《龙腾鼓舞》、清凉峰镇颊口村《李三宝》、潜川镇塔山村《塔山花灯》、板桥乡上田村《上田十八般武艺》、湍口镇中心小学《要碗》、金音艺术学校古筝齐奏《战台风》等12个民间艺术节目参加演出。举办“盛世中华　吴越临安”庆祝新中国成立60周年越剧折子戏专场，市蓝宝石艺术团、市总工会越剧团、市老年大学越剧团、青山湖街道中老年活动中心等团体参加演出。举办“腾飞中华　活力临安”庆祝新中国成立60周年少儿综艺会演，市文化馆组织辅导创编，贝多芬艺术学校舞蹈《欢天喜地庆国庆》等十几个节目参加汇演。

【五月红歌会】 2009年5月9日，由市委宣传部、市文广新局主办，市文化馆承办，庆祝新中国成立60周年“五月红歌会”在人民广场举行。演出采用联唱、领唱、独唱、合唱、台上台下互唱等多种形式，为观众呈现35首中国革命和建设时期具有较大影响和时代特征的歌曲。

【非物质文化遗产四级名录体系】 2009年，《马啸滚灯》、《昌化民歌》、千洪宣纸与桃花纸制作技艺、昌化竹编、天目云雾茶制作技艺5项列入浙江省非物质文化遗产名录，《洞霄宫传说》、上田十八般武艺、《十番锣鼓》、馒头节、《五凤朝阳》、顺溪大方茶制作技艺6项列入第三批杭州市非物质文化遗产名录，《天目山传说》等9项列入第三批临安市非物质文化遗产名录。钱高潮被列为国家级非物质文化遗产传承人，朱臣煜等5人被列为省级非物质文化遗产传承人，王立勋等9人被列为临安市第二批民间艺术家，张涛等12人被列为临安市第一批非物质文化遗产传承人。

【非物质文化遗产活动】 2009年6月11日，举行第二批民族民间艺术家、第一批临安市非物质文化遗产代表性传承人表彰命名暨《临安市民间音乐集》首发式。6月22日，举办第二届洪岭高山馒头节。9月17~20日，《鸡血石雕》、天目云雾茶制作技艺、千洪宣纸桃花纸制作技艺应邀参加首届中国（浙江）非物质文化遗产博览会暨第六届中国中华老字号精品博览会，《鸡血石雕》获博览会金奖，千洪桃花纸宣纸制作技艺、天目云雾茶制作技艺被评为优秀参展项目。钱高潮鸡血石雕作品《祖国万岁》、《鸡血石传说》等被选送上海民族民俗民间文化博览会展览，《祖国万岁》获银奖；《长寿图》参加第十届中国工艺美术大师作品暨国际艺术精品博览会展览。

（卞建兴）

文 物

【概况】 2009年，遴选天目窑遗址群、昱岭关、功臣寺遗址（含婆留井）申报第七批全国重点文物保护单位，完成天目窑遗址群、陈家祠堂、昱岭关、功臣寺遗址（含婆留井）、西天目山墓塔群5处第五批省级文物保护单位记录档案编制。启动博物馆建设，推进陈家祠堂保护维修工程，完成祠堂主体维修工程。完成太湖源镇郜家祠堂保护维修工程。整修功臣山残损游步道、亭院、护勘和功臣塔围护栅栏。编制《临安市千秋关维修工程设计方案》、《孝子祠抢救加固工程设计方案》、《罗家祠堂抢救加固工程设计方案》、《临安吴越国王陵太庙环境整治设计方案》。开展乡土建筑保护调研和文物保护单位保护管理办法立法调研。7月16日，省政协主席周国富、副主席陈艳华一行到市文物馆观摩吴越国王陵水邱氏墓、康陵出土部分典型越窑青瓷珍品。

【第三次全国文物普查工作通过验收】 2009年12月，第三次全国文物普查野外调查阶段工作提前结束。调查行政村、自然村覆盖率均100%，普查文物点3118处，其中，新发现1722处、复查202处、登记文物点1080处、消失14处。12月，通过省、杭州市普查验收。

【吴越国王陵秘色瓷展览】 2009年5月18日，是国际博物馆日，由临安市文化广电新闻出版局、萧山区文化广电新闻出版局联合举办，临安市文物馆、萧山区博物馆共同承办的吴越国王陵秘色瓷展览在萧山区博物馆开幕。展览为期两个月，展出吴越国钱氏王族水邱氏墓、康陵出土越窑烧造的秘色瓷25件，其中，国宝级文物1件、一级文物8件。

【文化遗产日宣传活动】 2009年6月13日，文化遗产日宣传活动在钱王陵举行。活动以“保护文化遗产　促进科学发展”为主题。与中央电视台联合摄制《吴越国钱氏家族墓星象图之谜》专题片，在中央电视台四套《走遍中国》栏目中播出。组织“临安市各级文物保护单位”和“寻珍——临安市第三次全国文物普查撷英”大型图板展示，开展“珍视文化遗产　守护精神家园——2009中国文化遗产日群众签名”为主要内容的广场宣传活动，市政府、市政协、市三普领导小组成员单位领导和市民2000余人参加活动。

【两处新四军活动旧址确认】 2009年，在横畈镇、板桥乡开展第三次全国文物普查中，发现1945年新四军活动线索。据知情老人口述和《粟裕战争回忆录》等文献资料分析，省新四军研究会新四军老战士、专家们一致认为，横畈镇庆北街71号（栗树弄）遗存是“新四军苏浙军区前线指挥部”旧址。从板桥乡下板桥29号房屋结构、规模、地理位置及当地老人回忆，省新四军研究会专家确认该处是新四军天目山第三次反顽自卫战役前奏——新登之战“新四军伤员急救站”旧址。

【赵尔春烈士纪念馆完成修缮】 赵尔春烈士是国防部授予的“爱民模范”，赵尔春烈士纪念馆是杭州市爱国主义教育基地和临安市级文物保护单位。2009年，潜川镇政府组织资金70余万元，完成赵尔春烈士纪念馆修缮工作，纪念馆内设连环画展区厅、烈士塑像厅、烈士事迹和实物陈列厅、音像播放厅和图书室、接待室。赵尔春出生于1941年10月，潜川镇麻车埠村人。1960年应征入伍。1963年12月27日晚，温州市东门上岸街发生火灾，赵尔春为抢救人民生命财产，奔赴火海，不幸头负重伤，于1964年1月3日殉职。为纪念赵尔春烈士，1985年在他的母校紫水中心小学内建造“爱民模范赵尔春烈士”纪念馆。

（张惠敏）

文联工作

【概况】 2009年，市文联与市委宣传部联合举办“辉煌60年”全市书画、摄影大赛，收到书画作品300余件、摄影作品600余幅（组），经评选，入选书画作品78件、摄影作品98幅（组）。与市信用联社联合举办“信用联社杯”全市书画大赛，参赛作品408件，其中，书法作品220件、美术作品188件。组织“心里话宣讲团”在第二批、第三批学习科学发展观活动期间，到乡镇（街道）、村巡回宣讲。举办新中国成立60周年征文比赛、“打造清洁临安、创建生态城市、共享品质生活”摄影比赛、郑龙华“生命之光”摄影展和青年歌手叶茂平原创歌曲专场音乐会。组织各协会主席、秘书长及文艺骨干30余人赴省外创作采风。组织协会会员到上海、杭州、宁波等地观摩大型艺术展览。

完善文艺人才库和图片库，录入文艺人才400余人和图片1万余幅。开展书法、美术、舞蹈、民间文艺等培训班8期，培训200余人次；组织人员创作编排民间鼓乐舞《田野鼓韵》；组织创作6米山水书画长卷《锦绣临安》。编辑《吴越》杂志4期，发表文章100余篇，计30余万字；编印《天目放歌》文学作品集。郑龙华获中国残联“绽放基金”主办的首届残疾人“绽放文学艺术成就奖”。

【文艺创作】 2009年，杨菊三散文诗《莫斯科郊外的晚上》发表于《浙江作家》，《初识拉萨》、《风雨响沙湾》发表于《大公报》，《西湖杨柳风》、《河西走廊行吟》发表于《散文诗世界》。张爱萍中篇小说《与工布相守的日子》发表于《阳光》，短篇小说《迷失了三月》发表于《浙江作家》，《那一些花花草草的事》发表于《飞天》，报告文学《背着病母上学，孝行誉满天下》发表于《中国妇女报》。

徐正升楷书《游钓台记》入选第二届全国青年书法展，骆鸿鑫草书入选全国第六届楹联展，王国平《空谷幽兰》获全国金融系统书法美术展铜奖，方志恩、王江松、胡成英、张泉荣作品入选浙江书法精英作品展。方志恩随浙江省书协代表团赴台湾参加“台北—杭州名家书法展”活动，王江松在《中国书法》杂志2009年第二期作专题介绍。

郑龙华作品《共和国，向您致敬》获时代图片网、中国摄影家协会网共同主办的“新中国成立60周年·全球影像献礼”摄影大赛二等奖，《咱们村里的年轻人》获全国政协机关举办的《辉煌60年——政协委员摄影作品展》参展作品奖。顾兆明作品《爱国爱教》获“咱们中国人”全国摄影大赛二等奖，《握手，我们是朋友》获“千岛湖杯”全国摄影大赛铜奖，《春天的故事》入选《中国摄影艺术年鉴》。俞海《佛不信邪》获浙江省“钱江潮杯”摄影大赛优秀奖，《美丽的家乡》获省“新农村”摄影大赛金奖。

俞富强《金秋山核香》入选浙江省群星美术作品展；应曙明漆画《街舞》获浙江省第六届体育美术作品展铜奖，并入选全国第七届体育美术作品展。葛文茂获杭州市第20届三江歌手大奖赛组合金奖，并获“放歌天堂”声乐大赛通俗组银奖。

【第六届政府文艺奖颁奖大会】 2009年4月15日，临安市第六届政府文艺奖表彰大会在市政府会议中心举行。该届文艺奖收到参评作品150余件，经过评审领导小组初评、会审，并在《今日临安》进行公示，106件（幅）作品获奖，其中，一等奖6件（幅）、二等奖27件（幅）、三等奖24件（幅）、优秀奖49件（幅）。

（孙宏雷）

《临安市志》编纂工作

【概况】 《临安市志（1989~2005)》编纂工作启动于2005年4月，2009年，志书进入评审阶段，开展一审和二审工作。先后赴杭州和海盐参加省地方志办公室召开的“省二轮修志创优工程试点县（市）情况汇报会”，汇报编纂工作进程和打算。志书印刷进行项目招投标，确定杭州富阳正大彩印有限公司为印刷单位。起草总述和凡例，在《今日临安》征集资料图片，获天目山钱王书法、钱王铁券、赵氏铁券等珍贵图片。志首彩页编排完成，继续征集随文照片。坚持修志编务会议制度，商讨解决市志编纂过程中出现的问题。初审结束后，送交市地方志编纂委员会全体成员进行二审。12月初，市地方志编纂委员会审核通过《临安市志》。

【《临安市志》初审】 2009年11月，《临安市志》初审会议召开，会议分两次进行。参加第一次会议的有临安修志专家、参加第一轮修志的老同志、《临安市志》主编王建华及市志工作室所有成员等40余人，会议由市地方志办公室主任黄文根主持，市政府办公室副主任翁涛到会讲话。王建华介绍市志编纂情况，对送审稿做补充说明。与会人员先后发言，就内容规范、史料真实、资料取舍、统计依据等方面对一审稿提出许多意见和建议。参加第二次会议的有省地方志办公室副主任陈野，省地方志办公室专家组成员邱阳、沈松平，临安退休老同志，《临安市志》主编王建华及市志工作室有关编辑等20余人，会议由市地方志办公室主任黄文根主持，市政府分管副市长陈伟民到会讲话。陈野充分肯定《临安市志》的编纂成绩，邱阳、沈松平分别提出详细的书面意见，包括凡例，框架结构，内容归类、补充、删减、平衡、交叉重复等方面内容。退休老同志结合自己原先工作的实际，在数据运用、记述深度、表达手法、内容详略、反映时代特色、史料真实性等方面提出不少意见。王建华将意见和建议形成书面材料，在征求与会人员的意见后，将材料上报省地方志办公室。

（刘金炎）

《临安年鉴》编纂工作

【概况】 《临安年鉴》始编于1990年，一年一鉴，连续编纂出版，《临安年鉴(2009)》是第20卷。该卷年鉴编纂准备工作始于2009年2月，调整年鉴框架，下发《关于做好〈临安年鉴（2009)〉编纂工作的意见》及《临安年鉴（2009)》编纂纲目，召开《临安年鉴》编纂工作大会，组织年鉴编撰培训讲座3次，利用市党政办公自动化系统布置年鉴撰稿任务，截稿时间定为3月10日。6月，基本完成初稿编辑；7月，进入总纂；9月，送方志出版社审核；11月，出版发行。

完成《浙江年鉴（2009)》和《杭州年鉴（2009)》临安部分撰稿任务。协助《杭州年鉴（2009)》编辑工作，完成编辑2万余字，并参与校稿10余万字。完成杭州市地方志办公室交办的“临安志鉴”篇目汇编工作，计10余万字。

与清华大学中国学术期刊（光盘版）电子杂志社签订《临安年鉴》著作权许可使用协议，《临安年鉴》从1990年创刊号起整体编入《中国年鉴全文数据库》，在国家级专业网站上公开发布。

经中国版协年鉴工作委员会推荐，第四届全国年鉴编纂出版质量评比领导小组审定，《临安年鉴》执行主编唐剑平被聘为地方年鉴评审委员会委员。12月中旬，赴苏州参加第四届全国年鉴编纂出版质量评比工作。唐剑平在国家级刊物《年鉴信息与研究》上发表年鉴学术论文3篇，其中，《谈年鉴编纂质量的几个重要指标》入选第17届全国城市年鉴研讨会，10月，赴江苏扬州参加第17届全国城市年鉴研讨会。

年鉴编纂以外主要工作有：完成省地方志办公室下达的“临安市新中国成立60年”编写材料。参加《临安市志》一审会议，提出不少修改意见。协助市民政局编撰《临安市地名志》；指导修编村志2部。参加浙江省党史系统摄影比赛，选送60年来临安经济社会发展历史性巨变照片11组，计70余幅照片，一组照片（《临安交通建设》）获优秀奖。《试论钱镠对杭州的历史功绩》入选隋代建置杭州1420周年学术研讨会，并赴会研讨。市政协委员唐剑平撰写政协提案6个，撰写政协社情民意2则，完成市政协调研课题1个，并担任市行政执法局政协民主监督员。

【许家康到临安考察】 2009年11月10~11日，中国出版工作者协会年鉴工作委员会主任、广西壮族自治区社科联副主席许家康借杭州、黄山两地讲学之机，到临安考察，指导年鉴编纂工作，市政协副主席张亚联接待。许家康专门考察临安能否承办全国地州区县级年鉴研讨会（两年一届）的情况，并实地考察西天目山原始柳杉群落和瑞晶石花洞，其间，审阅了《临安年鉴（2009)》部分总纂稿，着重就“条目标题”提出不少修改意见。

【《临安年鉴（2009)》出版】 2009年11月，《临安年鉴（2009)》由方志出版社出版，黄文根、刘关成、许宝文任主编，唐剑平任执行主编。全书设29个栏目，正文484页，彩色图片42页，计67.2万字，印数1000册，定价150元，浙江新华数码印务有限公司印刷。该年鉴较为系统地记载2008年临安市政治、经济、文化、社会生活诸方面的新成就、新变化、新发展、新经验、新问题等。卷首设特载、大事记、市情总貌；正文设工业经济、农业经济、林业经济、商业贸易、旅游、经济管理、银行·保险、交通·电力·邮电、城市建设、土地·环保、劳动·人事、中共临安市委员会、临安市人民代表大会常务委员会、临安市人民政府、政协临安市委员会、民主党派·群众团体、政法·武装、科学技术、教育、浙江林学院、文化·新闻、卫生·体育、社会生活、乡镇街道；卷尾设附录、索引。栏目后有图文资料和书法家方志恩的书画作品补白。该卷年鉴在框架结构、信息资料、条目编撰、检索手段、校对及印刷质量等方面均较以往有所提高和改观，基本地情信息扩容增量，条目标题简洁明了，语言表达日益规范，主题索引词大大增加，封面设计彰显地域特色。

【《临安年鉴（2009）》获全国一等奖】 2009年，在第四届（五年一届）全国年鉴编纂出版质量评比中，经框架设计、条目编写、装帧设计、检索手段和校对质量五项内容的综合评定，《临安年鉴（2009）》获一等奖，并获“条目编写”、“装帧设计”两个单项一等奖。杭州地区送评市县区级年鉴共6部，其中，获综合一等奖3部、二等奖3部。

【《临安年鉴（2009）》优秀撰稿人】 为鼓励先进，提高《临安年鉴》编纂质量，2009年，根据年鉴撰稿人初稿交稿时间、稿件质量及配合态度等情况，评出《临安年鉴（2009）》优秀撰稿人35名（见表33）。

《临安年鉴（2009）》优秀撰稿人名单

表33

单　位	姓　名	单　位	姓名
市委办公室	曾　源	市人大办公室	胡映辉
市政府办公室	徐志军	市政协办公室	奚红燕
市委组织部	赵　军	市总工会	吴佳涛
共青团市委	卞迎翔	市妇联	厉曙霞
市农办	潘海华	市发展和改革局	沈建军
市建设局	董立新	市交通局	张　屏
市人事局	潘军伟	市教育局	王燕萍
市国土资源局	朱　毅	市农业局	陈初蔚

续表 33

单　位	姓　名	单　位	姓名
市林业局	盛恩浩	市外经局	石惠娟
市贸易局	帅乐芳	市检察院	胡宇翔
市司法局	吕　炜	市统计局	杜丽君
天目山管理局	刘海峰	清凉峰管理局	姜飞龙
市供销总社	胡春沐	人民银行	黄兰荣
锦城街道	沈学正	青山湖街道	翁华飞
太湖源镇	马晓璐	於潜镇	胡晓丹
潜川镇	薛闻琦	乐平乡	郑卫东
清凉峰镇	郑亚姣	岛石镇	王新日
浙江林学院	张佩成		

(唐剑平)

档案工作

【概况】 2009年，市档案局接待查阅2316人次，利用档案资料和现行文件7130卷（件）次；查阅者复制、摘录档案资料近万页。接收婚姻登记档案约4000卷，输录计算机条目13万条，建立民生档案条目数据库；接收18个乡镇的村级印模档案1687枚。开展1871卷馆藏到期档案开放前期工作和2269卷档案摸底工作，完成市委2008年度1221件档案整理和上架工作。完成《民族日报》、《浙西日报》等珍贵报纸全文扫描，实现电子查阅。指导青山湖街道建成百姓档案服务站。

为庆祝新中国成立60周年和市档案馆建馆50周年，在《今日临安》上刊出《国庆特刊》，反映市档案事业发展成就。在《今日临安》和临安新闻网上刊登档案法制宣传标语。与临安电视台联合开展老照片征集活动，《辉煌60年》栏目中以个人专访形式连续播出老照片背后的故事，展示临安经济社会发展成就。组织全市档案干部学习解放军优秀档案专家刘义权先进事迹。编辑《临安档案》简报12期，完成编写《临安市档案馆利用实例选编》。是年，市档案局被评为浙江省档案系统宣传工作先进单位。

组织30余人参加全省首次档案系列初级、中级职称考试，13人取得档案系列初级、中级职称任职资格。举办杭州市第70期档案干部岗位资格培训班和第21期档案干部继续教育培训班，培训102人；市司法局、玲珑街道办事处等18家机关和企、事业单位举办档案管理工作培训班，培训500余人次。局机关在职公务员参加“杭州干部学习新干线”

学习，并参加岗位廉政教育在线测试；专业技术人员参加市人事局组织的继续教育培训，通过相关科目考试；朱建潮被市人事局列为“812”人才培养工程。组织开展全市2006~2008年档案系统评优活动，由市政府办公室发文，通报表彰先进集体20个、先进个人41人。

【档案工作目标管理】 2009年，全市18家单位通过档案工作目标管理认定。市城建档案馆、市司法局通过省一级、二级认定；横畈镇庆北村、板桥乡上田村、太湖源镇白沙村通过省级行政村示范档案室认定；临安恒力电力承装公司、市自来水有限公司达到企业档案评估省级良好标准。太湖源镇、河桥镇、龙岗镇、湍口镇4个中心幼儿园通过杭州市二级认定；市城市管理行政执法局、临安公路段、锦城街道西墅社区和马溪社区通过杭州市级认定；市委政法委通过临安市一级认定。分水江水利枢纽工程、华光潭水库公路改建工程通过临安市级重点建设项目档案专项验收。

【贯彻《浙江省乡镇档案工作管理办法》】 2009年7月，浙江省档案局印发《浙江省乡镇档案工作管理办法》，市档案局转发全市乡镇（街道），要求各乡镇（街道）结合实际修订文件材料归档范围和文书档案保管期限表，报市档案局审批。至年底，20个乡镇（街道）报送申报材料，其中，8个乡镇（街道）获批准，12个乡镇（街道）通过初审。玲珑街道、清凉峰镇、马啸乡等修订档案工作管理办法，为推进档案工作制度化、规范化建设提供依据。

【集体林权制度改革试点档案工作】 2009年，市档案局参与市委、市政府制订《关于开展集体林权制度改革的实施意见》，对集体林权制度改革档案工作提出具体要求，并起草《临安市集体林权制度改革档案管理办法》。参加集体林权制度改革试点工作全过程档案业务指导和试点工作验收，确保集体林权制度改革试点单位档案按要求及时、规范归档。板桥乡、乐平乡通过市集体林权制度改革指导组考核验收。

（郑小春）

广播电视

【概况】 2009年，市广播电视台完成“市全委会”、“两会”宣传报道，对学习贯彻党的十七届四中全会精神、学习实践科学发展观、重点项目建设、“转危为机 克难攻坚”、新中国成立60周年、打造“清洁临安”、“三农”、“平安临安”等30余项重大活动进行报道。

“两会”期间，市广播电台开播新闻性专题《今日重点关注》，关注代表、群众热议话题；电视台推出《跟我跑两会》专栏，推出“两会”特别节目《聚焦两会 共话发展》，围绕关注“三农”、加快工业发展、加快现代服务业发展、民生保障四个主题与代表共话发展，在《临安新闻》和“两会”特别节目中播出，节目被评为临安市人大好新闻一等奖。

在学习实践科学发展观活动期间，推出《转型升级推进科学发展 克难攻坚建设现代化生态市》专栏，解读科学发展观，报道各地、各部门开展活动情况。在《临安新闻》中开设“科学发展观实践在临安”、“科学发展观大家谈”、

“科学发展观回眸”等系列报道。广播电台制作播出新闻性专题《今日重点关注》18组、新闻216条；电视台制作播出新闻性专题《民情半月谈》6期、新闻252条，制作电视专题片《科学发展在横畈》、《我为发展讲一课》等学习资料。

在新中国成立60周年宣传报道中，推出《辉煌60年》专栏，通过人物和事件回顾，反映新中国成立60年来临安发生巨大变化和取得成就。《临安新闻》中播出“60年大事记”、“革命遗迹”、“我的名字叫国庆”等系列报道。广播电台与浙江电台《浙江之声》合作，承办《精彩浙江——直播临安》节目。报道甲型H1N1型流感、白天鹅大酒店脚手架倒塌、清凉峰山体滑坡等重大和突发事件。

广播电台播出新闻稿8761条、新闻性专题《今日重点关注》365期、《媒体观点》384条、社教专题1150期；电视台播出新闻稿6570条、新闻性专题《民情半月谈》24期、社教专题190期。

投入近400万元，升级新闻非线性编辑网，改造广播电视机房，更新硬盘播，添置摇臂。投入80万元，实施新一轮广播“村村通”工程。全年完成“两会”、科学发展观、省科创基地奠基、公安防爆演练等16场电视直（录）播。完成“中国山核桃之乡命名暨山核桃开竿仪式”、“国庆万人签名”、“我为临安绘明天”等广播现场直播。开展记者下基层蹲点采访、新闻记者走进企业和“魅力乡镇·记者行”大型采访报道活动，举办“辉煌岁月 临安畅想”大型媒体系列活动。

全年被杭州市级以上媒体采用广播稿196条、电视新闻稿205条，其中，中央级媒体采用广播稿6条、电视新闻稿5条。在省、杭州市广播电视政府奖评选中，30件作品获奖，其中，获省级奖1件，杭州市一等奖2件、二等奖9件、三等奖19件。市广播电视台被评为浙江省广播电视平安单位。（附表34、表35）

【新闻节目改版】 2009年，广播《临安新闻》更名为《临广新闻》，播出时间从15分钟延长到25分钟，新增“市县新闻”和“重点关注”。电视台整合《临安新闻》和《新闻身边事》两档新闻节目，推出杂志化新闻栏目，播出时间增加到25分钟；周日推出《第七天》专栏。

【有线广播节目调整】 2009年6月，有线广播“村村响”工程完工，该工程是临安市政府重点工程之一。结合全市新一轮“村村通”工程，广播电台对原有广播节目进行重新梳理、编排，保留《临广新闻》、《对农村广播》、《魅力乡镇》、《三百六十行》等节目，推出《法在身边》、《休闲在临安》、《时代风尚》、《964加油站》、《娱乐星空》等8档直播类和娱乐性节目，恢复《菁菁校园》等节目。

【“辉煌岁月　临安畅想”系列活动】 2009年9~12月，市广播电视台举办“辉煌岁月 临安畅想”媒体系列活动，包括“祝福临安 放飞梦想”大型广场签名、“我为临安绘明天”大型少儿绘画、“记忆如画·我和临安60年”老照片征集、“江山如画 山水临安”大型书画创作活动和2010大型电视主题迎新晚会“辉煌岁月 临安畅想”。临安电视台对晚会进行全程直播。该活动获杭州广播电视政府奖、县级电视台文艺节目二等奖、临安市宣传思想工作创新奖。

【大型媒体采访报道活动】 2009年5~7月，市广播电视台开展“新闻记者走进企业”大型采访报道活动。围绕拓市场、送温暖、攻项目、抓技改、强招商等采访主题，赴青山湖街道、板桥乡等10个乡镇（街道）进行集中采访，广播电台、电视台同步推出专栏，共制作播出相关新闻稿45条、电视专题《经济纵横》6期、广播专题《临安工业》5期。8~10月，开展“辉煌岁月·魅力乡镇记者行”活动，赴青山湖街道、太湖源镇、板桥乡、於潜镇、昌化镇、大峡谷镇开展集中采访，广播电台、电视台同步推出专栏，共制作相关新闻稿63篇、电视专题10期、广播专题10期。

【《临安市广播电视志》出版】 2009年，《临安市广播电视志》由中国文史出版社出版。全书由概述、大事记、专章名志、附录组成，分宣传、基层广播电视站（乡镇街道站）、管理、基本建设与经营创收、机构队伍等门类，共6编20章29节。全书以文字记叙为主，辅以图、表，共计40余万字。该志记述临安广播电视开创以来50余年的大事、要事和临安广播电视成长、发展、壮大的轨迹。市委书记邵毅为该志作序。

临安人民广播电台（FM96.4）节目表

表34

时 间	周一至周日
05:50~06:00	开始曲预告节目
06:00~06:15	重播《临广新闻》
06:15~06:30	广告音乐
06:30~07:00	*中央台《新闻和报纸摘要》
07:00~07:30	*浙江台《浙广早新闻》
07:30~07:55	重播《临广新闻》
08:00~08:15	《魅力乡镇》（周一），《工业天地》（周二），《人口与计生》（周三），《电力之声》（周四），《金叶天地》（周五），联办节目（周六），《今日交通》（周日）
08:00~08:30	《收听指南》广告、音乐
08:15~08:20	气象音乐
08:20~08:30	健康直通车
08:30~09:00	《评书联播》
09:00~10:00	《纪实60分》

续表 34

时　间	周一至周日
10:00~10:25	空中服务网
10:30~11:30	《964 加油站》（周一、周三、周五），《法在身边》（周二、周四），《休闲在临安》（周六、周日）
11:30~12:00	《对农村广播》（周一、周三、周五），《生活百事》（周二、周四、），周末大舞台（周六），《戏曲欣赏》（周日）
12:00~12:25	重播《临广新闻》
12:30~12:45	重播《今日交通》（周一），重播《魅力乡镇》（周二），重播《工业天地》（周三），重播《人口与计生》（周四），重播《电力之声》（周五），重播《金叶天地》（周六），重播联办节目（周日）
12:45~13:00	音乐广告
13:00~13:30	广告音乐（周一），重播《对农村广播》（周二、周四、周六），重播《生活百事》（周三、周五）
13:30~14:00	广告音乐
14:00~14:30	健康专题
14:30~15:30	轻松时光（周一至周五），重播《法在身边》（周六、周日）
15:30~16:00	广告音乐
16:00~16:30	健康直通车
16:30~17:30	《娱乐星空》（周一至周五），《时代风尚》（周六），《娱乐星空》周末版《你点我播》（周日）
17:30~18:00	《欢乐小世界》（周一、周三、周五、周日），《梨园天地》（周二、周四），《菁菁校园》（周六）
18:00~18:25	首播《临广新闻》
18:30~19:00	评书联播
19:00~20:00	重播《时代风尚》（周一、周日），重播《964 加油站》（周二、周四、周六），重播《法在身边》（周三、周五）
20:00~20:35	*中央台《直播中国》
20:35~21:00	健康专题
21:00~21:25	重播《临广新闻》
21:30~22:00	音乐广告、健康专题
22:00~23:55	《晚间大放送》
23:55~24:00	气象、全天播音结束

注:每周二下午 14:00~17:00 停机检修，*号为转播上级台节目。

临安电视台节目时间表

表35

播出时间	节 目 内 容
06:55	台标演绎、导视
07:00	重播《临安新闻》
07:30	专题、文艺
08:00	首播《记实60分》
09:00	重播《临安新闻》
09:30	电视剧（一）
10:25	电视剧（二）
11:05	《临安美食》、《姐妹花逛街》
12:00	重播《临安新闻》
12:25	《午间气象》
12:30	《民情半月谈》（周一），《经济纵横》（周二），《新三农》（周三），《天目警界》（周四），《天目聚焦》（周五），《金桥》（周六、周日）
12:35	文艺
13:05	电视剧场（一）
14:15	电视剧场（二）
15:20	重播《记实60分》
16:30	专题
16:50	电视剧场（四）
17:30	《临安美食》、《姐妹花逛街》
18:25	台标、导视
18:30	首播《临安新闻》
18:55	《临安气象》
19:00	转《新闻联播》
19:35	《民情半月谈》（周一），《经济纵横》（周二），《新三农》（周三），《天目警界》（周四），《天目聚焦》（周五）《金桥》（周六、周日）
20:00	电视剧（一）

续表 35

播出时间	节　目　内　容
21:00	重播《临安新闻》
21:35	电视剧（二）
22:30	《民情半月谈》（周一），《经济纵横》（周二），《新三农》（周三），《天目警界》（周四），《天目聚焦》（周五）《金桥》（周六、周日）
23:10	电视剧
24:00	重播《临安新闻》

新闻传媒

【概况】 2009年，市新闻传媒中心以《今日临安》和临安新闻网为载体开展宣传工作。《今日临安》在原有栏目基础上，增设《乡镇周刊》、《健康周刊》、《教育周刊》等专版及《评论员文章》、《天目时评》、《吴越论坛》等言论栏目，全年刊出255期，赠阅量306万份。

临安新闻网依托临安，结合时事，以新闻为主，着重抓专题报道，并通过天目论坛和零网博客两大载体加强与网民互动，打造网上舆论平台。举办零网博客沙龙、网友献爱心等互动活动10余次，举办新闻网5周年庆典活动。成立临安新闻网义工分会。邀请市公安局、市检察院、市法院、市司法局主要领导走进视频直播室与网友交流。全年发布新闻15万条，制作专题47个、视点关注110个。

全年宣传工作围绕重要会议、重大事件、重要节日和主题内容进行。完成市全委会、“两会”、现代服务业发展大会、经济工作会议、农业工作会议等重要会议的宣传报道。利用滚动播报和专题形式，报道“8·19”清凉峰突发性自然灾害事件，被上级媒体采用稿件40余篇（幅）。全程宣传公交一体化实施进程。

推出“高举生态科技大旗，建设一流科创基地”特别报道和“聚焦浙江省科创基地”专题，大容量地报道科技城建设项目。开设《纪念中华人民共和国成立60周年》、《寻找老革命》、《百姓说变化》、《难忘的岁月》等8个专栏，刊出《新中国成立60周年特刊》50余个专版，进行国庆节特别报道。

开展“新闻记者走进企业”活动，刊登企业应对金融危机、加快发展的典型报道新闻22篇、时评文章3篇、图片专版2个、文字专版4个，为企业宣传服务。开展“辉煌岁月·魅力乡镇记者行”活动，派出三组记者，分赴青山湖、太湖源、板桥、於潜、昌化、大峡谷等乡镇（街道）实地采访，发稿30余篇。

是年，建立每周点评制，创刊《新闻每月谈》。

【市领导与市民网上对话栏目】 2009年，市新闻传媒中心在报道学习科学发展观活动中，创新形式，率先在杭州地区推出市领导与市民网上对话栏目。邀请市领导走进临安新闻网直播室，进行网上民主恳谈，与网民直接交流，共话临安建设，共商科学发展。市领导邵毅、王宏、卞吉安、钟文静、胡竑、李磊、张金良、章燕等先后走进直播室，分别围绕“加快推进转型升级，建设现代化生态市”、“深入学习实践科学发展观，以人为本、关注民生”、“学习实践科学发展观，开创‘三农’工作新局面”、“打造廉洁临安，保障科学发展”等主题，与广大网友对话交流。对话栏目共吸引120余万人次网民参与互动，网友提问1265个，恳谈时间总长10余小时。

【金子山乡实地采访活动】 2009年5月3~9日，市新闻传媒中心派出5名记者与临安市电视台3名记者组成采访团，赴临安市对口援建的四川省青川县金子山乡进行实地采访，采访内容包括金子山乡灾后重建、全市一年来开展的对口援建工程建设、临安教师在金子山乡中心小学支教情况等。5月12日，推出金子山乡特别报道4版和专题1个（《希望在路上——汶川地震一周年，走进临安对口援建金子山乡》），纪念汶川大地震一周年。该专题报道获杭州市新闻奖（社会活动奖）三等奖。

【临安新闻网5周年庆典活动】 2009年9月30日，市新闻传媒中心举行临安新闻网5周年庆典活动。受邀嘉宾和网友代表200余人参加。联欢会上，市新闻传媒中心负责人介绍新闻网5年发展历程，临安新闻网网友演出自编自演的节目。市委常委、宣传部部长章燕，杭州网总经理沈杰出席活动。临安新闻网于2004年9月30日开通，至2009年底，日访问量在80万人次以上，全省综合排名稳步上升，先后获省文明办网示范单位、中国地方网站潜力品牌奖、省优秀新闻网站、省最具影响力新闻网站等荣誉称号。

【网络警务室开通】 （参见“政法·武装”栏目）

【《辉煌中国·绿色临安》画册】 2009年，为纪念中华人民共和国成立60周年，编辑大型纪念画册《辉煌中国·绿色临安》。画册卷首为大事记，卷中分生态经济发达、生态环境优美、生态文化繁荣、生态社会和谐四大块内容记述，图文并茂，全面介绍临安60年来各行各业所取得的成就和城镇、乡村面貌巨变。画册总字数16万字，收录各类图片1000余张，印数5000册。

（钱　钢　陈雪峰）

数字电视

【概况】 2009年，临安华数数字电视有限公司完成有线电视“村村通”、有线广播“村村响”、城乡数字电视发展三大重点工作。确保政府电子政务网、党员远程教育网、视频会议系统及有线广播系统正常运行，满足人民群众对有线数字电视收看和宽带信息数据应用基本需求。完成省科创基地、临安经济开发区、昌文公路、余临公路等全市重点工程建设项目所涉及的广电杆线迁移、改道工作及全市“广电低保”工程。投资2100万元，完成於潜下埠溪村“数字兴农”、农村有线电视数字化网络改造、乡镇机房标准化改造、核心机房改造、城乡网络新增光点、新建小区数字电视配套管线等工程。提前完成“十一五”时期全市20户以上自然村有线电视“村村通”联网升级改造463个，架设杆线800余公里，总覆盖农户1.9万户，总投资1998万余元。临安华数数字电视有限公司被评为杭州市新一轮广播电视“村村通”工程建设先进集体。

【有线广播“村村响”工程完成】 2009年6月，临安华数数字电视有限公司投资340万元，提前4个月完成全市有线广播“村村响”工程。建成乡镇（街道）广播前端机房26个，安装音柱喇叭和小音箱3300余只，全市所有行政村及80%以上的自然村能够收听到市、乡、行政村三级广播节目。有线广播“村村响”系统采用数据广播和调频广播手段，在临安华数数字电视有限公司网络传输总前端接入临安市广播电视台的《三农》广播节目，通过有线电视网络和宽带信息网络，把市级广播节目传送到各乡镇（街道）；各乡镇（街道）通过设立的广播室，分早、中、晚三次开机，插入当地党委、政府广播节目及自动转播市级广播节目，经当地乡镇所辖有线电视网络将广播节目传送到各行政村；各行政村配置电话远程播控调频调制器，将来自镇广播室的节目传输到各行政村和自然村主要场所及村干部家中有线电视网络上的直通调频广播喇叭；行政村干部可利用固定电话或移动手机通过密码进行紧急情况直播通告。实现市、乡、村三级广播贯通和村村广播喇叭覆盖目标。

【“数字兴农”试点工程启动】 2009年1月，临安华数数字电视有限公司在於潜镇下埠村启动“数字兴农”建设试点工程，以有线数字电视网络为基础，融合广播电视、互联网、信息通信等技术，建成“一张网络、两个终端、三大平台、四类应用”的城乡综合信息化网络平台，实现数字电视、数字广播、电话会议广播、视频会议广播、紧急信息发布、应急系统、农业科技下乡等信息传输应用。2月，完成网络线路架设、分配网用户接入及250余户农网机顶盒安装任务。

【农村有线电视数字化工程】 根据市政府2009年广播电视发展重点工作及市委深入学习实践科学发展观活动领导小组提出的《兴三产促消费行动实施方案》专项行动要求，临安华数数字电视有限公司集中力量加快推进城镇新建居民小区，於潜、昌化、昌北中心集镇，西天目乡等重点乡镇数字电视网络建设覆盖和数字电视平移工作。完成西天目乡大有村、老庵村、章庄村、武山村、月亮桥村，昌化沃溪村，龙岗无他村，大峡谷镇龙井村、兰坪村、九园村、上坪村、柘林村，於潜镇城区，昌化镇城区，岛石镇新大街，大峡谷镇太平桥村等有线电视数字化网络改造和数字化整体转换工作。至年底，全市城乡数字电视用户超过5万户。

【“广电低保”工程】 根据省、杭州市“广电低保”工程和2003年临安市政府《关于进一步做好最低生活保障救助家庭援助工作的通知》的要求，临安华数数字电视有限公司对全市25所敬老院五保户800余人、特困户及“彩虹行动”受助对象3773户低收入家庭给予有线电视免费安装、免费收看待遇。2009年，减免低保对象有线电视收视维护费3502户，完成年度城乡广电低保工程量的92.8%，有270户因迁居、失明、失聪、无电视机及注销低保户未实施有线电视优惠。

【网络传输核心机房改造工程】 2009年12月，临安华数数字电视有限公司投资70余万元，完成网络传输核心机房动力保障系统、播出系统、监视系统安全播出改造工程。监视系统通过8台40英寸液晶电视机进行多画面分割监测；动力保障系统实现动力“2+1”备份。根据不同级别的安全要求，采用相应的供电设备和后备保障措施，确保电源质量持续、稳定、不间断供应，能够应对断电、雷击、浪涌、频率震荡、电压突变、频率漂移、电压跌落、脉冲干扰等多种突发情况，确保广播电视安全播出和安全传输。

【乡镇中心机房标准化建设】 2009年5月，完成全市乡镇广电中心机房标准化改造及防雷和机房UPS不间断电源配置、网络实时运行监控系统建设。改造后，全市乡镇广电标准化机房全部设备上机架，光纤走桥架；有线电视、数字电视、宽带网络及政府电子政务网、党员远程教育网、视频会议系统设备信号、网络输出入走线统一规范，提升全市广播电视数字信息化网络运行的安全性、稳定性和承载能力。

【临安华数网通信息港有限公司】 临安华数网通信息港有限公司由华数网通信息港有限公司、临安华数数字电视有限公司共同出资组建。经营范围包括计算机、宽带网络设备、电信设备、电子产品、办公自动化设备销售和互联网信息服务。主要业务有大众宽带接入、企业专线接入、裸光纤、VPN、MSTP、语音固话、系统集成增值业务等，范围涉及政府、金融、保险、电力、教育等领域。该公司设立5个主干机房、50个城区机房、26个乡镇（街道）机房，光纤网络资源遍布全市城区及所有行政村。2009年，大众宽带用户超过1万户，集团数据业务2000余个点，固定电话用户2400余户，为5万余户数字电视用户提供网络接入。

【教育专网升级改造】 2009年，临安华数网通信息港有限公司与市教育局签订《临安市教育专网升级合同》。通过对全市教育专网实施整合升级与改造，利用市政府电子政务网、市农村党员远程教育网，推广网上教育培训，提高全市各学校与市教育局的信息交流网络质量和市教育局网站使用效率。

【“逛临安”网上购物商城开通】 2009年，临安华数网通信息港有限公司自主研发的“逛临安”网上商城开通，这是全市规模最大网上购物平台。市民在家里上网，通过商城电子地图和搜索功能，找到商品或店铺，即可实现轻松购物和消费；经商者可通过网上注册开店，实现网上营业。网上商城汇集全市商贸企业包括服装、百货、鞋类、特色餐饮、“农家乐”、土特产等大众商品信息，满足当地居民和外来游客消费和服务需求，

（施宇群）

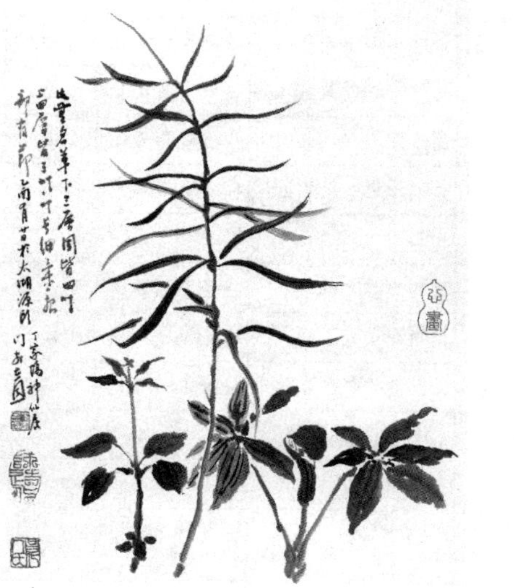

（方志恩 绘）

(上接第 288 页)

市各直属学校(单位)和乡镇(街道)中小学、幼儿园全称、简称对照表

序号	简　称	全　称	序号	简　称	全　称
63	千洪小学	临安市千洪乡中心小学	95	龙岗中心幼儿园	临安市龙岗镇中心幼儿园
64	横路小学	临安市横路乡中心小学	96	湍口中心幼儿园	临安市湍口镇中心幼儿园
65	昌化辅导站	临安市昌化教育辅导站	97	马啸乡中心幼儿园	临安市马啸乡中心幼儿园
66	昌化镇中	临安市昌化镇中学	98	大峡谷中心幼儿园	临安市大峡谷镇中心幼儿园
67	颊口初中	临安市清凉峰镇颊口初级中学	99	锦城成校	临安市锦城成人文化技术学校
68	马啸中心学校	临安市马啸乡中心学校	100	青山湖街道成校	临安市青山湖街道成人文化技术学校
69	昌南初中	临安市昌南初级中学	101	玲珑街道成校	临安市玲珑街道成人文化技术学校
70	昌化一小	临安市昌化镇第一小学	102	上甘街道成校	临安市上甘街道成人文化技术学校
71	昌化二小	临安市昌化镇第二小学	103	板桥乡成校	临安市板桥乡成人文化技术学校
72	昌化三小	临安市昌化镇第三小学	104	三口镇成校	临安市三口镇成人文化技术学校
73	龙岗小学	临安市龙岗镇中心小学	105	太湖源镇成校	临安市太湖源镇成人文化技术学校
74	洲头小学	临安市清凉峰镇洲头小学	106	高虹镇成校	临安市高虹镇成人文化技术学校
75	湍口小学	临安市湍口镇中心小学	107	横畈镇成校	临安市横畈镇成人文化技术学校
76	颊口小学	临安市清凉峰镇颊口小学	108	於潜镇成校	临安市於潜镇成人文化技术学校
77	河桥小学	临安市河桥镇中心小学	109	藻溪镇成校	临安市藻溪镇成人文化技术学校
78	顺溪小学	临安市清凉峰镇顺溪小学	110	太阳镇成校	临安市太阳镇成人文化技术学校
79	大峡谷中心学校	临安市大峡谷镇中心学校	111	潜川镇成校	临安市潜川镇成人文化技术学校
80	岛石小学	临安市岛石镇小学	112	横路乡成校	临安市横路乡成人文化技术学校
81	上溪小学	临安市大峡谷镇上溪小学	113	西天目乡成校	临安市西天目乡成人文化技术学校
82	新桥小学	临安市新桥乡中心小学	114	千洪乡成校	临安市千洪乡成人文化技术学校
83	於潜中心幼儿园	临安市於潜镇中心幼儿园	115	乐平乡成校	临安市乐平乡成人文化技术学校
84	昌化中心幼儿园	临安市昌化镇中心幼儿园	116	昌化镇成校	临安市昌化镇成人文化技术学校
85	岛石中心幼儿园	临安市岛石镇中心幼儿园	117	龙岗镇成校	临安市龙岗镇成人文化技术学校
86	太湖源中心幼儿园	临安市太湖源镇中心幼儿园	118	清凉峰镇成校	临安市清凉峰镇成人文化技术学校
87	青山中心幼儿园	临安市青山中心幼儿园	119	马啸乡成校	临安市马啸乡成人文化技术学校
88	玲珑中心幼儿园	临安市玲珑中心幼儿园	120	河桥镇成校	临安市河桥镇成人文化技术学校
89	横畈中心幼儿园	临安市横畈镇中心幼儿园	121	湍口镇成校	临安市湍口镇成人文化技术学校
90	西天目乡中心幼儿园	临安市西天目乡中心幼儿园	122	岛石镇成校	临安市岛石镇成人文化技术学校
91	乐平乡中心幼儿园	临安市乐平乡中心幼儿园	123	大峡谷镇成校	临安市大峡谷镇成人文化技术学校
92	横路乡中心幼儿园	临安市横路乡中心幼儿园	124	新桥乡成校	临安市新桥乡成人文化技术学校
93	太阳中心幼儿园	临安市太阳中心幼儿园	125	临安电大	浙江广播电视大学临安分校
94	河桥中心幼儿园	临安市河桥镇中心幼儿园			

(潘军强)

卫生·体育

卫　生

【概况】 2009年，全市各类卫生医疗机构515个，其中，市属医院5个、市属公共卫生单位7个、乡镇卫生院（社区卫生服务中心）26个、分院15个、专科医院1个、卫生所21个、村卫生室311个、民营医疗机构117个(个体诊所91个、门诊部18个、医院8个)，医务室12个。全市医疗卫生从业人员2970人。其中，卫技人员2600人；大专以上学历1686人，占人员总数56.77%；高级职称108人，中级职称719人；执业注册医师1040人，执业注册助理医师382人，执业注册护士848人。平均每千人拥有医生2.68人、护士1.6人。全市有病床1446张，每千人床位2.91张。全年医疗机构门诊212.3万人次，住院3.91万人次，平均住院日9.72天，人均住院费用5854元，人均门诊费用138.83元，药品收入占业务收入的59.62%。

制订《临安市市属医疗卫生单位五年建设规划》，确定8项建设工程。启动4项工程建设，总投资7788万元的市重点项目临安人民医院医技楼扩容改造工程开工建设，昌化人民医院整体搬迁工程选址确定，市口腔医院搬迁工程开工装修，市精神病防治中心办理相关改（扩）建手续。新改扩建标准化卫生院6家。按照杭州市委、市政府《关于加快社区卫生服务站（村卫生室）建设意见》工作要求，完成村卫生室标准化建设84家。市人民医院与省医疗保险中心联网，解决市内省级参保单位职工2000余人“看病难”问题。

开展卫生部“医疗质量万里行”和“医院管理年”活动，执行医疗质量和医疗安全核心制度，实施患者安全目标管理。加强以市急救分中心和3个急救点为重点的院前急救体系建设。市卫生局被省卫生厅评为医政工作先进集体。市中医院、昌化人民医院获省“平安医院”称号。

科研课题获省科技厅立项1项、杭州市科技局立项1项、杭州市卫生局立项1项。全年发表论文60余篇。临安市人民医院开展首例肿瘤放射介入手术治疗，普外科通过杭州市重点专科中期评估，“慢性心力衰竭规范化防治”课题成为首个杭州市科技局验收项目。市中医院眼科开展首例眼部恶性肿瘤切除术。选择县、乡医疗卫生资源综合改革，申报省首批农村卫生改革试点县。15人入选“812”人才培养工程。与浙江大学、邵逸夫医院等5个高等院校和医院建立学术交流与科研合作关系，全年外出进修70余人，参加“研究生课程研修班”学习98人。

是年，市卫生局被评为杭州市社会治安综合治理先进单位，市卫生局团委被评为省级先进团委，市疾控中心获省血吸虫病优秀监测点三等奖，市妇幼保健所获杭州市妇幼保健工作二等奖，昌化人民医院获杭州市医院药事管理质控中心医院处方管理优秀奖。

【疾病防治】 2009年，基本完善全市突发公共卫生事件应急体系以及公共卫生信息预警、检测和报警网络体系。规范开展37个传染病防控信息网络直报点工作，疫情网络直报率100%。启动应急程序，处置浙江林学院聚集性流感疫情，治愈甲型H1NI流感病例36例，其中重症病例6例，无死亡病例发生，并开展疫苗接种工作。开展手足口病防控工作，临床诊断146例，治愈率100%。加强高虹镇副伤寒病防控工作，对2009年副伤寒病例开展带菌监测，遏制副伤寒疫情的发生。艾滋病、血吸虫病、麻疹等传染病发病率较低。全市未发生甲类传染病，甲乙类传染病发病率比上年下降9.76%。市疾控中心通过省卫生厅职业卫生技术服务机构资质评审，取得建设项目职业危害评价(乙级)资质。

【卫生执法】 2009年，市卫生局完善基层卫生监督网络，实施规范化建设标准，规范派出机构运作。结合《中华人民共和国食品安全法》颁布实施，开展“十小行业”、小餐饮专项整治，1177家单位通过食品卫生量化分级核定，206家单位通过公共场所卫生量化分级核定。与282家食品经营单位签订食品安全承诺书。组织“农家乐”、学校等餐饮单位600人参加培训。加强医疗机构和医疗广告监管，结合医疗机构校验，对民营医院设置、审批、人员、技术等实行严格准入管理，全年取缔无证行医22家次，查处各类卫生违法案件104件，未出现行政复议或行政诉讼案件，获杭州市卫生行政处罚案卷质量评查一等奖。市卫生监督所被评为杭州市基层满意站所。

【社区卫生服务】 2009年，市卫生局按照城乡社区卫生服务发展规划，推进社区卫生服务网络建设。对村(社区)公共卫生联络员和公共卫生管理员326人进行集中培训，提高基层公共卫生服务能力。开展公共卫生服务项目，推进公共卫生服务均等化，重点加强健康档案、慢性病和妇儿保健管理。成立市卫生局公共卫生指导团队，从制度、人员、装备等方面进行重点指导和督导，保证三大类12项农村公共卫生服务项目有序开展。组织实施第二轮健康体检，完善体检方式和体检后续管理，组织全市参加农村合作医疗农民26.05万人进行健康体检，体检率64.81%。全市健康档案建档率85.27%，社区卫生服务机构满意率92.78%，责任医生满意率90.21%。潜川、青山湖、千洪、玲珑4个乡镇(街道)卫生院创建成为杭州市规范化社区卫生服务中心，太湖源镇卫生院创建成为省级农村中心集镇示范卫生院。

【妇幼保健工作】 2009年，市卫生局制订《临安市孕产妇应急医疗救治预案（试行）》，与各助产技术服务单位签订《助产技术服务单位孕产妇系统管理责任书》，调整临安市孕产妇应急医疗救治领导小组，充实孕产妇应急医疗救治专家组、临安市孕产妇急救分中心。孕产妇系统管理率97.9%，新生儿疾病筛查率98.1%，围产儿死亡率6.23‰，孕28周县级水平高危筛查率97.78%，0岁~3岁儿童系管率98.3%，产前筛查率80.2%，妇女病普查率71.8%。继续实行登记婚检一条龙服务，推行免费婚检，婚前医学检查率74.4%。

【爱国卫生】 2009年，太湖源镇、乐平乡创建成为杭州市卫生强乡（镇），龙岗镇通过杭州市卫生乡（镇）复查。创建省级卫生村6个、杭州市级卫生村45个、临安市级卫生村20个，创建省级卫生单位10个、杭州市卫生单位10个。通过杭州市“灭蝇先进城区”复查。农村改水工作重点实施规范水体消毒项目，普及率99.41%。农村改厕以横畈镇潘联村为试点，整合资源、整村推进建设改厕达标村82个，其中70个行政村通过考核验收。10个行政村完成中央农村改厕项目，乐平乡七坑村创建成为杭州市改厕示范村。全市累计新增卫生厕所0.51万只，普及率97.25%；新增三格式厕所1.32万只，普及率70.75%。

【中医药工作】 2009年，市卫生局进一步推进中医药参与公共卫生体系、医疗服务体系建设。推进中医“三名三进”工程，评选临安市名中医9人、基层名中医2人，推荐杭州市级名中医5人。开展中医适宜技术推广，发挥中医药在新型农村合作医疗和社区卫生服务中的作用。

【红十字会工作】 2009年，市红十字会开展“迎新年博爱帮困送温暖”、慰问敬老院和部分困难群众等活动，发放慰问金和物品20余万元。成立市红十字会“鑫富博爱孤儿救助资金”，救助孤儿50余人，发放救助金20余万元。开展清凉峰镇重大山体滑坡、“莫拉克”台风等突发事件的赈灾救济工作。开展抗震救灾定向募捐工作，全年捐款60.06万元，累计捐款1664.94万元、捐赠物资折价511.39万元。市红十字会被评为杭州市红十字会系统先进集体。

【无偿献血】 2009年，全市无偿献血5906人次，合计献血1181.4升，无偿献血人次逐年递增。连续7年实现临床用血全部来自无偿献血，无血液不安全事件发生。市卫生局获杭州市无偿献血工作促进奖。

【惠民服务】 2009年，市卫生局继续加强惠民医院和惠民协作医院建设。实施20免20减半的惠民政策，全年减免医疗费用19.23万元，减免率63.58%。开展光明行动，免费实施白内障复明手术339人次。按照爱心门诊和惠民病房的“一减一免一控”要求开展工作，惠民病床达到医院总床位的5%。继续推广“一卡通”便民措施，简化和优化流程。

【健康城市建设】 2009年，出台《临安市建设健康城市三年行动计划》。开展全民健康生活方式行动、公众健康素养促进活动。创建省无烟单位1个、农民健康促进学校1所、亿万农民健康示范乡镇2个，杭州市全民健康生活方式示范单位4个、健康促进学校2所。

【卫生大比武活动】 2009年，市卫生局与市总工会、临安电视台联合开展“卫生系统状元风云榜”活动，选拔出中医、中药、内科、外科、护理5个行业状元。组织优秀选手参加杭州市卫生监督执法、护理、诊疗、急救等7个项目大比武，获卫生监督执法技能比武团体第一名，诊疗技能、急救技能和中医药技能比武分别获团体第三名，社区管理技能获团体第四名，市卫生局获优秀组织奖。

【创新人才录用机制】 2009年，市卫生局为解决偏远乡镇卫生院人才短缺、人才难招等难题，实施乡镇卫生院统招、统配录用办法，招聘人员32人。为提高招聘人员临床实践经验，组织到临安市人民医院进行为期半年的岗前脱产培训。开展农村卫生人员培养工作，浙江医学高等专科学院临床医学专业通过高考定向录取11人。

【PCC项目示范单位】 2009年，锦城街道医院获卫生部十年百项PCC项目示范单位，引进新柏氏液基细胞学检测方法(简称新柏氏TCT)，开展规范化宫颈癌筛查和早诊早治工作。自2005年PCC项目在全国启动以来，锦城街道医院是杭州地区第三家开展此项目的单位。

【免费筛查新项目】 2009年，根据《杭州市人民政府办公厅关于开展免费产前筛查和新生儿疾病筛查的通知》和《浙江省人民政府关于实施免费婚前医学检查和免费孕前优生检测的意见》，制订免费产前筛查、新生儿疾病筛查、婚前医学检查、孕前优生检测实施方案，利用临安市现有产前筛查和新生儿疾病筛查网络，开展免费筛查工作。

【QQ在线服务】 2009年9月22日，临安市行政服务中心卫生局窗口在征得效能监察部门同意后，正式申请工作专用QQ“临安卫生许可”（972915207）。通过QQ提供在线即时服务，包括卫生许可咨询、预约指导、先行审查、联系复查、办证查询、网上申请、发布信息等，为群众提供方便。

【结核病控制】 2009年，临安市疾控中心启动杭州市第五轮全球基金中国耐多药结核病防治项目，完成可疑耐多药肺结核病例17人，确诊并实施治疗耐多药肺结核病例4人，全部采用全程督导治疗管理。

【大学生膳食营养指导活动】 2009年，市疾控中心与浙江林学院联合开展临安市大学生膳食营养指导宣传活动。在浙江林学院内悬挂“均衡营养、适量运动、让青春更健康”宣传横幅，展出宣传图板30余块，发放宣传资料2000余份；让学生免费品尝食品营养系教师开发的“益智健康汤”；邀请杭州市疾控中心营养专家作《合理膳食　营养配餐》健康知识讲座。营养知识问卷调查结果显示，宣传教育后，大学生的营养知识知晓率、平均得分、优良率分别从原来的54.6%、6.78分、16.8%上升到83.6%、8.87分、96.5%。

（钱丽莎）

体 育

【概况】 2009年，全市新增健身点151个（器材1500件）、篮球场52个、乒乓球室70个，实现健身苑点行政村全覆盖。马啸乡创建成为省级体育强乡镇，西天目乡创建成为杭州市级体育强乡镇，锦城街道创建成为省级体育先进街道，锦城街道武肃里、新民里、马溪3个社区创建成为杭州市体育先进社区。新增省小康体育村20个。新增体育彩票销售点5个，全市销售额5050余万元。

组织群众体育活动60余场。举办“移动杯”机关女干部趣味运动会，29个单位300余人参加；举办“大明山杯”钓鱼比赛，40个代表队160人参加；举办迎“七一”机关干部登西天目山比赛，34个部门和乡镇（街道）102人参加。

开展“体育三下乡”活动，发放宣传单（册）7000余份。组织开展国民体质测试进乡镇活动，村民和乡镇机关干部550余人参加测试。举办全市三级社会体育指导员培训班，参加培训117人。为深入贯彻《中华人民共和国体育法》、《全民健身计划纲要》、《杭州市全民健身条例》，进一步促进农村文化体育事业的大发展和大繁荣，建立首支农村文体管理员队伍，全市每个行政村配有文体管理员1人。

组织运动员近400人参加杭州市第17届运动会，获金牌总数第二名（100.8枚）、总分第三名（2066分）、奖牌总数第三名（228.3枚），这是临安在历届杭州市运动会中取得的最好成绩，市体育局获运动会“突出贡献奖”。在浙江省第九届田径运动会上，市体育代表队获金牌总数第一名（11枚）、总分第一名（171分），并获“精神文明队”称号。（附表36、表37、表38）

【杭州市体育后备人才基地落户临安】 2009年1月11日，杭州市体育局散打、拳击、跆拳道3个“市队联办”项目移至临安金盾职高，转移运动员100余人、教练员9人。杭州市“市队联办”体育后备人才基地正式落户临安。

【承办“信合杯”杭州市男子篮球联赛】 2009年10月27~31日，“信合杯”杭州市男子篮球联赛在临安市天目高级中学举行。该联赛由杭州市体育总会主办，临安市体育局、体育总会承办。杭州地区各区、县（市）共10支代表队参加联赛，临安市代表队获第五名。

【“全民健身日”活动】 2009年8月8日，临安市“全民健身日”启动仪式在人民广场举行。活动由市文化广电新闻出版局（体育局）、市体育总会主办，市体育指导中心、市老年体协承办。启动仪式结束后，老年体协代表队、老年大学代表队、舞蹈协会代表队、雄鹰武术馆等1000余人进行广场健身舞、体育舞蹈、少儿武术等健身表演活动。

【迎“国庆”60周年体育周系列活动】 2009年9月25日，临安市迎“国庆”60周年体育周系列活动启动仪式在人民广场举行。启动仪式结束后，举行功夫扇、太极拳、排舞等表演，进行机关拔河比赛，来自市直机关8支队伍共104人参加比赛，市信用联社、市农业局、市财政局分别获第一名、第二名、第三名。

杭州市第17届运动会（青少年部）获奖情况

表 36

项目	姓　名	性别	组别	级(组)别	名　次	受训单位	输送单位
乒乓	金余应	男	甲		单打第一名	陈经伦体校	石镜小学
	金余应	男	甲		双打第一名	陈经伦体校	石镜小学
	陈冲之	男	甲			石镜小学	
	金余应	男	甲		团体第一名	陈经伦体校	石镜小学
	陈冲之	男	甲			石镜小学	
	姜方梁	男	甲			陈经伦体校	石镜小学
	郭天宇	男	甲			石镜小学	
	姜方梁	男	甲		单打第三名	陈经伦体校	石镜小学
	余小雪	女	甲		单打第一名	省少体校	衣锦小学
摔跤	周浩男	男	甲	古典式50公斤	第三名	临安体校	晨曦小学
	向卫华	男	甲	古典式55公斤	第三名	临安体校	晨曦小学
	蔡程斌	男	甲	古典式60公斤	第二名		锦城三中
	俞　凯	男	甲	古典式60公斤	第一名	晨曦小学	锦城四中
	黄项凌	男	甲	古典式66公斤	第一名	陈经伦体校	晨曦小学
	唐棋军	男	甲	古典式80公斤	第三名		锦城三中
	卞晨阳	男	甲	古典式90公斤	第二名	临安体校	石镜小学
	朱圣杰	男	甲	自由式50公斤	第二名		锦城三中
	王　健	男	甲	自由式62公斤	第三名	陈经伦体校	三口中心
	马　阳	男	甲	自由式68公斤	第三名	陈经伦	於潜一小
	章智林	男	甲	自由式68公斤	第二名	陈经伦体校	西林小学
	盛　冲	男	乙	古典式45公斤	第二名	临安体校	晨曦小学
摔跤	周　庆	男	乙	古典式45公斤	第三名	临安体校	西林小学
	程建旺	男	乙	古典式53公斤	第三名	四中	晨曦小学
	陆文强	男	乙	古典式53公斤	第三名	临安体校	晨曦小学

续表 36

项目	姓名	性别	组别	级（组）别	名次	受训单位	输送单位
摔跤	程　坤	男	乙	古典式 58 公斤	第二名	锦城四中	晨曦小学
	黄旭东	男	乙	古典式 63 公斤	第三名	临安体校	高虹小学
	段成鑫	男	乙	古典式 69 公斤	第三名	临安体校	晨曦小学
	郎泽邦	男	乙	自由式 46 公斤	第三名	陈经伦体校	青云小学
	袁　鉴	男	乙	自由式 52 公斤	第一名	陈经伦体校	临安体校
	朱孙坷	男	乙	自由式 58 公斤	第三名	临安体校	石镜小学
	潭　维	女		自由式 48 公斤	第一名	陈经伦体校	临安体校
	陈　珊	女		自由式 60 公斤	第三名	陈经伦体校	藻溪小学
	李双韵	女		自由式 60 公斤	第一名	陈经伦体校	临安体校
举重	朱冬琴	女	乙	48 公斤	第一名	陈经伦体校	临安体校
	王　甜	女	甲	63 公斤+	第二名	陈经伦体校	临安体校
	林　菲	女	甲	48 公斤	第二名	临安体校	藻溪小学
	方晨昊	男	甲	69 公斤	第三名	临安体校	板桥小学
	金正林	男	乙	44 公斤	第三名	临安体校	西林小学
	桂鹏飞	男	乙	48 公斤	第三名	临安体校	板桥小学
	程　雨	女	乙	40 公斤	第三名	临安体校	临安体校
柔道	吴璀辉	男		50 公斤	第一名	临安体校	桥板小学
	王　泽	男		55 公斤	第一名	陈经伦体校	临安体校
	李　云	男		60 公斤	第二名	临安体校	横畈小学
	蒋益鹏	男		66 公斤	第二名	临安体校	青山小学
	黄军校	男		73 公斤+	第二名	陈经伦体校	临安体校
	袁梦朵	女	甲	48 公斤	第二名	临安体校	板桥小学
	徐云佳	女	甲	52 公斤	第二名	临安体校	西林小学
	钱　瑛	女	甲	52 公斤	第一名	陈经伦体校	临安体校
	吴慧敏	女	甲	63 公斤+	第一名	陈经伦体校	临安体校

续表 36

项目	姓 名	性别	组别	级（组）别	名 次	受训单位	输送单位
柔道	游春晓	女	乙	44 公斤	第二名	临安体校	青云小学
	叶金洋	女	乙	48 公斤	第三名	临安体校	板桥小学
	张 慧	女	乙	57 公斤	第一名	陈经伦体校	临安体校
	徐玮玮	女	乙	57 公斤	第二名	临安体校	板桥小学
	卜夏莲	女	乙	63 公斤+	第二名	陈经伦体校	临安体校
武术	查书生	男	甲	长拳	第二名	陈经伦体校	临安体校
	查书生	男	甲	枪剑全能	第一名	陈经伦体校	临安体校
	袁仕豪	男	乙	长拳	第二名	陈经伦体校	临安体校
	袁仕豪	男	乙	刀棍全能	第二名	陈经伦体校	临安体校
	胡亦然	男	甲	太极拳全能	第一名	陈经伦体校	临安体校
	胡雅莉	女	乙	刀棍全能	第二名	陈经伦体校	临安体校
	胡雅莉	女	乙	南拳全能	第二名	陈经伦体校	临安体校
	俞江波	女	丙	全能	第二名	陈经伦体校	临安体校
羽毛球	骆 远	男	丙		单打第一名	陈经伦体校	石镜小学
	陆灵耀	男	丙		单打第一名	陈经伦体校	石镜小学
	骆 远	男	丙		双打第一名	陈经伦体校	石镜小学
	陆灵耀	男	丙			陈经伦体校	石镜小学
	颜承昊	男	丙		团体第一名		晨曦小学
	杨承毅	男	丙				衣锦小学
	骆 远	男	丙			省队集训	石锦小学
	陆灵耀	男	丙			陈经伦体校	石锦小学
	威千禧	女	丙		单打第一名	省队集训	石锦小学
网球	陈叶楠	女	甲		单打第三名	陈经伦体校	衣锦小学
跆拳道	汪周钧	男	甲	67 公斤	第一名	陈经伦体校	临安体校
	王世君	男	甲	72 公斤	第一名		

续表 36

项目	姓 名	性别	组别	级（组）别	名 次	受训单位	输送单位
跆拳道	程 蒙	女	甲	46 公斤	第一名	陈经伦体校	临安体校
	徐秋萍	女	乙	58 公斤	第一名	陈经伦体校	临安体校
	郎芳丽	女	甲	52 公斤	第一名	陈经伦体校	临安体校
	奚彬璐	女	甲	54 公斤	第三名	陈经伦体校	临安体校
散手	沈松虎	男	甲	70 公斤	第一名	陈经伦体校	临安体校
	张丹杰	男	乙	74 公斤	第一名	陈经伦体校	临安体校
	方佩卿	男	甲	75 公斤	第三名	陈经伦体校	临安体校
	金 耘	男	乙	48 公斤	第二名	临安体校	横畈小学
	韩敏栋	男	乙	53 公斤	第三名	临安体校	横畈小学
	卞骆阳	男	乙	59 公斤	第三名	临安体校	板桥小学
	俞 蓝	女	甲	小团体	第三名	陈经伦体校	临安体校
	凌菁怡	女	甲	小团体	第二名	临安体校	城南小学
	赵志芬	女	甲	小团体	第二名	陈经伦体校	临安体校
	金颖拓	女	甲	小团体	第二名	临安体校	杨岭小学
拳击	叶 凯	男	甲	48 公斤	第一名	临安体校	板桥小学
	陈 嘉	男	甲	51 公斤	第一名	临安体校	岛石小学
	何李聪	男	甲	69 公斤	第一名	武汉体院	临安体校
	胡世华	男	乙	64 公斤	第一名	陈经伦体校	临安体校
	李志成	男	乙	75 公斤	第一名	临安体校	横畈小学
	苏 杭	男	乙	60 公斤	第二名	陈经伦体校	临安体校
	陈海波	男	乙	48 公斤	第三名	临安体校	青云小学
	陈志鹏	男	乙	51 公斤	第三名	临安体校	太阳小学
射击	王 顺	男	青年	自选手枪慢身 60 发	第一名	射击中心	临安体校
	王 顺	男	青年	气手枪 60 发	第一名	射击中心	临安体校
自行车	骆一婷	女	甲	3 公里个人追逐赛	第一名	杭州文海	临安体校

续表36

项目	姓 名	性别	组别	级（组）别	名 次	受训单位	输送单位
自行车	骆一婷	女	甲	1公里个人计时赛	第二名	杭州文海	临安体校
	骆一婷	女	甲	2公里个人计时赛	第二名	杭州文海	临安体校
	骆一婷	女	甲	4公里个人追逐赛	第二名	杭州文海	临安体校
	马云峰	男	甲	3公里个人追逐赛	第一名	杭州文海	临安体校
	马云峰	男	甲	4公里个人追逐赛	第二名	杭州文海	临安体校
	马云峰	男	甲	1公里个人计时赛	第三名	杭州文海	临安体校
	马云峰	男	甲	2公里个人计时赛	第三名	杭州文海	临安体校
	汪梦琪	男	甲	4公里个人追逐赛	第一名	杭州文海	临安体校
	汪梦琪	男	甲	3公里个人追逐赛	第二名	杭州文海	临安体校
	童 超	男	乙	2公里个人计时赛	第一名	杭州文海	临安体校
	童 超	男	乙	4公里个人追逐赛	第一名	杭州文海	临安体校
	罗泳佳	男	乙	1公里个人计时赛	第一名	杭州文海	临安体校
	裘祎楠	男	乙	3公里个人追逐赛	第一名	杭州文海	临安体校
	裘祎楠	男	乙	1公里个人计时赛	第二名	杭州文海	临安体校
	裘祎楠	男	乙	2公里个人计时赛	第二名	杭州文海	临安体校
	裘银君	女	乙	1公里个人计时赛	第一名	杭州文海	临安体校
	裘银君	女	乙	3公里个人追逐赛	第三名	杭州文海	临安体校
	徐学良	男	乙	3公里个人追逐赛	第二名	杭州文海	临安体校
	徐学良	男	乙	4公里个人追逐赛	第二名	杭州文海	临安体校
游泳	严方乐	男	9岁以下	仰泳全能	第一名	陈经伦体校	临安体校
	严方乐	男	9岁以下	400米自由泳	第三名	陈经伦体校	临安体校
	严方乐	男	9岁以下	200米混合泳	第三名	陈经伦体校	临安体校
	郭子源	男	10岁	自由泳全能	第一名	陈经伦体校	临安体校
	郭子源	男	10岁	200米混合泳	第一名	陈经伦体校	临安体校
	郭子源	男	10岁	400米自由泳	第一名	陈经伦体校	临安体校

续表 36

项目	姓　名	性别	组别	级（组）别	名　次	受训单位	输送单位
游泳	余泽豪	男	12 岁	仰泳全能	第二名	陈经伦体校	临安体校
	姜贾骏	男	9 岁以下	蝶泳全能	第三名		交流
	舒诞妮	女	9 岁以下	仰泳全能	第三名		交流
	陈宇婧	女	11 岁	蛙泳全能	第二名		交流
	严方乐	男	9 岁以下	4×50 米自由泳	第三名		交流
	姜贾骏	男	9 岁以下				交流
	许陈韬	男	9 岁以下				交流
	程家熹	男	9 岁以下				交流
帆船帆板	贾学爽	男	乙	帆板场地赛	第一名	市水上中心	引进
	贾学爽	男	乙	帆板障碍赛	第二名	市水上中心	引进
	黄君锋	男	乙	OP 帆船场地赛	第二名	市水上中心	引进
	虞雪慧	女	甲	OP 帆船场地赛	第二名	市水上中心	引进
皮划艇	许天诚	男	乙	500 米 C1	第二名	市水上中心	引进
	许天诚	男	乙	1000 米 C1	第二名	市水上中心	引进
	周　刚	男	甲	500 米 K2	第一名	临安体校	横畈初中
	俞　超	男	甲			临安体校	青云初中
	章　燕	女	乙	500 米 K2	第一名	市水上中心	藻溪小学
	徐　姣	女	乙			临安体校	太阳小学
	顾天宇	男	乙	500 米 C2	第二名	临安体校	锦城四中
	钱江潮	男	乙			临安体校	锦城四中
	顾天宇	男	乙	1000 米 C2	第二名	临安体校	锦城四中
	钱江潮	男	乙			临安体校	锦城四中
	姚苏英	女	甲	500 米 K2	第三名	市水上中心	大峡谷初中
	章忆馨	女	甲			临安体校	藻溪初中
	朱偲祺	男	乙	500 米 K2	第三名	临安体校	仁里初中
	周　斌	男	乙			临安体校	仁里初中

续表 36

项目	姓 名	性别	组别	级（组）别	名 次	受训单位	输送单位
皮划艇	林妍雯	女	丙	500 米 K2	第三名	临安体校	於潜一小
	王佳琦	女	丙			临安体校	於潜一小
	王丛康	男	丙	500 米 K1	第二名	市水上中心	引进
	周　刚	男	甲	1000 米 K2	第一名	临安体校	横畈初中
	俞　超	男	甲			临安体校	青云初中
	姚苏英	女	甲	1000 米 K2	第二名	市水上中心	大峡谷初中
	章忆馨	女	甲			临安体校	藻溪初中
	朱偲祺	男	乙	1000 米 K2	第三名	临安体校	仁里初中
	周　斌	男	乙			临安体校	仁里初中
	章　燕	女	乙	1000 米 K2	第一名	市水上中心	藻溪小学
	徐　娇	女	乙			临安体校	太阳小学
赛艇	潘杰斌	男	甲	500 米 1X	第一名	市水上中心	太阳初中
	潘杰斌	男	甲	1000 米 1X	第一名	市水上中心	太阳初中
	李　笑	女	乙	500 米 1X	第一名	市水上中心	藻溪小学
	李　笑	女	乙	1000 米 1X	第一名	市水上中心	藻溪小学
	朱晓云	女	甲	500 米 2X	第一名	临安体校	玲珑小学
	吴圆圆	女	甲			市水上中心	高虹小学
	杨梦蝶	女	乙	500 米 2X	第一名	市水上中心	太阳小学
	查梦迪	女	乙			临安体校	太阳小学
	朱晓云	女	甲	1000 米 2X	第一名		玲珑小学
	吴圆圆	女	甲			市水上中心	高虹小学
	杨梦蝶	女	乙	1000 米 2X	第一名	市水上中心	太阳小学
	查梦迪	女	乙			临安体校	太阳小学
	梅琪彬	男	甲	500 米 2X	第三名	临安体校	大峡谷初中
	孙　康	男	甲			临安体校	西天目初中

续表 36

项目	姓 名	性别	组别	级（组）别	名 次	受训单位	输送单位
赛艇	帅春晖	男	乙	500 米 2X	第三名	临安体校	仁里小学
	徐晨曦	男	乙			临安体校	城北小学
	赵罗铖	男	丙	500 米 2X	第二名	临安体校	城北小学
	楼学韫	男	丙			临安体校	於潜一小
	徐淑琴	女	丙	500 米 2X	第三名	临安体校	昌化镇中
	丁 昊	女	丙			临安体校	横畈小学
	梅琪彬	男	甲	1000 米 2X	第三名	临安体校	大峡谷初中
	孙 康	男	甲			临安体校	西天目初中
	赵罗铖	男	丙	1000 米 2X	第二名	临安体校	城北小学
	楼学韫	男	丙			临安体校	於潜一小
	徐淑琴	女	丙	1000 米 2X	第三名	临安体校	昌化镇中
	丁 昊	女	丙			临安体校	横畈小学
	帅春晖	男	乙	1000 米 2X	第三名	临安体校	仁里小学
	徐晨曦	男	乙			临安体校	城北小学
	郑 鑫	男	乙	1000 米 1X	第三名	市小上中心	横路小学
体操	应屹峰	男	乙	全能	第一名	陈经伦体校	引进
	应屹峰	男	乙	自由操	第一名	陈经伦体校	引进
	欧阳明康	男	丁	山羊	第一名	陈经伦体校	交流
	欧阳明康	男	丁	单杠	第二名	陈经伦体校	交流
	朱宇雷	男	乙	自由操	第二名	陈经伦体校	引进
	夏 天	男	甲	吊环加单杠	第三名	陈经伦体校	城南小学
	夏 天	男	甲	山羊加双杠	第三名	陈经伦体校	城南小学
蹦技	杨蒙平	女	丙	二套规定动作加素质	第一名	陈经伦体校	於潜一小
艺术体操	余浩聪	女			金牌两枚	陈经伦体校	东天目中心

续表36

项目	姓　名	性别	组别	级（组）别	名　次	受训单位	输送单位
田径	罗　铭	男	13岁~14岁	800米	第一名	临安体校	上甘中心
	罗　铭	男	13岁~14岁	1500米	第一名	临安体校	上甘中心
	屠铿杰	男	13岁~14岁	110米栏	第一名		引进
	屠铿杰	男	13岁~14岁	200米栏	第一名		引进
	王树斌	男	12岁	标枪	第一名	临安体校	昌化一小
	王树斌	男	12岁	三项全能	第一名	临安体校	昌化一小
	汪　杰	男	13岁~14岁	标枪	第一名	临安体校	横畈小学
	汪　杰	男	13岁~14岁	四项全能	第一名	临安体校	横畈小学
	盛雨星	男	12岁	60米	第一名	临安体校	高虹小学
	盛雨星	男	12岁	400米	第二名	临安体校	高虹小学
	赵　璐	女	13岁~14岁	100米栏	第一名	临安体校	高虹小学
	陈栋鹏	男	17岁	110米栏	第一名	临安体校	清凉峰小学
	王　晨	女	13岁~14岁	跳高	第一名		引进
	王　晨	女	13岁~14岁	跳远	第三名		引进
	钱　龙	男	12岁	铅球	第一名	陈经伦体校	临安体校
	江　露	女	12岁	三项全能	第一名	临安体校	青山小学
	王佳妮	女	17岁	五项全能	第一名	天目高中	临安体校
	王佳妮	女	17岁	100米栏	第三名	天目高中	临安体校
	梁智慧	女	12岁	60米	第二名	临安体校	林学院辅小
	吴　林	男	13岁~14岁	100米	第二名	临安体校	岛石小学
	吴　林	男	13岁~14岁	跳远	第二名	临安体校	岛石小学
	潘　婷	女	15岁~16岁	100米	第三名	临安体校	凌口小学
	潘　婷	女	15岁~16岁	200米	第二名	临安体校	凌口小学
	屈能杰	男	13岁~14岁	200米	第二名	临安体校	横畈小学
	屈能杰	男	13岁~14岁	400米	第二名	临安体校	横畈小学

续表 36

项目	姓 名	性别	组别	级（组）别	名 次	受训单位	输送单位
田径	王富程	男	12 岁	400 米	第三名	临安体校	於潜二小
	王富程	男	12 岁	800 米	第二名	临安体校	於潜二小
	施艳玲	女	12 岁	三项全能	第三名	临安体校	玲珑中心
	沈瑞鹏	男	13 岁~14 岁	800 米	第二名	临安体校	上甘中心
	沈瑞鹏	男	13 岁~14 岁	1500 米	第三名	临安体校	上甘中心
	项 叶	男	15 岁~16 岁	800 米	第二名	陈经伦体校	临安体校
	项 叶	男	15 岁~16 岁	5000 米	第二名	陈经伦体校	临安体校
	杨雄鹏	男	15 岁~16 岁	1500 米	第二名	陈经伦体校	临安体校
	柴潇潇	女	15 岁~16 岁	1500 米	第三名	临安体校	马山小学
	张 伟	女	15 岁~16 岁	3000 米	第二名	临安体校	玲珑中心
	张 伟	女	15 岁~16 岁	400 米栏	第二名	临安体校	玲珑中心
	戴林玲	女	15 岁~16 岁	100 米栏	第三名	临安体校	玲珑中心
	戴林玲	女	15 岁~16 岁	400 米栏	第三名	临安体校	玲珑中心
	柯 挺	男	13 岁~14 岁	110 米栏	第二名	临安体校	上甘中心
	柯 挺	男	13 岁~14 岁	200 米栏	第三名	临安体校	上甘中心
	张 攀	男	15 岁~16 岁	110 米栏	第三名	临安体校	昌化一小
	邓叶涣	男	15 岁~16 岁	400 米栏	第三名	临安体校	於潜二小
	邓叶涣	男	15 岁~16 岁	七项全能	第三名	临安体校	於潜二小
	蒋 鑫	女	15 岁~16 岁	三级跳远	第三名	天目高中	临安体校
	雷 云	女	15 岁~16 岁	五项全能	第三名	临安体校	於潜二小
	储一菲	女	17 岁	标枪	第三名	天目高中	临安体校
	屠铿杰	男		4×100 米	第一名		临安体校
	陈栋鹏	男				临安体校	清凉峰小学
	罗 铭	男				临安体校	上甘中心
	吴 林	男				临安体校	岛石小学

第 11 届全运会获奖情况

表 37

姓　名	性别	项　　目	名　　　次
钱　瑛	女	网球	团体第三名
周　卉	女	羽毛球	团体第六名
王　地	男	武术套路	自选南拳、南棍全能第十四名
郑炬天	男	武术套路	自选刀术、棍术全能第九名
刘岩岩	女	散打	小团体第七名
江梅娟	女	赛艇	2000 米 8 人单浆有舵手第五名
余浩聪	女	艺术体操	团体第三名
盛　江	男	古典式摔跤	第二名
汪　群	女	皮划艇	
屠芬琴	女	赛艇	2000 米 4 人双浆第七名
吴丽萍	女	赛艇	2000 米 4 人双浆第七名，2000 米双人双浆第六名
桂　政	男	足球	
欧阳雪	男	足球	20 岁以下组第八名
张梦莉	女	足球	18 岁以下组第 12 名
王敏杰	男	散打	58 公斤第二名

参加浙江省第九届田径运动会获奖情况

表 38

姓　名	级别	项目 1	成绩	名次	项目 2	成绩	名次
钱　龙	男子 12 岁乙组	铅球（4 公斤）	14.83 米	第二名			
王树斌	男子 12 岁乙组	垒球（25.42 厘米）	56.98 米	第一名			
罗　铭	男子 13 岁乙组	100 米	12" 08	第三名	800 米	2′04" 33	第一名
汪　杰	男子 13 岁乙组	三项全能		第一名	铅球（3 公斤）	15.36 米	第一名
吴　林	男子 13 岁乙组	60 米	7" 53	第一名	100 米	11" 72	第一名
屠铿杰	男子 14 岁乙组	200 米	23" 31	第二名	400 米	52" 55	第一名
屈能杰	男子 14 岁乙组	100 米栏	15"	第三名	200 米栏	28" 92	第一名
赵　璐	女子 14 岁乙组	100 米	13" 47	第二名	100 米栏	16" 56	第二名
张　攀	男子 15 岁乙组	110 米栏	16" 57	第二名	200 米栏	28" 29	第二名
施俊杰	男子 15 岁乙组	200 米	22" 52	第一名	400 米	52" 41	第一名

（杜元龙）

社会生活

人民生活

【城乡居民收入】 2009年，城镇居民人均可支配收入22011元，比上年增长11.0%；城镇居民人均消费性支出14306元，增长5.8%。农民人均纯收入10735元，增长10.9%；农民人均生活消费支出8682元，增长8.7%。年末城乡居民人均住房面积分别为41平方米和71平方米；城镇每百户居民家庭拥有家用汽车21辆、电脑95台、健身器材9套、摄像机9部；农村每百户居民家庭分别拥有汽车13辆、电脑34台、手机204部、空调52台、洗衣机88台、电冰箱97台。居民储蓄存款余额101.34亿元，增长19.1%。

【物价走势】 2009年，居民消费价格比上年下降1.1%。在八大类居民消费价格中，医疗保健和个人用品类上涨1.6%，食品类上涨1.2%，烟酒及用品类上涨0.4%；居住类价格下降5.9%，交通和通讯类下降3.4%，娱乐教育文化用品及服务、家庭设备用品及维修服务和衣着类分别下降2.1%、1.3%和1%，农资价格下降8.2%，杭州地区工业品出厂价格下降4.9%，原材料、燃料、动力购进价格下降7.8%。

（崔　璀）

民　政

【概况】 2009年，临安市城乡低保标准分别提高到320元和210元，城乡月人均补差分别为174元和119元。全市城乡低保户共2941户，计6448人，其中，农村低保户2740户，计6137人。全年发放城乡低保资金658万元。集中供养“五保”对象711人，集中供养率93.4%，达到杭州市目标考核标准。全年共拨付“五保”集中供养资金299万元。1月，全市取消乡镇一级低保资金配套。出台《临安市低保边缘及困难家庭临时救助暂行办法》。修订完善《临安市自然灾害救助应急预案》。

建成社区公共服务工作站11个，并投资50万元建立呼叫系统服务平台。组织6个乡镇、11个社区与上城区6个街道、社区共建结对。全市新增社会组织17家、社团分支机构10家。全市规范登记各类社会组织205家，其中，社会团体135家、民办非企业单位70家。

召开省级双拥模范城创建动员大会，调整双拥领导小组成员，完成创建双拥模范城相关材料申报。开展军民共建活动，举办“军民一家亲”文艺晚会，庆祝中国人民解放军建立82周年。组团赴广西崇左慰问临安籍官兵。投入专项经费160余万元，完成重点优抚对象医疗“一站式”结算工作；出台《临安市抚恤优待对象医疗保障实施办法》，发放优抚医疗补助150余万元。组织重点优抚对象1436人进行疗（休）养和体检，投入50万元。全年接收退役士兵301人，为城镇退役士兵56人发放自谋职业安置金282万元，推荐150余人到企、事业单位工作，针对复退军人多次群体上访事件，召开全市优抚信访工作会议，通报全市涉军群体信访形势，总结分析原因，明确工作任务，基本化解对越参战人员群体上访问题。

临安老年电大设老年实用保健、国画、书法等课程，丰富老年人业余生活。慰问老人1223人，发放慰问金95万元。农村“星光老年之家”实现行政村全覆盖。建成社区居家养老服务站11个和乡镇（街道）养老服务中心11个。社会福利中心项目完成主体工程。投入移民扶持资金870余万元，扶持移民项目137个。组织召开全市平安边界建设工作会议，开展与安吉、余杭、富阳等县（市、区）的行政区域界线界桩联合检查。

办理结婚登记4340对，离婚登记1241对，无婚姻登记证明4024份。受理收养207件，其中，办理收养登记证112件，与市社会福利院签订助养协议42件。市社会福利院新收弃婴75人，办理收养弃婴和儿童59人。

市行政审批中心民政窗口受理业务1589件，按时办结率100%。办理人大建议、政协提案7件，满意率100%。全国福利企业经验现场交流会在临安市万马电缆股份有限公司举行。

是年，市民政局被杭州市民政局评为考核优秀单位，农村社区建设工作获杭州市一等奖。

【农村社区建设】 根据省、杭州市《关于开展农村社区建设工作的意见》要求，2012年底前临安市要完成85%以上农村社区建设任务。2009年，市民政局确定完成农村社区73个和乡镇社区服务中心5个建设任务。出台《临安市关于开展农村社区建设的实施意见》。通过考察学习、规划、试点，召开现场会，按照“五室三站二栏一校一场所”（即社区办公室、党建活动室、图书阅览室、综治工作室、老年活动室，农业综合服务站、社区卫生服务站、救助保障站，村务公开栏、宣传信息栏，村民学校，室外文体活动场所）布局设置，完成2009年农村社区建设目标任务。

【《临安市低保边缘及困难家庭临时救助办法》出台】 2009年，《临安市低保边缘及困难家庭临时救助办法》出台。该办法对家庭生活水平在低保标准120%以内的边缘困难家庭和因遭遇火灾、重大交通事故、重特大疾病、重大生产安全事故等突发性公共事件而造成生活特别困难家庭，给予临时生活救助。全年救助农村低保边缘困难家庭1116户，计2341人，发放救助资金136万元。

【自然灾害救助】 2009年，修订完善《临安市自然灾害救助应急预案》，并对乡镇（街道）民政助理员开展救灾业务知识培训。全年建成重点村级避灾场所20个。全市共有避灾场所51个，投资700万元，可临时安置灾民1万余人。全年救助因灾倒房需重建困难家庭225户，下拨补助资金31.5万元，下拨受灾乡镇和重灾村救灾补助资金204.5万元，下拨避灾场所建设补助资金122.5万元。

【《临安市军人抚恤优待办法》出台】 2009年，《临安市军人抚恤优待办法》出台。规定享受抚恤优待的对象为现役军人、残疾军人及具有临安市户籍的复员军人、退伍军人、烈士遗属、因公牺牲军人遗属、病故军人遗属、现役军人家属，烈士遗属、因公牺牲军人遗属、病故军人遗属的定期抚恤金分别按不低于120%、110%、100%比例确定。优抚金标准最高增幅30%，最低增幅10%以上，优抚标准达到杭州市区比例标准，高于省定标准，在杭州五县（市）中位居首位。

【福利企业监管】 2009年，全市51家福利企业减免国税额比上年增加0.3亿元，安置残疾职工人数增加85人，安置比例上升2.1%。残疾职工年平均工资增长20%。加大福利企业监管力度，规范残疾职工上岗行为。要求福利企业职工佩戴统一格式、内容、颜色的上岗证，在车间悬挂统一规格员工上岗监督牌。

【规范移民扶持项目】 2009年，加强水库移民项目管理，完善移民扶持项目管理办法，落实移民资金管理制度。出台《临安市水库移民后期扶持项目管理制度(暂行)》、《关于加强大中型水库移民后期扶持项目资金报账管理的通知》和《临安市水库移民项目储备库管理办法(试行)》。项目管理重点环节为前期立项审核、招标投标、施工资质、档案管理、项目储备等。

【福利中心项目奠基】 2009年4月30日，市福利中心举行开工奠基仪式。该中心位于锦城街道横潭村五虎山，占地面积15亩，建筑面积6180平方米，包括儿童楼、老年楼、综合楼3个项目。至年底，完成主体工程建设，投资近2000万元。

【福利彩票销售】 2009年，全市销售福利彩票5355万元，筹集公益金530余万元。浙江省返还临安市公益金253万元。全年安排福利彩票公益金883万元用于资助项目。其中，资助市福利中心项目570万元；资助农村老年服务“星光计划”项目42个，计45万元；资助敬老院、赵尔春烈士纪念馆、农村社区服务中心、避灾安置场所、殡仪馆修建及火化减免项目268万元。

【《关于加快推进行业协会建设与发展的指导意见》出台】 2009年，《关于加快推进行业协会建设与发展的指导意见》出台。该《意见》明确协会建设与发展“统筹协调、市场化、政会分开、自主办会、规范发展”五项原则；明确行业协会的发展目标，提出重点任务和规范要求，包括协会规范化建设、队伍素质提高、工作职能落实、内部管理强化、现有协会整顿等；提出设立行业协会发展办公室、设立扶持发展基金、建立政府购买服务制度、完善行业协会税收政策四项保障措施。

【慈善救助】 2009年，市慈善总会募集资金1822万元，发放善款1342万元，资助困难群众2190人次。开展春节慈善慰问活动，为769户困难家庭发放慰问金54万元。开展“圆大学梦”助学行动，为贫困大学生275人发放助学金83万元。开展大病医疗救助活动，为重特大疾病患者361人发放救助金70万元。向青川县金子山乡拨付资金650万元。9月，成立临安市慈善总会临安新闻网义工分会。鑫富药业有限公司获中华慈善突出贡献单位（企业）奖，大华集团董事长陈振华获中华慈善突出贡献人物奖，慈善总会常务副会长郑丁全被评为中华慈善优秀工作者。

（朱旭红）

人口与计划生育

【概况】 2009年，全市出生4006人，人口自然增长率0.67‰；计划生育率98.20%；出生人口性别比为102.53，统计误差率控制在2%以内。

市人口计生领导小组召开会议，专题研究解决村服务室建设、中心站人员配备、利益导向政策调整等重点难点问题。出台《临安市社会抚养费征收管理办法》、《临安市公益金管理办法》、《关于实施免费婚前医学检查和免费孕前优生检测的意见》等政策性文件。召开“两免”（“两免”即免费婚前医学检查和免费孕前优生检测）、社会抚养费征收等协调会议，明确工作职责，落实工作任务。建立长效综合管理机制，落实“两免”、流动人口管理、信息化建设等项目经费。市人大、市政协对“两免”及流动人口计生工作进行专项督查和视察。

在临安电视台开设《亲情计生　品质生活》专题栏目，制作专题片3部、计生政策访谈节目8期、公益广告片1部，设立户外大型公益广告牌5块。开展大型宣传活动2次；举办群众性文艺活动20余场次，发放宣传资料20余万份。建新型生育文化示范点9个，新建杭州市宣传教育“星级示范”乡镇2个。

发放特别扶助金80.16万元，发放农村部分计生家庭奖励扶助金175.9万元。市计划生育协会争取“少生快富”项目7个，获补助资金26万元。市计划生育协会组织浙江林学院大学生20人，组成志愿者队伍，与独生子女夭折家庭结对。对独生子女夭折、患重度残疾的特困家庭，上门慰问并赠送慰问金500元~5000元。

建立昌化、於潜中心服务站。投入50万元用于村服务室规范建设，60%以上普通乡镇服务站完成标准化建设，96%以上村（社区）服务室达到“六个一”规范要求。育龄群众人口计生基础知识知晓率95%以上，随访服务率90%以上，群众对乡村计生工作满意率95%以上。

【“执法效率年”活动】 2009年，市人口与计划生育局开展执法效率年活动。加强社会抚养费征收工作，加大社会抚养费征收考核权重，将社会抚养费征收列入乡镇（街道）年度考核“一票否决”内容。对征收任务相对较重的乡镇实行局领导挂钩联系制，定时研究，个别重点乡镇以现场调研、现场办公方式进行督促。畅通法院执行渠道，强化强制执行力度，对符合申请条件及时移交法院执行。对2005年以来历史遗留案件进行全面梳理，按照“合法、合理、公正”原则实施分类处理。

【优生“两免”工作】 2009年，市委、市政府出台《关于实施免费婚前医学检查和免费孕前优生检测的意见》，明确卫生、人口和计划生育等相关部门职责。添置酶标仪、洗板机、恒温箱等专用设备，创新“一站式”服务，开展免费孕前优生检测工作。“两免”政策及优生知识知晓率90%以上，新婚夫妇优生咨询指导率98.2%，免费婚前医学检查率73.72%，免费孕前优生检测率42%。

【流动人口服务与管理】 2009年，市人口和计划生育局推行流动人口“免费服务券”，服务对象为外来流动育龄妇女，服务项目在常规环孕情监测的基础上，增加健康服务，包括常规妇科检查、B超（子宫及附件、环孕情监测）等。全年发放流动人口“免费服务券”3.5万余张。将妇幼保健所及26个社区卫生服务中心纳入定点服务机构，实现服务全覆盖。开展流动人口计划生育项目化管理工作，在高虹镇试点“四位一体”管理模式，即在乡镇建立流动人口管理中心和流动人口计生管理办公室，在村（企业）建立流动人口服务管理站（室），确立由计生服务员、村治保调解主任、村民小组长、村妇女小组长组成的村级流动人口管理网络，明确职责，完善制度。

【“农转城”生育政策】 2009年，根据浙江省人口计生委《关于〈浙江省人口与计划生育条例〉有关“农转城”人员生育政策适用范围的解释通知》，对有关“农转城”人员生育政策进行调整。调整范围如下：户口登记在农村村民委员会，并属农村集体经济组织成员和成建制（包括户籍制度改革和城市建设用地）变更为城镇居民的原农村集体经济组织成员，且尚未享受到城镇居民社会保障待遇的，适用《浙江省人口与计划生育条例》第19条有关农村居民的生育政策。

【建立人口和计划生育信息平台】 2009年，市人口和计划生育局投入信息化建设20余万元，与临安华数网通信息港有限公司签订建设计生网络VPN链路项目，架设网线至26个乡镇（街道）和298个行政村，增添信息网络点服务器和交换机。年末，全市80%的乡镇村级网络开始运行，初步建立起市、乡、村三级人口计生信息平台。

（周　琳）

关心下一代工作

【概况】 2009年，市关工委争取上级资金10万元、大华集团资金65万元，资助困难学校10所、特困大学生86人、特困中小学生160人。举办关心下一代大华基金帮困助学发放仪式。市关工委和市图书馆到青山中心小学、高虹中心小学、横畈中心小学3所学校，向外来农民工子女赠送学习用品及用书各2000套。创建潜川镇“爱民模范”赵尔春青少年爱国主义教育基地、金沙湾大型户外国防教育基地，组织青少年学生2000余人到基地参观学习和接受教育。争取上级资金5万元，投入教育基地建设。

组织部分离休干部学习《中国关心下一代工作委员会工作条例》；召开关工委讲师团和关爱工作团人员座谈会；召开乡镇（街道）关工委分管领导和成员单位成员会议；组织四个层面关工委系统培训班，乡镇（街道）关工委主任26人参加培训学习。

对16个乡镇（街道）关工委进行调查摸底，指导工作，梳理和归类管理全市外来农民工子女6700余人、留守儿童2233人、青少年罪犯60余人、少年劳动教养犯20余人的情况，给予教育和帮助；26个乡镇（街道）关工委与团委、妇联、驻地学校开展“老少同乐”系列主题教育活动。各乡镇（街道）关工委组建“五老”关爱工作团 (老干部、老专家、老军人、老教师、老模范) 和讲师团，到学校、社区举办报告会160余场次，受教育学生5万余人。全市有“五老”1000余人结对特困学生319人、问题少年329人、留守儿童357人。

（俞　展）

老龄工作

【概况】 2009年，全市60周岁以上老年人8.2万人，占总人口的15.59%。其中，65周岁以上老年人5.4万人、70周岁以上老年人3.9万人、90周岁~99周岁老年人733人、百岁老年人8人。全市城镇60周岁以上老年人9728人，占老年人口总数的11.87%；农村60周岁以上老年人7.2万人，占老年人口总数的88.13%；纯老年人家庭老年人2650人。全市老年人口持续快速增长，高龄老人比重逐年增加，老龄化、高龄化发展趋势加快。

市、乡镇（街道）、村三级老龄办公室有专职人员345人，全市298个行政村和11个社区全部建立“老年星光之家”。11个社区均建立社区居家养老服务站，设立助老志愿者队伍、养老保障站、医疗保障站、生活照料服务站、文化教育活动站、权益保护服务站和社区养老服务站。298个村老年人协会均达到杭州市规范化建设标准。

全市有老年文艺团队39个。市老龄办组织老年人参加杭州市老龄办组织的活动3次，组织七县（市、区）老年门球赛1次。市老年电大举办各类书画摄影展3次，展出作品336幅。与临安电视台联合制作《临安市养老服务体系建设》专题片，在临安广播电台开辟《夕阳无限好》栏目。

发放浙江省老年人优待证7958本。办理老年人来信、来访73件次，结案率和反馈满意率100%。慰问困难老人470人、90周岁~99周岁老年人733人、百岁老人8人、全国单项先进老年人5人，发放慰问金100万元。开展“走百村、访千户、知民情、解民困”实践活动，走访5个乡镇 (街道) 44个村，整理建议、意见30余条，并制订相关解决措施和方案。全年上报杭州市老龄办信息20余条；上交省民政厅调研章文3篇，其中1篇获三等奖。

【老年教育】 2009年，全市有老年电大教学班（点）25个，春、秋两季共招收学员3500人。开设老年实用保健、国画、书法等12门课程。4月29日，为庆祝“五一”国际劳动节，临安老年电大组织举办临安市与富阳市老年人摄影协会会员交流会，参会50余人，展出作品130幅。省老年摄影协会常务副会长潘义生带领理事会成员参加交流会。

【基层老龄干部培训】 2009年5月，市老龄办组织各乡镇（街道）老龄干部参加杭州市老龄干部培训班。9月24日，在市委党校举办全市基层老年人协会会长培训班，各乡镇（街道）老龄干部和村老年人协会会长共160余人参加培训，市公证处主任陶靖作“老年人的遗产公证”讲座，杭州市老龄办权益处处长郑文嫣讲授“老龄工作面临的挑战”、“老年人协会的主要职能及要求”、“老年人协会会长的职责”等内容。

【养老服务体系建设】 2009年，新建玲珑等乡镇（街道）养老服务中心11个。养老服务中心以乡镇（街道）敬老院为基础，拓展提升敬老院服务项目和功能，在确保“三无”、“五保”人员集中供养基础上向社会老年人提供养老服务。新建新民里等社区居家养老服务站11个。居家养老服务站依托社区“星光老年之家”，开辟拓展以生活照料为主体的综合性服务。完成165家农村“星光老年之家”创建工作，实现行政村、社区“农村星光老年之家”全覆盖。结合农村社区建设，改造提升农村老年活动室设施和功能。

（伊　春）

残疾人工作

【概况】 2009年，全市有乡镇（街道）残联26个、福利企业残联8个、残疾人专门协会4个、村级残疾人协会组织298个。

出台《关于加快推进残疾人事业发展的实施意见》和《关于实施残疾人共享小康工程提升残疾人生活品质的若干意见》，市残联会同市财政局、市民政局联合下发《临安市残疾人基本生活保障工程实施方案》和《临安市重度残疾人托（安）养工程实施方案》，残疾人优惠政策趋于完善。

举办市残联成立20周年庆祝活动，围绕“残疾人事业20年”开展摄影比赛、“30佳”评选、“温暖派送”康复行动、“光荣历程”展示、“放歌未来”庆祝大会等活动。为无劳动能力、无固定收入的困难白内障患者337人免费施行复明手术，为下肢截肢残疾者18人装配假肢，为耳聋患者228人验配助听器，向各类肢体残疾人赠送辅助器具220件。出资17.5万元，向贫困精神病患者350人发放医疗救助卡。出资157.8万元，向重度残疾者1309人发放生活护理补助费。走访慰问残疾人231人，发放慰问金24.27万元。出资30.13万元，临时救助148户特困残疾人家庭。资助残疾学生178人，发放助学金47万元。为持证残疾者1万人缴纳新型农村合作医疗个人应缴费用60.05万元。

发放扶持资金62万元，为残疾人贷款贴息78.67万元。举办各类残疾人实用技术和职业技能培训8期，共培训482人次。举办第五届残疾人就业交流会，与企业达成就业意向121人，实现就业91人。全年接待处理残疾人来信来访14件，其中市长公开电话交办件3件，结案率100%。发挥残疾人法律援助工作站作用，为残疾人提供法律援助101人次，代写法律文书23人次。

是年，市残联被评为杭州市残联工作考核先进单位、临安市就业再就业工作先进单位。

【获“全国白内障无障碍县（市）”称号】 2009年，临安市被全国残疾人康复工作领导小组办公室授予第一批“全国白内障无障碍县”称号。2004~2009年，临安市以“光明行动”为载体，对无劳动能力、无固定收入的困难白内障患者全部实行免费手术。全市能承担白内障复明手术医疗机构由1家增加到5家，为白内障患者1746人免费施行复明手术，基本实现“出现一例，发现一例；发现一例，治愈一例”目标，在组织领导、白内障知识宣传、手术质量、经费保证等方面均达到全国白内障无障碍县标准。

【贫困重度残疾人享受基本生活保障政策】 2009年，《临安市残疾人基本生活保障工程实施方案》出台。10月起，具有临安市户籍，持有中华人民共和国残疾人证的一级、二级重度残疾人，其家庭人均年收入低于临安市城镇或农村低保标准及人均年收入在城镇或农村低保标准100%~150%之间的残疾人，通过本人或监护人提出申请，经市残联审核，市民政局审批，开始享受基本生活保障。全年有1748人纳入基本生活保障范围，其中，纳入最低生活保障540人，纳入低收入救助1208人。

【重度残疾人托（安）养工程启动】 2009年，《临安市重度残疾人托（安）养工程实施方案》启动。重度残疾人托（安）养分以发放生活护理补助费形式实行家庭托管、敬老院等社区机构进行托管、专门安养托管机构进行托管三种形式。全市1309人享受每月100元护理费，71人纳入集中托养，134人纳入居家安养范围。

【第二代残疾人证核发工作完成】 临安市第二代残疾人证核发工作启动于2008年10月，市政府成立市二代证换发工作领导小组，设立二代证核发工作办公室和残疾评定委员会。根据工作方案，确定鉴定医院6家，组织相关人员参加业务培训，掌握评定标准。按照“急用先换”要求，分批组织，集中评定，对全市26个乡镇（街道）残疾人换证时间段和鉴定医院进行合理划分。至2009年底，全面完成第二代“残疾人证”核发工作，共发新证1.26万本。2010年1月1日起，新证正式启用。

【“十佳”残疾人自强模范评选活动】 2009年，市政府残疾人工作委员会开展第二届“十佳”残疾人自强模范评选活动。通过组织推荐和个人自荐、社会评比和领导小组评比、媒体公示三个环节，郑龙华、朱俊杰、陈刚、帅四军、谢克云、陈传兴、方学军、吕祥荣、赵国平、章建平被评为临安市第二届“十佳”残疾人自强模范。

【“百万康复器具”进家庭活动】 2009年5月15日，市残联开展“百万康复器具进家庭”活动。以“贴近基层，服务群众”为目标，投入100余万元，推出赠送助听器、安装假肢、白内障复明、轮椅捐赠等一系列活动，为全市有康复需求的残疾人提供服务。为全市26个社区康复站配齐康复器材和残疾人常用辅助器具，以免费配置、借用、租用等方式为残疾人提供个性化服务。

（兰银宾）

民族工作

【概况】 2009年，全市有少数民族26个，人口6480人，占全市总人口1.15%，其中，畲族4667人，占少数民族人口

73.5%。少数民族的基本特点是小聚居大散居，以畲族为主。部分畲族群众保留着以畲语为日常交流用语，少量少数民族群众能唱山哈歌。一些湖南、贵州、四川、广西为主的土家族、苗族、布依族等以婚嫁形式定居到昌化、岛石、大峡谷、横路、千洪、青山湖、横畈、高虹、板桥、三口等乡镇（街道）。临安经济开发区杭州华兴羽绒制品有限公司有新疆乌恰县柯尔克孜族员工 155 人。

杭州市民宗局副局长吴国强一行到临安慰问於潜镇祈祥村雷贞芳、浪山村蓝关根和於潜镇方元村雷英 3 户少数民族贫困户，各送慰问金 1000 元。（附表 39）

民族扶持资金使用情况

表 39

扶持对象	拨款单位	扶持项目	扶持金额（万元）
太湖源镇众社村	省民宗委	生活排污工程	3
		民族广场	3
	杭州市民宗局	青子坞水库除险工程	3
		民族广场	5
	市政府	配套杭州扶持项目	4
於潜镇逸逸村	杭州市民宗局	民族风情大道	10
	市政府	配套杭州扶持项目	4
於潜镇铜山村	杭州市民宗局	民族风情大道	10
	市政府	配套杭州扶持项目	4
太阳镇浪山村	杭州市民宗局	新能源设施工程	10
	市政府	配套杭州扶持项目	4
太阳镇枫树岭村	杭州市民宗局	排坞岭水库除险工程	3
		畲族酒文化开发	7
	市政府	配套杭州扶持项目	4

宗教工作

【概况】 2009 年，全市有宗教活动场所 116 处。其中，佛教场所 44 处（开放寺院 5 处、固定处所 39 处），佛教僧尼 160 人；基督教场所 71 处，信众 1.5 万余人；天主教场所 1 处，信徒 130 人。宗教团体有市佛教协会、市基督教“三自”爱国会和市基督教协会。天主教管理组织为市天主教爱国会筹备小组。禅源寺、卧龙寺、昭明寺、百梅寺、慈云庵、东普寺、福音堂、蒙恩堂、以勒堂、主爱堂被评为杭州市级“和谐寺观教堂”。市宗教界为全市欠发达乡村和儿童福利事业捐赠 3.5 万元。（附表 40、表 41、表 42）

宗教教职人员情况

表40

教　别	佛　教				基　督　教			天　主　教				
教　职	比丘	比丘尼	沙弥	沙弥尼	牧师	长老	传道	教主	神父	修士	修女	修生
人　数	72	21	43	24	2	15	5	0	1	0	0	0

非通常活动情况表

表 41

序　号	名　称	时　间	活 动 内 容	参加人数
1	光明寺	8 月 14 日	大殿上梁	200
2	主恩堂	9 月 29 日	培灵会	100
3	浪山寺	10 月 4 日	大殿开光	300
4	卧龙寺	10 月 5 日	天王开光	300
5	中山寺	10 月 16 日	大殿上梁	200
6	定云寺	10 月 18 日	水陆大法会	300
7	龙门寺	10 月 18 日	大殿奠基	200
8	通径寺	12 月 1 日	财神殿全堂开光	300

宗教活动场所基础建设情况表

表 42

序号	场所名称	建筑物名称	建筑面积（平方米）	造价（万元）
1	禅源寺	韦驮殿、弥勒殿、西厢房	1300	730
2	卧龙寺	寺前小广场	700	430
3	浪山寺	念佛堂	240	70
4	中山寺	韦驮殿	260	75
5	如龙寺	昌引殿	200	40

（雷云霄）

社区工作

【概况】 锦城街道社区成立于 2002 年 9 月，由原西墅、锦西、大地等 17 个居委会改建成立，并按地域划分为西墅、马溪、苕溪、武肃里、新民里、文昌阁、锦桥、万马、兰岭、锦潭和浙江林学院 11 个社区。社区主要为辖区居民提供在册中共党员管理、计划生育、劳动保障、综合治理、民政老龄、卫生科普、文体活动、数字城管、流动人口管理等服务，计 26 项，重点服务对象为辖区企业退休工人、下岗失业工人、复退军人和残疾、低保等弱势人群。

2009 年，城区区域面积 18.38 平方公里，居民住宅楼 1328 幢，居民住户 2.91 万户，城市常住人口 7 万余人，流动人口 5 万余人。社区有育龄妇女 2.36 万人、企业退休工人 6268 人、下岗工人 3265 人、复退军人 2579 人、残疾人 464

人、低保户 95 户、60 岁以上老年人 7559 人、在册中共党员 1356 人。

社区工作人员共 64 人，男性 12 人，女性 52 人。其中，中共党员 36 人，占 56%；大专及以上文化程度 49 人，占 77%。6 人获全国社会助理工作师职称。

是年，锦城街道 11 个社区获杭州市级以上各类先进集体 25 项，其中，新民里社区获全国基层低保规范化典型社区，兰岭社区获浙江省文明社区，马溪社区获浙江省绿色社区，万马社区获浙江省卫生先进单位。

【第四届邻居节】 2009 年 10 月 12~13 日，锦城街道举办第四届社区邻居节活动。西墅、锦潭、兰岭、苕溪、万马、林学院、马溪、新民里、锦桥、文昌阁、武肃里 11 个社区以“和谐社区、邻里互助”为主题，相继组织开展关爱独居老人、居民厨艺大比拼、模范人物在身边、登山寻宝、书画展览、红歌大家唱等 15 个系列活动，参与居民 1 万余人次。杭州明珠电视台、临安电视台、临安新闻网、《杭州日报》、《今日临安》等新闻媒体对该届邻居节进行报道。文昌阁、新民里、马溪社区分别被评为杭州市第六届邻居节“十佳最有创意社区邻居节”、“十佳优秀社区邻居节”和“最受欢迎社区邻居节”。

【居民小组长试点工作】 2009 年 3 月，锦城街道在锦潭社区启动居民小组长试点工作。该社区总户数 2817 户，按每 100 户左右设置 1 名居民小组长的标准，通过个人自荐、民主推荐、大会选举、审核公示等环节，选举产生 31 位居民小组长，其中女性 26 人，退休人员 21 人，中共党员 9 人。居民小组长主要职责是协助社区宣传贯彻中国共产党和各级人民政府的各项政策方针；组织居民开展卫生监管、矛盾排查、纠纷调解、文化娱乐等活动；走访了解区域内下岗失业人员、离退休职工、老年人、困难户、残疾人及外来人员工作和生活情况；监督社区服务，针对社区工作提出意见建议等。

【便民服务“一卡通”】 2009 年 12 月 24 日，兰岭社区启动“民求我应,党员奉献在社区”为主题的“便民服务一卡通”活动。该社区采用党员志愿服务、整合社区资源、加强民间合作等服务模式，成立以中共党员为主体的志愿者队伍两支，印制便民服务卡。便民服务卡上标明社区家政、法律、家电维修等便民服务项目，辖区内超市、药店、理发、修理、法律援助、卫生服务中心等 11 家便民服务网点的联系电话和监督电话及社区志愿服务者服务队名称、负责人、联系电话。社区居民凭此卡既可在便民服务网点享受优惠服务和打折消费，也可联系志愿服务者免费上门服务。便民服务卡发放对象主要以社区老人、残疾人、优抚对象或老年中共党员等弱势群体。

【“双拥”文艺晚会】 2009 年 7 月 30 日，以“军爱民、民拥军、军民一家亲”为主题的“八一”“双拥”文艺晚会在市政府会议中心举行。该活动由市人武部、市民政局、锦城街道办事处 3 家单位主办，锦城街道、西墅、锦潭、兰岭、新民里等 11 个社区承办，市公安局消防大队、武警中队和兴业银行临安支行协办。晚会主要有大合唱、舞蹈、武术表演、诗歌朗诵等多种艺术表现形式，共 12 个节目，中间穿插居民与武警战士的互动游戏。中共临安市委、市人大、市政府、市政协主要领导，市各部门负责人，市消防大队、武警中队全体官兵，各驻临安部队代表，社区居民代表共400余人观看演出。

【城乡和谐社区建设结对活动】 2009年7月31日，杭州市上城区和临安市正式签订城乡和谐社区建设结对协议，按照“资源共享、优势互补、共谋发展”的原则，广领域、多层次、全方位开展城乡和谐社区建设结对活动。锦城街道新民里、武肃里、马溪、西墅等11个社区分别与杭州市上城区湖滨街道东坡路、清波街道定安路、小营街道小营巷、紫阳街道彩霞岭等11个社区结成对子，并从信息互通、人员挂职、定期交流、理论探讨、人员培训、示范点培育6个方面开展结对工作。在杭州市第六届邻居节上，文昌阁社区、兰岭社区组织居民分别参加与其结对的南星街道海月桥社区和美政桥社区的邻居节活动。

【社区信息化建设启动】 2009年10月，锦城街道启动社区信息化建设，建立临安锦城社区网站，开通E家人社区管理系统。锦城社区网设置社区概况、社区要闻、社区公告、网上办事、政务公开、政策咨询、交流园地、公众留言等栏目。该网站由专人进行维护和信息更新，并负责解答居民提出的问题等。E家人社区管理系统是利用计算机、网络宽带等技术对社区日常事务、台账资料、文档数据进行统一管理，建立电子资料库，使社区各类工作台账和服务管理电子化、规范化，为社区无纸化办公管理提供平台。是年，锦城街道被评为杭州市信息化建设亮点街道。

【便民服务热线开通】 2009年12月，锦城街道社区“96345”便民服务热线开通。该服务热线由市政府牵头，锦城街道主办，市各职能部门配合，杭州华数有限公司技术支持。“96345”便民服务热线进入锦城街道便民服务中心，由专人负责接听，联合城区内各家服务单位，为居民提供咨询、救助等各类服务。

(沈学正)

(方志恩　绘)

乡镇街道

锦城街道

【概况】 2009年，锦城街道区域面积143.1平方公里，城区面积17.6平方公里，辖17个行政村、11个居委会、11个社区。全街道总户数6.22万户，总人口16.14万人，其中农业人口2.63万人。外来人口5万人。人口自然增长率6.8‰。耕地面积1.22万亩，其中水田1.16万亩。

全年实现工农业总产值73.03亿元。财政总收入4.64亿元，其中地方财政收入2.07亿元；财政支出4.83亿元。农村经济总收入108.42亿元，比上年增长3%；农村集体经济收入2299万元，增长8.2%；农民人均纯收入11998元，增长9.4%。年末银行存款余额17.91亿元，增长14.5%。

实现农业总产值2.42亿元。农作物总播种面积2.85万亩，粮食复种面积1.51万亩，粮食总产量6048吨。经济作物1.53万亩，收获豆类709吨、薯类849吨、油料125吨、甘蔗411吨、茶叶121吨、笋干2039吨。蔬菜复种面积9562亩，产量2.10万吨。果园面积3146亩，产量7770吨。生猪出栏3万头，家禽出栏16.3万羽，肉类总产量2464吨，水产264吨。改造低产林500亩，抚育中幼林2000亩，封山育林200亩；采伐木材2793立方米，毛竹6.5万支。成立锦城街道土地流转服务中心，流转土地2276亩。全年复垦土地56.5亩。新联、余村分别列入杭州市和临安市粮食功能区。完成金马村花红畈780亩低产田和胜利居委会200亩低产茶园改造。启动省粮食生产统计监测调查，发放粮食直补、良种补贴等资金60余万元。新增金马蔬菜、致远杨桐柃木、南泥湾蔬菜、临青竹制鸟笼、东林山核桃、锦城新余农机服务专业合作社6个。启动上东村“移民下山”项目，完成安置地平整和建设用地复垦招投标。完成泥川杨山塘、新溪桥羊棚头、金马焦泥湾、潘山早竹坞、集贤上杨树坑5座小三型水库“百库脱险”项目，金马村“百里标准堤塘”和平山村牛头山“千库保安”项目；完成钱王铺、青柯“万里清水河道”项目以及横街等8个村“千万农民饮用水工程”。金马“阿克蔓”、钱王铺“人工湿地”等生活污水处理项目通过验收。横街、青柯、钱王铺、金马、上东、泥川、平山村创建成为临安市首批农村社区，钱王铺村、泥山湾村、新溪桥村、龙马村、大罗村创建成为杭州市重点整治村。

全街道共有企业7340家，其中工业企业1375家，从业人员3.88万人。全年实现规模以上工业总产值58.31亿元，比上年增长8.7%；规模以上工业销售产值56.58亿元，增长7.2%；工业增加值17.31亿元,增长15.7%；工业实交税金2.95亿元；自营出口1.66亿美元；固定资产投资6.49亿元，其中工业性投入4.82亿元，增长64.2%。实到内资8.96亿元，实际利用外资2268万美元。全面推进临安高新技术产业园建设，全年新增基础设施投入1.1亿元。城西工业区块5条道路基本竣工，安置点完成场地平整，首批14户拆迁农户完成选址放样，入园企业浙江飞越科技有限公司一期主体工程结顶；吴马工业区块完成规划设计；临安市中小企业创业基地暨临安科技孵化基地竣工。

实现社会消费品零售总额62.08亿元，比上年增长14.16%；第三产业增加值79.38亿元，增长18.6%。启动平山商贸城建设，引进伟豪商贸、创越物流、源盛餐饮、兴业银行等现代服务业项目24个；新增山里山、八千里、本吉计算机、银鑫百货、林佳食品三产规模企业5家，总数175家。农村连锁超市（便利店）实现行政村全覆盖。发放“家电下乡”补贴109万元。其中，家电类1683台，补贴金额46.1万元；摩托车148辆，补贴金额8.1万元；汽车142辆，补贴金额54.8万元。

全年获批国家创新基金项目3个，省重点技术创新、科技计划、重大科技专项等14个，杭州市重点技术创新、节能减排、科技攻关等项目34个；专利授权量130件；新增省市科技研发中心2家，省级工业新产品86个；浙江汉力电缆有限公司、杭州天目电力科技有限公司、杭州侨资纸业有限公司、杭州正驰达精密机械有限公司4家企业被认定为省高新技术企业，总数12家；临安矽能新材料有限公司、临安金石能源科技有限公司等5家企业被认定为杭州市高新技术企业，总数8家。

启动锦城三中改（扩）建项目；临余公路、万马路北延、大学路二期等项目完成征地884亩，拆迁280户；杭徽高速公路临安出口景观绿化提升工程完成。完成农村危旧房现状调查和农户建房需求调查，审批农民建房238户。组织强制拆违行动23次，依法拆除房屋51户，面积1.75万平方米。彭祖养生文化被列入临安市非物质文化遗产保护项目，横街村被列入浙江省文化示范村。新建金马、青柯卫生服务站2个，泥川、横潭、回龙等村卫生室10个。金马村、西墅村被评为省卫生村，东门、泥山湾、民主、龙马、大罗被评为杭州市级卫生村。新增居民合作医疗6961人、农村居民养老保险909人，参加新型农村合作医疗人数4.01万人，参合率98.2%；申报低保户、五保户304户，救助慰问245人，累计发放低保金、医疗救助等各类救助资金490万元；完成移民安置项目17个。创建省级“星光老年之家”3个，杭州市级“星光老年之家”18个，“星光老年之家”实现全覆盖。全年出生993人，计划生育率98.1%，征收社会抚养费87万元。清理整顿“十小”行业1550

家，开展安全生产专项整治18次，投入整改资金100余万元。建立锦城地区信访联席会议工作机制，调解处理各类矛盾纠纷625起，受理信访、市长公开电话253件，结案率100%。完成K598路公交一体化改造中涉及的车辆转让和车辆经营份额确认签约工作。

是年，锦城街道获全国第二次经济普查先进集体、浙江省生态街道、浙江省体育先进街道、浙江省示范性基层侨联、杭州市重点工业镇（乡镇、街道）、杭州市人民调解工作先进集体、杭州市社区信息化建设亮点街道、杭州市非物质文化遗产普查工作先进集体等荣誉。

【临安高新技术产业园建设】 2009年4月2日，《临安高新技术产业园控制性详细规划环境影响报告书》通过专家评审。园区基础设施全面动建，1号路1标段完成永清桥和1000余米路基建设；潘山安置小区基本平整到位，80余户农户完成选址放样；新联综合安置地完成规划设计、地质灾害评估等项目前期工作。9月23日，市政府与上海石与木投资咨询有限公司签订临安高新技术产业园区域合作开发协议，该公司与临安高新技术投资有限公司共同注册成立杭州青山湖森林硅谷投资建设有限公司，负责开发建设临安高新技术产业园，项目注册资本1亿元，投资规模40亿元。12月30日，临安高新技术产业服务中心大楼动建。

【临安市科技孵化基地竣工】 该基地北邻环城北路，南至马溪河堤，由马溪居委会自主开发建设。项目占地面积65亩，总建筑面积5.76万平方米，总投资7000余万元，2008年10月动建，2009年5月竣工。基地分研发区、产业区和综合服务区三部分。研发区以科技孵化楼为主，内设会议室、办公室、实验室，建筑面积6624平方米；产业区以生产加工厂房为主，建有三层标准厂房14幢，建筑面积4.58万平方米；综合服务区由综合办公楼、餐厅、休闲娱乐场所、公寓宿舍等服务设施组成，建有配套楼3幢，建筑面积5118平方米。该基地由专业物业公司管理，可入驻企业50余家。2009年，该基地被评为杭州市小企业创业示范基地。至年底，有杭州药都、天阳热水器等入驻企业16家。

【成为浙江最佳投资环境乡镇（街道）】 2009年10月，锦城街道在首届浙江最佳投资乡镇推选活动中，入围最佳投资环境乡镇10强。该活动由浙江日报社、市场导报社联合开展，通过公众投票、结合专家意见，从全省1500余个乡镇（街道）中评选产生“2009浙江最佳投资环境乡镇”和“2009浙江最具投资潜力乡镇”各10强。评选标准主要包括乡镇（街道）综合增长、经济规模、经济效率、发展成本、产业层次、生活质量等竞争力指数。

【成为省级体育先进街道】 2009年12月，锦城街道通过浙江省体育先进街道验收。3月，该街道启动创建工作。全街道有体育健身路径31条，室内健身场地35个、大型文化广场1个、灯光球场13个、门球场2个，群众活动场地面积20余万平方米；门球、太极拳、腰鼓等业余体育运动队100余支，队员1万余人；衣锦锣鼓、横街黄龙、木兰拳、太极拳等特色体育项目10余个；三级社会体育指导员82人，二级社会体育指导员5人，一级社会体育指导员3人。3月8日，举办锦城街道“汉力杯”女子腰鼓比赛；6月18~20日举办锦城街道首届男子篮球赛，街道机关、村居、学校等8支球队参加；11月1日，举办锦城街道首届全民趣味运动会，横街、平山等23个村，东门、马溪等10个居委会，新民里、武肃里等10个社区以及老年体协、外来务工人员等社会层面共35支代表队，568名运动员参加比赛。锦城街道是杭州市体育先进街道、浙江省“传统武术之乡”。

【“和事佬”协会试点工作】 “和事佬”协会作为人民调解组织的重要补充，是村（居委会）、社区群众自我教育、自我服务、自我管理、自我监督和自我约束的民间自治组织。2009年9月，锦城街道成为临安市首批试点单位，启动组建“和事佬”协会和推行工作。10月底，街道28个村（居委会）、11个社区共成立“和事佬”协会39个，协会成员227人。落实“和事佬”协会办公场所，制作统一标识，协会章程、工作制度上墙公布。至12月底，街道“和事佬”成功调解各类民事纠纷120余起。

【村党组织设置调整】 2009年7月30日，锦城街道举行横街、金马等8个村党组织设置调整授牌仪式。按照临安市委组织部部署，党员在50人~100人的村党支部升格为党总支，100人以上的升格为党委。横街、钱王铺、金马、上东4个村党支部升格为党委，青柯、龙马、潘山、集贤4个村党支部升格为党总支。每个村党委、党总支下属2个~4个党支部，共有下属党支部26个。

【西墅城中村改造项目开工】 2009年9月29日，西墅城中村改造项目开工动建。该项目位于万马路延伸段与新环城北路交接处、西墅村大梁山脚。项目估算总投资2.5亿元，建设周期2年，总规划面积155亩，建筑面积9.5万平方米，分为拆迁安置房、商住楼、钱王文体活动中心和钱王文化公园4部分。其中，西墅花园一期用地面积45亩；西墅花园二期用地面积33亩；钱王文化活动中心用地面积10亩；钱王文化公园用地面积65亩。

【上东村“小村搬迁”项目启动】 2009年7月，上东村“小村搬迁”项目全面启动。该项目总投资980万元，计划将上东村杨家坪、当年坞两个偏远自然村34户123人整体搬迁至中心村香积寺进行集中安置。2个自然村原宅基地、道路、竹园等统一进行规划，整理复垦，总面积57.2亩。香积寺安置地面积8.5亩。至年底，基本完成项目立项、申报和征地拆迁等前期工作。

【泥川村成为省级文明村】 2009年12月，泥川村被授予“浙江省文明村”称号。该村有120户、506人，分3个村民小组。近几年，该村先后投入资金700余万元，建立村综合办公大楼、休闲公园、篮球场、健身场所、图书室、老年活动室等基础设施，基本实现道路硬化、村庄绿化、路灯亮化和卫生洁化。泥川村曾获杭州市文明村、杭州市爱国卫生先进村、杭州市重点整治村、杭州市园林绿化村、杭州市生态村等荣誉。

【青龙股份经济合作社挂牌】 2009年3月，锦城街道青龙居委会经过清产核资、资产评估、建章立制等程序，完成集体资产股份制改造，成立第一届董事会和监事会。4月22日，青龙居委会股份经济合作社挂牌成立，是继胜利、新民、西瓜、东门居委会之后锦城街道第5家股份经济合作社。

（沈学正 吴燕亚）

青山湖街道

【概况】 2009年，青山湖街道总面积66.6平方公里，辖9个行政村、1个居委会、124个村民小组。全街道总户数6775户，其中，农村住户6019户，居委会住户756户；拥有户籍人口1.97万人，其中，农业居民1.8万人，居委会居民1222人。人口自然增长率1.54‰。

全年实现工业销售产值149.7亿元，比上年增长54.3%。全社会固定资产投资22.3亿元，增长12.7%。实到内资11.94亿元，增长14.8%；实到外资1.08亿美元，增长29倍。实现农村经济总收入93亿元，增长24%；全年村集体经济收入809万元，增长6%；农民人均纯收入1.56万元，增长13%。财政总收入3.35亿元，增长57.7%。

创建市级以上产业化基地7个，新建林道7公里，申报杭州市级林道项目2个，申购农机具12台套，扶持种粮大户20户。通过高速公路景观林带等项目竣工验收，完成油车头、六份头等道路路面大修和研青公路等乡村道路改造工程。开展“1+X”联乡结村活动，以多种方式引导农民成为薪金、股金、租金和保障金合一的“四金”农民。

完成工业性投入21.6亿元，比上年增长13.1%。全年新增规模企业12家，规模工业产值占全市的34%，工业税金占全市的25%。全年落实用地指标2200余亩，有序供电4.5亿千瓦时。天煌科技等11个工业项目签约，项目总投资19.5亿元，其中1亿元以上项目8个、2亿元以上项目4个。全年共申报技改项目12个。

全年新增商业服务网点21家，累计774家。全年实现社会消费品零售总额3.21亿元，比上年增长25.3%；第三产业增加值2.75亿元，增长30%。开展家电及汽车、摩托车下乡活动，累计发放补助782台次，计40余万元。年末存款余额10.7亿元，获银行授信376亿元。

完成天柱街南侧商业中心概念性规划设计、城市监控规划初步设计以及青山文化宫改造方案施工图设计工作。青山派出所新办公楼建成启用。临余公路青山段完成土地征用等工作。完成大园路北延、东环路降坡改造等工程以及跃进门、石泉安置小区市政道路工程建设，完成滨河路、苕溪两岸绿化工程施工，总绿化面积约11万平方米。制定出台农民建房管理实施意见。全年共查处各类违法违章行为137起，其中，拆除违法建筑31户，拆除面积3474平方米。

村庄整治整乡推进。建成杭州市示范村2个（研里村、青南村），杭州市标准村2个（朱村村、坎头村），全面完成青山、蒋杨等村自来水并网工作，新增受益群众8687人。全年开展各类专项整治活动6次，清除破旧广告、破旧横幅、牛皮癣8000余处。基本实现垃圾日产日清外运处理，全年外运垃圾1063车6000余吨。创建清洁庭院达标户5023户，清洁庭院示范户526户。街道获全市“清洁乡村”工作年度综合考评第一名。

启动青山中心小学二期工程建设，创建为杭州市学前教育示范街道。新建青山管乐团等9支文体队伍，举办重阳节慰问演出等大型文艺演出，组织青山湖街道首届排舞比赛。完成第二次经济普查，街道被评为经济普查省级先进集体。《洞霄宫传说》列入杭州市第三批非物质文化保护遗产名录，街道被评为杭州市非物质文化遗产普查先进集体。新型农村合作医疗参保率98%。全面完成查螺、灭螺任务。在全市率先完成育龄妇女信息联网工程。

筹资400万元，建立青山大病医疗救助体系。累计有1.45万人参加失地农民保障，2910人领取养老金。举办各类技能培训班33期，4575人参加培训。完善青山劳动力分市场运作，与浙江机械学院共建劳动力培训基地，举办人才交流现场会，新开发就业岗位1500余个，实现农村劳动力转移735人，安置失业人员就业172人。为154名中、小学生发放开发区奖学金10.54万元。制定出台开发区长寿金制度，为3002名60周岁以上老年人发放长寿金62.26万元。1人被评为临安市“十佳”残疾人自强模范。机关干部与81户困难家庭结对帮扶。

开展学习实践科学发展观活动，下发学习资料2500余份，开展宣讲30场次，组织微型党课66堂，提交科学发展建议书98份，搜集金点子50余个，征求意见建议150条。与市委学习实践办公室共同举办“青山湖杯”微型党课演讲活动，评出优秀课案4篇，并选送2篇参加全国评选。开展村党组织优化设置工作，设立村党委2个、村党总支7个，村一级下属党支部20个。规范设置街道党员服务中心，开展村民小组长培训，创建浙江省先进基层党校示范点。集中开展村级班子“回头看”工作，完成离任村主要干部定期补助工作。

【“百姓档案”管理站建成】 “百姓档案”管理站是青山湖街道掌握民情、了解民意的一个专设机构。“百姓档案”由街道根据实际自行设计，分为农户档案和行政村档案。农户档案有个人信息卡和家庭信息卡两类，其中，个人信息卡有调查数据29个，家庭信息卡有调查数据110个，涵盖个人和家庭各方面情况。行政村档案则涵盖基本概况、地形地貌、产业发展、集体经济等内容。2009年，“百姓档案”共收集汇总6268户、1.85万人的信息。

(戴志红)

玲珑街道

【概况】 2009年，玲珑街道总面积113.72平方公里，辖16个行政村、219个村民小组。街道总户数8992户，其中农业户8495户；总人口3.38万人，其中农业人口2.31万人。常住外来人口1802人。人口自然增长率2.12‰。耕地面积8023亩，其中水田6812亩。

全年实现工农业总产值100.97亿元。财政总收入1.47亿元，财政总支出1958万元。上缴国税、地税1.89亿元（含城建税），比上年增长5%。农村经济总收入92.40亿元；村级集体经济总收入733万元，增长6.23%；农民人均纯收入1.24万元，增长10.57%。年末居民储蓄存款余额3.35亿元（仅玲珑信用社），增长19.6%。

全年实现农业总产值1.60亿元，比上年增长8%。农作物种植面积1.02万亩，粮食总产量4475吨。毛竹总面积3.62万亩，其中林场新造毛竹林120亩，新建上泉村毛竹林产业示范基地；省级重点生态公益林2.4万亩，杭州市级公益林1万亩，其中，在双源、上泉两村增加2500余亩；发展花卉苗木200亩，观赏花、绿化苗木种植面积600亩；发展香榧种植60亩。

街道有企业2306家，从业人员1.39万人，其中，工业企业736家，从业人员1.08万人。全年实现工业总产值99.37亿元；实现工业销售产值97.24亿元；工业性投入6.41亿元，比上年增长16.26%；自营出口1.11亿美元，增长13.06%。引进外资492.8万美元，内资4.26亿元。规模企业158家，其中，新增28家；5000万元以上企业20家，其中亿元企业12家。浙江帝龙新材料股份有限公司年产1万吨阳极氧化铝卷板、年产10万平方米三聚氰胺技术改造项目，杭州东兴电讯材料有限公司年产2000吨电子通信屏蔽用金属塑料复合带生产线技术改造项目，浙江都美电缆有限公司年产1万公里3G移动通信射频同轴电缆生产线技术改造项目，被列入市"410"工业项目。杭州耐特阀门有限公司的氧化铝耐高压调节阀被列入国家创新基金项目，杭州恒信电气有限公司被认定为省高新技术企业，浙江都美电缆有限公司高性能第三代移动通信（3G）射频同轴电缆开发项目和浙江天杰实业有限公司易分支扁平光电综合缆项目被列入杭州市重大科技创新项目。

全年实现社会消费品零售额4.92亿元，第三产业增加值2.08亿元。有三产规模企业11家，新增1家（临安永达汽车销售有限公司）。有农村连锁超市21家，实现农村连锁超市全覆盖。

全年投入基础设施建设资金2亿余元。总投资8000万元的胥高线改建工程完成2600余米道路油路面浇筑及雨污水管道铺设，新建桥梁3座，新开河道1105米；总投资1.28亿的玲三路工程完成西段1333米路基工程及雨污水管道铺设。完成村级道路砂改油9.24公里，总投资607万元；村道硬化8公里，总投资147.5万元；配置垃圾箱339只、垃圾桶698只，建造垃圾集中收集房38座，购置垃圾清运车46辆，基本实现村庄"户集、村收、镇运、市处理"，偏远村庄"统一收集、就地分拣、综合利用、无害化处理"的垃圾集中收集处理模式。

新增村级综合活动场所37处，添置健身器材60余套，举办、参与群众文化活动382场次，参与人数2万人次。实现村图书室全覆盖，新增图书1000余册，新订报纸、杂志100余种，累计发放借书证（卡）5053本。有中学、中心小学、中心幼儿园、成人文化技术学校各1所，在校中小学生2874人，学前教育入园学生856人。小学、初中入学率100%。玲珑中学被评为临安市文明单位。

是年，玲珑街道被评为杭州市重点工业镇（乡、街道）、杭州市非物质文化遗产普查先进集体、杭州市乡镇（街道）"庭院整治"工作先进单位、杭州市2008年度冬季征兵工作先进基层单位；街道工会工作委员会被省委组织部和省总工会评为省级示范乡镇（街道）工会。

【调整村党组织设置】 根据市委《关于调整优化村党组织设置的实施意见》精

神，2009年6月27日至7月30日，街道对16个行政村党组织设置进行调整优化。一是升格村级党组织。党员人数100人左右的村党组织，设立党委；党员人数50人左右的村党组织，设立党总支。二是组建下属党支部。行政村党组织设置为党委（总支），其下属党支部根据各村产业特点及党员从事行业组建，如工业党支部、农业党支部、商贸业党支部等。三是健全党小组。未作升格调整村级党支部以及党员人数较多的村级下属党支部，根据工作需要建立健全党小组。调整后，14个村党组织进行升格，其中，5个村升格为村党委，9个村升格为村党总支，下设支部43个。

（王立伟）

锦南街道

【概况】 2009年，锦南街道总面积43.92平方公里，辖9个行政村、1个居民组。街道总户数4219户，其中农业户3384户；总人口1.15万人，其中农业人口1.13万人。人口自然增长率2.59‰。耕地面积4094亩，其中水田3423亩。

全年实现工农业总产值23.82亿元，比上年增长5.2%。财政收入3275万元，财政支出3473万元。上缴国税、地税7731万元，下降13.3%。农村经济总收入24.46亿元，增长130.04 %；村集体经济总收入386万元，增长6.63%；农民人均纯收入1.07万元，增长10.76%。

全年实现农业总产值5346万元，比上年增长8.1%。粮食复种面积4862亩，粮食总产1719吨，平均亩产354公斤；经济作物播种面积1.05万亩。粮经比68.4：31.6。收获油菜子48吨、茶叶8吨、鲜笋2320吨。生猪饲养量5523头，羊年末存栏数338只，家禽年出栏3.5万羽。采伐木材835立方米、毛竹32万支。完成毛竹低产林改造1250亩，建成横岭村500亩毛竹高效示范基地。柯家、市坞两村蔬菜基地面积1500亩。扩种香榧3万余株，20亩以上大户有8家，锦源村建成300亩集体香榧基地。完成油菜直补555.5亩，小农机购买补助7台。

街道有企业170家，从业人员5684人。全年实现工业总产值23.29亿元，比上年增长5.9%；工业销售产值23.2亿元，增长6.3%；实现利税1.49亿元；工业性投入1.84亿元，增长73.5%；外贸出口交货值0.78亿美元，增长15.3%；自营出口交货值0.54亿美元，增长16.9%。500万元以上规模企业49家，新增8家，规模企业销售产值20.3亿元，增长6.7%，占全街道工业经济87.5%。街道企业减免税收、减征社会保险费1200余万元。组织18家企业参加境内外重大会展，25家企业加入电子商务平台。完成技改投资1.2亿元。新增杭州市级以上企业研发中心4家，新增省级新产品2只、杭州市级名牌产品2只。5家企业通过清洁生产验收，6家企业通过ISO 9001认证。街道万元GDP能耗下降10.9%，并获临安市节能先进。

实现社会消费品零售总额5350万元，第三产业增加值5162万元。有连锁超市9家，限额以上服务业企业5家。新增商贸服务网点8个，新建农贸市场1个。投资800万元，建成临安医药公司钱王大药房配送中心。

新农村建设投资2000余万元。完成卦畈至兰锦村连村道路毛路建设；完成市坞至余村油路浇筑工程以及市坞深牛坞至钱坞垄毛路拓宽、冷水湾至柯家头道路修建；完成上畈村鸡坞里至岩底里、上甘村长春桥至钱家庄、横岭村周家头至梅岭坞和南山坞林道建设；基本完成横岭至三口镇连乡公路路基建设1.5公里。完成市坞弄水库大坝漏水修复工程、上甘村桥洞里水库修复工程；完成上畈村岩底里水库“百库脱险”工程；完成上甘大同自然村、横岭沈家头自然村、锦源深湖自然村千万农民饮用水工程。完成锦源村香榧基地滴灌工程；完成杨岱、卦畈、兰锦、柯家4个村生活污水处理工程；完成临安上畈轧石厂、柯家轧石厂2个废弃矿山生态复绿工程。卦畈村基本完成村商务办公大楼建设；兰锦村新农居点基本成形；柯家村完成高速公路安置小区后续工程建设和示范社区建设；杨岱村完成村道绿化、高阳苑二期安置建设工程；上畈村完成弄堂路灯亮化工程；上甘村完成村级公墓扩建工程和樟村桥梁建设；锦源村完成改水、改厕工程，甘岭自然村创建成为杭州市新农村重点整治村；横岭村完成沙坑地质灾害点整治工程申报工作，完成改水、改厕工程，完成示范社区建设和沈家头自然村杭州市新农村重点整治村创建工作。投资100余万元，开展“清洁乡村”活动，维修垃圾房11座、新置垃圾箱（筒）90余只，配备保洁员31人、垃圾清运拖拉机5辆、三轮车9辆，9个村通过临安市考核验收。

新增参加企业职工基本养老保险、基本医疗保险和工伤保险1670人，新型农村合作医疗参保率97%，新增领取临安市城乡居民社会养老保险基础养老金1418人。全年发放低保、五保、优抚、困难救助等社会救助资金120余万元。完成农村困难群众危旧改造3户。完成政策性农村住房保险工作和职工住房公积金扩面任务。新增兰锦、柯家、上畈、上甘村级图书室4个，建成横岭室外健身点。完成杨岱村省级小康体育村和临安市文化示范村创建工作。完成市坞村、锦源村杭州市文明村复评工作，完成杨岱村临安市文明村创建工作，完成卦畈、市坞、上甘、锦源、横岭村杭州市“星光老年之家”创建工作。

是年，锦南街道被评为杭州市农村指导员工作先进乡镇（街道）、杭州市“社区矫正”工作先进集体、临安市综合业绩考核优秀乡镇（街道）。

【锦南工业功能区】 2009年，锦南街道建成杨岱区块、城防工程企业安置区块、林场区块、小王子食品区块、卦畈区块五大工业区块，总面积2800余亩。其中，杨岱区块900余亩，基本完成基础设施建设；城防工程企业安置区块200余亩，基本完成“五通一平”设施建设；林场区块600余亩，已基本建成；小王子食品区块300余亩，基础设施在建设中。

（胡小燕）

三口镇

【概况】 2009年，三口镇总面积56.3平方公里，辖6个行政村、1个居委会、74个村民小组。全镇总户数2776户，其中农业户2775户；总人口8520人，其中农业人口8304人。人口自然增长率-2.34‰。山林面积7.18万亩；耕地面积3850亩，其中水田3783亩。

全年实现工农业总产值7.92亿元。财政总收入1732万元，其中地方财政总收入656万元；财政总支出1620万元。

上缴国税、地税1184万元。村级集体总收入161万元，比上年增长8%。农民人均纯收入1.12万元，增长11%。年末银行存款余额（仅三口镇信用社）5978万元，增长15%。

全年农业总产值1.06亿元，比上年增长11%。粮食播种面积4050亩，粮食总产量1909.6吨，平均亩产472公斤。粮经比30:70。发放农民种粮补助资金14.7万元。奶牛年末存栏数260头，生猪饲养量6197头，波尔山羊饲养量211只（年末存栏数124只），家禽年出栏6423羽。全年新种香榧1.6万株，面积400亩。花桥村实施喷滴灌项目推广香榧种植；葱坑白杨梅申报成为注册商标；杭州市香榧科技示范园区项目获批准立项。

全镇共有企业120家，其中工业企业106家。全年实现工业总产值6.86亿元，比上年增长17%；工业销售产值6.77亿元，增长18%；实现利润3231万元；增长17.6%；工业性投入4965万元，增长31%；外贸出口交货值630万美元。规模企业11家，新增2家，规模企业销售产值2.82亿元。杭州海鑫纸业有限公司完成年产1.5万吨装饰纸技改项目，实现销售产值4500万元，增长46.5%。杭州百孚竹制品有限公司完成年产5万件平板式竹家具生产技改项目。

全年实现社会消费品零售总额1946万元，比上年增长9%；第三产业增加值2785万元，增长8%。有连锁超市7家，农村放心店16家。

完成秋口梓树弄、界联泮坞里2座山塘“百库脱险”工程；完成上钱、花桥村“万里清水河道”治理项目，清理整修河道8公里；涉及6个村小流域治理工程全面启动；完成三口、界联、秋口村“千万农民饮用水工程”；改造三口村林道3公里；界联、葱坑、秋口、三口村完成农村电气化改造工程并通过验收；上钱村、三口村社会主义新农村重点村建设工作通过杭州市验收。全年新建垃圾焚烧炉2只，新建固定式垃圾箱10只，添置移动式垃圾箱20只。开展“庭院整治”和改水改厕工作，评选星级户及示范户。

南屏旧城改造项目完成，建成长150余米、宽18米南屏大街和建筑面积1.2万平方米的集镇小区。完成花桥、界联村社区服务中心建设。建成标准化卫生院，社区卫生服务中心被评为杭州市级社区卫生服务中心。完成“三六线”、“三大线”3.5公里县乡道和葱坑村村道大修工程；开通上钱、花桥两村公交车，全镇实现“村村通”公交；建成并启用三口客运车站及货运站。完成集镇规划编修。

全镇参加新型农村合作医疗7192人，参合率98.6%，全年报销金额150余万元。272人参加农村居民养老保险。帮助6户困难农户改建危房，资助9名困难群众子女就学。发放家电、汽车、摩托车下乡补助资金20.18万元。完成农村富余劳动力培训320人次，转移农村富余劳动力40人。开展“一线服务月”活动，共走访农户410余户、党员干部350余人，排查矛盾隐患29件，调解处理22件。

【标准化社区卫生服务中心建成】 三口镇卫生院于2007年启动标准化社区卫生服务中心建设，2009年6月28日，标准化社区卫生服务中心正式建成并投入使用，总投资180万元，建筑面积1280平方米。该社区卫生服务中心托管于市中医院，为全镇 8500 余农民提供预防、医疗、卫生保健服务。

【三口镇社区服务中心建成】 三口镇社区服务中心是全市社区服务中心建设示范点之一，于 2009 年 6 月 1 日启动建设，历时 1 个月，对原办事服务大厅进行改造。服务中心面积 210 平方米，分社会事务（计划生育）、村镇建设、农业农村、经济发展等五大办公区块，设有休息等候区块、洽谈协调区。

（裘 伟）

板桥乡

【概况】 2009 年，板桥乡总面积 82.3 平方公里，辖 9 个行政村、1 个居委会、146 个村民小组。全乡总户数 6026 户，其中农业户 5461 户；总人口 1.89 万人，其中农业人口 1.69 万人。外来人口 1946 人。人口自然增长率 3.4‰。耕地面积 9304 亩，其中水田 7298.4 亩。山林面积 10.13 万亩，茶园面积 3497 亩。

全乡实现工农业总产值 23.07 亿元，比上年增长 3.23%。财政总收入 6493 万元，其中地方财政收入 1200 万元，预算外财政 993 万元；财政总支出 2724 万元。上缴国税、地税 5500 万元。村级集体经济总收入 119 万元，增长 1%。农民人均纯收入 1.12 万元，增长 12%。年末存款余额 2.4 亿元，贷款余额 1.88 亿元（仅板桥信用社）。全乡用电量（除大马水泥外）8987 万千瓦时，增长 12.6%。

全乡实现农业总产值 1.99 亿元，比上年增长 8.24%。粮食播种面积 1.45 万亩，粮食总产量 5426 吨。收获油菜子 443 吨、茶叶 201 吨、鲜笋 9020 吨。生猪年出栏 3.22 万头，羊年出栏 7810 只，家禽年出栏 30.33 万羽。采伐木材 2990 立方米、毛竹 274 万支、杂竹 1640 吨。以灵溪甘薯合作社和群意甘薯合作社为主的甘薯基地中心面积 1000 亩，天目小香薯面积 3000 余亩，种植农户 4500 余户，实现产值 1200 余万元，成为全市最大的小番薯种植基地。全乡基本形成上田茶叶、牌联猕猴桃、桃源畜禽、豆川香榧、板桥樱桃、花戏香薯、灵溪草莓、环湖毛竹、如龙苋菜梗为特色的一村一品现代农业发展格局。

全乡有工业企业 229 家，从业人员 6115 人。全年实现工业产值 21.09 亿元，比上年增长 3.3%；工业销售产值 20.65 亿元；实现利税 9002 万元，增长 38%；工业性投入 1.72 亿元；外贸出口交货值 2.11 亿元，自营出口 2287 万美元。新增规模企业 6 家，42 家规模企业产值 12.81 亿元。全乡引进企业 6 家，投资协议资金 2 亿元，实际到位内资 1.17 亿元、外资 3111 万美元。机械、建材、造纸、农产品加工、胶鞋五大主导行业进行大规模技改，技改投入资金 1.5 亿元。获临安市工业强乡镇称号。

全乡实现社会消费品零售总额 3483 万元，比上年增长 11.4%；第三产业增加值 5728 万元，增长 30.8%。第三产业从业人员 1632 人，占社会从业人员的 18%。

共洽谈招商引资项目 24 个，达成意向 8 个，完成签约 6 个，动工 4 个。在洽谈项目中投资 5000 万元以上的项目 4 个，协议利用内资 4.3 亿元。引进杭州鼎宏农业开发有限公司、临安路弘运输有限公司、杭州海龙橡胶有限公司 3 家企业，其中，杭州海龙橡胶有限公司实行零土地招商。名舵涂装、奥特曼迁建等项目进展顺利。大马水泥9兆瓦纯低温余热发电项目并网试运行，新天机械二期扩建项目主体工程建设完工。实施技改企业11家，申报国家专利5项。省级项目康顺家政学校投资8000万元，完成土地招拍挂，已开工建设。

投资1000万元，完成长1000米、宽28米的灵溪大街建设。投资1300万元，完成污水处理厂建设和一期截污纳管工程。投资450万元，动工建设乡卫生院新建项目主体工程。实施上田、灵溪、环湖、如龙4个村农民安全饮用水工程。投资300万元，完成总长4000米的花戏、桃源、豆川、牌联4条河道整治工程；投资250万元，完成马鞍山山塘、小支山塘、张家头山塘除险加固工程；投资150万元，完成灵溪横溪段标准堤塘工程。完成杭州市级林道建设3公里。完成建设用地复垦40亩。

投资500万元，新建农村联网公路2.5公里，实施干线和农村公路大中修工程3.5公里，改造危旧桥梁1座。完成集体林权改革试点工作。灵溪村通过省级整治村验收，上田村创建成为杭州市新农村建设示范村。投入教育经费40万元，免收义务教育阶段学生住宿费，完成乡中心幼儿园前期筹建工作。完成非物质文化遗产调查和全国第三次文物普查工作。上田村成立全市首个村级书法协会，“十八般武艺”列入杭州市非物质文化遗产名录。花戏村、灵溪村分别申报创建杭州市体育小康村、临安市文化示范村。全乡9个村建成杭州市“星光老年之家”。上田村、灵溪村、桃源村分别建成农村饮用水安全村、粪便无害化处理示范村和杭州市级卫生村。完成上田、灵溪、豆川3个村社区建设，上田村成为全市首个农村社区建设示范点。全面落实信访代理制和重点信访包案制，结案率100%。加强灵溪工业集聚点夜巡队和板桥村义务巡防队。建成杭州市级食品药品管理示范乡镇和临安市“十小”行业整治先进乡镇。对环湖、灵溪、板桥3个村开展财务审计。全乡有信用村4个。

新型农村合作医疗参保率98%。完成70岁~89岁无固定收入老年人调查，完成60岁以上未参保老人养老保险金发放前期申报工作。救助困难家庭261户，发放各类保障金和救助资金320余万元。李水新获中国·浙江绿茶大会炒茶赛手工组第二名。

【村级党组织调整完善试点工作】 板桥乡是全市村级党组织设置调整和完善工作试点单位。2009年4月，制订调整完善行政村党组织设置工作各项实施方案。桃源等7个村党组织升格为党总支，各党总支下设3个党支部，支部党员平均29人。牌联、豆川2个村未调整，保持原村级党支部。依据作用相同、行业相近、地域相邻等情况，对农村党员群体进行合理划分，依托产业链组建工业党支部1个、农业党支部4个、商贸业党支部2个、综合党支部1个，依托村民小组组建党支部7个，依据老年协会组建党支部6个。

【集镇污水处理厂建成】 板桥乡集镇污水处理厂位于灵溪村，是临安市“1010”生态重点项目工程之一。2007年11月，日处理2000吨污水主体工程项目及37.8公里污水管网工程项目动建，计划投资1761.3万元，征用土地7亩。2009年10

月，投入600万元的污水处理主体工程竣工并通水试运行；建成污水主管网3.5公里、支管网5公里，提升泵站1座，完成投资700万元。该工程惠及板桥乡3000余人。

【农村社区建设】 2009年，板桥乡完成上田、灵溪、豆川3个村社区建设，其中上田村成为全市首个农村社区建设示范点，杭州市新农村建设示范村和杭州市首批新农村建设标兵村。以上田村为试点，投入60万元，建设“五室三站二览一场所”(即社区办公室、会议室、综治调解室、老年活动室、图书阅览室、农村综合服务站、计生服务站、救助保障服务站，以及宣传栏、公开栏和一个公共活动场所)，总面积2700平方米，其中“五室三站”1200平方米，配备电脑等硬件设施。投入30余万元，建成上田卫生服务站。

（钱夏雨）

高虹镇

【概况】 2009年，高虹镇总面积111.2平方公里，辖9个行政村。全镇总户数6466户，其中农业户4458户；总人口2.94万人，其中农业人口1.44万人。外来人口1.5万余人。人口自然增长率2.84‰。山林面积15万亩；耕地面积9318亩，其中水田8192亩。

全镇实现工农业生产总值42.85亿元，比上年增长13%。上缴国税、地税1.32亿元，增长18.1 %。财政收入1.32亿元，其中地方财政收入3349万元；财政总支出4021万元。农民人均纯收入1.22万元，增长9%。年末银行存款余额2.94亿元，增长32%。

全年实现农业总产值1.71亿元，比上年增长9%。农作物播种面积2.55万亩，其中粮食播种面积9908亩，粮食总产量4736吨，经济作物播种面积2.46万亩。收获茶叶180吨，产值600万元；收获鲜笋7808吨，产值4887万元。生猪饲养3650头，羊年末存栏347只，家禽年末存栏2.81万羽。采伐木材1650立方米、毛竹20万支。石门村通过浙江省重点待整治村考核验收，大山村、龙头舍自然村通过杭州市重点整治村验收。

全镇共有工业企业326家、个体工商户530家。全年实现工业总产值41.14亿元；实现工业销售产值40.52亿元，比上年增长13%；自营出口6072万美元，增长26%。工业规模企业51家，其中产值上亿元企业5家，杭州宇中高虹照明电器有限公司产值超10亿元；产值超5000万元企业9家。规模企业销售产值29.39亿元，增长14%；实现税金1.18亿元，增长17%。宇中公司进入杭州市最大规模工业企业100强，排行第60位，并被评为浙江省绿色企业。有省级高新技术企业、科技型企业各1家。全镇通过质量管理体系认证企业16家，通过环境管理体系认证企业5家，通过清洁型生产验收企业4家，2个节能灯注册商标被评为浙江省著名商标。节能灯工业功能区成为浙江省高新技术特色产业基地。

全镇实现社会消费品零售总额1.4亿元，比上年增长15%；第三产业增加值9618万元，增长22.16%；现代服务业总收入3.4亿元，增长14%。引进大型连锁超市2家，巩固规范农村放心示范店27家、农村连锁超市11家。实施“家电下乡”和“汽车摩托车下乡”工程，全年完成家电补贴588台，补贴资金16.5万元；汽车摩托车补贴96辆，补贴资金20万元。

投资1400万元，浇筑高乐、汪家坞、新德等自然村道路2100米，大修龙上至木公山乡村公路4.5公里。社区卫生服务中心大楼主体工程竣工。启动1480平方米的镇综合文体站建设，文体活动场所和图书室实现行政村全覆盖。安装移民新村自来水工程，新铺设污水主干网3条1510米。

全镇60岁以上老年人参加农村养老保险300余人。农村新型合作医疗参保率98%。企业职工养老、大病、失业、工伤、生育、住房等保险面进一步扩大。关注弱势群体生产和生活，五保老人得到集中供养，低保户、重度残疾人、90岁以上老人得到补助，全年发放低保费11.72万元、社会救济款12.66万元。全镇9个行政村获杭州市老年“星光之家”称号。

【外来务工人员网格化管理】 2009年，为加强社会治安综合治理，确保外来务工人员安全，镇、村、组、出租房户四方联合，开展出租房户人员信息普查工作。通过1个月集中行动，对全镇出租房屋和外来人员全面排查，对暂住人员有关信息进行登记、备案。全镇统计核查出租户1138户，流动人口1.3万人，并全部录入电脑，实行网格化管理，根据人员流动性大的特点，各村每月进行一次核对，完善外来人口基础信息。

【行业职工工资集体协商制度】 2009年5月，高虹镇成为杭州地区首个行业职工工资集体协商制度单位。全镇有节能灯企业123家，行业内工资缺乏统一计量计件标准，企业间用工处于无序竞争状态。在市总工会协助下，高虹镇政府联合企业及企业工会代表，通过工序岗位分解、工价调查统计、职工代表推选、企业工会职工三者协商等程序，确定节能灯生产过程中的52个工种工价，并召开全镇节能灯行业职工大会，职工工会代表与企业方签订《节能灯行业职工工资集体协商协议书》。该制度实施后，企业劳资纠纷明显下降。据统计，全镇因劳资纠纷处理的市长公开电话26件，比上年减少22件，因工价调整而引起劳资纠纷降为零。

【山顶野茶成为人民大会堂指定用茶】 2009年4月，在北京人民大会堂举办“2009年科学发展促和谐，经贸交流促发展”会议上，临安高虹香雪茶业有限公司生产的山顶野茶被确定为大会指定用茶。该山顶野茶开发是临安市科技局重大农业招标项目，由中国农科院茶叶研究所、临安高虹香雪茶业有限公司联合开发，产品在鲜叶养护、束包成形、真空冷冻干燥方面均有创新。

(许雪珍)

横畈镇

【概况】 2009年，横畈镇总面积71平方公里，辖10个行政村、1个居委会、161个村民小组。全镇总户数4866户；总人口15474人，其中农业人口14147人。有外来人口719人。人口自然增长率3.5‰。耕地面积1.25万亩，其中水田1.16万亩。

全年实现生产总值5.48亿元，比上年增长15%。工农业总产值29.76亿元，增长3.6%；财政总收入3409万元，其中地方财政收入813万元；财政总支出2405万元。全镇农村经济总收入11.62亿元，增长21%；农民人均纯收入1.22万元，增长10%。年末银行存款余额1.55亿元（仅横畈信用社）。

全年实现农业总产值1.47亿元，比上年增长9%。粮食复种面积8626亩，粮食总产量4336吨。经济作物播种面积5132亩。粮经比29∶63。收获茶叶149吨、蔬菜2054吨、鲜笋1.31万吨。年末生猪存栏2689头，羊存栏1617只，牛存栏25头，家禽存栏10.8万羽，蜂991箱。采伐木材3559立方米、毛竹24万支。造林面积600亩，抚育面积2000亩，封山育林面积2.5万亩。实施耕地占补平衡措施，垦造耕地658亩。投资330余万元，实施“农民饮用水”、“万里清水河道”、“山塘除险”、“标准百里堤塘”等工程。

全镇有工业企业217家，职工人数5598人。实现工业总产值28.3亿元，比上年增长3.4%；工业销售产值27.3亿元，增长1.8%；工业性投入2.33亿元，增长27.3%；外贸出口交货值4797.9万美元；工业用电量4549万千瓦时。新增规模企业4家。全年引进内资1.57亿元。工业企业通过国际质量认证4个、国际管理认证2个、QS认证3个。启动实施工业功能区二期市地区块的扩容和基础设施配套工作，完成500亩新征扩容土地的统征和填方工作。全年引进项目10个，协议投资65亿元，总数22个。临安市工业项目铁牛集团50万套无级变速箱项目落户二期工业园功能区。

实现社会消费品零售额1.02亿元，比上年增长14%；第三产业增加值6397万元，增长18.9%。新增连锁超市2家，总数15家，放心示范店总数27家。白水涧景区全年接待游客11.3万人次，实现门票收入195万元，增长8.3%。生猪定点屠宰场全年定点屠宰量1万头。

投入350余万元，实施道路平整硬化、污水处理系统建设、立面整治、环境绿化等工程。投入20余万元，对集镇部分路段进行修筑维护，完善新建道路的绿化、路灯维护等配套工作。完成4条联网公路建设，基础设施建设逐步向村级延伸。潘联村完成省级生态村创建，安村和洪村完成省级重点整治村创建。申报立项各类农业项目7个，涵盖雷竹、畜牧、茶叶产业、雷竹高产基地等农林产业。

全镇在校学生1373人，教师87人。义务教育普及率100%，学前三年幼儿入园率98%。创建成为杭州市学前教育先进乡镇。在文明结对单位下沙经济开发区文海教育集团的资助下，投资530余万元的镇中心幼儿园于9月启用。

农村劳动力培训率40%以上。新型农村合作医疗参保率98%，得到补助1073人次，补助金额累计55.8万元。新增就业岗位230个，实现农村劳动力转移100人，安置“4050”人员就业8人，其中就业困难户1人。发放城乡低保补助金33.8万元、定补金和抚恤金59.7万元、救助救济款11.3万元。

【工业功能区二期市地区块基础设施配套工作】 2009年，投入6000万元，全面开展工业功能区二期市地区块基础设施配套建设。完成3条功能区主干道建设，构成区内“一纵两横”基本道路框架，污水、通讯、宽带等管网工程以及供水、供电基建变等都全部配套到位。7月18日，首批落户横畈镇工业功能区二期的杭州杭叉铸造有限公司、杭州蓝海精密轴承有限公司、杭州宏立机械制造有限公司等7家企业集体举行开工典礼，7个项目总投资5亿元，投产后销售产值预计10亿元以上。

(陈思敏)

太湖源镇

【概况】 2009年，太湖源镇总面积240平方公里，是临安市地域面积最大的乡镇，辖4个居民小组、20个行政村。全镇总户数1.15万户，其中农业户1.03万户；总人口3.25万人，其中农业人口3.15万人。有外来人口3229人。人口自然增长率0.3‰。耕地面积2.79万亩；山林面积28.1万亩，其中公益林12.9万亩。森林覆盖率79.4%。

上缴国税、地税7400万元，财政收入2600万元。全社会固定资产投资3.26亿元，其中工业性投入2.47亿元。农村经济总收入80.25亿元；村级集体经济总收入750万元，比上年增长6%；农民人均纯收入1.25万元，增长11%。年末银行存款2.46亿元，增长47%。

全年实现农业总产值3.76亿元，比上年增长8%。全年粮食复种面积18672亩，粮食作物产量6762吨。粮经比38∶62。水果产量647吨，产值617万元，增长12%；茶叶产量248吨，产值1253万元，增长12%；鲜笋产量3万吨，产值1.33亿元，增长13%。香榧、山核桃、蔬菜等种植业保持良好发展。新建杭州市级科技示范村1个、林业科技示范户20户。被科技部国际合作司确定为“国际科技合作基地”，太湖源观赏竹种园被省科协授予“浙江省农村科普示范基地”。申报各级农林水利项目53个，创建省级绿化示范镇。菜篮子公司万吨高品质小竹笋精加工产业化经营与生态种养殖示范基地项目一期工程完工。

实现工业销售产值40亿元，其中规模以上企业销售产值18.03亿元；自营出口1197万美元。新增规模企业7家。工业功能区青云平台场地平整及配套建设基本完成，有8家企业入园。杨岭平台杆线迁移、道路和基础设施基本完工，有7家企业入园。杭州市100个城市综合体之一太湖源动漫文化创意产业园完成一期土地征用，并开工建设。玖久袜业扩建年产3300万双袜子生产线技术改造项目完成。实到内资1.37亿元，其中第二产业6169万元、第三产业7492万元，实到外资350万美元，合同外资800万美元，内资、外资均完成年度任务。

实现社会消费品零售总额1.9亿元。三大景区接待游客55万人次，门票收入1800万元。“农家乐”接待33万人次，经营总收入1683万元。

青溪大街完成美化绿化和道板铺设。集镇污水处理厂开始运作。立新桥头防洪堤和浪口安置地污水处理与自来水续建工程完成。集镇自来水工程主管网建设初步完成，已接通供水。完成东坑道路4公里油路浇筑，并对11.3公里道路加设防护设施。张公桥改建工程基本完工，从原宽12米加宽至20.5米。青云茹荷至玲珑崂山公路全线贯通。指南、溪口生活污水处理工程完成污水池和主管网建设。农民饮用水工程实现行政村全覆盖。

编制太湖源镇农村社区建设规划，完成首批5个村农村社区服务中心建设。新建2个村级避灾所。全面实现有线广播“村村响”、有线电视“村村通”工程。白沙村被评为全国首批生态文化村。组织全镇性文体活动9次，举办太湖源镇首届排舞大赛。完成文物普查工作，对南庄四贤桥和指南御家祠堂进行维修保护，“天目云雾茶制作技艺”被列入省级非物质文化遗产名录。申报省级农村小康体育特色村1个、杭州市级文化示范村和临安市级文化示范村2个，新建村级文化广场1个。全镇有健身苑46个、健身器材472件，特色文体团队14支、村级文体团队75支。通过杭州市级卫生镇和卫生强乡镇创建验收。申报省级老年协会5个、杭州市级规范化老年协会3个、“星光老年之家”12个。完成1个移民安置村和2个不登记到户移民村扶持项目工程建设。开展农村政策性住房保险投保和理赔工作，累计理赔补助17户49间，共计11万元。完成162户390人低保边缘困难家庭调查登记工作，全年发放优抚、低保等民政救助金、计划生育公益金320余万元。农村居民养老保险参保736人，新型农村合作医疗参合率95%。全镇计划生育率98.7%，征收社会抚养费28万元。

举办各类农民素质培训班19期，培训人员1500余人次。列入省级新农村建设整治村3个。开发岗位470个，安置失业、困难人员109人，农村劳动力转移就业302人，清欠职工工资160余万元。创建“无毒村”20个。对73家企业、21家烟花爆竹经营单位进行安全检查。对16所中小学、幼儿园开展校园食品安全、周边文化环境、治安状况、交通秩序和经营情况进行集中整顿。全年办理上级转来的群众来信16件，办结率100%；办理市长公开电话90件，办结率99.8%；调处各类矛盾纠纷427起，调解成功率98%；排查重大矛盾纠纷和不稳定因素39件，化解率100%。完成调整优化村党组织设置工作，射干、夏村、南庄、青云、金岫、碧淙6个村升格为党委，浪口、畈龙等其他10个村升格为党总支。

【获省“五好”乡镇党委称号】 2009年7月，太湖源镇党委被浙江省委授予省农村基层组织先锋工程“五好”乡镇党委称号，是全市唯一获此荣誉乡镇。镇党委自2003年开始“先锋工程”建设，以村级组织换届选举为契机，把配优配强领头雁作为建设重点之一。组织各村书记分期参加市委党校培训，组织50余人参加高中学历培训班，鼓励20余名村干部参加各类大专班及本科班学习，提高村干部及后备干部素质。举办各类培训班180余期，受训人数2.3万余人，其中，210余名党员参加技能培训，50余名致富能手参加实用技术培训。党员发展实行公示制、票决制，完善村民代表会议、村级重大事项公决、财务管理及村务公开制度等。

【白沙村被评为全国首批生态文化村】 白沙村由原白沙村、龙须山、太子庙三村合并而成，全村人口1156人，共有“农家乐”130余家，山林4.5万余亩，建成高山花卉种植基地1个和万亩山核桃生态化种植基地1个。白沙村自1998年村内太湖源风景区（临安首个生态旅游景点）开发以来，坚持走“发展生态旅游、体验生态农事”致富增收之路。白沙村建立集自然保护、生态观光、“农家乐”休闲旅游、体验传统生态农事活动为一体的“全国绿色小康村”。2009年10月，在北京人民大会堂举行的全国“第二届生态文化高峰论坛”上，太湖源镇白沙村被中国生态文化协会授予首批“全国生态文化村”称号。该评选活动从生态环境、生态文化、生态产业、人与自然和谐、示范作用五个方面进行审核，在全国31个省、自治区、直辖市推选80个候选村，最终确定首批“全国生态文化示范基地”2个和“全国生态文化村”26个。白沙村是浙江省唯一获“全国生态文化村”称号单位。

【“农民种文化”活动】 2009年10月27日，南庄村举办“农民种文化”活动暨文化广场开园庆典。文化广场投资70万元，于6月开工建设，占地5.5亩，建有凉亭、小桥、绿化带、电影屏幕、露天大舞台、塑胶篮球场、健身活动区等。庆典活动包括女子排舞、独唱、越剧表演、南庄村最佳孝子和最佳媳妇颁奖仪式等。

（马晓璐）

於潜镇

【概况】 2009年，於潜镇总面积197.7平方公里，其中，建城区7平方公里，辖26个行政村、1个居委会。全镇总户数1.5万户，其中，农业户1.16万户；总人口4.35万人，其中，农业人口3.57万人。有外来人口3045人。人口自然增长率-2.2‰。耕地面积2.61万亩，其中，水田2.41万亩。

全镇实现工农业总产值32.8亿元，比上年增长7.9%；全年实现财政总收入5625万元，上缴国税、地税4400万元，增长20%，全社会固定资产投资1.9亿元，增长18.4%。农村经济总收入69.47亿元；农村集体经济收入1893万元，增长6%。农民人均纯收入11550元，增长10%。

全年实现农业总产值3.15亿元，增长8%。粮食播种面积1.32万亩，粮食总产量5888吨，平均亩产447公斤。粮经比24：76。竹笋产量6500吨，产值8000万元；蚕茧产量760吨，产值2200万元；畜牧生产出栏5.59万头，产值7400万元。推进雄鹰现代农业科技园项目，创建横鑫千亩省级水果基地，完成牛上等5个杭州市级水果、中低产田改造和畜牧示范村项目，创建杭州市动物防疫示范乡镇，完成5个畜牧治污项目建设。农业主导产业中，完成毛竹低产林改造420亩，改造退化雷竹1160亩，种植香榧7600株，新发展无性系茶叶面积350亩，改造面积600亩。

全镇共有企业1078家，实现工业销售产值29.4亿元，增长11%；规模以上企业工业销售产值8.25亿元，增长9.3%。实现自营出口275万美元，增长10%；规模以上企业实缴税金3040万元，增长8.3%；万元产值综合能耗下降10%。新增500万元以上规模企业6家，总数38家。工业性投资1.25亿元，增长30.8%；新增平台开发面积150亩。先后有8家企业完成技术改造，总投资7210万元。投入2250万元，完善工业园区基础设施建设，其中，投入100万元，开展横山村区块一期环境和绿化整治；投入500万元，完成逸逸村区块污水管网、工业及生活用水管网工程；投入200万元，完成燕村区块主干道道路硬化和配套电力、电信、污水处理和生活用水等设施。全年实到内资1.71亿元，完成率121.9%；实到外资553.5万美元，完成率100.6%。首次引进杭州投资企业2家。

全年实现社会消费品零售总额5.7亿元，增长15%，实现第三产业增加值2.5亿元，增长19%。拥有商业网点3100余个，吸纳从业人员1.2万余人。召开全镇现代服务业大会，出台扶持政策。引进商贸规模企业4家，於潜生猪屠宰场项目主体工程结顶。组织开展公共安全员、厨师及超市业主培训班4期。组织开展家电汽车下乡、商品展销会等商贸活动，其中，家电1777件，汽车、摩托车239辆，累计补贴金额120余万元。

启动现代化生态小城市建设。市粮食储备仓库完成征地政策处理；英公水库除险加固及下游河道整治工程进展顺利，完成60%工程量；方元220千伏变电所完成项目前期。投资1200万元，完成污水处理厂7.3公里的主管网建设、设备安装、厂区绿化，人员配备到位，投入试运行。投资515万元，建成於潜文化体育广场，面积2500平方米。完成杏花路建设，启动金家村征地工作；配合公路部门完成潜洲街路面大修；完成天目溪整治样板段扫尾工程。2个项目被列入浙江省2009年新增中央预算内投资项目。

选送《临安响竹》节目参加杭州市第四届“西湖之春”艺术节“群星大舞台”演出。启动《民族日报》社纪念馆扩建工程。创建临安市文化示范村2个。完善村级图书馆建设，完成“村村通喇叭”工程。有效防控手足口病和甲型H1N1流感疫情。建立镇流动人口服务窗口。

落实城乡低保410户，完成困难户危房救助15户；完成公积金扩面工作；完成移民扶持项目13个。开发就业岗位375个，安置下岗失业及“4050”人员308人，转移农村劳动力320人，协调处理劳资纠纷20余件。农村合作医疗参保率97.82%。

是年，於潜镇被评为杭州市“庭院整治”工作先进单位。

【与浙江林学院经济管理学院签约】 2009年10月29日，於潜镇与浙江林学院经济管理学院签订全面合作协议。浙江林学院经济管理学院每半年派遣1至2名农村与区域发展专业硕士研究生担任该镇“顶岗助理”，参与相关业务和实践研究工作，与相关业务部门建立科研合作关系。於潜镇建立“浙江林学院农村与区域发展专业硕士研究生教学实践基地”和“浙江林学院农林经济管理省级重点建设专业教学实践基地”，为学院教师科研工作、学生实践教学等提供服务和支持。

【於潜二中建成】 於潜二中工程是市级重点项目，于2007年12月27日奠基。2009年8月12日，於潜二中建成，9月1日正式开学。全校有教学班34个，学生1549人，教职工118人。学校坐落在於潜镇观山村棠公山，占地面积8.73万平方米，建筑面积4.15万平方米，设计容积率0.52，建筑密度15.7%，绿地率38.3%。工程建筑结构安全等级为二级，设计使用年限50年，抗震设防为六度，耐火等级二级，屋面防水等级三级。工程项目按省一类标准设计建造，总投资8600万元。校内有行政楼、科技楼、教学楼、体艺馆、餐厅、学生公寓和教师值班住宿楼等建筑，建有300米环形塑胶跑道的田径场。行政楼内除行政办公用房外，还有图书馆、阅览室和两个多功能报告厅；科技楼有省一类标准物理、化学、生物实验室及电脑房、美术教室、史地教室、微格教室等；教学楼每个教室均配置闭路电视系统、调频广播系统和多媒体设备；体艺馆内有形体教室、音乐教室、健身房、乒乓球馆和篮球馆等；餐厅可同时容纳1900余人就餐；学生公寓可容纳1850余人。

（胡晓丹）

太阳镇

【概况】 2009年，太阳镇总面积119.6平方公里，辖11个行政村（其中，少数民族村2个）、251个村民小组。全镇总户数5763户，其中，农业户5661户；总人口1.72万人，其中，农业人口1.68万人，人口增长率2‰。有外来人口412人。耕地面积1.22万亩，其中，水田面积1.06万亩，旱地面积1660.8亩。

全镇实现财政总收入2972万元，财政总支出2834.4万元；上缴国税、地税1912万元，增长4.7%；村级集体经济总收入398万元；农民人均收入1.17万元，增长10.8%。金融机构年末储蓄存款余额1.3亿元。社会消费品零售总额6087万元，增长11%；第三产业增加值7620万元，增长18%。

全镇有企业539家，从业人员4260人。全年实现工业销售产值22.6亿元，增长10.78%；自营出口额253.48万美元，增长38.51%；实现工业投入1亿元，其中，限额以上完成6077万元，增长30.49%。招商引资1亿元，完成计划125%。四川福华集团农化制剂产业园项目达成合作意向，浙江振能天然气有限公司签订投资总额2亿元框架协议。取得省级工业新产品认定和备案各1项，投资1351万元完成技改项目3个，开发新产品8个，新增规模企业2家。承担国家火炬计划1项，完成杭州市级技术创新项目计划1项、临安市科技计划发展项目3项。通过ISO 9000系列标准认证3个，通过临安市级企业研发机构认定3家。申报国家专利18项，其中11项通过审批。创建杭州市著名商标2个。

全年实现农业总产值1.3亿元，增长8%。粮食复种面积1.1万亩，粮食总产量5341吨；经济作物播种面积9518亩。粮经比45∶55。生猪饲养量2.62万头，羊年末存栏840只，家禽年出栏13.61万羽。全年申报农业项目50余个，落实支农资金1500余万元，提供支农小额贷款6850万元。建立镇土地流转服务中心，在每个村成立土地流转服务站，全年新增耕地流转面积700余亩，涉及农户1054户。落实农业产业化项目18个；建成临安市重点粮食功能区1个、循环牧业示范点2个；新建万头生猪养殖场1个。新种无性系名茶50亩、改造低产茶园200亩；引种新品种草莓初见成效；发展足硒紫芯小番薯基地250亩、山核桃生态高效示范基地267亩、杭州市级毛竹低改基地518亩、四季竹种植面积100亩、寿星鸡核心示范户9户、贵妃鸡种禽场1个。完成林业产业化五大基地16个林业建设项目。投资1000余万元，启动钱王鸵鸟养殖场项目。

实施水利项目15个，其中，“万里清水河道”工程21.5公里，“百库脱险”工程4个，村内池塘整治2个，“百里标准堤塘”工程210米，新建灌溉渠道3700米，“喷滴灌”、“酸性红壤改造”项目各1个。完成“千里富民林道”建设6公里。

举办各类实用技术培训11期、劳动力转移培训3期、农广校畜牧中专班1期，培训1300余人。推广新品牌4个、新技术2项、新机具2套、新品种3个。新增农业机种机收、统一植保面积673亩。检测当地农产品312批次，抽检合格率99%。组建专业合作社4个，建成杭州市级标准化合作社1个。发放各类农业补贴77万元。

完成太阳街0.3公里和横麻线2.5公里大修工程，改建太阳农贸市场，太阳车站主楼建设完工。完成电气化整治村4个。成立禁渔巡逻队。新增绿化3000平方米、路灯100盏，硬化道路1.2万平方米；修建、改建危桥3座。完成宅基地复垦68.8亩，其中，太源村宅基地复垦工程被推荐为浙江省宅基地复垦十佳工程，有4个省级整治村、1个省级提升村通过省级验收。

青石门水库饮用水源保护区通过杭州市验收。投资30万元，完成浪山畜牧小区沼渣、沼液肥水灌溉项目。

举办太阳庙会。家电下乡、汽车下乡补贴49余万元。4个农村社区服务中心通过验收，新建社区医疗服务点6个。参加农村养老保险372人，城乡居民社会养老保险2320人。新型农村合作医疗参合率98%，报销住院医疗费210万元，农民健康体检7100人。发放各类困难补助资金90余万元。《五凤朝阳》入选杭州市非物质文化遗产。

是年，太阳镇政府被评为浙江省基层低保规范化建设示范乡镇、杭州市卫生强乡镇、杭州市非物质文化遗产普查先进集体。

（胡周兰）

藻溪镇

【概况】 2009年，藻溪镇总面积111平方公里，辖12个行政村、1个居民组。全镇总户数7550户，其中，农业户6860户；总人口2.07万人，其中，农业人口1.98万人。人口自然增长率0.86‰。耕地面积1.59万亩，其中，水田面积1.43万亩，旱地面积1553亩；林地面积12.8万亩。

实现工农业总产值21.44亿元，比上年增长9.6%；财政总收入2045万元，增长2%。上缴国税、地税2097万元，其中，地税701万元，增长39.6%。全镇社会消费品销售总额7035万元，增长11.8%；第三产业增加值6979万元，增长17.01%。农村经济总收入16.3亿元，增长20%；村级集体经济总收入674万元，增长6%；农民人均纯收入1.07万元，增长10%。年末银行存款余额2.63亿元。

实现农业总产值1.67亿元，增长8.3%。农作物种植面积1.38万亩，粮食总产量6851吨；经济作物播种面积3.33万亩。收获油菜子525吨、茶叶190吨；竹笋面积3.62万亩，产鲜笋1.33万吨，产值6260万元；种植花卉苗木2800亩。生猪饲养1.90万头，羊存栏1573只，家禽出栏1.9万羽。

全镇共有企业778家，其中，规模企业23家，主要分布在纺织印染、造纸、电缆、服装、塑料制品等行业。全年实现工业销售产值19.28亿元，增长7%；规模以上企业完成销售产值5.9亿元，增长12.4%；规模企业完成税金1205万元，增长12.4%；规模企业增加值7875万元，增长2.7%。新增企业8

家，规模企业2家；引进企业3家，到位内资5688万元。

新农村建设投资197万元，完成杲村（蔡山）和周云村省级待整治村建设；完成闽坞村杭州市级全面小康示范村建设；完成藻溪村、闽坞村、对石村村庄绿化工程。投资192万元，完成长六、杲村全长5.35公里的联网公路路基拓宽改造工程；完成横塘村（麻泥自然村）2.5公里连接公路路基拓宽和3座桥梁新建工程。投资326万元，浇筑亭口、肇村、闽坞等村部分道路。投资250万元，完成长六村、九里村新农村建设电气化改造工程。

完成污水处理厂基础设施和厂区建设，铺设污水总管网2000米；完成集镇及10个村1.23万人农村饮用水工程；完成坞角、梅树湾、兰岭角3座水库“百库脱险”工程；完成横塘村、亭口村、桂芳桥村至九里村共13.5公里的“万里清水河道”工程；完成“百里标准堤塘”工程600米，维修山塘水库6座。

新建村图书室6个，有藏书5650册；举办各类展览、演出80余场次。完成农民素质培训572人，实现转移就业108人；新型农村合作医疗参保1.82万人，参保率99%，报销医药费268.46万元；建成村级卫生服务站1个和卫生服务室4个。

全年落实低保户224户，计558人，发放低保金52.1万元；慰问救济困难户128户，金额9.7万元；发放助医、助学、助残资金13万元；发放复员军人定补44万元；慰问困难退伍军人86人，发放慰问金10.4万元。加强自然灾害救助应急管理，建立避灾所2个；帮助移民村申报实施项目27个，争取资金168万元。

是年，藻溪镇被评为杭州市防灾减灾先进集体。

【“金沙湾”大型户外拓展基地试营业】 2009年9月28日，藻溪镇“金沙湾”大型户外拓展基地一期建设项目通过验收。10月1日，该基地四大区块（彩弹基地、接待中心、拓展中心和水上拓展区）试营业。该基地位于天目山森林生态旅游区，距杭徽高速公路藻溪出口（天目山景区方向）2公里，基地占地面积1000亩，分两期建设，总投资5000万元。该基地被列入临安市重点项目及市现代服务行业三年行动规划。

【棉花公证检验实验室挂牌】 2009年8月26日，浙江省纤维检验局棉花公证检验实验室在藻溪镇挂牌。杭州临安银花贸易有限公司是浙江省唯一一家拥有棉花加工资格企业，该公司与浙江省纤维检验局合作，自2008年3月开始筹建国家一级棉花公证实验室，项目总投资400余万元，实验室面积1000平方米，引进世界先进的大容量快速纤维测试仪，年检测能力20万吨以上。

（胡婷婷）

西天目乡

【概况】 2009年，西天目乡总面积130.8平方公里，辖11个行政村、160个村民小组、1个居民组。全乡总户数5159户，总人口1.38万人，其中，农业人口1.35万人。有外来人口87人。人口自然增长率-8.8‰。耕地面积6982亩，其中，水田面积6626亩。

全乡实现工农业总产值10.18亿元，

其中，工业总产值7.87亿元；财政总收入1347.4万元，其中，地方财政收入700.4万元；财政支出753万元。上缴国税、地税647万元。村级集体经济总收入326万元；农民人均纯收入11334元，增长11.1％。

实现农业总产值2.31亿元。粮食复种面6166亩，总产量3047吨，平均亩产494公斤；经济作物播种面积1.34万亩。收获油菜子122吨、茶叶15.4吨。菜竹园面积2.9万亩，产鲜笋2.55万吨；笋干竹林5.5万亩，总产量1560吨。生猪饲养2317头，家禽出栏8.36万羽。采伐木材1000立方米、毛竹5万支、杂竹8000吨。

全乡有企业216家，从业人员1532人。实现工业总产值7.87亿元，增长10.1%；工业销售产值7.76亿元，增长11.8%。实现利税2110万元，工业性投入2920万元，外贸出口交货值8448万元。

全年第三产业就业2784人，占实有劳动力的34%。新增农村放心示范店5家，全乡共17家。“农家乐”接待游客39万人次，营业收入2008万元，增长18.1%。引进绍兴县双扬布业有限公司的月亮湾休闲度假项目，总投资5000万元。

农村新型合作医疗参保1.18万人，参保率97%。“家电下乡”申请补助571批次，补助资金13.76万元。“汽车下乡”申报补助71辆次，补助金额12.16万元。

新建乒乓球活动室15个、健身场地16个、门球场1个、篮球场6个、其他活动室11个，全乡有体育活动场地1.47万平方米。有群众体育队伍18支，队员380人。

是年，西天目乡创建成为浙江省体育强乡，西天目乡乡长谢莉萍获“全国三八红旗手”称号。

【首届全民运动会】 2009年8月27日，西天目乡首届全民运动会在交口职业高中举行。全乡组队17支，有运动员365人。运动会设拔河、背夹球、推独轮车、瞎子敲锣、慢骑自行车、抛绣球、四人五足、中国象棋（老年组、残疾人组）等比赛项目。运动会颁发单项奖、团体奖近百个。

（张芝铃）

千洪乡

【概况】 2009年，千洪乡总面积63.5平方公里，辖4个行政村、85个村民小组。全乡总户数2054户，其中，农业户2053户；总人口6440人，其中农业人口6239人。人口自然增长率–4.5‰。耕地面积5354亩，其中，水田面积4186亩；山林面积8.27万亩。

全乡工农业总产值4.29亿元，比上年增长9.01%。预算内财政收入309.87万元，其中，地方财政收入200.5万元，财政预算内总支出420万元。村级集体经济总收入183万元，增长52.5%。农民人均纯收入1.3万元，增长12.5%。年末银行存款余额3000.1万元。

全乡有工业企业21家，其中，500万元以上规模企业4家，中外合资企业1家。从业人员400人。实现工业销售产值3.36亿元，增长10.2%；自营出口值80万美元，增长90.47%；利润188万元，增长18.98%；税金197万元，增长12.57%。工业性投入790万元，增长17.91%。宣纸、雷竹、杨桐叶是千洪乡生态特色经济主导产业。全乡有生产书画宣纸企业4家，年销售产值3993万元；竹笋加工企业6家，年销售产值

1.03亿元；杨桐叶加工企业5家，年销售产值3493万元；水力发电企业1家，总装机容量1820千瓦。

全年实现农业总产值5140万元，增长9.2%。旱杂粮种植面积2270亩，总产量512吨。粮经比8.5：91.5。年产雷笋4240吨，加工生产笋干324吨，产值2300万元。杨桐叶采摘加工产值1400万元；山核桃产量180吨，产值120万元。生猪饲养量3600头，家禽出栏8000羽。采伐木材1500立方米。

在竹林中套种山核桃1万亩，扩建杨桐叶基地63亩，利用低丘缓坡种植香榧5200株。投资35万元，完成里峰水库、半山坞山塘“百库除险”工程；投资18万元，完成杨洪村“万里清水河道”工程7.5公里。实施退化雷竹深翻改造260亩，加土改造80亩，冬竹覆盖900亩；完成宅基地复垦28亩。

全乡社会消费品零售总额1258万元，增长6%。推进家电下乡活动，财政补助金额19万元。新型合作医疗参合6003人，职工工伤保险参保230人；落实各类低保116户、一般困难18户、重度残疾18人，全年发放救济金13万元；敬老院集中供养4人，分散供养1人；落实帮扶结对138户，助学补助9人，发放助学救助金3.5万元。

桃花纸和宣纸被列入浙江省非物质文化遗产名录。新建体育活动场所4处、篮球场1个，面积1600余平方米；新建女子腰鼓队、军乐队；举办大型文体活动3次。是年，千洪乡杭州市级“东海文化明珠”工程通过验收。

千洪乡朱湾村至西天目乡武山村道路工程启动，总投资600万元，全长5.01公里。投资30余万元，完成社区卫生服务中心改造。完成杨洪村、朱湾村、朱湾西桥村3个撤并村省级提升整治项目。新建无动力污水处理池3处，安装三格式化粪池50套，污水纳管4.3公里。新建公厕4座，乡垃圾填埋场竣工验收。千茂村创建杭州市级生态公墓并通过验收。

举办科技科普培训7次，参加570人次。农民素质培训1210人次。继续实施八都溪（丰陵溪）全面禁渔。

【千洪乡文化活动中心建成】 2009年5月，在原乡中心小学旧址动工兴建千洪乡文体活动中心（综合文体站），年底竣工，总投资164.5万元。该中心占地面积1.72亩，总建筑面积1167平方米。活动中心内设多功能排练厅、非物质文化遗产陈列室、文艺创作室、图书室、阅览室、电子阅览室、乒乓球室、老年活动室、少儿活动室等，新增图书7200册。

（郑明曙）

横路乡

【概况】 2009年，横路乡总面积85.7平方公里，辖7个行政村、1个居民组、141个村民小组。全乡总户数3414户，其中，农业户3232户；总人口1.04万人，其中，农业人口1.02万人。人口自然增长率-1.2‰。山林面积10.32万亩；耕地面积5515亩，其中，水田面积4775亩。

全乡实现工农业总产值3.28亿元，比上年增长15.1%；财政总收入974.55万元，财政总支出1291.17万元；上缴国税、地税174.02万元，增长17.6%。实现农村经济总收入6.05亿元，增长17.54%；

村级集体经济总收入187万元，增长11.65%；农民人均纯收入9890元，增长12.98%。年末银行存款余额5880万元。

全年实现工业销售产值2.14亿元，增长12.96%。社会消费品零售额2262万元，增长4.6%。第三产业增加值1710万元，增长11.8%。全社会固定投资1511万元，增长3.8%。

实现农业总产值9940万元，增长9.5%。粮食播种面积3735亩，粮食总产1093吨，平均亩产293公斤。粮经比25∶75。收获茶叶13吨、鲜笋1676吨，制作笋干262吨。生猪饲养年出栏3087头，家禽年出栏7810羽。采伐木材1000立方米、毛竹4万支。全乡山核桃种植面积4.06万亩，产量1338吨，仅山核桃一项，农民人均纯收入6500余元。花卉苗木培育面积1361亩，销售产值1328万元，竹笋销售产值816万元。

完成寨村800亩市级山核桃生态化经营园区建设；完成武村、大溪坞村1600亩省级山核桃生态园区建设；完成武村、大溪坞村500亩山核桃林地喷滴灌工程；完成武村350亩山核桃林地水土流失生态修复工程。横路农特产交易市场建成。完成集生态、防洪为一体的桃园溪生态河道整治工程建设，新建、修复堰坝4座，新建桥梁2座、防洪堤1180米，浇筑水渠900米。投资20余万元，完成寨村杜敖坞、登村鸭脚坞“百库脱险”工程；完成寨村、横路村、武村总计10公里清水河道工程；投资16万元，完成乡饮用水扩容工程；完成登村牌坊坞水库饮用水源达标区创建工作。投资80余万元，完成大溪坞村4公里农村联网工程；投资200余万元，建成准四级客（货）运站。复垦建设用地80亩；完成武村、大溪坞村村庄整治任务。投资57万元，完成横路中心学校教师宿舍楼维修改造、教学楼维修和绿化工程；投资50万元，完成综合文体站改建工程；投资100余万元，建成横路乡垃圾中转站，配套沼气池、微动力压滤液处理设备和人工湿地。

新型农村合作医疗保险参保9004人，参保率98%。政策性农村住房保险参保率100%。开展各类实用技术培训67期，培训2247人，占全乡劳动力的35.3%，其中，山核桃生态化经营技术、山核桃高产复合生产技术等培训班7期，受训500余人。

【武村塌方事故】 2009年5月3日，横路乡武村村民叶某雇佣挖土机平整其屋后地基，不慎引发山体滑坡，房屋被掩埋，当场被埋1人，附近房屋也受损严重。事故发生后，市领导赶赴现场指挥，乡、村干部和市消防大队组织挖掘工作，经过两个小时营救，挖出被埋人，但已死亡。

（邓淑媛）

潜川镇

【概况】 2009年，潜川镇总面积128.76平方公里，辖10个行政村、241个村民小组。全镇总户数4785户，其中，农业户4713户；总人口1.44万人，其中，农业人口1.24万人。人口自然增长率0.002‰。耕地面积6420亩，其中，水田面积5450亩，山林面积16.65万亩。

全镇实现工农业总产值11.65亿元，其中，工业总产值9.87亿元，增长6.59%；财政总收入1724万元，财政预算内支出1150万元。村级集体经济总收入801万元，增长7.23%；农民人均纯收入9571元，增长12.36%。年末银行存款余额1.18亿元，增长21.6%。

全年实现农业总产值1.78亿元，增长8.9%。粮食复种面积6722亩，粮食总产2059吨，平均亩产306公斤。经济作物播种面积1.41万亩。收获茶叶113吨、笋干435吨、板栗420吨、山核桃46吨、水果3391吨；蚕种饲养量7606张，产蚕341吨；有花卉苗木710亩。生猪饲养量6.78万头，生猪出栏5610头；家禽存栏1.05万羽，家禽出栏2.53万羽。采伐木材3000立方米、毛竹82万支。完成阔滩村新农村建设重点整治村和青山殿村（高坪）新农村提升村工作。

全镇共有工业企业208家，其中，规模以上工业企业14家。实现工业销售产值9.75亿元，增长6.50%；规模工业企业实缴税金1840万元，增长30.04%；50万元以上工业性投入3704万元，增长21.28%；新增规模企业2家。完成招商引资内资4083万元。临安奥星电子有限公司入选为中国电子元件百强企业，排名第68位。

全镇实现第三产业增加值5813万元，增长11.3%。社会商品零售总额4449万元，增长10.4%。“农家乐”经营户24户，接待游客2.6万人次。中海·云雾山庄奠基，总投资7000余万元。参加新型农村合作医疗1.26万人，参合率98%。

是年，潜川镇被评为杭州市级食品安全示范乡镇、杭州市推进来料加工进低收入农户工作先进乡镇。

【标准化社区卫生服务中心建成】 2009年3月，潜川镇投资400余万元建成杭州市标准化社区卫生服务中心。该中心位于牧亭村，镇政府大楼西侧。中心综合楼共3层，建筑面积1604平方米。内设全科门诊、儿保门诊、妇保门诊、急诊室、输液室、观察室等16个科室，有观察病床5张，医护人员11人。

【修缮赵尔春烈士纪念馆】 （参见“文化”栏目）

（薛闻琦）

乐平乡

【概况】 2009年，乐平乡总面积43.7平方公里，辖6个行政村、111个村民小组。全乡总户数3351户，其中，农业户3278户；总人口1.02万人，其中，农业人口1.0万人。人口自然增长率-0.29‰。耕地面积1893亩；山林面积4.88万亩。

全年实现工农业总产值5.39亿元，比上年下降19.3%。预算内财政总收入298.6万元，其中，地方财政收入261.20万元，财政预算内总支出624.58万元。上缴国税、地税916.04万元，下降0.19%。村级集体总收入264万元，增长7.8%。农民人均纯收入1.16万元，增长9%。年末银行存款余额1.08亿元，增长11.5%。

全年农业总产值1.29亿元。粮食复种面积3615亩，粮食总产1323吨。粮经比10：90。蚕茧产量822吨，产值1808万元。年末生猪存栏2.26万头，出栏5.3万头，增长2.2%，产值6568万元，下降9.9%。柑橘产量579吨，产值67万元。建成七坑村畜牧小区。实施七坑畈省级高产优质蚕桑示范点项目建设。实施规模化畜禽养殖场排泄物治理工程7处。新建林道5.7公里。在桑园中套种蔬菜1000余亩。完成林改试点工作，以

"均股均利"形式，农户按股改份数享受70%的生态公益林补助，"分股不分山，分利不分林"。

全乡有企业71家，其中，工业企业27家，从业人员2500人。实现工业销售产值4.1亿元，下降24.6%，有规模企业11家，规模工业实现销售产值1.74亿元，下降21.6%；实现限额以上工业性投资750万元，外贸自营出口值1056万美元。完成招商引资额2580万元。全乡完成技改投入1350万元，实现工业万元产值综合能耗下降10%的目标。雄鹰妇幼生活用品有限公司注资1380万元，整体收购三鑫纸业有限公司、三鑫水泥有限公司。乡污水处理厂完工，投资520余万元，设计日处理污水1000吨。

投入350余万元，完成小学搬迁、乡文体活动中心建设和幼儿园建设，实现图书室、健身苑点行政村全覆盖。通过杭州市卫生乡镇、杭州市卫生强乡镇创建验收，上沃村被评为杭州市清洁乡村工作先进单位。完成伍村、乐平、七坑3个村改厕工作。集镇污水处理厂试运行，完成主管网和支管网建设1300米，5个村建成污水处理工程，全面完成"千万农民饮用水"工程，完成河道整治1.2公里。完成伍村村省级待整治村新农村建设。

全年农村合作医疗参合9789人，参合率97.9%。实施困难户危房改造7户。是年，乐平乡被评为杭州市关心下一代工作先进集体、杭州市非物质文化遗产普查先进单位。

【林权制度改革试点工作】 乐平乡是临安市深化集体林权制度改革试点乡镇之一。2009年7月至9月，乐平乡完成以"均股均利"为主要形式的林权制度改革试点各项目标任务，基本完成集体林权明晰产权工作，全乡集体林地确权到户率从原来37.4%提高到75.8%。农户按照股改份数以"均股均利"形式享受70%村生态公益林补助，其余30%归村留用于公共事业建设。建立村级集体林权地籍信息化管理系统，向村民颁发山林股权证，解决历史遗留问题。

（郑卫东）

昌化镇

【概况】 2009年，昌化镇总面积232.63平方公里，辖14个行政村、1个居委会、180个村民小组。全镇总户数7880户，其中，农业户5571户；总人口2.23万人，其中，农业人口1.69万人。有外来人口2496人，人口自然增长率0.18‰。耕地面积1.30万亩，其中，水田面积1.15万亩。

全镇实现工农业总产值23.28亿元，增长6.54%。财政收入4380万元，增长14.8%，其中，地方财政收入2345万元。农村经济总收入23.18亿元，增长12.8%；村级集体经济总收入775万元，增长6.45%。农民人均纯收入1.20万元，增长9.15%。年末居民储蓄存款余额2亿元，增长4.71%。

全镇实现农业总产值1.3亿元，增长8.2%。粮食复种面积1.28万亩，粮食总产量4708吨，平均亩产370公斤。收获油菜子197吨、茶叶30吨、鲜笋2450吨、山核桃856吨。生猪饲养量2.02万头，羊存栏552只。投资175万元完成水库"百库脱险"工程7个，投资78万元，完成孙家溪、石铺溪"万里清水河道"工程13公里；投资65万元，完成白牛沥溪标准堤塘380米；投资60万元，完成孙家村、虞溪村、朱穴村山核桃喷滴灌1050亩；投资140万元，新建九龙村狮子口水库，蓄水量10万立方米；投资30万元，开通8条村道，计15公里；投资180万元，浇筑后葛村道路。投资500万元，搬迁白牛村外沥溪村；投资437万元，完成虞溪、后葛、石铺等村饮用水工程，全镇14个行政村全部完成“千万农民饮用水”工程。投资324万元，完成宅基地复垦面积120亩，投资1020万元，垦造耕地面积600亩；投资228万元，完成后葛二村至高山、虞溪村小溪自然村、黄柏坞至岭脚农村公路联网工程。

全镇有企业2160家，其中，工业企业560家，全年实现工业总产值21.98亿元，增长21.75%；利润总额3258万元，增长1.72%；税金4020万元，增长18.2%；外贸出口交货值0.95亿元；工业增加值4.45亿元；工业性投入1.1亿元。全镇有招商引资项目5个，实际到位内资9652万元。规模企业29家，实现销售产值3.34亿元，实缴税金1705万元。杭州德通阀门有限公司获国家级“带先导电控球阀”4项发明专利和1项实用新颖专利，浙江新剑精密制品有限公司获国家级“专用车偏心机”实用新颖专利和“花形探针”等5项外观设计专利。杭州采丰门业有限公司成为省级林业重点龙头企业，杭州商通塑化有限公司获省级工业新技术证书。

全镇实现第三产业产值2.2亿元。新增商业规模企业2家，“农家乐”休闲旅游场所12家。昌化大卖场竣工，总投资3900万元；国石文化城、丽景大酒店水岸华府动工建设。

投入4000万元，完成昌文线昌化段、城防工程水南段、南五路、南六路建设和环城东路污水管网铺设及垃圾填埋场建设；投资1500万元，建成昌化污水处理厂。

集中供养五保老人32人，82户低保户家庭获救助金17万元，49名重度残疾人获护理费6万元；发放优抚金和重点优抚对象定补79万元，发放现役军人优待金21万元；结对困难家庭128户，救助资金19.6万元。农村合作医疗参合1.59万人，参合率97%。完成就业岗位开发300个，安置失业人员131人，安置特困户职工65人，转移农村劳动力就业170人，企业养老保险参保174家，生育保险170家，工伤保险170家，办理城镇居民合作医疗保险612人，办理农村60周岁以上老年人社会养老保险3100人。投资50万元，建立昌化便民服务中心。

群音业余越剧团文化下乡演出20余场，联盟村威风锣鼓队参加“中华颂·临安情”大型广场活动演出，双塔村新型马灯参加临安山核桃开竿仪式。完成广播电视升级联网改造“村村通”、“村村响”工程。参加全市第23届乒协“桃源杯”乒乓球联赛，获甲级第二名；联盟村、白牛村分别获省级、杭州市级小康体育村，白牛村、联盟村创建成为市级文化示范村。投资50万元，完成综合文化楼改造；投资1347万元，完成昌化镇中学二期扩建工程，龙岗镇中学并入昌化镇中学。

是年，昌化镇被评为省级畜牧业示范乡镇、杭州市级非物质文化保护先进集体、杭州市级计划生育先进集体。

（王根贵）

河桥镇

【概况】 2009年，河桥镇总面积190.8平方公里，辖11个行政村、181个村民小组。全镇总户数6213户，其中，农业户5930户，总人口1.84万人，其中，农业人口1.75万人。人口自然增长率-4‰。耕地面积1.17万亩，其中，水田面积1.01万亩。

全镇实现工农业总产值8.31亿元，增长7.19%。财政总收入3843万元，增长82.74%，财政支出3661万元，增长103.62%。村级集体经济总收入594万元，增长8.59%。农民人均纯收入7800元，增长11.11%。年末银行存款余额9004万元。

全年实现农业总产值1.19亿万元，增长9.04%。粮食复种面积1.35万亩，粮食总产量5488吨，平均亩产405公斤，收获油菜子381吨、茶叶34吨、笋干449吨、山核桃552吨、板栗64吨、白果9吨。生猪饲养1.79万头，羊年末存栏1206只，家禽年出栏8609羽。采伐木材7274立方米、毛竹42万支。桑园面积1万亩，饲养蚕种1.47万张，蚕茧总产量652吨。

全年实施各类农业项目20余个，其中，争取低产田园改造项目2个；新建蒲村村、中鑫村山核桃生态化经营管理示范基地；新增山核桃、杨桐、香薯等专业合作社6个。改造提升传统农业产业，春蚕单产创新高。全镇雷竹覆盖面积1000余亩，羊毛竹面积1万亩，竹笋总产值1300万元，竹笋成为新兴支柱产业。山核桃年产量600余吨，实现总产值2400万元。新增香榧、杨桐枍木300余亩。畜牧业实现总产值1920万元，创建成为杭州市动物防疫示范乡镇。全年开展农民技术培训400余人次。

全年完成“百库脱险”、“万里清水河道”等水利工程8个，完成“千万农民饮用水”工程4个。基本完成蒲村孔家山下山移民工程安置房、上山林道、宅基地复垦工作。投资378万元，完成蒲溪流域4400亩土地整理项目；完成投资35万元涉及4个村的移民跨库项目。河桥村、聚秀村新农村重点整治项目通过验收。朱下、云浪、秀溪村危桥改建。完成80亩建设用地复垦和100亩造田造地。争取杭州市、临安市两级帮扶资金160余万元，实施“基础设施、农民增收、新农村建设”三大类项目11个，投资2074万元，改善村容村貌、基础设施等，完工项目9个。

全镇有企业887家，其中，工业企业307家，平均从业人员1420人。实现工业总产值7.13亿元，工业销售产值7.08亿元。规模企业产值7800万元，下降2.26%，实现税金300万元，下降3.23%。工业投入1600万元，增长23.08%；万元产值综合能耗下降10%。全年实现招商引资5221万元，其中，外资13.5万美元，第二产业2170万元。投资750万元的临安东毅纺织有限公司完成厂区土地平整，办齐营业执照等证件；投资4000万元的柳溪江度假酒店完成拆迁工作；投资5000万元的柳溪江水力发电有限公司开展征用土地等基础工作；计划投资3亿元的临安河桥乡村度假有限公司签订投资意向，完成公司注册、概念性规划，项目立项前期准备就绪；投资6800万元的市重点项目——河桥休闲农业观光园一期工程完工。投资2000万元，完成临安升达电子厂集成电板流水线、临安钢纸厂环保工艺和临安新宇木制品厂热处理生产线项目等工业流程技术改造升级。

柳溪江景区接待游客26万人次，营业收入3600万元，其所属集团公司浙旅控股股份有限公司，因上市需要，注入部分税收，上缴税金1320万元。瑞晶洞公司投资50万元改造洞内电线照明工程，接待游客近6万人次，营业收入140万元。昌文公路全线通车，河桥镇纳入杭州1小时旅游经济圈，“欢乐GO乡村游‘醉美临安’清凉嘉年华”开幕式在柳溪江举行，浙江国际旅游集团以柳溪江为母体的5家企业组合上市准备工作基本到位。是年，河桥镇创建成为“浙江省旅游强镇”。

投资2100万元，实施村镇基础设施建设。朱下村、云浪村、秀溪村危桥改建全面完工。投资400万元的集镇污水处理厂试运行。

投资80万元，建成永昌阁文化公园。继续开展“送温暖”和结对帮扶活动，对65户困难户、老党员、老干部进行走访慰问。对低保对象142户354人和“五保”集中供养对象28人发放生活保障金48万余元。完成低收入家庭危房改建17户。办理60周岁以上养老金发放3000余人，办理缴纳农村养老保险800余人。农村合作医疗参保率97.3%，建立农民健康档案。

【河桥镇党员服务中心挂牌】 2009年8月5日，河桥镇党员服务中心挂牌。党员服务中心整合镇文化站资源建成，一楼设党员接待室和3个党员活动室，二楼设图书室和电子阅览室，三楼设党员远程教育室、谈心室、爱心超市、志愿者工作站、党代表活动室及工作指导站。该中心主要工作是代理承办服务、开展党务政策咨询、接待热线服务及负责流动党员的服务管理。

【孔家山下山移民工程】 2009年，河桥镇利用联乡结村平台，争取杭州市级土地复垦项目资金868万元，实施蒲村村孔家山下山工作。孔家山共有农户27户，共80人。投资350万元，完成孔家山移民下山安置房建设项目，孔家山实现整体搬迁，其中，零散安置农户4户，自行安置农户13户，集中安置农户10户。孔家山整体搬迁后的62亩土地复垦项目通过验收。

(柳闻莺)

龙岗镇

【概况】 2009年，龙岗镇总面积103.8平方公里，其中，集镇区面积3平方公里，辖8个行政村、91个村民小组。全镇总户数3647户，其中，农业户3153户；总人口1.07万人，其中，农业人口9617人，有外来人口461人。人口自然增长率-2.34‰。耕地面积7818.33亩，其中，水田面积7059.03亩。

全年实现工农业总产值18.62亿元，比上年增长14%；财政总收入2565万元，其中，地方财政收入946万元；财政总支出2158万元；上缴国税、地税1893万元，增长16%，其中，地税699万元，增长21%。农村经济总收入13.66亿元，增长21%；村级集体经济总收入325万元，增长7.6%；农民人均纯收入1.15万元，增长10.2%。年末银行存款余额2.75亿元，增长20%。

全年实现农业总产值9187万元，增长9.4%。粮食复种面积1.13万亩，粮食总产量4724吨，平均亩产420公斤。经济作物7855亩，收获油菜子465吨、茶叶21吨、鲜笋2090吨、山核桃630吨、白果21吨、水果1276吨。生猪饲养9264头，年出栏5271头；羊年末存栏567只；家禽出栏1.11万羽。采伐木材3717立方米、毛竹16万支。有山核桃面积2万亩、水果基地1514亩、吊瓜1320亩。

全镇有企业661家，其中，工业企业239家，规模企业31家，从业人员2599人。形成机械制造、化工产品、竹木加工、水力发电、食品加工、旅游服务等产业群，食品加工产品占全镇工业产值的55%，各类山核桃加工企业130家，其中，72家食品加工企业通过QS认证，80余家法人食品加工企业符合质量安全标准。全年实现工业销售产值17.7亿元，增长13.8%；规模企业税金3025万元，增长24.4%；完成工业性投入1.65亿元，增长率34.4%；外贸出口交货值3412万元；完成内资1.06亿元、外资170万美元。临安华龙摩擦材料有限公司获“省级高新技术企业”称号，列入临安市工业“410项目”企业，双速异型电动葫芦摩擦制动盘、气动离合器摩擦制动片、电梯摩擦制动片等产品被认定为省级工业新产品。临安市天乙食品有限公司“林安”牌被认定为杭州市著名商标，杭州市级名牌产品企业3家、著名商标2只。

临安西部工业功能区新增开发面积300亩，累计1785亩，土地累计出让580.75亩，预约土地265亩；基础设施投入1600万元，累计投入1.38亿元；入园企业14家，累计42家，其中，投入生产18家；新增规模企业2家，累计12家；工业性投资7100万元，杭州市临安超越食品有限公司、杭州明祥钢管有限公司建成投产；工业销售产值3.45亿元，实缴税金1100万元。

投资280万元，完成龙岗大街沥青路面改造450米、污水主管网铺设2600米、雨水排水沟工程1100米，集镇区域实现雨水污水分离；投资20余万元，完成集镇杆线迁移、路灯更新，拓宽集镇大街；建立省级无公害山核桃基地550亩，燕岭村蜜梨生产基地成为杭州市科技示范与推广基地；群干村杨桐、柃木基地扩展到320亩，建立山核桃林套种杨桐、柃木科技示范基地20亩，新增香榧5000株；郡沃村引进规模奶牛养殖场；完成新建村毛竹高效示范园区建设500亩、百丈村毛竹低产林改造工程250亩、东坞村山核桃林喷滴灌生态化经营项目520亩、西坞村山核桃示范基地200亩。完成郡沃村沃坞和林坑村许家山塘水库除险加固工程、龙井村合溪小流域治理工程、娘娘畈杭州市粮食功能区一期工程、无他村低产田改造工程及6.5公里千里富民林道建设工程。编制完成镇村两级山洪灾害防御预案和气象灾害防御预案，建立防汛责任体系和防汛预警队伍，完成防汛基层体系建设试点乡镇和山洪防御全国试点乡镇建设工作。加强动物防疫，完成畜禽无害化处理池工程，百丈村创建成为动物防疫标准村。投资300余万元，完成百丈、郡沃、龙井等村7公里村庄道路硬化；完成“千万农民饮用水”工程和新溪新村3公里“万里清水河道”工程，新建公厕4座和100吨以上污水处理池4只。完成许联、新溪、沃村3个自然村省级重点整治村建设，完成新溪新村示范型、无他村标准型农村社区服务中心建设。

实现社会商品零售额1.06亿元，增长11.5%；第三产业增加值5231万元，增长18%。引进首家地方性商业银行——杭州银行商业银行，缓解企业“融资难”。“龙锦苑”房地产完成征地拆迁工作，主体工程进展顺利，三星级宾馆龙都大酒店完成土建工程；新开或新办各类商贸服务网点20家；实施家电、汽车、摩托车下乡工作，受理501台（辆），补助33.3万元。大龙湾新龙井旅游综合体项目完成前期工作，浙西大龙湾景点投资200万元，完成旅游基础设施改建。投资25万元，龙岗小学建成杭州市A级学生食堂。

实施“低收入农户奔小康”工程，低收入农户162户298人，年收入3000元以上；办理农村合作医疗4938人次，报销医疗费用127.76万元，参合率98%。全年申报低保户、“五保”户149户，救助慰问456人，重残护理48人，贫困家庭助学结对29人，累计发放低保金、移民扶持、军人优抚金、残疾补助等各类救助资金84.9万元；办理老年证、残疾证等926本；改造住房困难户6户，补助5.76万元。完成移民安置项目9个，争取资金55万元，发放种粮直补46.6万元，落实计划生育奖励扶持95人，补助7.66万元；落实离任村主要干部45人定期补助政策；完成企业公积金扩面11个，办理失地农民养老保险32户。举办农民实用技术培训和素质教育，受训600人次；重视下岗失业人员就业安置工作，转移农村劳动力300人。完成避灾场所建设3个。

是年，龙岗镇完成全国第二次经济普查工作，被评为省级先进集体；通过杭州市卫生镇复检；郡沃村被认定为杭州市科技示范村，林杭村创建成为杭州市园林绿化村和临安市文明村，百丈村被评为临安市文化示范村。

【山洪防御全国试点乡镇建设】 龙岗镇属于山洪灾害频发地区，2009年，列为全国山洪灾害防御试点。3月开展试点工作。建立、完善镇村两级防汛组织网络，建立防汛责任体系、监测预警体系和防汛预案体系，建立自动雨量监测站4处、简易雨量监测站2处、水情监测点5处，安装气象信息显示屏2块。

(何晓艳)

马啸乡

【概况】 2009年，马啸乡总面积103.4平方公里。辖7个行政村、109个村民小组。全乡总户数3056户，其中，农业户3049户；总人口9148人，其中，农业人口9105人。人口自然增长率2‰。耕地面积5636.3亩，其中，水田面积4324.3亩，山林面积13.49万亩。

实现工农业总产值5.1亿元，增长10.8%。财政总收入780万元，其中，地方财政收入561万元。农村集体经济收入3.84亿元，增长20%；村级集体经济总收入119.5万元，增长22%；农民人均纯收入9865元，增长13.1%。年末银行存款余额5840万元。

实现农业总产值5774万元。粮食复种面积7785亩，粮食总产2597.5吨。继续实施山核桃产业2亿元工程，新增山核桃林500亩，全乡山核桃产量1100余吨。完成建设用地复垦20余亩，完成林道建设8公里。投资30万元，完成“百里标准堤塘”工程1500米；投资30万元，完成2个村“万里清水河道”、“河道保洁”工程。完成重点生态公益林分级管理，浙川村、石长城村完成分类补偿试点。争取国家级山核桃林节水灌溉示范和马啸溪小流域治理两个项目。

全乡有企业130家，从业人员1355人。实现工业总产值3.98亿元，增长12%；规模企业产值1.34亿元，增长15%；工业性投入1000万元，增长20 %。山核桃加工业、小水电等重点行业健康发展，全乡有18家企业取得QS认证许可。杭之宝绿色食品有限公司年销售额突破6000万元。投资500万元的珍珠塘电站并网发电；投资2000余万元，基本完成剑门十八瀑景区门楼、观景台、游步道建设。

投入350万元，完成颊浙线延伸段工程建设；完成石长城村黄毛坪—刘家、马啸村许家庄—松树横盘和浪广村叶家—陈家2.8公里路面硬化。配合路政部门开展颊浙线、吴陈线清障和修补工程。完成浙川新农村建设重点整治、社区服务中心、避灾场所建设；完成浪广沼气示范村、生活污水处理示范村建设；完成玉屏电气化村改造。投资近60万元，创建浙江省级体育强乡镇，并通过验收。投入100余万元，创建成为杭州市学前教育先进乡镇。

（陆林军）

湍口镇

【概况】 2009年，湍口镇总面积206.5平方公里，辖13个行政村、121个村民小组。全镇总户数3986户，总人口1.34万人，其中农业人口12858人。人口自然增长率−0.14‰。耕地面积6577亩，其中水田5727亩；山林面积28.5万亩，其中用材林19.1万亩、经济林9万亩。

全年实现工农业总产值3.92亿元，比上年增长3.8%；财政总收入1306万元。村级集体经济总收入861万元，增长19.1%；农民人均纯收入9257元，增长10%。年末银行存款余额1.27亿元，人均存款9506元。

全年实现农业总产值1.08亿元，比上年增长9.4%。粮食播种面积1.13万亩，粮食总产量3172吨。收获油菜子373吨、茶叶22.9吨、山核桃1143吨、萸肉122.5吨、笋干161吨。投资50余万元，实施“百库脱险”工程，修缮湍源村陆家山塘和雪山村懒塘湾山塘。投资200万元，完成塘溪源、三联、雪山3个村共12公里的“万里清水河道”项目。投资308万元，实施迎丰村、湍源村总计2150亩山核桃节水灌溉工程。完成天源旱稻坞300亩山核桃高产高效基地1个、三联村杭州市级毛竹低产林改造基地2个、三联村杨桐柃木基地1个。完成童家村低产田改造571亩。完成低产茶园改造300亩，新种无性系茶园230亩。完成童家、洪岭、湍源等村6条林道建设，累计长20公里，总投资250万元。完成建设用地复垦面积60亩。

全镇共有工业企业28家，从业人员1160人。全年实现工业总产值2.94亿元，比上年增长7.4%；工业销售产值2.83亿元，增长7.4%；外贸出口交货值5485万元，增长12.9%；工业性投入906万元，完成计划的100.66%。新引进的农特产品加工企业朱氏信义祥食品有限公司通过杭州市质量技术监督局食品生产加工许可认证。

昌文线道路改建工程竣工通车。投入90万元，全面修复凉溪村2008年“6·17”洪灾水毁道路9.4公里；投入280万元，完成凉溪村联网公路12公里。投资360万元，新建湍口中心幼儿园；投入100万元，实施湍口中心小学操场绿化、教职工宿舍维修工程。

举办“三八”妇女节、元旦文艺会演等大型文体活动3次，开展其他群众性文体活动20余次。创建省级和杭州市级文化示范村3个，做好非物质文化遗产申报保护和民间艺术整理挖掘工作；新建村级篮球场3个，实现体育健身设施和图书室行政村全覆盖。二联村、湍口卫生院、湍口镇中心小学被评为浙江省卫生先进单位，石室、童家、洪岭3个村被评为杭州市级先进村。完成二联、雪山、湍口、迎丰4个村改厕示范村创建。湍口、雪山、童家3个村生活污水进行纳管处理。

新增职工养老保险112人，农民养老保险420人，发放大病救助款13万余元。开展新型农村合作医疗工作，参合率98%。完成危房改造7户。开展低保边缘户和边缘重残户调查工作，落实低保户、军烈属、困难户帮扶政策，全年发放低保金、优抚金和困难补助金共计53.6万元。发放残疾人困难家庭慰问金和助学补助金4万余元，落实残疾人困难家庭最低生活保障39户，完成全镇第二代残疾人证发放工作。落实老年人慰问金和补助金2.8万元，争取资金6.3万元，新建童家、三联、洪岭、湍源、桐坑等7个村老年活动室。开展扶贫帮困工作，落实“春风行动”助学援助工作，发放助学援助款2.85万元。为失地农民解决养老保险问题，办理失地农民保险38人。全年落实各类民生保障配套资金和各类慰问帮扶资金107万元。

是年，湍口镇被命名为浙江省民间艺术之乡。

【湍口众安氡温泉度假酒店动工】 2009年9月26日，杭州临安湍口众安氡温泉度假酒店举行动工庆典仪式。该酒店占地面积149亩，由酒店主体、别墅会馆SPA区、温泉游泳及汤池区、会议中心、餐馆区、健身区、球类远动区、体检中心区、停车场、景观湖、室外拓展活动区、景观果林区、垂钓区、室外草坪活动区、员工活动区、后勤保障区17个大项组成，按五星级标准设计建造，施工工期3年，预计2012年10月前开始试营业，总投资约2.5亿元建筑，总面积约5.5万平方米。

【第二届洪岭高山馒头节】 2009年7月22日，在湍口镇童家村举办“第二届洪岭高山馒头节”，省市有关部门领导和当地居民5000余人参加，《杭州日报》、《临安日报》、临安电视台、临安新闻网等媒体相继对“馒头节”进行报道。据史料记载，源自怀念北宋农民起义领袖方腊，当地百姓在每年农历六月，用馒头和其他食品来祭祀方腊起义军亡灵，形成独特的地方文化风俗。随着岁月流逝，馒头节被赋予新的时代内容，每年农历五月，正是春粮小麦丰收季节，到了六月，农忙已过，农民生活相对空闲，于是，当地百姓家家户户做馒头，既为缅怀先祖、祭拜土神，也为祈求丰收、祝福平安。

【分老线大修竣工】 2009年，争取杭州市级资金800万元，完成分老线老坞口到童家段21公里路面大修。分老线属县道，是湍口镇洪岭片群众出行主干线，1996年浇筑沥青路面，由于年久失修，路面破损、变形严重，且弯道较多，存在安全隐患。该工程从2009年4月开始施工，主要进行弯道拓宽，挡墙浆砌，路面大修，由昌化公路段负责实施。

【湍口镇中心小学塑胶田径场竣工】2009年10月20日，湍口镇中心小学200米塑胶田径场通过临安市教育局验收。该田径场硬化面积2530平方米，其中塑胶跑道1981平方米，包括塑胶沙坑助跑、户外型乒乓球场、司令台等附属设施，总投资60万元。

（郑学军）

清凉峰镇

【概况】 2009年，清凉峰镇总面积203.2平方公里，辖10个行政村、206个村民小组。全镇总户数7513户，其中农业户6740户；总人口2.0万人，其中农业人口1.89万人。人口自然增长率-1.35‰。山林面积25.50万亩；耕地面积1.02万亩，其中水田9053亩。

全年实现工农业总产值10.14亿元，比上年增长12%。财政总收入1815万元，财政总支出1784万元。上缴国税、地税1037万元。农村经济总收入1.42亿元；村级集体经济总收入369万元；农民人均纯收入1.01万元，增长22%。年末银行存款余额1.74亿元。

全年实现农业总产值1.43亿元，比上年增长9%，粮食复种面积1.5万亩，粮食总产量4916.2吨，平均亩产323公斤。收获油菜子393.5吨、茶叶68吨、山核桃1710吨、笋干170吨、白果42吨、板栗28吨。吊瓜面积1200亩，花卉苗木种植面积501亩，中药材总面积20亩，产值27万元。林业产值8631万元，增长16%。完成人工造林700亩，生态公益林封山扩林12万亩。对顺溪、白果村高速公路沿线进行绿化整治。建立顺溪村山核桃生态化经营示范园区、九都芦笋示范基地、和顺溪、祝川中药材基地，建立杨桐基地。昱岭关山核桃生态化经营，鸠甫村山核桃丰产稳产，高源合作社低产茶园进行改造。全年生猪饲养7025头，羊存栏1745只、牛存栏294头、家禽存栏4660羽，淡水鱼产量20.2吨。投入8万元，进行畜禽养殖无害化处理；投入3.5万元，对畜禽进行疫情防治。创建动物防疫示范村等项目10个。投入资金974万元，用于农田水利设施基本建设，完成鸠甫村百里标准堤防建设项目1个，修复水毁工程7个，山塘水库除险加固1座，完成“万里清水河道”工程11公里，完成千万农民饮水项目6个。完成水土流失和生态修复治理项目1个，动工水土流失和生态修复治理项目2个。完成宅基地复垦46亩。完成鸠甫、新峰、顺溪3个村新农村重点整治村建设，共投入资金221万元。

全镇共有企业1005家，其中工业企业389家，从业人员1885人。全年实现工业总产值8.72亿元，工业销售产值8.36亿元，利税5000万元。完成工业投入3500万元，新签工业项目3个，到位资金3500万元。全年引进企业3家，培育规模企业3家。投入平台基础设施建设资金500万元，完成500亩九都工业集聚区规划设计，实施市地村区块新一轮工作平台拓展计划；入区投产企业5

家，完成土地征用企业6家。招商引资3300万元，完成计划的132%。建立生产加工信息档案，60家食品企业通过QS质量认证。

全年实现社会消费品零售额8668万元，比上年增长11%。创建临安市级示范放心店、优秀农村连锁超市9家。发放汽车、摩托车、家电补贴79万元。大明山景区全年接待游客量18.74万人次，实现门票收入874.7余万元。“农家乐”收入350余万元。

全年有失地农民636人领到失地农民基本生活保障证，其中到龄农民182人首次领取失地保障金。发放低保金30万元，残疾人护理费8.64万元。合作医疗参合率97.8%，报销合作医疗费298.9万元，完成农民健康体检1.23万人。发放计划生育奖励扶助金1.9万元，计划生育率98%。60周岁以上城乡居民2982人享受政府基础养老金政策，1058户农户参加农业政策性保险，6350户农户参加住房保险。

有小学3所，教学班23个，在校学生641人；颊口中学有教学班14个，在校学生515人，2009年中考成绩名列临安市第五、农村规模初中升学率第一，普高升学率超全市14个百分点，被评为杭州市人民满意学校、临安市发展性办学水平优秀级学校；清凉峰镇成校创建成为杭州市示范成校。完成颊口、杨溪村杭州市示范社区服务中心建设。创建杭州市卫生村5个、临安市改厕达标村3个，完成清凉峰镇卫生院托管。有公共图书馆（室）6个，藏书2.1万册，业余文体队伍35支。“昌化竹编”被列入浙江省非物质文化遗产名录，昌化根艺代表童剑昌、“顺溪大方茶制作技艺”被列入杭州市非物质文化遗产名录。

是年，清凉峰镇被评为省非物质文化遗产普查先进集体、省旅游强乡镇、临安市新农村建设先进乡镇。

【“8·13”山体滑坡事故】 2009年8月13日，清凉峰镇林竹村梓棚坞林道后山发生突发性山体滑坡自然灾害，现场一间三层民房被掩埋。临安市委、市政府主要领导、分管领导到现场，组织武警、公安、消防及当地应急分队200余人，出动10余台挖掘救援车辆开展搜救工作。市国土局、市交通局、市民政局、市安监局、市卫生局、市供电局等部门到现场配合救援。市委、市政府成立现场救援、伤亡人员善后处置、对外信息发布三个事故处理工作小组。灾害共造成11人死亡、2人重伤，其中，安徽籍农民工5人，清凉峰镇居民3人，河桥镇打工人员3人。事故原因主要有：一是地形因素，滑坡点地形复杂，地势较陡，原始坡度达到30°~50°；二是地质构造因素，滑坡点岩性变化大，风化强烈，土层厚度3米~8米，地质环境条件脆弱；三是人类工程活动因素，滑坡点前缘为一条通村道路，切坡修路改变坡面原始状况，降低山体稳定性；四是降雨因素，昌西地区持续降雨，导致土体处于过饱和状态，诱发事故发生。

【特大暴雨灾害】 2009年8月5~9日，清凉峰镇遭受“8·5”特大暴雨袭击和持续降雨，全镇10个村受灾严重，其中，鸠甫村1.5小时连续降雨171毫米，为历史罕见。全镇农作物受灾3200亩，其中，农田受淹2500亩，冲毁农田350亩，山地蔬菜受淹300亩，绝收50亩；山核桃树倒掉4560株；渠道毁坏18处，计2万米；堰坝毁坏4条，计200米；防洪堤损坏9200米；道路毁损8000米，林道毁损21公里；电线杆倒掉20根（高、低压及广播电视杆线），公路中断8公里，损坏输电线路3公里，损坏有线电视线路12公里；民房受淹120户，倒塌房屋22间，60%农户出现饮用水困难。全镇直接经济损失5200万元，全镇受灾人口约4200人。

（郑亚姣）

岛石镇

【概况】 2009年，全镇总面积91平方公里，下辖10个行政村、1个居民组、204个村民小组。全镇总人口1.87万人，其中农业人口1.77万人；总户数6734户，其中农业户6495户。人口自然增长率1‰。山林面积11.34万亩；耕地面积4810亩，其中水田3346亩。

全年实现社会总产值5.61亿元。农业总产值为1.95亿元，增长10%。工业销售产值2.84亿元，增长11.6%。社会消费品零售额6682万元，增长9.6%；第三产业增加值7243万元，增长18%。农民人均纯收入达到9418元，增长11.6%。财政税收收入为275万元，增长13%。

全年粮食播种面积1.25万亩，总产量3339吨。收获油菜子391吨、茶叶12吨。砍伐木材100立方米。经济林山核桃面积10.1万亩，投产面积8.2万亩，总产量4000吨，10个行政村山核桃总产值均超过1000万元。新建山核桃生态基地2个、杭州农业都市化示范园区1个，全镇生态化经营面积达到3.2万亩。

全镇有企业1295家，其中工业企业237家，从业人员1304人。完成工业利税1021万元；工业型投入1035万元，比上年增长16.3%。新增规模企业1家。规模以上企业实现工业销售产值1.34亿元，增长12.8%。

投资170余万元的岛石镇敬老院投入使用。投资350万元，完成集镇及所在周边村自来水工程改造，惠及全镇9000余人。省级农业发展项目仁里溪小流域治理完工并通过验收，红旗、喷潭、金竹湾等山塘水库完成“千库保安”和“百库除险”工程。完成仁里和黄川村新农村重点整治，新二、山川、太平里等通村道路完成大修，新增10个港湾式候车亭。万亩山核桃林水保项目规划实施，10公里林道建设通过验收。投资850万元，新建岛石镇客运中心站。镇级污水处理厂竣工并运行。投资600余万元的仁里小学春节后投入使用，昌北中学改扩建二期工程开工。“清洁乡村”工作长效机制和垃圾“户集、村收、镇运、镇处理”处置模式基本完善。新建7个图书室和6个健身苑点，实现行政村全覆盖。创建文化示范村1个，完成全国第三次文物普查工作。华光潭水库移民安置工程结束。计划生育率99.2%。

是年，岛石镇被中国经济林协会授予“中国山核桃第一镇”称号，并被评为市林业工作、新农村建设先进乡镇。

【中国（临安）山核桃文化节开竿仪式】
（参见“林业”栏目）

【林权证抵押贷款试点工作完成】 2009年8月12日，岛石镇举行林权抵押贷款发放仪式。现场为银坑、茶亭和新二村3个试点村的36个农户发放全市首批林权抵押贷款授信证明。市信用联社与林权证抵押贷款试点村570个农户签订

4891.4万元的林权抵押贷款合同，发放林权抵押贷款1200余万元。

（王新日）

大峡谷镇

【概况】 2009年，大峡谷镇总面积162平方公里，辖16个行政村、119个村民小组。全镇总户数3831户，总人口1.13万人。人口自然增长率2.1‰。耕地面积8746亩，其中水田6250亩。山林面积18.69万亩，其中省市级生态公益林8.19万亩、用材林4万亩、经济林4.68万亩，森林覆盖率78.9%。

全年实现工农业总产值4.53亿元。财政总收入1226.54万元，其中地方财政收入723万元；财政总支出1249万元。上缴国税、地税16.65万元。村集体经济总收入310万元，比上年增长6%。农民人均纯收入9207元，增长10%。年末居民储蓄存款余额1.68亿元。

全年实现农业总产值1.40亿元，比上年增长8%。粮食复种面积9118亩，粮食总产4031吨，平均亩产442公斤。粮经比3.8∶6.2。全年农作物播种面积1.61万亩（包括高山蔬菜450亩），收获油菜子393吨、名优茶产量60吨、笋干产量174吨、高山蔬菜产量1200吨、山核桃产量875吨。种植高山花卉415亩。生猪饲养6315头，家禽出栏4474羽。采伐木材2000立方米、毛竹10万支。推广小型耕田机等农业机械600余套。完成千顷塘水库“千库保安”和亭子山、相见山塘水库“百库脱险”工程，完成上溪“万里清水河道”及水毁工程，国家农业开发项目上溪小流域治理工程动工。建成林道11.6公里，建成山核桃生态化经营园区1个，建成多个微喷滴灌基地、山核桃基地、石笋基地，完成省级高山蔬菜园区项目提升，新增桃花溪山屋岭临安市级高山蔬菜合作社1个。投入630万元全面完成“千万农民饮用水”工程。相见、大峡谷村通过新农村重点整治验收；投入280万元，完成村庄道路硬化、改水改厕、污水处理工程。完成相见、大峡谷、华光潭等4个村污水处理项目，五星村通过杭州市级污水处理验收。30亩市重点项目建设用地复垦通过验收。

全镇实现工业销售产值3.13亿元，比上年增长12.6%。规模企业实现销售产值2152万元，增长13.3%。完成社会固定资产投资2850万元，增长5.5%。小水电行业年上网电量3208万千瓦时，上网电量产值1223万元。投入150万元，完成毛塔电站技术改造。投入130万元，新建上溪叶蜡石矿炸药仓库；投入120万元，申办采矿证换证手续。

全年社会消费品零售总额3464万元，比上年增长12.3%；第三产业增加值5715.6万元，增长13.4%。全镇景区接待游客53万人次，收入3160万元，增长14%。其中，“农家乐”接待游客11.12万人次，收入450万元，增长11.2%。投入700万元，建成四星级标准浙西大峡谷度假酒店；完成华光潭水上游乐开发项目一期规划设计，并与投资商多次洽谈；完成国石商贸雕刻一条街建设。

全年完成村道建设8.7公里，修复毁损乡村道路46公里。镇中心学校食宿楼、龙井卫生服务站综合楼完成项目设计等前期工作。投资300万元的镇政府综合大楼完成主体工程。开展文化东海明珠工程复评工作，图书室、健身苑点实现行政村全覆盖。投入5万元，完成幼儿园校舍维修。建成标准化村卫生室5个。新型农村合作医疗参保率98%以上，办理农村居民养老保险531人。完成60周岁以上农村居民社会养老保险登记及社会养老保险金发放工作，计1620人；办理失地农民保险232人。转移农村富余劳动力200人。投入8万元，添置和改善敬老院设施。投入7万余元，完成方智烈士墓迁建及龙井桥村爱国主义基地道路改建。推进阳光调解机制，全年调处纠纷33起，化解信访积案3件，办理市长公开电话10件。扶弱帮困200余户，全年累计发放低保金、救助金、移民扶持资金、军人优待金50余万元。全镇孤儿5人，低保大、中学生7人累计获助学金5万余元。全镇合作医疗救助180人次，补助金48万余元。

是年，大峡谷镇被评为临安市平安乡镇、碳汇林业示范乡镇，五星村创建成为杭州市级旅游特色村。

【18省道项目完成拆迁工作】 2009年7月，大峡谷镇18省道项目征地拆迁领导小组多次召开专题会议，部署落实拆迁工作，7月8日，正式启动18省道龙岗至鱼跳段征地拆迁工作。8月，完成实物调查及放样工作。该路段全长11公里，征地拆迁涉及4个行政村168户农户，拆迁房屋11户，迁移坟墓20穴，迁移杆线351根，土地征用603.51亩。

【207老矿区集中整治】 2009年4月26日，大峡谷镇国石村烟道洞发生大面积地质坍塌事故，造成1人死亡。地质灾害点位于大峡谷镇与新桥乡交界处山上。市人防公司对大峡谷镇地质灾害点实施全面爆破2次。组织召开大峡谷镇国石村烟道洞207老矿区矿山安全紧急会议，市纪委、市国土局、市安监局等部门到镇指导具体整治，省地矿研究所专家现场指导。8月22日，镇机关等部门派出工作人员90人协助清山、封山，在主要路口设立警示牌，拉起警戒线千余米，拆除山上乱搭建工棚7个。集中整治累计投入资金150万元，其中2次爆破投入91.2万元。

【松毛虫灾害】 2009年6月20日，大峡谷镇林业技术人员在玉山村马啸岭发现云南松毛虫。松毛虫害相继在上溪、太平、峡谷源、东塔、国石等村迅速蔓延，大面积爆发，短时间内大片森林被毁，受害较为严重的松林面积超过5000亩。大峡谷镇政府、林业站迅速与临安市森防站联系并共同制订防治方案，邀请温州市森得保病虫害工程治理有限公司进行全面防治，防治效果良好。镇、村两级投入防治资金15万元以上。

【莫拉克台风灾害】 2009年8月5日、8日，大峡谷镇连续两次遭受强降雨袭击，累计雨量300毫米。受灾人口7254人，倒塌房屋8间，受灾面积382亩，其中，冲毁粮食作物面积45亩，高山蔬菜面积100亩，经济作物20亩。冲毁防洪堤27处1680米，冲毁堰坝80处2225米，冲毁灌溉渠道60处1970米，田埂塌方1010处，公路中断8条23次，供电中断3条10次。旅游景区、叶蜡石矿停产3天。全镇直接经济损失947万元。

【内川山塘水库除险】 内川山塘水库建于20世纪70年代，位于华川村上游，下游有内川、外川2个自然村。2009年8月10日，内川山塘水库发生险情，水位离坝顶只有20厘米，1万余立方米库水威胁着下游村庄600余村民生命财产安全。镇防汛领导小组派遣抢险应急小分队，与市水利局技术人员、华川村两委会和村民50余人组成抢险队伍，用草包、沙包堆筑一道长约60米、高1米的大坝加固墙，转移群众45人。

(郑丽芳)

新桥乡

【概况】 2009年，新桥乡总面积48.88平方公里，辖6个行政村、60个村民小组。全乡总户数2376户，总人口7197人，其中农业人口7106人。人口自然增长率9.4‰。林地面积5.50万亩，人均7.7亩；耕地面积4160亩，其中水田2374亩。

全年实现工农业总产值2.54亿元。财政总收入1318万元，其中地方财政收入213万元，比上年增长66.41%；财政总支出1211万元。上缴国税、地税57万元，增长96.55%。村级集体总收入100万元，增长6.4%。农民人均纯收入9198元，增长9.3%。年末银行存款余额6285万元，增长18.2%。

全乡实现农业总产值7369万元，比上年增长9.1%。新培植山核桃幼苗林700亩，山核桃总面积4万余亩。新创建山核桃生态经营示范基地470亩。实施山核桃山地节水灌溉工程。山核桃干子总产量1300吨，产值5200万元，仅山核桃一项人均收入7200元。投入100余万元，新修林道8公里。下许村高山无公害茶叶基地完成前期整地工作。投入水利资金195.63万元，除险加固山塘1座，修筑新桥村防洪堤坝310米，修建灌溉堰坝80米，整治下许村后溪河道3公里。投入88万元，完成土地复垦面积32亩。

全乡实现工业销售产值1.8亿元，完成年计划120%。其中，规模工业企业销售产值6310万元，完成年度指标110.7%，规模工业实缴税金52万元。50万元以上工业性投入750万元，完成年度指标107.15%。全乡有硃石矿企业3家，正常开采1家，拟挂牌出让2家。毛坦硃石矿被评为杭州市地下矿开采安全生产示范企业。

乡卫生服务中心建成并投入使用。全乡享受低保农户93户，发放低保金30余万元。对62户困难、残疾家庭进行困难补助。60周岁以上老人享受社会养老保险待遇人数1096人，257人上缴社会养老保险金，缴费金额30余万元。6244人参加新型合作医疗保险，参保率91%。集中供养率90%以上。全乡6个行政村图书室和健身点覆盖率100%。投资20万元，对各村老年活动室进行修缮。开展各种文化活动20余场次，创建大山川村文化示范村。

【柳川至下许段公路大修工程】 倒上线公路是新桥交通要道，龙山至大坞段（3公里）已拓宽，其余大坞至西舍段公路(16.75公里）为1972年修建、1999年浇筑油路的等外级公路，道路狭窄，路面破损。2008年，新桥乡政府投资175万元，完成大坞至柳川段公路3.8公里大修工程。2009年，投资240万元，完成刘余至下许段公路6.2公里大修工程，对部分路段进行加宽，清除危险路段11处，更新全线防护栏。

(江　婷)

附　　录

重要文件

市政府主要规范性文件

表 43

序号	文　号	发布时间	标　题
1	临政发〔2009〕1 号	2009 年 1 月 6 日	临安市人民政府关于加快旅游业发展的若干政策意见
2	临政发〔2009〕3 号	2009 年 1 月 6 日	临安市人民政府关于加快商贸与物流业发展的若干政策意见
3	临政发〔2009〕6 号	2009 年 1 月 12 日	临安市人民政府关于印发临安市矿产资源规划（2006~2010 年）的通知
4	临政发〔2009〕11 号	2009 年 1 月 23 日	临安市人民政府关于印发振兴临安茶叶产业五年行动计划的通知
5	临政发〔2009〕29 号	2009 年 3 月 5 日	临安市人民政府关于增强工业企业科技自主创新能力的若干意见
6	临政发〔2009〕33 号	2009 年 3 月 11 日	临安市人民政府关于实施免费婚前医学检查和免费孕前优生检测的意见
7	临政发〔2009〕42 号	2009 年 4 月 27 日	临安市人民政府关于调整征地补偿标准的通知
8	临政发〔2009〕47 号	2009 年 3 月 31 日	临安市人民政府关于促进我市房地产市场健康稳定发展的若干意见
9	临政发〔2009〕48 号	2009 年 3 月 31 日	临安市人民政府关于促进房地产业发展的若干政策意见
10	临政发〔2009〕49 号	2009 年 3 月 31 日	临安市人民政府关于促进建筑业发展的若干政策意见

续表 43

序号	文　号	发布时间	标　题
11	临政发〔2009〕54 号	2009 年 4 月 13 日	临安市人民政府关于印发临安市卷烟零售点合理布局管理办法的通知
12	临政发〔2009〕68 号	2009 年 5 月 8 日	临安市人民政府关于“千里富民林道”建设的实施意见
13	临政发〔2009〕69 号	2009 年 4 月 30 日	临安市人民政府批转市发展和改革局关于临安市产业发展导向目录（2009 年）的通知
14	临政发〔2009〕74 号	2009 年 5 月 20 日	临安市人民政府关于印发临安市限制养犬暂行规定的通知
15	临政发〔2009〕75 号	2009 年 5 月 21 日	临安市人民政府关于印发临安市地质灾害防治规划（2008~2015 年）的通知
16	临政发〔2009〕78 号	2009 年 5 月 10 日	临安市人民政府关于支持帮助工业企业应对金融危机开拓市场的实施意见
17	临政发〔2009〕84 号	2009 年 6 月 11 日	临安市人民政府关于印发临安市社会抚养费征收管理办法的通知
18	临政发〔2009〕99 号	2009 年 7 月 14 日	临安市人民政府关于印发临安市事业单位公开招聘人员实施办法的通知
19	临政发〔2009〕105 号	2009 年 7 月 23 日	临安市人民政府关于加快发展来料加工业的若干意见
20	临政发〔2009〕106 号	2009 年 7 月 28 日	临安市人民政府关于实施残疾人共享小康工程提升残疾人生活品质的若干意见
21	临政发〔2009〕114 号	2009 年 8 月 16 日	临安市人民政府关于加强普通高等学校毕业生就业工作的意见
22	临政发〔2009〕121 号	2009 年 9 月 9 日	临安市人民政府关于印发临安市加强人才资源开发工作实施办法的通知
23	临政发〔2009〕138 号	2009 年 10 月 20 日	临安市人民政府关于印发临安市军人抚恤优待办法的通知
24	临政发〔2009〕147 号	2009 年 11 月 9 日	临安市人民政府关于印发临安市 2010 年新型农村合作医疗实施办法的通知
25	临政发〔2009〕160 号	2009 年 12 月 31 日	临安市人民政府关于建立城乡居民社会养老保险制度的实施意见
26	临政发〔2009〕161 号	2009 年 12 月 31 日	临安市人民政府关于调整临安市基本医疗保障有关政策的通知
27	临政发〔2009〕169 号	2009 年 10 月 30 日	临安市人民政府关于印发临安市低保边缘及困难家庭临时救助暂行办法的通知
28	临政发〔2009〕183 号	2009 年 12 月 31 日	临安市人民政府关于进一步完善机关事业单位养老保险政策的意见
29	临政发〔2009〕185 号	2009 年 12 月 30 日	临安市人民政府关于加快农村住房改造建设的实施意见

（徐志军）

重要表彰

工业强乡镇（街道）

表44

序号	乡镇名称
1	青山湖街道
2	锦城街道
3	玲珑街道
4	锦南街道
5	高虹镇
6	板桥乡
7	於潜镇
8	太湖源镇
9	龙岗镇
10	横畈镇
11	昌化镇

工业企业纳税大户

表45 单位：万元

序号	企业名称	国税	地税	合计
1	浙江万马集团有限公司	6172	4381	10553
2	浙江杭州鑫富药业股份有限公司	3100	3028	6128
3	浙江西子富沃德电机有限公司	5143	302	5444
4	浙江华兴羽绒制品有限公司	3438	1859	5297
5	杭州宇中高虹照明电器有限公司	3682	379	4061
6	杭州锦江集团有限公司	556	2826	3382
7	杭州福斯特光伏材料股份有限公司	2839	42	2880
8	杭州杭氧股份有限公司	2178	584	2762
9	杭州天目山药业股份有限公司	1468	1286	2755
10	浙江华兴集团有限公司	1355	277	1632
11	浙江万马集团特种电子电缆有限公司	745	832	1577
12	浙江鸿硕实业集团有限公司	1438	97	1535
13	临安市雄鹰妇幼卫生用品有限公司	1043	227	1270

续表 45

序号	企 业 名 称	国 税	地 税	合 计
14	浙江帝龙新材料股份有限公司	404	861	1265
15	杭州天恒机械有限公司	1146	23	1168
16	浙江小王子食品股份有限公司	650	498	1147
17	杭州恒信电气有限公司	979	156	1135
18	杭州市临安三联照明电器有限公司	955	146	1101
19	杭州侨资纸业有限公司	671	394	1065
20	浙江杭叉工程机械集团股份有限公司	762	292	1055
21	临安钱氏照明电器有限公司	781	266	1047
22	浙江华特实业集团有限公司	485	555	1041
23	临安奥星电子有限公司	680	215	896
24	浙江杭州大马水泥有限公司	762	125	887
25	杭州临安景亮照明电器有限公司	689	198	887
26	杭州临安新联电器工业有限公司	602	253	855
27	浙江天杰实业有限公司	737	105	842
28	杭州四达电炉成套设备有限公司	771	64	836
29	杭州顺达集团有限公司	548	278	826
30	临安市青鸿达金属制品有限公司	726	98	824

工业销售产值前十名企业名单

表 46

序号	企 业 名 称
1	浙江万马集团有限公司
2	杭州宇中高虹照明电器有限公司
3	浙江华兴集团有限公司
4	浙江杭叉叉车有限公司
5	杭州华凯纸业集团有限公司
6	浙江华兴羽绒制品有限公司
7	浙江西子富沃德电机有限公司
8	浙江天伦实业集团有限公司
9	杭州顺达集团有限公司
10	浙江鸿硕实业集团有限公司

特色产业龙头企业

表 47

序号	企　业　名　称	所属行业
1	浙江万马电缆股份有限公司	电线电缆
2	浙江天杰实业有限公司	
3	浙江都美电缆有限公司	
4	杭州宇中高虹照明电器有限公司	绿色照明
5	杭州来特电气有限公司	
6	杭州市临安三联照明电器有限公司	
7	浙江帝龙新材料股份有限公司	装饰纸
8	浙江玲珑装饰材料有限公司	
9	浙江盛龙装饰材料有限公司	
10	杭州临安制钳有限公司	五金工具
11	杭州临安太阳工具有限公司	
12	临安杰杰工具有限公司	
13	浙江新剑精密制品有限公司	精密元器件
14	杭州华通精工器件有限公司	
15	杭州正驰达精密机械有限公司	

自营出口前十名企业名单

表 48　　单位：万美元

序号	企　业　名　称	出 口 额
1	浙江万马集团特种电子电缆有限公司	5148
2	浙江杭州鑫富药业股份有限公司	3619
3	浙江华兴集团有限公司	3257
4	杭州宇中高虹照明电器有限公司	2866
5	杭州侨资纸业有限公司	2010
6	杭州来特电气有限公司	1989
7	浙江天杰实业有限公司	1722
8	杭州亮亮电子照明有限公司	1413
9	杭州天恒机械有限公司	1316
10	杭州锦江集团有限公司	1221

工业大企业大集团名单

表 49

序号	企 业 名 称	法定代表人
1	浙江万马集团有限公司	张德生
2	杭州宇中高虹照明电器有限公司	张林夫
3	浙江华兴集团有限公司	陈方华
4	浙江杭叉叉车有限公司	赵礼敏
5	杭州华凯纸业集团有限公司	钭正良
6	浙江华兴羽绒制品有限公司	王干友
7	浙江西子富沃德电机有限公司	杨志华
8	杭州顺达集团有限公司	孟玉良
9	浙江鸿硕实业集团有限公司	钭正贤
10	杭州福斯特光伏材料股份有限公司	林建华
11	浙江华特实业集团有限公司	童礼明
12	浙江杭州鑫富药业股份有限公司	过鑫富
13	临安奥星电子有限公司	詹有耕
14	浙江万马集团特种电子电缆有限公司	王一群
15	浙江杭州大马水泥有限公司	郭廷才
16	杭州四达电炉成套设备有限公司	郑　涛
17	临安市青鸿达金属制品有限公司	林官长
18	浙江小王子食品股份有限公司	王岳成
19	浙江帝龙新材料股份有限公司	姜飞雄
20	临安市雄鹰妇幼卫生用品有限公司	周雄鹰
21	杭州侨资纸业有限公司	金利伟

50家最具成长性企业名单

表50

序号	企 业 名 称	法定代表人
1	杭州杭机股份有限公司	姜 宁
2	浙江大冢制药有限公司临安分公司	张 一
3	浙江天杰实业有限公司	陈晓霖
4	浙江都美电缆有限公司	邢 萍
5	杭州西奥电梯有限公司	周俊良
6	杭州临安光大线缆有限公司	韩雪光
7	杭州亮亮电子照明有限公司	汪祖平
8	临安春光电器有限公司	吴春夫
9	临安市新三联照明电器有限公司	周拥军
10	临安振有电子有限公司	詹有根
11	杭州乾龙电器有限公司	李乾良
12	浙江天伦实业集团有限公司	咸天伦
13	临安钱氏照明电器有限公司	钱文元
14	杭州临安茂龙电子有限公司	翁满龙
15	临安金朝照明电器有限公司	汪贤林
16	临安天邦服饰有限公司	刘 芳
17	浙江省临安市金洲纸业有限公司	俞全军
18	杭州天恒机械有限公司	周浩良
19	杭州临安金龙电缆厂	李 明
20	杭州临安新联电器工业有限公司	黄新法
21	杭州临安三峰实业有限公司	陈官金
22	临安东方滑动轴承有限公司	沈百仁
23	杭州华东中药饮片有限公司	李邦良
24	杭州路通碳膜电路有限公司	徐国进
25	杭州添丽装饰纸有限公司	钱光荣
26	杭州天山医药玻璃有限公司	翁正天

续表50

序号	企 业 名 称	法定代表人
27	杭州兴发传输设备有限公司	孙 梁
28	杭州恒信电气有限公司	陈 琛
29	杭州来特电气有限公司	王铁俊
30	杭州临安景亮照明电器有限公司	汪景亮
31	浙江盛龙装饰材料有限公司	盛英明
32	浙江凌志精细化工有限公司	陈 勇
33	临安市普发电缆材料有限公司	任建会
34	国际层压板材有限公司	韩 涛
35	浙江玲珑装饰材料有限公司	任庆祥
36	杭州富康机械成套设备有限公司	沈富康
37	杭州百孚竹制品有限公司	陈其东
38	杭州大伟装饰材料有限公司	陈 伟
39	杭州康鑫食品有限公司	汪素莲
40	杭州临安制钳有限公司	申卫康
41	杭州越华服装有限公司	游文贵
42	浙江万马集团电气有限公司	郭小龙
43	浙江森嘉集团有限公司	何 仁
44	中天建设集团浙江钢构有限公司	邹自明
45	杭州意向竹业有限公司	王海滨
46	浙江金盾塑胶有限公司	沈为平
47	杭州天目山药业股份有限公司	章鹏飞
48	杭州博达化工科技发展有限公司	王曙耀
49	浙江新剑精密制品有限公司	单新平
50	杭州樱花线业有限公司	董万春

50家成长性企业名单

表51

序号	企 业 名 称	法定代表人
1	杭州临安太阳工具有限公司	钱国庆
2	浙江西盈科技有限公司	王 力
3	杭州临安塑钢承装有限公司	郑金龙
4	杭州卅伍时装有限公司	南雅人
5	杭州钦远科工有限公司	王士钦
6	杭州临安明锋电器配件有限公司	盛茂长
7	杭州南都能源科技有限公司	陈 博
8	杭州耐特阀门有限公司	陶仁根
9	杭州科佳塑化有限公司	范嘉俊
10	杭州玖久袜业有限公司	俞传梅
11	杭州临安创新线缆有限公司	裘利江
12	临安红其线缆材料有限公司	陈中其
13	浙江汉力电缆有限公司	徐建军
14	浙江高中压阀门有限公司	邢生贵
15	杭州富庆纸制品有限公司	高贤庆
16	杭州天和电力电容器有限公司	吴志成
17	浙江松友食品有限公司	赵逸平
18	杭州联合电路板有限公司	程爱仙
19	杭州中迅实业有限公司	郭文平
20	杭州临安森源电缆有限公司	马忠华
21	杭州海鑫纸业有限公司	何海龙
22	浙江美格机械有限公司	刘国方
23	杭州临安新天机械有限公司	蔡尧水
24	临安天宇照明电器有限公司	黄妙根
25	杭州美临塑业有限公司	钱美玲

续表 51

序号	企 业 名 称	法定代表人
26	杭州三元电缆有限公司	徐安珍
27	浙江金质丽化工有限公司	蔡国强
28	杭州惠尔线缆有限公司	竺汝栋
29	临安市青山纸业有限公司	丁华权
30	杭州达远包装材料有限公司	林 静
31	杭州临安恒生科技有限公司	王水根
32	浙江东跃传输设备有限公司	单 娴
33	杭州宏森电缆有限公司	张惠祥
34	杭州临安东升电缆有限公司	李永富
35	杭州临安通达电缆有限公司	钱 宇
36	杭州永腾橡塑实业有限公司	周逸祥
37	临安高乐电子电器有限公司	张树林
38	浙江千秋环保水处理设备有限公司	谭士宾
39	杭州创远电缆有限公司	柳汇文
40	杭州临安科博电光源照明有限公司	徐爱红
41	杭州临安锦都纺织有限公司	金宝珍
42	临安杰杰工具有限公司	金根水
43	杭州临安万鹏电讯电缆有限公司	曹晓玲
44	杭州腾飞链条管业有限公司	马国铨
45	杭州临安强盛车圈有限公司	洪青强
46	杭州凯布尔线缆实业有限公司	咸伟明
47	联塑（杭州）机械有限公司	陆孝庭
48	杭州临安金龙化工有限公司	何国田
49	临安华龙摩擦材料有限公司	徐南汉
50	杭州正驰达精密机械有限公司	郑金良

技术改造先进企业名单

表 52

序号	企业名称	实施项目名称
1	浙江万马电缆股份有限公司	年产 1550 公里特种电缆生产线技术改造项目
2	浙江西子富沃德电机有限公司	新增年产 1 万件机翼小梁、肋板等飞机零部件技改项目
3	浙江杭州大马水泥有限公司	纯低温余热发电项目
4	浙江万马集团特种电子电缆有限公司	年产 15 万公里 Ka 波段高清卫星电视用同轴电缆生产线技术改造项目
5	浙江帝龙新材料股份有限公司	年产 1 万吨阳极氧化铝卷板、年产 10 万平方米三聚氰胺板技改项目
6	杭州临安锦都数码科技有限公司	年产 500 万平方米 PET 水晶膜及消纹板生产线技改项目
7	杭州富庆纸制品有限公司	年产 2000 万只环保节能型彩印包装盒生产线技术改造项目
8	临安市新三联照明电器有限公司	年产 3600 万支节能环保灯技改项目
9	浙江都美电缆有限公司	年产 10 万公里 CATV 数字电视专用接入电缆生产线技术改造项目
	临安华龙摩擦材料有限公司	年产 80 万套舰艇（船舶）用电机摩擦制动片生产线技改项目

销售额 4000 万元以上零售企业名单

表 53

序号	企业名称
1	中石化浙江临安石油支公司
2	杭州联华华商集团临安联华购物广场有限公司
3	浙江方宜电器有限公司
4	临安市钱王超市有限公司
5	临安市永达汽车销售服务有限公司
6	临安市五交化采供有限公司
7	临安市广远家电有限公司
8	临安君悦汽车销售服务有限公司
9	临安市天风商业有限公司
10	临安米家汽车销售服务有限公司
11	农工商超市集团临安有限公司

续表 53

序号	企业名称
12	临安市国贸大厦有限公司
13	临安市清临石化销售有限公司
14	杭州青山湖石化有限公司

销售额 6000 万元以上商贸批发企业名单

表 54

序号	企业名称
1	杭州市烟草公司临安市公司
2	临安市东鑫贸易有限公司
3	临安市医药药材有限公司
4	浙江省临安市对外贸易有限公司
5	浙江农资集团临安惠多利有限公司
6	杭州天目医药有限公司
7	临安丰顺物资回收有限公司
8	杭州锦江集团锦兴煤炭有限公司
9	临安市钱王物资再生利用有限公司
10	临安天目肉类加工有限公司
11	杭州埃孚森贸易有限公司
12	杭州临安华乐纺织品有限公司

成交额 1 亿元以上市场名单

表 55

序号	市场名称
1	临安市浙皖农贸城
2	临安市於潜集贸市场
3	临安华兴汽车城
4	临安天工商贸大厦
5	临安市太湖源镇青云竹笋市场
6	临安市江南日用品市场
7	临安华兴二手车交易市场
8	临安昌化城中市场

营业收入1000万元以上餐饮企业名单

表56

序号	企业名称
1	浙江农林大学后勤集团饮食服务公司
2	杭州中都青山湖畔大酒店有限公司
3	杭州肯德基有限公司临安国贸分店
4	临安市新五洲大酒店有限公司
5	临安八千里大酒店有限公司

获浙江省名牌产品名单

表57

序号	企业名称	商标名称
1	浙江帝龙新材料股份有限公司	“帝龙”牌
2	浙江汉力电缆有限公司	“汉力”牌
3	杭州临安新联电器工业有限公司	“NewPeak”牌
4	杭州临安菜篮子食品有限公司	“丰蕾”牌
5	杭州青山湖蔬菜食品有限公司	“新潮”牌

获浙江省著名商标名单

表58

序号	企业名称	商标名称
1	浙江帝龙新材料股份有限公司	帝龙
2	杭州新东林食品有限公司	东林
3	杭州宇中高虹照明电器有限公司	ECOLITE
4	浙江天松集团有限公司	天松

（徐志军）

统计资料

注:以下统计资料选自《临安统计年鉴(2009)》

国民经济主要指标

表 59

指　　标	单　位	2009 年	2008 年
一、人口			
年末总人口	人	525859	526472
年平均人口	人	526166	526442
二、工业			
规模以上工业总产值	万元	3820787.00	3474548.00
规模以上工业销售产值	万元	3728572.00	3437351.00
规模工业利税总额	万元	246878.00	198901.00
其中：利润总额	万元	140375.00	95873.00
规模工业企业家数	家	862	768
三、农业			
农业总产值	万元	359660.00	332376.00
粮食总产量	吨	96699.00	98900.00
茶叶总产量	吨	2201.00	2101.00
蚕茧总产量	吨	2737.00	3136.00
笋干总产量（含鲜笋所折笋干）	吨	18531.00	17398.00
山核桃总产量	吨	13797.00	11973.00
肉类总产量	吨	32638.00	27834.00
四、固定资产投资			
全社会固定资产投资	万元	903402.00	790729.00
其中：限额以上投资	万元	763725.00	665978.00
工业性投资	万元	507273.00	415639.00
房地产开发投资	万元	142460.00	171905.00
五、商贸、旅游			
社会消费品零售总额	万元	620838.00	543759.00
旅游景点接待人次	万人次	304.80	253.90
旅游景点门票收入	万元	10492.00	8323.00
六、外经外贸			
自营出口额	万美元	61132.00	60671.00

续表 59

指　　标	单　位	2009 年	2008 年
实际利用外资	万美元	17921	10085.00
实到内资	亿元	39.81	37.67
七、财政、金融			
财政总收入	万元	255068.00	224436.00
其中：地方财政收入	万元	140369.00	116599.00
金融机构存款余额（本外币）	万元	2291400.00	1805808.00
其中：居民储蓄	万元	1017538.00	854890.00
金融机构贷款余额（本外币）	万元	2133526.00	1641387.00
八、人民生活			
农民人均纯收入	元	10735.00	9680.00
城镇居民人均可支配收入	元	22011.00	19830.00
在岗职工平均工资	元	33106.00	30389.00
居民消费价格指数（同比）	%	98.90	105.10
九、供电、邮电			
全社会用电量	万千瓦时	227505.00	206759.00
其中：工业用电	万千瓦时	177569.00	161428.00
邮电业务收入	亿元	5.57	4.80
十、交通、运输			
年末通车里程	公里	2845.50	2800.00
公路客运量	万人次	2445.00	2369.00
公路货运量	万吨	1320.00	1346.00
十一、科、教、文、卫			
专利申请授权量	件	798.00	466.00
中小学校	所	71	75
高等学校在校学生数	人	21837	20639
普通中学在校学生数	人	28095	29640
小学在校学生数	人	28616	29793
图书馆总藏量	千册（件）	307.50	217.45
医院、卫生院技术人员数	人	2012	1942
医院、卫生院床位数	张	1446	1377
社会福利院（敬老院）床位数	张	1918	1795

杭州七县(市、区)主要社会统计指标情况

表 60

指标	单位	萧山区		余杭区		富阳市		临安市	
		绝对值	增长%	绝对值	增长%	绝对值	增长%	绝对值	增长%
年末总人口	万人	120.99	0.60	84.84	1.30	64.67	0.60	52.59	-1.20
生产总值(增幅为可比价)	亿元	1037.07	9.40	527.33	8.80	352.49	7.70	235.03	10.00
其中:第一产业	亿元	43.41	6.20	35.56	3.20	25.00	3.30	24.79	3.30
第二产业	亿元	637.70	6.70	281.86	5.10	211.41	3.20	130.87	6.70
其中:工业	亿元	595.28	5.8	253.26	3.70	197.76	1.70	120.42	5.90
第三产业	亿元	355.97	15.40	209.91	15.60	116.08	18.50	79.38	18.60
农业总产值	亿元	69.10	8.00	55.71	5.30	36.36	5.80	35.97	8.00
规模以上工业总产值	亿元	3437.80	5.10	1047.90	2.50	911.11	3.50	382.08	7.20
全社会固定资产投资完成额	亿元	399.72	15.20	296.13	19.90	168.07	13.50	90.34	14.20
其中:限额以上工业投资额	亿元	183.35	12.00	80.73	5.60	87.48	7.60	46.48	23.60
房地产开发投资额	亿元	61.30	-4.60	96.33	27.30	26.33	-13.70	14.25	-17.10
社会消费品零售总额	亿元	237.69	16.80	149.94	16.50	73.49	15.70	62.08	15.60
自营出口	亿美元	56.17	-16.50	25.72	-13.90	5.62	-12.60	6.11	0.10
实际利用外资	万美元	77301.00	17.50	35729.00	3.80	15516.00	14.80	17921.00	77.70
到位内资	亿元			106.40	23.20	24.57	26.50	39.81	5.70
财政总收入	亿元	137.08	8.10	100.07	20.10	50.11	11.20	25.51	13.60
其中:地方财政收入	亿元	69.53	10.10	59.67	22.90	27.57	16.90	14.04	20.40
金融系统各项存款余额(本外币)	亿元	1908.00	27.00	979.98	32.60	404.40	35.90	229.14	26.90
城乡居民储蓄余额(本币)	亿元	699.00	26.50	373.56	23.90	166.95	25.30	101.34	19.10
金融系统各项贷款余额(本外币)	亿元	1633.00	37.80	770.44	34.90	395.61	43.80	213.35	30.00
在岗职工平均工资	元	33987.00	9.30	37375.00	12.80	38131.00	16.10	33106.00	8.90
城镇居民人均可支配收入	元	29229.00	10.50	26083.00	10.20	23422.00	10.30	22011.00	11.00
农村居民人均纯收入	元	14390.00	10.80	13956.00	11.20	11851.00	10.20	10735.00	10.90
工业用电量	亿千瓦时	117.96	5.90	38.96	10.00	45.91	8.80	17.76	10.00
消费价格指数	%	98.60	-1.40	97.60	-2.40	98.90	-1.10	98.90	-1.10

续表 60

指 标	单 位	桐庐县		建德市		淳安县	
		绝对值	增长%	绝对值	增长%	绝对值	增长%
年末总人口	万人	40.07	0.40	51.34	–	45.27	0.30
生产总值(增幅为可比价)	亿元	167.26	8.10	162.25	5.30	100.65	12.50
其中:第一产业	亿元	14.45	3.30	19.14	3.40	19.63	3.30
第二产业	亿元	100.61	6.60	90.16	1.60	41.98	16.50
其中:工业	亿元	90.82	4.60	82.56	–	32.22	14.80
第三产业	亿元	52.20	12.50	52.95	13.30	39.04	13.00
农业总产值	亿元	21.67	5.80	30.03	5.50	28.01	7.40
规模以上工业总产值	亿元	303.08	1.70	270.27	0.10	124.96	18.70
全社会固定资产投资完成额	亿元	88.20	13.10	66.92	14.00	60.90	14.20
其中:限额以上工业投资额	亿元	40.77	5.40	34.27	22.10	18.05	12.70
房地产开发投资额	亿元	14.21	2.10	6.59	–42.90	17.14	12.40
社会消费品零售总额	亿元	51.60	15.70	40.02	15.40	27.84	15.40
自营出口	亿美元	5.28	–18.10	5.93	–33.70	0.89	–11.80
实际利用外资	万美元	10471.00	26.30	3569.80	15.20	11944.00	44.00
到位内资	亿元	38.16	12.40	27.62	14.50	37.75	10.00
财政总收入	亿元	17.64	10.20	20.03	3.20	9.57	12.40
其中:地方财政收入	亿元	9.50	15.50	10.57	9.10	5.59	13.70
金融系统各项存款余额(本外币)	亿元	170.39	24.90	177.32	28.40	122.92	40.30
城乡居民储蓄余额(本币)	亿元	85.94	19.60	93.16	26.80	54.59	20.40
金融系统各项贷款余额(本外币)	亿元	133.92	38.30	134.38	41.80	88.68	63.30
在岗职工平均工资	元	33561.00	11.90	41789.00	14.70	38656.00	13.70
城镇居民人均可支配收入	元	21791.00	9.10	20756.00	9.80	18144.00	9.00
农村居民人均纯收入	元	10410.00	10.20	8879.00	10.50	6511.00	9.10
工业用电量	亿千瓦时	8.25	21.80	16.16	–4.10	4.29	8.80
消费价格指数	%	99.20	–0.80	98.60	–1.40	99.30	–0.70

规模以上工业产量汇总表

表 61

指标名称	计量单位	12月止累计	上年同月止累计	为上年同期(%)
钨精矿折合量（折三氧化钨65%）	吨	182	110	165.5
饲料	吨	16220	19771	82.0
其中：配合饲料	吨	16220	19771	82.0
鲜、冷藏肉	吨	3641	2245	162.2
糕点	吨	1657	658	251.8
乳制品	吨	3239	1453	222.9
其中：液体乳	吨	3239	1453	222.9
罐头	吨	22213	25868	85.9
饮料酒	千升	19879	16998	117.0
其中：白酒（折65度，商品量）	千升	0	530	0.0
黄酒	千升	19879	16468	120.7
精制茶	吨	5226	4936	105.9
纱	吨	24225	13755	176.1
其中：棉纱	吨	24225	13755	176.1
布	万米	5172	7733	66.9
其中：色织布（含牛仔布）	万米	646	557	116.1
其中：棉布	万米	1385	1297	106.7
棉混纺布	万米	1660	4307	38.5
化学纤维布	万米	2128	2129	100.0
印染布	万米	15017	15600	96.3
生丝	吨	216	204	106.3
绢纺丝	吨	50	63	79.0
蚕丝及交织机织物（含蚕丝≥50%）	万米	782	810	96.5
棉被	万条	5	0	473.0
无纺布（无纺织物）	吨	8149	10656	76.5
服装	万件	1723	1737	99.2
其中：针织服装	万件	270	310	87.2
梭织服装	万件	1452	1427	101.8
皮革鞋靴	万双	25	19	135.2
人造板	立方米	5348	4475	119.5

续表 61

指标名称	计量单位	12 月止累　计	上年同月止 累 计	上去年同期(%)
人造板表面装饰板	平方米	1197104	951677	125.8
家具	件	24473	31551	77.6
其中：木质家具	件	17900	19890	90.0
机制纸及纸板（外购原纸加工除外）	吨	173860	173316	100.3
其中：未涂布印刷书写用纸	吨	40020	48210	83.0
其中：新闻纸	吨	40020	48210	83.0
涂布类印刷用纸	吨	8109	9441	85.9
纸制品	吨	69738	63316	110.1
其中：瓦楞纸箱	吨	26058	29601	88.0
单色印刷品	令	97113	93647	103.7
多色印刷品	对开色令	800	536	149.3
润滑脂	吨	1727	1519	113.7
纯碱（碳酸钠）	吨	13677	10052	136.1
化学农药原药（折有效成分 100%）	吨	7	111	6.3
其中：除草剂原药	吨	7	111	6.3
涂料	吨	20748	18768	110.6
其中：建筑涂料	吨	19390	17345	111.8
油墨	吨	312	273	114.3
初级形态的塑料	吨	36198	39928	90.7
聚氯乙烯树脂	吨	681	1061	64.2
合成橡胶	吨	1673	2101	79.6
化学试剂	吨	3952	5622	70.3
催化剂	吨	7617	8381	90.9
中成药	吨	329	319	103.2
化学纤维	吨	22177	22345	99.3
合成纤维	吨	22177	22345	99.3
其中：涤纶纤维	吨	22177	22345	99.3
胶鞋类	万双	304	294	103.2
塑料制品	吨	122760	116251	105.6
其中：塑料薄膜	吨	2233	1709	130.7

续表 61

指标名称	计量单位	12月止累计	上年同月止累计	为上年同期(%)
农用薄膜	吨	1262	6651	89.8
其中：塑料管及其附件	吨	24622	25106	98.1
塑料条、棒、型材	吨	40064	44011	91.0
塑料人造革、合成革	吨	349	423	82.5
塑料包装箱及容器	吨	7402	6668	111.0
水泥熟料	吨	1224328	1398985	87.5
其中：窑外分解窑水泥熟料	吨	1224328	1398985	87.5
水泥	吨	2288711	2180101	105.0
其中：散装水泥	吨	1869745	1834467	101.9
商品混凝土	立方米	800293	828448	96.6
日用玻璃制品	吨	13212	13482	98.0
玻璃包装容器	吨	9703	17099	56.8
玻璃纤维纱	吨	2663	2577	103.4
玻璃纤维增强塑料制品	吨	2287	1984	115.3
钢材	吨	116151	102031	113.8
其中：中小型型钢	吨	114317	98260	116.3
热轧窄钢带	吨	1834	3771	48.6
铁合金	吨	1784	1544	115.5
铝合金	吨	2045	2032	100.6
铝材	吨	16498	13975	118.1
铝型材	吨	1057	296	357.1
其中：钢丝	吨	64403	60437	106.6
钢绞线	吨	162	76	212.6
锁具	万把	396	660	60.0
金属切削机床	台	703	0	
其中：数控金属切削机床	台	59	0	
电动车辆（电动叉车）	台	2415	0	
内燃叉车	台	17881	0	
阀门	吨	21743	19050	114.1
滚动轴承	万套	1589	1291	123.1

续表 61

指标名称	计量单位	12月止累计	上年同月止累计	为上年同期(%)
工业电炉	台	372	365	101.9
风机	台	783	686	114.1
鼓风机	台	783	686	114.1
金属紧固件	吨	16714	14188	117.8
铸铁件	吨	2178	2399	90.8
铸钢件	吨	3510	3224	108.9
锻件	吨	13120	17599	74.6
混凝土机械	台	237	200	118.5
塑料加工专用设备	台	204	279	73.1
印刷专用设备	吨	4585	3362	136.4
环境污染防治专用设备	台（套）	85	65	130.8
水质污染防治设备	台（套）	32	20	160.0
高压开关板	面	986	781	126.3
低压开关板	面	2102	3194	65.8
通信及电子网络用电缆	对千米	3030629	3061545	99.0
电力电缆	千米	101106	88201	114.6
光缆芯	千米	33775	28444	118.7
绝缘制品	吨	52568	44705	117.6
铅酸蓄电池	千伏安时	193850	387	50090.5
家用电热水器	台	5957	5034	118.3
电光源	万只	146653	149910	97.8
其中：白炽灯泡	万只	668	878	76.1
荧光灯	万只	13084	16672	78.5
灯具及照明装置	套(台、个)	5539971	6615851	83.7
电子元件	万只	4884	5096	95.9
印制电路板	平方米	1974259	1647040	119.9
发电量	万千瓦小时	36397	37937	95.9
其中：火力发电量	万千瓦小时	1015	3490	29.1
水力发电量	万千瓦小时	35382	34447	102.7

农业、林业、牧业、渔业总产值情况

表 62　　单位：万元

	2009 年	2008 年
合　　计	359660	332376
一、农业产值	107401	98575
（一）农作物种植业产值	101043	93556
（二）采集野生植物	6358	5019
二、林业产值	175011	152781
1. 人造林木生长	5235	4318
2. 林产品	137229	115037
3. 竹木采伐	32547	33426
三、牧业产值	66453	70663
其中：生猪	44571	50464
蚕茧	6019	5269
四、渔业产值	4830	4575
五、农林牧渔服务业产值	5965	5782

全社会固定资产投资情况

表 63

	单位	2009 年	2008 年
全社会固定资产投资完成额	万元	903402	790729
按行业分：			
其中：工业性投资	万元	507273	415639
房地产开发投资	万元	142460	171905
按地区分			
其中：城镇	万元	613564	506299
农村	万元	289838	284430
按规模分			
其中：限额以上	万元	763725	665978
限额以下	万元	139677	124751

预算内财政收入情况

表 64　　单位：万元

	2009 年	2008 年
财政总收入	255068	224436
一、地方财政收入	140369	116599
（一）税收收入	134484	114374
1.国内增值税 25%部分	26471	24179
2.营业税	40604	36240
3.企业所得税 40%部分	15344	16454
内资企业所得税 40%部分	13984	15116
外资企业所得税 40%部分	1360	1338
4.企业所得税退税		
5.个人所得税 40%部分	8114	7007
6.城市维护建设税	9043	8754
7.耕地占用税	689	1102
8.契税	15868	9295
9.房产税	3190	2040
10.印花税	1702	1860
11.资源税	968	705
12.固定资产投资方向调节税		
13.城镇土地使用税	6762	3115
14.土地增值税	4746	2923
15.车船税	983	700
16.其他税收收入		
（二）非税收入	5885	2225
1.专项收入	4737	4419
2.行政事业性收费收入	195	150
3.罚没收入	6783	4355
4.国有资本经营收入	–6000	–7000
5.国有资源（资产）有偿使用收入	170	301
6.其他收入		
二、中央财政收入	114699	107837

预算内财政支出情况

表 65

单位：万元

项　　目	2009 年	2008 年
一般预算支出	189515	148159
其中：一般公共服务	33414	31272
国防	349	106
公共安全	13003	11264
教育	46317	37754
科学技术	8223	6900
文化体育与传媒	3290	2652
社会保障和就业	16385	12720
医疗卫生	14303	11861
环境保护	7473	5587
城乡社区事务	9241	6680
农林水事务	20026	13523
交通运输	7106	2151
采掘电力信息等事务	5081	1852
粮油物资储备等管理事务	3646	1086
地震灾后恢复重建支出	1166	979
其他支出	492	1772

旅游景点门票出售情况

表 66

单位：万元

	2009 年		2008 年	
	本　季	本季止累计	本　季	本季止累计
第一季度				
游客人数(人次)	199735	199735	236386	236386
门票收入(万元)	526	526	620	620
第二季度				
游客人数(人次)	1027815	1227550	857830	1094216
门票收入(万元)	3312	3838	3185	3805
第三季度				
游客人数(人次)	1098528	2326078	928739	2022955
门票收入(万元)	4207	8045	2747	6552
第四季度				
游客人数(人次)	721884	3047962	516000	2538955
门票收入(万元)	2447	10492	1771	8323

社会消费品零售总额

表 67　　单位：万元

	2009 年	2008 年
社会消费品零售总额	620838	543759
（一）按消费地区分		
市的零售额	356649	311730
市以下的零售额	264189	232029
（二）按经济类型分		
国有经济	2151	2032
集体经济	52898	50337
私营经济	117664	101187
个体经济	329184	284175
股份制经济	118941	106028
港澳台及外商投资经济		
（三）按行业分		
批发零售贸易业	520485	456153
住宿餐饮业	100353	87606

注：2008 年社会消费品零售总额为第二次经济普查数据。

房地产开发情况

表 68

	单　位	2009 年	2008 年
一、本年完成投资	万元	142460.00	171905.00
1.住宅	万元	113912.00	144318.00
其中：经济适用房	万元	1600.00	2033.00
别墅及高档公寓	万元	63414.00	72768.00
2.办公楼	万元	1271.00	1432.00
3.商业营业用房	万元	8741.00	10109.00
4.其他	万元	18536.00	16046.00
二、本年新增固定投资	万元	85790.00	114839.00
三、房屋施工面积	万平方米	131.25	169.22
其中：新开工面积	万平方米	27.12	32.23
四、商品房竣工面积	万平方米	33.51	51.82
五、商品房实际销售面积	万平方米	57.61	38.32
六、商品房销售额	亿元	31.15	19.16
七、商品房空置面积	万平方米	23.49	25.24

商品零售价格指数

(以上年价格为100)

表69

项目名称	2009年	2008年
商品零售价格总指数	98.9	99.3
一、食品	101.1	99.0
二、饮料、烟酒	100.3	100.5
三、服装、鞋帽	99.0	97.6
四、纺织品	99.6	100.8
五、家用电器及音像器材	95.0	97.4
六、文化办公用品	98.7	98.9
七、日用品	99.5	101.4
八、体育娱乐用品	100.0	99.6
九、交通、通信用品	96.8	94.5
十、家具	100.1	100.3
十一、化妆品	100.0	100.0
十二、金银珠宝	100.8	118.3
十三、中西药品及医疗保健用品	102.7	101.2
十四、书报杂志及电子出版物	102.9	101.4
十五、燃料	85.8	99.6
十六、建筑材料及五金电料	98.0	100.4

居民消费价格指数

(以上年同期价格为100)

表70

项目名称	2009年	2008年
居民消费价格总指数	98.9	105.1
一、食品	101.2	111.0
粮食	103.6	104.1
油脂	82.6	129.2
肉禽及其制品	91.5	123.3
蛋	106.8	101.0
水产品	99.6	101.6
菜	125.0	109.9
干鲜瓜果	108.6	103.2
在外用膳食品	98.1	104.9
二、烟酒及用品	100.4	100.9
三、衣着	99.0	99.0
四、家庭设备用品及维修服务	98.7	102.3
五、医疗保健和个人用品	101.6	111.0
六、交通和通信	96.6	99.0
七、娱乐教育文化用品及服务	97.9	99.6
八、居住	94.1	101.9

城镇调查户基本情况

表 71

	单 位	2009 年	2008 年
一、调查户数	户	80	80
二、平均每户人口数	人	2.63	2.64
三、平均每户就业人口数	人	1.31	1.32
四、平均每一就业者负担人数	人	1	1
五、平均每户离退休人口数	人	0.55	0.56
六、年人均总收入	元	23414.00	20803.00
其中：年人均可支配收入	元	22011.00	19830.00
七、年人均消费支出	元	14306.00	13527.00
八、人均住房面积（建筑面积）	平方米	41.00	38.00
九、按房屋产权分			
其中：租赁房	户	4	5
原有私房	户	3	2
原改私房	户	32	31
商品房	户	41	42
十、通讯设备使用情况			
固定电话	部	91	95
移动电话	部	205	204
十一、按住宅建筑式样分			
单栋柱宅	户	3	2
单元式配套住宅	户	77	78
其中：一居室	户	0	0
二居室	户	20	21
三居室	户	48	47
四居室	户	6	6
普通楼房	户	3	4

注：负担系数计算不包括离退休人员，离退休后再就业者包括在就业人数中

农村调查户基本情况

表 72

项　　目	单　位	2009 年	2008 年
调查户	户	150	150
调查户常住人口	人	495	486
平均每户常住人口	人	3	3
平均每户劳动力	人	2.50	2.50
平均每个劳动力负担人口	人	1.30	1.30
平均每人:经营耕地面积	亩	0.90	0.85
经营山地面积	亩	1.40	1.33
年末生产用固定资产原值	元	4350.00	3818.00
其中:农业生产用	元	600.00	693.00
工业机械	元	723.00	948.00
运输机械	元	1034.00	984.00
生产用房	元	1588.00	1110.00
平均每户年末住房面积	平方米	233.00	227.00
平均每人年末住房面积	平方米	71.00	70.00
其中:砖木结构面积	平方米	15.00	27.00
钢筋混泥土结构面积	平方米	53.00	39.00
年末户均住房价值	元	109917.00	85403.00

索 引

索引说明：

一、本栏目只设主题索引

二、主题索引按标引词第一个字汉语拼音顺序排列

三、标引词后的阿拉伯数字表示内容所在页码

主题索引

0~9

A

B

C

D

E

F

G

H

J

K

L

R

S

T

W

X

Y

Z